उपन्यास
का
समाजशास्त्र

उपन्यास
का
समाजशास्त्र

सम्पादन

गरिमा श्रीवास्तव

वाणी प्रकाशन

वाणी प्रकाशन

4695, 21-ए, दरियागंज, नयी दिल्ली 110 002

फ़ोन : +91 11 23273167 फ़ैक्स : +91 11 23275710

शाखाएँ

अशोक राजपथ, पटना 800 004, बिहार

कॉफ़ी हाउस कैम्पस, महात्मा गांधी मार्ग, इलाहाबाद 211 001, उत्तर प्रदेश

महात्मा गांधी अन्तरराष्ट्रीय हिन्दी विश्वविद्यालय, वर्धा 442 001, महाराष्ट्र

36/ए, शेक्सपीयर सरणी, रानी बिरला गर्ल्स कॉलेज के पास, कोलकाता 700 017, प. बंगाल

www.vaniprakashan.com
marketing@vaniprakashan.in
sales@vaniprakashan.in

Upanyas Ka Samajshastra
Edited by Garima Srivastava

ISBN : 978-93-5518-243-2
Criticism

प्रथम संस्करण : 2023

मूल्य : ₹ 695

आर. टेक ऑफ़सेट प्रिंटर्स, दिल्ली-110 032 में मुद्रित

वाणी प्रकाशन का लोगो मक़बूल फ़िदा हुसेन की कूची से

अनुक्रमणिका

खण्ड : दो

भूमिका

जॉन हाल ने साहित्य के अध्ययन से समाजशास्त्र को होने वाले लाभ की ओर संकेत करते हुए कहा है–"एक तो साहित्य, समाजशास्त्री को समाज और उसके प्रति व्यक्तियों की प्रतिक्रियाओं के बारे में अधिक संवेदनशील बना सकता है। दूसरे, कल्पना की क्रियाशीलता पर ध्यान देने से व्यक्तियों के जीवन की वास्तविक अनुभूतियों का बोध और साहित्यिक साक्ष्य का ठीक से उपयोग करने पर समाज के बारे में ऐसी जानकारी मिल सकती है, जो और किसी स्रोत से नहीं मिलती, अगला लाभ यह है कि साहित्य से प्राप्त साक्ष्य में वर्णन की अनन्य पूर्णता होती है।"[1] इस तरह समाजशास्त्री के लिए साहित्य, समाज को समझने में विशेष सहायता करता है। साहित्य और समाज का सम्बन्ध द्वन्द्वात्मक है। 'साहित्य का समाजशास्त्र' साहित्य और समाज के इसी जटिल सम्बन्ध को समझने का प्रयत्न है।

समाजशास्त्र, अनिवार्य रूप से समाज में स्थित मनुष्य का वैज्ञानिक, वस्तुगत अध्ययन है जिसमें सामाजिक संस्थाओं और सामाजिक प्रक्रियाओं का अध्ययन किया जाता है। वह इस प्रश्न का उत्तर खोजता है कि समाज का अस्तित्व कैसे सम्भव है? उसकी कार्यपद्धति, राजनीतिक, धार्मिक, आर्थिक संस्थाएँ जो मिलकर समाज का ढाँचा बनाती हैं? वे कौन सी प्रक्रियाएँ हैं जिनसे समाज परिवर्तित होता है? वह इन परिवर्तनों से सामाजिक संरचना पर पड़ने वाले प्रभावों का भी अध्ययन करता है।

साहित्य का मुख्य सरोकार मनुष्य होता है। मनुष्य का सामाजिक जगत, उस जगत के प्रति उसकी अनुकूलता तथा उसे बदलने की इच्छा साहित्य में अभिव्यक्त होती है। उपन्यास औद्योगिक समाज की प्रमुख साहित्यिक विधा है। अतः उसमें मनुष्य जीवन का परिवार, राजनीति तथा

शासन के साथ सम्बन्ध एवं सामाजिक जगत के पुनः सृजन का ईमानदार प्रयास दिखायी देता है। उपन्यास उन्हीं समस्याओं और परिस्थितियों से रू–ब–रू होता है जिनसे समाजशास्त्र, लेकिन उपन्यास सिर्फ़ वस्तुगत वर्णन नहीं करता वह सामाजिक जीवन में गहरे प्रवेश कर मानवीय चरित्र को उद्घाटित करता है। साहित्य के माध्यम से समाजशास्त्र बनाने वाले, बौद्धिक साहित्य को केवल एक सामाजिक साक्ष्य मानते हैं। रिचर्ड हॉगर्ट के विचार में साहित्यिक साक्ष्य के बिना समाज का अध्ययन करने वाला कोई भी व्यक्ति सामाजिक जीवन की पूर्णता से अनभिज्ञ ही रहेगा।

आज साहित्य का समाजशास्त्र साहित्यालोचन की स्वतन्त्र विधा के रूप में विकसित हो रहा है। यह पिछले सौ वर्षों में संस्कृति की भौतिकवादी व्याख्या पर कलाओं के विकसित समाजशास्त्र का एक रूप है। इसका मुख्य लक्ष्य साहित्य की सामाजिकता की व्याख्या करना है।

साहित्य की समाजशास्त्रीय आलोचना अठारहवीं सदी में एडमंड विल्सन विको के द्वारा होमर के महाकाव्यों के किये गये अध्ययन से प्रारम्भ हुई। विको ही वह पहला व्यक्ति था जिसने साहित्यिक निर्वचन को उसके सामाजिक, आर्थिक और राजनीतिक सन्दर्भों में व्याख्यायित करने की मान्यता प्रस्तुत की। आगे चलकर मादाम स्ताल और हर्डर के बाद फ्रेंचमान तेन ने इस अभिगम को आगे बढ़ाया।

बीसवीं शताब्दी में कार्ल मार्क्स के चिन्तन के प्रभावस्वरूप एक प्रकार की समाजशास्त्रीय आलोचना 'मार्क्सवादी आलोचना' का जन्म हुआ। मार्क्स ने धर्म राजनीति, साहित्य सभी को अर्थशास्त्र की परिपूर्णता के लिए सक्रिय माना। साहित्य की समाजशास्त्रीय मार्क्सवादी आलोचना को सशक्त बनाने में कुछ पत्र भी महत्त्वपूर्ण रहे। इनमें न्यू मासेज (सं. मिखाइल गोल्ड), हमेफ्ट रिव्यू (सं. एडगेल रिक्वर्ड) एवं कुछ निबन्ध : प्रोलेतेरियन लिटरेचर इन द यूनाइटेड स्टेट्स (सं. हिक्स, 1935) द माइंड इन चेंस (सी.डी. लेविस 1937) फोर्सिज इन अमेरिकन क्रिटिसिज़्म (बर्नार्ड स्मिथ 1939), इनके अतिरिक्त 'द लिबरेशन ऑफ अमेरिकन लिटरेचर; वी एफ कालवेर्टन (1931), द कमिंग स्ट्रगल फॉर पॉवर–जान स्ट्रेचे (1933) तथा द नॉवेल एंड द पीपुल' राल्फ फाक्स शमिल हैं। साहित्य और समाज विषयक अवधारणा पर विचार करने वाले अमेरिकी चिन्तकों हॉवेल्स, जैक लंडन, हैमलिन गालैंड, फ्रैंक नोरिस, जान मैकी (द स्पिरिट ऑफ अमेरिकन लिटरेचर–1908), पैरिंगटन (मेन कंटेंट्स इन अमेरिकन थॉट 1927–30) आदि के नाम प्रमुख हैं।

साहित्य की मार्क्सवादी समाजशास्त्री आलोचना का विकास तेन लियो लावेंथल, ल्यूसिए गोल्डमान, मिशेल जेराफा और रेमंड विलियम्स जैसे चिन्तकों ने किया है। इन आलोचकों ने साहित्य की ऐसी धारणा विकसित की जिससे समाज से साहित्य के सम्बन्ध की व्याख्या सम्भव हो और साहित्य का सामाजिक स्वरूप स्पष्ट हो सके। प्राचीन काल से ही साहित्य और समाज के पारस्परिक सम्बन्धों की चर्चा किसी न किसी रूप में होती ही रही है। जब कविता और नाटक ही साहित्य की प्रमुख विधाएँ थीं, तब उनके रचयिता को विशिष्ट दैवी प्रतिभा सम्पन्न व्यक्ति माना गया। धर्म, नीति, दर्शन आदि साहित्य रचना को निर्धारित और परिचालित करते दिखायी देते हैं। महाकाव्यों और नाटकों में दैवी विधान होते थे, जिनसे कथावस्तु संचालित होती थी। बदलते समय में साहित्यालोचन की नयी अवधारणाओं की आवश्यकता अनुभव की जा रही थी। अतः सत्रहवीं शताब्दी में ही साहित्य में समाज की उपस्थिति का प्रश्न उठा, जब जेम्स राइट ने नाटकों के सम्बन्ध में इसकी चर्चा की। अट्ठारहवीं शताब्दी तक आते–आते साहित्य और समाज के पारस्परिक सम्बन्धों पर विचार–विमर्श की प्रक्रिया को गति मिली। यह समझा जाने लगा कि साहित्य और कलाओं के मूल आशय तक पहुँचने के लिए सामाजिक परिवेश का पर्याप्त ज्ञान अपेक्षित है। ऐलन स्विंगवुड ने 'सोशियोलॉजी ऑफ़ लिटरेचर' में साहित्य के समाजशास्त्र के विकास की चर्चा की है। विको की न्यूसाइंस (1725) में वे इसका पूर्वाभास देखते हैं और जे.सी. हर्डर (1744–1803) तथा मादाम–द–स्ताल (1766–1817) से इसका विधिवत् आरम्भ मानते हैं, जहाँ इस विषय को तार्किक आधार मिला।

'साहित्य का समाजशास्त्र' शब्द का पहला प्रयोग आग्युस्त कोंत (1798–1857) ने किया था। कोंत ने प्रत्यक्षवाद को मानव चिन्तन का अन्तिम आधार माना, उनके अनुसार समस्त संसार कुछ नियमों से बँधा हुआ है, "संसार की समस्त वस्तुएँ एवं घटनाएँ अपरिवर्तनीय प्राकृतिक नियमों द्वारा नियन्त्रित एवं निर्देशित होती हैं।" इन नियमों को समझने के लिए आधिदैविक तथा आध्यात्मिक चिन्तन असफल रहे। कोंत वैज्ञानिक चिन्तन और प्रत्यक्षवाद की बात करते हैं–"मनुष्य आज तक धार्मिक एवं आध्यात्मिक का दास रहा है। अब उसे दासत्व से मुक्त होकर वैज्ञानिक चिन्तन करना होगा। हमें यह देखना है कि यथार्थ क्या हैं" कोंत ने प्रत्यक्षवादी दर्शन

द्वारा धर्म की अवधारणा को ईश्वर से हटाकर मनुष्य पर केन्द्रित करते हुए कहा–"मानवता के धर्म ने समस्त मानव जाति को प्रेरित किया है। इसके परे कोई भी शक्ति नहीं है।" इस मानवतावादी धर्म का उद्देश्य मानव समाज का विकास बताते हुए कहा–"वैयक्तिक तथा सामूहिक सामंजस्य तभी सम्भव है, जब बोध विचार तथा भावना को एक निश्चित उद्देश्य पर केन्द्रित किया जाये और यह निश्चित उद्देश्य समाज को इस प्रकार बदल देता हो जिससे स्वार्थ परमार्थ के सामने अपने को मिटाये और सारा मानव समाज सामाजिक उन्नति के कार्य में जी जान से जुट जाये।"[2]

मादाम–द–स्ताल की पुस्तक 'सामाजिक संस्थाओं से साहित्य के सम्बन्ध पर विचार' (1800 ई.) में आयी, जिसमें उनका उद्देश्य था–'साहित्य पर धर्म, रीति–रिवाज और क़ानून के प्रभाव' का निरीक्षण। इस पुस्तक में पहली बार साहित्य के भौतिक आधार, सामाजिक अस्तित्व और सामाजिक संस्थाओं से उसकी क्रिया–प्रतिक्रिया पर व्यवस्थित विचार हुआ, इसलिए साहित्य के कुछ समाजशास्त्री उन्हें ही साहित्य के समाजशास्त्र का प्रवर्तक मानते हैं। मादाम–द–स्ताल ने पुस्तक की भूमिका में ही स्पष्ट किया–"मैंने साहित्य पर धर्म नैतिकता और क़ानून के प्रभाव तथा उन सब पर साहित्य के प्रभाव की जाँच–परख का प्रयत्न किया हैं।[3] इस पुस्तक में यूरोप की नयी चिन्ताधाराओं का विवरण मिलता है। उसमें ऐसी अनेक मान्यताएँ मिलती हैं जो उस समय जर्मनी और फ्रांस के चिन्तन में विकसित हो रही थीं। प्रगति की धारणा, सामाजिक विकास की अवस्थाओं का सिद्धान्त, युगचेतना और जातीय चरित्र के सहारे उन्होंने साहित्य के सामाजिक आधार के विवेचन का प्रयास किया। इन धारणाओं का समुचित विकास और सार्थक प्रयोग उन्नीसवीं शताब्दी के चिन्तन में हुआ।

मादाम स्ताल ने मुख्य रूप से तीन स्थापनाएँ कीं। पहली स्थापना के अनुसार प्रत्येक समाज के साहित्य का अपने समय के राजनीतिक विश्वासों से गहरा परिचय और सम्बन्ध होना ज़रूरी है। दूसरी स्थापना के अनुसार उपन्यास के विकास के लिए मध्यवर्ग का उदय अनिवार्य था क्योंकि यह वर्ग कला के लिए आवश्यक स्वतन्त्रता और ईमानदारी जैसे गुणों को बढ़ावा देता है। इसके अतिरिक्त उन्होंने समाज में स्त्री की स्थिति से उपन्यास के विकास का गहरा सम्बन्ध माना। उनका कहना था कि उपन्यास विधा का विकास केवल उन समाजों में हो सकता है जिनमें स्त्रियों की स्थिति काफ़ी

सम्मानजनक हो और जहाँ व्यक्तिगत जीवन में गहरी रुचि हो। उन्होंने आगे कहा कि आखिर 'प्रेम करने की क्षमता के अतिरिक्त' स्त्रियों को जीवन के बारे में कोई जानकारी नहीं होती। इंग्लैंड की कविता यद्यपि 'अवसादपूर्ण कल्पना' से सराबोर है किन्तु यह ऐसा देश है जहाँ 'स्त्रियों को बड़ी सच्चाई से प्यार किया जाता है।[4] उनकी अन्तिम स्थापना का सम्बन्ध उपन्यास की कला से है। उन्होंने इसे नये युग की यथार्थ चेतना से उद्भूत कला माना है और लिखा कि पुराने ज़माने के लोग अपनी कल्पना को यह रूप (उपन्यास) देने की सोच नहीं सकते थे क्योंकि उनकी दृष्टि में हमेशा क्रिया–व्यापार से ज्यादा भावों को महत्त्व मिलता था उपन्यास के विषय में उनकी उपर्युक्त स्थापनाएँ बीसवीं शती में आकर उपन्यास के समाजशास्त्रीय अध्ययन के लिए आधारशिला बनीं। साहित्यिक विधा के रूप में उपन्यास के सृजन में स्त्रियों की भूमिका का बोध, मादाम–द–स्ताल के पूर्ववर्तियों द्वारा प्रस्तुत एकांगी अन्योन्याश्रित सम्बन्धों की तुलना में महत्त्वपूर्ण प्रगति का निरूपण करता है और सही अर्थ में सामाजिक है। मादाम–द–स्ताल ने साहित्य के विकास के लिए, सशक्त मध्यवर्ग के महत्त्व को समझा था। उनका तर्क था कि यह वर्ग स्वतन्त्रता और ईमानदारी, कला के दोनों महत्त्वपूर्ण पूर्वापेक्षित गुणों को उत्पन्न करता है। उन्होंने लिखा "सुखी है वह देश जहाँ लेखक विषण्ण हैं, व्यापारी सन्तुष्ट हैं, अमीर दुखी हैं और जनता परितुष्ट है।" कुल मिलाकर उनका कृतित्व प्रत्यक्ष कार्य–कारण सम्बन्ध के निरन्तर आह्वान से ग्रस्त है।

साहित्य के समाजशास्त्र को ठोस वैचारिक आधार देने वाले चिन्तकों में कला तथा साहित्य के दार्शनिक इतिहासकार और समालोचक ईमालीत अडोल्फ तेन (1828–1893) का नाम प्रमुख है। 'अंग्रेज़ी साहित्य का इतिहास' (1863) उनका प्रसिद्ध ग्रन्थ है। तेन के चिन्तन का परवर्ती कला और साहित्य चिन्तन पर पर्याप्त प्रभाव पड़ा। 15 नवम्बर, 1957 को द टाइम्स (लंदन) के एक समीक्षक ने लिखा था कि "तेन ने हमेशा मनुष्य को एक सामाजिक प्राणी के रूप में देखा और समाज को समूहों या वर्गों का समुच्चय माना। वह सूक्ष्मदर्शी था और अथक तथ्य संग्रही भी। उसमें सामाजिक वास्तविकताओं के बीच सम्बन्ध के बोध की अद्भुत शक्ति थी। उसका वर्तमान से इतना लगाव था कि वह अच्छा इतिहासकार हो नहीं सकता था और वह इतना सिद्धान्तप्रिय था कि उपन्यास लिख नहीं सकता था।

साहित्य को समाज तथा संस्कृति का दस्तावेज़ मानने की प्रवृत्ति उसमें इतनी प्रबल थी कि वह आलोचक नहीं बन सकता था। 'अंग्रेज़ी साहित्य का इतिहास' अंग्रेज़ी साहित्य से अधिक अंग्रेज़ी समाज की नैतिकता पर टीका–टिप्पणी है और उसकी विधेयवादी दृष्टि को सिद्ध करने का साधन भी। वह सबसे पहले और सबसे अधिक एक समाजशास्त्री है।''[5]

तेन बहुमुखी प्रतिभा सम्पन्न विचारक थे। उन्होंने अंग्रेज़ी साहित्य का इतिहास और फ्रांसीसी साहित्य पर आलोचनात्मक निबन्ध लिखने के साथ–साथ 'कला का दर्शन' और 'इटली की यात्रा' जैसे ग्रन्थों की भी रचना की। उनके कला सम्बन्धी विचार परिपक्व थे और पुनर्जागरण कालीन चित्रकला पर उनके आलोचनात्मक विचारों ने परवर्ती कला चिन्तन को गहरे तक प्रभावित किया। उनके समय में जो सत्यान्वेषी वैज्ञानिक दृष्टि प्रभावी हो रही थी, उसने उनके चिन्तन को रूपायित करने में सहायता की। 'कला का दर्शन' में तेन साहित्य और कला को 'सामाजिक तथ्यों के रूप में देखते हैं और विभिन्न ज्ञानानुशासनों के समन्वित प्रभाव को रचना में स्वीकृति देते हैं। उनका चिन्तन धर्म–दर्शन के एकाधिपत्य से आगे बढ़कर प्रकृति–विज्ञान तक को स्वीकारता है। उन्होंने एक प्रकार की भाववादी अवधारणा को तोड़ा और उसे बौद्धिक आधार दिया है।

तेन के समय में यूरोप में एक और प्रकृति विज्ञान के नये अनुशासनों का विकास हो रहा था और दूसरी ओर समाजविज्ञान सम्बन्धी चिन्तन के नये क्षितिजों का प्रचार–प्रसार हो रहा था। उस समय ऐतिहासिकता, वैज्ञानिकता और वस्तुपरकता की खोज हो रही थी, बौद्धिक विमर्श में प्रगति और विकास की धारणाएँ प्रमुखता पा रही थीं, भाववादी और भौतिकवादी दृष्टिकोणों का पारस्परिक द्वन्द्व तेजी से उभर रहा था। वाद–विवाद और बौद्धिक टकराहटों से कला और साहित्य सम्बन्धी चिन्तन का प्रभावित होना स्वाभाविक ही था। तेन का बौद्धिक चिन्तन इसी परिवेश में विकसित एवं सुदृढ़ हुआ। उन्होंने कला और साहित्य की समाजशास्त्रीय आलोचना की तथा ऐतिहासिक दृष्टिकोण और वैज्ञानिक पद्धति के निर्माण का प्रयास किया। उनके ऐतिहासिक दृष्टिकोण के पीछे तर्क था कि कोई भी सामाजिक विकास, ऐतिहासिक ढाँचे को नकार नहीं सकता, यही बात साहित्य पर भी लागू होती है। साहित्य में जीवन और समाज की स्थितियाँ, समस्याएँ और समाधान व्यक्त होते हैं। वह इतिहास के भीतर सामाजिक शक्तियों की उथल–पुथल और तनावों की उपेक्षा नहीं कर सकता।

तेन का मानना था कि कलाकार जितना अधिक अपनी कला में अन्तःप्रविष्ट होता है, उतना ही वह अपने युग और जाति की चेतना में अन्तःप्रवेश करता है, जबकि एक सामान्य कलाकार, जिसकी रचना भले ही समाज का प्रामाणिक दस्तावेज़ हो, प्रभावहीन होने के साथ–साथ अपने युग का प्रतिनिधित्व भी नहीं करती। कला को तेन समाज के समूहमन की अभिव्यक्ति मानते थे। महान साहित्य युग की चेतना का लगभग उसी प्रकार मूर्त रूप होता है जैसी कि हीगेल की अवधारणा थी। तेन की समस्या महान कला और साहित्य के आविर्भाव के कारणों को निश्चित करने की समस्या थी।

'अंग्रेज़ी साहित्य का इतिहास' की भूमिका में तेन ने लिखा, साहित्य रचना कल्पना की मात्र वैयक्तिक क्रीड़ा नहीं होती किसी उत्तेजित मानस की अलग भटकी तरंग भी नहीं बल्कि वह समसामयिक आवरण की प्रतिलिपि होती है जिसे हम एक विशेष प्रकार की मानसिकता की अभिव्यक्ति कह सकते हैं।" उपन्यास के सन्दर्भ में अपने विचार स्पष्ट करते हुए वे कहते हैं, "एक छोटा दर्पण जिसे हर जगह ले जाया जा सकता है और जो जीवन और प्रकृति के सभी पक्षों को प्रतिबिम्बित करने का सर्वाधिक सुविधाजनक साधन है।"[6] उन्होंने उपन्यास को औद्योगिक समाज की प्रमुख साहित्यिक विधा माना जो औद्योगिक समाज के स्वरूप को प्रकट करती है। तेन ने समाज से साहित्य के सम्बन्ध की वस्तुपरक व्याख्या करने का प्रयास किया और इस समस्या के समाधान की प्रक्रिया में उन्होंने साहित्य के समाजशास्त्र से सम्बन्धित अवधारणाएँ प्रस्तावित कीं। "उनके साहित्य के समाजशास्त्र के चार प्रमुख पक्ष हैं। (1) साहित्य के भौतिक सामाजिक मूलाधार की खोज (2) लेखक के महत्त्व का विश्लेषण (3) साहित्य में समाज के प्रतिबिम्बन की व्याख्या और (4) साहित्य का पाठक से सम्बन्ध।"[7]

तेन ने सामाजिक तथ्य और घटनाओं को साहित्यिक कृतियाँ माना और उनकी उत्पत्ति के कारणों की खोज की। यहाँ उनका कार्य–कारण सिद्धान्त काम करता है। वे लिखते हैं कि तथ्यों के संग्रह के बाद हमें कारणों की खोज करनी चाहिए। तथ्य चाहे नैतिक हों या भौतिक–सबके कारण होते हैं। महत्त्वाकांक्षा, साहस, सत्य आदि सबके कारण हैं। जैसे पाचन–क्रिया और मांसपेशियों की गतिशीलता के कारण हैं।[8] उन्होंने कला और साहित्य को समाज से उद्भूत माना। उनके अनुसार कला मनुष्य की मानसिकता की उपज है, लेकिन उनके वस्तुवादी दृष्टिकोण के सामने यह प्रश्न उठता है कि वह मानसिकता कैसे बनती है। इसी प्रश्न के उत्तर में

तेन ने तीन अवधारणाओं के उपयोग का प्रस्ताव किया–प्रजाति, क्षण और परिवेश। प्रजाति, क्षण और परिवेश के बीच अन्तःक्रिया एक व्यावहारिक अथवा चिन्तनशील 'मानसिक संरचना' उत्पन्न करती है। यह 'मानसिक संरचना' उन बीजरूप विचारों के विकास की दिशा में ले जाती है, जो निश्चित शताब्दियों और गुणों के वैशिष्ट्य के रूप में सामने आते हैं और महान कला और साहित्य के माध्यम से अभिव्यक्ति पाते हैं।

'प्रजाति' की धारणा को महत्त्व देने के साथ तेन ने उसके अन्तर्गत मनुष्य की वंशानुगत विशेषताओं 'प्रकृति' मानसिक बुनावट और शारीरिक संरचना का विस्तृत विवेचन किया। उनके अनुसार अनेक मानव जातियाँ पूरे विश्व में दूर–दूर तक बिखर गयी हैं और अपने मूल निवास–स्थलों से दूर बस गयी हैं फिर भी उनके 'मूल आदर्श के गहरे चिह्न बचे रहते हैं। कोई भी जाति अपनी विशेषताएँ' मिट्टी से, खान–पान से और उन महान घटनाओं से अर्जित करती हैं, जिनसे वह आरम्भ से होकर गुजरी है।''[9] फांतेन पर अपने निबन्ध में उन्होंने लिखा है–''किसी प्रजाति की चरित्रगत विशेषताएँ जलवायु मिट्टी और इतिहास की महान घटनाओं की उपज होती हैं। चरित्र की बुनियादी विशेषताएँ प्रजाति की विशिष्ट चेतना और सौन्दर्यानुभूति में प्रकट होती हैं। प्रतिभा एक शक्ति के विकास के अतिरिक्त और क्या है और वह शक्ति अपने ही देश में सहज़ता और पूर्णता से विकसित होती है। वहाँ प्रतिभा शिक्षा से बढ़ती है, इतिहास के दृष्टान्तों से शक्ति अर्जित करती है, जातीय चरित्र से सुदृढ़ बनती है और जनता से उसे कभी–कभी चुनौती भी मिलती है।''[10] तेन के चिन्तन पर डार्विनवाद का प्रत्यक्ष प्रभाव देखा जा सकता है।

'क्षण' की व्याख्या तेन ने काल, युग विशेष और युग चेतना के अर्थ में की है। उनके अनुसार प्रत्येक युग के अपने कुछ प्रधान विचार होते हैं, उनका एक बौद्धिक साँचा होता है, जो पूरे समाज के चिन्तन को प्रभावित करता है। इस अर्थ में 'क्षण' उन कालखण्डों की ओर संकेत करता है जिनमें मनुष्य के सम्बन्ध में एक अवधारणा विशेष प्रचलित रही है। जैसे मध्ययुग का शौर्यप्रधान आदर्श या आधुनिक युग का दरबारी और वाक्पटु मनुष्य। क्षण का अर्थ 'साहित्यिक परम्परा' भी हो सकता है। साहित्य पर साहित्य का प्रभाव भी। तेन मानव स्वभाव और प्राकृतिक परिवेश के बीच कार्य–कारण सम्बन्ध बिठाने की कोशिश करते हैं।

तेन के अनुसार साहित्य की समाजशास्त्रीय चिन्ता का मुख्य विषय है कि लेखक विरासत में मिलने वाली परम्परा का उपयोग किस रूप में करता है। 16वीं और 17वीं शताब्दियों में फ्रेंच त्रासदी की चर्चा करते हुए तेन ने तर्क दिया कि यद्यपि दोनों शताब्दियों ने अपने नाटकों में एक ही प्रकार के मानव प्रारूपों और नाटकीय स्थितियों का प्रयोग किया, तथापि अठारहवीं शताब्दी के लेखकों के सामने सोलहवीं शताब्दी का मॉडल था, जिसका अतिरिक्त लाभ उन्हें मिला।

तेन के चिन्तन का तीसरा आधार तत्त्व 'परिवेश' था। तेन ने प्राकृतिक परिवेश में सामाजिक परिवेश को भी शामिल किया। उन्होंने लिखा है कि "दुनिया में मनुष्य अकेला नहीं होता, उसके चारों ओर प्रकृति होती है, समाज होता है। उसकी आदिम प्रवृत्तियाँ तथा प्रजातिगत विशेषताएँ भौतिक सामाजिक परिस्थितियों, घटनाओं आदि से प्रभावित होती हैं। कभी पुष्ट होती है। कभी बदलती है।"[11] तेन ने मनुष्य के स्वभाव और प्राकृतिक परिवेश के प्रति कार्य–कारण सम्बन्ध बिठाने का प्रयत्न किया।

साहित्य की समाजशास्त्रीय चिन्तनधारा में तेन ही वे आदि विचारक हैं जिन्होंने लेखक के महत्त्व की पहचान व्यक्ति और सर्जक दोनों रूपों में की। उनके सम्पूर्ण साहित्य चिन्तन का लक्ष्य मनुष्य को जानना है। वह मनुष्य जो लेखक है और कृति में व्यक्त मनुष्य भी की "कोई भी साहित्यिक कृति उस आवरण या कवच की तरह होती है, जिसके भीतर जीव छिपा रहता है, जिस तरह जीव के विषय में जानने के लिए उसके बाहरी आवरण या खोल को हटाना पड़ता है। उसी तरह कोई पुस्तक या साहित्यिक कृति निर्जीव होते हुए भी किसी जीवन्त अस्तित्व की ओर संकेत करती है। हमें उस अस्तित्व को पहचानना पड़ता है। उसे पुनर्निर्मित करना पड़ता है।"[12] तेन लेखक की पहचान की बात करते हैं, वे जब साहित्य के उत्पादन के भौतिक, सामाजिक कारणों पर बल देते हैं तो लेखक को मात्र एक माध्यम मानते हैं, लेकिन जब वे कलाकार के मनोविज्ञान, उसकी आत्मा, उसकी प्रतिभा की बात करते हैं तो उसे सर्जक मानते हैं। वे इतिहास और आलोचना की जिस पद्धति का प्रवर्तन करते हैं उसमें लेखक के चिन्तन, उसकी आस्था, जीवनी और सामाजिक सन्दर्भ पर अधिक ध्यान दिया जाता है। तेन ने लेखक के रचनाकार व्यक्तित्व पर ही ज्यादा ध्यान दिया है, वे लेखक की संवेदनशीलता, विचार की शक्ति

और सामाजिक अन्तर्दृष्टि को महत्त्व देते हैं। रेनेवेलक ने ठीक ही लिखा है ''तेन की राय में कलाकार, सत्य का साक्षात्कार करने वाला व्यक्ति होता है। उसकी अन्तर्दृष्टि केवल कथनभंगिमा या सामान्य अर्थ के सत्य तक सीमित नहीं रहती।''[13]

तेन ने साहित्य से पाठक के सम्बन्ध पर भी विचार किया है और साहित्य के रूप के निर्माण तथा परिवर्तन में पाठकों की भूमिका की ओर संकेत किया है। इसीलिए ऐलन स्विंगवुड ने साहित्य के समाजशास्त्र के क्षेत्र में तेन का गम्भीर योगदान माना है। तेन ने साहित्य को सामाजिक दस्तावेज़ के रूप में देखने का प्रयास किया। प्लेखानोव ने भी यही माना था–''मार्क्स का कोई भी अनुयायी बिना किसी विवाद के इन सबके साथ सहमत होगा। हाँ! किसी भी दार्शनिक प्रणाली की ही तरह कला की किसी कृति की व्याख्या उसके युग के विचारों तथा आचार–व्यवहार की अवस्था के आधार पर ही की जा सकती है।''[14] तेन कला तथा साहित्य के सन्दर्भ और स्वरूप को स्पष्ट करने वाला दृष्टिकोण विकसित करने के लिए प्रयत्नशील थे। साथ ही वे ऐसी पद्धति का निर्माण करना चाहते थे। जो प्रकृति विज्ञानों की पद्धति की तरह सुनिश्चित हो। तेन ऐसी पद्धति विकसित करने में असफल रहे, लेकिन साहित्य की सार्थक व्याख्या, साहित्य का मर्म पहचानने में तथा ठोस साहित्यिक विश्लेषण करने में उनका अनन्य योगदान है।

साहित्य के समाजशास्त्रीय चिन्तन में लियोलांवेथल का योगदान अन्यतम है। साहित्य के समाजशास्त्र की सैद्धान्तिक समस्याओं पर जिन तीन आलोचक समाजशास्त्रियों ने कार्य किया उनमें हर्बर्ट मारकुस, अडोर्नो और लियोलावेंथल प्रमुख हैं किन्तु अडोर्नो ने आधुनिक कला के समाजशास्त्री तथा मारकुस ने दार्शनिक के तौर पर विशिष्ट ख्याति पायी। इनमें से लावेंथल ने ही साहित्य के समाजशास्त्र पर गम्भीरता से कार्य किया। समाजशास्त्रीय आलोचना के लिए उन्होंने 16वीं, 17वीं सदी के स्पेनी लेखकों, 19वीं सदी के जर्मन कथाकारों और क्लासिकल फ्रांसीसी नाटककारों की कृतियों को आधार बनाया। उन्होंने आलोचना के लिए समकालीन साहित्यिक कृतियों को ग्रहण नहीं किया। इसके पीछे उनका तर्क था," मैं पुराने ढंग का साहित्य–वैज्ञानिक हूँ। आज भी आधुनिक साहित्य के बारे में समाजशास्त्रीय बयान देने की हिम्मत नहीं कर पाता। इसके दो कारण हैं। एक तो आधुनिक साहित्य अब भी इतिहास की कसौटी पर खरा नहीं उतरा है।

उसके बारे में अभी यह कहना मुश्किल है कि उसका कौन–सा हिस्सा भविष्य में समाज के बारे में ज्ञान की दृष्टि से महत्त्वपूर्ण साबित होगा। दूसरा कारण समाजशास्त्रीय है। मैं साहित्य के समाजशास्त्रीय विवेचन को उसके सौन्दर्यबोधीय अनुभव में सहायक मानता हूँ। जब आधुनिक युग को जानने के दूसरे तरीके और स्रोत मौजूद हैं, तब समकालीन साहित्य को स्रोत के रूप में क्यों स्वीकार किया जाये। मैं अतीत की महान रचनाओं की ओर इसलिए जाता हूँ कि उस काल को जानने का साहित्य को सर्वोत्तम स्रोत मानता हूँ।''[15]

लावेंथल ने साहित्य की सामाजिकता का विश्लेषण किया है। उनके निबन्धों के तीन प्रमुख संग्रह हैं : (1) साहित्य और मनुष्य की परिकल्पना (2) साहित्य, लोकप्रिय संस्कृति और समाज (3) कथा की कला और समाज। इन निबन्धों में उन्होंने साहित्य के प्रति अपनी अवधारणा को व्यक्त किया। वे मानते हैं कि किसी भी साहित्य से पाठक को जो जीवनानुभव मिलते हैं वे निजी होने के साथ–साथ सामाजिक और ऐतिहासिक भी होते हैं। लेखक तटस्थ दर्शक मात्र नहीं होता वह तो ऐतिहासिक अनुभवों की गहरी अभिव्यक्ति करता है और मानव जीवन की दशाओं के बारे में अन्तर्दृष्टि देने की क्षमता अभिव्यक्त को करता है।

लावेंथल ने समाजशास्त्रीय विश्लेषण के लिए मनोविज्ञान और मनोविश्लेषण का सहारा लिया। शेक्सपियर के नाटक 'टेंपेस्ट' की आलोचना के लिए उन्होंने फ्रॉयड की मनोविश्लेषणात्मक धारणाओं का उपयोग किया। उन्होंने लिखा कि भौतिकवादी दृष्टि से साहित्य की सच्ची व्याख्या हो सकती है और सच्ची आलोचना विचारधारा की मीमांसा है। आगे चलकर अमेरिका प्रवास के अनन्तर लावेंथल क्रमशः मार्क्सवाद से दूर और अनुभववाद के नज़दीक होते गये। फिर भी, लावेंथल ने साहित्य के समाजशास्त्र के क्षेत्र को व्यापक बनाया। वे तेन के बाद और गोल्डमान के पहले के काल के सर्वाधिक महत्त्वपूर्ण समाजशास्त्री हैं। चिन्तन की समग्रता उन्हें अन्य समाजशास्त्रियों से विशिष्ट बनाती है।

साहित्य के समाजशास्त्र को व्यवस्थित अनुशासन बनाने वाले विचारकों में ल्यूसिएं गोल्डमान का स्थान प्रमुख है। ल्यूसिएं गोल्डमान ने व्यापक ऐतिहासिक समाजशास्त्रीय दृष्टिकोण के निर्माण के प्रयत्न द्वारा 'उत्पत्ति मूलक संरचनावाद' के सिद्धान्त की स्थापना की, जो केवल साहित्य के समाजशास्त्र का सिद्धान्त न होकर संस्कृति के विभिन्न रूपों की

ऐतिहासिक सामाजिक विशिष्टता के विश्लेषण की पद्धति है। गोल्डमान के कृतित्व का केन्द्रीय सरोकार, साहित्य और समाजशास्त्र में निहित प्रमुख सैद्धान्तिक समस्या है। उन्होंने साहित्यिक कृति के सामाजिक स्वरूप को स्पष्ट करते हुए लिखा है कि "प्रत्येक कृति किसी लेखक की रचना होती है और वह लेखक के विचारों की अभिव्यक्ति करती है, लेकिन ये विचार उस वर्ग या समाज के दूसरे व्यक्तियों से प्रभावित होते है, जिसके सान्निध्य में लेखक रहता है। अर्थात् कोई भी साहित्यिक कृति सामूहिक चेतना या परावैयक्तिक चेतना की अभिव्यक्ति होती है और उसकी विश्वदृष्टि की संरचनाएँ लेखक स्वयं नहीं बनाता बल्कि उसके वर्ग के दूसरे व्यक्ति भी उस विश्वदृष्टि के निर्माण में सहयोगी होते हैं। एक वर्ग की पूर्णतम सम्भावित चेतना ही उस विश्वदृष्टि का निर्माण करती है, जिसकी अभिव्यक्ति धर्म, कला और साहित्य में होती है।"[16]

विश्वदृष्टि की अवधारणा गोल्डमान के साहित्य के समाजशास्त्र का आधार है। उन्होंने रचना के स्तर पर विश्वदृष्टि का विश्लेषण करने से पूर्व उसकी पूरी प्रक्रिया का विश्लेषण किया कि किस प्रकार लेखक व्यक्ति रूप में किसी न किसी समूह की इकाई होता है और समूह की सामाजिक गतिविधियाँ अपने सदस्यों की चेतना जैसी 'मानसिक संरचनाओं' को जन्म देती है। जो व्यक्ति की गतिविधियों को नियन्त्रित करती हैं कला एवं सामाजिक जीवन का सम्बन्ध कलाकृति की किसी विषयवस्तु में निहित नहीं होता। उसमें उस जीवन से सम्बन्धित घटनाओं और विशेषताओं का विवरण होता है। वे लिखते हैं—"साहित्यिक रचना सच्ची और वास्तविक समष्टि चेतना का प्रतिबिम्ब मात्र नहीं है। वह अत्यधिक विकसित सामंजस्य के स्तर पर इस या उस समूह की चेतना के अनुकूल प्रवृत्तियों का प्रतिफल होती है और इस चेतना को गतिशील सच्चाई मानना होगा।"[17] गोल्डमान कला और सामाजिक जीवन के सम्बन्ध में एक सामूहिक विषय की कल्पना करते हैं। यह सामूहिक विषय उन मानसिक संरचनाओं से निर्मित होता है जो किसी समूह के सदस्यों की आपसी क्रिया–प्रतिक्रिया में बनती हैं। ये मानसिक संरचनाएँ ही 'विश्वदृष्टि' का निर्माण करती हैं। यही विश्वदृष्टि विचारों आकांक्षाओं और भावनाओं का ऐसा तन्त्र है जो समाज में रहने वाले वर्ग विशेष के सदस्यों को परस्पर सहबद्ध करता है। 'विश्वदृष्टि' विचारों का पूर्ण तन्त्र जैसे बुद्धिवाद, अनुभववाद, मार्क्सवाद—कुछ असाधारण व्यक्तियों और लेखकों

द्वारा प्रदान की जाती है। यह सम्पूर्ण जीवन को अभिव्यक्त करती है और उसमें विशिष्ट समाज–समूह और वर्ग की चेतना समाहित होती है।''[18]

इन विश्वदृष्टियों की संख्या पर्याप्त सीमित है ''उन वर्गों से भी ज्यादा सीमित जो इतिहास में देखने को मिलते हैं।''[19] इस अवधारणा ने गोल्डमान के समक्ष यह स्पष्ट कर दिया कि विश्व दृष्टि के कुछ प्रारूप जैसे कि 'त्रासद दृष्टि' बार–बार क्यों घटित होती है। इससे उन्होंने यह संकेत ग्रहण किया कि विश्वदृष्टियों के वर्गीकरण की सम्भावना एक महत्त्वपूर्ण पक्ष है।''[20]

गोल्डमान ने 1960 के लगभग समकालीन साहित्य और कला पर ध्यान दिया और उन्होंने पूँजीवादी समाज में कला और साहित्य की वास्तविक स्थिति पर विचार किया। उन्होंने पूँजीवाद के विकास के साथ उपन्यास के स्वरूप को इतिहास से जोड़ा। उन्होंने पूँजीवाद को तीन अवस्थाओं– उदार पूँजीवाद (उन्नीसवीं सदी के मध्य से 1910 तक), संकटग्रस्त पूँजीवाद (1910–1945) और उपभोक्ता पूँजीवाद (1945 से अब तक) में बाँट कर उपन्यास का समाजशास्त्रीय विवेचन किया। गोल्डमान के द्वारा साहित्यिक कृति का संरचनात्मक विश्लेषण किया गया। उनके विश्लेषण की पद्धति रूपवादी संरचनावादी विचारकों से भिन्न है। उन्होंने समग्रता की पद्धति को अपनाया। समग्रता के दो पक्ष हैं– संरचनात्मक और ऐतिहासिक। गोल्डमान के सामने समाजशास्त्रीय विश्लेषण की दोनों पद्धतियाँ–अनुभववादी और आलोचनात्मक समाजशास्त्रीय थीं। उन्होंने समग्रता की पद्धति द्वारा दोनों का विरोध किया और कृति के विभिन्न पक्ष के वर्णन, उसकी आन्तरिकता के बोध और इतिहास प्रक्रिया से उसके सम्बन्ध की व्याख्या को महत्त्व दिया। गोल्डमान ने कृति की संरचनात्मक एकता और सुसंगति पर इतना जोर दिया कि विश्लेषण में उसके आन्तरिक संसार की जटिलता, विविधता और समृद्धि की ओर ध्यान नहीं दिया। गोल्डमान में आत्मालोचन की प्रवृत्ति थी। अतः अपनी आलोचनात्मक पद्धति की न्यूनताओं का ज्ञान उन्हें था। उन्होंने अपनी आलोचनाओं को स्वीकार भी किया और अपनी पद्धति को परिष्कृत करने का प्रयास भी, अपने निबन्ध 'साहित्य में आलोचना और कट्टरपन्थ' में उन्होंने अपनी विश्लेषण पद्धति की अनेक सीमाओं को स्वीकार किया।

द्वितीय महायुद्ध के बाद इंग्लैंड में संस्कृति और उसके विभिन्न पक्षों पर विचार करने वाले चिन्तकों में रेमंड विलियम्स का नाम प्रमुख है। रेमंड विलियम्स ने समकालीन ब्रिटिश समाज और समस्याओं पर विस्तार से लिखा। इसके लिए उन्होंने विविध साहित्यिक विधाओं को ग्रहण किया।

उन्होंने अपने विचारों की अभिव्यक्ति तीन उपन्यासों, निबन्ध तथा नाटकों के माध्यम से की। उन्होंने अपने पूर्ववर्ती मैथ्यू आर्नल्ड (कल्चर एंड एनार्की) टी.एस. इलियट (नोट्स टुवर्ड्स द डेफिनेशन ऑफ़ कल्चर) और एफ.आर. लीविस की संस्कृति सम्बन्धी मान्यताओं का खण्डन 'दी लांग रेवोल्यूशन' (1961) में करते हुए सम्पूर्ण सांस्कृतिक प्रक्रिया को लोकतन्त्र और समाजवाद की ओर बढ़ाने की अनिवार्यता को स्पष्ट किया। विलियम्स ने परम्परा को चुनौती देकर उपन्यासों का नया मूल्यांकन करते हुए परम्परा की दूसरी धारणा प्रस्तुत की। विलियम्स को विरासत में अंग्रेज़ी की तीन धाराएँ मिली थीं। 1. स्वच्छन्दतावादी कवियों का साहित्य चिन्तन 2. आर्नल्ड, इलियट और लीविस की आलोचना परम्परा 3. अंग्रेज़ी की मार्क्सवादी धारा का साहित्य। इसके अतिरिक्त अंग्रेज़ी परम्परा का स्थानीयता और सीमाओं से मुक्त होना भी, रेमंड को मिली चुनौतियों में से एक थी। इसके लिए यूरोप के अन्य देशों में विकसित संस्कृति और समाजशास्त्र की चिन्तनधाराओं से विमर्श करना ज़रूरी था। रेमंड विलियम्स ने विवाद और संवाद की व्यापक प्रक्रिया चलाकर संस्कृति और साहित्य का अपना समाजशास्त्र निर्मित किया।

विलियम्स के लेखन पर एफ.आर. लीविस के लेखन एवं विचारों का गहरा प्रभाव पड़ा। उन्होंने लीविस की तरह ही संस्कृति और साहित्य के विवेचन में विचार से अधिक अनुभव को महत्त्व दिया, वर्ग की जगह समुदाय को मूल्यों और अर्थों का मूल स्रोत माना। आगे चलकर उन पर जॉर्ज लूकाच, गोल्डमान, अन्तोनियो ग्राम्शी के विचारों का भी प्रभाव पड़ा और उनकी संस्कृति सम्बन्धी मान्यताएँ परिवर्तित हुईं। उन्होंने 'सांस्कृतिक भौतिकवाद' के सिद्धान्त की स्थापना की, जिसके अनुसार संस्कृति न तो मूल्यों की आदर्श व्यवस्था है और न पूर्णता की तलाश। वह न केवल श्रम का फल है, न विश्राम की उपज, वह न तो समाज की आर्थिक, राजनीतिक क्रियाओं का प्रतिबिम्ब है और न कुछ प्रतिभाशाली व्यक्तियों की रचना। समाज में संस्कृति वैसा ही आधारभूत व्यवहार है जैसा आर्थिक या राजनीतिक व्यवहार। 'संस्कृति' शीर्षक पुस्तक में रेमंड विलियम्स ने 'संस्कृति को सार्थकता' की ऐसी व्यवस्था कहा है, जिसके माध्यम से सामाजिक व्यवस्था का अनुभव, सम्प्रेषण पुनरुत्पादन और अनुसन्धान सम्भव होता है। 1986 के एक लेख में उन्होंने संस्कृति के प्रति अपने समाजशास्त्रीय दृष्टिकोण का नवीनतम रूप प्रस्तुत करते हुए लिखा, "संस्कृति के सिद्धान्त का सर्वोत्तम

रूप तब सामने आता है, जब वह ऐतिहासिक रूप से विकसित विभिन्न प्रकार की मानवीय क्रियाओं के पारस्परिक सम्बन्धों पर ध्यान केन्द्रित करता है और ऐतिहासिक स्थितियों के बीच उन सम्बन्धों के गतिशील और विशिष्ट रूप की खोज करता है। ऐतिहासिक परिस्थितियाँ स्वयं व्यवहार के माध्यम से बदलती रहती हैं और उनमें नये–नये परिवर्तनों की सम्भावनाएँ भी छिपी रहती हैं। संस्कृति का कोई भी सिद्धान्त सम्बन्धों के विशिष्ट और परिवर्तनशील सम्बन्धों की व्याख्या का सिद्धान्त बनकर ही महत्त्वपूर्ण हो सकता है, न कि एक ओर कला–व्यवहारों को समेटने का प्रयास करने वाला अमूर्तन पर आधारित कला–सिद्धान्त और दूसरी ओर इसके विकल्प के रूप में एक सर्वग्रासी सामाजिक सिद्धान्त।''[21] ''इन शब्दों में रेमंड विलियम्स संस्कृति की एक ऐसी समाजशास्त्रीय दृष्टि विकसित करते दिखायी देते हैं जो ऐतिहासिक, द्वन्द्वात्मक और समग्रतावादी है।

अपनी पुस्तक 'लांग रिवोल्यूशन' में रेमंड विलियम्स ने संस्कृति के समाजशास्त्र की केन्द्रीय धारणा 'अनुभूति की संरचना' की व्याख्या की है। उनके अनुसार, "संरचना से जहाँ सुनिश्चित रूप का बोध होता है वहीं अनुभूति कला के अनुभव पक्ष की ओर संकेत करती है। एक तरह से अनुभूति की इस संरचना को एक काल की संस्कृति भी कहा जा सकता है। चूँकि कला में ही अनुभूति की संरचना पायी जाती है, इसलिए काल के समाज को जानने में कला का महत्त्व बढ़ जाता है।''[22] समाज से साहित्य के सम्बन्ध विवेचन में इस धारणा का महत्त्व स्थापित करते हुए उन्होंने लिखा है कि ''काल विशेष के साहित्य से उस समय की लोकप्रिय अनुभूति की संरचना के सम्बन्धों की खोज ज़रूरी है। इस स्तर पर किसी संस्कृति के भीतर के वास्तविक सम्बन्ध प्रकट होते हैं। इस प्रसंग में उन्होंने महत्त्वपूर्ण रचनाओं के साथ–साथ लोकप्रिय रचनाओं की अनुभूति की संरचना के विश्लेषण पर भी जोर दिया है।"[23]

'मार्क्सवाद और साहित्य' नामक पुस्तक में रेमंड विलियम्स ने साहित्य विश्लेषण की प्रचलित समाजशास्त्रीय पद्धतियों से अपनी पद्धति की भिन्नता को स्पष्ट किया। वे अनुभूति की संरचना के सहारे रचना के वैयक्तिक, जीवन्त और आत्मपरक पक्षों की ओर संकेत करते हैं। साथ ही वे विचार से अधिक अनुभूति पर बल देते हैं, क्योंकि किसी भी रचना में वैयक्तिक की अभिव्यक्ति अनुभव और अनुभूति के स्तर पर ही होती है, विचार के स्तर पर नहीं।

इसी आधार पर वे मार्क्सवादी आलोचना पद्धति से भी असन्तुष्ट दिखायी पड़ते हैं, क्योंकि उसमें विश्वदृष्टि, विचारधारा अथवा वर्ग–दृष्टि की बात की जाती है और कृति के जीवन्त अनुभव–पक्ष पर से ध्यान हट जाता है।

'अनुभूति की अवधारणा' का व्यावहारिक रूप स्पष्ट करने के लिए रेमंड विलियम्स ने 'संस्कृति और समाज' में उन्नीसवीं सदी के कुछ महत्त्वपूर्ण उपन्यासों का विश्लेषण किया है। श्रीमती गॉस्केल, चार्ल्स डिकेंस और जॉर्ज इलियट के उपन्यासों की समाजशास्त्रीय आलोचना करते हुए उन्होंने निष्कर्ष निकाला कि इस युग के महत्त्वपूर्ण उपन्यासकारों ने बढ़ते पूँजीवाद के प्रभावों की आलोचना की है, लेकिन उस आलोचना से भी अधिक महत्त्वपूर्ण है उनसे उभर कर आने वाली अनुभूति की संरचना। इन उपन्यासों में पूँजीवाद से उत्पन्न प्रभावों का विश्लेषण है, उसकी आलोचना भी है, लेकिन साथ ही पूँजीवाद से दूर रहने की कोशिश भी है। पूँजीवाद से पीड़ित जनसमुदाय के साथ सहानुभूति वहाँ संघर्ष और कर्म करने की प्रेरणा नहीं देती, बल्कि उससे अलग रहने और आत्मलीन होने की स्थिति दिखायी देती है। अनुभूति की यह संरचना रचना के स्तर पर उस सन्तुलन में दिखायी देती है जिसमें एक ओर सामाजिक बुराई की पहचान है और दूसरी ओर उससे लड़ने के बजाय बचने की कोशिश। उपन्यास की आलोचना के अनन्तर रेमंड विलियम्स ने अनुभूति की अवधारणा से आगे यथार्थवाद की अवधारणा का भी उपयोग किया है। उन्होंने लिखा है कि "जब मैं उपन्यास की यथार्थवादी परम्परा के बारे में बात करता हूँ तो मेरा आशय उन उपन्यासों से होता है, जिनमें व्यक्तियों के गुणों के माध्यम से समाज के जीवन की समग्र पद्धति के गुणों और विशेषताओं का सृजन और मूल्यांकन होता है। वार एंड पीस, मिडिल मार्च, दी रेनबो आदि जैसे उपन्यासों में यह विशेषता मिलती है।[24]

रेमंड विलियम्स की आलोचना पद्धति में भविष्योन्मुखी दृष्टि मिलती है। पैट्रिक पैरिडर ने लिखा है कि "मौरिस, वेलामी और वेल्स के बाद रेमंड विलियम्स हमारे एकमात्र यूटोपियन आलोचक हैं।"[25]

रचना, जिसकी सामग्री समाज से प्राप्त होती है, उसे मानवीय उत्पादन मानते हुए समाजशास्त्र का विकास हुआ। साहित्य की जो सामाजिकता निर्मित होती है, समाजशास्त्र में उसी का अध्ययन किया जाता है। पश्चिम में मादाम स्ताल से लेकर रेमंड विलियम्स ने साहित्य के समाजशास्त्र पर गहन बौद्धिक विमर्श किया और साहित्य के समाजशास्त्र को गम्भीर

अनुशासन के रूप में स्थापित किया। साहित्य की समाजशास्त्रीय आलोचना पर कार्ल मार्क्स (1818–83) और एंगेल्स (1820–95) के विचारों का गहरा प्रभाव पड़ा। 1848 में कम्युनिस्ट मेनिफेस्टो का प्रकाशन हुआ जिसमें मार्क्स ने लिखा, "उत्पादन प्रणाली में निरन्तर क्रान्तिकारी परिवर्तन, सभी सामाजिक अवस्थाओं में लगातार उथल–पुथल, शाश्वत अनिश्चयता और हलचल–ये चीज़ें पूँजीवाद युग को पहले के युगों से अलग करती हैं। सभी स्थिर और जड़ीभूत सम्बन्ध जिनके साथ प्राचीन और पूज्य पूर्वाग्रहों तथा मतों की एक श्रृंखला होती है, मिटा दिये जाते हैं। जो कुछ भी ठोस है, वह हवा में उड़ जाता है, जो कुछ पावन है वह भ्रष्ट हो जाता है और आखिरकार मनुष्य संजीदा नज़र से जीवन के वास्तविक हालातों को, मानव–मानव के आपसी सम्बन्धों को देखने के लिए मजबूर हो जाता है।"[26] समाज का भौतिक आधार स्वीकार करते हुए, मार्क्सवाद उसे वर्गों के इतिहास–रूप में रखकर देखता है और साहित्य में भी इसकी प्रतिच्छाया देखी जा सकती है।

मार्क्स–एंगेल्स और लेनिन ने साहित्य पर स्वतन्त्र विचार नहीं किया, लेकिन सजग सामाजिक विचारक के रूप में उन्होंने साहित्य चिन्तन को व्यापक स्तर पर प्रभावित किया। वी. क्रिलाव के अनुसार, "मार्क्स–एंगेल्स ने इस तथ्य की ओर ध्यान आकृष्ट किया कि वर्ग विशेष का सामाजिक जीवन और विचार कला में प्रतिबिम्बित होते हैं पर उनकी प्रक्रिया यान्त्रिक नहीं होती।"[27] साहित्य पर स्वतन्त्र विचार न प्रस्तुत करते हुए भी मार्क्स और एंगेल्स ने साहित्य की आधारभूमि तैयार करने का महत्त्वपूर्ण कार्य किया। मार्क्सवादी साहित्य–सिद्धान्त विकसित करने का काम उनके अनुयायियों पर आ पड़ा था। प्लेखानोव मार्क्सवाद से प्रभावित रूसी लेखक थे जिन्होंने आरम्भिक मार्क्सवादी साहित्यालोचना की कमजोरियाँ उभारकर दिखायीं। उन्होंने मार्क्स, कांट तथा तेन के बहुत से विचारों को ग्रहण किया। वे मानते थे कि "कला मुख्य रूप से 'सामाजिक जीवन' का प्रतिबिम्ब होती है कि कला का महत्त्व तभी होता है जब वह समाज के लिए महत्त्वपूर्ण क्रियाओं, भावनाओं और घटनाओं का निदर्शन करती है, उन्हें जाग्रत करती है या उन्हें सम्प्रेषित करती है।"[28] मार्क्सवाद के साहित्यिक समाजशास्त्र में प्लेखानोव ने इस सत्य की प्रतिष्ठा की कि बुर्जुआ प्रभुत्व के साथ महान साहित्य की कोई संगति नहीं है। जिसे बाद में जॉर्ज लूकाच ने यथावत स्वीकार कर लिया। वे लिखते हैं, "अपने जन्म, विकास, उत्थान–पतन में ऐतिहासिक

उपन्यास अनिवार्यतः आधुनिक युग के महान सामाजिक रूपान्तरणों का अनुसरण करता है।[29]

यद्यपि लूकाच ने साहित्य के समाजशास्त्रीय सिद्धान्तों पर अलग से कुछ नहीं लिखा, तब भी 'उपन्यास का समाजशास्त्र' शीर्षक पुस्तक में उन्होंने समाजवादी दृष्टि से साहित्य की आलोचना की है। वे समस्त साहित्य को किसी वर्ग, किसी विश्वदृष्टि के नज़रिये से ही लिखा हुआ मानते हैं। लूकाच का मूल विषय साहित्य पर उनके तमाम मार्क्सवादी लेखन की अन्तर्धारा के रूप में प्रवाहित है। वे वर्ग संरचना तथा सर्जनात्मक साहित्य के बीच एक यान्त्रिक सन्तर्सम्बन्ध को स्वीकार करते हैं। प्लेखानोव की तरह लूकाच भी समाजवाद के प्रति आस्था को कलाकार की रचनात्मकता की कसौटी मानते हैं। जो लेखक समाजवाद को नकारता है। भविष्य की ओर से आँखें मूँद लेता है, वर्तमान के सही मूल्यांकन का हर अवसर छोड़ देता है और विशुद्ध गतिहीन कला को छोड़कर और किसी भी प्रकार के सृजन की क्षमता खो बैठता है।''[30] लूकाच पुनर्जीवित यथार्थ समाजवादी यथार्थ में विश्वास करते हैं, उनके मत में "महान उपन्यासकर हमेशा 'होमर' के सच्चे पुत्र होते हैं। जिस समाज में वे रहते हैं, उसके जीवन और विकास को बाँटते और अनुभव करते हुए अपने संसार की अकाव्यात्मक प्रकृति को परास्त कर देते हैं। इस प्रकार ऐसे लेखक जो अपने वर्ग (बुर्जुआ वर्ग) की महत्त्वाकाक्षाओं में अब हिस्सा नहीं बँटा पाते और जो कामगर वर्ग तथा समाजवाद की तरफ़ से उदासीन होते हैं अपने आपको सामाजिक जीवन के तीव्र अनुभव से साफ़–साफ़ काट लेते हैं। अपने आपमें यह अनुभव ही अंकित किये जाने वाले संसार का निर्धारण करने वाले अनिवार्य सामाजिक तत्त्वों का उद्‌घाटन करने का एकमात्र साधन है।''[31]

साहित्य के समाजशास्त्रीय अध्ययन के अनन्तर लूकाच का अवदान महत्त्वपूर्ण है। लूकाच से पहले साहित्य और कला को मार्क्सवादी सम्प्रदाय में गौण माना जाता था। लूकाच मनुष्य की चेतना को समझने में साहित्य तथा कला के महत्त्व को गम्भीरता से रेखांकित करने के कारण महत्त्वपूर्ण हैं।

भारत में समाजशास्त्र का जन्म 1914 में कलकत्ता विश्वविद्यालय में इसके तत्कालीन कुलपति सर आशुतोष मुखर्जी की प्रेरणा से स्वदेशी आन्दोलन तथा रेनेसां के प्रतिफल के रूप में हुआ। यद्यपि साहित्यानुशीलन की परम्परा भारतीय साहित्य में बहुत पुराने समय अर्थात् संस्कृत काव्यशास्त्र

से चली आ रही है, लेकिन साहित्य की सामाजिक भूमिका का विवेचन विश्लेषण उसमें नहीं दिखायी देता, क्योंकि संस्कृत साहित्य अभिजन समाज तक ही सीमित रहकर व्यापक जनसमुदाय की चिन्ता से प्रायः रहित था। अतः "साहित्य चिन्तन की सामाजिक दृष्टि का विकास आधुनिक युग की देन है।"[32] आधुनिक युग के जिन भारतीय समाजशास्त्रियों के नाम उल्लेखनीय हैं, उनमें आनन्द कुमारस्वामी, डी.पी. मुखर्जी, राधाकमल मुखर्जी, डी.एन. मजूमदार, एन.के. बोस, पी.सी. जोशी और श्यामाचरण दुबे हैं। कलकत्ता विश्वविद्यालय और लखनऊ विश्वविद्यालय में समाजशास्त्र का अनुशासन विशेष रूप से विकसित हुआ।

राधाकमल मुखर्जी पर आनन्द कुमार स्वामी के भारतीय कला परम्परा पर 1906 से 1917 ई० तक किये गये अध्ययनों का प्रभाव था। अपनी पुस्तक में राधाकमल मुखर्जी ने यह प्रतिपादित करने का प्रयास किया कि कलात्मक और साहित्यिक क्रियाएँ आदर्शों और मूल्यों की अनुभूतियों पर आधारित होती हैं और इसका उद्‌गम स्थल समाज है। कला के समाजशास्त्रीय विश्लेषण के लिए मुखर्जी ने चार आधारों का उल्लेख किया है : (1) कलाकार की सामाजिक और वैचारिक पृष्ठभूमि का अध्ययन (2) वैयक्तिक रूप में कलाकार की मौलिक या महत्त्वपूर्ण उपलब्धि और कला की परम्परा (3) कला के रूप विचार, विषय का यथार्थ, सामाजिक, ऐतिहासिक परिवेश के सम्बन्ध में विश्लेषण (4) कला के लक्ष्य की स्वीकृति अथवा अप्रसिद्धि का विश्लेषण।

आनन्द कुमार स्वामी वे महत्त्वपूर्ण विचारक हैं जिन्होंने अपने परवर्ती कला–साहित्य चिन्तकों का मार्गदर्शन किया। परम्परा के चिन्तन के सन्दर्भ में स्वामी की रचनाओं का वही महत्त्व है जो आधुनिकता के सन्दर्भ में मार्क्स, मैक्स वेबर और ईमाइल दुर्खीम का माना जाता है। "आनन्द कुमार स्वामी को भारतीय नवजागरण का महान निर्माण कहा जा सकता है, जिसने उपनिवेश युग में भारत जब पाश्चात्य संस्कृति के भीषण आक्रमण का मुकाबला कर रहा था, तब कला, सौन्दर्यशास्त्र, संस्कृति, समाज और परम्परा के गहन निहितार्थों की खोज करते हुए ठोस शब्दों में भारतीय ज्ञान पद्धतियों के आयामों को दो टूक शैली में प्रस्तुत किया। एकमात्र कुमार स्वामी ही थे, जिन्होंने आधुनिक संस्कृति समाज और परम्परा के बुनियादी और बेहद बोधक्षम समीक्षण के मुक़ाबले कला और सौन्दर्यशास्त्र के सिद्धान्तों को उपस्थित किया।"[33]

कला चिन्तन में कुमार स्वामी ने सामूहिक अवचेतन की अवधारणा का प्रयोग किया। उनके अनुसार कला और साहित्य धर्म से भी गहरी चीज़ें हैं। अपने कालजयी रूप में क्लासिकल रूप में–कला और साहित्य कलाकार की व्यक्तिगत प्रतिभा के उत्पादन न होकर सामूहिक चेतन, अवचेतन या अचेतन के प्रतिबिम्ब होते हैं। कुमार स्वामी की दूसरी महत्त्वपूर्ण अवधारणा यह है कि लोककला साहित्य या पारम्परिक शास्त्रीय कला और साहित्य के प्रतीकों और यथार्थों के बीच कृत्रिम या 'आरबिट्रेरी' सम्बन्ध नहीं होता, जबकि आधुनिक (पूँजीवादी) कला और साहित्य में यथार्थ और प्रतीकों के बीच स्वाभाविक सम्बन्ध न होकर कृत्रिम या अलगाववादी सम्बन्ध या सातत्य होता है। उनकी तीसरी अवधारणा यह है कि लोककला, साहित्य या पारम्परिक साहित्य और कला (भारतीय रीतिकालीन कला और साहित्य के अपवाद को छोड़कर) एक ही साथ लक्ष्य और साधन–दोनों होते हैं, जबकि आधुनिक कला और साहित्य केवल साधन होता है, जिसका दुरुपयोग हो सकता है, जबकि लोककला, लोक साहित्य या पारम्परिक शास्त्रीय कला साहित्य एक ही साथ सामूहिक अवचेतन की अभिव्यक्ति का साधन और साध्य दोनों हैं।

अपनी इन धारणाओं के आधार पर कुमार स्वामी ने परम्परा का एक विमर्श बनाया है जो भारतीय कला और साहित्य के विवेचन–विश्लेषण में बहुत महत्त्वपूर्ण है। शोषण और अत्याचार की परम्परा में कुमार स्वामी परम्परा की सीमाओं का विश्लेषण करते हैं। उनके अनुसार भारत में आर्थिक और राजनीतिक रूप से परम्परा की अपनी सीमाएँ थीं, पर रीतिकालीन अपवाद को छोड़कर पारम्परिक साहित्य और कला की साधना के द्वारा जो चेतना और मूल्य विकसित हुए, वे यथार्थ की संरचना से सम्बद्ध होते हुए भी सापेक्षिक रूप से काफी हद तक स्वायत्त थे और यथार्थ के नियमन के लिए वैकल्पिक क्रियाओं, आन्दोलनों एवं संस्थाओं को बल प्रदान करते थे। कुमार स्वामी ने देशी पूर्वग्रह पर बल दिया और भारतीय इतिहास पर पुनर्विचार का आग्रह किया। इस आग्रह द्वारा वे उपनिवेशवाद के गहन समय में उत्तर उपनिवेशवादी दृष्टिकोण प्रस्तुत करते हैं। यह अपनी परम्परा के सर्वोत्तम को पाने का सोचा–समझा प्रयास है।

संस्कृति कला और साहित्य के समाजशास्त्र के विकास की परम्परा में धूर्जटि प्रसाद मुखर्जी की पुस्तक 'डाइवर्सिटीज़' का स्थान अन्यतम है।

इस पुस्तक की भूमिका में उन्होंने लिखा है–''मेरी दस पुस्तकें बँगला में और नौ अंग्रेज़ी में प्रकाशित हैं। बंगाल में मुझे साहित्य और संगीत का प्रेमी माना जाता है और देश के दूसरे भाग में समाजशास्त्री तथा अर्थशास्त्री।''[34] पुस्तक में चोखेर बाली, नौका डूबी, गोरा, घरे बाइरे जैसे टैगोर के उपन्यासों और कहानियों, प्रेमचन्द, निराला, यशपाल, भगवतीचरण वर्मा, अज्ञेय, जैनेन्द्र, इलाचन्द्र जोशी, उपेन्द्रनाथ अश्क, अमृतलाल नागर और हज़ारी प्रसाद द्विवेदी, नगेन्द्र, रामविलास शर्मा आदि के साहित्य पर विचार विमर्श किया है। उनके अनुसार, ''मुझे व्यापक सन्दर्भों में सोचने की दीक्षा मिली है। इसलिए मैं ब्योरों की बारीकियों पर ध्यान रखते हुए भी समग्रता की उपेक्षा नहीं कर पाता। तात्पर्य यह है कि मैं पेड़ों को गिनते समय जंगल के समग्र रूप को भी ध्यान में रखता हूँ। मेरे अध्यापकों, मित्रों और साथियों ने चिन्तन की व्यापकता पर जोर देना सिखाया है, इसलिए मैं समग्रतावादी दृष्टि का आदी बन गया हूँ। मैंने आरम्भ से ही समाज विज्ञानों की एकता पर जोर दिया है।" डी.पी. मुखर्जी मानव जीवन के विभिन्न पक्ष और मानवीय सृजन के विभिन्न रूपों के बीच अन्तःसबन्ध की पहचान करते हैं। वे समाज को समग्र दृष्टि से देखने के पक्षधर हैं, जिस पर मार्क्स के दृष्टिकोण का प्रभाव है। मार्क्स ने लिखा है–"भौतिक उपादान की विशिष्ट पद्धति से एक ओर समाज की विशिष्ट संरचना का विकास होता है और दूसरी ओर मनुष्य का प्रकृति से विशेष प्रकार का सम्बन्ध भी बनता है। इन दोनों से राज्य तथा मनुष्य की चेतना का रूप निर्धारित होता है और उनके मानसिक उपादानों का स्वरूप भी निर्मित होता है।"[35] मुखर्जी ने समाजशास्त्र से भारतीय समाज–परम्परा और मनुष्य को जोड़ने का प्रयास किया है। वे भारतीय जीवन, परम्परा, संस्कारों से अच्छी तरह परिचित हैं और इसी परिचिति का आग्रह वे समाजशास्त्रियों से भी करते हैं। "मुझे यह कहते हुए दुख हो रहा है कि भारतीय समाजशास्त्री बिना किसी विवेक और आत्मसम्मान के तथाकथित आधुनिक वैज्ञानिक तकनीकों को अपना रहे हैं। ऐसा लगता है कि जैसे न हमारी कोई अपनी ज़मीन है और न देने के लिए कोई विचार।''[36] वे मूल्य चेतना सम्पन्न ऐतिहासिक दृष्टि से परम्परा के अध्ययन को महत्त्व देते हैं। वे समाजशास्त्र को परम्पराओं का अध्ययन मानते हैं, जिसमें प्रतीकों का अध्ययन विशेष महत्त्व रखता है। उन्होंने संस्कृति और कला का समाजशास्त्र विकसित करने का प्रयास किया।

'सामाजिक परिवर्तन और बौद्धिक दिलचस्पी' (1956) शीर्षक लेख में उन्होंने भारतीय कला की समकालीन स्थितियों का विश्लेषण किया है। कलाओं पर समाजशास्त्रीय दृष्टि से विचार करते हुए उसकी अन्तर्वस्तु और रचना–पद्धति के वैशिष्ट्य पर ध्यान देना आवश्यक है। वे साहित्य परिवर्तन के अनेक रूपों को उनकी व्यापकता और गहराई के आधार पर अलग–अलग करके देखते हैं। उनका कहना है कि अगर कला की अन्तर्वस्तु और रूप में परिवर्तन समाज से प्रभावित होता है तो दोनों स्तरों पर सामाजिक परिवर्तन के प्रभाव की खोज आवश्यक है। वे कला की चेतना और रूप के स्तर पर सामाजिक परिवर्तनों की अभिव्यक्ति के विश्लेषण की आवश्यकता को महत्त्व देते हैं।

मुखर्जी ने 'कथा साहित्य में सामाजिक समस्याएँ' शीर्षक लेख में उपन्यास के समाजशास्त्र पर विचार किया है। वे आधुनिक उपन्यास को समकालीन जीवन शैली और अर्थवत्ता से जोड़कर देखते हैं, इसके लिए वे टैगोर के उपन्यासों 'गोरा' और 'घरे बाइरे' का दृष्टान्त देते हैं। उनके अनुसार संरचना की दृष्टि से उपन्यास दो प्रकार के होते हैं– सुनियोजित और अनियोजित। सुनियोजित उपन्यासों में उपन्यास की सम्पूर्ण संरचना बनी–बनायी होती है, लेकिन उपन्यास की रचना के दौरान प्रायः पूर्व निर्धारित योजनाएँ बदल जाती हैं। ऐसे उपन्यासों में चरित्र और स्थितियाँ पूर्व निर्धारित होती हैं। इसलिए कई बार उपन्यास की पूरी संरचना में संगति का अभाव भी दिखायी देता है। दूसरी प्रकार के अर्थात् अनियोजित संरचना वाले उपन्यासों में रचनाकार का हस्तक्षेप बहुत कम होता है। इनमें चरित्र और घटनाओं का विकास स्वाभाविक गति से होता है। स्थितियाँ और तथ्य कथानक में जीवन जैसे ही होते हैं। वे ऊपरी तौर पर एक दूसरे से असम्बद्ध होते हैं, लेकिन भीतर से जुड़े हुए। दोनों ही प्रकार के उपन्यास अपनी–अपनी सार्थकता लिये हुए होते हैं। आज के सन्दर्भ में, मुखर्जी समस्यामूलक उपन्यासों को ही सार्थक मानते हैं, जिनकी अन्तर्वस्तु सामाजिक होती है। उपन्यास में रूप और अन्तर्वस्तु के स्तर पर सामाजिक प्रक्रिया की अभिव्यक्ति होती है, समाज की नहीं और सामाजिक प्रक्रिया द्वन्द्वात्मक होती है, इसलिए इसमें क़दम–क़दम पर समस्याओं का सामना करना पड़ता है।"[37]

'भारतीय साहित्य का समाजशास्त्र' (1950–52) शीर्षक निबन्ध में डी.पी. मुखर्जी ने बँगला, हिन्दी, उर्दू के आधुनिक साहित्य का ऐतिहासिक समाजशास्त्रीय विश्लेषण किया है, उनकी स्थापना है कि ''सम्पूर्ण भारतीय साहित्य के समाजशास्त्र के लिए उसे समग्र रूप में देखा जाना चाहिए।''[38] मुखर्जी मानववादी मार्क्सवाद में आस्था रखते हैं। वे भारतीय परम्परा की पहचान के लिए आनन्द कुमार स्वामी तथा राधाकमल मुखर्जी की परम्परा की अवधारणा को महत्त्वपूर्ण मानते हैं। मार्क्स के 'एशियाटिक मोड ऑफ़ प्रोडक्शन' को ख़ारिज करते हैं, लेकिन वे आधुनिक भारतीय संस्कृति तथा समकालीन सामाजिक परिवर्तन को समझने में मार्क्स के सिद्धान्तों का उपयोग अक्सर करते हैं। डॉ. रामविलास शर्मा से पहले डी.पी. मुखर्जी अकेले मार्क्सवादी विचारक हैं। उनकी पुस्तक 'डाइवर्सिटीज' तथा 'भारतीय संस्कृति का समाजशास्त्र समाज और साहित्य को समझने की दृष्टि से युगान्तकारी काम है।

पूरनचन्द्र जोशी–साहित्य का समाजशास्त्रीय विवेचन करने वाले 'लखनऊ स्कूल के महत्त्वपूर्ण चिन्तक हैं। 1960 तक तो 'लखनऊ समाजशास्त्र' की मूल प्रवृत्तियों की भारत में उपेक्षा की जाती रही, लेकिन 1970 के दशक में फ्रांसीसी संरचनावाद से जुड़े लुई डूमो की पुस्तकों के अंग्रेज़ी अनुवादों से भारतीय साहित्य, कला और संस्कृति के विषयों पर अंग्रेज़ी में प्रकाशित समाजशास्त्रीय पत्रिकाओं में लेखों की संख्या बढ़ने लगी। अब ज्ञान, संस्कृति और प्रतीकों के समाजशास्त्र की परम्परा विकसित हुई, जिसमें संस्कृत साहित्य के विश्लेषण की नयी परम्परा भारतीय धर्म तथा संस्कृति की परम्परा को समझने में प्रयुक्त की जाने लगी। जे.पी. एस. ओबेराय, ए.के सरण. सी.एन. वेणुगोपाल, वीणा दास, वैद्यनाथ सरस्वती, टी.एन. मदान, लुई डूमो, डीस्टर मैन, मिल्टन सिंगर, मैकिम मैरियर, रोनाल्ड इंडेन और पी.सी. जोशी लेख, साहित्य और कला के आधार पर प्राचीन एवं मध्यकालीन भारतीय समाज और संस्कृति के अध्ययनों को गुणात्मक रूप से 1970 के बाद के दशक से लगातार बदल रहे हैं। इस दिशा में पी.सी. जोशी के लेखों का संग्रह 'परिवर्तन और विकास के सांस्कृतिक आयाम' (1987) को विशेष तौर पर देखा जा सकता है। पूरनचन्द्र जोशी ने लखनऊ स्कूल की समाजशास्त्रीय चिन्तन की मुख्य विशेषताओं के बारे में लिखा है–''मूल्यों और नैतिकता के माध्यम से समाजशास्त्र और संस्कृति के बीच अटूट सम्बन्ध स्थापित होता है।

संस्कृति–चेता न होने पर समाजशास्त्र मूल्यहीन या मूल्यनिरपेक्ष होने लगता है और इस तरह वह दिशाहीन ही नहीं अमानवीय भी हो जाता है। इसी तरह संस्कृतिकर्मियों को सामाजिक प्रक्रिया में गहरी अन्तर्दृष्टि समाजशास्त्र से ही मिलती है। इस सन्दर्भ में संस्कृतिकर्मियों और समाजशास्त्रीय के बीच संवाद दोनों के लिए लाभकारी है। आज के भारत में मूल्यों के ह्रास के सामाजिक कारणों को समझने के लिए और स्वार्थपरक जगत में मूल्यचेतना जगाने के लिए यह संवाद एक आवश्यक शर्त है।''[39]

पी.सी. जोशी के लिए समाजशास्त्र, समकालीन भारतीय समाज और संस्कृति तथा मनुष्य की वास्तविक दशाओं तथा सम्भावनाओं को समझने–समझाने का एक साधन है। वे समाजशास्त्रीय विश्लेषण पद्धति से साहित्य की व्याख्या करते हैं। उनकी पुस्तक के निबन्धों में प्रेमचन्द की रचनाशीलता के ऐतिहासिक सन्दर्भ और उनकी कला के सामाजिक मूल्य की व्याख्या और विश्लेषण हैं। उन्होंने भारत की किसान समस्या को केन्द्र में रखकर प्रेमचन्द और उनके प्रतिनिधि उपन्यास 'गोदान' का मूल्यांकन किया है। वे लिखते हैं, ''सम्पूर्ण भारतीय साहित्य में यदि कोई एक ऐसा नाम उल्लेखनीय है जिसने साहित्यिक संवेदनशीलता को इतिहास बोध से मिलाकर उच्चकोटि के उपन्यास सृजन में अभूतपूर्व सफलता प्राप्त की, तो वह नाम मुंशी प्रेमचन्द का है।''[40]

प्रेमचन्द का पुनर्मूल्यांकन करते हुए उनका कहना है– ''किसान समस्या से जुड़ी सामाजिक प्रक्रियाएँ आज उच्चतर स्तर पर साहित्यिक कलात्मक सृजन की कुछ ऐसी ही उत्तेजक ऐतिहासिक पृष्ठभूमि प्रस्तुत कर रही हैं– जैसे औपनिवेशिक सन्दर्भ में उन्होंने साहित्य जगत में प्रेमचन्द के आविर्भाव काल में प्रस्तुत की थीं। आज भी एक ओर बाह्य भौतिक जगत में पारम्परिक भूमि सम्बन्ध और अर्थव्यवस्था के विघटन और पूँजीवादी उभार से जुड़े हुए संरचनात्मक और वर्गपरिवर्तनों से उत्पन्न सामाजिक अशान्ति तथा उद्वेलन में और दूसरी ओर स्थापित मूल्यों, मान्यताओं और दर्शन सम्बन्धी मन्थन, द्वन्द्व और संकट की प्रक्रियाओं के अभूतपूर्व टकराव और गत्वरता से उत्पन्न परिस्थिति में कुछ नये और महत् सामाजिक प्रश्न किसान समस्या को लेकर उठ रहे हैं।''[41] पी.सी. जोशी ने आज की किसान समस्या और भारतीय समाज–व्यवस्था के सन्दर्भ में प्रेमचन्द का पुनर्मूल्यांकन कर प्रेमचन्द की रचनाशीलता के ऐतिहासिक महत्त्व एवं समसामयिक अर्थवत्ता को स्पष्ट किया है।

उन्होंने प्रेमचन्द के बारे में लिखा है–"अत्यन्त प्राचीन ग्रामीण व्यवस्था से उखड़े हुए भारतीय किसान की त्रासदी को प्रेमचन्द ने ऐसी मार्मिकता, गहराई और अनुभूति की तीव्रता के साथ पकड़ा जिसकी मिसाल किसी भी ऐतिहासिक रचना में नहीं मिलती। प्रेमचन्द की रचनाओं में औपनिवेशिक किसान एक प्रमुख नाटकीय व्यक्तित्व के रूप में उभरता है जो एक ओर औपनिवेशिक भारत की परिस्थितियों में उनकी गहरी ऐतिहासिक अन्तर्दृष्टि और साहित्यिक कल्पनाशीलता की विरल प्रतिभा की देन है। साहित्यिक कल्पनाशीलता और इतिहासबोध यही वे दो गुण हैं जो एक होकर प्रेमचन्द के गोदान में औपनिवेशिक किसान के व्यक्तीकरण के रूप में होरी जैसे अमर किन्तु त्रासद चरित्र की रचना करते हैं।"[42]

मनुष्य के सांस्कृतिक, मनोवैज्ञानिक आयामों को सामने रख सामाजिक और आर्थिक विकास को मानवीय आधार देने वाले समाजशास्त्रियों में डॉ. श्यामाचरण दुबे महत्त्वपूर्ण हैं, उनकी तीन पुस्तकें हैं– 'मानव और संस्कृति', 'परम्परा और इतिहासबोध' और 'संस्कृति तथा शिक्षा, समाज और भविष्य।' वे आधुनिकीकरण पर विचार करते हुए लिखते हैं, ''यह व्यवस्था एक तार्किक और वैज्ञानिक विश्वदृष्टि आर्थिक वृद्धि तथा विज्ञान और तकनीक के अधिकाधिक उपयोग पर आधारित है। आधुनिकीकृत व्यक्तित्व और सामाजिक परिवेश के बीच ताल मेल की कमी से कठिन असन्तुलन उत्पन्न हो सकता है। इसलिए व्यक्तित्व, संस्कृति और सामाजिक व्यवस्थाओं में परिवर्तनों में सामंजस्य और अन्तःसम्बन्ध अनिवार्य है।''[43] सामाजिक विकास की प्रक्रिया के अनन्तर वे मानव की सांस्कृतिक और कलात्मक चेतना की महत्ता पर बराबर बल देते हैं। उनका कहना है, "मानव जीवन का सौन्दर्यात्मक पक्ष भी महत्त्वपूर्ण है। प्रागैतिहासिक मानव भी नृत्य और संगीत में सन्तुष्टि अनुभव करते थे। वे अपने पीछे महत्त्वपूर्ण गुफाचित्र छोड़ गये हैं। इनमें से बहुत से तात्कालिक वातावरण से बाहर की चीज़ों का चित्रण करते हैं और बिम्बों तथा सृजनात्मकता के स्वतन्त्र उपयोग का संकेत देते हैं। दिन–प्रतिदिन के काम में आने वाली विभिन्न वस्तुएँ सौन्दर्य और उपयोग दोनों ही विशेषताएँ रखती थीं। आरम्भिक हस्तकला के शिल्पी आकार, रंग और संरूप के प्रति संवेदनशील थे। चित्र और प्रतिमाएँ जो काफी पुरानी हैं, सौन्दर्य और सृजन की उत्कट इच्छा का प्रमाण देती हैं.....।''[44] आगे वे परम्परा के साथ–साथ सृजनात्मकता का महत्त्व बताते हुए कहते हैं,

"मानव जीवन में परम्परा को महत्त्वपूर्ण अवयव मानते हुए भी हमें सृजनात्मक और नवाचार से जुड़े मूल्य की उपेक्षा नहीं करनी चाहिए (हालाँकि कुछ विशेष परिस्थितियों में इनके साथ दण्ड भी जुड़े होते हैं)। हम लोग संस्कृति का निर्माण करने वाले प्राणी हैं। संस्कृति एक अत्यन्त उत्कृष्ट अनुकूलनपरक और समस्या का समाधान करने वाला उपकरण है। इसने जीवन को एक ही साथ सरल और अत्यन्त जटिल बना दिया है।''[45]

श्यामाचरण दुबे ने समाजशास्त्र पर आधुनिकता और परम्परा दोनों दृष्टियों से कार्य किया। उनकी मान्यता है कि "साहित्य का मुहावरा समाजविज्ञान के मुहावरे से भिन्न होता है, पर दोनों एक ही यथार्थ पर पहुँचने की कोशिश में रहते हैं। साहित्यिक रचनाएँ सामाजिक दस्तावेज़ भी हो सकती हैं।[46]

उनके शिष्य एवं प्रसिद्ध समाजशास्त्री योगेश अटल ने लिखा है– ''नये समाज की स्थापना के लिए पुराने समाज की संस्थाओं और मूल्यों को ध्वंस नहीं किया जा सकता। अपने लेखों में दुबे जी ने न तो परम्परा को तिलांजलि देने का दुराग्रह किया है न ही आधुनिकता को अवांछित मानकर उस पर असंगत प्रहार।''[47]

श्यामाचरण दुबे हिन्दी भाषियों को समाजशास्त्र से परिचित और समाजविज्ञानों को सर्वग्राह्य बनाना चाहते थे। विश्वविद्यालयों की पाठ्य सामग्री के बारे में उन्होंने कहा था, "अपेक्षित यह है कि समाजशास्त्र की पाठ्यसामग्री, ऐसी तैयार की जाये कि जो भी समाजशास्त्रियों ने सीखा है वह साधारण से साधारण लोगों तक पहुँच सके।''[48] हिन्दी में मौलिक विचारकों की कमी को अनुभव किया था, समाजशास्त्री होते हुए भी साहित्य में अपनी गहरी रुचि की ओर संकेत करते हुए उन्होंने लिखा था, "साहित्य किसी चोर दरवाज़े से मेरी ज़िन्दगी में आया और जम कर बैठ गया। सुख–दुख के इस साथी को मैंने कभी अपने से अलग करने की कोशिश नहीं की।''[49] उनके साहित्यानुशीलन ने जहाँ समाजशास्त्रीय कल्पना को एक प्रीतिकर विस्तार दिया, वहीं समाजशास्त्र को संस्कृति का एक नया आयाम मिला, लेकिन समाजशास्त्र के प्रमुख केन्द्रों द्वारा श्यामाचरण दुबे को अपेक्षित महत्ता नहीं मिली। समाजशास्त्री पी.सी. जोशी ने ''इस अस्वीकार' को विभिन्न महत् आग्रहों के अस्वीकार का इंगित या प्रतीक मात्र' माना है।

श्यामाचरण दुबे ने साहित्य की सामाजिक भूमिका की पक्षधरता मानवीय दृष्टि और सौन्दर्य–चेतना के साथ की। ''अतीत और वर्तमान के बीच

सन्तुलन तथा परम्परा और बदलते समय के मिजाज की चिन्ता, निरन्तरता और बदलाव के बीच का संवाद उनका मुख्य सरोकार रहा है। भारतीय ग्रामीण जीवन को उन्होंने तीसरी आँख से देखा है।"[50]

साहित्य की अन्तर्वस्तु के साथ–साथ उसके रूप की आलोचना भी समाजशास्त्रीय आलोचना का अनिवार्य पक्ष है। साहित्य की विभिन्न विधाओं की रूप के आधार पर आलोचना पश्चिम और पूर्व में विवेचना का विषय बनी रही है। चूँकि समाजशास्त्रीय आलोचना में सामाजिक परिवेश, आधार रचना के सामाजिक सम्बन्ध का विश्लेषण किया जाता था इसलिए इसे अन्तर्वस्तुवादी आलोचना मान लिया जाता है। इस आलोचना में कृति या रचना की अन्तर्वस्तु की पड़ताल ही की जाती है। रूप उपेक्षित रह जाता है। इस विषय पर बहस लम्बे समय से चली आ रही है, लेकिन साहित्य का कोई भी गम्भीर आलोचक हमेशा कला और साहित्य के विशिष्ट रूप की सामाजिकता के प्रति सजग रहता है। रेमंड विलियम्स ने लिखा है कि "कला और साहित्य में रूप सम्बन्धी परिवर्तन व्यापक सामाजिक परिवर्तन के द्योतक होते हैं। रूप सम्बन्धी आविष्कार एक ओर चेतना के परिवर्तन के प्रमाण हैं तो दूसरी ओर परिवर्तन और चेतना के मूर्त रूप भी हैं।"[51]

अपने निबन्ध 'आधुनिक नाटक का समाजशास्त्र' (1910) में जॉर्ज लूकाच ने नाटक की समाजशास्त्रीय आलोचना के अनन्तर साहित्यिक रूपों का वैचारिक आधार प्रस्तुत करते हुए कहा था– "साहित्य में रूप ही मूलतः सामाजिक होता है। वह सर्जक कलाकार और पाठक समुदाय के बीच वास्तविक सम्बन्ध का सच्चा सूत्र है।" इसी मान्यता का विकास उनकी पुस्तक 'उपन्यास के सिद्धान्त' में मिलता है। लूकाच के सहयोगी सिम्मेल ने रूप को अवधारणा पर विचार करते हुए उसमें ऐतिहासिकता का समावेश किया। उनके अनुसार "प्रत्येक रूप अनुभव का नया व्याकरण निर्मित करता है। रूप हमेशा ऐतिहासिक और सांस्कृतिक होता है, इसलिए वह सामाजिक होता है।"[52]

लूकाच ने रूप सम्बन्धी अवधारणा पर गहन विमर्श किया। वे रूप को जीवन के विभिन्न बिखरे हुए तत्त्वों की सार्थक संरचना मानते हैं, जिससे जीवन में संगति और संरचना आती है। उनके अनुसार रूप के दो स्तर हैं। पहले स्तर पर रूप को सार्थक संगति कहा जा सकता है और दूसरा स्तर साहित्यिक कृति में मिलता है। साहित्यिक कृति में मिलने वाला रूप दो प्रकार का होता है–पहला जो अन्तर्वस्तु में परिवर्तन के बावजूद स्थायी

रहता है और दूसरा जो अन्तर्वस्तु के साथ बदलता रहता है। जॉर्ज लूकाच 'साहित्य में रूप को सामाजिक और सौन्दर्यबोधीय दोनों मानते हैं।''[53] साहित्य जीवन के अनुभवों को संगठित और सुगठित करने की विशिष्ट पद्धति है और साहित्यिक विधा उस विशिष्ट संघटना का सैद्धान्तिक आधार और व्यावहारिक रूप है। विधा की धारणा साहित्य के केवल मनोवैज्ञानिक और सौन्दर्यबोधीय प्रयोजनों की ओर संकेत ही नहीं करती, वह कला के ज्ञानात्मक संस्थागत और राजनीतिक पक्षों को भी उजागर करती है।''[54] देश और काल की विशिष्ट चेतना से विधाएँ बनती हैं। एक लेखक की विचारधारा उसे साहित्य की किसी विशिष्ट विधा को चुनने में मदद करती है। साहित्यिक विधाएँ सामाजिक, राजनीतिक और सांस्कृतिक परिवर्तनों के साथ–साथ बदलती हैं, विकृत होती हैं, लुप्त होती हैं और नये रूपों में सामने भी आती हैं। इसी तरह लेखक का परिवेश, विचारधारा, सामाजिक–सांस्कृतिक दबाव उसे विधा सम्बन्धी चुनाव करने के लिए बाध्य या सहाय्य होते हैं। साहित्य का समाजशास्त्र इन दबावों की पड़ताल करता है। साथ ही विधाएँ समाज के इतिहास से गहरे स्तर पर प्रभावित होती हैं। सामाजिक इतिहास के साथ–साथ उनमें होने वाले परिवर्तनों से कुछ नयी साहित्यिक विधाएँ जन्म लेती हैं। कुछ विधाएँ इस प्रक्रिया में छूट या लुप्त हो जाती हैं। कभी दो विधाओं के मिश्रण से एक विधा बन जाती है और कभी पुरानी विधा ही नये रूप में आ जाती है, लेकिन इन सबके पीछे ऐतिहासिकता ही एकमात्र कारण नहीं होती। साहित्यिक विधाओं का अपना स्वतन्त्र स्वरूप विकसित होता है, ऐतिहासिकता उनके स्वरूप के वैशिष्ट्य का एक तत्त्व मात्र है। विधाएँ सामाजिक प्रक्रिया से अधिक सांस्कृतिक प्रक्रिया से प्रभावित होती हैं, साथ ही सर्जक साहित्यिक आलोचनाएँ नितान्त स्वतन्त्र और असम्बद्ध नहीं होतीं जैसे सामाजिक विकास ऐतिहासिक ढाँचे का निषेध नहीं कर सकता, उसी प्रकार साहित्य और उसकी व्याख्याएँ ऐतिहासिक बोध का निषेध नहीं कर सकतीं। साहित्य ही नहीं, वह दर्शन भी जो सत्य की तत्त्वबोधात्मक समस्याओं को सुलझाने की अपेक्षा जीवन और समाज को समस्याओं को हल करना चाहता है, इतिहास के भीतर सामाजिक शक्तियों की उथल–पुथल और तनावों की उपेक्षा नहीं कर सकता।''[55]

ऐतिहासिकता के साथ साहित्य रूपों के सम्बन्ध को महाकाव्यों के माध्यम से सबसे अच्छी तरह स्पष्ट किया जा सकता है। महाकाव्य मौखिक संस्कृति का प्रमाण हैं जो बाद में आगे चलकर सामन्ती समाज में लिखित

रूप में विकसित हुए, लेकिन उनका मूलरूप गेय ही था। गण–व्यवस्था वाले समाज में, जिसमें मार्क्स के अनुसार, धीरे–धीरे एक ओर व्यक्तिगत गरिमा, उदारता, धार्मिक चेतना, पौरुष, साहस आदि मानवीय गुणों का विकास हो रहा था तो दूसरी ओर क्रूरता, धोखा, कट्टरता आदि प्रवृत्तियाँ भी पनप रही थीं। प्राकृतिक शक्तियों में आस्था के साथ–साथ अवतारवाद की भावना भी पनप रही थी। महाकाव्य गण समाज की इन सामाजिक सांस्कृतिक प्रवृत्तियों को अपने में समाहित कर उदात्त नायकों, अवतारवाद, परलोकवाद, अलौकिक सत्ता और शक्ति अभिशाप, वरदान आदि का संसार रचते थे। यह संसार गण समाजों के लिए पूरी तरह उपयुक्त था, जिसकी प्रासंगिकता सामन्ती युग के साथ–साथ समाप्त हो गयी।

सामन्ती युग में चरित–काव्यों की परम्परा का विकास हुआ। दमन, शोषण, प्रशंसा–स्तुति, आश्रयदाताओं के गुणगान के उस युग के लिए चरित–काव्य ही उपयुक्त विधा थी। इसी तरह प्रशस्ति काव्य का नायक भी कोई सामन्त या कोई देवता होता था। इस युग के "मनुष्य के सामने जीवन निर्वाह के साधनों की प्राप्ति में किसी उच्च मानवीय शक्ति का विश्वास रहा है और उस विश्वास ने ईश्वर की धारणा को जन्म दिया, जिसे प्रसन्न करने और ऐक्य स्थापित करने की लालसा (क्योंकि शक्ति और सार्थकता प्राप्त करना मनुष्य की एक मूलभूत वृत्ति है) से उच्च शक्ति के बीच कुछ सम्बन्धों की कल्पना की गयी, जिससे धर्म का स्वरूप विकसित हुआ।"[56] बाद में चलकर अपनी उत्पादन शक्ति के दौरान मनुष्य का अपने ऊपर अधिकाधिक विश्वास बढ़ता गया और "उसकी रचनात्मक प्रवृत्ति ने बिना किसी उच्च मानवीय शक्ति की सहायता के जीवन के अस्तित्व की सम्भावना दृढ़ कर दी। निश्चय ही यह एक दिन में और एक व्यक्ति की प्रतिभा से न होकर सम्पूर्ण मानवीय इतिहास की एकत्र होती हुई शक्ति के दबाव के फलस्वरूप हुआ।"[57]

जैसाकि पहले कहा जा चुका है कि सामाजिक इतिहास, संरचना और सम्बन्धों के लगातार बदलने से जहाँ महाकाव्य चरित और प्रशस्ति काव्य जैसी विधाएँ लुप्त हो गयीं वहीं नाटक जैसी विधा ने दूसरी साहित्यिक विधाओं की अपेक्षा अपना नैरन्तर्य बनाये रखा। नाटक की विधा किसी भी समाज से बहुत गहराई से सम्बद्ध होती है। वह सामाजिक जीवन की समग्रता का प्रतिरूप होती है। प्राचीन काल से लेकर अब तक यही एक

ऐसी विधा है जो निरन्तर विद्यमान है, बल्कि उसमें राजनीतिक, सांस्कृतिक परिवर्तनों के कारण नुक्कड़ नाटक जैसी विधा भी आकर जुड़ गयी है। प्राचीन काल के संस्कृत नाटकों से लेकर अब तक के नाटकों ने विकास की एक लम्बी यात्रा तय की है। सामन्ती काल में लिखे नाटक तत्कालीन वर्ण–व्यवस्था सामन्ती मूल्यों को चरित्र–चयन, संवाद, भाषा में अभिव्यक्त करते थे, वहीं भारतेन्दु के नाटक व्यवस्थागत अन्तर्विरोध, ब्रिटिश राज व्यवस्था पर व्यंग्य तथा सामान्य जन में चेतना की अभिव्यक्ति कर रहे थे। उन्होंने नाटक विधा को चुना, "शायद इसलिए कि वे समझते थे कि नवीन स्फूर्ति की अभिव्यक्ति गद्य रूपों में ही हो सकती थी।"[58] डॉ. नित्यानन्द तिवारी के विचार में, "भारतेन्दु के समय में पहली बार हमारा समाज विचार प्रक्रिया से परिचालित होने की तैयारी कर रहा था। अपनी संस्कृति के महत्त्वबोध का मूल्य सामाजिक स्तर पर कई विचार धाराओं को उत्पन्न करने में समर्थ हुआ। सामाजिक जीवन के भीतर से धार्मिक संस्कार (जो समूचे जीवन को रूपायित करने और उसकी आत्मा को निर्मित करने का मूल था) धीरे–धीरे शेष हो रहा था और उसके स्थान पर वैचारिक संस्कार का बीज पड़ गया था।"[59]

इसी वैचारिक संस्कार के फलस्वरूप नवजागरण काल में हिन्दी निबन्ध विधा अस्तित्व में आयी। यूरोप में इसका विकास पुनर्जागरण काल में हुआ था। हिन्दी नवजागरण काल अर्थात भारतेन्दु युग में हिन्दी निबन्ध विविध रूपों और ताज़गी के साथ आया। भारतेन्दुमण्डल के सभी लेखक प्रायः निबन्धकार भी थे। इनके निबन्धों में विचार भाव और शिल्प की स्वतन्त्रता देखते बनती है। वस्तुतः जब केथेन क्लार्क ने कहा था, "निबन्ध नाम की विधा का आरम्भ और अन्त मानववाद के आरम्भ और अन्त से जुड़ा हुआ है।" तो उसका उद्देश्य पुनर्जागरण की सांस्कृतिक विशेषताओं को व्यक्त करने वाली विधा को रेखांकित करना ही था।

काव्य विधा पर बात करने से पहले यह स्पष्ट करना ज़रूरी है कि साहित्य पर समाजशास्त्रीय दृष्टि से कार्य करने वालों के विश्लेषण के केन्द्र में काव्य विधा नहीं रही। साहित्य के समाजशास्त्रीय विश्लेषण का केन्द्र उपन्यास ही बना रहा। ल्यूसिएं गोल्डमान की पुस्तक 'हिडेन गॉड' के केन्द्र में फ्रांसीसी नाटककार रेसिन और दार्शनिक पास्कल हैं। जॉर्ज लूकाच ने 'उपन्यास के सिद्धान्त' में दांते का स्मरण तो किया है।[60]

लेकिन प्राचीन महाकाव्य विधा के स्थानापन्न के रूप में वे उपन्यास को देखते हैं और बाल्जाक तथा टॉलस्टाय के उपन्यासों का विश्लेषण करते हैं। ल्यूसिएं गोल्डमान ने उपन्यास का समाजशास्त्र विवेचित करते हुए उसे महाकाव्यात्मक विधा माना और कहा कि एक अधःपतित संसार में यह प्रामाणिक मूल्यों की खोज का प्रयत्न भी है। साहित्य के समाजशास्त्र की विवेचना करते हुए गोल्डमान, लूकाच का उल्लेख कई बार करते हैं, जिससे लगता है कि उपन्यास की आलोचना के दौरान भी वे कविता के दबाव से पूरी तरह मुक्त नहीं हैं। इसी दबाव के परिणाम स्वरूप उन्होंने अपने अन्तिम दिनों में सेंट जान पर्सी की एक कविता का विश्लेषण किया, जिसके आरम्भ में ही उन्होंने कविता के समाजशास्त्रीय विश्लेषण में होने वाली असुविधाओं की और संकेत किया और साथ ही। इस आलोचना को आरम्भिक आंशिक, अपूर्ण और कामचलाऊ कहा। इस आलोचना में कविता की आन्तरिक दुनिया की समग्रता को निर्मित करने वाली सार्थक रचनाओं की खोज है। "इस विश्लेषण में न तो कविता के साथ न्याय हुआ है और न ही गोल्डमान की आलोचना पद्धति की शक्ति प्रकट हुई है। कुल मिलाकर यह विश्लेषण यान्त्रिक ही है। इसमें उत्पत्तिमूलक संरचनावाद की पद्धति को सही और सफल साबित करने की ज़िद ज़्यादा सक्रिय हुई लगती है।"[61]

हिन्दी में मुक्तिबोध ने 'कामायनी : एक पुनर्विचार' में कामायनी की समाजशास्त्रीय आलोचना का प्रयत्न किया है, लेकिन उसमें कामायनी का कलात्मक सौन्दर्य विवेचित होने से छूट गया है, जबकि मुक्तिबोध ने स्वयं कहा है, "पाठक का यह आदि कर्तव्य और प्रथम धर्म है कि वह कलात्मक सौन्दर्य को आत्मसात् करते हुए कृति के मर्म में प्रवेश करे।"[62] कामायनी की सामाजिक सार्थकता और कलात्मक महत्ता को एक दूसरे से अलग रखने के कारण यह विश्लेषण अधूरा है।

कविता की समाजशास्त्रीय आलोचना के विकसित न होने का कारण, दूसरे साहित्य रूपों से अधिक आत्मपरक और वैयक्तिक होना है। अडोर्नो ने लिखा है, "प्रगीत तत्त्वतः सामाजिक होता है। प्रगीत की पुकार का मर्म वही समझ सकता है। जो उसकी आत्मपरकता में निहित मानवीयता की आवाज़ सुन पाता है।" कविता आत्मपरक होती है और समाजशास्त्र वस्तुपरक। इसलिए वे कविताएँ जिनमें गद्य विधाओं की तरह समाज–वास्तविकता और चेतना खोज निकालना सम्भव होगा–समाजशास्त्र के अनुकूल होती हैं। यही कारण है कि पश्चिम और पूर्व दोनों जगह कविता के समाजशास्त्र का

पद्धति के रूप में विकसित होना बाकी है, जब भी कविता का समाजशास्त्रीय विश्लेषण किया जाता है उसमें यथार्थवाद को प्रतिमान की तरह ग्रहण किया जाता है जबकि यथार्थवाद की अवधारणा की उपयोगिता वर्णनात्मक और कथात्मक कविताओं के सन्दर्भ में भले ही हो, रोमांटिक, बिम्बाश्रित, प्रतीक–निर्भर आत्मपरक कविताओं में अनुपयोगी होती है। कविता के सन्दर्भ में इन सीमाओं को पहचान कर ही पाब्लो नेरूदा ने लिखा है कि ''जहाँ तक यथार्थवाद का सवाल है तो मैं कविता में यथार्थवाद को पसन्द नहीं करता। कविता यथार्थवाद विरोधी होती है। उसके यथार्थवाद विरोधी होने के अनेक कारण हैं।''[63] कविता में जीवनानुभव का रूप से सम्बन्ध दूसरे साहित्य रूपों की तुलना में अधिक आत्मीय और कुछ जटिल होता है, लेकिन उसकी आत्मपरकता और जटिलता का यह अर्थ नहीं होता कि वह सामाजिक नहीं होती, बल्कि वह दूसरे साहित्य रूपों की तुलना में कहीं ज्यादा सामाजिक और ऐतिहासिक होती है। इसके लिए आलोचक द्वारा कविता की अन्तर्वस्तु के प्रति अधिक संवेदनशील अन्तर्दृष्टि की आवश्यकता होती है। ''बिम्ब, प्रतीक, संकेत, फैंटेसी आदि कविता के साधन ही नहीं होते। कई बार साध्य और साधन में अद्वैत या अभेद की स्थिति होती है। फिर लय, छन्द और संगीत की आन्तरिक संरचना से भी कविता का विशिष्ट रूप बनता है। इन सब की उपेक्षा करके केवल सामाजिक सत्य खोजने वाला साहित्य का समाजशास्त्र कविता का समाजशास्त्र नहीं हो सकता।''[64]

डॉ. मैनेजर पाण्डेय कविता के समाजशास्त्र के विकास के सन्दर्भ में एक से ज्यादा सक्षम पद्धति की आवश्यकता अनुभव करते हैं। "कविता के समाजशास्त्र के विकास के लिए यह ज़रूरी है कि कविता के विशिष्ट स्वरूप उसकी बनावट और कला की बारीकियों में उतर कर उसकी ऐतिहासिकता और सामाजिकता की खोज करने में सक्षम पद्धति का विकास हो।''[65] कविता की आत्मपरकता और भाषिक संवेदनशीलता में निहित सामाजिकता की पहचान करने वाले समकालीन समाजशास्त्री उपन्यास, महाकाव्य और मिथक की आलोचना के लिए कविता की तरह ही ज्यादा संवेदनशील दृष्टिकोण, ज्यादा सतर्क आलोचनात्मक दृष्टि की आवश्यकता अनुभव करते हैं। आज कविता को ज्यादा विकसित और उपन्यास या मिथक को कम विकसित समाज और संस्कृतियों से जुड़ा मानकर उनकी शाब्दिक व्याख्या या सरलीकृत आलोचना से काम नहीं चलाया जा सकता।

प्रतीक विज्ञान और प्रतीकशास्त्र की व्याख्या के आगमन से लेवीस्वास और हेबरमॉस के अनुयायियों ने इसे एक सिरे से नकार दिया है। आज के सन्दर्भ में "कविता की आत्मपरकता और भाषिक संवेदनशीलता में निहित सामाजिकता की पहचान कराने वाले समाजशास्त्रीय दृष्टिकोण का विकास ज़रूरी है।"[66]

कविता की समाजशास्त्रीय आलोचना के सन्दर्भ में हिन्दी के आलोचक नित्यानन्द तिवारी को 'पद्मावत' की आलोचना महत्त्वपूर्ण है। उनकी आलोचना पद्धति में ऐतिहासिक दृष्टि का समन्वय है। इतिहास के अभाव में आधुनिक बोध एक प्रकार का कोरा रूपवाद रह जाता है। इतिहास से विच्छिन्न होकर संरचनात्मक विश्लेषण भी रूपवादी रुझानों से ग्रस्त हो जाता है, वे लिखते हैं, "अतीत की सारी उपलब्धियों का वर्तमान के साथ क्या रिश्ता है, इस सवाल के उठते ही हम विशेष रूप से ऐतिहासिक अनुशासन से पारिभाषित बोध और अनुभूति के क्षेत्र में प्रवेश कर जाते हैं, तब वारिस होना न गौरव की चीज रहता है, न ख़तरनाक, वह दायित्व बोध हो जाता है जो हमारे अनुभव के भीतर से फालतू उत्साह और आसानी के भाग को समाप्त कर देता है। अनुभव के भीतर एक नयी अन्तर्वस्तु पैदा हो जाती है, जो निरन्तर प्रश्नों और व्याकुलताओं का सामना करने में सार्थक होती है। प्रगति हमेशा ही मानवीय व्यापार को सार्थक बनाने वाली महत्त्वपूर्ण संकल्पना रही है। मानव प्रगति की कहानी से कौन इनकार कर सकता है? लेकिन इस कहानी का सारातत्त्व सनातन है या ऐतिहासिक? क्या मानव विवेक और अविवेक की कोई देशकालातीत सत्ता है? जिनके बीच अनिवार्य संघर्ष होता है और प्रगति उसी में प्रतिफलित होती है? अथवा मानव–विवेक और अविवेक, इतिहास के भीतर सामाजिक आर्थिक शक्तियों के संघर्ष में प्रतिफलित होते हैं, जिनमें सनातन या तत्त्व बोधात्मकता के मुक़ाबले ऐतिहासिक अन्तर्वस्तु होती है? इन सवालों के जवाब हमें सैद्धान्तिक स्तर पर खोजने चाहिए या व्यावहारिक? सैद्धान्तिक से मेरा मतलब किसी धारणा या विचार पद्धति की पूर्व स्वीकृति से है और व्यावहारिक से किसी कालखण्ड के जीवन और समाज में पैदा होने वाली ठोस परिस्थितियों और समस्याओं के विशेष प्रसंगों से इस सन्दर्भ में 'पद्मावत' के नागमती सुआ संवाद खण्ड का एक विश्लेषण रोचक हो सकता है।"[67]

नित्यानन्द तिवारी ने नागमती, रत्नसेन और तोते को मात्र प्रतीक या रूपक नहीं माना बल्कि आध्यात्म और काम के अतिरेक से आक्रान्त समाज का अंग माना है। राजा रत्नसेन को तोता वापस न कर पाने पर मृत्यु का डर नागमती का वैयक्तिक 'डर' नहीं है, यह तत्कालीन समाज का विशेष सामाजिक तथ्य है। जिसे ल्यूसिएं गोल्डमान ने कहा था, कला एवं सामाजिक जीवन का सम्बन्ध कलाकृति की विषयवस्तु में निहित नहीं होता। उसमें तो उस जीवन से सम्बन्धित घटनाओं एवं विशेषताओं का विवरण रहता है। इसके विपरीत यह सम्बन्ध उन वैचारिक रूपों में निहित है जो किसी सामाजिक समूह की दैनोंदिन चेतना तथा लेखक द्वारा सृजित काल्पनिक जगत दोनों को व्यवस्थित रूपाकार में ढालता है। किसी सामाजिक समूह के क्रियाकलाप इस मायने में सार्थक होंगे कि वे अपनी आवश्यकता के अनुरूप यथार्थ को परिवर्तित करने की कोशिश करेंगे। साथ ही ऐसे समूह का आचरण अपने सदस्यों की चेतना में ऐसी 'मानसिक संरचनाओं' को जन्म देगा, जो व्यक्ति की गतिविधियों को नियन्त्रित करेंगी, हालाँकि ऐसा करते समय उनका उन समस्याओं से कोई सम्बन्ध नहीं रहेगा, जिन्होंने उन्हें जन्म दिया था। किसी एक व्यक्ति का अनुभव संसार अपने आपमें इतना समृद्ध नहीं हो सकता कि वह इतनी जटिल समस्याओं की सृष्टि कर सके। दूसरे शब्दों में ये मानसिक संरचनाएँ सामाजिक घटनाएँ हैं, वैयक्तिक नहीं। और चूँकि इन संरचनाओं का जन्म सामाजिक गतिविधियों से होता है। अतः उनकी स्थिति व्यक्तिगत चेतना में नहीं होती, वरन गोल्डमान के शब्दों में परावैयक्तिक विषयों[68] में होती है। हर व्यक्ति अनेकानेक सामाजिक गतिविधियों में उलझा रहता है और अनेक परावैयक्तिक विषयों में हिस्सा लेता है।

आलोचक ने नागमती के चरित्र की व्याख्या समाजशास्त्रीय ढंग से की है। इस विश्लेषण में नागमती माया का प्रतीक मात्र न रहकर सजीव चरित्र के रूप में उभरती है। नागमती पतनोन्मुख सामन्ती समाज के अधिकार और घमण्ड की शक्तियों का प्रतिनिधित्व करती है। वह तोते से पूछती है कि क्या उसने नागमती जैसी कोई सुन्दर स्त्री देखी है। राजा रत्नसेन, जब तोते से पद्मावती का रूप वर्णन सुनता है तो पहली बार उसे प्रेम का वह आभास मिलता है जो उसे पत्नी रानी नागमती से नहीं मिला,

"इसलिए राजा, नागमती को सिर्फ़ इसलिए दण्ड नहीं देता कि उसने एक तोते को मरवा डाला है, बल्कि इसलिए कि रानी ने उसका अनुभव उससे छीन लिया है। आदमी को उसके अनुभव से अलग कर देना, उसे मार डालना ही तो है। मैं सिर्फ़ यह नहीं कहता कि स्त्री की सुन्दरता, आदमी के अनुभव को स्नायविक उत्तेजना में बदल देती है। यहाँ नागमती एक विशेष अभिकरण बन जाती है। कविता में चरित्र की सत्ता विशेष अभिकरण में परिवर्तित हो जाती है, वे सभी शक्तियाँ जो अधिकार और घमण्ड के दबाव में आदमी को घोंट देती हैं। नागमती उनका प्रतिनिधित्व करने लगती है।''[69] नागमती का डर, तोते का साहस और संकट तत्कालीन समाज की तथ्यगत सच्चाईयाँ हैं, जो समाज में मौजूद हैं। कवि इन सच्चाईयों की कल्पना नहीं करता, वे तो समाज में मौजूद हैं, उसकी कल्पना और कला इनके तनावपूर्ण संगठन में है। हम समाज में प्रचलित नारी की और आध्यात्म की स्थितियों के धन और ऋण पहलुओं का साक्षात्कार इन तनावपूर्ण संगठन की कला में करते हैं। इसे ही रेमंड विलियम्स की शब्दावली में भाव की संरचना कहेंगे जो जटिल और समग्र है।''[70]

किसी भी संस्कृति की अभिव्यक्ति सबसे ठोस, स्थायी और प्रभावशाली रूप में साहित्य में ही होती है। पूँजीवादी संस्कृति और समाज की मनोवृत्ति को व्यक्त करने में लोकप्रिय साहित्य सबसे सक्षम है। 'लोकप्रिय साहित्य' अपनी अन्तर्वस्तु, उसकी यथार्थ चेतना और उस यथार्थ में निहित विश्वदृष्टि के कारण लोकप्रिय होता है। यह साहित्य गम्भीर पाठक समुदाय और बुद्धिजीवियों के न चाहने पर भी, सामान्य जन द्वारा बड़े पैमाने पर पढ़े जाने के कारण प्रचारित–प्रकाशित होता है। एक ओर तो यह प्रकाशकों के लिए लाभदायक व्यापार है तो दूसरी ओर बाज़ार की माँग के अनुरूप लिखने वाले लेखकों के लिए आर्थिक लाभ का माध्यम।

मार्क्सवादी आलोचकों ने लोकप्रियता को कला का एक सार्थक मूल्य माना है। ब्रेख्त ने लोकप्रियता के विषय में कहा है, "लोकप्रिय वह है जो व्यापक जनता के लिए सुबोध हो, जिसमें जनता के बीच प्रचलित अभिव्यक्ति के रूपों का उपयोग और विकास हो, जनता के दृष्टिकोण को स्वीकार करते हुए उसे सुदृढ़ बनाया गया हो, कि वह समाज में नेतृत्व का दायित्व सँभाल सके और उसमें परम्परा का बोध और विकास हो।" लोकप्रिय साहित्य का पूँजीवादी व्यवस्था से अनन्य सम्बन्ध होता है।

मार्क्स ने 1844 की आर्थिक दार्शनिक पाण्डुलिपि में कहा है, कि पूँजीवादी व्यवस्था में मनुष्य परायेपन का शिकार होता है। जो परायापन गहराने पर रेकरण (रेइफिकेशन) और व्यक्तित्व लोप का रूप धारण कर लेता है। मार्क्स की यह मान्यता पूँजीवाद के परवर्ती विकास में सच साबित हुई। टेक्नोलॉजी के अभूतपूर्व विकास ने समाज में अमानवीकरण की प्रक्रिया को और तेज कर दिया। इस प्रक्रिया में अपनी अस्मिता खोते–खोते मनुष्य उस दशा में पहुँच जाता है, जिसे सी. राइट मिल्स 'भीड़ का मनुष्य' (मास मैन) कहते हैं तो एरिक फ्रॉम आदि एक आयामी मनुष्य। अडोल्फ साकेज ने कहा है, "सर्वग्रासी पूँजीवाद के अनुकूल आदर्श मनुष्य वह है जो व्यक्तित्वहीन अमानवीयकरण का शि़कार, खोखला और हर तरह की जीवन्त शक्ति से शून्य हो क्योंकि ऐसे मनुष्य को व्यवस्था अपने अनुकूल ढाल सकती है।"[71] लोकप्रिय साहित्य का लक्ष्य ऐसा ही मनुष्य है, यह लेखकों के नाम से कम, प्रकाशकों के लेबल या सीरीज के नाम से अधिक बिकता है। बड़ी संख्या ऐसी कि़ताबों की होती है जिनके लेखक अनाम होते हैं या छद्म नामों से लिखते हैं।

'लोकप्रिय साहित्य' साहित्य संसार की एक सच्चाई है जिससे मुँह नहीं मोड़ा जा सकता। जब से साहित्य, दरबार से निकलकर बाज़ार की वस्तु बना तबसे सम्पूर्ण साहित्य बाज़ार की शक्तियों के नियन्त्रण में आ गया है। पूँजीवादी समाज का सम्पूर्ण सांस्कृतिक क्षेत्र प्रतीकात्मक वस्तुओं का बाज़ार बन कर रह गया। पियरे बोर्दू के अनुसार इस सांस्कृतिक उपादान के दो रूप हैं– एक छोटे पैमाने का उत्पादन और दूसरा बड़े पैमाने का उत्पादन। छोटे पैमाने के उत्पादन में आर्थिक लाभ गौण होता है और प्रतीकात्मक मूल्य प्रमुख होता है। बड़े पैमाने के उत्पादन में आर्थिक लाभ प्रमुख होता है और प्रतीकात्मक मूल्य गौण। कलात्मक साहित्य के क्षेत्र में छोटे पैमाने का उत्पादन चलता है और लोकप्रिय साहित्य में बड़े पैमाने का। छोटे पैमाने का उत्पादन सापेक्षतया स्वायत्त होता है, जबकि बड़े पैमाने का उत्पादन पूरी तरह बाज़ार और उपभोक्ताओं पर निर्भर रहता है। दोनों प्रकार के उत्पादन एक व्यापक व्यवस्था के भीतर साथ–साथ चलते हैं और दोनों की सार्थकता–निरर्थकता एक–दूसरे की सापेक्षता में ही घटती–बढ़ती है।

इस सन्दर्भ में ग्राम्शी के ये वाक्य अर्थपूर्ण हैं कि समकालीन सांस्कृतिक चेतना की अभिव्यक्ति लोकप्रिय साहित्य रूपों के माध्यम से होती है, लेकिन इस अभिव्यक्ति के दो रूप मिलते हैं, एक यान्त्रिक और दूसरा प्रगीतात्मक। यदि यान्त्रिक अभिव्यक्ति का उदाहरण यूजेन सुई के 'पेरिस रहस्य' में मिलता है तो प्रगीतात्मक अभिव्यक्ति बाल्ज़ाक, दोस्तोव्यस्की तथा ह्यूगो के उपन्यासों में। इसी तरह अमेरिका के एडगर एलन पो और अर्जेंटीना के बार्खेज़, भारत के सत्यजीत राय ब्रिटेन के जी.के. चेस्टर्टन आदि ने जासूसी, जादुई यथार्थवाद जैसे लोकप्रिय कथा–शिल्प में कलात्मक कथा साहित्य लिखा है तो दूसरी ओर श्रेष्ठ कला, साहित्य को भी उपयोग की वस्तु बनाकर उसे भीड़ की संस्कृति में शामिल किया जा सकता है, जैसे रामायण और महाभारत जैसी महान कृतियाँ सरल, सतही और बाज़ारू बनाकर बेचने की प्रक्रिया का शिकार हुई हैं। मशीनी पुनरुत्थान के युग में कला का बड़े पैमाने पर पुनरुत्पादन करके उसे सतही बनाना सरल हो गया है।

साहित्य की अवधारणा, इतिहास प्रक्रिया के अनुसार बदलती रहती है। हिन्दी उपन्यास के प्रारम्भिक दौर में देवकीनन्दन खत्री लोकप्रिय उपन्यासकार थे, किन्तु बाद में आलोचकों ने उन्हें उपन्यासकार मानने से इनकार कर दिया। आचार्य रामचन्द्र शुक्ल ने 'हिन्दी साहित्य की भूमिका' में लिखा, "खत्री जी ने अपने उपन्यासों के माध्यम से हिन्दी साहित्य को असंख्य पाठक दिये, लोगों को हिन्दी सीखने की प्रेरणा दी, अनेक नवयुवकों को हिन्दी का लेखक बनाया, परन्तु उनके उपन्यास, साहित्य की कोटि में नहीं आते।"

इस आधार पर हिन्दी ही नहीं अनेक भाषाओं में लिखी जा रही जासूसी, रहस्य रोमांच, मात्र मनोरंजन उद्देश्य बनाकर लिखी अनेक रचनाओं को नकारा जा सकता है, लेकिन इन रचनाओं की प्रचुर बिक्री इनके लोकप्रिय होने को साबित करती दिखायी देती है। इनकी लोकप्रियता पर ही 1927–28 में ग्राम्शी ने यह समझना चाहा था कि आखिर ये पुस्तकें इतनी क्यों पढ़ी जाती हैं और प्रकाशित होती हैं, ये पुस्तकें पाठकों की किन मानसिक आवश्यकताओं की पूर्ति करती हैं और पाठकों की आकांक्षाओं पर खरी उतरती हैं। इस सन्दर्भ में ग्राम्शी ने जासूसी, रोमानी, अपराध सम्बन्धी, विज्ञान सम्बन्धी, धारावाहिक, नाटक, कविता का विश्लेषण किया। उनका निष्कर्ष था कि लोकप्रिय साहित्य के पढ़े जाने का एक कारण यह है कि

उसमें मानवीय भावों की तात्कालिकता अधिक होती है, जो पाठक के मन को छूती है। दूसरा कारण आधुनिक समाज की जीवनगत स्थितियाँ हैं। प्रायः लोग जीवन की व्यवस्थाबद्धता, जकड़बन्दी और आरोपित अनुशासन से मुक्त होने के लिए फेंटेसी और सपनों का सहारा लेते हैं, जो इन उपन्यासों में बहुतायत में मिलते हैं, कुछ लोग जीवन में अनिश्चय और आशंका का सामना करते हैं। वे अवचेतन में साहित्य से यह अपेक्षा करते हैं कि साहित्य उन्हें आश्वासन और स्थिरता दे। यही नहीं जीवन में भद्दी और अश्लील साहसिकता का सामना करने वाले साहित्य के सुन्दर साहसिक अभियानों की कथा में रस लेते हैं।

ग्राम्शी संस्कृति के इतिहास में इस बाज़ारू साहित्य की उपेक्षा करने के पक्षधर नहीं हैं, क्योंकि ऐसे साहित्य के माध्यम से किसी काल के व्यापक जनसमुदाय के मौन बहुमत के बीच लोकप्रिय जीवन–जगत सम्बन्धी भावों–विचारों की जानकारी होती है। ऐसा साहित्य लोकप्रिय अफ़ीम है। यह साहित्य व्यापक जनता में छद्‌म चेतना ही नहीं, अन्तर्विरोधी चेतना पैदा करके उसे भ्रमित करता है। वह वास्तविक ज़िन्दगी की समस्याओं का समाधान कल्पना में खोजने, वास्तविकता से पलायन की प्रवृत्ति जगाता है। अतः ऐसा साहित्य शासन कें पक्ष में होता है। लियो लावेंथल के अनुसार, "इस प्रक्रिया में लोकप्रिय साहित्य कल्पना को कुन्द करके कलात्मक अनुभव की क्षमता को नष्ट करता है।" लावेंथल लोकप्रिय साहित्य को सामाजिक भ्रम मानते हैं। उनके अनुसार, "लोकप्रिय साहित्य बुर्जुआ व्यवस्था में व्यक्ति के आत्मविसर्जन को बढ़ाने वाला साहित्य है जिसका उद्देश्य है व्यापक समाज की चेतना को व्यवस्था के अनुकूल बनाना, उसमें संघर्ष और विरोध की जगह सहमति और स्वीकार की आदत डालना। लोकप्रिय साहित्य पाठकों की कल्पना को कुन्द करके उसके कलात्मक अनुभव की क्षमता को नष्ट करता है। इस साहित्य के माध्यम से कल्पना का संगठन और शासन समाज पर नियन्त्रण करने वाली शक्तियों के हाथों में होता है!"[72]

मार्क्सवादी आलोचना की परम्परा में लोकप्रिय साहित्य को बहुत महत्ता नहीं दी गयी, लेकिन वर्तमान समय के चिन्तकों में लोकप्रिय साहित्य के प्रति पूर्ववर्ती उपेक्षा का भाव बदला है। उदाहरण के लिए फ्रैंको मोरेती ने भय और आतंक पैदा करने वाले लोकप्रिय उपन्यासों का समाजशास्त्रीय विवेचन किया।[73]

हिन्दी में लोकप्रिय साहित्य की समाजशास्त्रीय आलोचना का अभी अभाव है। हिन्दी में लोकप्रिय उपन्यासकारों में देवकीनन्दन खत्री का नाम सबसे पहले आता है, जिनकी लोकप्रियता का बहुत बड़ा कारण उनकी भाषा है। उन्होंने 'साहित्यिक हिन्दी' न लिखकर हिन्दुस्तानी का प्रयोग किया है, जिसे थोड़ी हिन्दी, थोड़ी उर्दू जानने वाले पाठक भी समझ सकें। हिन्दी का लोकप्रिय उपन्यास सैकड़ों अनाम और वेद राही, गुलशन नन्दा जैसे उपन्यासकारों तथा विदेशी लोकप्रिय साहित्य के अनुवादों के रूप में बाज़ार, बुक स्टाल, रेलवे स्टेशन, पटरियों पर उपलब्ध है। इनके लेखक अपने पाठकों के सामाजिक जीवन और वर्गीय स्थितियों को ध्यान में रखकर रचना करते हैं। हिन्दी के गम्भीर साहित्य की बिक्री इनकी तुलना में काफी कम है। यह लोकप्रिय साहित्य मध्यवर्ग की हिन्दी में लिखा जाता है। जनता के बीच अत्यन्त लोकप्रिय व्यावसायिक फ़िल्मों के संवाद और गीत प्रायः बोलचाल में लिखे जाते हैं। कुछ उपन्यास स्त्रियों की रुचि के होते हैं, तो कुछ बच्चों की रुचि के। इनकी लोकप्रियता के कारणों में उनकी भाषा की सहज़ता और सहज सुबोध शैली के साथ रोज़मर्रा के जीवन का चित्रण भी होना है। इनका कथा संसार पाठक को दिनोंदिन यथार्थ से दूर कर कल्पना के एक ऐसे संसार में ले जाता है, जहाँ वह अपनी अतृप्त आकांक्षाओं को पूरा होता हुआ देखते हैं। पाठक सलीके से कही गयी कथा को सुनना, पढ़ना चाहता है। कलात्मक उपन्यास भले ही गम्भीर साहित्य के अन्तर्गत आये साधारण पाठक उसे खरीदना पसन्द नहीं करता। कम से कम पैसे में ज्यादा–से–ज्यादा कथारस चाहने वाला पाठक लोकप्रिय साहित्य में ही उसकी पूरी सम्भावना देखता है।

राल्फ़ फॉक्स ने उपन्यास विधा के बारे में कहा है, "उपन्यास केवल मात्र कथात्मक गद्य नहीं है, वह मानव जीवन का गद्य है, ऐसी पहली कला है जो सम्पूर्ण मानव को लेकर उसे अभिव्यक्ति प्रदान करने की चेष्टा करती है।"[74] उपन्यास आधुनिक युग के पूँजीवादी समाज के प्रतिनिधि साहित्य–रूप में सबसे लोकप्रिय विधा है। हेगेल की मान्यता है कि प्रत्येक युग की एक विशिष्ट मानसिकता होती है, एक विशिष्ट विश्वदृष्टि होती है और उस मानसिकता तथा विश्वदृष्टि के अनुरूप कला रूप का भी विकास होता है। उपन्यास में आधुनिक युग की गद्यात्मक चेतना प्रकट होती है और उसमें आधुनिक पूँजीवादी समाज के जीवन में समग्रता के लोप

और बिखराव की स्थितियाँ व्यक्त होती हैं। "प्रत्येक युग की एक विशिष्ट मानसिकता होती है और उसी विश्वदृष्टि के मूल में उस युग के भौतिक जीवन की सामाजिक वास्तविकताएँ होती हैं। यही वास्तविकताएँ साहित्य के समाजशास्त्र को निर्धारित और विकसित करती हैं। आधुनिक युग पूँजीवाद के विकास का युग है। राल्फ़ फॉक्स उपन्यास को 'बुर्जुआ साहित्य की श्रेष्ठतम विधा' मानते हैं। मध्यवर्ग का उद्भव, प्रेस और समाचारपत्र, पुस्तक बाज़ार के प्रचार–प्रसार के फलस्वरूप उपन्यास विधा को फलने–फूलने का अवसर मिला। राल्फ़ फॉक्स ने इसके उद्भव के विषय में लिखा है।... यूरोप का पुनर्जागरण अथवा पुनरुत्थान, चौदहवीं–पन्द्रहवीं शताब्दी का इतना विशाल और मूलगत सांस्कृतिक आन्दोलन था, जिसने शनैः शनैः यूरोप की काया ही पलट दी। उसी को आधुनिक युग का जन्मकाल माना जाता है और यह नितान्त आकस्मिक नहीं है कि वही उपन्यास का भी जन्म काल था।''[75] पुनर्जागरण यूरोप की महान संक्रान्ति थी। मध्ययुगीन जड़ता, रूढ़ि और अन्ध विश्वासों, गॉथिक वास्तु–विद्या, संकीर्ण दृष्टिकोण, ह्रासोन्मुखी अर्थव्यवस्था और सामन्ती अराष्ट्रीयता की जगह अब सन्देहवाद, व्यक्तिवाद, मुक्ति और आत्माभिव्यक्ति के साथ–साथ एक गतिशील आर्थिक व्यवस्था की स्थापना हुई। इस संक्रान्ति ने धीरे–धीरे एक उद्वेलन का रूप ले लिया जिससे समाज में नयी स्फूर्ति और सक्रियता प्रकट हुई। अब नये–नये देशों की खोज की जाने लगी, धार्मिक मूढ़ता के स्थान पर वैज्ञानिकता का अनुशीलन आरम्भ हुआ, व्यापार और उद्योगों को नयी गति मिली, नये नगर, राज्य स्थापित हुए, मठों और गिरजों के चंगुल से निकलकर शिक्षा नयी सरणियों में प्रवाहित होने लगी,[76] वैज्ञानिक ज्ञान और प्रगति के इस युग में मनुष्य की इतिहास–दृष्टि का विकास हुआ और अर्थनीति, राजनीति एवं दर्शन तक में इहलोकवाद दिखायी देने लगा। उसी के साथ–साथ साहित्य में भी परलोकवृत्ति तिरोहित होने लगी और भक्ति अथवा स्वर्ग–कल्पना के साहित्य का महत्त्व घटने लगा, उसका स्थान सामाजिक–राजनीतिक नाटकों ने ले लिया और फिर शीघ्र ही उपन्यास ने। मध्ययुगीन रम्याख्यान में जो अलौकिक के प्रति आग्रह था वह धीरे–धीरे समाप्त हो गया, उसकी जगह यथार्थवाद ने ले ली। उपन्यास की विधा इसी यथार्थवाद को वहन करने लगी और साहित्य वस्तुजगत का प्रतिबिम्बन करने लगा। इसलिए राल्फ़ फॉक्स ने उसे महाकाव्य की अनुवर्ती विधा मानते हुए भी बदले हुए समय में उसकी भूमिका को अधिक क्रान्तिकारी पाया क्योंकि उसका

"लक्ष्य था नये मानव की आवश्यकताओं को पूरा करना तथा उसकी तूफानी दुनिया को चित्रित करना।"[77]

भारत में उपन्यास का जन्म औपनिवेशिक स्थितियों में हुआ। भारत को धीरे–धीरे ब्रिटिश राज के भीतर लाने की कोशिश एक लम्बे समय की सोची–समझी योजना का परिणाम थी। भारत के पूर्णरूप से औपनिवेशिक शासन के तहत आते ही देशी सांस्कृतिक विरासत के अतिक्रमण पर बल दिया जाने लगा अर्थात् अब निहित उद्देश्य सामने आ गये। ब्रिटिश राज ने बुद्धिजीवी वर्ग के सहयोग से देश की संस्कृति पर अपने वर्चस्व की स्थापना का प्रयास किया और अंग्रेज़ी शिक्षा प्राप्त बुद्धिजीवी वर्ग नयी सांस्कृतिक रुचि तथा संवेदनशीलता का वाहक बन गया। बुद्धिजीवी मध्यवर्ग अब अंग्रेज़ी संस्कृति को अपनाने और सीखने लगा, प्रकारान्तर से आदर्श मानने लगा, लेकिन देशी भाषाओं के माध्यम से ज्ञान का प्रसार भारतीय जनमानस के लिए ज्यादा आत्मीय था, जिसके विपरीत औपनिवेशिक प्रणाली से प्रदत्त ज्ञान और विज्ञान भारतीयों के लिए अब भी विदेशी था क्योंकि उसको ज्ञानशास्त्रीय मान्यताओं की जड़ें भारत में नहीं थीं। वैसे भी इस शिक्षा का उद्देश्य भारतीयों पर अपना वर्चस्व स्थापित करना ही था, जिसके तहत समाज के एक छोटे–से वर्ग को ही शिक्षित किया जाना था। ब्रिटिश सरकार की इस शिक्षा नीति के कारण समाज में अंग्रेज़ी की पढ़ाई पर विशेष ध्यान दिया जाने लगा–इस सद्व्यवहार के फलस्वरूप जिस सांस्कृतिक संसार के द्वार खुले उसका केन्द्र औपनिवेशिक शक्ति के महानगर में था। उधर, उस महानगर की जनता में, ओ मेनोनी के शब्दों में कहें तो 'परावलम्बन की मानसिकता'।[78] ओ मेनोनी, प्रास्पेरो एंड कैलिबानः (दि साइकोलॉजी ऑफ़ कोलोनाइज़ेशन एन अर्बोर, 1990, पृ. 39–48) और एडवर्ड शिल्स के शब्दों में 'प्रान्तीयता'[79] (एडवर्ड शिल्स, दि इंटलेक्च्युअल बिटविन ट्रेडिशन एंड माडर्निटी : दि इंडियन सिचुएशन, हेग, 1961)। की भावना की सृष्टि की। इससे सभी क्षेत्रों साहित्य, रंगमंच, चित्रकला, संगीत, आहार, वार्तालाप में सांस्कृतिक आदर्श का स्रोत ब्रिटिश जीवन शैली बन गयी। सांस्कृतिक कारक के रूप में प्रेस और मुद्रण कला के प्रचार–प्रसार से लिखित शब्द का महत्त्व उन्नीसवीं सदी के दौरान बढ़ता गया। अब पाठक और लिखित शब्द के बीच एक नया सम्बन्ध स्थापित हुआ। घर में खाली वक़्त को भरने का काम छपी हुई पुस्तकें करने लगीं और शिक्षित मध्यवर्ग इसकी ओर आकर्षित हुआ। इस तरह पश्चिम का अपरिचित

सांस्कृतिक संसार उनके निकट आ गया। उपन्यास जैसी साहित्यिक विधाएँ इसी प्रक्रिया की उपज थीं।

लेकिन भारतीय मध्यवर्ग और उपन्यास का उदय यूरोप जैसी परिस्थितियों में तो बिलकुल ही नहीं हुआ। यूरोप में औद्योगिकीकरण, मध्यवर्ग के उद्‌भव और विकास के लिए एक बड़ी घटना थी, जबकि भारत में जो औद्योगिकीकरण हुआ वह तो नाममात्र ही था। पूँजीवाद का विकास भी औपनिवेशिक शासन के हितों में ही हो रहा था। आम भारतीय जनता के लिए ब्रिटिश राज अनुकूल नहीं था, क्योंकि उसकी नीतियाँ शोषक थीं। यूरोप में मध्यवर्ग के उदय के कारण ही उपन्यास का विकास हुआ था। 'वैसे' मध्यवर्ग का हमारे यहाँ नितान्त अभाव था। यह मध्यवर्ग सुविधाजीवी ज़मींदार वर्ग ही था। डी.पी. मुखर्जी ने भारतीय मध्यवर्ग का स्वरूप स्पष्ट करते हुए लिखा है कि "उपनिवेशवादी व्यवस्था के कारण यहाँ एक ओर तो सुख–सुविधा और फुर्सत की ज़िन्दगी जीने वालों का नया वर्ग सामने आया तो दूसरी ओर अंग्रेज़ी शिक्षा में पला–बढ़ा वह समुदाय विकसित हुआ जो भारतीय समाज से लगभग विच्छिन्न और अंग्रेज़ी राज का समर्थक था। इन्हीं दोनों के मेल से उस समय का भारतीय मध्यवर्ग बना था, जो न तो पश्चिम के बुर्जुआ वर्ग जैसा था और न पुराने भारतीय व्यापारी वर्ग की तरह यह मध्यवर्ग अपनी जड़ों से कटा हुआ, आधारहीन वर्ग था। इनमें से पश्चिमी शिक्षा में पला–बढ़ा समुदाय पश्चिमी संस्कृति के आयात का माध्यम बना।"[80]

भारत में ऐसे मध्यवर्ग की शुरुआत सबसे पहले बंगाल में हुई थी। "भारत में यही मध्यवर्ग आरम्भिक दिनों में उपन्यास के लेखक और पाठक के रूप में उसके उदय का आधार बना। बंगाल में ऐसा मध्यवर्ग सबसे पहले विकसित हुआ, इसलिए वहाँ उपन्यास का विकास भी दूसरी भारतीय भाषाओं से पहले हुआ।"[81]

बंगाल की तरह ही देश के विभिन्न भागों में ज़मींदारों, आरामपसन्द ईनामदारों, रियासतदारों का मध्यवर्ग विकसित हो रहा था; इसलिए तब साहित्य का उद्देश्य ऐसे निष्क्रिय वर्ग की चेतना को और मन्द बनाना ही था। यही कारण है कि उपन्यास के प्रारम्भिक दौर में अय्यारी, जासूसी और तिलिस्मी वृत्तान्त वाले उपन्यासों की भरमार थी। भारत में मध्यवर्ग का विकास जिन स्थितियों में हुआ था, उसके फलस्वरूप उसमें परावलम्बन की मानसिकता, अंग्रेज़ी संस्कृति के प्रति अन्धमोह, दुविधाग्रस्त मूल्य चेतना के अवगुण थे।

ऐसे में जासूसी, अय्यारी, तिलिस्मी कथानक वाले उपन्यास जो किसी न किसी अंग्रेज़ी के उपन्यास का अनुवाद होते थे, ज्यादा लोकप्रिय होते चले गये। हिन्दी में देवकीनन्दन खत्री, किशोरीलाल गोस्वामी ऐसे ही उपन्यासकार थे जो बाज़ार की माँग के अनुरूप लिखते थे। इसका एक प्रमुख कारण था कि भारत में उपन्यास की परम्परा थी ही नहीं, यहाँ कथा और आख्यायिका की परम्परा तो मिलती थी, लेकिन उपन्यास की कोई परम्परा नहीं मिलती। इसके लिए पाठकों को पश्चिम की ओर, और वह भी सिर्फ़ इंग्लैंड की ओर देखना पड़ता था। भारत की विशिष्ट औपनिवेशिक स्थिति के कारण यहाँ सिर्फ़ ब्रिटेन का साहित्य ही उपलब्ध था। वहाँ के घटिया जासूसी उपन्यासों का अनुवाद यहाँ बड़े चाव से पढ़ा जाता था। उदाहरण के तौर पर जी. डब्ल्यू एम. रोनाल्ड जिन्हें इंग्लैंड में लेखक के तौर पर कभी गम्भीरता से नहीं लिया गया, द्वारा लिखे 'लंदन रहस्य' का अनुवाद प्रायः सभी भारतीय भाषाओं में प्रचुर मात्रा में हुआ। इतिहास के विद्वान विश्वनाथ काशीनाथ राजवाड़े ने कहा था, "भारतीय यथार्थवादी उपन्यासों का मूल स्रोत ही विदेशी नहीं है, बल्कि नमूने के तौर पर जिन उपन्यासों को चुना वे भी वहाँ के सामान्य स्तर के उपन्यास ही रहे हैं। जिन्हें विदेशों में यथार्थवादी उपन्यासों के मूल स्रोत कहा जा सकता है, ऐसे बेहतरीन उपन्यासों से प्रेरणा पाकर लिखने वाले यहाँ शायद ही अंग्रेज़ी के उपन्यासकारों में रोनाल्ड्स के घटिया उपन्यासों के आस्वादन करने वाले माई के लाल अपने यहाँ अधिक हैं। बहुत हुआ तो लेखकों ने रोनाल्ड से परे छलांग लगायी और मुश्किल से पहुँचे तो मिसेज हेनरी वुड् लार्ड रीटन जैसे सामान्य लेखकों तक ही।"[82]

फ्रांस के बाल्जाक, एमिल जोला, अंग्रेज़ी के फील्डिंग, डिकेंस और रूस के उपन्यासकारों से, हिन्दी के पाठकों, लेखकों का कोई परिचय नहीं था। एक बात अच्छी हुई कि मुद्रण कला के फलस्वरूप पत्र–पत्रिकाओं का अभूतपूर्व विकास हुआ। जिस तरह यूरोप में पत्र–पत्रिकाएँ नये चिन्तन, ज्ञान और शिक्षा तथा उपन्यास के विकास में सहायक बनी थीं, उसी प्रकार भारत में भी पत्र–पत्रिकाओं के माध्यम से उपन्यास के लिए आवश्यक गद्य का विकास हुआ। इन पत्र–पत्रिकाओं ने एक ओर उपन्यास विधा को आम लोगों तक पहुँचाने में मदद की तो दूसरी ओर आम भारतोय को शिक्षा और साक्षरता के प्रति सचेत किया। इसका अनुमान 'तत्त्वबोधिनी' पत्रिका के एक

अंक को देखकर लगाया जा सकता है। 'द प्रेजेंट कंडीशन ऑफ़ एजुकेशन' नामक लेख में कहा गया है, अगर हमारे विचार अंग्रेज़ी से प्रभावित नहीं, होते तो हमारी क्षमता का निर्बन्ध विकास होता और हमारी राष्ट्रीय प्रगति आरम्भ हो जाती। स्कूलों और कॉलेजों में जो पुस्तकें पाठ्यक्रमों के लिए निर्धारित की जा रही हैं, वे हर तरह की राष्ट्रीय भावना से विहीन हैं... प्राचीन भारतीय इतिहास की पुस्तकें विदेशी लोग लिख रहे हैं, जिनके मन में अपनी जाति के लिए पक्षपात है और इसलिए वे देश के लोगों की अनावश्यक आलोचना करते हैं। इन पुस्तकों को पढ़ने वाले विद्यार्थी अपने वास्तविक अतीत के बारे में कुछ नहीं जानते।''[83]

ऐसी पत्रिकाएँ भी मुद्रित हो रही थीं जिनका प्रभाव समकालीन समाज की बौद्धिक चेतना के विकास पर पड़ रहा था। उन्नीसवीं सदी के पूर्वार्द्ध में बंगाल से प्रकाशित पत्रिकाओं की छानबीन करते हुए एक समाजशास्त्री को पता चला कि "समकालीन कलकत्ता के पूरे बौद्धिक वातावरण में वस्तुतः विज्ञान और विज्ञान से सम्बन्धित बातें छायी हुई थीं। लोग अपने भाषणों और पत्र–पत्रिकाओं में लिखे लेखों में विज्ञान के अध्ययन, अध्यापन और वैज्ञानिक ज्ञान के प्रचार–प्रसार की माँग लगातार कर रहे थे।''[84]

अस्तु, पत्र–पत्रिकाओं में उपन्यासों की धारावाहिक किश्तें छपने से एक पाठक–वर्ग तैयार हुआ। उन्नीस सौ के आस–पास किशोरीलाल गोस्वामी ने 'उपन्यास' नामक पत्रिका का सम्पादन किया, तो बंकिमचन्द्र ने 'बंगदर्शन' का, जिसमें उनके उपन्यास धारावाहिक रूप में छपते थे। रवीन्द्रनाथ ठाकुर ने इस विषय में लिखा था, ''बंगदर्शन आकाश में पुच्छल तारे की तरह था। 'विषवृक्ष' की सूर्यमुखी हर घर के परिवार का सदस्य बन गयी थी। पूरा बंगाल यह जानने के लिए बेचैन रहता था कि उपन्यास में अब क्या हुआ और आगे क्या होगा। जिस दिन 'बंगदर्शन' का अंक आता था। हमारे कलकत्ता में दिन की दोपहरी में कोई सोता न था।''

इससे स्पष्ट है कि उपन्यासों के लिए एक बहुत बड़ा पाठक वर्ग तैयार हो गया था। लगभग प्रत्येक भारतीय भाषा में उपन्यास की रचना हो रही थी। बंगला का प्रथम उपन्यास प्यारेचन्द कृत अलालेर घरेर दुलाल 1858 में प्रकाशित हुआ। हिन्दी का पहला 'देवरानी जिठानी की कहानी' 1870 में, 'वामाशिक्षक' 1883 में 'भाग्यवती' 1877 में, मराठी में बाबा पद्मनजी का 'यमुना पर्यटन' 1857 में, गुजराती में नन्दशंकर तिलिया मेहता का 'करणघेलो' 1866 में, मलयालम में अप्पु नेदुगांदि कृत 'कुन्दलता' 1887 में,

तमिल में सैम्युअल वेदनायकम् का 'पिरातप मतलियार चरित्रम् 1879 में, तेलुगू में कुन्दुकुरी वीरेशलिंगम पन्तुलु का उपन्यास 'राजशेखर चरित्र' 1880 में, प्रकाशित हो चुका था। उधर बँगला में 'अलालेर घरेर दुलाल' के बाद भी 1865 और 1866 में क्रमशः बंकिमचन्द्र कृत दुर्गेशनन्दिनी और कपालकुण्डला का प्रकाशन हो चुका था। उपन्यास सभी साहित्यिक विधाओं में सर्वाधिक लचीली विधा के रूप में हमारे सामने आया जिसके बारे में आगे चलकर प्रख्यात साहित्यकार प्रेमचन्द ने कहा–"मैं उपन्यास को मानवजीवन का चित्रमात्र समझता हूँ। मानव चरित्र पर प्रकाश डालना और उसके रहस्यों को खोलना ही उपन्यास का मूल तत्त्व है।"

हिन्दी उपन्यास को 'उपन्यास' संज्ञा बँगला से मिली। मराठी में इसे 'कादम्बरी' तो गुजराती में 'नवलकथा' कहा गया। "बँगला में भूदेव मुखर्जी की पुस्तक 'ऐतिहासिक उपन्यास' (1862) में सबसे पहले इसका प्रयोग हुआ। बाद में बंकिमचन्द ने अपनी रचनाओं को उपन्यास कहा तो उनके उपन्यासों की लोकप्रियता के साथ यह नाम भी लोकप्रिय हुआ।"[85]

हिन्दी के आधुनिक उपन्यासों का रूप विकसित करने में प्रेमचन्द की भूमिका अविस्मरणीय है। प्रेमचन्द को जो कथा परम्परा विरासत में मिली थी, वह उन्हीं के शब्दों में इस प्रकार थी, "हमने जिस युग को अभी पार किया है, उसे जीवन से कोई मतलब न था। हमारे साहित्यकार कल्पना की एक सृष्टि खड़ी करके उसमें मनमाने तिलिस्म बाँधा करते थे। कहीं फिसानये अजायब की दास्तान थी, कहीं बोस्ताने ख्याल की और कहीं चन्द्रकान्ता सन्तति की। इन आख्यानों का उद्देश्य केवल मनोरंजन था और हमारे अद्‌भुत प्रेम रहस्य की तृप्ति साहित्य का जीवन से कोई लगाव है, यह कल्पनातीत था।"[86] लेकिन "चन्द्रकान्ता और तिलिस्म होशरुबा को पढ़ने वाले लाखों थे। प्रेमचन्द ने इन लाखों पाठकों को 'सेवासदन' का पाठक बनाया, यह उनका युगांतरकारी काम था।... प्रेमचन्द ने चन्द्रकान्ता के पाठकों को अपनी तरफ़ ही नहीं खींचा, चन्द्रकान्ता में अरुचि भी पैदा की, जनरुचि के लिए उन्होंने नये मापदण्ड कायम किये और साहित्य के नये पाठक और पाठिकाएँ भी पैदा किये। यह उनकी जबर्दस्त सफलता थीं।"[87]

अपने उद्देश्य के बारे में प्रेमचन्द बहुत स्पष्ट थे। उन्होंने लिखा, "साहित्य केवल मनोरंजन और विलासिता की वस्तु नहीं। हमारी कसौटी पर वही साहित्य खरा उतरेगा... जो हममें गति, संघर्ष और बेचैनी पैदा करे,

सुलाये नहीं, क्योंकि अब और ज्यादा सोना मृत्यु का लक्षण है।" यही कसौटी उनके उपन्यासों की संरचना का आधार है। हिन्दी के वे पहले लेखक हैं जिन्होंने पाठक को बताया कि "पात्र या चरित्र अच्छे या बुरे होकर नैतिकता–अनैतिकता के सिद्धान्त नहीं होते। वे परिस्थितियों के दबाव झेलते हुए आशा–निराशा, आकांक्षा–स्वप्न और भावों विचारों के जटिल संस्थान होते हैं। प्रेमचन्द ने ही जोर देकर कहा कि भाषा कुछ भी व्यक्त करने का माध्यम मात्र नहीं बल्कि जीवन की सच्चाईयों के निशान और अनुभव की तीव्रता और गति के प्रमाण देने में समर्थ ध्वनि–संगठन है। ऐतिहासिक सन्दर्भ में घटना, चरित्र और भाषा को उनकी पहचान इतनी क्रान्तिकारी है कि उनकी प्रतिभा एक रचनाकार को नहीं एक सक्रिय और रचनात्मक युग की सामूहिक प्रतिभा की गवाही देती है।"[88]

प्रेमचन्द ने ही पहली बार कथा के केन्द्र में कृषक जीवन को रखा। पूरनचन्द्र जोशी के अनुसार, "अत्यन्त प्राचीन ग्रामीण व्यवस्था से उखड़े हुए भारतीय किसानों की त्रासदी को प्रेमचन्द ने ऐसी मार्मिकता, गहराई और अनुभूति की तीव्रता के साथ पकड़ा, जिसकी मिसाल किसी भी ऐतिहासिक रचना में नहीं मिलती। प्रेमचन्द की रचनाओं में औपनिवेशिक किसान एक प्रमुख नाटकीय व्यक्तित्व के रूप में उभरता है जो एक ओर औपनिवेशिक भारत की परिस्थितियों में उनकी गहरी ऐतिहासिक अन्तर्दृष्टि का तो दूसरी ओर उनकी साहित्यिक कल्पनाशीलता की विरल प्रतिभा की देन है। साहित्यिक संवेदनशीलता और इतिहास बोध, यही वे दो गुण हैं जो एक होकर प्रेमचन्द के गोदान में औपनिवेशिक किसान के व्यक्तीकरण के रूप में 'होरी'–जैसे अमर किन्तु त्रासद–चरित्र की रचना करते हैं। यही वह अविस्मरणीय चरित्र है जो औपनिवेशिक आर्थिक व्यवस्था के भीतर घोर निराशा में डूबे भारतीय किसान के जीवन संघर्ष और जीने के अदम्य मनोबल का जीवन्त प्रतीक है।"[89]

यथार्थवाद भारतीय राष्ट्रीय नवजागरण का अभिन्न अंग था। उड़िया में 'फकीरमोहन सेनापति (1843–1918) कृषक जीवन को केन्द्र बनाकर उपन्यास की रचना (छह माण आठ गुण्ठ) कर चुके थे, "उनकी रचनाओं के सबसे जीवन्त पात्र नाई, जुलाहे, खेतिहर मजदूर और अछूत हैं। उन्होंने साहित्य की दुनिया में आम आदमी और औरत को महत्त्व प्रदान किया।"[90] उनकी कथा दृष्टि की बहुत बड़ी विशेषता यह थी कि उन्होंने

उड़ीसा के जातीय जीवन की कथा कहते हुए भी वर्तमान और भविष्य को भी अपनी दृष्टि में रखा। प्रेमचन्द के उपन्यासों में भी किसान जीवन का यथार्थ आने से हिन्दी उपन्यास राष्ट्रीय भावना और नवजागरण की चेतना का अभिव्यंजक बना। "भारतीय उपन्यास में किसान आया तो अपने साथ अपनी संस्कृति, भाषा और कथन–भंगिमाएँ भी लेकर आया, जिनसे उपन्यास का नया यथार्थवादी रूप निखरा।"[91] प्रेमचन्द ने अपने उपन्यासों में भारतीय समाज की सामन्ती और पूँजीवादी व्यवस्थाओं के शोषण, उत्पीड़न, किसानों–मजदूरों की विवशता, समाज की आर्थिक तथा सामाजिक पराधीनता की वास्तविकता तथा स्वाधीनता की आकांक्षा का वृत्तान्त लिखा। वे भारतीय समाज और साहित्य के जनतन्त्रीकरण की प्रक्रिया को तेज और मज़बूत बनाना चाहते थे। भारतीय समाज का यथार्थ ही उनकी रचनाओं में व्यक्त हुआ है। 'सेवासदन' से लेकर 'गोदान' तक के रचनात्मक संघर्ष और साधना से प्रेमचन्द ने कथा साहित्य की कलात्मक परम्परा को निखार कर यथार्थवादी परम्परा का निर्माण किया। हिन्दी में फणीश्वरनाथ रेणु और उसके बाद नागार्जुन ने इस परम्परा को न सिर्फ़ आगे बढ़ाया बल्कि सामान्य जन, दलित श्रमिक, नारी, पिछड़े वर्ग, हाशिये के आदमी को कथा का केन्द्र भी बनाया।

कथा साहित्य के इतने बड़े परिदृश्य पर सामाजिक यथार्थ के आकलन में मैला आँचल, रतिनाथ की चाची, बलचनमा, अल्मा कबूतरी, मैं बोरिशाइल्ला, ग़ायब होता देश जैसे उपन्यासों की संख्या कम है, जिसकी ओर प्रसिद्ध समाजशास्त्री डॉ. श्यामाचरण दुबे ने ध्यान दिलाते हुए कहा, "हिन्दी उपन्यास की उल्लेखनीय सफलताओं के बावजूद भारत के सामाजिक यथार्थ के आकलन में उसकी सीमाएँ और न्यूनताएँ चुभने वाली हैं।... भूमिहीन खेतिहरों, बन्धुआ मजदूरों और औद्योगिक श्रमिकों पर जो लिखा गया वह नाकाफ़ी है और सन्तोष भी नहीं देता। आदिवासियों व दरिद्र समाज का दर्द भी अभिव्यक्ति नहीं पा सका है... अधिकांश हिन्दी उपन्यास अभी नगरों और कस्बों के इर्द–गिर्द घूम रहे हैं, बहुत कम लेखक ग्रामीण और दलित जन से तादात्म्य कर सके हैं।"[92]

कई वर्ष पूर्व हिन्दी औपन्यासिक परिदृश्य पर श्यामाचरण दुबे की यह टिप्पणी हिन्दी उपन्यास की सीमाओं को कम, उपन्यास विधा की सामर्थ्य को अधिक उजागर करती है। रेणु और नागार्जुन के बाद श्रीलाल शुक्ल,

विवेकी राय, शिवप्रसाद सिंह की पीढ़ी के बाद बहुत से ऐसे उपन्यास लिखे गये हैं जिनके कारण उपन्यास विधा मात्र साहित्यिक संरचना (लिटरेरी कंस्ट्रक्ट) तक ही सीमित नहीं रहती बल्कि वह सामाजिक संरचना का रूप भी ग्रहण करती है। काला पहाड़ (भगवानदास मोरवाल), जंगल जहाँ शुरू होता है (संजीव), जहाँ बाँस फूलते हैं (श्रीप्रकाश मिश्र), अल्मा कबूतरी (मैत्रेयी पुष्पा), गायब होता देश (रणेन्द्र) जैसे उपन्यास एक ओर प्रेमचन्द की परम्परा को लेकर चलते हैं तो दूसरी ओर समाजशास्त्रीय अनुशासनों से परिचालित भी होते हैं।

आधुनिक समाज और आधुनिकता के गर्भ से निकली साहित्य विधा 'उपन्यास' की आलोचना करने में समाजशास्त्रीय अध्ययन अत्यन्त सफल हुआ है। साहित्य का समाजशास्त्रीय अध्ययन पारम्परिक समाज, परम्परा और इनके गर्भ से निकले मिथक, महाकाव्य और इसके प्रतीकों की व्याख्या करने में उतना सफल नहीं हुआ। यह स्वाभाविक भी है, क्योंकि समाजशास्त्र का जन्म आधुनिक समाज की सम्भावनाओं और समस्याओं की व्याख्या और विश्लेषण करने के लिए ही हुआ है। जब तक साहित्य के समाजशास्त्रीय सिद्धान्त काव्य विधा के विश्लेषण के लिए पूरी तरह परिपक्व नहीं हो जाते, तब तक साहित्य के समाजशास्त्र के केन्द्र में उपन्यास ही रहेगा।

उपन्यास के समाजशास्त्रीय अध्ययन के लिए प्रस्तुत पुस्तक को दो खण्डों में विभाजित किया गया है। पहले खण्ड में उपन्यास के समाजशास्त्रीय चिन्तन की दिशा में पश्चिम एवं पूर्व के चिन्तकों के कुछ प्रतिनिधि लेख संकलित हैं। दूसरे खण्ड में कुछ प्रमुख आलोचकों द्वारा की गयी समाजशास्त्रीय औपन्यासिक आलोचनाएँ संकलित है जो विभिन्न पत्र–पत्रिकाओं में प्रकाशित हुई हैं। 'गोदान' अशेष सम्भावनाओं वाली कृति है। प्रो. पूरनचन्द्र जोशी ने अपने लेख में औपनिवेशिक भारत की समस्याओं और अन्तर्दृष्टियों की मार्मिकता और दासता से ग्रस्त भारत और आज के उभरते पूँजीवाद के अन्तर्विरोधों से उद्वेलित भारत में निरन्तरता और विच्छिन्नता के द्वन्द्ववाद को प्रेमचन्द द्वारा उठाये गये प्रश्नों, उनकी विश्लेषण पद्धतियों और अन्तर्दृष्टियों एवं परिप्रेक्ष्यों के आधार पर समझने और खोजने का प्रयास किया है।

'बाणभट्ट की आत्मकथा' के पाठ का कविता की तरह अध्ययन कर भगवान सिंह ने उसकी विलक्षणता निर्दिष्ट की है। इतिहास और भाषा सम्बन्धी तमाम भ्रान्तियों का निराकरण करते हुए उन्होंने ही पहली बार

द्विवेदी जी में जो तन्त्र और परासाधना की बातें आती हैं, उनका स्रोत सूचित किया है। 'बूँद और समुद्र' पर प्रो. रामचन्द्र तिवारी का लेख संकलित है जिसमें वास्तविकता की पहचान के स्तर पर मध्यवर्गीय समाज के बहुस्तरीय अन्तर्विरोधों को उजागर किया गया है। 'मैला आँचल' पर प्रो. नित्यानन्द तिवारी का लेख है। इस पुस्तक में उपन्यास के समाजशास्त्र के सैद्धान्तिक पक्ष के साथ–साथ भारतीय उपन्यास के उदय और विकास सम्बन्धी विमर्श का प्रतिनिधित्व करने वाले लेखों को लिया गया है जिनमें नामवर सिंह, निर्मल वर्मा और राजेन्द्र यादव सम्मिलित हैं। ये लेख उपन्यास विधा को मात्र 'साहित्यिक संरचना' के रूप में लिए जाने का आग्रह करते हैं।

इस पुस्तक के पहले संस्करण में जो लेख शामिल थे, उनमें से कुछ के अलावा भारतीय उपन्यास परिदृश्य से सम्बन्धित नये लेख संकलित किये गये हैं। पुस्तक के इस नवीन संस्करण की प्रस्तुति के लिए वाणी प्रकाशन का आभार। साथ ही छात्रों चैताली सिन्हा, पवन साव, सुधांशु कुमार के सहयोग के लिए आभार ज्ञापन।

–गरिमा श्रीवास्तव

जनवरी, 2023
जवाहरलाल नेहरू विश्वविद्यालय
नयी दिल्ली

सन्दर्भ

1. H.E. Barhes—An Introduction to the History of Sociology.
2. Robert Escarpit—Sociology of Literature, p. 3
3. मादाम–द–स्ताल–द ल लितरात्यूर (1800) पेरिस मिनार्ड 1959, भाग–1, पृ. 3
4. Ian Watt—The Rise of the Novel, लंदन, पैंग्विन बुक्स, 1963, जिन्होंने 18वीं शताब्दी के उपन्यास के विकास से सम्बन्धित अपने विश्लेषण में अनेक तत्त्वों का मादाम–द–स्ताल द्वारा पूर्वानुमान स्वीकार किया है।
5. C. Wright Mills—The sociological Imaginations, p. 17
6. H. Taine—History of English Literature, p. 1
7. मैनेजर पाण्डेय–साहित्य के समाजशास्त्र की भूमिका, पृ. 124
8. Ibid., p. 312
9. रेने वेलेक–History of Modern Criticism Part-4, p. 29
10. The Sociology of Art and Literature (Edited) p. 354

11. Taine—Twentieth Century Criticism, p. 314
12. Taine—Twentieth Century Criticism, p. 310
13. J.L. Sammons—Literary Sociology and Practical Criticism, p. 44
14. प्रेमशंकर–इतिहास के अद्वैतवादी दृष्टिकोण का विकास, पृ. 219
15. Telos no. 45—Fall 1980, p. 91
16. Lucien Goldmann—-The Human Sciences and Philosophy, p. 102-103
17. Lucien Goldmann—पूर यून सोशियोलॉजी द् यू रोमां पेरिस (1964)
18. Lucien Goldmann—Marxism et Sciences Humans, Paris 1970, p. 130-150. 'The Hidden God'
19. Ibid—Sociology of art and Literature (ed.) P. 585
20. Ibid—Sociology of art and Literature (ed.) P. 585
21. Raymond Williams—New Left Review 150 JulyAug, 1986
22. Raymond Williams—The long Revolution, 20
23. Raymond Williams—The long Revolution, 84-85
24. Raymond Williams—The long Revolution, 304
25. Patrick Parrinder—Critical Quarterly Vol-26 no-1+2 1984, p. 49
26. Marx and Angles—Selected Works, Part-1, p. 48
27. Marx and Angles—On Literature and Art Preface, p. 3
28. प्लेखानोव—Art and Social Life, P. 108-9
29. George Lucas—The Historical Novel, London, Marlin Press, 1962, p. 17
30. सं. निर्मला जैन—साहित्य का समाजशास्त्रीय चिन्तन, पृ. 45-46
31. Studies in European Realism, p. 152-153
32. मैनेजर पाण्डेय—साहित्य के समाजशास्त्र की भूमिका, पृ. 55
33. चन्द्रशेखर जागीरदार—आनन्द कुमारस्वामी और भारतीय सौन्दर्यशास्त्र की परम्परा, आलोचना पत्रिका अंक 15 सहस्राब्दी अंक 2003, पृ. 143
34. D.P. Mukerjee—Diversities-Sociology of Indian Literature, p. 319-321
35. (ed) M. Soloman—Marxism and Art (1979), p. 63
36. D.P. Mukerjee—Diversities, P. 232-33
37. D.P. Mukerjee—Diversities-'Social Problems in Fiction, P. 286
The Appeal of Gora and Ghare-Bayere (Home and outside) is considerably enhanced by the author's wonderful art of polemies. Certain Characters, Particularly those belonging to our class, best exhibit their inward+ness through opinions on Problems. Speech making is nothing criminal; it is vital to the people of the age which has passed from reflexive action to reflective expression and discussion. Opinion and their statement mark a step in the gradual Substitution of force by persuation, which is the main contribution of civilization. We can not go back to the age of the gods

and the heros—they were an unthinking lot! We cannot be satisfied with mere action, hence with mere plot. The plea of plot for plot's sake in on par with that of art for art's sake. There in no ground for admitting the identity of the plot with art. In fact, this indentity is extremely tenuous. Then again, problems are never purely emotional. Pure emotions have never been known to exits. The essence of problems is always intellectual. Emotions collect-round a predicament, but the way out is never by emotion. Problems would never come in a novel unless the emotion of the characters have failed, as they must always fail, to find a way out. As characters are human being, they cannot stew in the emotional juice for ever. Therefore, opinions on problems are absolutely vital to the character if there is not finality in the judgment. It is no fault of the writer...

38. D.P. Mukerjee—Diversities, page 298
39. पूरनचन्द्र जोशी—परिवर्तन और विकास के सांस्कृतिक आयाम 1987, पृ. 74
40. पूरनचन्द्र जोशी—प्रेमचन्द और भारतीय गाँव : बदलते परिप्रेक्ष्य।
41. पूरनचन्द्र जोशी—प्रेमचन्द और भारतीय गाँव : बदलते परिप्रेक्ष्य।
42. पूरनचन्द्र जोशी—प्रेमचन्द और भारतीय गाँव : बदलते परिप्रेक्ष्य।
43. श्यामाचरण दुबे–विकास का समाजशास्त्र, पृ. 46
44. श्यामाचरण दुबे–विकास का समाजशास्त्र, पृ. 90
45. श्यामाचरण दुबे–विकास का समाजशास्त्र, पृ. 90–91
46. श्यामाचरण दुबे–सीमान्तों के विश्लेषण–संकलन/सम्पादन लीला दुबे, सुधीश पचौरी, पृ. 101
47. श्यामाचरण दुबे–सीमान्तों के विश्लेषण–संकलन/सम्पादन लीला दुबे, सुधीश पचौरी, पृ. 166
48. श्यामाचरण दुबे–सीमान्तों के विश्लेषण–संकलन/सम्पादन लीला दुबे, सुधीश पचौरी, पृ. 115
49. श्यामाचरण दुबे–वही, 'साहित्य की मेरी पहचान' संकलित लेख।
50. श्यामाचरण दुबे–वही, 'साहित्य की मेरी पहचान' संकलित लेख।
51. Raymond Williams—Culture, p. 142
52. J.M. Bernstein—The Philosophy of Novel, p. 78-79
53. Ibid., p. 84-86
54. Fredric jameson—New Literary HistoryAutumn, 1975, p. 161
55. नित्यानन्द तिवारी–आधुनिक साहित्य और इतिहास बोध, पृ. 17
56. नित्यानन्द तिवारी–आधुनिक साहित्य और इतिहास बोध, पृ. 33
57. नित्यानन्द तिवारी–आधुनिक साहित्य और इतिहास बोध, पृ. 34
58. रामस्वरूप चतुर्वेदी–आधुनिक काव्यबोध : अज्ञेय और शमशेर– कादम्बिनी अंक–6 अप्रैल, 1961, पृ. 105
59. नित्यानन्द तिवारी–आधुनिक साहित्य और इतिहास बोध, पृ. 39
60. G. Lucas—The Theory of Novel, p. 70

61. मैनेजर पाण्डेय–साहित्य के समाजशास्त्र की भूमिका, पृ. 221
62. मुक्तिबोध–कामायनी–एक पुनर्विचार।
63. Pablo Neruda—Memoirs.
64. मैनेजर पाण्डेय–साहित्य के समाजशास्त्र की भूमिका, पृ. 225
65. मैनेजर पाण्डेय–साहित्य के समाजशास्त्र की भूमिका, पृ. 226
66. मैनेजर पाण्डेय–साहित्य के समाजशास्त्र की भूमिका, पृ. 226
67. नित्यानन्द तिवारी–संघर्ष का कला विवेक–पद्मावत का सुआ संवाद खण्ड।
68. ट्रांसइंडिविजुअल सब्जेक्ट्स।
69. नित्यानन्द तिवारी–संघर्ष का कला विवेक–पद्मावत का सुआ संवाद खण्ड।
70. नित्यानन्द तिवारी–संघर्ष का कला विवेक–पद्मावत का सुआ संवाद खण्ड।
71. Adolfo Sanchez Vasquez—Art and Society, p. 246
72. Leolowenthal—Critical InquiryAutumn, 1987, p. 11
73. New left Review–136, Nov. Dec. 1982, p. 67
74. The Novel and the People—Ralph Fox.
75. "It (i.e., the novel) is new art form, It did not exist, except in very redimentary form, before that modern civilization which began with renassiance… The novel and the people, p. 72
76. राहुल सांकृत्यायन–दर्शन दिग्दर्शन, पृ. 296

    "उस वक़्त के विश्वविद्यालय धर्म की मुट्ठी में थे और साइंस सम्बन्धी गवेषणा के लिए वहाँ कोई स्थान न था, इसीलिए साइंस की खोजों के लिए स्वतन्त्र संस्थाएँ स्थापित करनी पड़ीं।"
77. William Henry Hudason—An Introduction to the Study of Literature, p. 58

    "Even the briefest text book of the literary history of Italy, France, or England, will tell us somthing of the enormous changes wrought during the period of the revivial of learning by the enthusiastic study of the classic, which not only furnished artistic inspiration and set fresh models and standards of taste, but by bringing men into living contact with the genius of Greece and Rome, and with a world of through, feeling, and ideals, which was then entirely new to them, did much to emancipate their minds from the trammels of effect dogmatism, and to break up the intellectual and religious fabric of the middle, ages.
78. ओ मेनोनी, प्रास्पेरो एंड कैलिबान : दि साइकोलॉजी ऑफ़ कोलोनाइजेशन एन अर्बोर, 1990, पृ. 39–48
79. एडवर्ड शिल्ज़, दि इंटेलेक्चुअल बिटविन ट्रेडिशन एंड मॉडर्निटी : दि इंडियन सिचुएशन, हेग, 1961
80. D.P. Mukharjee—Diversities, p. 304
81. मैनेजर पाण्डेय–साहित्य के समाजशास्त्र की भूमिका

82. विश्वनाथ काशीनाथ राजवाड़े–'उपन्यास' (अनु.) आलोचना, पृ. 84 जनवरी–मार्च, 1988, पृ. 23–24
83. तत्त्वबोधिनी पत्रिका–माघ, शक, 1798 अंक 402
84. Bela Dutta Gupta—Sociology in India, Calcuta, 1977, p. 15
85. मैनेजर पाण्डेय–साहित्य के समाजशास्त्र की भूमिका, पृ. 282
86. प्रेमचन्द–साहित्य का उद्देश्य।
87. रामविलास शर्मा–प्रेमचन्द और उनका युग।
88. नित्यानन्द तिवारी–आधुनिक साहित्य और इतिहास बोध, पृ. 96–97
89. पूरनचन्द्र जोशी–प्रेमचन्द की अमरता के मूल स्रोत।
90. मायाधर मानसिंह–फकीरमोहन सेनापति।
91. मैनेजर पाण्डेय–साहित्य के समाजशास्त्र की भूमिका, पृ. 286–287
92. श्यामाचरण दुबे–परम्परा, इतिहास बोध और संस्कृति।

खण्ड : एक

1

उपन्यास का आन्तरिक रूप

जॉर्ज लूकाच
अनुवाद : **आनन्द प्रकाश**

दांते के संसार की समग्रता अवधारणाओं के व्यवस्थित समूह की वह समग्रता है जो सामने दिखायी पड़ती है क्योंकि इस व्यवस्था का 'वस्तुपन' इन्द्रियगम्य होता है, क्योंकि इसके बीच क्रियाशील अवधारणाओं और उनके ऊँच–नीच क्रम में वास्तविकता होती है, इसलिए पूर्णता और समग्रता जैसी श्रेणियों का चरित्र नियामक न होकर, संरचनात्मक होता है : इस कारण समग्रता के बीच चलने वाली यात्रा चाहे कितनी ही अनजानी और आकस्मिक लगे, लेकिन वह सुसंचालित और सुरक्षित होती है और इसी कारण महाकाव्य की रचना तब भी सम्भव हो सकी, जब ऐतिहासिक दार्शनिक स्थिति ने उपन्यास की माँग करनी प्रारम्भ कर दी थी। उपन्यास के भीतर समग्रता को यदि व्यवस्था दी जा सकती है तो केवल अमूर्त रूप में, इसी कारण ऐसी कोई भी व्यवस्था जो उपन्यास में खड़ी की जा सकती थी–जब रचना का आवयविक तत्त्व लुप्त हो चुका हो तो वृत्ताकार समग्रता का एकमात्र सम्भव रूप व्यवस्था ही रह जाती है–अमूर्त अवधारणाओं की ही हो सकती थी और इसलिए वह सौन्दर्य–रूप पाने के लिए उपयुक्त नहीं हो सकती थी। यह सही है कि इस प्रकार का व्यवस्थाकरण समूची संरचना का अन्तिम आधार होता है, लेकिन उपन्यास की निर्मित वास्तविकता में जो सामने आता है वह व्यवस्थाकरण को मूर्त जीवन से पृथक करने वाला फासला होता है। यह ऐसा व्यवस्थाकरण होता है जो वस्तु संसार की रूढ़िवादिता और निजी संसार की आभ्यन्तरिकता पर बल देता है। इस प्रकार उपन्यास के तत्त्व,

हीगेलीय अर्थ में पूरी तरह अमूर्त होते हैं, अमूर्त होता है काल्पनिक परिपूर्ण के लिए अतीत में लौटने का व्यामोह जिससे उपन्यास के पात्र ग्रसित होते हैं। एक ऐसा व्यामोह जो अपने को और अपनी इच्छाओं को ही एकमात्र सच्ची वास्तविकता मानता है, अमूर्त होता है सामाजिक संरचनाओं का वह अस्तित्व जो संरचनाओं की उपस्थिति के तथ्य मात्र पर और उनके चलते रहने की क्षमता पर आधारित होता है और अन्त में, अमूर्त होता है वह रूपदायी अभिप्राय जो तत्त्वों के इन दो अमूर्त समूहों के बीच की दूरी को पाटने के बजाय उन्हें वैसे ही बना रहने देता है, जो इस दूरी को पाटने की कोशिश तक नहीं करता, बल्कि उपन्यास के पात्रों के वास्तविक अनुभव के रूप में उसे इन्द्रियगम्य बना देता है, इस दूरी को दोनों समूहों को जोड़ने का साधन बनाता है और इस तरह इसे लेखन के एक उपकरण में बदल देता है।

हम पहले ही देख चुके हैं कि उपन्यास की मूलतः अमूर्त प्रकृति से क्या क्या ख़तरे उत्पन्न होते हैं : गीतात्मकता या नाटक चले जाने का ख़तरा, यथार्थ को संकुचित कर देने का ख़तरा, ताकि कृति एक सुन्दर चित्र–गीत बन जाये, अपने स्तर से इतना नीचे चले जाने का ख़तरा कि कृति सस्ते मनोरंजन का साहित्य हो जाये। इन खतरों से बचने का एक ही रास्ता है कि संसार की क्षीण और अपूर्ण प्रकृति को ही अन्तिम यथार्थ के रूप में प्रस्तुत किया जाये; सचेत और संगत रूप में उस प्रत्येक वस्तु को उभारते हुए जो संसार की सीमाओं से परे तथा बाहर की ओर संकेत करती है।

एक कलारूप जीवन की पराभौतिक विषमता को इस तरह अपनाता और आयोजित करता है कि उसे 'अपने–में–पूर्ण' एक समग्रता बना सके और इसी से प्रत्येक कलारूप परिभाषित होता है। इसके परिणामस्वरूप जो संसार उभरता है, उसका मूड तथा वह वातावरण जिसमें इस प्रकार निर्मित व्यक्तियों और घटनाओं को निजत्व मिलता है, उस ख़तरे से नियमित होते हैं जो उपरोक्त विषमता के अपूर्ण रह जाने से पैदा होता है और इसलिए जो रूप का विरोध करने लगता है। उपन्यास के हिस्से आने वाली विषमता का विशेष गुण यह होता है कि सारभूत जीवन की व्यापकता अनुभव के जीवन में पदार्पण करने से इनकार कर देती है जिससे रूप की ऐसी समस्या पैदा हो जाती है जो दूसरे प्रकार की कलाओं को रूप सम्बन्धी प्रकृति से कम स्पष्ट होती है और जो चूँकि विषयवस्तु की समस्या दिखायी पड़ती है

इसलिए यह अपेक्षा करती है कि उसे उन समस्याओं से भी अधिक जो शुद्ध रूप सम्बन्धी होती हैं आचरण सम्बन्धी और सौन्दर्यमूलक तर्कों द्वारा परखा जाये।

महाकाव्य का स्वभाव बच्चे जैसा सरल होता है, जबकि उपन्यास, इसके ठीक विपरीत, परिपक्व और सशक्त होता है (नाटक चूँकि जीवन के हाशिये पर रहता है इसलिए वह इतिहासगत कालखण्डों के बाहर होता है–चाहे हम इन कालखण्डों की कल्पना पूर्वनिर्मित श्रेणियों तथा आदि अवस्थाओं के रूप में ही क्यों न करें)। उपन्यास का स्वभाव परिपक्व और सशक्त होता है : इसका अर्थ यह हुआ कि यदि हम उपन्यास के संसार की समग्रता को वस्तुपरक ढंग से देखें तो वह अपूर्ण बन जाती है और यदि आत्मपरक ढंग से देखें तो वह परित्यक्त लगने लगती है। उपन्यास को नियन्त्रित करने से दो तरह का ख़तरा पैदा होता है या तो संसार की अशक्तता इतने स्थूल रूप में सामने आती है कि वह रूप द्वारा अपेक्षित अर्थ व्याप्ति को समाप्त कर देती है या संसार की असंगति को ठीक करने, स्थापित करने और आत्मसात करने की इच्छा इतनी अधिक हो जाती है कि वह उपन्यास के संसार के वृत्त को समय से पहले ही बन्द कर देती हैं, जिस कारण रूप कितने ही असमान और पृथक भागों में बँट कर बिखर जाता है। संसार की अशक्तता को ऊपरी तौर पर छिपाया जा सकता है, लेकिन उसे समाप्त नहीं किया जा सकता, इसका परिणाम यह होता है कि यह अशक्तता उपन्यास के भीतर एक ऐसे सच्चे माल के रूप में दिखायी पड़ती है, जिसका कमजोर विधान बाद में नष्ट हो जायेगा। दोनों ही अवस्थाओं में संरचना अमूर्त रहती है, चूँकि अमूर्तता अपने चरित्र को पहचान लेती हैं, इसलिए उपन्यास के अमूर्त आधार को रूप मिलता है, रूप द्वारा अपेक्षित अर्थ व्याप्ति केवल तभी मिलती है, जब लेखक अर्थ के अभाव को उघाड़ने की दिशा में अन्त तक निर्द्वन्द्व भाव से जाता है।

कला जीवन से सदा यही कहती है : 'यह ठीक है, लेकिन!' क्योंकि रूप गढ़े जा रहे हैं। इसी से यह बात पूरी तरह सिद्ध हो जाती है कि संसार में असंगति है, लेकिन बाकी सब विधाओं में–यहाँ तक कि महाकाव्य में भी (और अब हम इसका कारण भी जानते हैं)–असंगति की यह पहचान रूपदायी क्रिया से पहले ही हो जाती है, जबकि उपन्यास में यह पहचान रूप में ही होती है। यही कारण है कि उपन्यास की रचना प्रक्रिया में

आचरण सिद्धान्तों और सौन्दर्य सिद्धान्तों के बीच का सम्बन्ध एक तरह का होता है और साहित्य की अन्य विधाओं में दूसरी तरह का। दूसरी विधाओं में आचरण–सिद्धान्त एक शुद्ध औपचारिक पूर्वापेक्षा होती है जो अपनी गहराई द्वारा तो रूप–नियामक सारवस्तु को उत्पन्न होने देती है और अपने विस्तार द्वारा उस समग्रता को सम्भव बनाती है, जो इसी तरह रूप द्वारा नियमित होती है और अपने व्यापक स्वभाव द्वारा कृति के घटक तत्त्वों के बीच एक सन्तुलन स्थापित करती है–यह एक ऐसा सन्तुलन होता है जिसके लिए न्याय शुद्ध आचरण–सिद्धान्तों की भाषा का एक शब्द मात्र होता है। इसके विपरीत, जहाँ तक उपन्यास का सम्बन्ध है, आचरण सिद्धान्त–अर्थात् आचरण–सिद्धान्त से सम्बन्धित आशय–प्रत्येक विवरण की बुनावट में दिखायी पड़ता है और इसलिए वह अपनी अधिकतम मूर्त वस्तु में स्वयं कृति का एक सशक्त संरचनात्मक तत्त्व होता है।

दूसरी विधाएँ अपने निर्मित रूप में अस्तित्व में होती हैं, जबकि उपन्यास पूरी तरह बना हुआ न होकर बनने की प्रक्रिया में दिखायी पड़ता है। यही कारण है कि यदि कलात्मक दृष्टिकोण से देखें तो उपन्यास सबसे अधिक जोखिम वाली विधा होती है और यही कारण है कि जो लोग 'वस्तु के भीतर समस्या है' और 'वस्तु स्वयं समस्यामूलक है' के बीच भेद नहीं कर पाते उपन्यास को केवल आधी कला मानते हैं। हो सकता है कि ऐसी बात विश्वसनीय लगे। कारण यह है कि दूसरी विधाओं के विपरीत उपन्यास में एक ऐसा जुड़वाँ सहोदर बसा होता है जो आकृति में वक्र और विद्रूप दिखायी पड़ता है और जिसे सभी सामान्य औपचारिक विशेषताओं में उपन्यास से अलग नहीं किया जा सकता : मनोरंजन प्रदान करने वाले उपन्यास के भीतर। यद्यपि उपन्यास के सभी ऊपरी तत्त्व होते हैं, लेकिन वह सार रूप में न तो किसी चीज़ से जुड़ा होता है और न ही किसी चीज़ पर आधारित होता है अर्थात् पूर्णतः निरर्थक होता है। दूसरी विधाओं में, जहाँ यह माना जाता है कि मनुष्य की सत्ता पहले ही प्राप्त हो चुकी है, इस तरह का विद्रूप और वक्र जुड़वाँ सहोदर नहीं मिल सकता, क्योंकि इस (युग्म) के सन्दर्भ में यह बात क्षण भर के लिए भी नहीं छिपायी जा सकती कि इसका निर्माण कुछ ग़ैर कलात्मक तत्त्वों द्वारा होता है, जबकि उपन्यास में मात्र ऊपरी समानता से यह भ्रम पैदा हो सकता है कि यह कोई वक्र और विद्रूप आकृति नहीं, बल्कि वास्तविकता है। कारण यह है कि उपन्यास में सशक्त

बन्धन और निर्माणकारी विचारों की प्रकृति नियामक और गुप्त होती है और यह भी कि उसकी प्रक्रिया, जिसकी वास्तविक विषयवस्तु को समझाया नहीं जा सकता तथा खोखली प्राणवत्ता के बीच एक ऊपरी समानता होती है, लेकिन यदि हम किसी भी विशिष्ट कृति को ध्यान से देखें तो इस विद्रूप की सही प्रकृति उद्घाटित हो जायेगी।

उन दूसरे तर्कों में भी सच्चाई की केवल एक समानता ही दिखायी पड़ती है जिनका इस्तेमाल उपन्यास की सही कलात्मक प्रकृति को नकारने के लिए किया जाता है। यह केवल इसी कारण नहीं कि स्वाभाविक अपूर्णता और समस्यामूलक प्रकृति अपने ऐतिहासिक–दार्शनिक अर्थ में उपन्यास का सच्चा रूप होती है और इस तरह अपने आधार को, समकालीन चेतना की सच्ची दिशा को प्राप्त करके अपनी स्वीकार्यता को सिद्ध करती है, बल्कि इसलिए भी कि उपन्यास की प्रकृति अपनी प्रक्रिया में पूर्णता को वहीं तक नकारती है, जहाँ तक वह विषयवस्तु से सम्बन्धित होती है। उपन्यास जहाँ तक रूप है वहाँ तक 'बनने' और 'होने' के बीच एक अस्थिर यद्यपि दृढ़ सन्तुलन स्थापित करता है, बनने के पीछे काम करने वाला यह विचार एक मूर्त अवस्था बन जाता है। इस प्रकार उपन्यास स्वयं को बनने की स्वाभाविक दशा में ढालता है और स्वयं से ऊपर उठ जाता है। 'यात्रा समाप्त हो जाती है : मार्ग प्रारम्भ हो जाता है।'

इसलिए उपन्यास की 'आधी कला' अपने लिए दूसरे बन्द 'कला रूपों' की अपेक्षा अधिक कठोर, अधिक अकाट्य कलात्मक नियमों को अपनाती है और ये नियम अपनी सारवस्तु में परिभाषा और व्याख्या से जितने ही परे होते हैं उतना ही आवश्यक और कठोर इनका बन्धन हो जाता है : असल में ये व्यवहार कुशलता के नियम होते हैं। वैसे तो कुशलता और रुचि अपने आप में ऐसी गौण वस्तुएँ होती हैं जो पूरी तरह जीवन–क्षेत्र से सम्बन्ध रखती हैं और सारवान नैतिक जगत के लिए अप्रासंगिक होती हैं, लेकिन उपन्यास में वे संरचना का हिस्सा होती हैं और इस कारण उनकी सार्थकता बहुत बढ़ जाती है : केवल उन्हीं के माध्यम से आत्मपरकता उपन्यास की समग्रता के आरम्भ और अन्त में स्वयं को सन्तुलन में रख पाती है और स्वयं को महाकाव्य सुलभ स्वाभाविक वस्तुपरकता के रूप में स्थापित करके उपन्यास में अन्तर्निहित वर्धमान अमूर्तता के ख़तरे पर काबू पा सकती है।

इस ख़तरे को दूसरे ढंग से परिभाषित किया जा सकता हैः उपन्यास में रूप की संरचना आचरण–सिद्धान्त के हाथ में होती है और वह किसी पूर्वनिश्चित रूप योजना द्वारा नहीं बल्कि विषयवस्तु द्वारा तय होती है, साथ ही यहाँ पर संयोग की बात अथवा जीवन के मूल आचरण–सिद्धान्त तथा वास्तविक सामाजिक आचरण के परस्पर निकट चले आने की बात, उस तरह प्रकट नहीं होती जैसी महाकाव्य के युग में होती थी। इसलिए ख़तरा यह पैदा होता है कि कहीं वास्तविक समग्रता छूट न जाये और इस तरह उत्कृष्ट महाकाव्य द्वारा अपेक्षित स्वीकृति और वस्तुपरकता का लेखकीय प्रयोजन कहीं क्षीण न हो जाये या फिर बिल्कुल ही नष्ट न हो जाये। यह भी सच है कि इस ख़तरे को बाहर से काबू नहीं किया जा सकता। इसके साथ केवल अन्दर से ही निपटा जा सकता है। कारण यह है कि यदि वह लेखकीयता अव्यक्त रह जाती है अथवा वस्तुपरकता के लिए होने वाली चाह में बदल जाती तो यह समाप्त नहीं हो जाती : असल में इस प्रकार का मौन, इस प्रकार की चाह एक स्पष्ट सचेत लेखकीयता के बाह्य उद्‌घाटन की अपेक्षा कहीं अधिक आत्मबद्ध होती है और इसलिए हीगेलीय अर्थ में कहीं अधिक अमूर्त होती है।

निजता की इस पहचान और लेखकीयता के इस आत्मनिषेध को उपन्यास के प्रथम सिद्धान्तकारों, प्रारम्भिक रोमेंटिसिज़्म के सौन्दर्यशास्त्री दार्शनिकों ने आयरनी (व्यंग्यवक्रता) कहा था। इसे उपन्यास रूप का घटक मानें तो यह एक आधारभूत दिशा परिवर्तन का द्योतक है–इसके माध्यम से स्वाभाविक सृजन–चेतना एक ऐसी लेखकीयता में बदल जाती है जिसमें आभ्यन्तरिकता का विकास हो चुका है, जो बाहरी संसारों के शक्ति संगठनों का विरोध करती है और अपनी ललक के विषयों की छाप बाहरी संसार पर छोड़ने की चेष्टा करती है। यह एक ऐसी लेखकीयता है जो चेतना तथा वस्तु के परस्पर असम्बन्धित संसारों की अमूर्त और सीमित प्रकृति को पहचानती है, इन संसारों को उनके अस्तित्व की आवश्यक शर्तों के रूप में देख कर उसके मूल चरित्र को समझ लेती है और इस तरह उनके आर–पार देख कर संसार की द्वैतता को बने रहने देती है। इसके साथ–साथ रचनाशील लेखकीयता मूलरूप से परस्पर असम्बन्धित दो तत्त्वों की पारस्परिक आपेक्षिकता में एक संगतिबद्ध संसार की झलक देख लेती है और इस संसार को रूप प्रदान करती है, लेकिन यह संगतिबद्ध दिखने

वाला संसार शुद्ध रूप से औपचारिक होता है, आन्तरिक और बाह्य संसार की परस्पर विरोधी प्रकृति समाप्त नहीं हो जाती, उसे केवल आवश्यक मान कर स्वीकार कर लिया जाता है, वह लेखक जो इसे इस रूप में पहचानता है स्वयं भी उतना ही आपेक्षिक होता है—अपनी आभ्यन्तरिकता की सीमाओं से घिरा, बाह्य संसार का उतना ही हिस्सा जितने वे चरित्र जो उसका विषय बन चुके हैं। यह व्यंग्यवक्रता उस ठण्डी और अमूर्त श्रेष्ठता से नितान्त भिन्न होती है, जो वस्तुपरक रूप को संकुचित करके आत्मपरक बना देती है और समग्रता को इतना छोटा कर देती है कि वह उसका पक्ष मात्र रह जाता है सैटायर व्यंग्य में यही होता है। उपन्यास में पर्यवेक्षक और सर्जक के रूप में लेखक व्यंग्यवक्रता के हाथों मजबूर होता है कि अपने संसार की पहचान को स्वयं अपने पर लागू करे और जिस तरह वह स्वयं द्वारा निर्मित चरित्रों को निर्द्वन्द्व व्यंग्यवक्रता का लक्ष्य बनाता है उसी तरह स्वयं को भी बनाये। वह विवश हो जाता है कि जिस तरह उत्कृष्ट महाकाव्य (साहित्य) के लिए अपेक्षा की जाती है वह स्वयं को एक शुद्ध ग्रहणकर्ता चेतना में बदल ले।

संसार अपनी क्षीणता को स्वयं ठीक करता है, व्यंग्यवक्रता इसी का नाम है। अनुपयुक्त सम्बन्ध स्वयं को परस्परविरोधी उद्देश्यों और ग़लतफहमियों के एक काल्पनिक यद्यपि सुनियोजित वृत्त में ढाल लेते हैं, जिसमें प्रत्येक वस्तु बहुपक्षीय दिखायी पड़ती है, जिसमें चीज़ें अलग–थलग और फिर भी जुड़ी हुई प्रतीत होती हैं, जहाँ चीज़ें मूल्यवत्ता से युक्त होती हैं और फिर भी उससे पूर्णतयारहित होती हैं, जहाँ वे अमूर्त टुकड़ों के रूप में दिखायी पड़ती है और मूर्त स्वायत्त जीवन की भाँति भी विकसित होती जान पड़ती है और नष्ट होती हुई भी पीड़ा से ग्रसित लगती हैं और स्वयं पीड़ा प्रतीत होती है।

इस तरह एक बिल्कुल नये आधार पर जीवन का एक नया परिप्रेक्ष्य उभर आता है—भागों की आपेक्षिक स्वतन्त्रता और पूर्णता के साथ उनके जुड़ाव के बीच एक सम्बन्ध परिप्रेक्ष्य, किन्तु अपने जुड़ाव के बावजूद ये भाग अपनी दुर्निवार, अमूर्त स्वाधीनता को नहीं छोड़ सकते और पूर्णता से उनका सम्बन्ध यद्यपि वह लगभग आवयविक सम्बन्ध जैसा होता है, शुद्ध और स्वाभाविक आवयविक सम्बन्ध न होकर अवधारणात्मक होता है बार–बार नष्ट होता रहता है।

लिखने की दृष्टि से लें तो इसका परिणाम यह होता है कि यद्यपि चरित्र और उनकी क्रियाएँ अपने भीतर प्रामाणिक महाकाव्य साहित्य की अनन्तता लिए रहती हैं, फिर उनकी संरचना महाकाव्य की संरचना से मूलतः भिन्न होती है। उपन्यास के भीतर विद्यमान पदार्थ की प्रकृति मूलतः अवधारणात्मक और छद्म–आवयविक होती है। उसकी मौलिक भिन्नता इस बात में प्रकट होती है कि वह परस्पर सम्बद्ध, आवयविक और स्थिर होकर असम्बद्ध, आकस्मिक और बिखरावपूर्ण होती है। उपन्यास की आकस्मिक प्रकृति के कारण इसके अपेक्षतया स्वतन्त्र भाग महाकाव्य की अपेक्षा अधिक स्वतन्त्र, अधिक आत्मनिर्भर हो जाते हैं और इसलिए उन्हें, यदि पूर्णता को नष्ट न करते हो ऐसे तरीक़ों से प्रविष्ट कराना चाहिए कि वे भागों से कुछ अलग तथा ऊपर लगें। महाकाव्य के विपरीत, उपन्यास के भागों में एक दृढ़ निबन्धात्मक और निर्माण योजना–सम्बन्धी अर्थवत्ता होती है, चाहे वह केन्द्रीय समस्या पर विपरीत दिशाओं से पड़ने वाले प्रकाश का रूप लेती हो (जैसा 'डान क्विक्जोट' में विद्यमान नॉवेलाज देखने को मिलता है) अथवा कुछ छिपे हुए चित्रों और डिजाइनों का जिन्हें भूमिका या पूर्वकथन के रूप में रख दिया जाता है और जो अन्त में जाकर एक निर्णायक भूमिका निभाते हैं (जैसा कि 'कन्फैशंज ऑफ ए ब्यूटीफुल सोल' में किया गया है)। अपेक्षतया स्वतन्त्र भागों के अस्तित्व को मात्र उनकी उपस्थिति बल पर सही नहीं ठहराया जा सकता।

उपन्यास के विभिन्न भाग रचना–संयोजन के अधीन जुड़ते हैं और फिर भी अपना स्वतन्त्र तथा भिन्न अस्तित्व रख पाते हैं। इसका महत्त्व होता अवश्य है, लेकिन केवल एक लक्षण के रूप में, जिसका अर्थ हुआ कि इससे उपन्यास की समग्रता का रचनाविधान साफ़–साफ़ दिखायी देने लगता है। फिर भी यह आवश्यक नहीं है कि इस तरह का प्रत्येक उपन्यास अपनी विधागत संरचना के इस आत्यन्तिक परिणाम को पूरी तरह सामने रखे हो। यदि इसी विशेष पक्ष पर समूचा बल दिया गया और उपन्यास के समस्यामूल को लाँघने की चेष्टा की गयी तो निश्चय ही रचनाविधान में कृत्रिमता और अतिशय सरलीकरण आ जायेंगे, जैसा कि रोमेंटिक लेखकों के साथ पाल अंर्स्ट के प्रथम उपन्यास में हुआ।

यह पक्ष आकस्मिकता का केवल एक लक्षण होता है, यह उस घटना स्थिति को स्पष्ट करता है जो अनिवार्यतः सब कालों में और सब जगह

होती है, लेकिन जो योजना के तहत प्रयोग किये जाने वाले कौशल और उसके पीछे काम करने वाली सूक्ष्म व्यंग्यवक्रता (आयरनी) से, आवयविक गुण की तरह दिखने वाले और बार–बार भ्रम के रूप में प्रकट होने वाले तत्त्व से ढका होता है।

उपन्यास का बाहरी रूप मूलतः आत्मकथा का होता है। संयोजनबद्ध अवधारणाओं की सीमा यह होती है कि वे जीवन को पूर्णता में नहीं पकड़ सकतीं, दूसरी ओर संश्लिष्ट जीवन की कठिनाई यह होती है कि वह पूर्णता प्राप्त नहीं कर सकता, क्योंकि पूर्णता अपने में कल्पनामूलक होती है। इन दोनों के बीच चलने वाला उतार–चढ़ाव केवल एक तरह से रूपायित किया जा सकता है और वह है आत्मकथा के उद्देश्य में निहित आवयविक गुण। एक ऐसी विश्व–स्थिति में जहाँ आवयविक तत्त्व यदि अस्तित्व को पूर्णतया नियन्त्रित करने वाली वस्तु होता, एक जीवित के व्यक्ति पक्ष को उसकी सब सीमाओं के साथ–साथ शैलीकरण का प्रारम्भ–बिन्दु और रूपदायी क्रिया का केन्द्र बनाना एक मूर्खतापूर्ण बात होती–यह आवयविक तत्त्व पर की गयी एक अस्वाभाविक हिंसा होती। एक ऐसे काल में जहाँ व्यवस्थाएँ विद्यमान हैं। एक व्यक्ति–जीवन के उदाहरण रूप में दी गयी सार्थकता एक उदाहरण से अधिक नहीं हो सकतीः यदि उसे मूल्यों के वाहक के रूप में, न कि मूल्यों के आधार के रूप में, प्रस्तुत किया जाता, यह मानते हुए भी कि इस तरह से कार्य की कल्पना की जा सकती थी, तो यह बहुत ही हास्यास्पद अहंकार का कार्य होता/आत्मकथा रूप के अन्तर्गत अकेले मनुष्य–व्यक्ति की एक विशिष्ट गरिमा होती है जो जीवन की शक्ति के लिए स्वाभाविक से अधिक उच्च और व्यवस्था के समग्र नियन्त्रण के लिए स्वाभाविक से अधिक निम्न होती है, उसके अकेलेपन की मात्रा पहली स्थिति के लिए स्वाभाविक से अधिक बड़ी होती है और दूसरी स्थिति के लिए स्वाभाविक से अधिक निरर्थक होती है, जिस आदर्श का वह वाहक तथा प्रतिनिधि है, उसके साथ मनुष्य का अपना सम्बन्ध पहली स्थिति के लिए स्वाभाविक से अधिक दृढ़ होता है और दूसरी के लिए पूरी तरह अपर्याप्त और गौण होता है।

आत्मकथा रूप में उस भावुक प्रयत्न को, जो सफल नहीं हो सकता और जो इसलिए किया जाता है कि जीवन को और व्यवस्था के पूर्णतया वृत्ताकार रचना–संयोजन को तत्काल मिला दे, सन्तुलन प्रदान किया जाता है तथा गति रोक कर विश्राम की अवस्था में रख दिया जाता है।

उसे 'होने में' बदल दिया जाता है। एक आत्मकथा में केन्द्रीय चरित्र की सार्थकता केवल यही होती है कि उसका सम्बन्ध आदर्शों के ऐसे संसार से होता है, जो उससे ऊपर स्थित होता है, लेकिन इसके बदले उस संसार के अस्तित्व को उस व्यक्ति तथा उसके भोगे हुए अनुभव के माध्यम से ही प्राप्त किया जाता है। इस प्रकार, आत्मकथा रूप के भीतर उन दो क्षेत्रों का सन्तुलन, जो अकेले–अकेले अप्राप्त भी है और अप्राप्य भी, एक नये तथा स्वायत्त जीवन को पैदा करता है, ऐसा जीवन, जो कितना ही विरोधाभासपूर्ण क्यों न हो, अपने आपमें पूर्ण तथा अर्थवान होता है, यह जीवन होता है समस्यामूलक व्यक्ति का।

तात्कालिक संसार तथा समस्यामूलक व्यक्ति ऐसी सच्चाईयाँ हैं, जो एक दूसरे को नियमित करती हैं। यदि व्यक्ति समस्यामूलक है तो उसे अपने उद्देश्य स्पष्ट एवं सरल रूप में दिखायी पड़ते हैं और हो सकता है इन प्रदत्त उद्देश्यों द्वारा निर्मित संसार की प्राप्ति में कुछ बाधाएँ तथा कठिनाइयाँ पैदा हो जायें, लेकिन ऐसा कभी भी नहीं होता कि व्यक्ति के आन्तरिक जीवन को कोई गम्भीर ख़तरा हो। असल में इस तरह का ख़तरा केवल तभी पैदा होता है जब बाहरी संसार का व्यक्ति के विचारों से तालमेल नहीं बैठ पाता और जब विचार व्यक्ति की आत्मा के आत्मपरक तथ्य–आदर्श–बन जाये। यदि हम विचारों को अप्राप्य की तरह और तथ्यात्मकता के अर्थ में अवास्तविक की तरह स्थापित करते हैं अर्थात् उन्हें आदर्शों में बदल देते हैं, तो हम व्यक्ति की तात्कालिक समस्याविमुक्त आवयविक प्रकृति को नष्ट कर देते हैं। तब व्यक्तिपन अपने आप में एक उद्देश्य बन जाता है, क्योंकि तब वह अपने भीतर उस प्रत्येक वस्तु को पा लेता है जो उसके लिए सारवान होती है और जो उसके जीवन को स्वायत्त बनाती है–ऐसा तब भी होता है जब उसे प्राप्त होने वाली प्रत्येक वस्तु कभी उसके जीवन का आधार या उसकी अपनी वस्तु नहीं बनती और केवल खोज का एक लक्ष्य बनी रहती है, लेकिन इसके विपरीत व्यक्ति के चारों ओर का संसार उन्हीं निर्णायक रूपों का पदार्थ और आधार होता है, जिन पर उसका आन्तरिक जीवन टिका होता है और उनसे केवल अपनी विषयवस्तु में भिन्न होता है, इसलिए 'सच्चाई जो है' और 'आदर्श जिसे होना चाहिए' के बीच की अलंघ्य खाई को अनिवार्यतः बाह्य संसार की सारवस्तु का प्रतिनिधित्व करना पड़ता है। कारण यह कि उनके पदार्थों की भिन्नता केवल संरचनात्मक होती है।

यह भिन्नता स्पष्टतम रूप में सामने आती है। आदर्श की शुद्ध नकारात्मकता के भीतर, लेकिन आत्मा के स्तर पर आदर्श भोगे हुए अनुभव प्रविष्ट करता है और अपनी वस्तु में भी एक सीधी सकारात्मक भूमिका निभाता हैं, जबकि बाह्य संसार में सच्चाई और आदर्श बीच की दूरी केवल आदर्श की अनुपस्थिति द्वारा स्पष्ट होती है इस अनुपस्थिति द्वारा पैदा होने वाली सामान्य सच्चाई की आत्मालोचना के बीच, ऐसी सामान्य के सच्चाई अनस्तित्व के आत्मोद्घाटन के बीच जिसमें कोई भी व्याप्त आदर्श नहीं होता।

वास्तविकता द्वारा किया जाने वाला यह आत्मविनाश जिस रूप में उपस्थित होता है उस रूप में पूरी तरह बौद्धिक द्वन्द्वात्मक प्रकृति का होता है तथा तत्काल किसी काव्यमयता या इन्द्रियबोध के रूप में सामने नहीं आता। यह दो भिन्न रूपों में प्रकट होता है। पहला रूप है व्यक्ति की आभ्यन्तरिकता और उसकी क्रियाओं के आधार के बीच विसंगति का, आभ्यन्तरिकता जितनी सही होगी और उसके स्रोत जीवन के विचारों के, जो आत्मा में पहुँच कर आदर्श बन जाते हैं, जितने निकट होंगे, उतना ही अधिक स्पष्ट यह विसंगति हमें दिखायी पड़ेगी। दूसरा रूप है बाह्य संसार की सही पूर्णता पाने में असमर्थता–बाह्य संसार की विशेषता यह होती है कि वह आदर्शों से अपरिचित तथा आभ्यन्तरिकता का शत्रु होता है। यह असमर्थता या तो ऐसी होती है कि अपने लिए समग्रता का रूप नहीं पा सकती या फिर अपने तत्त्वों से अपने सम्बन्ध की और उन तत्त्वों के पारस्परिक सम्बन्ध की संगति का रूप नहीं पा सकती। दूसरे शब्दों में बाह्य संसार को प्रस्तुत किया ही नहीं जा सकता। ऐसे बाह्य संसार के भाग तथा उसकी पूर्णता ऐसे किसी रूप में साथ बँधने से मना करते हैं जो सीधी इन्द्रियगम्य प्रस्तुति का माध्यम बनते हों। वे जीवन को पाते ही तब हैं जब या तो उन्हें उनकी उलझन में खोये हुए व्यक्ति की जीवनानुभवकारी आभ्यन्तरिकता से जोड़ा जाये या फिर कलाकार को निजी पर्यवेक्षक तथा सर्जक दृष्टि से जोड़ा जायेः अर्थात् जब वे मनोदशा या मनन–मन्थन का लक्ष्य बन जाये।

यही वह बौद्धिक कारण और साहित्यिक व्याख्या है जिसके आधार पर रोमैंटिक लेखक माँग करते हैं कि उपन्यास के लिए ज़रूरी है कि वह सब विधाओं को अपने भीतर समेटते हुए शुद्ध गीतमय कविता और शुद्ध विचार को सम्मिलित करें। बाह्य संसार की विसंगतिपूर्ण प्रकृति यह माँग करती है कि महाकाव्यात्मक अर्थवत्ता और इन्द्रियगम्य शक्ति के खातिर ऐसे तत्त्वों

को सम्मिलित करना चाहिए जिनमें से कुछ तो महाकाव्य साहित्य के लिए अस्वाभाविक और कुछ सामान्य कल्पनाशील साहित्य के लिए अस्वाभाविक या नये होते हैं। इन तत्त्वों को केवल इसलिए ही नहीं सम्मिलित किया जाता कि वे सपाट, अलग–थलग और महत्त्वहीन घटनाओं को गीतमय वातावरण तथा बौद्धिक गरिमा प्रदान करेंगे। यह इसलिए किया जाता है कि केवल इन्हीं तत्त्वों के भीतर पूर्णता का वह अन्तिम आधार, जो पूरी कृति को बाँधे रखता है, दिखायी दे सकता है। यह नियामक विचारों की वह प्रणाली है जो अपने भीतर समग्रता को समाविष्ट किये होती है। कारण यह है कि बाह्य संसार की विसंगतिपूर्ण प्रकृति का वास्तविक आधार यह तथ्य होता है कि वास्तविकता के सन्दर्भ में विचारों की कोई भी प्रणाली केवल नियामक शक्ति लिए होती है। विचार चूँकि वास्तविकता को भेद नहीं सकते इसलिए वास्तविकता विषम तथा विसंगतिपूर्ण हो जाती है तथा यह असमर्थता इस बात को और भी ज़रूरी बना देती है कि वास्तविकता विचारों की प्रणाली के साथ एक निश्चित सम्बन्ध स्थापित करे जिसकी दांते के संसार में कोई आवश्यकता नहीं थी। दांते के संसार में यह होता था कि संसार के निर्माण संयोजन में प्रत्येक घटना को उसका अपना स्थान मिलता था और सभी घटनाओं को उचित जीवन्तता तथा अर्थवत्ता प्रदान की जाती थी, बिलकुल उसी सीधे–सरल रूप में–जीवन और अर्थवत्ता प्रत्येक घटना के भीतर पूरी अन्तर्व्याप्ति सहित विद्यमान होते थे।

उपन्यास के आन्तरिक रूप की व्याख्या यह की गयी है कि वह व्यक्ति द्वारा अपने निज की ओर की गयी यात्रा की प्रक्रिया है। इस यात्रा का मार्ग एक सामान्यतया उपस्थित वास्तविकता के नीरस बन्धन से प्रारम्भ होकर–वास्तविकता भी ऐसी कि अपने आप में विसंगतिपूर्ण और व्यक्ति के लिए निरर्थक हो–स्पष्ट आत्मबोध की ओर जाता है। इस तरह के आत्मबोध को प्राप्त करने के बाद जो आदर्श पैदा होता है, वह अपने व्याप्त अर्थ से व्यक्ति के जीवन को प्रकाशित करता है, लेकिन उस क्षेत्र में उपन्यास के जीवन क्षेत्र में, जहाँ ये घटनाएँ घटती हैं, 'है' तथा 'होना चाहिए' के बीच का संघर्ष समाप्त नहीं हो जाता, उसे समाप्त किया भी नहीं जा सकता, वहाँ केवल एक अधिकतम समझौता ही व्यक्ति का अपने जीवन–अर्थ द्वारा गहन एवं तीव्र रूप में प्रकाशित होना–प्राप्त हो सकता है। उपन्यास के रूप द्वारा अपेक्षित अर्थव्याप्ति इस बात में निहित होती है कि नायक

अनुभव द्वारा यह समझ ले कि जीवन के पास अर्थ की झलक से अधिक कुछ भी देने के लिए नहीं है और कि यह झलक इतनी महत्त्वपूर्ण है कि समूचा जीवन इसके लिए प्रतिबद्ध हो सकता है। यह झलक ही एकमात्र वह वस्तु है जिसके लिए किया गया संघर्ष सही माना जायेगा। इस खोज की प्रक्रिया पूरे जीवन भर चलती है और इसकी दिशा और विस्तार सीमा इसकी स्वाभाविक वस्तु में निहित होती है, उस मार्ग में जो मनुष्य के आत्मबोध की ओर जाता है। इस प्रक्रिया की आन्तरिक आकृति और उसे बनाने वाला सर्वोत्तम साधन–आत्मकथा रूप–उस भिन्नता को सामने लाते हैं, जो उपन्यास के पदार्थ की विसंगतिपूर्ण एवं असीमित प्रकृति और महाकाव्य के पदार्थ की निर्बाध अनन्तता के बीच विद्यमान होती है। उपन्यास में सीमाओं का न होना एक 'बुरी' अनन्तता प्रदान करता हैः इसलिए उपन्यास को कुछ ऐसी आरोपित सीमाओं की आवश्यकता पड़ती है जो रूप प्राप्त करने में उसके सहायक हो सकें, जबकि शुद्ध महाकाव्य वस्तु की अनन्तता उसकी अपनी ओर आवयविक होती है, वह स्वयं ही मूल्य वाहक होती है, वह स्वयं मूल्य पर बल देती है, वह अपने लिए और अपने भीतर से स्वयं ही अपनी सीमाएँ निश्चित करती है और अपने विस्तार की बाहरी अनन्तता उसके लिए प्रायः कोई अर्थ नहीं रखती–वह या तो एक परिणाम, एक घटना होती है या अधिक से अधिक एक लक्षण।

'बुरी' अनन्तता की समस्या का हल करने के लिए उपन्यास आत्मकथा रूप का सहारा लेता है। इसके एक ओर तो नायक के सम्भव अनुभवों की सीमा द्वारा संसार का विस्तार सीमित होता है तथा आत्मबोध में जीवन के अर्थ को पाने की कोशिश में विकसित होती हुई नायक की दृष्टि संसार की सामान्य चीज़ों को व्यवस्थित करती है, दूसरी ओर अलग–अलग पड़े मनुष्यों इन्द्रियबोध से रहित संरचनाओं और निरर्थक घटनाओं का विसंगतिपूर्ण एवं विषम समूह एक सुसंगत अभिव्यक्ति पाता है–यह क्रिया केन्द्रीय पात्र और उसके जीवन की कहानी में प्रतिबिम्बित समस्या के साथ संसार के प्रत्येक पृथक तत्त्व के आरम्भ के जुड़ने से सम्पन्न होती है।

उपन्यास के संसार के आरम्भ और अन्त, जो उपन्यास की वस्तु द्वारा दी गयी प्रक्रिया के आरम्भ और अन्त द्वारा निश्चित होते है। इस प्रकार स्पष्टतया अंकित और सुपरिचित मार्ग के महत्त्वपूर्ण मील के पत्थर बन जाते हैं। उपन्यास न तो अपने में और न अपने लिए ही जीवन के स्वाभाविक

आरम्भ और अन्त–जन्म और मृत्यु से जुड़ा होता है फिर भी उन बिन्दुओं द्वारा जहाँ यह प्रारम्भ और समाप्त होता है यह संकेत करता है कि जीवन का वह सारवान खण्ड कौन–सा है जो केन्द्रीय समस्या द्वारा नियमित होता है, और वह उस खण्ड से पहले या बाद की प्रत्येक वस्तु को केवल एक परिप्रेक्ष्य में छूता है और वहीं तक छूता है जहाँ तक वे वस्तुएँ केन्द्रीय समस्या से जुड़ी होती हैं, वह अपनी पूरी महाकाव्यात्मक समग्रता को जीवन के उसे दायरे में उद्घाटित करता है जो उसके लिए सारवान होता है।

जब इस जीवन–खण्ड के प्रारम्भ और अन्त वही नहीं होते जो मानव जीवन के होते हैं, तो इससे यही पता चलता है कि आत्मकथा रूप की प्रकृति का झुकाव विचारों की ओर है। अभी भी मनुष्य का विकास ही वह सूत्र बना हुआ है जिसके सहारे उपन्यास का पूरा संसार टँगा है और अपने को उद्घाटित करता चल रहा है, लेकिन अब इस विकास को अर्थवत्ता केवल इसलिए मिलती है कि यह उन विचारों और अनुभूत आदर्शों की प्रणाली का प्रतिनिधि है जो नियामक रूप में उपन्यास के बाहरी और भीतरी संसार को निश्चित करती है।

साहित्य में 'विल्हेल्म मीस्टर' का अस्तित्व उसी बिन्दु से शुरू होता है, जहाँ अपने जीवन की वास्तविक परिस्थितियों के सामने उसका संकट इतना तीव्र हो जाता है कि वह अपनी सारवस्तु के अनुरूप व्यवसाय ढूँढ़ने में सफल हो जाता है, लेकिन उसके मूल में स्थित आत्मकथा संरचना वही है जो पोंटोपिडन के उपन्यास 'हंस इम ग्लुक' में देखने को मिलती है–पोंटोपिडन का उपन्यास नायक के प्रथम महत्त्वपूर्ण बाल्यकालीन अनुभव से प्रारम्भ होता है और उसकी मृत्यु के साथ समाप्त होता है। इसके विपरीत, महाकाव्य में केन्द्रीय चरित्र तथा उसके महत्त्वपूर्ण कार्य अपने–आप में तथा अपने लिए व्यवस्थित एक जीवन–व्यापार होते हैं, जिससे वहाँ प्रारम्भ और अन्त का अर्थ नितान्त भिन्न हो जाता है। वे अतिशय तीव्रता के क्षण होते हैं जो दूसरे बिन्दुओं से–पूर्णता के उच्च बिन्दुओं से–तालमेल बनाये होते हैं, वे महत्त्वपूर्ण तनावों के प्रारम्भ या उनके समाधान से अधिक कुछ प्रस्तुत नहीं करते।

एक बार फिर दांते की स्थिति को एक विशेष स्थिति कहना होगा, दांते में संरचना–क्रिया के नियम उपन्यास की ओर मुड़ते अवश्य हैं, लेकिन वे फिर लौटकर महाकाव्य में रूपान्तरित हो जाते हैं। दांते के साहित्य में उपस्थित

प्रारम्भ और अन्त सारवान जीवन के निर्णायक बिन्दुओं का ही प्रतिनिधित्व करते हैं और ऐसी प्रत्येक वस्तु जो अर्थवत्ता की दैवीय भेंट प्राप्त करके महत्त्व अर्जित करती है उन्हीं बिन्दुओं के बीच घटित होती हैं। प्रारम्भ से पहले एक समाधानरहित अव्यवस्था उपस्थित थी, अन्त के बाद वह समाधान, वह पुनर्जीवन मिलता है जिसे अब कहीं से ख़तरा नहीं है, लेकिन जो प्रारम्भ और अन्त के बीच में स्थित है वह आत्मकथा श्रेणियों की प्रक्रिया से बच जाता है यह आनन्दातिरेक का शाश्वत रूप में विद्यमान बनना है। दांते की विशेषता यह है कि इस अनुभव की सर्वाधिक सशक्त एवं गहन अर्थवत्ता द्वारा वह प्रत्येक वस्तु जो पूरी तरह सारहीन बना दी जाती है उसे उपन्यास में पकड़ता और निर्मित करता है।

उपन्यास अपनी समग्रता का सार प्रारम्भ और अन्त के बीच में रखे होता है और इसके द्वारा व्यक्ति को उस मनुष्य की अनन्त ऊँचाइयों तक उठा देता है जिसे अपने द्वारा ही पूरा संसार बनाना और जिसे संसार को सन्तुलन में अनिवार्यतः बनाये रखना है—ऐसी ऊँचाइयाँ जहाँ तक कोई भी महाकाव्य मनुष्य या फिर दांते के साहित्य का भी मनुष्य नहीं पहुँच सकता क्योंकि महाकाव्य में मनुष्य को अर्थवत्ता मिलती थी दैवी कृपा से, अपने शुद्ध व्यक्तिपन से नहीं, लेकिन चूँकि उपन्यास व्यक्ति को इसी रूप में रख सकता है इसलिए व्यक्ति एक मामूली औज़ार बन जाता है कृति में उसकी केन्द्रीय स्थिति का अर्थ केवल यहीं होता है कि वह जीवन की एक विशिष्ट समस्यामूलकता उद्घाटित करने के लिए विशेष रुप से उपयुक्त है।

स्रोत : उपन्यास का सिद्धान्त, जॉर्ज लूकाच,
अनुवाद : आनन्द प्रकाश, मैकमिलन इंडिया।

2

महाकाव्य के रूप में उपन्यास

राल्फ फॉक्स
अनुवाद : **नरोत्तम नागर**

इस निबन्ध की यह मुख्य मान्यता है कि उपन्यास विश्व की कल्पना–प्रसूत संस्कृति को बुर्जुआ अथवा पूँजीवादी सभ्यता की सबसे महत्त्वपूर्ण देन है। उपन्यास उसकी एक महान साहसपूर्ण खोज है–मानव की उसके द्वारा खोज है। यहाँ आपत्ति उठायी जा सकती है कि सिनेमा भी तो पूँजीवाद की देन है। यह बात सच है, किन्तु केवल टेक्नीकल अर्थ में ही, कारण, कि पूँजीवाद अभी तक उसे एक कला के रूप में विकसित नहीं कर सका है। नाटक, संगीत, चित्रकारी और मूर्तिकला, इन सबको आधुनिक समाज ने विकसित किया है, चाहे अच्छी दिशा में किया हो या बुरी दिशा में। ये सभी कलाएँ विकास की एक लम्बी मंजिल पार कर चुकी हैं और लगभग उतनी ही पुरानी हैं जितनी कि खुद सभ्यता है और उनकी मुख्य समस्याएँ भी हल हो चुकी हैं, किन्तु उपन्यास की केवल एक ही समस्या–सो भी सबसे सीधी, यह कि कहानी कैसे कही जाये–अतीत ने हल की है।

इसका यह अर्थ नहीं कि उपन्यासकारों ने एक़दम न कुछ से अपनी इमारत खड़ी करनी शुरू की। उनके पास संचित अनुभव की एक पूँजी मौजूद थी, ऐसे अनुभव की पूँजी जिससे हम आज भी लाभ उठा सकते हैं। मध्यकाल का अन्त होते–न–होते इंग्लैंड तथा इटली के व्यापारी समुदायों ने आधुनिक पद्धति से कथा कहने वाले पहले क़िस्सागो पैदा किये। इन क़िस्सों में पुरुष तथा स्त्री पात्रों के चरित्रों को, और उनके काम करने के ढंगों को, लगभग उतना ही महत्त्व दिया जाता था जितना कि उनके कारनामों को।

उपन्यासकार की सबसे महत्त्वपूर्ण विशेषता–पुरुषों और स्त्रियों को जानने की जिज्ञासा–सर्वप्रथम चौसर और बौकेशियो में प्रकट हुई। हो सकता है कि मेलोरी[1] में भी यह तत्त्व कुछ दिखायी दे, लेकिन वह चौसर से करीब एक शताब्दी बाद लिख रहा था और हालाँकि गद्य को ही उसने अपना माध्यम बनाया था, लेकिन लगता ऐसा है मानो वह कवि से बहुत पिछड़ा हुआ हो। यह सच है कि उसके लेखन–काल में समाज ह्रास की पूरी अराजकता में डूबा हुआ था, किन्तु अंग्रेज़ी पुरुषों और स्त्रियों का कहीं अधिक सच्चा चित्र (और कहीं–कहीं अच्छा गद्य भी) मेलोरी के मुकाबले में आपको पेस्टन के पत्रों[2] में मिलेगा।

मेलेरी के शूरवीरों और रमणियों में, उनकी गोलमेज़ और उनके रहस्यवादी सन्त ग्राएल[3] में, उनकी हत्याओं और उनके छरछन्दों में, पूँजीवादी साहित्य के उस अत्यन्त विनाशकारी रूप के–रोमेंटिसिज़्म के–सभी तत्त्व मिलते हैं, किन्तु हम मेलोरी को मध्यकालीन कह कर टालने को तैयार नहीं, जैसे कि स्कॉट या शेतोब्रियाँ को हम मध्यकालीन नहीं मानते। मेलोरी भी उतनी ही अच्छी तरह से कहानी कहते हैं जितनी कि स्कौट और उनकी भावुकता कभी उतनी घिनौनी नहीं होती जितनी कि शेतोब्रियाँ की, फिर भी वह पहला महान पलायनवादी है। एक ऐसा व्यक्ति जो भयानक और घृणित वर्तमान से भागकर अपनी भावना के सुनहरे अतीत की शरण लेता है। वास्तविकता को उन्होंने त्याग दिया, बल्कि यूँ कहिए कि वास्तविकता का उनके लिए कोई अस्तित्व ही नहीं रहा। चौसर तो जैसे उनके लिए कभी हुआ ही न था और अगर मेलोरी ने कैंटरबरी टेल्स को कभी पढ़ा भी हो तो इसमें सन्देह नहीं कि उन्हें भोंड़ा समझकर नाक सिकोड़ ली होगी। एक तरह से यूफिअस[4] और आर्काडिया[5] उसकी रोमांटिक परम्परा के अंश थे, जैसे कि फेयरी क्वीन[6] था। कविता या भावपूर्ण गद्य के रूप में उनके गुणों से इनकार नहीं किया सकता, किन्तु उन्होंने अंग्रेज़ी कल्पना को कथा के क्षेत्र में पनपने से रोका। किन्तु शायद इस बात को अधिक महत्त्व न देना चाहिए। कारण कि उस काल में हमारी सारी श्रेष्ठतम राष्ट्रीय प्रतिभा नाटकीय काव्य की रचना में व्यस्त थी। एलिजाबेथ युग ने उल्लेखनीय रूप में उपन्यास को आगे नहीं बढ़ाया, यद्यपि यूफिअस की परम्परा के विरोध में शराबख़ानों और चोर–उचक्कों की कुछ शानदार कथाएँ इस काल में रची गयीं।

यही बात सत्रहवीं शताब्दी के बारे में भी कही जा सकती है, किन्तु यहाँ मेरी समझ में एक बात ध्यान देने योग्य है। अपनी आत्मकथा में एच.जी. वेल्स ने अनजाने में ऐसे आत्मसमालोचनात्मक विचार प्रकट किये हैं, जिनका अत्यन्त गहरा महत्त्व है। उन्होंने लिखा। "चरित्र का विस्तार के साथ अध्ययन एक व्यस्क धन्धा है, एक दार्शनिक धन्धा है। मेरे जीवन का इतना बड़ा हिस्सा एक लम्बी और फैली हुई नाबालिगी में, आमतौर से दुनिया से जूझने में बीता है कि मैंने अपने जीवन के बाद के वर्षों में ही चरित्रों का मुख्य रूप से अध्ययन करना शुरू किया। मेरे लिए ही आवश्यक था कि पहले मैं उस ढाँचे का पुनर्निर्माण करूँ जिसके अन्दर व्यक्तियों का पूरा जीवन बीतता है। तभी मैं उसको इस ढाँचे के अन्दर फिट बैठाने की व्यक्तिगत समस्याओं पर अपना ध्यान केन्द्रित कर सकता था।"

यह सच है कि उपन्यास लेखन एक दार्शनिक धन्धा है। विश्व के महान उपन्यास–डौन क्विगजोट, गारगनतुआ और पान्ताग्रुएल, रोबिंसन क्रूसो, जोनाथन वाइल्ड, जाक्वे ला फैटेलिस्ट,[7] ला रूज ए ला न्वायर,[8] युद्ध और शान्ति, लॉ एजुकेशन सेटिमेंटल,[9] वुदरिग हाइट्स,[10] दि वे ऑफ ऑल फ्लैश,[11]–ठीक इसीलिए महान हैं कि उनमें चिन्तन का यह गुण निहित है कि वे जीवन की अत्यन्त भावपूर्ण या यूँ कहिए कि प्रेरणापूर्ण टीका हैं। यही वह गुण है जिससे कथा साहित्य के क्षेत्र में प्रथम और द्वितीय कोटि की रचनाओं की परख होती है। यह सच है कि अनेक दार्शनिक उपन्यास लिखने में बुरी तरह विफल रहे हैं, किन्तु कोई भी उपन्यासकार अपने पात्रों की विशिष्टताओं से सामान्य नतीज़े निकालने की उस क्षमता के बिना रचना नहीं कर सका है, जो कि जीवन के प्रति दार्शनिक दृष्टिकोण से पैदा होती है।

सत्रहवीं शताब्दी ने महान उपन्यास नहीं पैदा किये, किन्तु उसने उन दार्शनिकों को अवश्य पैदा किया जिनकी बदौलत आगामी शताब्दी की जीतें सम्भव हो सकीं। जाने क्यों, बरबस कुछ ऐसा अनुभव होता है कि अठारहवीं शताब्दी अंग्रेज़ी कथा साहित्य का इसीलिए सिरमौर है कि वह अंग्रेज़ी दर्शन के सर्वोच्च काल के फ़ौरन बाद आती है। अंग्रेज़ी दर्शन हमारे देश की पूँजीवादी क्रान्ति का फल था और वह गहरे रूप में भौतिकवादी था। मार्क्स के शब्दों में, "भौतिकवाद ग्रेट ब्रिटेन की सच्ची सन्तान है।" वह एक इंग्लिश स्कूल मैन–डन्स स्कोउटस–ही था जिसने यह सवाल उठाया था कि

"क्या पदार्थ सोच नहीं सकता।" बर्कले ने, जो पहला अंग्रेज भाववादी था, लासैक के इन्द्रिय–गोचर दर्शन का केवल उल्टा रूप अपनाया। इसी प्रकार स्टर्न ने रैबिले के भौतिकवाद और सर्वेंटीज की कल्पना शक्ति पर केवल भावुकता का आवरण पढ़ाकर पेश किया।

उपन्यास के वास्तविक संस्थापक रैबिले और सर्वेंटीज, अपने उत्तराधिकारियों से इस अर्थ में अधिक भाग्यवान थे कि उन्हें उस नये समाज में नहीं रहना पड़ा जिसके कि वे अग्रदूत थे। वे सन्तरण काल के जीव थे, उन क्रान्तिकारी तूफानों की सन्तान थे जिन्होंने मध्यकालीन सामन्तवाद को ढहा दिया। वे नये विचारों के महानतम प्रवाह से, मानव के उस रोमांचकारी पुनर्जन्म से, अनुप्राणित थे जिसकी इतिहास में कोई मिसाल नहीं मिलती (इस विवादास्पद प्रश्न को छोड़ दीजिए कि आज भी हम वैसे ही दौर में प्रवेश कर रहे हैं या नहीं)।

उनकी दोनों कृतियाँ जीवन की स्फूर्ति की, कल्पना–शक्ति और भाषा की समृद्धि की दृष्टि से आज भी बेजोड़ हैं। दो संसारों के बीच वे खड़े थे। पुरानी दुनिया के व्यसनों का, बुराइयों का, वे उपहास करते और धज्जियाँ उड़ाते थे। किन्तु नवीन को भी वे आँखें मूँद कर नहीं ग्रहण करते थे। शेक्सपीयर में भी यही बात थी और सच पूछिए तो, रेनेसां काल की अन्य महान विभूतियों में भी यह विशेषता मौजूद थी। तब से मानव ने उस बहादुर नयी दुनिया को, जिसे इन लोगों ने अपनी आह्लादपूर्ण किन्तु सतर्क आँखों के सामने जन्म लेते देखा था, काबू में करके जितना पाया उतना ही उसकी तुलना में अपना व्यक्तित्व भी खो दिया।

रैबिले जीवन के उस दयनीय, विचित्र तथा आह्लादपूर्ण साधन, मानव शरीर की स्वतन्त्रता को उभारते हैं और उस शरीर में बसने वाले मस्तिष्क को, उस मस्तिष्क को जिसने अभी–अभी नये सिरे से जीवन की खोज शुरू की, संघर्ष का एक नया नारा प्रदान करते हैं, "जो जी में आये करो!" भाषा के क्षेत्र में भी उन्होंने उतनी ही आश्चर्यजनक क्रान्ति का सूत्रपात किया जितनी कि विचारों के क्षेत्र में। फ्रांसीसी भाषा के किसी भी अच्छे ऐतिहासिक व्याकरण के अध्ययन से यह बात सिद्ध हो जायेगी। यहाँ यह बात ध्यान देने योग्य है कि भाषा के क्रान्तिकारी प्रत्यावर्तन में लेखक अत्यन्त महत्त्वपूर्ण भूमिका अदा करता है। रेनेसां के बाद फ्रांसीसी भाषा में जीवन का अगला

महान प्रवाह आता है रोमांटिक आन्दोलन के रूप में, जो कि महान क्रान्ति की सन्तान था। हमारी भाषा के बारे में भी, मोटे तौर से, यह बात सच है।

सर्वेंटीज के कृतित्व की क्रान्तिकारी प्रकृति प्रत्यक्ष से अधिक परोक्ष है। उनके जीवन दृष्टिकोण का नाटक उनके दो मुख्य पात्रों के पारस्परिक सम्बन्धों के रूप में और फिर बाहरी दुनिया के साथ क्विकज़ौट तथा सांको के सम्बन्धों के रूप में व्यक्त होता है। इस तरह उनका उपन्यास रैबिलो से एक डग आगे बढ़ा हुआ है। जो हो, इन दोनों ने उपन्यासकार के लिए आवश्यक हर हथियार गढ़कर रख दिया है। रैबिले ने हास्य और भाषा का कवित्व प्रस्तुत किया, सर्वेंटीज ने व्यंग्य और अनुभूति की कविता दी। वे सार्वभौम प्रतिभा रखते थे और उपन्यास रूपी बहुरंगी गद्य–कथा के क्षेत्र में तब से एक भी ऐसी कृति नहीं लिखी गयी जो उनसे टक्कर ले सके।

यहाँ यह भी ध्यान देने योग्य है कि ये दोनों उपन्यासकार होने के साथ–साथ कर्मठ व्यक्ति भी थे, दोनों को उत्पीड़न का शिकार होना पड़ा, और यह कि यदि मि. डेविड गार्नेट के लिए 'विशुद्ध कलाकार' के बारे में उनके साथ बातें करना सम्भव होता है, तो दोनों–के–दोनों कुछ न समझ पाते आगे काफी खींचतान के बाद अन्त में वे इस विचित्र और विरोधाभास युक्त धारणा का अर्थ समझ भी लेते तो दोनों अपने–अपने ढंग से, पहले उसे गले लगाते और इसके बाद अपने मन का बोझा हल्का करते–एक मौज में भद्दी गालियों का अम्बार लगाकर, दूसरा गम्भीरता के साथ व्यंग्य की बौछार करके। इस प्रकार दोनों ही इस विचित्र और विकृत धारणा की ख़बर लेते।

इस प्रकार उपन्यासकारों को, नये समाज के महाकाव्य लेखकों को, विरासत के रूप में महान पूँजी प्राप्त थी जिससे वे लाभ उठा सकते थे। अब देखना यह है कि उन्होंने अपना दायित्व किस प्रकार निभाया। हमारे अपने देश में, करीब आधी शताब्दी तक, गौरव के साथ उन्होंने काम किया, हालाँकि वे उन ऊँचाइयों पर कभी न पहुँच सके जिन्हें फ्रांस और स्पेन के महान प्रतिभाशाली उपन्यासकार नाप चुके थे। उपन्यास एक हथियार था राजनीतिक नारेबाजी के मोटे अर्थ में नहीं, बल्कि अपने जन्म और स्वस्थ विकास के प्रथम काल में यह एक ऐसा हथियार था जिसके द्व ारा पूँजीपति वर्ग के श्रेष्ठतम, सर्वाधिक कल्पनाशील प्रतिनिधियों ने नये पुरुष और स्त्री को तथा उस समाज को जिसमें कि वे रहते थे, परखा।

अठारहवीं शताब्दी के लेखकों के बारे में यह एक सबसे महत्त्वपूर्ण तथ्य है। वे मानव से कतराते नहीं थे। वे उसमें विश्वास करते थे, दुनिया को काबू करने की उसकी योग्यता में विश्वास करते थे। किन्तु एक क्षण के लिए भी वे इस दुनिया की क्रूरता और बेइन्साफ़ी की ओर से अपनी आँखें हीं मूँदते थे। आखिर उनके नायक इसी दुनिया के ही तो अंग थे।

फील्डिंग पर यह दोष लगाया जाता है कि उसके उपन्यासों में 'उपदेशों' की भरमार है। किन्तु अगर सब उपदेशों को हटा दिया जाये तो समाज की उनकी आलोचना फिर भी लुप्त नहीं होगी, क्योंकि वह स्वयं उनकी कहानी में निहित है। हाँ, ऐसा करने पर अंग्रेज़ी भाषा में से एक कुछ श्रेष्ठतम निबन्ध अवश्य ग़ायब हो जायेगे। अच्छा यही है कि इन निबन्धों को वहीं रहने दिया जाये और इस दुःखद सत्य को स्वीकार कर लिया जाये कि फील्डिंग जो हेनरी जेम्स[12] की तो बात ही छोड़िए, फ्लौबर्ट तथा गौंकोर्ट बन्धुओं से भी पहले हुआ था, सभ्य साहित्यिक समाज के उन कतिपय नियमों से सचमुच परिचित न था, जिनका उपन्यास लिखते समय पालन करना ज़रूरी समझा जाता है। वह पहला अंग्रेज़ था जो यह समझा सका कि उपन्यासकार का कर्तव्य जीवन के बारे में सत्य को, जिस रूप में वह उसे देखता है, उसी रूप में प्रकट करना है और सत्य को उसने अपने रंग में प्रकट किया। जोनाथन वाइल्ड में उसने जीवन के इस सत्य को जिस रूप में व्यक्त किया, वैसे न कोई उसके पहले कर सका और न बाद में। यहाँ तक कि स्विफ्ट भी उसकी ऊँचाइयों को छूने में कभी सफल नहीं हो सका। सत्य की यह अभिव्यक्ति एक ऐसे भयानक और निर्मम आक्रोश के साथ उसने की, जो अमर है, क्योंकि वह मानवीय जीवन के अधोपतन के प्रति मानवीय आक्रोश का मूर्त रूप है।

फील्डिंग की यह आलोचना की गयी—उल्लेखनीय रूप में अंग्रेज उपन्यासकार में भी डेविड गार्नेट के निबन्ध में—कि दुख—दर्द के प्रति उनका एक ऐसा निर्मम रवैया है जो संवेदनशीलता की कमी को व्यक्त करता है। यह सच है कि मानव हृदय की कुछ ऐसी गहनतम गहराइयाँ हैं जिन्हें उनके कृतित्व में अभिव्यक्ति नहीं मिली, क्योंकि वह अन्तर्मुखी लेखक न होकर बहिर्मुखी लेखक थे और यदि यह कमी कहीं—कहीं उनकी निरीक्षण शक्ति में बाधक होती है, तो यह कहना अनुचित न होगा कि रिचर्डसन, स्टर्न और

रूसो जैसे अन्तर्मुखी लेखकों ने कदाचित वस्तुगत जगत को त्याग कर और भी अधिक खोया है और उनकी दृष्टि और भी अधिक संकुचित हो गयी है।

किन्तु उपन्यासकार फील्डिंग पर हृदयहीनता का यह आरोप अनुचित और अन्यायपूर्ण है। वह एक हृदयहीन दुनिया में, विजयी पूँजीवाद की दुनिया में रहता था। वह उस काल में रहता था जबकि अंग्रेज़ सामन्त अंग्रेज़ किसान को कुचलकर नेस्तनाबूद कर रहे थे, जबकि अंग्रेज़ लुटेरे भयानक और अनैतिक (निर्गुण अर्थ में) तरीक़ों से इंडीज की सम्पदा पर हाथ साफ़ कर रहे थे और इस लूटे हुए धन के संचय से देश में औद्योगिक क्रान्ति की ज़मीन तैयार की जा रही थी वह विचित्र विभूति, वारेन हेस्टिंग्स,[13] पूर्व से बदला लेने के लिए जिसे हमने अंग्रेज़ी चंगेज खाँ बनाकर भेजा था, फील्डिंग के दिनों में अभी बच्चा था। वालपोल उसके प्रौढ़ काल का प्रधानमन्त्री था और जोनाथन वाइल्ड के वे परिच्छेद जिनमें बड़े लोगों द्वारा लूट के माल तथा पगड़ियों की हिस्सा–बाँट का वर्णन है, भ्रष्टाचार और लूट के उस युग का सच्चा चित्र प्रस्तुत करते हैं। फील्डिंग पर हृदयहीनता का आरोप लगाना ऐसा ही होना जैसा कि लेडी इंटू फॉक्स के रचयिता को अपने युग के वास्तविक जीवन के प्रति संवेदनहीन होने का दोषी ठहराना।

अठारहवीं शताब्दी के लेखकों में एक द्वैध दिखायी देता है जो न केवल दिलचस्प है बल्कि महत्त्वपूर्ण भी है। डेफो, फील्डिंग और स्मौलेट दुनिया का विशुद्ध वस्तुगत चित्र प्रस्तुत करने में संलग्न रहते हैं। उनके पात्रों का 'आन्तरिक जीवन' बहुत ही संकुचित या न के बराबर है और ये लेखन भावना या उद्देश्य का विश्लेषण करने में अपना जरा भी समय खर्च नहीं करते, कारण कि वे 'क्यों' के बजाय 'कैसे' का वर्णन करने में अधिक व्यस्त रहते हैं। इसका यह अर्थ नहीं कि 'क्यों' का बहिष्कार हो गया। नहीं, ऐसा नहीं है। आमतौर से पाठक को यह साफ़ पता चल जाता है कि कोई पात्र अमुक काम क्यों करता है, कारण कि कर्म पात्र से ही–जैसा कि हम जानते हैं–प्रवाहित होता है। मिसाल के लिए, उस सुप्रसिद्ध प्रसंग को लीजिए जिसमें मौल फ्लैंडर्स[14] बच्चे को लूटने के बाद उसकी हत्या से हाथ खींच लेती है। उसके चरित्र को देखते हुए यह बात साफ़ समझ में आ आती है कि ऐसा वह क्यों नहीं करती। डेफो की दिलचस्पी इस बात में है कि उसने बच्चे को लूट कर सन्तोष कर लिया और शिशु हत्या करने से पहले ठिठक कर हाथ खींच लिया। 'क्योंकि' की खोज–बीन से यह ज़्यादा दिलचस्प मालूम होता है, लेकिन डेफो की जगह अगर दोस्तोएव्यस्की होता तो इस (अपेक्षाकृत)

तुच्छ घटना के चारों ओर एक समूचे उपन्यास का जाल बुन देता जिसका एकमात्र लक्ष्य 'क्यों' की खोजबीन करना होता है।

अठारहवीं शताब्दी में उपन्यास का एक सर्वथा नये रूप में विकास हुआ। उपन्यास ने अब केवल व्यक्तिगत उद्देश्यों और भावनाओं से ही वास्ता रखा जिसमें सामान्य जीवन के चित्रण का लगभग कोई स्थान न रहा। रौबिंसन क्रूसो व्यक्ति की सर्वोच्च अभिव्यक्ति था, लेकिन एक ऐसे व्यक्ति की अभिव्यक्ति जो पूर्णतयाः बहिर्मुखी था–एक पहलू से नयी दुनिया का प्रतिनिधि मानव, लेकिन दूसरे पहलू से नहीं। क्रूसो ने देखा कि वही अकेला दुनिया को जीवन दे सकता हैं। स्टर्न और रूसो और भी आगे बढ़े और उन्होंने आविष्कार किया कि अकेला व्यक्ति ही दुनिया है। दर्शन के क्षेत्र में भी ऐसा ही कुछ हुआ। बर्कले ने लोक के अनुभव–सिद्धवाद को उलटकर अपने अन्तर्मुखी भावादि दर्शन की रचना की, जो हमारी निजी चेतना से बाहर अन्य किसी वास्तविकता से इनकार करता था। कथा–साहित्य के क्षेत्र पर इसका–व्यक्ति की चेतना को आरम्भ–बिन्दु मानकर दुनिया को देखने का–क्रान्तिकारी और व्यापक प्रभाव पड़ा। शीघ्र ही इसका अनिवार्य परिणाम भी प्रकट हो गया। रेस्टिफ द ब्रेटोन[15] ने अपने जीवन पर आधारित उपन्यास मौशिये निकोलस स्वयं अपने आपको ही समर्पित किया। किन्तु जहाँ इस नयी पद्धति ने कुछ हास्यास्पद नतीज़े पैदा किये और अन्त में उपन्यास को ही नष्ट कर दिया, वहाँ वह शुभ नतीज़े भी प्रकट कर सकती थी।

असलियत वह है कि वास्तविकता के बारे में न तो फील्डिंग का दृष्टिकोण पूर्णतया सही था और न रिचर्डसन तथा स्टर्न का ही। भावों और विश्लेषण की उपेक्षा तथा व्यक्ति के अन्तर्मुखी पक्ष को न देख सकने के कारण उपन्यास सूझबूझ और कल्पना की उड़ान से वंचित रह गया। इसी प्रकार समूचे कार्यक्षेत्र को व्यक्ति की चेतना में केन्द्रित करने के परिणामस्वरूप उपन्यास महाकाव्य के गुणों से शून्य हो गया। सर्वेंटीज के लिए एक तरह का विभाजन कल्पनातीत था। यह विभाजन तो उस पूर्णतया विकसित पूँजीवादी समाज की देन था जिसने व्यक्ति को समाज से पृथक करने की प्रक्रिया को पूरा कर दिया था, ठीक उसी प्रकार जैसे कि दो पीढ़ियों अपने सामाजिक श्रम के सूक्ष्म और जटिल विभाजन को पूरा करने के दौरान में उसने खुद व्यक्तियों का ही उपविभाजन करना शुरू कर दिया।

नयी धारा के उपन्यासकार परेशानी में डालने वाले 'चेतनावाद' के अपने आविष्कार के साथ उपन्यास के क्षेत्र में एक क्रान्ति के अग्रदूत थे। रिचर्डसन ने डबडबाई आँखों से, किन्तु सच्चाई के साथ, मानव हृदय की अत्यन्त गहनतम भावनाओं को प्रकट किया। जीवन के बारे में फील्डिंग जैसे अडिग दृष्टिकोण तथा वास्तविकता की मज़बूत पकड़ की अगर उनमें कसर न होती तो वह विश्व के श्रेष्ठतम उपन्यासकारों में स्थान पाते। लेखक में जिन गुणों का अत्यन्त प्रत्यक्ष अभाव हो, उन गुणों की उससे कामना करना है तो बेकार की बात, किन्तु रिचर्डसन के अभावों पर यह बेकार का ख़ेद सर्वथा असंगत नहीं है, कारण यह कि इन अभावों ने उन्हें अन्यायपूर्वक किन्तु अनिवार्यतः अजायबघर की चीज़ बना दिया–एक जीवित लेखक के बजाय वह एक ऐतिहासिक तथा साहित्यिक 'प्रभाव' मात्र रह गये हैं।

वास्तविकता से इस पलायन को स्टर्न ने और भी आगे बढ़ाया। रिचर्डसन जहाँ अपने पात्रों की केवल भावनाओं का ही चित्रण करते थे, और बावजूद इसके कि वह चिट्ठी–पत्री के रूप में अपनी कहानी कहते थे (उनका यह ढंग फ्रांस से उधार लिया हुआ तथा अपने घरेलू अनुभव पर आधारित था), समय और काल की पृष्ठभूमि में कहानी कहने की परम्परा को उन्होंने नहीं छोड़ा था। स्टर्न ने, एक ही आघात में, यह सब नष्ट कर दिया। उनके उपन्यास त्रिस्त्राम शैंडी के नायक की केन्द्रीय समस्या को मजे में 'जीवन का बोझ ढोयें या उससे छुटकारा पायें' की समस्या कहा जा सकता है, किन्तु इतने शाब्दिक अर्थ में कि जिसकी हैमलेट सपने तक में कल्पना नहीं कर सकता था और जहाँ तक इस पाठक का सम्बन्ध है, वह कभी यह निश्चयपूर्वक नहीं जान सका कि समस्या का कोई समुचित समाधान हुआ अथवा नहीं। बावजूद इसके कि त्रिस्त्राम शैंडी के जन्म की भौतिक प्रक्रिया की पेचीदगियों का इतने रोचक ढंग से वर्णन किया गया है, तत्त्व की बात पल्ले नहीं पड़ती। स्टर्न अपने उपन्यास में समय की–काल की हत्या करता है। क्या उपन्यास में कहानी कही जाये? हाँ, सापेक्षतावादी जवाब देते हैं, उपन्यास में कहानी कही जा सकती है बशर्ते कि वह एक जासूसी कहानी हो जिसमें पाठक प्रारम्भ, मध्य और अन्त का सूत्र पाने के लिए छटपटाये, निरन्तर हैरान और परेशान रहे और बाद में स्वयं लेखक से उसे सारा रहस्य मालूम हो अथवा जहाँ इन बातों की अति हो जाती है–लेखक के मित्रों को ख़ासतौर से टीका–टिप्पणियाँ लिखनी पड़ें।

स्टर्न में महानतम उपन्यासकारों के सभी दैवी गुण मौजूद थे। वह व्यंग्य के धनी थे, उनकी कल्पना अद्‌भुत उड़ानें भरती थी, अश्लीलता में रस लेना वह जानते थे, मानवता से वह प्यार करते थे और हर वह चीज, जिससे देव–बालाएँ जन्म के समय प्रतिभा के धनी का अभिषेक करती हैं, उनके पास मौजूद थी–हर चीज, केवल एक को छोड़कर और वह एक चीज़ थी अपने पात्रों को वास्तविक दुनिया में स्थापित करने की क्षमता। वह बड़े चाव से अपने आपको इंग्लैंड का रैबिले कहा करते थे, चचा टोबी और ट्रिम[16] की रचना में सर्वेंटीज का उन्होंने अनुसरण किया था। किन्तु वे रैबिले नहीं थे और सर्वेंटीज तो उन्हें किसी भी हालत में नहीं कहा जा सकता। इन दोनों ने एक नयी दुनिया खोज निकाली थी, दोनों जीवन से लड़ते थे और उसे प्यार भी करते थे, किन्तु स्टर्न तो केवल अठारहवीं शताब्दी के एक शब्दवीर भले मानुस थे जो श्रीमन्तों के समाज के साथ पटरी बैठाने के लिए छटपटाते रहे। अपने दूर के उत्तराधिकारी स्वान्न के मुक़ाबले में वह कहीं अधिक रोचक और कहीं अधिक प्रतिभाशाली थे, किन्तु दोनों पुस्तकों की रचना का प्रेरणा स्रोत एक ही था। स्टर्न प्रथम लेखक थे जिन्होंने समय या काल को नष्ट किया। उपन्यास में सापेक्षतावाद का सूत्रपात किया, किन्तु यह उन्होंने एक महानतम वास्तविकता के हित में नहीं, बल्कि इसलिए किया कि इस तरह अपने बारे में बातें करना उन्हें अधिक आसान मालूम हुआ। भाववादी पूछते हैं कि स्वयं से बढ़कर वास्तविकता और कौन–सी है? जवाब है उन लोगों की वास्तविकता जो तुम्हें पसन्द नहीं करते और तुम्हें किसी गधे से कम नहीं समझते–बेशक, उन्हीं लोगों की वास्तविकता जो स्टर्न को अपना ढोल पीटने वाला निर्लज्ज विज्ञापक और प्राउस्ट को सामाजिक बड़प्पन की सीढ़ियाँ नापने वाला ढोंगी समझते थे। किन्तु क्या वे ग़लत न थे? हाँ, वे ग़लत थे, हालाँकि उन्हें ग़लत सिद्ध करने के लिए स्टर्न और प्राउस्ट ने जिस बुरी तरह हाथ–पैर मारे, उससे रचनात्मक कलाकार के रूप में खुद उनका मूल्य कम हुआ।

अठारहवीं शताब्दी का वास्तविक क्रान्तिकारी यदि सच पूछा जाये तो उपन्यासकार था ही नहीं, हालाँकि वह सभी काल के महानतम कल्पनाशील गद्य–लेखकों में से एक था। अठारहवीं शताब्दी के फ्रांसीसी भौतिकवाद ने एक भ्रम का पोषण किया था–यह कि शिक्षा मानव को बदल सकती है। रूसो के हृदय में यही भ्रम बसा था। निश्चय ही यह धारणा पूर्ण रूप से भ्रम नहीं है, बल्कि मानव का सामाजिक वातावरण यदि अनुकूल हो,

तो यह सच भी हो सकती है, बशर्ते कि ख़ुद मानव भी अपने–आपको बदलने के लिए सक्रिय रूप से प्रत्यनशील हो। रूसो के सिद्धान्त ने उनके हृदय में यह विश्वास पैदा किया कि मानव चरित्र को अच्छी दिशा में बदलने के लिए प्रकृति अत्यन्त शक्तिशाली प्रभावों में से एक है। यह एक दुखद भ्रम है, किन्तु इस भ्रम का पोषण करके रुसो ने साहित्य की एक बहुत बड़ी सेवा की–कला के क्षेत्र में प्रकृति को फिर वापिस ला दिया। रूसो के बिना हम कभी एग्डोनहीथ[17] को नहीं पाते, न तोलस्तोय के फसल काटने वालों से हमारा परिचय होता और न कोन–राद के प्रशान्त[18] से।

अठारहवीं शताब्दी उपन्यास का स्वर्ण युग था। इस युग के उपन्यासों में सर्वेंटीज और रैबिले जैसी अद्‌भुत कल्पना की उड़ान तो नहीं थी, जो यह दिखा सके कि कल्पना किस प्रकार वास्तविकता को दानवी शक्ति से बदल सकती है, किन्तु वे मानव से डरे नहीं और बिना किसी रियायत के उन्होंने जीवन के बारे में साहस के साथ खरी बात कही। उनमें व्यंग्य है, और हास्य भी अमानव को यह समझने के लिए वे बाध्य करते हैं कि व्यक्ति का एक आन्तरिक जीवन भी होता है और बाह्य जीवन भी। मानव के लिए उन्होंने प्रकृति को खोज निकाला और फील्डिंग, स्विफ्ट, वाल्तेयर, दिदेरो और रूसो की कृतियों द्वारा उन्होंने मानव में यह चेतना जाग्रत की कि श्रेष्ठ से श्रेष्ठ इस दुनिया में भी सब कुछ श्रेष्ठ नहीं है और उन्होंने मानव को जगाया ठीक समय पर ही, क्योंकि अठारहवीं शताब्दी की दुनिया इतिहास के सबसे महान क्रान्तिकारी भूकम्प में तबाह होने जा रही थी। किन्तु यह शताब्दी एक काम करने में विफल रही। वह एक भी ऐसा उपन्यास नहीं पैदा कर सकी जो फील्डिंग के मानवीय यथार्थवाद, रिचर्डसन की संवेदनशीलता, स्टर्न के व्यंग्य–हास्य और रूसो के गहरे प्रकृति प्रेम को एक साथ प्रस्तुत करता। उन्नीसवीं शताब्दी भी इस मामले में अधिक सफल नहीं रही; हालाँकि बालज़ाक और तोलस्तोय में पहले के मुक़ाबले वह इस लक्ष्य के काफी निकट आ गयी। वैसे यदि समय रूप में देखा जाये तो उन्नीसवीं शताब्दी निसन्देह एक पीछे हटने की शताब्दी थी और इस पीछे हटने की क्रिया ने हमारे समय में आकर एक आतंकपूर्ण भगदड़ का रूप धारण कर लिया है।

स्रोत : 'उपन्यास और लोकजीवन' पुस्तक से,
'महाकाव्य के रूप में उपन्यास' शीर्षक लेख।

सन्दर्भ

1. थॉमस मेलोरी, पन्द्रहवीं शताब्दी का अंग्रेज़ लेखक; 'मात द आर्थर' नामक उपन्यास का रचयिता।
2. पन्द्रहवीं शताब्दी का अंग्रेज़ी पत्र–साहित्य। यह संग्रह पेस्टन परिवार से प्राप्त हुआ था।
3. पवित्र ग्राएल, किंवदन्ती के अनुसार वह प्याला जिससे ईसा मसीह ने गुप्त संध्या को पान किया था; मध्यकालीन किंवदन्ती के अनुसार यही वह 'प्याला था जिसमें क्रॉस पर कीलों से जड़े गये ईसा मसीह का रक्त इकट्ठा किया गया था। बाद में राजा आर्थर के वीर इसे इंग्लैंड ले आये और राजा आर्थर के गोलमेज़ के वीरों को यह भेंट कर दिया गया। रोमाण्टिक पन्थ के अनेक लेखकों ने इस किंवदन्ती को अपने लेखन का विषय बनाया है।
4. अंग्रेज़ी लेखक फिलिप सिडनी (1554–1606) कृत उपन्यास। इस उपन्यास की कृत्रिम रूप से जटिल तथा आडम्बरपूर्ण शैली ने ही अंग्रेज़ी भाषा में "यूफिमिज्म" शब्द को जन्म दिया।
5. अंग्रेज़ी लेखक फिलिप सिडनी (1554–1506) का उपन्यास।
6. अंग्रेज़ कवि एडमंड–स्पेंसर (1552–1599) की लिखी हुयी कविता जो राजा आर्थर और उनके गोलमेज़ वीरों की मध्यकालीन कथा पर आधारित है। यह कविता रानी एलिजाबेथ को समर्पित की गयी थी।
7. दिदेरो द्वारा रचित दार्शनिक कहानी।
8. 'लाल और काला' नामक स्टेंढाल का उपन्यास।
9. 'इन्द्रियों की शिक्षा' नामक फ्लॉबर्ट का उपन्यास।
10. एमिली ब्रांते (1818–1848) कृत प्रसिद्ध अंग्रेज़ी उपन्यास; एमिली ब्रांते प्रसिद्ध अंग्रेज़ी उपन्यास लेखिका शार्लोट ब्रांते की बहन थीं।
11. अंग्रेज़ लेखक सैमुअल बटलर (1835–1903) कृत उपन्यास।
12. अमेरिकी लेखक (1843–1916) अनेक मनोवैज्ञानिक उपन्यासों के रचयिता।
13. हेस्टिंग्स, (1732–1818) भारतीय जनता के दमन के लिए कुख्यात, भारत का प्रथम अंग्रेज़ गर्वनर–जनरल (1773–1784)।
14. डैफो के उपन्यास की नायिका।
15. फ्रांसीसी लेखक (1734–1806) रूसो का अनुयायी, अनेक उपन्यासों का रचयिता जिनमें 'मि. निकोल्स और मानव हृदय की सच्चाई' नामक आत्मकथात्मक उपन्यास सर्वप्रसिद्ध है। यह उपन्यास 16 ज़िल्दों में लिखा गया है।
16. स्टर्न के उपन्यास 'त्रिस्त्राम शैंडी' के पात्र।
17. अंग्रेज़ उपन्यासकार थामस हार्डी के अनेक उपन्यासों का घटना–स्थल।
18. अंग्रेज़ लेखक जोसफ कोनराद (1857–1924) की समुद्री कहानियों और उपन्यासों का उल्लेख है। इन कहानियों का घटना–स्थल प्रशान्त महासागर है।

3

उपन्यास का समाजशास्त्र : स्वरूप और समस्याएँ

ल्यूसिएँ गोल्डमान
अनुवाद : **कृष्णदत्त शर्मा**

जनवरी, 1961 में ब्रसेल्स की फ्री यूनिवर्सिटी के समाजविज्ञान संस्थान ने मुझसे साहित्यिक समाजशास्त्र पर एक शोध समूह का नेतृत्व करने का आग्रह किया जिसकी शुरुआत आंद्रे मालरो के उपन्यासों से की जानी थी। मन में काफी आशंकाएँ लिये हुए मैंने यह प्रस्ताव स्वीकार कर लिया। सत्रहवीं सदी के दर्शन एवं त्रासदी पर मैंने जो काम किया था, लगभग उसी तरह का काम मुझे उपन्यास पर करना था। किन्तु इससे मेरे मन में किसी तरह का पूर्वाग्रह पैदा नहीं हुआ, हालाँकि यह कार्य एक प्रकार से समसामयिक कथा साहित्य पर था जिसमें मालरो जैसे एक़दम समसामयिक उपन्यासकार शामिल थे। वास्तव में इस योजना का पहला साल हमने एक साहित्यिक विधा के रूप में उपन्यास की समस्याओं के आरम्भिक अध्ययन में लगाया। इसकी शुरुआत हमने जॉर्ज लूकाच की प्रायः क्लासिक कृति–हालाँकि फ्रांस में अभी तक लोगों को इसकी उतनी जानकारी नहीं थी–'उपन्यास सिद्धान्त'[1] तथा रेने गिरार्ड की हाल में प्रकाशित कृति 'मेंसोंजे रोमांतिक ए वेरिते रामानेस्क'[2] से की। इस पुस्तक में गिरार्ड ने अनजाने ही, जैसा कि उन्होंने बाद में मुझे बताया–लूकाच के विश्लेषणों को स्पष्ट किया और कुछ विशेष स्थलों पर उनमें संशोधन भी किया।

साहित्य–सिद्धान्त तथा गिरार्ड की पुस्तक के अध्ययन के आधार पर मैंने कई समाजशास्त्रीय परिकल्पनाओं का निर्माण किया था जो मुझे ख़ास

तौर पर दिलचस्प प्रतीत होती हैं और उन्हीं के आधार पर मैंने मालरो पर अपने परवर्ती लेखन को ढाला।

ये परिकल्पनाएँ एक ओर क्लासिक उपन्यास की संरचना तथा उदारवादी व्यवस्था में विनिमय संरचना के बीच सजातीयता से जुड़ी हुई हैं और दूसरी ओर उनके परवर्ती विकास के कुछ समानान्तर रूपों से।

लूकाच ने संरचना का जो विवरण दिया उसी की रूपरेखा प्रस्तुत करने से शुरुआत की जाये। उनकी मान्यता थी कि यह संरचना सामान्यतः उपन्यास विधा की विशेषता को स्पष्ट भले ही न कर सके, किन्तु यह कम–से–कम उसके सबसे महत्त्वपूर्ण पहलुओं को (और शायद इसकी उत्पत्ति की दृष्टि से इसके मूलभूत पहलू को) अवश्य स्पष्ट करती है। लूकाच ने जिस उपन्यास विधा का अध्ययन किया है और उसकी विशेषता है नायक जिसे उन्होंने उचित ही समस्याधर्मी नायक कहा है।

उपन्यास एक प्रकार की अधम (जिसे लूकाच ने 'आसुरी' कहा है) खोज है–एक गिरे हुए संसार में सच्चे या प्रामाणिक मूल्यों की खोज, किन्तु इस खोज का स्तर कुछ ऊँचा होता है, इसकी पद्धति भी भिन्न होती है।

प्रामाणिक मूल्यों से मेरा आशय ऐसे मूल्यों से नहीं है, जिन्हें आलोचक या पाठक प्रामाणिक समझता है। हमारा आशय उन मूल्यों से है जो उपन्यास में प्रकट रूप से मौजूद न रहते हुए भी उसके संसार को, कुल मिलाकर, अन्तर्निहित पद्धति के अनुसार संगठित करते हैं। कहने की आवश्यकता नहीं कि ये मूल्य हर उपन्यास के लिए विशिष्ट होते हैं और एक उपन्यास से दूसरे उपन्यास में अलग–अलग होते हैं।

चूँकि उपन्यास एक महाकाव्यात्मक विधा है और लोककथा या स्वयं महाकाव्य से भिन्न उसकी विशेषता यह है कि उसके नायक और उसमें चित्रित विश्व के बीच एक दुर्लंघ्य दरार रहती है, अतः लूकाच में दो प्रकार के अधःपतनों (नायक का अधःपतन और संसार का अधःपतन) के स्वरूप का विश्लेषण मिलता है। अधःपतन के ये दोनों रूप अनिवार्यतः मूलभूत विरोध, जो इस दुर्लंघ्य दरार की बुनियाद हैं और उचित समाज को जन्म देते हैं जिससे महाकाव्यात्मक रूपविधा अस्तित्व में आ सके।

वस्तुतः मूलभूत दरार ही त्रासदी के या गीतिकाव्य के सृजन का कारण बनती है। दरार का अभाव या मात्र संयोगवश दरार का होना महाकाव्य या लोककथा के सृजन को प्रेरणा देता है।

इन दोनों के बीच में स्थित उपन्यास की प्रकृति द्वन्द्वात्मक होती है क्योंकि एक ओर तो यह विशेष रूप से नायक के तथा सभी महाकाव्यात्मक विधाओं द्वारा परिकल्पित संसार के मूलभूत समाज से प्रेरणा ग्रहण करता है और दूसरी ओर उनकी दुर्लंघ्य दरार से। नायक का समाज तथा विश्व समाज दोनों साथ–साथ इसलिए अस्तित्व में आते हैं कि प्रामाणिक मूल्यों के सन्दर्भ में दोनों ही गिरे हुए हैं। इन दोनों अधःपतनों में से प्रत्येक के स्वरूप में जो अन्तर है उसी के परिणामस्वरूप इन दोनों में विरोध दिखायी देता है।

उपन्यास का यह आसुरी नायक एक विक्षिप्त या अपराधी व्यक्ति होता है जो जैसा कि मैं कह चुका हूँ, हर हालत में एक समस्याधर्मी चरित्र है। यहाँ नायक रुद्र तथा परम्परानिष्ठ संसार में प्रामाणिक मूल्यों के लिए जो पतित अप्रमाणिक खोज करता है, वही इस नवीन साहित्यिक विधा 'उपन्यास' की विषय--वस्तु है। लेखकों ने इसी उपन्यास विधा की व्यक्तिवादी समाज में सृष्टि की है।

इस विश्लेषण पर लूकाच उपन्यास के प्ररूपविज्ञान (वर्गीकरण) को विकसित करते हैं। नायक और उसके संसार के मध्य सम्बन्ध आरम्भ करके वे उसी के दौरान पाश्चात्य उपन्यास के तीन सुनियोजित प्रकारों में भेद स्पष्ट करते हैं। इसी में चौथा प्रकार जोड़ दिया गया है जो पहले से ही उपन्यास–विधा से कुछ नवीन विधाओं की दिशा में रूपान्तरण का सूचक है। अतः इसके लिए विश्लेषण की भिन्न पद्धति अपनानी होगी। 1920 में यह चौथी सम्भावना उन्हें मुख्यतः टॉल्सटॉय के उपन्यासों में व्यक्त होती हुई दिखायी दी। टॉल्सटॉय के उपन्यासों में महाकाव्य को दिशा में आगे बढ़ने की कश–म–कश है। जिन तीन उपन्यास–प्रकारों से उनका विश्लेषण सम्बन्ध रखता है, वे इस प्रकार है :

(क) 'अमूर्त आदर्शवाद' को लेकर चलने वाला उपन्यास–इसकी विशेषता है। नायक की गतिशीलता और विश्व की जटिलता के सन्दर्भ में उसकी अति–संकीर्ण चेतना (डॉन क्विग्ज़ोट, ल–राउल–ए–ल–नाइ)।

(ख) मनोवैज्ञानिक उपन्यास–यह मूलतः अन्तर्वृत्ति–निरूपण से सम्बद्ध होता है। इसकी विशेषता है नायक की गतिहीनता और एक ऐसी व्यापक एवं विशाल चेतना की रूढ़ियों में जकड़ा विश्व उसे परितुष्ट नहीं कर सकता (ऑब्लोमोव तथा लॉ एजुकेशन सेंटीमेंटल)।

(ग) संस्कारधर्मी उपन्यास–जो एक प्रकार की स्वतः आरोपित सीमा से समाप्त होता है। हालाँकि इसका नायक समस्याधर्मी खोज को छोड़ देता है,

किन्तु वह न तो इस रूढ़िगत संसार को स्वीकार करता है और न उसमें निहित मानदण्डों को त्यागता ही है—यह एक स्वतः आरोपित सीमा है जिसकी विशेषता है एक प्रकार की सतेज प्रौढ़ता (गेटे कृत विलहेम मिस्टर या गॉटफ्रीड केलर कृत दर ग्रने हाइनरिख़)।

चालीस वर्ष के अन्तराल के बाद रेने गिरार्ड का विश्लेषण सामने आया जो लूकाच के विश्लेषण से प्रायः काफी मिलता—जुलता है। गिरार्ड के अनुसार भी उपन्यास एक भ्रष्ट संसार में समस्याधर्मी नायक द्वारा प्रामाणिक मूल्यों के लिए एक प्रकार की विकृत (यदि उन्हीं के शब्द का सहारा लेकर कहें तो 'मूर्तिपूजक के श्रद्धाभाव जैसी') खोज की कहानी है। वे जिस शब्दावली का प्रयोग करते हैं, उसके, सूत्र हेडेगर में खोजे जा सकते हैं किन्तु वे प्रायः उसे ऐसा अर्थ दे देते हैं जो स्वयं हेडेगर के अर्थ से भिन्न होता है। तफसील में गये बिना हम यह कह सकते हैं कि गिरार्ड प्रत्यक्ष—सत्ता और भौतिक सत्ता के द्वन्द्व के स्थान पर—किन्तु इसी से सम्बद्ध—सत्तामीमांसा तथा तत्त्वमीमांसा का द्वन्द्व ले आते हैं जो उनकी दृष्टि में प्रामाणिक एवं अप्रामाणिक के समरूप हैं। किन्तु हेडेगर की दृष्टि में जहाँ प्रगति या निगति के किसी भी विचार से यहाँ कोई सरोकार नहीं है, वहाँ गिरार्ड अपनी शब्दावली ('सत्तामीमांसा'[3] एवं 'तत्त्वमीमांसा')[4] को प्रगति एवं निगति की संकल्पनाओं से जोड़कर एक ऐसा अर्थ दे देते हैं जो हेडेगर के दृष्टिकोण के बजाय लूकाच के दृष्टिकोण से काफी कुछ मिलता—जुलता है।[5]

गिरार्ड का उपन्यास विषयक वर्गीकरण इस धारणा पर आधारित है कि कथाजगत का पतन कमोबेश विकसित सत्तामूलक विकृति का परिणाम है (यह 'कमोबेश' हेडेगर की चिन्तन—धारा के एकदम विपरीत है)। कथा—जगत में इसके समानान्तर प्रवृत्ति है तत्त्ववादी आकांक्षा—अर्थात् पतित आकांक्षा में वृद्धि।

इस प्रकार गिरार्ड का वर्गीकरण पतन की धारणा पर आधारित है और यही वह स्थल है जहाँ वह लूकाच के विश्लेषण में ऐसी सटीकता का समावेश करते हैं जो मुझे विशेष रूप से महत्त्वपूर्ण प्रतीत होती है। उनके अनुसार वस्तुतः कथा—जगत का पतन सत्तामूलक विकृति में प्रगति, और तत्त्ववादी आकांक्षा में वृद्धि एक हद तक सामंजस्य के रूप में व्यक्त होते हैं। यह सामंजस्य तत्त्ववादी आकांक्षा तथा प्रामाणिक ('ऊर्ध्वमुखी अतिक्रमण' की खोज)[6] के अन्तर को उत्तरोत्तर बढ़ाता जाता है।

गिरार्ड की कृतियों में शौर्यप्रधान उपन्यासों (जैसे डॉन क्विग्जोट) से लेकर प्रेमप्रधान उपन्यासों (जैसे दोस्तोएव्स्की का शाश्वत पति[7]) तक इन दोनों स्थितियों के बीच में उनके उदाहरण मिलते हैं। प्रसंगवश, मुझे ऐसा नहीं लगता कि उनके उदाहरण सदा ही सटीक होते हैं। बहरहाल, मैं यह नहीं कह सकता कि सामंजस्य कथा–जगत का इतना सार्वभौम लक्षण है जितना कि गिरार्ड समझते हैं। 'अधःपतन' शब्द मुझे अधिक व्यापक और अधिक उचित प्रतीत होता है बशर्ते कि हर विश्लेषण में इस अधःपतन के स्वरूप को स्पष्ट किया गया हो।

फिर भी, मध्यस्थता के वर्ग का समावेश करके या कहें कि इसे महत्त्व देकर गिरार्ड ने ऐसी संरचना के विश्लेषण को स्पष्ट किया है जिसमें कथाजगत के अन्तर्गत अधःपतन का सबसे महत्त्वपूर्ण रूप ही शामिल नहीं था वरन् ऐसा रूप भी शामिल था जो उत्पत्ति की दृष्टि से कदाचित पहला है। इसी ने उपन्यास के साहित्यिक रूप को जन्म दिया और स्वयं उपन्यास विधा अधःपतन के इसी से विकसित रूपों के परिणामस्वरूप अस्तित्व में आयी।

इसके बाद से गिरार्ड का वर्गीकरण सबसे पहले मध्यस्थता के दो रूपों के अस्तित्व पर निर्भर है। ये रूप हैं। बाह्य मध्यस्थता और आन्तरिक मध्यस्थता। बाह्य मध्यस्थता की विशेषता यह है कि मध्यस्थता करने वाला माध्यम उस संसार से बाहर है जिसके नायक की खोज का सिलसिला चलता है (जैसे डॉन क्विग्ज़ोट की शौर्यप्रधान गाथाएँ)। इसके विपरीत आन्तरिक मध्यस्थता की विशेषता यह है कि मध्यस्थता करने वाला माध्यम इसी संसार का है (जैसे शाश्वत पति में प्रेमी)।

गुणात्मक दृष्टि से इन दो भिन्न वर्गों के बीच उत्तरोत्तर अधःपतन की धारणा है जो कथा–पात्र तथा मध्यस्थता करने वाले माध्यम के बीच उत्तरोत्तर सान्निध्य और इस पात्र तथा ऊर्ध्वमुखी अतिक्रमण के बीच उत्तरोत्तर बढ़ती हुई दूरी के माध्यम से व्यक्त होती है।

अब हम एक ऐसे महत्त्वपूर्ण मुद्दे को स्पष्ट करने का प्रयास करें जिस पर लूकाच तथा गिरार्ड के बीच तात्त्विक मतभेद है। चूँकि उपन्यास एक अप्रामाणिक विश्व में प्रामाणिक मूल्यों की विकृत खोज की कहानी है। अतः यह अनिवार्यतः जीवनी के साथ–साथ सामाजिक इतिवृत्त भी है। एक विशेष रूप से महत्त्वपूर्ण तथ्य यह है कि एक लेखक की अपने द्वारा सर्जित जगत के सन्दर्भ में जो स्थिति होती है वह उपन्यास में अन्य किसी विधा की तुलना

में एक़दम भिन्न होती है। इस विशिष्ट स्थिति को गिरार्ड हास्य कहते हैं और लूकाच व्यंग्य। दोनों ही इस बात पर सहमत हैं कि उपन्यासकार को अपने नायकों की चेतना का अतिक्रमण तो करना ही चाहिए और यह अतिक्रमण (हास्य या व्यंग्य) ही कथा–सर्जना का विधायक तत्त्व है। किन्तु जहाँ तक इस अतिक्रमण के स्वरूप का प्रश्न है, इस बारे में दोनों में मतभेद है और इस मुद्दे पर मुझे लूकाच की मान्यता ग्राह्य–प्रतीत होती है, गिरार्ड की नहीं।

गिरार्ड की दृष्टि में जैसे ही उपन्यासकार रचना–कर्म में प्रवृत्त होता है, वह अधःपतन के संसार को त्याग देता है और प्रामाणिकता या ऊर्ध्वमुखी अतिक्रमण का पुनरान्वेषण कर लेता है। इसीलिए वे यह मानते हैं कि अधिकतर महान उपन्यासों की परिसमाप्ति नायक के इस ऊर्ध्वमुखी अतिक्रमण में रूपान्तरण से होती है और कुछ उपन्यासों का अन्त जो अस्पष्ट रह गया है (जैसे डॉन क्विग्जोट का)। वह या तो पाठकीय भ्रम है या फिर लेखक की चेतना में कुछ अतीत के संस्कार शेष रह गये हैं।

इस तरह की धारणा लूकाच के सौन्दर्य–बोध के एक़दम विपरीत है जिसके अनुसार कोई भी साहित्य–रूप (और सामान्यतः कोई भी महान कला–रूप) किसी–न–किसी सार–वस्तु को अभिव्यक्त करने की आवश्यकता के फलस्वरूप जन्म लेता है। यदि लेखक कथात्मक पतन का वास्तव में अतिक्रमण कर जाता, भले ही वह विभिन्न नायकों के अन्तिम रूपान्तरण के ही रूप में होता, तो इस अधःपतन की कथा एक सामान्य घटना भर होती और इसकी अभिव्यक्ति में अधिक–से–अधिक एक प्रकार के मनोरंजक इतिवृत्त का गुण भरा होता।

फिर भी लेखक का व्यंग्य, अपने पात्रों के सन्दर्भ में इसकी स्वायत्तता तथा कथा–नायकों का अन्तिम रूपान्तरण निश्चित सच्चाईयाँ हैं।

बहरहाल, लूकाच यह मानते हैं कि जहाँ तक उपन्यास एक प्रकार के सार्वभौम पतन द्वारा शासित विश्व का काल्पनिक सृजन है, यह अतिक्रमण भी अपने आप में गिरा हुआ, अमूर्त या प्रत्यात्मक हो सकता है। इसका मूर्त यथार्थ के रूप में अनुभव नहीं किया गया है।

लूकाच के अनुसार उपन्यासकार का व्यंग्य केवल नायक की ओर ही निर्दिष्ट नहीं होता जिसके आसुरी चरित्र से वह पूरी तरह अवगत रहता है। वस्तुतः यह व्यंग्य स्वयं लेखक की अपनी चेतना की ओर भी निर्दिष्ट होता है। वह चेतना जो अमूर्त और इसीलिए अनुचित और गिरी हुई होती है।

इसीलिए अधःपतित खोज की कहानी, चाहे वह आसुरी हो या मूर्तिपूजक के श्रद्धाभाव–जैसी मूलभूत यथार्थ को व्यक्त करने का एकमात्र तरीक़ा बनी रहती है।

डॉन क्विग्जोट या जूलियन सोरेल का अन्तिम रूपान्तरण प्रामाणिकता या ऊर्ध्वमुखी अतिक्रम की खोज (जैसा कि गिरार्ड ने माना है) नहीं है, वरन् अहम्मन्यता की या उस अधःपतित चरित्र की चेतना है जो पूर्ववर्ती खोज से नहीं बल्कि किसी भी तरह की आशा, किसी भी तरह की सम्भावित खोज से सम्बद्ध है।

इसीलिए यह एक अन्त है, आरम्भ नहीं। और इस व्यंग्य का अस्तित्व ही (जो साथ ही आत्म–व्यंग्य भी है) वह तत्त्व है जिसके आधार पर लूकाच दो परस्पर सम्बद्ध परिभाषाएँ देने में समर्थ हो पाते हैं जो मुझे उपन्यास के इस रूप के सन्दर्भ में विशेष रूप से उपयुक्त प्रतीत होती हैं। रास्ता शुरू हो गया है, यात्रा समाप्त हो गयी है और उपन्यास ने सतेज प्रौढ़ता का रूप अख़्तियार कर लिया है। इनमें से दूसरा सूत्र, जैसा कि हम देख चुके हैं, विलहेम मीस्टर जैसे संस्कारधर्मी उपन्यासों की अधिक निश्चित ढंग से व्याख्या करता है। इस तरह की कृतियाँ एक प्रकार की स्व–आरोपित सीमा से समाप्त होती हैं (नायक परम्परागत विश्व को स्वीकार किये बिना या सुनिश्चित मानदण्ड को त्यागे बिना अपनी अनिश्चित खोज को छोड़ देता है)।

इस प्रकार उपन्यास, जिस अर्थ में लूकाच और गिरार्ड ने इस शब्द का प्रयोग किया है, एक ऐसी साहित्यिक विधा के रूप में सामने आता है जिसमें प्रामाणिक मूल्य (जो हमेशा इसमें निहित होते हैं) रचना के अन्तर्गत सचेतन पात्रों या मूर्त यथार्थ के रूप में मौजूद नहीं रह सकते। ये मूल्य उपन्यासकार की चेतना में केवल एक अमूर्त धारणा के रूप में रहते हैं जहाँ वे एक प्रकार का नैतिक रूप ग्रहण कर लेते हैं। किन्तु साहित्यिक कृति में अमूर्त विचार के लिए कोई जगह नहीं होती, अतः वहाँ वह एक प्रकार के विजातीय तत्त्व का रूप ग्रहण कर लेगा।

इसलिए उपन्यास की मूल समस्या यह है कि उपन्यासकार की चेतना में जो कुछ अमूर्त और नैतिक है, उसे रचना के मूल तत्त्व (आत्मा) के रूप में परिणत कर दे। जैसा कि लूकाच ने कहा भी है, उपन्यास एकमात्र ऐसी साहित्यिक विधा है जिसमें उपन्यासकार की नैतिक चेतना रचना की संवेदनात्मक समस्या का रूप ग्रहण कर लेती है।

साहित्य पर सामाजिक दृष्टि से विचार करने वाले चिन्तक बराबर उपन्यास के समाजशास्त्र की समस्या को लेकर उलझते–सुलझते रहे हैं, हालाँकि इसकी व्याख्या की दिशा में अभी तक कोई ठोस क़दम उठाने का प्रयास नहीं किया गया। अपने ऐतिहासिक विकास के पहले चरण में उपन्यास मूलतः जीवनी तथा सामाजिक इतिवृत्त था और इसलिए हमेशा से स्पष्ट किया जाता रहा है कि यह सामाजिक इतिवृत्त कमोबेश उस युग के समाज को प्रतिबिम्बित करता है और यह देखने के लिए समाजशास्त्री होना ज़रूरी नहीं है।

दूसरी ओर, काफ़्का के समय से लेकर उपन्यास के स्वरूप में परिवर्तन और 'वस्तुकरण' की मार्क्सवादी व्याख्याओं के बीच सम्बन्ध भी स्थापित किया गया है। भी यह कहना अनुपयुक्त न होगा कि गम्भीर समाजशास्त्रियों को इसे एक समस्या के रूप में देखना चाहिए, स्पष्टीकरण के रूप में नहीं। यद्यपि यह स्पष्ट है कि काफ़्का या कामू का ऐब्सर्ड संसार या अपेक्षाकृत स्वायत्त वस्तुओं से निर्मित रॉबे–प्रिले का संसार, मार्क्स तथा उनके अनुयायियों द्वारा विकसित वस्तुकरण के विश्लेषण से मिलते–जुलते हैं, फिर भी प्रश्न यह उठता है कि जब उन्नीसवीं सदी के उत्तरार्द्ध में इस विश्लेषण को आगे बढ़ाया गया और उसका सम्बन्ध एक ऐसे तत्त्व से निकला जो उससे भी पहले का था, तो फिर यही तत्त्व प्रथम विश्व युद्ध के समाप्त होने पर ही क्यों व्यक्त किया गया।

सारांश यह है कि कथासाहित्य की विषय–वस्तु से सम्बन्धित कुछ तत्त्वों और उनसे प्रतिबिम्बित सामाजिक यथार्थ के बीच जो सम्बन्ध है, ये विश्लेषण किसी–न–किसी रूप में उसी से जुड़े हुए हैं। ये तत्त्व सामाजिक यथार्थ को या तो बिना किसी क्रम–विपर्यय के व्यक्त करते हैं या फिर कमोबेश स्पष्ट या पारदर्शी क्रम–विपर्यय के द्वारा।

किन्तु उपन्यास के समाजशास्त्र का विवेचन करते समय जो पहली समस्या सामने आनी चाहिए, वह यह है कि स्वयं उपन्यास विधा और जिस सामाजिक वातावरण में वह विकसित होती है उसकी संरचना के बीच क्या सम्बन्ध है? दूसरे शब्दों में इसे हम एक साहित्यिक विधा के रूप में उपन्यास तथा व्यक्तिवादी आधुनिक समाज के बीच सम्बन्ध की समस्या कह सकते हैं।

आज मुझे ऐसा लगता है कि लूकाच तथा गिरार्ड की विश्लेषण–पद्धतियों के समन्वय से इस समस्या का समाधान सम्भव है– बावजूद

इस तथ्य के कि इन दोनों पद्धतियों के विकास के पीछे कोई स्पष्ट समाजशास्त्रीय सरोकार नहीं था। इन पद्धतियों के समन्वय से सम्भव है इस समस्या पर पूरी तरह प्रकाश न पड़ सके, किन्तु इसकी व्याख्या की दिशा में एक निश्चित क़दम तो बढ़ाया ही जा सकता है।

मैंने अभी–अभी कहा है कि एक गिरे हुए समाज में प्रामाणिक मूल्यों की खोज की कहानी को उपन्यास की संज्ञा दी जा सकती है और यह अधःपतन, जहाँ तक इसका नायक से सरोकार है, मुख्यतः सामंजस्य के माध्यम से व्यक्त होता है जिसमें प्रामाणिक मूल्यों को एक ख़ास स्तर तक लाया जाता है और फिर व्यक्त यथार्थ के स्तर पर अदृश्य हो जाते हैं। यह स्पष्ट ही एक ख़ासतौर पर जटिल वे संरचना हैं और यह सोच पाना भी मुश्किल होगा कि यह किसी दिन मात्र व्यक्तिगत प्रयास से सम्बद्ध, समूह के सामाजिक आधार के बिना ही अस्तित्व में आ सकती है।

बहरहाल, एक अन्य बात, जिसकी सामान्यतः कल्पना नहीं की जा सकती, वह यह है कि ऐसी द्वन्द्वात्मक जटिलता वाली विधा की विभिन्न शताब्दियों के दौरान एक़दम भिन्न देशों के एक़दम भिन्न लेखकों में फिर से खोज की जाये और वह एक ऐसी सर्वश्रेष्ठ विधा का रूप धारण कर ले जिसमें साहित्यिक धरातल पर पूरे युग का सत्य व्यक्त हो। साथ ही इस विधा तथा सामाजिक जीवन के सर्वाधिक महत्त्वपूर्ण पहलुओं के बीच न तो कोई सजातीयता हो और न कोई उल्लेखनीय सम्बन्ध।

यह पूर्वानुमान मुझे ख़ासतौर पर सरल और सबसे ज्यादा सर्जनात्मक तथा विश्वसनीय प्रतीत होता है, हालाँकि इसका पता लगाने में मुझे वर्षों लग गये।

फलतः मुझे ऐसा लगता है कि उपन्यास विधा बाज़ार उत्पादन से निर्मित व्यक्तिवादी समाज में दैनिक जीवन का साहित्यिक धरातल पर रूपान्तरण है। जैसा कि मैंने लूकाच तथा गिरार्ड की सहायता से व्याख्यायित किया है, उपन्यास के साहित्यिक रूप और आमतौर पर व्यक्ति तथा पण्य वस्तुओं के मध्य रोज़मर्रा के सम्बन्ध के बीच वास्तविक सजातीयता है। इसी तर्क को आगे बढ़ाकर यह कहा जा सकता है कि बाज़ार–समाज में यही सजातीयता विभिन्न व्यक्तियों के बीच पायी जाती है।

लोगों तथा पण्य वस्तुओं के बीच सहज–स्वस्थ सम्बन्ध वह है जिसमें उत्पादन, भविष्य के उपभोग द्वारा, वस्तुओं के प्रत्यक्ष गुणों के द्वारा, या उनके उपयोगिता मूल्य के द्वारा निर्धारित होता है।

इसके विपरीत बाज़ार–उत्पादन को जो तत्त्व निर्धारित करता है। वह है मनुष्य की चेतना से इस सम्बन्ध की समाप्ति और उत्पादन की इस पद्धति द्वारा निर्मित नवीन यथार्थ के माध्यम से इसमें निहित तत्त्व में रूपान्तरण। यह तत्त्व है विनिमय मूल्य।

समाज के अन्य रूपों में मनुष्य को जब अपना तन ढँकने के लिए किसी कपड़े की या सिर छुपाने के लिए घर की ज़रूरत होती थी तो या तो उसे उन्हें स्वयं बनाना पड़ता था या फिर किसी ऐसे व्यक्ति से प्राप्त करना होता था जो उन्हें बना सके और कुछ परम्परागत नियमों के अनुसार या सत्ता एव दोस्ती आदि के आधार पर या जो फिर किसी पारस्परिक व्यवस्था के तहत उन्हें वे चीज़ें जुटाने के लिए नैतिक रूप से बाध्य हो।[8]

यदि आज कोई पहनने का कपड़ा या मकान प्राप्त करना चाहता है तो उन्हें खरीदने के लिए मुद्रा की ज़रूरत पड़ेगी। कपड़ों या मकानों का उत्पादक अपनी उत्पादित वस्तुओं के उपयोगिता मूल्य के प्रति उदासीन होगा। उसकी दृष्टि में ये चीजें एक अनिवार्य बुराई के अलावा और कुछ नहीं है–अनिवार्य इसलिए कि इनके द्वारा वह अपनी एकमात्र रुचि की चीज़ प्राप्त कर सकता है। यह चीज़ है विनिमय मूल्य जो उसके उद्यम को व्यावहारिक रूप देने के लिए पर्याप्त हो। आर्थिक जीवन में (जो आधुनिक सामाजिक जीवन का सबसे महत्त्वपूर्ण अंग है) वस्तुओं और व्यक्तियों के गुणात्मक पहलू के साथ हर प्रकार के प्रामाणिक सम्बन्ध (जिनमें मानव–मानव के बीच के सम्बन्ध तथा व्यक्तियों और वस्तुओं के बीच के सम्बन्ध शामिल हैं) लुप्त होते जा रहे हैं और एक प्रकार का समझौता–परस्त तथा भ्रष्ट सम्बन्ध उनका स्थान लेता जा रहा है–एक ऐसा सम्बन्ध जो केवल परिमाणात्मक विनिमय–मूल्यों से अपना सरोकार रखता है।

इसमें सन्देह नहीं कि उपयोगिता मूल्य अपना अस्तित्व क़ायम रखते हैं, बल्कि कहना चाहिए कि कुल मिलाकर पूरे–के–पूरे आर्थिक जीवन पर छाये रहते हैं। किन्तु उनका असर एक प्रकार का अप्रत्यक्ष रूप ग्रहण कर लेता है जो हू–ब–हू के प्रामाणिक मूल्यों के असर जैसा होता है।

सचेतन या प्रत्यक्ष स्तर पर आर्थिक जीवन ऐसे लोगों से निर्मित होता है जो पूरी तरह विनिमय–मूल्यों अर्थात् भ्रष्ट मूल्यों की ओर झुके होते हैं। इन मूल्यों के उत्पादन के क्रम में इनके साथ अनेक व्यक्ति हर क्षेत्र के सर्जक मिल जाते हैं जिनका रुझान मूलतः उपयोगिता–मूल्यों की ओर रहता है और जो इसी वजह से समाज के सीमान्तों पर स्थित रहते हैं तथा

समस्याधर्मी व्यक्तियों का रूप ग्रहण कर लेते हैं और वस्तुतः इन व्यक्तियों को भी, जब तक वे वास्तविकता और आभास के बीच या आन्तरिक जीवन और सामाजिक जीवन के बीच पूर्ण दरार होने के रोमानी भ्रम (गिरार्ड के अनुसार 'झूठ') को स्वीकार नहीं करते, पतन के उस स्तर तक बहकाकर नहीं ले जाया जा सकता जहाँ से होकर उनकी सर्जनात्मक गतिविधि को बाज़ार–समाज में गुजरना पड़ता है। इसीलिए जब यह गतिविधि प्रत्यक्ष आकार ग्रहण करती है–एक कलाकृति का चित्र का, उपदेश का संगीत रचना आदि का रूप ग्रहण करती है, तो उसे एक प्रकार का गौरव प्राप्त होता है और इसीलिए उसकी कुछ क़ीमत होती है। साथ ही बाज़ार समाज में अन्तिम उपभोक्ता के रूप में हर व्यक्ति, जो मूलतः अपने उत्पादकों से किसी तरह की विनिमय–क्रिया के ख़िलाफ़ होता है, अपने जीवन में कुछ क्षणों के लिए कुछ ऐसे ही गुणात्मक मूल्य हासिल करने की बात सोचता है, जिन्हें वह केवल विनिमय मूल्यों के माध्यम से प्राप्त कर सकता है।

इस विवेचन के मद्देनज़र एक साहित्यिक विधा के रूप में उपन्यास की सृष्टि असाधारण घटना नहीं प्रतीत होती। इसका ऊपर से अतिशय जटिल प्रतीत होने वाला रूप वस्तुतः लोगों के रोज़मर्रा के अनुभव का हिस्सा होता है। ऐसी स्थिति में वे सम्पूर्ण गुणवत्ता को, सम्पूर्ण उपयोगिता मूल्य को एक ऐसे माध्यम के द्वारा प्राप्त करने के लिए विवश होते हैं जो परिमाण या विनिमय–मूल्य द्वारा भ्रष्ट कर दिया गया है और यह वे एक ऐसे समाज में प्राप्त करना चाहते हैं जिसमें यदि कोई अपने आपको सीधे–सीधे उपयोगिता मूल्य से जोड़ना चाहे तो वह ऐसे व्यक्तियों को ही जन्म दे सकता है जो स्वयं गिरे हुए होंगे, यह बात अलग है कि वे एक भिन्न रूप में समस्याग्रस्त व्यक्ति के रूप में गिरे हुए होंगे।

इस प्रकार ये दोनों संरचनाएँ (एक महत्त्वपूर्ण कथासाहित्य–विधा की संरचना और विनिमय की संरचना) एक़दम सजातीय सिद्ध होती है–इस सीमा तक सजातीय कि हम यह कह सकते हैं कि एक संरचना दो भिन्न धरातलों पर प्रतिफलित होती है। यही नहीं, जैसा कि हम आगे चलकर देखेंगे, कथासाहित्य की इस विधा का विकास, जो सामंजस्य की दुनिया से मेल खाता है, उसी सीमा तक समझा जा सकता है जहाँ तक वह सामंजस्य की संरचना के सजातीय इतिहास से जुड़ा हुआ हो।

बहरहाल, विकास के इन दोनों रूपों के बीच सजातीयता के बारे में कुछ कहने से पहले हमें इस समस्या पर विचार करना होगा कि वह कौन–सी

प्रक्रिया है जिसके द्वारा यह साहित्यिक विधा आर्थिक यथार्थ में से उभरकर सामने आयी। साथ ही हमें यह भी देखना होगा कि वे कौन से संशोधन परिवर्तन हैं, जिनका इस प्रक्रिया के अध्ययन के दबाव से, साहित्यिक रचना की समाजशास्त्र पर निर्भरता के परम्परागत चित्रण में अनिवार्यतः समावेश किया जाना चाहिए। यह समस्या समाजशास्त्री के लिए विशेष रूप से महत्त्वपूर्ण है।

यहाँ एक बात आरम्भ में ही स्पष्ट हो जानी चाहिए और वह यह कि साहित्य के समाजशास्त्र की परम्परागत पद्धति, चाहे वह मार्क्सवादी हो या ग़ैर–मार्क्सवादी ऊपर संकेतित सजातीयता की संरचना पर लागू नहीं की जा सकती। साहित्य के समाजशास्त्र से सम्बन्धित अधिकतर कृतित्व में यह प्रवृत्ति पायी जाती थी कि सबसे महत्त्वपूर्ण सामाजिक कृतियों और जिस सामाजिक समूह ने उनकी रचना की उनकी सामूहिक चेतना के मध्य सम्बन्ध स्थापित किया जाता था। इसी बात पर परम्परागत मार्क्सवादी धारणा ग़ैर–मार्क्सवादी समाजशास्त्रीय कृतित्व से मूलतः भिन्न नहीं है हालाँकि इसके सन्दर्भ में वह केवल चार नयी धारणाएँ सामने रखती है। ये धारणाएँ हैं :

(क) साहित्यिक रचना एक यथार्थ तथा ख़ास सामूहिक चेतना का प्रतिबिम्ब भर नहीं है, वरन् सामंजस्य के अत्यधिक विकसित स्तर पर ऐसी प्रवृत्तियों का उच्चतम बिन्दु है जो एक विशेष समूह की निजी चेतना का अंग होती है–उस चेतना का अंग जिसकी संकल्पना ऐसे गतिशील पदार्थ के रूप में की जानी चाहिए जिसकी प्रवृत्ति एक ख़ास तरह के सन्तुलन की ओर होती है। इस तथा अन्य क्षेत्रों में एक तत्त्व ऐसा है जो मार्क्सवादी समाजशास्त्र को अन्य प्रत्यक्षवादी, सापेक्षवादी या संकलनवादी समाजशास्त्रीय प्रवृत्तियों से अलग करता है। वह तत्त्व यह है कि मार्क्सवादी समाजशास्त्र मूल अवधारणा को यथार्थ सामाजिक चेतना में न देखकर सम्भावित चेतना की निर्मित अवधारणा में देखता है। यह निर्मित अवधारणा ही यथार्थ सामाजिक चेतना को बोधगम्य बनाती है।

(ख) सामूहिक विचारधारा तथा महान साहित्यिक, दार्शनिक या धर्मशास्त्रीय कृति के बीच का सम्बन्ध उनकी तद्‌रूपता में नहीं वरन् एक उच्चतर कोटि के सामंजस्य तथा संरचनाओं की सजातीयता में निहित है। इस सामंजस्य एवं सजातीयता को काल्पनिक विषयवस्तुओं में व्यक्त किया

जा सकता है जो सामूहिक चेतना की वास्तविक विषय–वस्तु से नितान्त भिन्न होती हैं।

(ग) एक ख़ास सामाजिक समूह की मानसिक संरचना को व्यक्त करने वाली किसी रचना को कभी–कभी (लेकिन ऐसे उदाहरण बहुत विरल होंगे) कोई ऐसा व्यक्ति व्याख्यायित कर सकता है जिसके इस समूह से सम्बन्ध प्रायः न के बराबर हों। कुल मिलाकर उस कृति का सामाजिक वैशिष्ट्य इस तथ्य में निहित है कि कोई व्यक्ति कभी स्वतः ही ऐसी सुसंगत मानसिक संरचना की स्थापना नहीं कर सकता जो 'विश्वदृष्टि' के समतुल्य हो। ऐसी संरचना की व्याख्या कोई समूह ही कर सकता है–व्यक्ति तो उसे केवल सामंजस्य के उच्चतम स्तर पर ले जा सकता है और कल्पनाजन्य सृजन, अवधारणात्मक विचार आदि के स्तर पर उसे रूपान्तरित कर सकता है।

(घ) सामूहिक चेतना न तो मूल यथार्थ है और न स्वायत्त यथार्थ। यह तो आर्थिक, सामाजिक, राजनीतिक आदि जीवन के विविध पक्षों में हिस्सा लेने वाले व्यक्तियों के समग्र जीवन में व्याप्त रहती है।

स्पष्ट ही ये बड़े ही महत्त्वपूर्ण सिद्धान्त हैं। इनके आधार पर यह बखूबी सिद्ध किया जा सकता है कि साहित्य के समाजशास्त्र के विषय में मार्क्सवादी चिन्तन तथा अन्य धारणाओं के बीच कितना आधारभूत अन्तर है। इन अन्तरों के बावजूद मार्क्सवादी सिद्धान्तकारों, जैसे साहित्य के प्रत्यक्षवादी या सापेक्षतावादी समाजशास्त्रियों की बराबर यह धारणा रही है कि सामाजिक जीवन को यदि साहित्यिक, कलात्मक या दार्शनिक धरातल पर व्यक्त करना हो तो यह कार्य सामूहिक चेतना के माध्यम से ही सम्भव है।

बहरहाल, ऊपर के उदाहरण में जो बात पहले–पहल हमारे ध्यान में आती है वह यह है कि आर्थिक जीवन की संरचनाओं तथा एक ख़ासतौर पर महत्त्वपूर्ण अभिव्यक्ति के बीच यद्यपि पूर्ण सजातीयता पायी जाती है, फिर भी सामूहिक चेतना के स्तर पर इससे मिलती–जुलती किसी संरचना का पता नहीं चलता, हालाँकि यही चेतना अब तक ऐसी अनिवार्य मध्यवर्ती कड़ी प्रतीत होती थी जिसके द्वारा या तो सजातीयता की या फिर सामाजिक अस्तित्व के विभिन्न पहलुओं के बीच महत्त्वपूर्ण सम्बन्ध की खोज की जा सकती थी।

लूकाच तथा गिरार्ड ने उपन्यास का जो विश्लेषण किया है, वह अब किसी ख़ास समूह की चेतन संरचनाओं का काल्पनिक रूपान्तरण नहीं प्रतीत होता। इसके विपरीत ऐसा लगता है (और आधुनिक कला के अधिकांश

की आमतौर पर यही स्थिति हो सकती है) मानो वह मूल्यों की खोज की अभिव्यक्ति हो—ऐसे मूल्यों की खोज की जिन्हें कोई भी सामाजिक समूह कारगर ढंग से संरक्षण प्रदान नहीं करता और जिन्हें आर्थिक जीवन समाज के सभी सदस्यों में अन्तर्निहित मानने के पक्ष में होता है।

पुराने मार्क्सवादी सिद्धान्त ने परम्परागत समाजशास्त्रीय चित्रण से शुरूआत की जो यह मानकर चलता था कि किसी भी प्रकार का प्रामाणिक एवं महत्त्वपूर्ण सांस्कृतिक सृजन तभी सम्भव हो पाता है जब सर्जक की मानसिक संरचना तथा उससे सम्बद्ध समूह (जो आकार में तो छोटा होता है किन्तु जिसकी महत्त्वाकांक्षा सार्वभौम होती है) की मानसिक संरचना के बीच मूलभूत सामंजस्य हो। पुराने मार्क्सवादी सिद्धान्त में सर्वहारा वर्ग को ऐसे एकमात्र सामाजिक समूह के रूप में देखा गया था जो एक नवीन संस्कृति की बुनियाद का निर्माण कर सकता था क्योंकि वस्तुकृत समाज के साथ यह पूरी तरह एकीकृत नहीं हुआ था। वास्तविकता यह है कि कम—से—कम पाश्चात्य समाज में मार्क्सवादी विश्लेषण नाकाफ़ी सिद्ध हुआ है। पश्चिमी सर्वहारा वर्ग वस्तुकृत समाज के साथ अलगाव तथा एक क्रान्तिकारी ताक़त के रूप में उसके विरोध की बात तो दूर रही, काफी हद तक उसके साथ एकाकार हो गया है। साथ ही इसकी ट्रेड यूनियन कार्यवाही ने इस समाज को उखाड़ फेंकने और उसके स्थान पर एक नवीन समाजवादी समाज स्थापित करने की बजाय, उसे मार्क्स के विश्लेषण में संकेतित स्थिति की अपेक्षा कहीं बेहतर हालत में लाने में मदद की है।

यही नहीं, वस्तुकृत समाज की ओर से सांस्कृतिक सृजन के लिए ख़तरे की आशंका यद्यपि बढ़ती गयी है, फिर भी यह उत्तरोत्तर फल—फूल रहा है। आधुनिक काव्य तथा समसामयिक चित्रकला की तरह कथा साहित्य में सांस्कृतिक सृजन के प्रामाणिक रूप देखने को मिलते हैं। हालाँकि उन्हें किसी ख़ास समूह की चेतना यहाँ तक की सम्भावित चेतना के साथ भी नहीं जोड़ा जा सकता।

आर्थिक जीवन का साहित्यिक जीवन में यह सीधा रूपान्तरण जिन प्रक्रियाओं से सम्भव हुआ उनका अध्ययन आरम्भ करने से पहले शायद एक अन्य तथ्य का उल्लेख करना उपयुक्त होगा और वह यह कि हालाँकि यह प्रक्रिया सांस्कृतिक सृजन के मार्क्सवादी अध्ययन की सम्पूर्ण परम्परा के ख़िलाफ़ पड़ती है, फिर भी यह बुर्जुआ चिन्तन से जुड़े एक अतिशय महत्त्वपूर्ण विश्लेषण (जहाँ पण्य वस्तुओं की जड़पूजा तथा वस्तुकरण के

सिद्धान्त का विश्लेषण किया गया है) के अनुरूप है। इस विश्लेषण को मार्क्स अपनी एक बहुत महत्त्वपूर्ण खोज मानते थे। इसमें वस्तुतः इस बात की पुष्टि होती है कि बाज़ार–समाजों में (अर्थात् ऐसे सामाजिक प्रकारों में जिनमें आर्थिक गतिविधि की प्रधानता रहती है) सामूहिक चेतना धीरे–धीरे सम्पूर्ण गतिशील यथार्थ गँवाकर आर्थिक जीवन की छाया भर रह जाने की दिशा में प्रवृत्त होने लगती है और अन्ततः तिरोहित हो जाती है।[9]

अतः यह स्पष्ट है कि मार्क्स के इस विश्लेषण तथा परवर्ती मार्क्सवादियों के (जिन्होंने सामूहिक चेतना की सक्रिय भूमिका की पूर्वकल्पना की थी) साहित्यिक एवं दार्शनिक सृजन के बीच एक प्रकार का अन्तर्विरोध था, असंगति नहीं। मार्क्स का विश्वास था कि बाज़ार–समाजों में व्यक्ति की तथा सामूहिक चेतना की स्थिति में–दूसरे शब्दों में आधारिक संरचना तथा अधिरचना के पारस्परिक सम्बन्धों में बुनियादी परिवर्तन आया है परवर्ती मार्क्सवादियों के सिद्धान्त में इस बात की कोई परिकल्पना नहीं है कि मार्क्स की धारणा के अनुरूप जो साहित्य का समाजशास्त्र है उसके क्या परिणाम होंगे। वस्तुकरण की धारणा पर पहले–पहल मार्क्स ने कुछ विस्तार से प्रकाश डाला, इसके बाद लूकाच ने दार्शनिक, वैज्ञानिक तथा राजनीतिक चिन्तन के क्षेत्र में इसे विकसित किया, फिर अन्त में अनेक सिद्धान्तकारों ने विभिन्न विशिष्ट क्षेत्रों में इसे लागू किया। इस सिद्धान्त के बारे में स्वयं मैंने भी एक अध्ययन प्रकाशित किया है। एक ख़ास कथासाहित्य–विधा के समाजशास्त्रीय विश्लेषण से इस सिद्धान्त की पुष्टि होगी।

इतना सब कहने के बाद प्रश्न यह पैदा होता है कि समाज में आर्थिक संरचनाओं तथा उनकी साहित्यिक अभिव्यक्ति के बीच सम्बन्ध कैसे स्थापित होता है–एक ऐसे समाज में जिसमें यह सम्बन्ध सामूहिक चेतना के बाहर घटित होता है।

इस सन्दर्भ में मैंने चार कारकों की परिकल्पना की है जो वैसे तो अलग–अलग हैं, किन्तु अन्त में आकर एक ही बिन्दु पर मिल जाते हैं। ये चार कारक हैं :

(क) आर्थिक व्यवहार तथा विनिमय मूल्यों के अस्तित्व के आधार पर बुर्जुआ समाज के सदस्यों के चिन्तन में मध्यस्थता कोटि[10] का जन्म जो मूलभूत तथा उत्तरोत्तर विकसित प्रकार के रूप में होती है। इस कोटि में यह सहज प्रवृत्ति पायी जाती है कि यह उक्त विचार के स्थान पर ऐसी मिथ्या चेतना ले आती है जिसमें माध्यमिक मूल्य पूर्ण मूल्य का रूप ग्रहण कर लेते हैं

और जिसमें मध्यवर्ती मूल्य का पूरी तरह लोप हो जाता है या और अधिक साफ़ शब्दों में कहें तो इसमें ऐसी प्रवृत्ति आ जाती है कि यह मध्यस्थता के दृष्टिकोण से सभी मूल्यों तक पहुँच होने की परिकल्पना कर सकती है। साथ ही इसमें यह प्रवृत्ति भी आ जाती है कि यह मुद्रा तथा सामाजिक प्रतिष्ठा को पूर्ण (निरपेक्ष) मूल्यों का रूप दे देती है, मात्र ऐसी मध्यस्थताओं का नहीं जिनके माध्यम से अन्य गुणात्मक मूल्य प्राप्त किये जा सकते हैं।

(ख) इस समाज में अनेक ऐसे व्यक्तियों से बचा रहना, जो जहाँ तक उनके चिन्तन एवं व्यवहार पर गुणात्मक मूल्यों का प्रश्न रहता है, मूलतः समस्याधर्मी होते हैं–इस तथ्य के बावजूद कि वे अपने आपको उस पतनशील मध्यस्थता के अस्तित्व से पूरी तरह मुक्त नहीं रख पाते जिसकी गतिविधियाँ पूरी की पूरी सामाजिक संरचना में व्याप्त हो जाती।

इन व्यक्तियों में सर्जकों, लेखकों, कलाकारों, दार्शनिकों, धर्मवेत्ताओं का स्थान सबसे ऊपर है जिनका चिन्तन एवं व्यवहार प्रमुखतः उनके कृतित्व की गुणवत्ता से अनुशासित रहता है–हालाँकि बाज़ार की गतिविधियों से और वस्तुकृत समाज द्वारा किये गये स्वागत–सत्कार से वे बच नहीं सकते।

(ग) चूँकि कोई भी रचना पूर्णतः वैयक्तिक अनुभव की अभिव्यक्ति नहीं हो सकती, अतः यह सम्भव है कि जहाँ तक पूरे समाज में या समाज के मध्य वर्ग में (जहाँ से प्रायः सभी उपन्यासकार आये हैं) अप्रत्ययीकृत भावात्मक असन्तोष–गुणात्मक मूल्यों के प्रति एक प्रकार की भावात्मक आकांक्षा व्यक्त होती है वहीं तक उपन्यास विधा का विकास होता है।[11]

(घ) अन्त में उदारवादी बाज़ार–समाजों का एक समुच्चय था जो यद्यपि परावैयक्तिक नहीं था, फिर भी इसका एक सार्वभौम उद्देश्य था और इन समाजों में इसे आम मान्यता प्राप्त थी। ये वस्तुतः उदारवादी व्यक्तिवाद से जुड़े हुए मूल्य थे जो प्रतिस्पर्धात्मक बाज़ार के अस्तित्व के साथ ही जुड़े हुए थे (फ्रांस में स्वतन्त्रता, समानता और सम्पत्ति, जर्मनी में बिल्डुंगसइडेआल जिसके साथ इससे सम्बद्ध सहनशीलता, मानवीय अधिकार, व्यक्तित्व का विकास आदि गुण शामिल हैं)। इन मूल्यों के आधार पर व्यक्तिगत जीवनी विधा का विकास हुआ जो उपन्यास का अनिवार्य तत्त्व बन गयी। यहाँ इसने निम्नलिखित तत्त्वों के आधार पर, समस्याधर्मी व्यक्ति का रूप ग्रहण कर लिया :

1. समस्याधर्मी व्यक्तियों का व्यक्तिगत अनुभव जिसका ऊपर (ख) के अन्तर्गत उल्लेख किया गया है।

2. बुर्जुआ समाज द्वारा प्रस्तुत सार्वभौम मूल्य के रूप में व्यक्तिवाद और स्वयं यह समाज व्यक्ति के विकास की सम्भावनाओं के समक्ष जो महत्त्वपूर्ण तथा पीड़ादायक समीकरण लाया उनमें परस्पर अन्तर्विरोध।

मुझे लगता है कि इस परिकल्पना की अन्य चीजों के साथ–साथ इस तथ्य से पुष्टि हो जाती है कि जब आर्थिक जीवन के रूपान्तरण द्वारा और मुक्त अर्थव्यवस्था के स्थान पर उत्पादक संघों वाली तथा इजारेदारी व्यवस्था लाकर इनमें से एक तत्त्व (व्यक्तिवाद) धीरे–धीरे समाप्त हो जाता है (यह रूपान्तरण उन्नीसवीं सदी के अन्त में ही आरम्भ हुआ था किन्तु अधिकतर अर्थशास्त्रियों के अनुसार इसमें एक निश्चित मोड़ 1900 और 1920 के बीच में आया), तो इसी के समानान्तर उपन्यास विधा में भी एक प्रकार का रूपान्तरण देखने को मिलता है। इस रूपान्तरण का चरम रूप तब आता है जब व्यक्तिगत पात्र (नायक) धीरे–धीरे विलुप्त हो जाता है। यह रूपान्तरण मुझे अत्यन्त योजनाबद्ध तरीके से दो कालों में सम्पन्न होता हुआ दिखायी देता है :

(क) पहला संक्रमण–काल है जब व्यक्ति की महत्ता का लोप तो होता है, किन्तु उसके स्थान पर कथासाहित्य की विषय–वस्तु के रूप में जीवनी को लाने की कोशिश की जाती है जिसमें विभिन्न विचारधाराओं के माध्यम से मूल्य प्रस्तुत किये जाते हैं। हालाँकि पश्चिमी समाजों में ये मूल्य इतने कमज़ोर साबित हुए हैं कि किन्हीं नवीन साहित्यिक रूपों को जन्म नहीं दे सके, किन्तु ये पहले ही मौजूद विधा को, जो अपनी मूल विषय–वस्तु खोती जा रही थी, नया जीवन दे सकते थे। इस स्तर पर पहला स्थान है सामुदायिक तथा सामूहिक यथार्थ के विचारों का (संस्थाएँ, परिवार, सामाजिक समूह, क्रान्ति आदि) जो पश्चिमी चिन्तन समाजवादी विचारधारा के प्रभाव से आये तथा विकसित हुए।

(ख) दूसरा काल कमोबेश काफ़्का से आरम्भ होकर समसामयिक नव उपन्यास तक जारी रहता है और यह अभी तक समाप्त नहीं हुआ है। इसकी विशेषता यह है कि इसमें समस्याधर्मी नायक तथा व्यक्तिगत जीवनी के स्थान पर कोई अन्य यथार्थ लाने की प्रवृत्ति को त्याग दिया जाता है। साथ ही इसमें जिस उपन्यास की रचना की जाती है उसका कोई निश्चित विषय नहीं होता और न उसमें अनवरत शोध की ही प्रवृत्ति पायी जाती है।[12]

कहने की आवश्यकता नहीं, एक ख़ास क़िस्म की विषय–वस्तु देकर उपन्यास विधा की रक्षा का जो प्रयास किया गया, वह एक प्रकार से उसे अभिव्यक्ति के विभिन्न रूपों की दिशा में उन्मुख करना था। इसमें सन्देह नहीं कि यह विषय–वस्तु परम्परागत उपन्यास की विषय–वस्तु से जुड़ी हुई थी (यह हमेशा ही समस्याधर्मी खोज की साहित्यिक विधा रही थी जिसमें किन्हीं रचनात्मक मूल्यों का अभाव पाया जाता था), किन्तु उससे मूलतः भिन्न थी (अब इसमें उपन्यास की विषय–वस्तु के दो मूलभूत तत्त्वों का विलोप शामिल है। समस्याधर्मी नायक का मनोविज्ञान तथा उसकी नाटकीय खोज की कहानी)। अनुपस्थिति–बोध के नाटक (एक ख़ास दौर में बेकेट, आयोनेस्को अदामोव की रचनाएँ) और निराकृति चित्रकला के कुछ पक्षों से सम्बद्ध समाजशास्त्र के लिए भी कुछ तत्त्व इसमें मिल सकते हैं।

अन्त में, हमें एक ऐसी समस्या का उल्लेख करना चाहिए जो परवर्ती शोध का आधार हो सकती है या होनी चाहिए। अभी–अभी हमने जिस उपन्यास विधा का अध्ययन किया है वह मूलतः आलोचनाधर्मी तथा विरोधमूलक है। यह विकासशील बुर्जुआ समाज के ख़िलाफ़, प्रतिरोध का एक रूप है–एक प्रकार का व्यक्तिगत प्रतिरोध। किसी समूह के अन्तर्गत यह प्रतिरोध केवल भावात्मक तथा अप्रत्ययीकृत मनो–प्रक्रियाओं का आश्रय खोज सकता है। वस्तुतः इसका कारण यह है कि सचेतन प्रतिरोध का अभी पश्चिमी समाजों में अपेक्षित विकास नहीं हुआ था। यह प्रतिरोध ऐसे साहित्यिक रूपों की व्यवस्था में सहायक हो सकता था जिनमें एक सुनिश्चित नायक की सम्भावना अन्तर्निहित है (सबसे पहले सर्वहारा–विरोधी चेतना जिसकी मार्क्स ने भविष्यवाणी की थी)। इस प्रकार समस्याधर्मी नायक वाला उपन्यास, परम्परागत धारणा के विपरीत एक ऐसी साहित्यिक विधा सिद्ध होता है जो निश्चय ही बुर्जुआ वर्ग के इतिहास एवं विकास के साथ जुड़ी हुई है, किन्तु यह उस वर्ग की वास्तविक या सम्भावित चेतना की अभिव्यक्ति नहीं है।

किन्तु एक समस्या यह बाक़ी रह जाती है कि क्या, इस साहित्यिक विधा के समानान्तर अन्य ऐसे साहित्य–रूपों का विकास नहीं हुआ जो बुर्जुआ वर्ग के सचेतन मूल्यों तथा वास्तविक आकांक्षाओं के अनुरूप हो। इस बारे में एक कामचलाऊ सुझाव के तौर पर मैं इस सम्भावना की ओर संकेत करना चाहूँगा कि बालज़ाक का कृतित्व–जिसकी संरचना का, वास्तव में, इस दृष्टिकोण से विश्लेषण किया जाना चाहिए–विश्व की ऐसी एकमात्र

महान साहित्यिक अभिव्यक्ति है जिसे बुर्जुआ वर्ग के सचेतन मूल्यों के अनुसार गढ़ा गया था। इन मूल्यों का समन्वित नाम है व्यक्तिवाद, सत्ता, मुद्रा तथा काम–वासना की प्यास जो परोपकारिता, उदारता और प्रेम के प्राचीन सामन्ती मूल्यों पर अपना प्रभुत्व जमा लेता है।

समाजशास्त्रीय दृष्टि से यह परिकल्पना यदि सत्य सिद्ध होती है तो इसे इस तथ्य से जोड़ा जा सकता है कि बालज़ाक का कृतित्व ठीक ऐसे युग में स्थित है जब व्यक्तिवाद ने, जो अपने आप में इतिहास–निरपेक्ष है, बुर्जुआ वर्ग की चेतना का निर्माण किया था। यह बुर्जुआ वर्ग एक नवीन समाज का निर्माण कर रहा था और इसने अपने आपको अपनी यथार्थ ऐतिहासिक क्षमता के शिखर पर अनुभव किया था।

हमें अपने आपसे यह भी पूछना चाहिए कि इस रूप में, इस एकमात्र अपवाद को छोड़कर, कथासाहित्य के इस प्रकार को पाश्चात्य संस्कृति के इतिहास में मात्र गौण महत्त्व क्यों दिया गया। बुर्जुआ वर्ग को आगे चलकर, उन्नीसवीं–बीसवीं सदी के दौरान अपनी मूल चेतना के अनुरूप एक ऐसे साहित्यिक रूप का सृजन करने में सफलता क्यों नहीं मिली जो पश्चिमी साहित्य–परम्परा का निर्माण करने वाले अन्य साहित्य–रूपों की बराबरी कर सके।

इस बारे में मैं कुछ सामान्य परिकल्पनाएँ सामने रखना चाहूँगा। जो विश्लेषण मैंने अभी–अभी पेश किया है वह एक अतिशय महत्त्वपूर्ण उपन्यास–रूप के बारे में मेरे एक कथन का पक्षपोषण करता है। यह कथन अब मुझे प्रामाणिक सांस्कृतिक सृजन के सभी रूपों के सन्दर्भ में सत्य प्रतीत होता है। इस कथन के सन्दर्भ में जिस अभिव्यक्ति की ओर तत्काल मेरा ध्यान जाता है वह बालज़ाक के कृतित्व में देखने को मिलती है। बालज़ाक पूर्णतः व्यक्तिनिष्ठ मूल्यों के आधार पर महान साहित्यिक संसार का सृजन कर सके थे। यह कार्य उन्होंने ऐसे ऐतिहासिक काल में पूरा किया था जब लोग भी इतिहास–निरपेक्ष मूल्यों से अनुप्राणित होकर महत्त्वपूर्ण ऐतिहासिक महापरिवर्तन में हिस्सा ले रहे थे (फ्रांस में यह महापरिवर्तन वास्तव में तब तक पूरी तरह सम्पन्न नहीं हुआ जब तक 1848 की बुर्जुआ क्रान्ति समाप्त नहीं हो गयी)। इस एकमात्र अपवाद को छोड़कर (किन्तु शायद कुछ और अपवाद भी हो सकते हैं जो मेरी नज़र में चूक गये हों), मुझे ऐसा लगता है कि प्रामाणिक क़िस्म का साहित्यिक कलात्मक सृजन तभी सम्भव हो पाता है जब व्यक्ति में अतिक्रमण को आकांक्षा होती है और वह गुणात्मक

परावैयक्तिक मूल्यों की खोज करना चाहता है। पास्कल के शब्दों में थोड़ा परिवर्तन करके मैंने लिखा है, ''मानव ही मानव का अतिक्रमण कर जाता है।'' इसका अर्थ यह हुआ कि मनुष्य उसी सीमा तक प्रामाणिक हो सकता हैं। जहाँ तक वह अपने आपको एक निरन्तर विकासशील सम्पूर्णता का अंग समझता है और अपने आपको ऐतिहासिक या अतिकामी परावैयक्तिक आयाम में रखकर देखता है। किन्तु बुर्जुआ विचारधारा, जो स्वयं बुर्जुआ समाज की तरह आर्थिक गतिविधि के अस्तित्व के साथ जुड़ी हुई हैं, वस्तुतः इतिहास में ऐसी पहली विचारधारा है जो इतनी शिद्दत से धर्मनिरपेक्ष तथा इतिहास–निरपेक्ष है। यह पहली विचारधारा जिसमें किसी भी पवित्र चीज़ को नकारने की प्रवृत्ति पायी जाती है–फिर चाहे वह लोकातीत धर्मों की अलौकिक पवित्रता हो या फिर ऐतिहासिक कारकों की सर्वव्यापी पवित्रता। मुझे ऐसा लगता है कि यही मूलभूत वजह है कि बुर्जुआ समाज ने चेतना की इस पहली सौन्दर्य–निरपेक्ष विधा की रचना क्यों की। बुर्जुआ विचारधारा मूल चरित्र (तर्कबुद्धिवाद) अपने चरम उद्गारों में कला के अस्तित्व की ही उपेक्षा कर देता है। कार्टेसियाई या स्पिनोजियाई सौन्दर्यशास्त्र जैसी कोई चीज़ नहीं होती। कला एक हीन कोटि की जानकारी भर बनकर रह जाती है।

इसलिए यह निरा संयोग ही नहीं है कि कुछ–एक विशिष्ट स्थितियों को छोड़–कर, हमें स्वयं बुर्जुआ चेतना की कोई महान साहित्यिक अभिव्यक्ति नहीं मिलती। जैसा कि मैंने पहले ही कहा है, बाज़ार से जुड़े हुए समाज में कलाकार एक समस्याधर्मी व्यक्ति होता है और इसका अर्थ यह है कि वह एक आलोचनाधर्मी व्यक्ति होता है–समाज का विरोधी।

फिर भी वस्तुकृत बुर्जुआ (विचारधारा अपने विषय सम्बन्द्ध मूल्य होते है–ये मूल्य कभी तो प्रामाणिक होते हैं (जैसे व्यक्तिवाद के मूल्य) और कभी निरे परम्परावादी (जिन्हें लूकाच कभी तो 'मिथ्या चेतना' कहते हैं और कभी अपने अतिवादी रूपों में 'अनुचित आस्था' और 'हेडेगर की बकवास')। सामूहिक चेतना में विषयबद्ध रूढ़ रूप भले ही प्रामाणिक हों या पाम्परिक, आगे चलकर उपन्यास की प्रामाणिक विधा के साथ ही ये एक समानान्तर साहित्य की रचना करने में समर्थ हुए। यह समानान्तर साहित्य भी व्यक्ति के इतिहास का बयान करता था और चूँकि इसमें अवधारणात्मक मूल्यों का भी समावेश था, इसलिए यह सहज ही एक सकारधर्मी नायक का भी अंकन कर सका।

उपन्यास के उन अप्रधान रूपों के टेढ़े–मेढ़े रास्तों का अनुसरण भी रोचक होगा, जो स्वाभाविक रूप से ही, सामूहिक चेतना पर आधारित हैं। मैंने अभी तक ऐसा अध्ययन नहीं किया है–पर अगर कोई यह अध्ययन करे तो वह सम्भवतः एक अत्यन्त बहुरंगी क्षेत्र तक जा पहुँचेगा जहाँ डेली जैसे निम्नतम रूपों से लेकर अलेक्सांद्र ड्यूमा या यूजीन स्यू के उपन्यासों में मिलने वाले उच्चतम रूप तक मिलेंगे। शायद इसी स्तर पर हमें नव–उपन्यास के समानान्तर ही सामूहिक चेतना के नये रूपों से जुड़ी कुछ लोकप्रिय साहित्य–रचनाओं को भी रखना चाहिए।

बहरहाल, मैंने अभी जो बेहद साँचेबद्ध खाका खींचा है, मुझे लगता है कि उपन्यास–विधा के समाजशास्त्रीय अध्ययन के लिए वह एक ढाँचा प्रस्तुत करता है। ऐसे अध्ययन का महत्त्व इस बात से और बढ़ जाता है कि अपने मुख्य लक्ष्य के अतिरिक्त यह कुछ सामाजिक वर्गों, (विशेषकर मध्यवर्ग) की मनोवैज्ञानिक संरचना के अध्ययन में भी काफी सहायक होगा।

स्रोत : टुवर्ड्स सोशिओलॉजी ऑफ़ द नॉवल (ल्यूसिएँ गोल्डमान),
अनुवाद : कृष्णदत्त शर्मा।

सन्दर्भ

1. द थ्योरी ऑफ द नॉवल (अनु.ए. बोस्टॉक), लंदन, मेर्लिन प्रेस, 1971
2. मेंसोंजे, रोमांटिक ए वेरिते रामानेस्क, पेरिस, ग्रासे, 1961
3. ऑनटोलॉजिकल।
4. मेटाफ़िज़िकल।
5. लूकाच के चिन्तन की तरह हेडगर के चिन्तन में सत्व (लूकाच के अनुसार सम्पूर्णता) तथा जो कुछ वस्तुपरक रूप में (तथ्य–निर्णय) या आदेशक रूप में (मूल्य निर्णय) व्यक्त किया जा सकता हो–इन दोनों के बीच बहुत बड़ी दरार है। यही वह अन्तर है जिसे हेडगर ने सत्तामूलक (ऑनटोलॉजिकल) तथा तात्विक (ऑन्टिक) जैसे शब्दों से व्यक्त किया है। सत्तामूलक तथा तात्विक, सम्पूर्ण तथा सैद्धान्तिक, नैतिक तथा तत्ववादी के बीच मूलभूत अन्तर के विषय में हेडगर और लूकाच दोनों एकमत हैं, किन्तु जिस रूप में इन सम्बन्धों को संकल्पना की गयी है उसको लेकर दोनों में मतभेद हैं।
   एक इतिहास–दर्शन के रूप में लूकाच के चिन्तन में ज्ञान के अस्तित्व में आने की, प्रगति की आशा की और निगति के ख़तरे की धारणा निहित है। उनकी दृष्टि में विकास सकारात्मक सोच तथा सम्पूर्णता के विचार का संघटन है।

निगति इन दोनों तत्त्वों का, जो अन्तिम विश्लेषण में अविभाज्य है, अलगाव है। संक्षेप में दर्शन का कार्य सम्पूर्णता के विचार का समावेश है। जो सम्पूर्ण आंशिक शोध तथा सकारात्मक विषय–सामग्री पर चिन्तन–मनन का आधार है।

दूसरी ओर हेडगर सत्ता तथा प्रदत्त सामग्री के बीच, सत्तामूलक तथा तात्विक के बीच, दर्शन तथा प्रत्यक्ष विज्ञान के बीच गहरी खाई (जिसका स्वरूप अमूर्त और संकल्पनात्मक है) मानते हैं और इस प्रकार प्रगति एवं निगति जैसी किसी धारणा को मान्यता नहीं देते। अन्त में ये भी इतिहास के एक दर्शन तक पहुँचते हैं, किन्तु यह एक अमूर्त दर्शन है जिसके दो आयाम हैं–प्रामाणिक एवं अप्रामाणिक, सत्ता के प्रति खुलापन और सत्ता की विस्मृति इसलिए गिरार्ड की शब्दावली के सूत्र यद्यपि हेडगर में हैं, किन्तु प्रगति एवं निगति जैसे औपचारिक रूपों का समावेश उन्हें लूकाच के अधिक निकट ले आता है।

6. वर्टिकल ट्रांसेंडेंस।
7. द इटर्नल हज़बेंड।
8. वस्तुकरण के विकास में मौलिक रूपान्तरण बाज़ार उत्पादन के आगमन का ही परिणाम है।
9. 'चेतना–प्रतिबिम्ब' मैंने ऐसी स्थिति को कहा है जब इस चेतना की अन्तर्वस्तु और इस अन्तर्वस्तु के विभिन्न तत्त्वों में पाये जाने वाले सम्बन्धों के समुच्चय (जिसे मैंने संरचना कहा है) सामाजिक जीवन के अन्य क्षेत्रों की गतिविधियों से प्रभावित होते हैं, किन्तु बदले में उन पर अपना प्रभाव नहीं डालते। व्यवहार में, पूँजीवादी समाज के अन्तर्गत ऐसी स्थिति कभी नहीं आई। बहरहाल, यह समाज एक ऐसी प्रवृत्ति को जन्म देता है जिसमें आर्थिक जीवन पर चेतना की गतिविधि में उत्तरोत्तर कमी आती जाती है और इसके विपरीत चेतना की अन्तर्वस्तु तथा संरचना पर सामाजिक जीवन के आर्थिक क्षेत्र की गतिविधि बढ़ती जाती है।
10. मीडिएशन कैटेगरी।
11. यहाँ एक समस्या पैदा होती है जिसका तत्काल कोई समाधान सम्भव नहीं है, किन्तु प्रत्यक्ष समाजशास्त्रीय शोध के आधार पर इसका किसी–न–किसी दिन कोई हल निकलेगा। मेरा आशय सामूहिक, भावात्मक, अप्रत्ययीकृत स्वरयन्त्र की समस्या से है जिसने उपन्यास विधा के विकास को सम्भव बनाया।

    आरम्भ में मेरी यह धारणा थी कि वस्तुकरण में जिसकी प्रवृत्ति छोटे–छोटे समूहों के एक सम्पूर्ण सामाजिक इकाई में विलय या एकीकरण की ओर होती है और इसलिए यह उन्हें अपने वैशिष्ट्य से वंचित कर देती है–एक ऐसी विशेषता है जो व्यक्ति के जैविक तथा मनोवैज्ञानिक यथार्थ के इतने ख़िलाफ़ पड़ती है कि यह सभी व्यक्तियों में कमोबेश विरोध की प्रतिक्रिया उत्पन्न करेगी। इस प्रकार यह प्रवृत्ति वस्तुकृत जगत के ख़िलाफ़ व्यापक प्रतिरोध को जन्म देगी– एक ऐसा प्रतिरोध जो कथासाहित्य के सृजन की पृष्ठभूमि का निर्माण करेगा।

किन्तु आगे चलकर मुझे यह लगा कि इस परिकल्पना में एक अपरीक्षित अनुभवपूर्व परिकल्पना निहित है। यह परिकल्पना है एक ऐसी जैविक प्रकृति का अस्तित्व जिसकी बाह्य अभिव्यक्ति सामाजिक यथार्थ कभी पूरी तरह विकृत नहीं कर सकता।

12. लूकाच ने परम्परागत उपन्यास के काल को इस कथन के द्वारा व्यक्त किया हैः "हम अपने रास्ते पर चल पड़े हैं, हमारी यात्रा समाप्त हो गयी है।" यदि हम इस कथन के पूर्वार्ध को दबा लें तो उपन्यास विशेषता को रेखांकित किया सकता है। इसके काल के वैशिष्ट्य को कथन सहारे व्यक्त किया जा सकता हैः 'आकांक्षा शेष है, किन्तु यात्रा समाप्त हो चुकी है' (काफ़्का) या 'यात्रा पहले ही समाप्त चुकी है, हालाँकि हमने अपने रास्ते पर चलना शुरू नहीं किया' (राबे ग्रिले के तीन आरम्भिक उपन्यास)।

4

साहित्यिक कल्पना और समाजशास्त्रीय कल्पना

रिचर्ड हॉगर्ट
अनुवाद : **मैनेजर पाण्डेय**

हम प्रायः यह कहते हैं कि एक अच्छा लेखक कल्पना प्रतिभा और अन्तर्दृष्टि से सम्पन्न होता है। उसकी कृतियों में हम इन गुणों के दर्शन की आशा भी करते हैं। इस निबन्ध के विषय पर सीधे आयें तो यह कह सकते हैं हम उसकी कृतियों में समाज की 'महत्त्वपूर्ण तफसील' सम्बन्धी उसकी दृष्टि की खोज करते हैं जिसमें यह मान्यता निहित होती है कि समाज की कुछ आदतें और अदाएँ कुछ दूसरी आदतों और अदाओं से अधिक मुखर होती हैं या फिर हम उसकी कृतियों में समाज में सक्रिय लोकनिष्ठ प्रवृतियों की दिशा की पहचान या उनमें अचेतन रूप से व्यक्त होने वाली गूढ़ बातों उसकी बातों की उसकी समझ में भी इन गुणों की खोज करते हैं।

लेकिन यह साहित्य से एक बड़ी माँग है और यह ऐसी माँग है जिसका साहित्य के आलोचक हमेशा अनुभव नहीं करते हैं। यह माँग उस साहित्येतर सत्य की ओर संकेत करती है जो हमारे विशुद्ध साहित्यिक मूल्यों में निहित नहीं होता। यह साहित्य के बाहर उस जीवन की ओर संकेत करती है जिसकी साहित्य में छानबीन की जाती है और जिसकी सच्चाई के उद्घाटन का दावा किया जाता है। इसका दावा है कि साहित्यिक कल्पना समाज के स्वभाव के बारे में एक ऐसी अन्तर्दृष्टि प्रदान कर सकती है जो आत्मनिष्ठ सौन्दर्यवादी में नहीं मिल सकती और यह भी माना जाता है कि इससे पाठक की संवेदनशीलता भी प्रभावित होती है। इसके अतिरिक्त यह भी माना जाता है कि यह अन्तर्दृष्टि किसी लेखक की साहित्यिक

कृतियों में ही अभिव्यंजित नहीं होती है बल्कि इसकी अभिव्यंजना समाज से सम्बन्धित लेखक की कृतियों में भी होती है। उन्नीसवीं शताब्दी में संस्कृति और समाज के बारे में जो व्यापक बहस हुई उसमे साहित्य के आलोचकों ने भी भाग लिया था।

फिर भी यह दावा व्यापक तो है ही और तब तो और भी, जब यह शुद्ध साहित्यिक रचनाओं के बारे में किया जाता है। दावा यह किया जाता है कि साहित्यिक रचनाएँ समाज को दर्पण की भाँति प्रतिबिम्बित ही नहीं करती है और वे लाक्षणिक साक्ष्य मात्र भी नहीं है। चूँकि साहित्य व्यक्ति–मानव की रचना है, इसीलिए किसी भी सहित्यिक रचना की व्याख्या केवल लक्षण के रूप नहीं की जा सकती, लेकिन कुछ साधारण रचनाएँ निश्चय ही महत्त्वपूर्ण साहित्यिक कृतियों की तुलना में अधिक दस्तावेज़ी होती हैं। अट्ठारहवीं शताब्दी के धड़ल्ले से निकलने वाले रोमांटिक उपन्यासों या आजकल के सेक्स और हिंसा से भरपूर लोकप्रिय उपन्यासों को अपने समय के समाज के विभिन्न पक्षों का 'निष्पक्ष पर्यवेक्षण' मानने के बदले उन्हें समाज की विशेष गतिविधि का दर्पण मानना अधिक सही है। अगर ऐसी रचनाओं को भी सरलता के ख़्याल से सतही ढंग से ही हम समाज का दर्पण मात्र मान लें तो वे जिस महत्त्वपूर्ण तत्त्व के माध्यम से समाज को प्रतिबिम्बित करती है उसके लिए उनका अध्ययन कठिन हो जायेगा। इसलिए ऐसी स्थिति में साहित्य के आलोचकों तथा समाज वैज्ञानिकों के सामान्य सोच–विचार से अधिक गहरी आलोचनात्मक सावधानी की ज़रूरत होगी।

लेकिन जैसा कि मैंने कहा है, हम इससे भी बड़ा दावा करते हैं। हम दावा करते हैं कि साहित्यिक कल्पना एक ख़ास ढंग से किसी समाज की छानबीन करके उसके विभिन्न पहलुओं के बारे में नवीन जानकारी प्रदान कर सकती हैं, सुबोध परिकल्पनाएँ दे सकती हैं और उस समाज का रहस्य खोलने वाली व्यवस्थाओं या पद्धतियों की ओर संकेत कर सकती है हम यह भी दावा करते हैं कि साहित्यिक कल्पना स्वयं और अपनी अन्तर्दृष्टि के कारण–लाक्षणिक साक्ष्य के रूप में प्रयुक्त होकर नहीं–समाज सम्बन्धी समझदारी में सहायक होती है।

इस व्यापक दावे का तात्पर्य क्या है? एक लेखक के वैयक्तिक संवेदनात्मक ज्ञान को वस्तुगत सत्य की अभिव्यक्ति का जो श्रेय दिया जाता है, क्या उससे इस दावे का कुछ अधिक अर्थ है? अगर इसका कुछ अधिक

अर्थ है तो हम इन अन्तर्दृष्टियों की प्राप्ति कैसे करते हैं? क्या यह प्रक्रिया किसी भी प्रकार समाजविज्ञानों में प्रयुक्त पद्धति से जुड़ी हुई है? क्या इन अन्तर्दृष्टियों की परख सम्भव है? इन्हें किस अर्थ में और कहाँ तक सही कहा जा सकता है? मैं भी इन प्रश्नों का निर्विवाद उत्तर नहीं दे सकता, लेकिन प्रश्नों के उत्तर की शुरुआत में सहायक विचारों को प्रस्तुत करने का प्रयास करूँगा।

मैं कुछ देर तक साहित्य से हटकर एक समाजविज्ञानी की पद्धति पर विचार करूँगा। मान लीजिए कि जिस क्षेत्र में वह काम करना चाहता है, उससे सम्बन्धित विपुल विषय–सामग्री उसके पास है। प्रश्न यह है कि वह किस प्रकार विपुल विषय–सामग्री को अर्थवत्ता प्रदान करता है, लेकिन उसके पास अनन्त सम्भव परिकल्पनाएँ है, जिनके सहारे वह विषय–सामग्री को अर्थवत्ता प्रदान करता है। निश्चय ही उनमें से कुछ को वह विषय के प्रति सामान्य भावना के नाम पर ख़ारिज कर देता है–यद्यपि इस 'विषय के प्रति सामान्य भावना' से अनेक प्रश्न पैदा होते हैं। कुछ के बारे में वह सोचता ही नहीं है, इसलिए वे उसके विचार में आते ही नहीं। वह विषय–सामग्री से जोड़कर सबकी परीक्षा करता है और उनकी कार्य–क्षमता की पहचान करता है। वह पुनरावर्तक रूपान्तरण और पुनरावर्तक त्याग के सहारे अपनी परिकल्पनाओं की परख और आवश्यक परिवर्तन करता है। कुछ लोग यह कहेंगे कि इससे प्रारम्भिक परिकल्पना की निर्माण प्रक्रिया को सर्वाधिक महत्त्व मिल जाता है। वे यह भी कहेंगे कि अगर हमारे पास विपुल सामग्री तथ्य हों और अगर उन्हें सुव्यवस्थित करने वाले सक्षम कम्प्यूटर की सहायता लें तो वह कम्प्यूटर ही सामग्री में निष्पक्षतः पुनरावर्तक प्रयोगों, रूपों और त्यागों की खोज कर लेगा, लेकिन यह तरीक़ा प्रश्न को एक क़दम और पीछे ले जाने वाला है, लेकिन सम्पूर्ण चित्र क्या है? और 'तथ्य' का क्या तात्पर्य है? हम कह सकते हैं कि कुछ वस्तुगत तथ्य होते हैं और कुछ केवल वस्तुनिष्ठ। पुस्तकालय से गत वर्ष एक करोड़ पुस्तकें पाठकों को दी गयीं, यह एक वस्तुगत तथ्य है। अगर प्रारम्भ में सावधानी से परिभाषाएँ बनायी जायें तो यह एक कारगर तथ्य है और इसकी जाँच सम्भव है। अगर कोई चाहें तो इसे वैज्ञानिक कह सकता है और यह समाजविज्ञानी के वस्तुगत आँकड़े का एक हिस्सा हो सकता है। मैं ऐसा इसलिए कह रहा हूँ कि एक समाजविज्ञानी ने मुझसे कहा था कि उसका उद्देश्य 'तथ्यों' को जहाँ तक स़म्भव हो सके इस प्रकार के 'आँकड़ों' में बदलना होता है और मैं उसके

तात्पर्य को समझता हूँ। वह इस बात से सहमत था कि वह शीघ्र ही इस स्तर को छोड़कर ऐसे प्रश्नों की ओर मुड़ जाता है कि क्यों इतनी ही क़िताबें ली गयीं या विभिन्न प्रकार की पुस्तकों का अनुपात क्या है? किस प्रकार ये पुस्तकें पढ़ी गयीं? उनसे किन आवश्यकताओं की पूर्ति हुई? इस प्रकार के प्रश्नों के उत्तर से उसे ज़रूरी ज्ञान का सबसे महत्त्वपूर्ण रूप प्राप्त हो सकता है। अगर समाजविज्ञानी अपनी पद्धति को इस प्रकार सुधारने का प्रयत्न करे कि अधिक–से–अधिक तथ्य 'आँकड़े' बन सकें तो उसे ज्ञान प्राप्ति में काफी मदद मिल सकती है, लेकिन इनमें से सर्वाधिक महत्त्वपूर्ण तथ्य भी कभी पूर्णतः आँकड़े नहीं बन सकते, वे अपने सर्वोत्तम रूप में भी केवल 'वस्तुनिष्ठ' ही हो सकते हैं। बर्मिंघम की पुस्तकालय सेवा के सम्बन्ध में सच्चाई को प्राप्त करने के लिए हमें कितने तथ्यों की ज़रूरत होगी? मान लीजिए कि हमारे पास 20 हज़ार या 2 मिलियन या 20 मिलियन तथ्य हैं, तब भी हम एक तो सम्भव तथ्यों का केवल सतही रूप ही प्राप्त कर सकेंगे और दूसरे, जो महत्त्वपूर्ण हैं वह यह कि हम कुछ चीज़ों का पकड़ने का प्रयत्न करेंगे। किसी वस्तु पर हम जितने विभिन्न कोणों को देखने को प्रयत्न करेंगे, नवीन तथ्यों और सम्बन्धों के उतने ही रूप प्रकाश में आयेंगे। प्रत्येक अनुसन्धान में तथ्यों को समझकर संगृहीत करने के पहले मान्यताओं और धारणाओं की आवश्यकता होती है। इस प्रसंग में कोई भी इंग्लैंड के जीवन के स्वतः सिद्ध संकुचित आत्मनिष्ठ घटिया वर्ग–विश्लेषण को याद कर सकता है। कोई ग़ैर–अंग्रेज़ या ग़ैर–यूरोपीय व्यक्ति भी इसका वस्तुनिष्ठ विश्लेषण नहीं कर सकता है। इस प्रकार हम क्रमशः अधिकाधिक वस्तुनिष्ठता की ओर बढ़ सकते हैं और हमें बढ़ना भी चाहिए, लेकिन इससे पूर्णता प्राप्त करना सम्भव नहीं है। मैं यह सब समाजविज्ञानियों की आलोचना के इरादे से नहीं कह रहा हूँ। मैं जानता हूँ कि मेरे कथन से ऐसा ध्वनित भी नहीं हो रहा है। यह विवाद समाजविज्ञानियों में भी एक लम्बे अरसे से तथा जीवन्त रूप में चल रहा है। मैं अपने विचार की पुष्टि में मिर्डाल को उद्धृत कर रहा हूँ–"अनुसन्धान के लिए सम्भव आँकड़ों की अव्यवस्था केवल निरीक्षण से ही सुव्यवस्थित ज्ञान के रूप में संगठित नहीं हो जाती है। परिकल्पनाएँ आवश्यक हैं। तथ्यों से उत्तर की आशा करने के पहले महत्त्वपूर्ण प्रश्न करना हमारे लिए आवश्यक हैं। तथ्यों तक पहुँचने के लिए हमारे प्रश्नों का जटिल होना अनिवार्य है। यहाँ तक कि ऊपरी तौर पर सरल प्रतीत होने वाली धारणाओं के निर्माण में भी स्पष्टतः प्रतिपादित सिद्धान्तों का योगदान होता है।

इन सिद्धान्तों या परिकल्पनाओं में चाहे जितनी सावधानी से इनका बयान किया जाये, पूर्ववर्ती अनुमान के तत्त्व निश्चय ही होते हैं।''

मैं एक ऐसे तथ्य की ओर संकेत कर रहा हूँ जो हमारे जीवन का है और जिससे बचाव सम्भव नहीं है। मैं 'हमारा जीवन' इसलिए कह रहा हूँ कि प्रकारान्तर से यह लेखकों के जीवन का भी तथ्य है। हम लोगों में से किसी भी व्यक्ति को किसी चीज़ की जानकारी लिखित रूप में बनी–बनायी नहीं मिल जाती बल्कि हम हर वस्तु को अपने मानस के वैचारिक और कल्पनात्मक रूप के अनुरूप ही जान पाते हैं।

अब विचार यह करना है कि क्या साहित्यकार की सत्य–साधना की पद्धति से ऊपर चर्चित समाजविज्ञानी की पद्धति का कोई साम्य है? मैंने एक ऐसे समाजविज्ञानी की चर्चा की है जिसके पास विपुल विषय–सामग्री है और जो अपनी परिकल्पनाओं के माध्यम से उसमें सार्थकता की खोज करता है, यद्यपि वास्तविक प्रक्रिया अपने 'प्रत्यक्ष रूप से अधिक सूक्ष्म रूप में क्रियाशील होती है। साहित्य को समाज का साक्ष्य मानने के विरुद्ध एक सरल–सा तर्क यह है कि साहित्य कोई साक्ष्य प्रस्तुत नहीं करता है, लेखक अपनी वाग्मिता के सहारे जो कुछ उपस्थित करता है उसे ही साक्ष्य कहा जाता है। मैं समझता हूँ कि यह ग़लत विचार है। इस प्रसंग में किसी साहित्यकार की स्थिति एक समाजविज्ञानी की स्थिति के समान ही होती है। मेरा ख़्याल है कि आलोचक जिसे 'सामाजिक अन्तर्दृष्टि' कहते हैं, वह लेखक द्वारा अपनी कल्पना में समाज सम्बन्धी विपुल विषय–सामग्री और तथ्यों की धारणा का परिणाम ही होती है। मेरा विश्वास है कि वह इसी विषय–सामग्री को अपने मानस में किसी विशिष्ट मुद्रा या व्यापक विषयवस्तु के रूप में एक एकान्वितिकारी बिम्ब की खोज के क्षणों में धारण करता है और हम यह कहते हैं कि वह एक महत्त्वपूर्ण अन्तर्दृष्टि से सम्पन्न है। यहाँ प्रेरणा के क्षणों में कॉनराड को देखिए :

''उस सम्पूर्ण घटना से निश्चय ही एक विशेष वातावरण बना होगा, क्योंकि एकाएक मैंने अपने को उत्तेजित अनुभव किया और इसके बाद जो कुछ मेरे मानस में घटित हुआ उसे रसायनशास्त्र का कोई विद्यार्थी थोड़े–से रंगहीन घोल से भरी परखनली में सही प्रकार के द्रव की छोटी–सी एक बूँद डालने पर रवाकरण की प्रक्रिया के अवक्षेपण के सादृश्य से अच्छी तरह समझ सकता है।''

मुझे विश्वास है कि अगर हम हिसाब लगाये तो इस प्रकार की सामग्री समाजविज्ञान की अधिकांश विस्तृत योजनाओं में लगी सामग्री के बराबर होगी। किसी महान लेखक के कृतित्व की पृष्ठभूमि में स्थित गम्भीर विषय–सामग्री को अगर तर्कसंगत ढंग से प्रस्तुत करें तो उसकी जटिलता बड़े–बड़े कर्मठ और साधन–सम्पन्न समाजविज्ञानियों को भी निरुत्साहित करने वाली होगी। शेक्सपियर के नाटकों में अभिव्यक्त समाज या व्यक्ति से सम्बन्धित विषय–सामग्री के स्वरूप की व्याख्या की शुरुआत कोई भी व्यक्ति किस प्रकार करेगा? यहाँ मैं केवल विषय–सामग्री पर चर्चा कर रहा हूँ न कि उसको व्यवस्थित करने की प्रक्रिया की। मैं निरीक्षण की विलक्षण जटिलता की ओर संकेत कर रहा हूँ और यह ऐसी जटिलता है जिसका अनुभव शेक्सपियर को भी नहीं हुआ होगा और न हो सकता था। एक प्रतिभाशाली लेखक सृजनावेग के क्षणों में जिन क्षमताओं का प्रयोग करता है, वे किसी भी व्यक्ति के सचेतन संचालन से परे होती हैं, लेकिन समन्वित होती हैं। अगर कोई व्यक्ति किसी अत्यन्त कुशल टेनिस के खिलाड़ी द्वारा खेल में तत्काल प्रयुक्त सभी योग्यताओं का आकलन करें और उसे कई बार गुणा करके बढ़ाये तो शायद वह किसी महान लेखक के मानस में रचनाकाल की स्थिति में स्थिर विषय–सामग्री की जटिलता का अन्दाज़ा लगा सकता है। इस सन्दर्भ में विशेष ब्यौरों और कुशलताओं के अम्बार के बारे में ही नहीं बल्कि उनके भीतर संरचना और गतिविधि की खोज में समर्थ क्षमता के विषय में भी सोचना चाहिए और यह करने का अर्थ है आशातीत शीघ्रता के साथ समन्वित रूप से क्रियाशील होना।

इस प्रकार मेरा कहना यह है कि किसी लेखक के पास भी उतने उपयोगी तथ्य हो सकते हैं जितने किसी समाजविज्ञानी के पास और वह 'महत्त्वपूर्ण पर्यवेक्षण' के लिए सचेतन तथा नियन्त्रित समुच्चय से ही नहीं बल्कि कल्पनात्मक शक्ति से उन्हें सुव्यवस्थित करता है। उसकी कल्पनात्मक शक्ति समाजविज्ञानी की परिकल्पना निर्माण की शक्ति के समान है या दूसरे शब्दों में समाजविज्ञानी की परिकल्पना की खोज की क्षमता उसकी कल्पनात्मक शक्ति से निर्धारित होती है।

वास्तव में क्या समाज के सम्बन्ध में क्रियाशील साहित्यिक कल्पना और अपनी विषय–सामग्री को सार्थक बनाने की प्रक्रिया में क्रियाशील समाजविज्ञानी की मानसिक शक्ति में कोई अन्तर होता है? क्या दोनों कल्पनाएँ अपने सर्वोत्तम रूप में एक–दूसरे के समान नहीं हैं?

मैं 'सर्वोत्तम रूप' का प्रयोग इसलिए कर रहा हूँ कि हम सभी विषय–सामग्री को सुव्यवस्थित करने और 'महत्त्वपूर्ण ब्योरे' की प्राप्ति में समान रूप से कुशल नहीं हैं।

एक प्रकार से यह दावा करना आकर्षक होगा कि कलाकार की 'महत्त्वपूर्ण तफ़सील' समाजविज्ञानी का 'आदर्श नमूना' ही है और दोनो में सम्भवतः परस्पर सम्बद्ध भी हैं, लेकिन उन दोनों में महत्त्वपूर्ण अन्तर है और यह अन्तर दोनों अनुशासनों के स्वभाव में अन्तर्निहित है। 'आदर्श नमूना' विश्लेषण के दौरान समाज के ब्योरे से उपयोगी सैद्धान्तिक प्रारूप खोज निकालता है, लेकिन सर्जनात्मक लेखन 'महत्त्वपूर्ण तफ़सील' की पहचान के साथ–ही–साथ अलक्षित जीवन प्रवाह की पहचान और पुनःरचना का भी प्रयत्न करता है। क्रमबद्धता और क्रमहीनता का एक ही साथ यह संयुक्त बोध साहित्यानुभव का आवश्यक अंग है।

एक बार पुनः हम अपने विषय की ओर लौटें। हममें से सभी व्यवस्था की रूपात्मक स्थापना और महत्त्वपूर्ण तफ़सील की प्राप्ति में समान रूप से कुशल नहीं हैं। कुछ लोग इतने कुशल होते हैं कि बहुत थोड़ी–सी सामग्री में से भी प्रातिभज्ञान की सी सहज़ता से बोधगम्य दृष्टान्त खोज लेते हैं। मेरे विचार से सम्भवतः अरस्तू ने यह कहा था कि एक लेखक की महान प्रतिभा रूपक में निर्माण की शक्ति में प्रकट होती है। मैं समझता हूँ कि प्रत्येक रूपक एक महत्त्वपूर्ण परिकल्पना या सम्बन्ध–सृष्टि की शक्ति की देन है और वह शक्ति प्रत्येक व्यक्ति में नहीं होती है। समाजविज्ञानियों के लिए भी ऐसा कोई नुस्ख़ा खोज लेना सरल होगा। परिकल्पना और विषय–सामग्री के सम्बन्धों की चर्चा करते हुए अडोर्नो कहता है कि "मैं किसी समाधान का सुझाव देते समय मौलिकता और साहसिकता को सर्वाधिक महत्त्व देना चाहूँगा।" यहाँ 'मौलिकता' का वही तात्पर्य है जो बेरेलसन के इस कथन में है कि "अन्ततः किसी अच्छे विचार का कोई विकल्प सम्भव नहीं है।" ये दोनों बातें साहित्यिक कल्पना में समाविष्ट हैं। संयोग से अडोर्नो आगे कहता है कि "इस समाधान की निरन्तर समीक्षा होनी चाहिए।" पॉपर का कहना है कि "यद्यपि हम अपने सिद्धान्तों का औचित्य तर्क–संगत ढंग से नहीं सिद्ध कर सकते और न उन्हें सम्भाव्य ही सिद्ध कर सकते हैं, लेकिन हम उनकी तर्कसंगत समालोचना तो कर ही सकते हैं।" इन दोनों वक्तव्यों के पीछे एक ऐसे बौद्धिक अनुशासन का विवेक है जिससे साहित्य के समालोचक कुछ सीख सकते हैं।

अब भी मेरा विचार है कि प्रतिभा या अन्तर्दृष्टि को ही बिना उसके पोषक तत्त्वों की चर्चा के, समाज की गहरी छानबीन में समर्थ कहना ग़लत है। हम सभी यह जानते हैं कि अत्यन्त नये लेखक भी स्मरणीय रचनाएँ प्रस्तुत कर सकते हैं, लेकिन अधिक सम्भावना यही है कि वे वैयक्तिक अनुभूतियों के चमत्कारी प्रगीत लिख सकते हैं या समाज के किसी पहलू से सम्बन्धित चमत्कारपूर्ण विशिष्ट अन्तर्दृष्टि की अभिव्यक्ति कर सकते हैं न कि सम्पूर्ण समाज के व्यापक जीवन की गम्भीर छानबीन करने और उसमें मौजूद व्यवस्था के बोध को जाग्रत करने में सफल हो सकते हैं। कभी–कभी यह कहा जाता है कि गणितज्ञ अपनी किशोरावस्था में सर्वाधिक प्रबुद्ध होते हैं, लेकिन मेरे लिए यह समझना कठिन है कि किस प्रकार एक लेखक अपनी किशोरावस्था में अपनी सर्वोत्तम सामाजिक अन्तर्दृष्टि प्राप्त कर सकता है। इस अवस्था में तो उसके पास अचेतन या सचेतन जीवनानुभवों का भी अभाव ही होगा। वह रचना–सामग्री के अभाव में सृजनशील नहीं हो सकता, इसीलिए उसे विषय–सामग्री की खोज के लिए प्रयत्नशील होना चाहिए। यह सही है कि इस विषय में हेनरी जेम्स के विचार बहुत आकर्षक नहीं हैं :

"एक प्रतिभाशाली अंग्रेज़ी उपन्यास लेखिका का कथन मुझे याद है कि उसे अपनी एक प्रकृति सम्बन्धी कहानी में व्यक्त संवेदनों और फ्रांसिसी प्रोटेस्टेंट युवा वर्ग की जीवन पद्धति के लिए अत्यधिक प्रशंसा मिली। उससे यह भी पूछा गया कि उसने इस दुर्बोध जीवन के बारे में कहाँ जानकारी प्राप्त की। ऐसे अवसर को खोज लेने के लिए उसे बधाई भी मिली। इनमें एक अवसर यह भी था जबकि पेरिस में एक पादरी के मकान की सीढ़ियों से उतरते समय वह एक खुले दरवाजे के सामने से गुज़री जिसके भीतर भोजन के बाद मेज़ के चारों ओर प्रोटेस्टेंट युवक बैठे थे। उस एक झलक का चित्र उसके मानस में अंकित हुआ, जो क्षणस्थायी ही था, लेकिन वह क्षण अनुभूति का क्षण था। उसे प्रत्यक्ष व्यक्तिगत संवेदना उपलब्ध हुई और उसने उस संवेदना के सहारे ही अपने उपन्यास के आदर्श चरित्र की रचना की। उसे यह पहले से तो ज्ञात था कि युवक क्या होता है और प्रोटेस्टेंटवाद क्या है और उसे यह भी देखने–समझने का अवसर मिल चुका था कि एक फ्रांसीसी होने का क्या अर्थ है। उसने इन विचारों से एक मूर्त बिम्ब रचकर एक यथार्थ का सृजन किया। सबसे ख़ास बात तो यह है कि उसमें वह मानसिक शक्ति थी जो अनुभव को व्यापकता प्रदान करती है।

वह शक्ति किसी भी लेखक के लिए किसी सामाजिक परिवेश में केवल रहने—होने से अधिक महत्त्वपूर्ण है। दृश्य से अदृश्य के सम्बन्ध में अनुमान की शक्ति, वस्तुओं के निहितार्थ की पहचान, ढाँचे के माध्यम से सम्पूर्ण रूप के बारे में निर्णय की शक्ति और सामान्यतः जीवन की ऐसी व्यापक और गहरी अनुभूति की जिससे जीवन के प्रत्येक अंश का बोध सम्भव हो सके। किसी भी लेखक में इन क्षमताओं का होना अनिवार्य है और इनके संयोग से ही अनुभव का स्वरूप निर्मित होता है। इन गुणों का प्रादुर्भाव व्यक्ति—मानस में गाँवों नगरों तथा शिक्षा की विभिन्न अवस्थाओं में होता है।''

लेकिन हेनरी जेम्स का यथातथ्यवाद को पेश करने का यह अपना तरीक़ा था। हेनरी जेम्स और उनकी उपन्यास लेखिका निश्चय ही हमसे अधिक प्रतिभाशाली थे। तब भी वे केवल एक दृश्य के स्नैपशाट को पढ़ने की प्रक्रिया ही जान सके। जेम्स के अनुसार ही वे केवल 'बीज' की पहचान कर सके क्योंकि वे अनजाने ही सही दूसरे समय में और दूसरे स्थानों पर दूसरे समाजों का भी निरीक्षण करते रहे। आगे हेनरी जेम्स ने यह भी कहा है कि मेरा इरादा यथार्थता या ब्योरे की सच्चाई के महत्त्व को नकारना एकदम नहीं है। वहीं नौसिखिया लेखकों के लिए एक प्रसिद्ध आदेश है। ''उन समझदार लोगों के समान बनने का प्रयत्न कीजिए जो किसी भी अनुभव को व्यर्थ नहीं होने देते।'' इससे लेवी स्ट्रास द्वारा स्थापित 'सहभागिता' के महत्त्व का स्मरण हो आता है। किसी समाज के सम्बन्ध में दीर्घकालीन गहरा कल्पनात्मक घोष ही आकस्मिक वरदान प्रतीत होता है, जबकि वह अनुभव की परिपक्वता की देन है।

इस प्रकार हमारी अन्तर्दृष्टियाँ चयन और व्यवस्थापन की देन हैं, लेकिन अन्तर्दृष्टियों की यह उपलब्धि और सुव्यवस्थापन किसी समाज के जीवन के रहस्योद्‌घाटन में सक्षम साक्ष्यों के मूल्यांकन की प्रक्रिया है। इसका तात्पर्य यह है कि इन अन्तर्दृष्टियों और इन पद्धतियों का दूसरों से अधिक वास्तविक और दीर्घकालीन महत्त्व है, लेकिन मान लीजिए कि एक व्यक्ति सचेतन या अचेतन रूप से एक अच्छे कल्पनाशील लेखक या समाजविज्ञानी के समान ही समाज के निरीक्षण का दावा करता है और उसका यह भी दावा है कि समाज का उसका चित्र भी उतना ही वास्तविक और सच है जितना लेखक या समाजविज्ञानी का उसका निर्मित चित्र हमारे चित्र से पूर्णतः भिन्न और हमारे विचार से ग़लत भी हो सकता है, लेकिन हम उस पर साक्ष्य के अभाव का दोषारोपण नहीं कर सकते।

ऐसे व्यक्ति अपने साक्ष्यों से प्रेम करते हैं और उनके पास पर्याप्त मात्रा में साक्ष्य होते हैं। आजकल ब्रिटिश समाज में व्याप्त भ्रष्टाचार के स्वरूप के सम्बन्ध में अनेक साक्ष्यों और निरीक्षण पर आधारित दावे जन नेताओं से सुनने को मिल जाते हैं, लेकिन ऐसे नेताओं या घटिया उपन्यासकारों का निरीक्षण एक अच्छे उपन्यासकार या अडोर्नो की 'मौलिकता' से सम्पन्न समाजविज्ञानी के निरीक्षण से कम महत्त्वपूर्ण क्यों होता है? इस प्रकार अब हमारे सामने अपने पूर्ववर्ती चिन्तन से अधिक व्यापक प्रश्न उपस्थित है। अब हमें यही विचार नहीं करना है कि सामाजिक अन्तर्दृष्टि क्या है और इसकी उपलब्धि कैसे होती है, बल्कि यह भी विचारणीय है कि विभिन्न प्रकार तथा विभिन्न व्यक्तियों की अन्तर्दृष्टियों के मूल्य–निर्णय का ढंग क्या हो? हमें कट्टरवादी धर्मोपदेशक या घटिया उपन्यासकार या मौलिकताविहीन समाजविज्ञानी के चयन और व्यवस्थापन को क्यों नहीं स्वीकार करना चाहिए? मुझे यह विश्वास नहीं है कि हम इसका कोई अन्तिम उत्तर दे सकते हैं। मैं कुछ ऐसे मानदण्डों का सुझाव देने का प्रयत्न करूँगा जिनके सहारे विभिन्न अन्तर्दृष्टियों और व्याख्याओं के चयन की शुरुआत हो सकती है। अगर आप कहें कि ऊपर उठाये गये प्रश्नों के सन्दर्भ में प्रयुक्त पर्याप्तता, प्रासंगिकता, अनुरूपता, अनुकूलता आदि शब्दों के कारण ये मानदण्ड मूलतः वर्तुल और स्वतः सिद्धकारी बन गये हैं तो मैं इससे सहमत हो सकता हूँ।

पहला उपयोगी मानदण्ड यह है कि समाज में क्रियाशील मानव के अध्ययन के लिए लेखक में जटिलता की पहचान तथा उस पर नियन्त्रण की शक्ति होनी चाहिए। जटिलता की पहचान और समझदारी वस्तुतः जटिलता तथा व्यापकता के प्रति प्रेम ही नहीं है। दूसरा मानदण्ड है, एक प्रकार की मितव्ययिता, चारुता, विवेच्य विषय तथा विवेचन में सुसंगति और उन्माद का अभाव। लेखन में उन्माद की स्थिति दुराग्रहपूर्वक बार–बार कुछ ख़ास विषयों और प्रसंगों के प्रयोग में प्रकट होती है और अन्त में अतिरेक से मुक्ति। अन्तिम मानदण्ड है–दूसरे अनुशासनों की उपलब्धियों से विवेकशील संगति, जिसका तात्पर्य है विभिन्न अनुशासनों से समान व्यापकता, जटिलता और लालित्य के सहारे प्राप्त 'सत्य' के साथ ऐसी सुसंगति जिससे वे परस्पर एक–दूसरे के अर्थ को स्पष्टतर और सुनिश्चित करें।

ऐसे नियम दो प्रकार की वस्तुओं के बीच पार्थक्य स्थापित करने में कामचलाऊ तरीके से ही उपयोगी हो सकते हैं, लेकिन इनसे वास्तविक प्रगति सम्भव नहीं है। विलक्षण कला, अतियथार्थवादी कला या ऐसी कला

जिसमें आयोजित विकृति, अतिरेक तथा मोहाविष्टता होती है तथा जिसमें यथार्थ का औंधा रूप प्रकट होता है या जिसमें समाज के क्षुद्र और भ्रष्ट पहलुओं के बारे में ही दिलचस्पी दिखायी पड़ती है, उसके बारे में क्या कहा जाये। विलियम बरो के उपन्यास 'द नेकेड लंच' के बारे में क्या कहा जाए। क्या उस उपन्यास से समकालीन अमेरिकी समाज की किसी सच्चाई का ज्ञान होता है? क्या उसे अमेरिकी समाज में व्याप्त तनावों का सूचक कहा जा सकता है? निश्चय ही उसमें जटिलता है और वह मेरे प्रथम निष्कर्ष पर खरा उतरता है। उसमें अतिरेक और विकृति हैं। उसमें जो मर्म–भेदन और स्पष्टीकरण है वह सम्भवतः ऐसे अनुभवों की छानबीन के लिए अतिरेक और विकृति के प्रति विश्वास और विवशता से उत्पन्न है। फिर भी मैं यह नहीं मानता कि यह सबसे अधिक कठिन समस्या है। ऐसी कृतियों को मेरे तीसरे मानदण्ड के आधार पर परखा जा सकता है। अगर हम उसका सम्यक् अध्ययन करें तो हम यह जान सकते हैं कि दूसरे अनुशासनों से प्राप्त सच्चाई से इन रचनाओं में व्यक्त वास्तविकता का कितना मेल बैठता है। कोई भी विच्छिन्नता और नियमविहीनता के सिद्धान्तों में परस्पर क्रिया–प्रतिक्रिया की पहचान कर सकता है और काफ़्का, विलियम बरो आदि अनेक साहित्यकारों की रचनाओं में जिस तत्त्व का पुनःसृजन, नाटकीकरण तथा निरूपण होता है, उसकी भी पहचान सम्भव हो सकती है। ध्यान देने की बात यह है कि ऐसे साक्ष्यों से मुख्य नियम खण्डित नहीं होता, बल्कि उसको अधिक ठीक ढंग से प्रतिपादित करने में मदद मिलती है। अगर हम कला के रूप में उनका अध्ययन करें तो हमें यह ज्ञात हो सकता है कि ऐसी कलाकृतियाँ समाज के बारे में क्या कहती हैं।

अगर हम ऐसी कला को इस प्रकार समझने का प्रयत्न नहीं करेंगे तो भटकाव की सम्भावना हो सकती है। एक समाज–मनोवैज्ञानिक कलाकृतियों को लक्षण–सूचक साक्ष्य मानकर असामान्यता सम्बन्धी विचारों के समर्थन में उनका उपयोग कर सकता है। वह अपने सिद्धान्तों से लैस होकर उनको समझने का प्रयत्न करेगा, लेकिन अगर वह कलाकृतियों को सविनय समझने का प्रयत्न करे तो उनसे न केवल उसकी असामान्यता की समझदारी बढ़ेगी, बल्कि वह संशोधित और परिवर्तित भी होगी। ऐसी दशा में परस्पर क्रिया–प्रतिक्रिया लाभदायक होगी, जिसमें प्रत्येक पक्ष एक–दूसरे की अपने सर्वोत्तम तरीक़े से सहायता करते हैं।

साहित्यिक साक्ष्य साधारणतः यह सिद्ध करने का प्रयत्न नहीं करता कि किसी समाज के विश्वास, उसकी मान्यताएँ और अनुभूतियाँ ऐसी या वैसी ही होती हैं। साहित्य में साहित्यकार अपनी भावना के अनुरूप ऐसे मानव या समाज की पुनर्रचना का प्रयत्न करता है जिसमें विश्वास, कल्पना और अनुभूतिशीलता होती है। इस प्रकार साहित्य में मानवीय अनुभव का निरूपण होता है।

अगर एक समाजविज्ञानी का यह कथन सच है कि समाजविज्ञान में 'स्पष्टता और सच्चाई के प्रति प्रेम' के कारण खोज की जाने वाली वस्तु के ही खो जाने का ख़तरा होता है तो हम कह सकते हैं कि साहित्य प्रत्येक शब्द और भंगिमा में निहित अक्षय अर्थ के सहारे मानवीय अनुभव की सम्पन्नता की हमारी चेतना को उदार बनाने में मदद करता है, बशर्ते कि उन शब्दों और भंगिमाओं को उनके सही सन्दर्भों में समझा जाये, लेकिन इसको इस रूप में प्रस्तुत करने से विशिष्ट परिवेशगत ब्योरे पर अधिक बल पड़ जाता है। एक महान साहित्यिक रचना के आस्वादन के समय हम जिस सम्पूर्ण अनुभव से गुज़रते हैं उसके निरूपण के लिए एक विशेष पद्धति की आवश्यकता महसूस होती है, वैसी पद्धति मुझे भी प्राप्त नहीं हो सकी है। ऐसी पद्धति के सहारे हम आसानी से समझ सकते हैं कि वैसी रचनाएँ सामाजिक मनुष्य के सम्बन्ध में हमारी चेतना को कितना और किस प्रकार परिवर्तित करती हैं और मानव जीवन के हमारे बोध को समृद्ध कर सकती हैं।

इस प्रकार समाजविज्ञान के लिए सार्थक ढंग से साधन के रूप में कला के अध्ययन का महत्त्व स्थापित होता है। यह जनकला और आभिजात्य कला दोनों के बारे में सच है। साहित्य साक्ष्य है, लेकिन ऐसा साक्ष्य जिसको अत्यन्त कुशाग्र बुद्धि से समझने की ज़रूरत होती है; वह ऐसा साक्ष्य है जिसे कल्पनाओं या मिथकों तथा रूढ़ियों में खोजना पड़ता है, जिनमें परोक्ष रूप से अत्यन्त गहरे स्तर पर तनावों और संघर्षों का रूपायन होता है। यही कारण है कि अन्तर्वस्तु का विश्लेषण दोनों अनुशासन के बीच सम्पर्क क्षेत्र के रूप में विशेष महत्त्वपूर्ण प्रतीत होता है। किसी श्रेष्ठ समाजविज्ञानी के अन्तर्वस्तु विश्लेषण से साहित्यिक रचनाओं की पाठ–प्रक्रिया के सन्दर्भ में बहुत कुछ सीखा जा सकता है। जहाँ तक साहित्यालोचन का सम्बन्ध है तो इससे रचना में निहित अभिव्यंजक अर्थों के सम्यक् अध्ययन में मदद मिल सकती है। इस प्रकार इससे आधुनिक

समाज के विभिन्न पक्षों की छानबीन करने में व्यस्त समाजविज्ञानी को अपनी प्रारम्भिक परिकल्पनाओं के बारे में सूचना प्राप्त करने में मदद मिल सकती है। इससे यह भी ज्ञात होता है कि अनेक अर्थपूर्ण घटनाएँ अपने युग की चेतना की केवल सूचना ही नहीं देती हैं, बल्कि वे अपने युग की चेतना को परिवर्तित करने में भी सहायक होती हैं।

मैं समाजविज्ञान की कृतियों में वस्तुनिष्ठता की खोज में लगे प्रयत्न और विवेक के महत्त्व को कम आँकना नहीं चाहता और न उससे उपलब्ध परिणामों का ही अवमूल्यन करना चाहता हूँ। तो भी मैं ऐसा नहीं समझता हूँ कि हम लोगों में से कोई भी, चाहे साहित्य का आलोचक या समाजविज्ञानी, यह दावा कर सकता है कि वही सत्य को उपस्थित कर रहा है। हम अधिक–से–अधिक यही कह सकते हैं कि हमने किसी समाज के बारे में कुछ सच्चाइयों की ओर संकेत किया है, जो विशेष दृष्टिकोण की देन है। यह परिवर्तित शब्दावली केवल शाब्दिक चमत्कार नहीं है। यह एक ऐसी सच्चाई है जिसकी व्यंजना के लिए एक़दम ठीक–ठीक शब्दावली की कल्पना मैं नहीं कर सकता हूँ।

निश्चय ही भूलों और भ्रामक आत्मपरकता के अनेक स्तर हैं, जिनको पार करना किसी भी समाज के किसी पक्ष को सच्चाई की खोज के लिए ज़रूरी है। आजकल किशोर–व्यवहार या वर्ग–चेतना में परिवर्तनों की प्रचलित चर्चा में यह अच्छी तरह देखा जा सकता है लेकिन एक विशेष विवेकशील स्तर पर कठिनाई उपस्थित होती है। कल्पना कीजिए कि 'चेंबरलेन की 1938 की म्यूनिख यात्रा की राजनीतिक महत्ता का एक संक्षिप्त वस्तुनिष्ठ विवरण' तैयार करने छह समकालीन इतिहासकार बैठते हैं। उनमें सहमति बहुत थोड़े मुद्दों पर होगी। अधिक मुद्दों पर सहमति कैसे हो? ऐसे प्रश्न कल्पनाओं और निर्णयों के अत्यन्त नाजुक और गहरे ढाँचे की ओर संकेत करते हैं। हम उन्हें दूर करने का गम्भीर प्रयत्न कर सकते हैं और कभी–कभी सफल भी हो जाते हैं। इस प्रणाली के अन्त में हम उस आधारशिला के निकट पहुँचते हैं, जहाँ यह स्पष्ट हो जाता है कि साहित्य या समाजविज्ञान की सारी उपलब्धियाँ अनिवार्यतः सहमत परिकल्पनाओं पर आधारित होती हैं, सभी कुछ–प्रमाण पर नहीं सहमति पर स्थिर होता है, सभी कुछ ऐसी वैचारिकता पर जिसके सहारे हम समाज में सार्थकता की खोज की शुरुआत करते हैं। जिसे प्रमाण या सत्य कहते हैं उससे यही सिद्ध होता है कि हम सभी पहचानी जाने वाली आत्मपरकताओं को

पीछे छोड़कर आगे बढ़े हैं और इस प्रकार आगे बढ़ने का तात्पर्य अपने ही मानसिक बन्धनों से होकर ऊपर उठना भी है।

यह कहना न तो आवश्यक है और न पुनरुक्ति ही कि यह समस्या महत्त्वपूर्ण है और सरल या सीमित नहीं है। हम वस्तुनिष्ठ सत्य की उपलब्धि के विश्वास से क्रियाशील होकर ही वैचारिक आधारशिला को प्राप्त कर सकते हैं, लेकिन अगर हम यह समझने की भूल करें कि इस आधारशिला की सरलता से उपेक्षा कर सकते हैं या सरलता से उसका भेदन कर सकते हैं तो निश्चय ही हम अपने कार्य के महत्त्वपूर्ण चरण में अपने को धोखा देंगे और परिणामतः वास्तविक आधारशिला तक पहुँच ही नहीं पायेंगे।

यहीं भाषा–विज्ञान के विकासशील अध्ययन में मैं ख़ास दिलचस्पी रखता हूँ। अपनी जाति और अपने समाज के इतिहास से निर्धारित होने वाले अपने मानसिक स्वरूप या चिन्तन–पद्धति की अवस्था के बारे में मैं नहीं सोच रहा हूँ बल्कि व्यवहार की भाषाओं में संवेदनशीलता के परिवर्तनों के अनुकूल होने वाली प्रतिक्रिया की प्रक्रिया के बारे में सोच रहा हूँ। मैं लट्ठमार ढंग से यह नहीं कहता कि भाषा संस्कृति से ही निर्मित होती है। मैं समझता हूँ कि कला केवल संस्कृति द्वारा प्रदत्त भाषा का उपयोग ही नहीं करती है बल्कि नवीन अनुभव और भाषा के नये रूप से संस्कृति को परिपुष्ट भी करती है। मेरा कहना यह है कि पुराने शब्द परिवर्तनशील संवेदनशीलता के साथ परिवर्तित हो जाते हैं। सच्चे भाव–जगत् में सदा वास्तविक भावात्मक गहराई होनी चाहिए अन्यथा उसके अनेक ख़तरे हो सकते हैं। हमें निश्चय ही प्रेम, सुकुमारता, दयालुता, क्रूरता, मूढ़ता तथा ग़लत या सही की चर्चा में समर्थ होना चाहिए, भले ही इन शब्दों से व्यक्त होने वाली भावात्मक और कल्पनात्मक सच्चाई के रूपों में समय के साथ भारी परिवर्तन हो चुका है।

सभी प्रकार के सामाजिक परिवर्तनों से, समय के अन्तराल में समाज की चेतना या संवेदनशीलता में होने वाले भावात्मक परिवर्तनों को पहचानना अत्यन्त कठिन होता है। न्यूयार्कर के एक प्रसिद्ध व्यंग्य–चित्र में एक दम्पति देहात के सजे–सजाये कमरे में बैठकर टेलीविज़न देख रहा है। उसमें से एक दूसरे की ओर मुड़कर प्रसन्नता से कहता है, "जो आलोचक कहते हैं कि टेलीविज़न हमें बुद्धिहीन बना रहा है, वे निश्चय ही पागल हैं।" आप अगर व्यंग्य–चित्र को ध्यान से देखें तो पायेंगे कि पति और पत्नी दोनों के सिर बन्दर के हैं। ऐसे में यह प्रश्न सहज ही उठता है कि क्या आज तक किसी ने अपनी विच्छिन्नता की स्थिति को स्वीकार किया है।

इसका एक उत्तर तो यही है कि कला के प्रभाव से कभी–कभी हम ऐसा करते हैं। हम विच्छिन्नता के भावात्मक प्रभाव को पहचान सकते हैं और तब सम्भवतः उसको अपने भीतर भी महसूस कर सकते हैं।

मैंने आधारशिला का जो ज़िक्र किया है उसका तात्पर्य किसी को निरुत्साहित करना नहीं है बल्कि इसके ठीक विपरीत है। निश्चय ही शुरुआत के लिए एक सामूहिक ढाँचा अनिवार्य और उपयोगी है, अन्यथा न तो हम संवाद की स्थिति में होंगे और न विषय–सामग्री को सार्थक ही बना पायेंगे। अगर हमारे समक्ष विषय–सामग्री हो, लेकिन सम्बन्ध के सम्भव ढाँचे का प्रारम्भिक रूप न हो तो निश्चय ही विषय–सामग्री अव्यवस्थित, उद्वेगजनक और अपार प्रतीत होगी, लेकिन यह मान लेने के बाद कि हमारी चेतनाएँ कुछ विशेष प्रकार के ढाँचों का ही सुझाव देती हैं, दूसरे प्रकार के वैचारिक ढाँचों का नहीं, हम उन चेतनाओं के साथ एक ऐसी लड़ाई में उलझ जाते हैं जिसके अन्त में हार हमारी ही होती है, लेकिन उस हार से भी हम लाभ उठा सकते हैं। यह समाजविज्ञानों के बारे में जितना सच है उतना ही साहित्य के बारे में भी सच है, यद्यपि दोनों की कार्यविधि में पर्याप्त अन्तर है। यह स्वीकार किया जा सकता है कि साहित्य सर्जक वस्तुनिष्ठ नहीं हो सकते तो यह भी स्वीकार करना होगा कि समाजविज्ञानी भी सीमित अर्थ में ही वस्तुनिष्ठ होते हैं। हम कहते हैं कि साहित्य जब अपनी सीमाओं से मुक्त होकर अपनी सीमा के बाहर देखने का प्रयत्न करता है तो अपने युग पर गम्भीर प्रकाश डालता है। मैं समझता हूँ कि मौलिकता की शक्ति से संचालित श्रेष्ठ समाजविज्ञानी के बारे में भी यही कहा जा सकता है।

मैं नहीं समझता हूँ कि समाज की हमारी समझदारी के प्रसंग में एक सर्जनात्मक लेखक किसी समाजविज्ञानी से अधिक भ्रमोत्पादक साबित हो सकता है। निश्चय ही साहित्यिक कृतियों से सम्बन्धित नियम बहुसंख्य और अधिक पेचीदे हैं, न कि समाजविज्ञान के समान सुबोध। अगर हम साहित्यकार को ठीक से पढ़ना और सुनना सीख लें, उसके उपन्यासों को सही ढंग से पढ़ सकें तथा उनके बाँकपन को समझें तो उनसे हम बहुत कुछ सीख सकते हैं। इसका यह अर्थ नहीं कि साहित्य के आलोचक सदा ऐसा ही करते हैं। साहित्यालोचन की दुनिया में भी अन्य व्यावसायिक दुनिया की भाँति उसके अपने छल होते हैं तथा उसमें भी आत्म–औचित्य प्रतिपादन के–प्रयत्न दिखायी देते हैं। हम लोग बिना किसी ऐतिहासिक और समाजशास्त्रीय संचय तथा सामंजस्य के कृतियों से

अत्यन्त शीघ्र मूल्यनिर्धारक सामान्यीकरणों की खोज कर लेते हैं और अनेक सांस्कृतिक निष्कर्षो पर छलांग मार देते हैं। हमारी सांस्कृतिक भावनाएँ अत्यन्त सुविधापरक, सीमित और संकुचित होती हैं।

जब हम साहित्यिक कृतियों के सम्बन्ध में सांस्कृतिक सामान्यीकरण गढ़ने का प्रयत्न करते हैं तो यह स्थिति अत्यन्त दयनीय साबित होती है। लेकिन जब साहित्य के आलोचक समाज के निरीक्षण और उसकी प्रत्यक्ष चर्चा के लिए तत्पर होते हैं तो स्थिति और भी दयनीय हो जाती है। मैं समझता हूँ कि उनको वैसा करना चाहिए जैसा कि 19वीं शताब्दी के उनके पूर्ववर्तियों ने किया था। लेकिन वे अत्यन्त सरलता से अनुशासनहीन प्रभाववाद के शिकार हो जाते हैं। जैसा कि एलेन सटलवर्थ का कहना है कि "अपनी सीमाओं के प्रति जागरूक होकर मानवीय स्तर पर सहानुभूतिशील, विशुद्ध, वास्तविक, विशिष्ट और जीवनीपरक ढंग से लिखने की एक पद्धति साहित्यालोचन में है।'' इस प्रसंग में वह इस बात से दुखी है कि साहित्यिक परम्परा की रूढ़िवादिता के कारण या तो सांस्कृतिक विवेक शंकास्पद हो जाता है या जहाँ उसका प्रयोग होता है वहाँ अपनी सीमाओं से अनभिज्ञ होने के कारण उससे एक प्रकार के सामान्यीकृत प्रभाववाद को प्रोत्साहन मिलता है। इसके समानान्तर ही एक दोष समाजविज्ञानों में उनकी मूल्य–मुक्तता की प्रवृत्ति के कारण उत्पन्न होता है, वैसे इस मूल्य–मुक्तता के वांछनीय रूप की व्याख्या मैंने कर दी है। लेकिन यह प्रवृत्ति वास्तव में एक प्रकार की जड़ अकल्पनाशीलता ही है और अन्ततः यह प्रवृत्ति समाजविज्ञान के लिए जितनी हानिकारक हैं उतनी ही साहित्यिक आलोचना के लिए भी। हमारी विवेकशीलता तब अधिक क्रियाशील होती है जब हम मूल्यांकन के लिए तत्पर होते हैं, न कि जब हम मूल्यांकन से बचने का प्रयत्न करते हैं।

स्रोत : आलोचना पत्रिका, अप्रैल–जून, 1973।

5

उपन्यास का समाजशास्त्र : कुछ समस्याएँ

ऐलन स्विंगवुड
अनुवाद : **शान्तिस्वरूप गुप्त**

उपन्यास के समाजशास्त्र विवेचन में दो प्रमुख एवं परस्पर सम्बद्ध सिद्धान्तों की चर्चा होती रही है। पहला सिद्धान्त अपने विकास के लिए बढ़ते बुर्जुआ वर्ग और वर्तमान पूँजीवाद को उत्तरदायी मानता है, "अपने नैतिक और मनोवैज्ञानिक केन्द्र (फोकस), अपने उत्पादन और वितरण की तकनीक, पाठकों से अपेक्षित पारिवारिक एकान्त, अवकाश और पढ़ने की आदतों के कारण उपन्यास महान औद्योगिक वाणिज्य–प्रधान बुर्जुआ के लिए बिलकुल उपयुक्त है।"[1] दूसरा सिद्धान्त उदार विचारधारा और उपन्यास विधा के बीच अधिक जटिल सम्बन्ध की ओर संकेत करता है:

इस मनःस्थिति का नियन्त्रण केन्द्र है समाज में लोगों को पूर्णता, विविधता और व्यक्ति की स्वीकृति और साथ ही यह विश्वास कि ये विशेषताएँ अपने आप में साध्य हैं और इस रूप में हितकर है। यह मानसिकता अस्तित्व की विविधता में प्रसन्नता का अनुभव करती है और विश्वासों तथा मूल्यों की अनेकता को स्वीकार करती है।... सहिष्णुता, संशयवाद और दूसरों की स्वायत्ता के प्रति आदरभाव उसके आदर्श वाक्य हैं, मतान्धता और कट्टरता से उसे घृणा है।[2]

आगे इन दो मुद्दों पर विचार किया जाएगा, साथ ही उपन्यास के समाजशास्त्र पर अभी हाल में जो अनेक विचार प्रकट किये गये हैं तथा इसकी प्रविधि–प्रक्रिया एवम् सिद्धान्त के सन्दर्भ में जो समस्याएँ सामने आती हैं उनसे इन मुद्दों को जोड़ने का प्रयास किया जायेगा।

आमतौर पर यह माना जाता है कि उपन्यास का इतिहास और उसका समाजशास्त्र औद्योगीकरण से घनिष्ठ रूप में सम्बद्ध है। उपन्यास उन समाजों में प्रमुख साहित्यिक विधा के रूप में उभरकर सामने आया है जिनकी विशेषताएँ हैं औद्योगिक पूँजी, शहरी संस्कार और लचीली वर्ग–व्यवस्था। इसी सामान्य अर्थ में उपन्यास औद्योगिक मध्यवर्ग की व्यापक दृष्टि को प्रतिबिम्बित करता है–एक ऐसे वर्ग की दृष्टि को जिसके संरक्षण में काफी हद तक उपन्यास का लचीला सांस्कृतिक महत्त्व सुरक्षित रह सका है। उपन्यास के वर्गीय स्रोत व्यक्तिवादी विचारधारा से सीधे जुड़ी सांस्कृतिक कलाकृति के रूप में उसके भविष्य और औद्योगिक मध्यवर्ग के धर्मनिरपेक्ष विकास पर बहुत कुछ लिखा जा चुका है। उदाहरण के लिए, यह कहा जाता है कि काल, चरित्र और सामाजिक परिवर्तन के यथार्थवादी, ऐतिहासिक एवं विशिष्ट अंकन तथा ब्योरों पर अधिक बल देने के कारण उपन्यास पूर्ववर्ती कथासाहित्य (महाकाव्य, खलाख्यान)[3] से स्पष्ट रूप में भिन्न है। व्यक्तिवादी विचारधारा उपन्यास में अंकित व्यक्ति–नायक से अभिन्न रूप में जुड़ी हुई है। अब नायक औद्योगिक युग से पहले के परम्परावादी समाज की दमघोंटू जंजीरों से मुक्त एक स्वतन्त्र व्यक्ति है, वह अपने भाग्य और समाज में दी गयी स्थिति को चुपचाप स्वीकार करने के बजाय समाज व्यवस्था में उनके लिए कारणों को चुनौती देता है। आज व्यक्ति और समाज के बीच संघर्ष उपन्यास की संरचना का मूल आधार समझा जाता है।

सामाजिक स्तरीकरण और उपन्यास के बीच का सम्बन्ध बहुत जटिल है। पर उसे प्रायः बहुत ही सरल भाषा में व्यक्त किया जाता रहा है, औद्योगिकीकरण एक ऐसे पढ़े–लिखे मध्यवर्ग को जन्म देता है जिसे कथासाहित्य के माध्यम से मनोरंजन और शिक्षा की आवश्यकता होती है। अपनी प्रभावशाली पुस्तक उपन्यास का उदय[4] में आयन वाट ने अंग्रेज़ी मध्यवर्ग तथा उपन्यास के विकास के बीच घनिष्ठ सामाजिक सम्बन्ध की वकालत की है। उनका संकेत है कि डिफ़ो, फील्डिंग और रिचर्डसन के 'रूपात्मक यथार्थवाद' में इस वर्ग के साथ यह विशेष–सम्बन्ध मूर्त हो उठा है। वाट के अनुसार 'रूपात्मक यथार्थवादी' रचनाओं में ऐसी वर्णन–पद्धतियाँ अपनायी जाती हैं जो 'मानवीय अनुभव की पूरी और प्रामाणिक तस्वीर' पेश करने के लिए आवश्यक हैं। उनमें लेखक "कथा के ऐसे विस्तृत ब्यौरे, सम्बद्ध पात्रों के देशकाल सम्बन्धी ऐसे विवरण प्रस्तुत करता है"–कि उससे पाठक सन्तुष्ट हो जाये।[5] उसका तर्क है कि संस्कृति की बढ़ती हुई

धर्मनिरपेक्षता के माध्यम से भौतिकतावादी दर्शन पर आधारित यथार्थवादी ज्ञानमीमांसा (उदाहरणार्थ जॉनलॉक) और उपन्यास का नया स्वरूप बनने में सहायता मिली। भौतिकतावादी दर्शन की मान्यता है कि यह संसार मानवों से स्वतन्त्र अपने आपमें एक ऐसा वस्तुगत यथार्थ है जो उनके विचारों और चरित्रों को निर्धारित करता है। चेतना, आत्म और चरित्र का निर्माण अनुभव एवं तर्कशक्ति से होता है। इसके विपरीत व्यक्तिवादी दर्शन की–जो मध्यवर्ग या दैवी प्रेरणा फल नहीं है, वरन् वह सीधे समाज के साथ मनुष्य के जटिल सम्बन्धों से परिचालित होती है।

एक बार अधिकांश लेखकों और पाठकों को यह विश्वास हो गया कि विश्व–मंच पर महत्त्वपूर्ण भूमिका गिरजाघर जैसी सामूहिक अथवा त्रिदेव जैसी अलौकिक शक्तियों की नहीं बल्कि अलग–अलग व्यक्तियों की है, तब उपन्यास व्यक्तिगत सम्बन्धों पर ध्यान केन्द्रित करने लगा।[6]

डिफ़ो का नायक रॉबिंसन इस नये धर्मनिरपेक्ष व्यक्तिवादी दर्शन का साकार रूप है। उसका निश्चित लक्ष्य है अपने समाज को बदलना न कि निष्क्रिय होकर यथास्थिति को स्वीकार करना। अपने मार्ग स्वयं बनाना–उभरते मध्यवर्ग का नैतिक नियम बन गया।[7] समय की भूमिका का महत्त्व बढ़ता गया क्योंकि यथार्थवादी उपन्यास 'काल निरपेक्ष कहानी' नहीं है वरन् ठोस ऐतिहासिक चित्र है। 'उसका कथानक पहले के कथा साहित्य से इस बात में भिन्न है कि वह अतीत के अनुभवों का उपयोग वर्तमान कार्य के कारण रूप में करता है। वेश बदलने तथा संयोगों पर निर्भर पहले के आख्यानों का स्थान अब घटनाओं के कालक्रमिक कार्य–कारण सम्बन्ध ने ले लिया। इससे उपन्यास की संरचना अधिक सुगठित हो गयी।[8] अठारहवीं शताब्दी में इंग्लैंड में शहरी मध्यवर्गीय समाज के उदय के साथ–साथ चलते–फिरते पुस्तकालयों, स्वतन्त्र व्यापारी वर्ग, प्रशासनिक और कार्यालयी कर्मचारियों, वाणिज्य एवं उत्पादन पर आधारित विभिन्न समुदायों ने पाठकों के गुरुत्वाकर्षण केन्द्र को इतना बदल दिया होगा कि इसके फलस्वरूप इतिहास में पहली बार समूचे मध्यवर्ग का वर्चस्व बढ़ा।''[9] साहित्यकारों को संरक्षण देने की परम्परा का पतन हुआ। अट्ठारहवीं शताब्दी तक यह परम्परा साहित्य–सृजन का प्रमुख कारण थी। इसके पतन से मध्यवर्ग से घनिष्ठ रूप में जुड़े लेखक पेशेवर रूप में उभरने में और भी ज्यादा सुविधा हुई।

उपन्यास मूलतः एक मध्यवर्गीय सांस्कृतिक उत्पाद है जो अट्ठारहवीं शताब्दी में विकसित हुआ और उन्नीसवीं शताब्दी में पूर्णता को प्राप्त हुआ–इस सिद्धान्त को आज आलोचकों का व्यापक समर्थन प्राप्त है। उदाहरण के लिए आर्नल्ड हॉज़र ने लिखा है कि "रिचर्डसन के उपन्यासों ने अट्ठारहवीं शताब्दी के यूरोपीय उपन्यासकारों–गेटे, रूसो, दीदरो–को बहुत प्रभावित किया क्योंकि उसने पहली बार ऐसे नये मध्यवर्गीय मनुष्य के निजी जीवन को साहित्यिक रचना का केन्द्र बनाया जो काल्पनिक साहसिक अभियानों और अद्‌भुत–चमत्कारपूर्ण कार्यों से अलग–थलग रहकर घर की चहारदीवारी के ही भीतर पारिवारिक समस्याओं में डूबा हुआ जीवन बिता रहा था।" रिचर्डसन ने उपन्यास को पारिवारिक दृश्य में बदलकर उसमें सामान्य व्यक्तियों और बुर्जुआ जीवन का दैनन्दिन चित्र अंकित कर उसे मध्यवर्गीय संस्कृति की प्रत्यक्ष प्रतिछवि बना दिया। इस प्रकार हॉज़र की दृष्टि में अट्ठारहवीं शताब्दी का भावुकता प्रधान उपन्यास (पैमिला, ला नॉवेल हिलोइज) ज़मींदार अभिजात वर्ग के विरुद्ध संघर्ष में मध्यवर्ग द्वारा अपनाया गया एक प्रमुख सैद्धान्तिक अस्त्र था। यहाँ भावुकता 'बुर्जुआ वर्ग–चेतना की अभिव्यक्ति'[10] का रूप ग्रहण कर लेती है। मादाम–द–स्ताल ने भी औद्योगिक युग के आरम्भ में लिखे गये नूतन प्रवर्तन का संकेत देने वाले अपने साहित्य–सर्वेक्षण में कहा है कि अपने स्वरूप और कथ्य के लिए तो साहित्य 'राष्ट्रीय चरित्र' और भौगोलिक परिवेश पर निर्भर करता है, परन्तु उसके विकास का कारण शक्तिशाली मध्यवर्ग का समर्थन था क्योंकि केवल इसी वर्ग के लोगों में स्वतन्त्र भावना और सद्‌विवेक होता है जिनके अभाव में उपन्यास का अस्तित्व ही सम्भव नहीं हैः "वह देश धन्य है जहाँ लेखक विषण्ण, व्यापारी वर्ग सन्तुष्ट, धनी लोग विषादग्रस्त और जनसामान्य, परितृप्त हैं।"[11]

मादाम–द–स्ताल की तरह हेगल ने भी उपन्यास को बुर्जुआ समाज से जोड़ा और कहा कि वह सामाजिक विकास के मूल लक्षणों और औद्योगिक युग के ऐतिहासिक विकास का साहित्यिक प्रतिबिम्ब है। उसने लिखा कि उपन्यास 'मध्यवर्गीय संसार का महाकाव्य' है, एक ऐसे संसार का जिसमें उद्योगीकीकरण, कार्य–विशेषज्ञता, व्यक्तिवाद और नौकरशाही का विकास, कलाओं के स्वरूप प्रभावित करते हैं। वर्तमान युग में मानव के कार्य–कलाप अत्यधिक संगठित हैं। वे रीति–रिवाज और क़ानून से इतने अधिक अनुशासित हैं कि व्यक्ति का भाग्य पूर्वनिर्धारित और परतन्त्र प्रतीत

होता है और यह स्थिति कला–विरोधी है। महाकाव्य में व्यक्ति को स्वतन्त्र और स्वाधीन चित्रित किया जाता है; उसका नायक स्वतन्त्र और स्वायत्त होता है। होमर की तुलना आधुनिक उपन्यासकारों से करते हुए हेगल ने 'वर्तमान समाज की मशीन–निर्मित वस्तुओं' की बाढ़ के विरोध में होमर की 'आदिम सरल वस्तुओं' की प्रशंसा की है। उपन्यास 'विश्व को देखने की एक विशिष्ट दृष्टि' है; वीरता एवं शौर्य के स्थान पर वह 'सामान्य मन' के व्यापारिक एवं औद्योगिक समाज के सामान्य यथार्थ को प्रस्तुत करता है। परन्तु उपन्यास एक कला–कृति भी है, अतः वह बुर्जुआ जीवन के ऐहिक यथार्थ का अंकन करते हुए भी उसका अतिक्रमण करने की चेष्टा करता है, दैनन्दिन अनुभव को काव्य में रूपान्तरित करता है और कवि–कल्पना के निर्वासित दावों' का एक बार फिर से पुनःसृजन करता है। आधुनिक मध्यवर्गीय संसार की अभिव्यक्ति होने के नाते उपन्यास उस एकता के अभाव और विखण्डन को प्रतिबिम्बित करता है जो भू–स्वामित्व पर आधारित समाज से वाणिज्य एवं उद्योग–प्रधान समाज की ओर अग्रसर होने के कारण स्वयमेव आ जाते हैं। इसके विपरीत महाकाव्य असंगठित और शौर्यप्रधान युग की अभिव्यक्ति है जिसमें मानव, प्रकृति एवं समाज की विशेषता है उद्देश्य एवं समुदाय की मूलभूत एकता। किन्तु श्रम–विभाजन, तार्किकता, कार्य–कुशलता एवं प्रशासनिक दक्षता–जैसी विशेषताओं के कारण आधुनिक उद्योग महाकाव्यात्मक कार्य–व्यापार का सामाजिक आधार नहीं बन सकता। व्यक्तिवादी विचारधारा और बढ़ता श्रम–विभाजन प्रकृति तथा अन्य चीज़ों के साथ मनुष्यों का जीवित सम्पर्क काट देता है। इस प्रकार उपन्यास मध्यवर्ग का महाकाव्य केवल इसी अर्थ में बनता है कि वह जीवन में अन्विति तथा काव्यात्मकता लाने का प्रयास करता है। परन्तु यह प्रयास उस यथार्थ के कारण जिसका वह चित्रण करता है, सफल नहीं हो पाता। नायक अपनी स्वतन्त्रता और आत्मविकास का दावा उस समाज में करता है जो उसको मान्यता नहीं देता। हेगल का निष्कर्ष है कि उपन्यास एक ओर 'हृदय की कलात्मक कविता' और दूसरी ओर 'उसकी विरोधी बाह्य स्थितियों की गद्यमयता'[12] के बीच पाये जाने वाले अन्तर्विरोध को आकार देता है।

हेगल का उपन्यास–विवेचन इसलिए महत्त्वपूर्ण है कि उसमें आन्तरिक संरचना और उन बाह्य सामाजिक परिस्थितियों के परस्पर सम्बन्ध को समझने का प्रयास है जिनकी अभिव्यक्ति यान्त्रिक शब्दावली में नहीं द्वन्द्वात्मक भाषा में होती है। इसका कारण यह है यद्यपि उपन्यास मध्यवर्गीय

सांस्कृतिक उत्पाद है, फिर भी कलाकृति के रूप में वह उन सीमाओं का अतिक्रमण करता है जो इस सम्बन्ध के कारण आ जाती हैं। उपन्यासकार के लिए यह बहुत ज़रूरी है कि वह कला–विरोधी सामग्री को कला में रूपान्तरित करे, आधुनिक जगत् और उसके नायकों की परतन्त्रता को स्वतन्त्रता में परिणत करे। अतः यदि उपन्यास कलाकृति है तो उसे मात्र गद्यात्मक बुर्जुआ चेतना का निर्णय मानकर नहीं समझा जा सकता क्योंकि वह तो स्वयं कला की शत्रु है।

उपन्यास को बुर्जुआ कला–रूप मानने की हेगल की अवधारणा उन आलोचकों से नितान्त भिन्न है जो मादाम–द–स्ताल के परिवेशीय नियतत्त्ववाद के अनुयायी थे जैसे तेन। तेन ने अपनी पुस्तक में साहित्यिक विधाओं के विश्लेषण के लिए अधिक सटीक पद्धति विकसित करने का प्रयास किया है–साहित्य का ऐसा विज्ञान विकसित करने का जिसके आधार पर यह निर्धारित किया जा सके कि किसी लेखक, उपन्यास या कविता के आविर्भाव के लिए कौन से तत्त्व उत्तरदायी हैं। साहित्य के प्रति समाजशास्त्रीय दृष्टि का आरम्भ तेन से और उसके द्वारा प्रकृति–विज्ञानों की अध्ययन–पद्धति को समाज–विज्ञानों के अध्ययन पर लागू करने के प्रयास से होता है। उसने साहित्य को बाह्य तथ्य माना और साहित्यिक कृति को एक ऐसा पदार्थ जिसे चीर–फाड़कर विश्लेषित किया जाता है। तेन के अनुसार साहित्य समाज और जातीय एवं जलवायुगत शक्तियों से उत्पन्न परिवेश को प्रतिबिम्बित करता है। अतः युग के दस्तावेज़ के रूप में उसका उपयोग हो सकता है। साहित्य–सृजन को इस युग प्रकार दस्तावेज़ बनाने की कला बना दिया गया। तेन ने लिखा, "उपन्यास एक ऐसा लघु दर्पण है जिसे कहीं भी पहुँचाया जा सकता है और जो जीवन एवं प्रकृति के सभी पक्षों को प्रतिबिम्बित करने का सबसे सुविधाजनक साधन है।" तेन का तर्क था कि औद्योगिक समाज की प्रमुख साहित्यिक विधा के रूप में उपन्यास कुछ ख़ास 'तथ्यों' को प्रस्तुत करता है। वह केवल आँकड़ों के ऐसे संग्रह को प्रस्तुत करता है जो वैज्ञानिक नियमों को लागू करने पर कुछ निश्चित प्रतिरूपों या पैटर्नों में ढल जाते हैं। उन्नीसवीं शताब्दी के प्रत्यक्षवाद में उपन्यास मात्र पदार्थ बनकर रह गया, वह एक निजी और सार्वजनिक बही–खाता भर ही गया, व्यक्तिवादी विचारधारा और उपयोगी ऐतिहासिक सामग्री का भण्डार बनकर रह गया।[13]

19वीं शताब्दी के प्रत्यक्षवाद की प्रमुख विशेषता थी उपन्यास को मात्र एक दस्तावेज़ समझना। साहित्य का विश्लेषण और मूल्यांकन उसके कथ्य के आधार पर होता था; उसके माध्यम से समाज की स्थिति और मनुष्य के नैतिक स्वास्थ्य के विषय में जानकारी प्राप्त की जाती थी। यह दृष्टि स्पष्ट रूप से उपयोगितावादी थी। उपन्यास विविध सूचनाएँ एकत्र कर और उन्हें पाठकों तक पहुँचाकर बहुमूल्य सामाजिक कार्य करता था। साहित्य वास्तविक जीवन को प्रतिबिम्बित करता था और कलाकार उसकी मूलभूत सामाजिक विशेषताओं का चित्र प्रस्तुत करता था। अतः जब रूसी उपयोगितावादी आलोचक द्रबल्यूबॉफ ने रूसी साहित्य के निष्क्रिय नायक तुर्गनेव के रूदिन और गनशरॉफ के आब्लमॉफ–का विवेचन किया तो कहा कि इस विशेष प्रकार के नायक का चित्रण कर दोनों लेखकों ने विशिष्ट रूसी प्रवृत्ति की गम्भीर सामाजिक और नैतिक समस्याओं की ओर संकेत कर बड़ा मूल्यवान कार्य किया है।[14] यह यान्त्रिक दृष्टि उन्नीसवीं शताब्दी के मार्क्सवाद की भी विशेषता थी। मार्क्स के समाज–सिद्धान्त के आधार पर पहली बार संस्कृति का विश्लेषण करने वाले जॉर्ज प्लेखानोव ने लिखा कि साहित्य के समाजशास्त्रीय विश्लेषण में साहित्यिक रचनाओं में समाजशास्त्रीय संवादिताओं की खोज की जाती है, साहित्यिक संरचनाओं को वर्गीय संरचनाओं से जोड़ा जाता है। उसका कथन है कि सांस्कृतिक इतिहास में 'केवल वर्गों का उनके परस्पर संघर्ष का प्रतिबिम्ब'[15] होता है। तेन का कट्टर परिवेशवाद कट–छँटकर परस्पर–विरोधी वर्गों का प्रश्न बन जाता है, पर साहित्य की स्थिति वही बनी रहती है। साहित्यिक रचना समाज को प्रतिबिम्बित करती है और उसका विश्लेषण निश्चित रूप से एक दस्तावेज़ के रूप में ही होना चाहिए।

इस प्रकार साहित्य का समाजशास्त्र उन्नीसवीं शताब्दी में हुए अपने विकास के दौरान मूलतः नियतत्त्ववादी था। लेखक और उसका सर्जनात्मक कार्य भौगोलिक अथवा वर्गीय परिवेश के उपांग भर बनकर रह गये थे। साहित्य समग्र–समाजों से एक प्रकार के कार्य–कारण सम्बन्ध से जोड़ दिया गया और उसे उन समाजों का ही प्रतिबिम्ब माना गया। चूँकि उपन्यास मुख्यतः शिक्षित मध्य वर्ग द्वारा शिक्षित मध्य वर्ग के लिए ही लिखा जाता था, वह अनिवार्यतः उसी के प्रमुख जीवन–मूल्यों, विचारधारा और भौतिक अस्तित्व को प्रतिबिम्बित करता था। उपन्यास को बुर्जुआ समाज की बुनियादी संरचना के धरातल पर उतार दिया गया।

उसका स्वरूप और कथ्य उन बाह्य शक्तियों द्वारा यान्त्रिक रूप में निर्धारित होने लगा जिनको वह प्रतिबन्धित करता था। प्लेखानोव की प्रविधि के समान तेन की प्रविधि भी साहित्यिक रचना की व्यवस्था करने की थी। वह भी उसे बाह्य नियामक शक्तियों की निष्क्रिय एवं पूर्ण अनुक्रिया मानते हैं। हेगल ने कथ्य और रूप या रूप एवं बाह्य परिस्थितियों के जिस जटिल द्वन्द्वात्मक सम्बन्ध की ओर संकेत किया है, उसकी जानकारी यहाँ है ही नहीं। जहाँ हेगल ने साहित्य–रचना की द्वन्द्वात्मक अन्विति, सम्पूर्ण रचना और उसके विभिन्न अवयवों के पारस्परिक सम्बन्धों की ओर ध्यान आकृष्ट किया था, वहाँ तेन और प्लेखानोव ने न तो रचना के विशिष्ट अंगों को विशिष्ट बाह्य तत्त्वों से जोड़ने का प्रयास किया और न सम्पूर्ण रचना को पूर्ण कलात्मक इकाई मानकर उसे समझने का प्रयास किया। इसीलिए तेन ने कहा कि 'गुण और दोष', 'नीले थोथे और चीनी' की तरह, महज पदार्थ हैं और उनकी परीक्षा भी उसी अनुसन्धान–पद्धति से हो सकती है। साहित्य वस्तुगत तथ्य मात्र है, जिसकी उपयोगिता समाजशास्त्रीय विषयों को चित्रित करने की दृष्टि से है। तेन की परिमाणिक पद्धति ने सरल, यान्त्रिक, एक बनाम एक सम्बन्धों को जन्म दिया। साहित्य और समाज एक–दूसरे को कारण रूप में और निष्क्रिय रूप में प्रभावित करते हैं। प्रतिभा सम्पन्न परन्तु निष्क्रिय लेखक पर जब एक के बाद एक दुर्निवार प्रभाव पड़ते हैं तो साहित्य रचा जाता है, लेखक और समाज के बीच सभी प्रकार की मध्यस्थता यहाँ लुप्त हो गयी है।

साहित्य की यह यान्त्रिक और बाह्य परिभाषा स्पष्टतः मानव को पशु समझने की प्रत्यक्षवादी अवधारणा से जुड़ी हुई है। उसके भाग्य का फ़ैसला बाह्य परिवेश, सामाजिक अस्तित्व के अपरिहार्य और निरपेक्ष नियम करते हैं जो उसे ढालने के साथ–साथ अनुशासित भी करते हैं।[16] इसके बिलकुल विपरीत मार्क्स ने प्रत्यक्षवादी समाजशास्त्र से नितान्त भिन्न दिशा में सोचते हुए समाज का द्वन्द्वात्मक सिद्धान्त विकसित किया जो इस बात पर बल देता है कि मनुष्य की चेतना और उसका कार्य–कलाप ही उसकी दुनिया का निर्माण करते हैं। उदाहरण के लिए, कोई प्रत्यक्षवादी यह नहीं लिख सकता था।

प्रत्येक श्रम–प्रक्रिया के अन्त में हम वही फल पाते हैं, जो कार्य शुरू करते समय श्रमिक की कल्पना में पहले मौजूद था। वह जिस पदार्थ (धातु आदि) पर कार्य करता है, न केवल उसके रूप में परिवर्तन लाता है अपितु वह

अपना निजी उद्देश्य भी सिद्ध करता है। यह उद्देश्य ही उसकी कार्य–पद्धति के नियम बनाता है और उसका संकल्प अनिवार्यतः इस पद्धति के अधीन रहता है। यह अधीनता क्षणिक भर नहीं होती। इस प्रक्रिया में शरीर के अवयवों को तो परिश्रम करना ही पड़ता है। इसके अलावा यह कार्य–पद्धति अपेक्षा करती है कि इस पूरी की पूरी कार्रवाही के दौरान श्रमिक के संकल्प और उसके उद्देश्य के बीच बराबर संगति बनी रहे। अथवा :

इस प्रकार बाह्म जगत् में काम करते और उसे बदलते हुए उसके अपने स्वभाव में भी परिवर्तन होता है। वह अपनी सोची हुई शक्तियों का विकास करता है और अपनी अभिरुचि के अनुरूप उन्हें कार्य करने के लिए बाध्य करता है।[17] पद्धति (प्रैक्सिस), मानवीय उद्देश्यों तथा मानवीय क्रिया–कलापों के विषय में यह मार्क्सवादी अवधारणा है और इन्हीं के द्वारा मनुष्य सामाजिक जीवन को महत्त्व और अर्थ प्रदान करता है। किन्तु इस पद्धति के विषय में लिखने का अर्थ होगा मार्क्सवादी नियतत्त्ववाद की समस्या को तुरन्त उठाना। समाज की 'अधिरचना' (उसकी संस्कृति) का उसके 'आधार' (आर्थिक आधारित संरचना) के सम्बन्ध पर जर्मन विचारधारा[18] और राजनीतिक अर्थशास्त्र की समीक्षा[19] में व्यक्त मार्क्स के विचार से साहित्य का सिद्धान्त निकालने के प्रयत्न की यह कह कर निन्दा की गयी है कि वह एक–आयामी और परिणामवादी होगा।[20] इस प्रकार की व्याख्याओं में, उन बातों की उपेक्षा की गयी है जिन पर मार्क्स के लेखन में अधिक बल दिया गया है। ये बातें हैं जीवन और सामाजिक तत्त्वों में परिवर्तन के साथ–साथ आर्थिक, तकनीकी और सांस्कृतिक संरचनाओं की जटिलता। ये आलोचक उसे द्वन्द्वात्मक के बजाय यान्त्रिक भौतिकवादी बना देते हैं। यह एक ऐसा दृष्टिकोण है जिसे उसके लेखन में अमान्य ठहराया गया है। निःसन्देह भौतिक परिवेश का–जिसमें भूगोल और जलवायु शामिल हैं–जो एक़दम यान्त्रिक अर्थ में मादाम–द–स्ताल तथा तेन को ग्राह्य है वह मानवीय सत्ता से स्वतन्त्र है। सामाजिक दुनिया की वस्तुओं (जैसे औज़ारों और यन्त्रों) तथा मनुष्य के बीच एक बिलकुल भिन्न प्रकार का सम्बन्ध बना रहता है। मार्क्स ने अपनी रचना ग्रंडिसे (1857–58) में लिखा है कि रेल के इंजन तथा विद्युत टेलीग्राफ प्रकृति के उत्पाद नहीं हैं, वरन् मानव द्वारा बनाये गये हैं, "प्रकृति पर प्रभुत्व पाने और अपनी इच्छा को पूरा करने के लिए प्रकृति के पदार्थों को मानव अपनी इच्छापूर्ति के साधनों में रूपान्तरित करता है। ...मानव हाथों द्वारा बनाये गये वे मानव–मस्तिष्क के अवयव हैं।"[21]

इस प्रकार मानव का समाज के साथ सम्बन्ध यान्त्रिक नहीं हैं, वरन् वह जटिल एवं द्वन्द्वात्मक है। जैसे–जैसे वह आविष्कारों और विज्ञान तथा प्रौद्योगिकी प्रयोगों द्वारा अपना परिवेश बदलता है, वह स्वयं को–अपने स्वभाव को भी बदलता चलता है।

साहित्य के सिद्धान्त के सन्दर्भ में इस प्रकार के वक्तव्य बड़े प्रासंगिक हैं। मुद्रित पुस्तकों और मौखिक परम्परा के शब्द सामाजिक दुनिया का केवल यान्त्रिक निष्क्रिय रूप में वर्णन और अनुकरण नहीं करते; ऐतिहासिक और सामाजिक दुनिया को समझने में वे मनुष्य के लिए सांस्कृतिक प्रविधि का कार्य करते हैं। साहित्य और मानव–उद्देश्य परस्पर अविभाज्य रूप से जुड़े हुए हैं। जिन जीवन–मूल्यों पर मनुष्य समाज में जीता है, वे साहित्यिक रचनाओं और कलाकृतियों द्वारा सम्प्रेषित किये जाते हैं और इस अर्थ में समाज का पुनर्निर्माण करने की उसकी इच्छा को व्यक्त करते हैं। यद्यपि मार्क्स ने आर्थिक, सामाजिक और राजनीतिक ढाँचों के निर्माण में वर्ग–संघर्ष की महत्त्वपूर्ण भूमिका का समर्थन किया, वह लगातार इस बात पर बल देता रहा कि मनुष्य समाज का निर्माण करते हैं, पर वे ऐसे मनुष्य नहीं होते जो एक–दूसरे से अलग–अलग रहते हों। मार्क्स के पूँजीवाद के विश्लेषण से ज्ञात होता है कि क्लासिकी राजनीतिक अर्थशास्त्र में वर्णित अलग–थलग व्यक्ति केवल एक भ्रान्ति है। प्रत्येक व्यक्ति किसी–न–किसी निश्चित साभाजिक वर्ग या समूह से जुड़ा होता है और इस समूह के भीतर उसके अनुभव समाज के प्रति उसकी पूरी प्रतिक्रिया को प्रभावित करते हैं। पर इसका यह अर्थ नहीं है कि प्रत्येक कार्य अनिवार्यतः बाह्य कारणों का परिणाम होता है। यह कहना कि मार्क्स ने सामाजिक–आर्थिक नियतत्ववाद के पक्ष में व्यक्ति की भूमिका को कम महत्त्व दिया या उसे बिलकुल ही अस्वीकार किया, उसके समाज सिद्धान्त के इस मूल आधार की ही उपेक्षा करना होगा कि समाज मनुष्यों से बनता है और मानवीय क्रियाकलाप उसमें परिवर्तन और संशोधन लाते हैं।

अर्थशास्त्र, राजनीति और दर्शनशास्त्र की तुलना में मार्क्स ने साहित्य पर कम लिखा है। फिर भी दो महत्त्वपूर्ण बातें कही जा सकती हैं :

1. मार्क्स उन लेखकों को सामान्य कोटि का कलाकार मानते हैं जो अपनी रचनाओं में प्रत्यक्ष रूप से वर्ग–हितों का वर्णन करते हैं क्योंकि आर्थिक और राजनीतिक हितों का तात्कालिक रूपान्तरण

साहित्य को कोरी सिद्धान्तवादिता और परिणामतः अधम कोटि की कला में बदल देता हैं।[22]

2. जब लेखक अपने वर्गीय दृष्टिकोण से ऊपर उठ जाता है और सभी लेखक ऐतिहासिक एवं समाजशास्त्रीय दृष्टि से किसी–न–किसी विशिष्ट सामाजिक समूह अथवा वर्ग से जुड़े होते हैं–तभी वह समाज की प्रकृति और उसमें मनुष्य के सम्बन्धों की सच्ची छवि अंकित कर पाता है। सामाजिक मूल्यों, व्यक्तियों, संस्थाओं और समाज के साथ कला–प्रक्रिया के द्वन्द्वात्मक सम्बन्ध के कारण ही सर्जनात्मक लेखक समाज का आलोचक बनता है।

मार्क्स का मत है कि बालज़ाक फ्रांसीसी समाज का सच्चा ऐतिहासिक चित्र तभी प्रस्तुत कर सका जब उसने फ्रांसीसी सामन्त वर्ग के प्रति अपनी संकीर्ण सैद्धान्तिक सहानुभूति से ऊपर उठकर बुर्जुआ वर्ग की विजय को कलात्मक शैली में प्रस्तुत किया और शेक्सपियर ने (टिमन ऑफ़ एथेंस में) मानव–सम्बन्धों के ऊपर धन की सत्ता को चित्रित करते हुए उस बेगानेपन के तथ्य को समझ लिया था जिसे बुर्जुआ समाज का ढाँचा अनिवार्यतः जन्म देता है।[23] वैयक्तिक सीमाओं के अतिक्रमण का यह तत्त्व इस प्रकार प्लेखानोव की 'वर्ग–समतुल्यता' विषयक धारणा को काटता है और सच्चे सर्जक कलाकार द्वारा वर्ग हितों को साहित्य में सीधे–सीधे रूपान्तरित किये जाने का प्रश्न ही नहीं पैदा होता। इस मुद्दे को मार्क्स के सहयोगी एंगेल्स ने भी उठाया। मेरी को, जिसका उपन्यास एक शहरी लड़की[24] 1888 में प्रकाशित हुआ था, अपने एक पत्र में उन्होंने सलाह दी कि वह उतना जुझारू और प्रत्यक्ष राजनीतिक तेवर न अपनाये। उन्होंने लिखा कि "सामाजिक उपन्यास खुली राजनीतिक प्रतिबद्धता द्वारा अपना लक्ष्य सिद्ध नहीं कर सकता। वह बुर्जुआ संसार का यथार्थ चित्र उपस्थित कर अर्थात् 'परम्परागत भ्रान्तियों को हटाकर' तथा 'वर्तमान व्यवस्था के स्थायित्व में सन्देह उत्पन्न करके ऐसा करता है–यह बात अलग है कि लेखक न तो कोई सुनिश्चित समाधान पेश करता है... और न ही किसी पक्ष–विशेष का खुला समर्थन करता है।" यह पत्र और एंगेल्स के अन्य लेख, जो सुझाव मात्र थे, क्रमशः मार्क्सवादी साहित्य–सिद्धान्त का आधार बन गये। यहाँ एंगेल्स ने यथार्थवाद का विवेचन किया हैं और युग तथा पात्र के ययार्थवादी चित्रण के सम्बन्ध पर विचार किया है। इस विवेचन में ऐसी शब्दावली का व्यवहार किया गया है जिससे बिलकुल स्पष्ट हो जाता है कि मार्क्सवादी साहित्य–सिद्धान्त

इस दृष्टिकोण को किसी भी हालत में मान्यता नहीं देता कि साहित्य वर्गीय और आर्थिक हितों को यान्त्रिक रूप में प्रतिबिम्बित करता हैं। एंगेल्स ने बालज़ाक की कृति, 'ह्यूमन कॉमेडी' का जो विश्लेषण किया है उसका आधार यह है कि व्यक्तिगत रूप में फ्रांस के अभिजात वर्ग के प्रति बालज़ाक के प्रतिक्रियावादी समर्थन के बावजूद उसकी कला में इस दृष्टिकोण को अस्वीकार किया गया है :

> अस्तु, बालज़ाक राजनीतिक दृष्टि से वैधतावादी था... उसकी सहानुभूति उस वर्ग के साथ है जो सर्वनाश के लिए अभिशप्त है। फिर भी उसका व्यंग्य तभी सबसे ज्यादा तीखा और कटु होता है जब वह उन पुरुषों और महिलाओं का चित्रण करता है जिनके प्रति उसकी गहरी सहानुभूति है–वह वर्ग है, सामन्त वर्ग। जिन पुरुषों की वह खुलकर प्रशंसा करता है वे हैं उसके घोर राजनीतिक शत्रु–गणतन्त्र के नेता... उस समय (1830–36) सही मायनों में जनता के प्रतिनिधि।

मार्क्स ने भी दीदरो के व्यंग्यपूर्ण उपन्यास रैमो का भतीजा[25] पर टिप्पणी करते हुए कला–कर्म और आर्थिक ढाँचे के बीच यान्त्रिक सम्बन्ध का विरोध किया। मार्क्स के अनुसार दीदरो के प्रतिनायक, दूसरों की सदाशयता पर जीने वाले टुकड़खोर और सनकी व्यक्ति को केवल अलगाव या बेगानेपन की भाषा में समझा जा सकता है। अपनी पुस्तक, फ़िनोमेनोलाज़ी ऑफ़ स्पिरिट (1807) में हेगल ने उपन्यास का जो विश्लेषण किया है, उसी की अनुगूँज वहाँ है जहाँ वे टुकड़खोर की 'अस्तित्व के प्रति हिकारत भरी हँसी' और उसके 'उद्धत चरित्र' का वर्णन और 'आत्मसंकोच के स्वतः स्पष्ट निराशावाद' के रूप में उसकी चारित्रिक विशेषता का अंकन करते हैं। मार्क्स के अनुसार दीदरो के उपन्यास को ऐतिहासिक प्रगति के नकारात्मक पक्ष–बुर्जुआ समाज में व्यक्ति के अलगाव के सन्दर्भ में ही समझा जा सकता है; वह अट्ठारहवीं शताब्दी के अन्त में फ्रांस के अभिजात वर्ग के साथ बुर्जुआ वर्ग संघर्ष का प्रतिबिम्ब मात्र नहीं है।[26]

मार्क्स के सामान्य सामाजिक सिद्धान्त और विशेष रूप से साहित्य और समाज के आपसी सम्बन्ध को समझने के लिए अलगाव की यह धारणा अत्यन्त महत्त्वपूर्ण है। मार्क्स ने पूँजीवाद का विश्लेषण उत्पादन की ऐसी पद्धति के रूप में किया जिसमें दिमाग़ी और शारीरिक श्रम के बीच विभाजन होता है और इसका दुष्परिणाम यह होता है कि ऐसा समाज जन्म लेता है, जिसमें मनुष्य की पूर्णता की चेतना, उसके व्यक्तित्व में अन्तर्निहित

अनेकपक्षीय सम्भावनाओं का बोध, अत्यन्त क्षीण हो जाता है—उसकी केन्द्रीय, संवेगात्मक और सर्जनात्मक क्षमता एक विशेषीकृत गतिविधि में बदल जाती है, वह केवल एक सीमित क्षेत्र में काम कर सकता है। पूँजीवाद, उसमें निजी सम्पत्ति की व्यवस्था और एक वर्ग का दूसरे वर्ग पर प्रभुत्व ऐसी सामाजिक स्थिति पैदा कर देते हैं कि मनुष्य का श्रम, उसकी सर्जनात्मक सम्भावनाएँ केवल एक बाह्य पीड़ादायक क्रिया बनकर रह जाती हैं। इससे वह कृतकार्य अनुभव न कर वंचित महसूस करता है। पूँजीवादी उत्पादन व्यवस्था में मनुष्य एक पदार्थ, जड़ वस्तु है, उसका श्रम एक ऐसा पण्य पदार्थ है जिसे दूसरे लोग—पूँजीपति, राज्य और अफ़सरशाही—ख़रीदते और काम में लाते हैं। मनुष्य का श्रम 'बेगार' बन जाता है और दुनिया उसके लिए परायी तथा शत्रुतापूर्ण हो जाती है।

अलगाव की समस्या बेगाने समाज में लेखक की स्थिति और स्वयं सर्जनात्मक कार्य में परायेपन का प्रश्न उपस्थित करती है। उस लेखक के लिए जो पूँजीवादी बाज़ार के मूल्यों से प्रभावित समाज में काम करता है और जहाँ सामाजिक सम्बन्ध धन और भौतिक वस्तुओं के माध्यम से बनते—बिगड़ते हैं, वहाँ सर्जनात्मक कला स्वयं परायेपन के विरुद्ध संघर्ष का एक महत्त्वपूर्ण पक्ष बन जाती है। इसी अर्थ में मनुष्य अपने सामाजिक संसार का निर्माण करता है, समाज और प्रकृति को बदलते हुए स्वयं को भी बदलता चलता है। मनुष्य समाज में उसके बाहर हो रही आर्थिक प्रक्रिया में अलग से संलग्न वस्तु मात्र नहीं है। वह उन बाह्य क़ानूनों और प्रवृत्तियों का बन्दी नहीं है जिन पर उसका कोई नियन्त्रण न हो। मनुष्य अभिकर्ता है जिसके कार्यों में समाज बनता है, किन्तु यह बेगाने सम्बन्धों की सामाजिक दुनिया है जिसमें वह स्वयं को दूसरों के सन्दर्भ में पदार्थ मात्र अनुभव करता है। सर्जनात्मकता का इस प्रकार के बेगाने सम्बन्धों से सीधा विरोध है।

इस प्रकार साहित्य और समाज का सीधा रू—ब—रू सम्बन्ध नहीं है, वह तो विविध मध्यवर्ती सम्बन्धों की जटिल संरचना है। साहित्य कुछ नियत—निश्चित हितों, वर्ग, प्रजाति, परिवेश का जड़ प्रतिबिम्ब नहीं है और न वह लेखक की व्यक्तिगत जीवनी मात्र है। साहित्य का उदय तो यथार्थ के प्रति जिज्ञासा और उसकी जाँच—पड़ताल से होता है, उस यथार्थ की जाँच—पड़ताल से जो विशिष्ट सामाजिक समूहों में रहने वाले विशिष्ट व्यक्तियों की अपने समय की महत्त्वपूर्ण मानवीय, सामाजिक एवं राजनीतिक समस्याओं के प्रति जटिल अनुक्रिया है। साहित्य और साहित्यकार को

उपलब्ध स्वतन्त्रता की मात्रा, साहित्यिक रचना के अन्तर्जगत् और सांस्कृतिक कलाकृति के रूप में उसके बाह्य अस्तित्व के बीच द्वन्द्वात्मक सम्बन्ध आदि कुछ ऐसे प्रश्न हैं, जो उपन्यास के समाजशास्त्र के सन्दर्भ में उठने वाली मूल समस्या को रेखांकित करते हैं।

मार्क्स की रचनाओं में सुझाव और संकेत तो हैं, पर कोई व्यवस्थित साहित्य सिद्धान्त नहीं है। स्पष्ट ही मार्क्स ने प्रत्यक्षवाद की परिणामवादी प्रवृत्ति का विरोध किया। उन्होंने इस बात पर बल दिया कि साहित्य ऐतिहासिक प्रक्रियाओं और सामाजिक तथ्यों का दस्तावेज़ और निष्क्रिय प्रतिबिम्ब भर नहीं है। बहरहाल, साहित्य–सिद्धान्त केवल पत्रों में बिखरे छिटपुट विचार–खण्डों और यदा–कदा के स्वगत–चिन्तन से निर्मित नहीं हो सकता; उसका आधार मार्क्स द्वारा निरूपित समाज–सिद्धान्त के मूल तत्त्व होने चाहिए। यह सही है कि इसके लिए साहित्यिक रचना को वर्ग–सिद्धान्त की शब्दावली में समझाना होगा पर यान्त्रिक ढंग से नहीं। कुल मिलाकर यह व्याख्या उत्पत्तिमूलक होगी अर्थात् साहित्य को जीवन्त सर्जनात्मक गतिविधि के रूप में समझना होगा। विश्लेषणाधीन पुस्तक को, प्रत्यक्षवादियों की तरह, वस्तु भर नहीं समझा जायेगा और न उसका सामाजिक, आर्थिक और राजनीतिक इतिहास के ऐसे चित्र के रूप में ही उपयोग किया जाएगा जहाँ विभिन्न अंशों को सन्दर्भ से काट दिया जाता है। इसके विपरीत विविध खण्डों को सम्बद्ध कृति की सम्पूर्णता के सन्दर्भ में समझना होगा। तेन की पुस्तक से साहित्य का जो समाजशास्त्र विकसित हुआ उसकी सबसे बड़ी कमज़ोरी यही थी कि वह विश्लेषण की किसी विशिष्ट पद्धति को जन्म न दे सका और साहित्य के प्रति उसकी अवधारणा नितान्त उपयोगितावादी थी। उस पद्धति की असफलता का एक कारण था साहित्य की उपयोगितावादी असर्जनात्मक परिभाषा। दूसरे, वह विभिन्न साहित्यिक कृतियों को अपने आपमें ऐसी सम्पूर्णताओं या संरचनाओं के रूप में व्याख्यायित नहीं करती जिनमें अलग–अलग अंश सम्पूर्णता के सम्बन्ध के तहत ही काम करते और अपनी अर्थवत्ता प्राप्त करते हैं।

हेगल के सौन्दर्यशास्त्र में स्पष्टतः अन्तर्भुक्त इस दृष्टि का उदय केवल बीसवीं शताब्दी के समाजशास्त्र और साहित्य–सिद्धान्त में मुख्यतः उन्नीसवीं शताब्दी के प्रत्यक्षवाद की प्रतिक्रिया के रूप में हुआ। रूसी रूपवाद, आधुनिक संरचनावाद और लक्षणविज्ञान, अमेरिकी नयी आलोचना और इंग्लैंड में एफ.आर. लीविस साहित्य की प्रत्यक्षवादी अवधारणा को

अस्वीकार करते हैं और साहित्य को अर्थशास्त्र, भूगोल, मनोविज्ञान या जीवनी का उपतत्त्व नहीं मानते। साहित्य को साहित्येतर परिवेश को शब्दावली में परिभाषित नहीं किया जाता; उसे स्वयं में परिबद्ध संरचना समझा जाता है जिसके अपने नियम, रूढ़ियाँ और परम्पराएँ हैं। अपने निबन्ध 'साहित्यिक परिवेश'[27] में रूसी रूपवादी आलोचक बोरिस इशेनबाम ने साहित्यिक विकास और साहित्यिक परिवेश के अन्तःसम्बन्ध की समस्या को उठाया है। उन्होंने स्वीकार किया है कि लेखक की सामाजिक और आर्थिक स्थिति में परिवर्तन का प्रभाव साहित्यिक उत्पादन पर पड़ेगा। फिर भी वह इस बात पर अड़े रहे कि "वस्तुओं की अन्य विशिष्ट व्यवस्थाओं की तरह साहित्य दूसरी व्यवस्था के तथ्यों से उत्पन्न नहीं होता और इसीलिए उसकी परिणति ऐसे तथ्यों में नहीं हो सकती।... साहित्यिक व्यवस्था के तथ्यों और साहित्येतर तथ्यों के बीच कारण कार्य सम्बन्ध मात्र नहीं होता; उनका सम्बन्ध संवादिता अन्तःक्रिया, परस्परावलम्बन अथवा सोपाधिकता का हो सकता है।" चूँकि साहित्य की न तो किसी अन्य व्यवस्था में परिणति हो सकती है और न वह उससे उत्पन्न होता है, "अतः यह नहीं माना जा सकता कि उसके सभी संघटक तत्त्वों को उत्पत्तिमूलक घटकों में बदला जा सकता है।"[28] बाह्य जगत् केवल पृष्ठभूमि बन सकता है, साहित्य स्वयं में एक क्रिया है जो अपने भीतर से अपनी गति, विकास और नये प्रयोग उत्पन्न करता है। इसीलिए साहित्यिक विकास के रूप–निर्धारण के लिए साहित्यिक संस्कृति, और साहित्यिक परम्पराओं को सर्वाधिक महत्त्वपूर्ण बाह्य कारण माना गया है। इसी भावना से एफ.आर. लीविस ने 'सन्दर्भपरक दृष्टिकोण' की आलोचना की है। लीविस के सम्पूर्ण लेखन में यद्यपि वह रूपवाद और संरचनावाद से नितान्त भिन्न है, उस पद्धति पर लगातार प्रहार दिखायी पड़ता है जो साहित्य को साहित्येतर शक्तियों से नियामक रूप सम्बद्ध मानती है, "गम्भीर आलोचक का प्राचीन साहित्य से सम्बन्ध उसके वर्तमान जीवन पर है... एक प्रकार के सूक्ष्म बोध की सहायता से वह विवेक और संवेदनशीलता द्वारा समसामयिक साहित्य में स्पन्दित नये जीवन को पहचान सकता है।"[29]

ईशेनबाम और लीविस के ये विचार प्रत्यक्षवाद के उतने ही विरोधी हैं जितने मार्क्सवादी के उन अनगढ़ विचारों के जिनका गत शताब्दी के अन्तिम वर्षों में मार्क्सवादी आन्दोलन पर प्रभुत्व था। प्रत्यक्षवाद–विरोधी विचारधाराओं ने मार्क्सवाद को 'आधार' और 'अधिरचना' के सीधे–सादे और यान्त्रिक

सिद्धान्त के रूप में समझकर उसका तिरस्कार किया। उदाहरण के लिए लीविस ने लिखा कि 'आर्थिक स्थिति की प्राथमिकता के सिद्धान्त' में वह सब–कुछ है जिसका उनकी पत्रिका, 'स्क्रूटिनी' ने विरोध किया है क्योंकि जहाँ संस्कृति उत्पादन के साधनों से घनिष्ठ रूप में जुड़ी है, सांस्कृतिक परम्परा आर्थिक परिवर्तन के बावजूद बची रहती है। यह मार्क्सवाद की आलोचना नहीं है (यद्यपि लीविस उसे आलोचना मानते हैं)।[30] इन आलोचनाओं के सन्दर्भ में मार्क्सवादी साहित्य–सिद्धान्त की सबसे बड़ी कमज़ोरी को लूकाच की रचनाओं[31] से बख़ूबी समझा जा सकता है। लूकाच को बीसवीं शताब्दी का सर्वाधिक महत्त्वपूर्ण मार्क्सवादी साहित्यशास्त्री माना जाता है और उनके बारे में जॉर्ज स्टीनर ने उदारतापूर्वक कहा है–"मार्क्सवादी दुनिया की धूसर गुलामी से उभरने वाली एक महान प्रतिभा।"[32]

बहरहाल, लूकाच की 'प्रतिभा' का सम्बन्ध साहित्य के विकसित मार्क्सवादी सिद्धान्त से उतना नहीं है जितना साहित्य के सामाजिक उपयोग और शैक्षिक मूल्य से है। उनका सौन्दर्यशास्त्र स्पष्टतः उपयोगितावादी है। उन्होंने उन्नीसवीं सदी के रूसी भौतिकवादियों–चर्नीशेव्स्की, दोब्रल्यूबॉफ, पिसारेव–की बार–बार सराहना की है जो स्पष्ट रूप से उनकी परिणामवादी अवधारणा से सम्बद्ध हैं। इस अवधारणा के अनुसार साहित्य सामाजिक चेतना के विकास का ह्रास के लिए उपयोगी अथवा हानिकर दस्तावेज़ है।[33] अतः लूकाच का मत है कि महान यथार्थवादी लेखकों–बालज़ाक, टॉल्सटॉय, टॉमस मान को आदर्श के रूप में पढ़ना चाहिए और पाठकों पर उनके नैतिक प्रभाव को स्वीकार किया जाना चाहिए। लूकाच की दृष्टि में टॉल्सटॉय की कला एक विशिष्ट कथ्य को सम्प्रेषित करने का साधन है, आदर्शों के पुनरुत्थान के लिए मानवता के प्रति प्रवचन है। उन्नीसवीं शताब्दी के स्विस उपन्यासकार गॉटफ्रीड कैलर की सराहना 'काव्यान्विति और जन–शिक्षा की आवश्यकताओं' को पूर्ति करने के लिए की गयी है। टॉमस मान अपने उपन्यासों के माध्यम से 'देशवासियों के शिक्षक'[34] हुए।

उपन्यास का यह दस्तावेज़ परक नैतिक कार्य तेन के प्रत्यक्षवाद के निकट पड़ता है जिसकी लूकाच ने परिणामवादी कहकर अक्सर निन्दा की है। लूकाच का तर्क है कि महान साहित्य अपने लेखक को सक्रिय भागीदारी और प्रगतिशील सामाजिक प्रवृत्तियों से लगाव के कारण अपने युग को प्रतिबिम्बित करता है। किन्तु तेन के समान लूकाच भी साहित्यिक रचनाओं का उपयोग रचना के ही भीतर प्रगतिशील तत्त्व का साक्ष्य देने के लिए करते हैं।

साहित्यिक विशेषताओं की तुलना वे वास्तविक सामाजिक प्रवृत्तियों से करते हैं, उन्हें उनके अपने विशिष्ट साहित्यिक सन्दर्भ में रखकर नहीं देखते; उनका अर्थ पूरी तरह रचना के बाहर से तय किया जाता है। उनके अनुसार भी साहित्य एक सम्पूर्ण इकाई के रूप में समाज को उसी प्रकार प्रतिबिम्बित करता है जिस प्रकार तेन और प्लेखानोव की कृतियों में बताया गया है। रचना और समाज के बीच एकमात्र मध्यस्थ रह जाता है, स्वयं रचनाकार लूकाच का सरोकार केवल महान यथार्थवादी साहित्य से, विशेषतः उपन्यास से है, जिसके विकास को वह सीधे 'प्रगतिशील' बुर्जुआ वर्ग से जोड़ते हैं। उनका तर्क है कि यथार्थवाद समाज के प्रति वस्तुवादी दृष्टिकोण है। अतः यथार्थवादी कथासाहित्य ऐतिहासिक और सामाजिक परिवर्तन की विश्वसनीय तस्वीर प्रस्तुत करता है, परन्तु वस्तुवादी दृष्टि स्वतः प्रवर्तित नहीं होती; जिन तरीक़ों से उपन्यास समाज को प्रतिबिम्बित करता है, वे प्रत्यक्ष नहीं होते, सोद्देश्य होते हैं। लूकाच का कहना है कि वस्तुवादी चित्रण सामाजिक विकास के प्रति लेखक के रवैये पर निर्भर करता है। समाज का उसके द्वारा प्रस्तुत चित्र तभी वस्तुपरक होगा जब वह सामग्री का ठीक चुनाव करे और यह दो प्रकार से सम्भव है :

(क) यदि लेखक प्रगतिशील सामाजिक प्रवृत्तियों वाले समाज में रहता है अर्थात् जिस के समाज में आर्थिक दृष्टि से बढ़ता बुर्जुआ वर्ग पूँजीवाद के विकास में जुटा है (उदाहरण के लिए, गेटे, बालज़ाक, स्तंढाल, टॉल्सटॉय)

(ख) वह राजनीतिक दृष्टि से प्रतिक्रियावादी युग में रहता हो जब बुर्जुआ वर्ग परजीवी और समाज के विकास में बाधक बन गया हो (1848 के बाद के पश्चिमी यूरोप में), तब वह सक्रिय होकर ह्रास के विरुद्ध लड़ता है (केलर, मान)। इस प्रकार असली यथार्थवाद, सच्चा वस्तुवाद लेखक की व्यक्तिगत ईमानदारी पर–व्यक्ति पर निर्भर है। पर यह वही व्यक्ति है जो लूकाच के समाजशास्त्रीय विश्लेषण के अनुसार, बुर्जुआ समाज में निश्चित रूप से अधिकाधिक अजनबी होता चला जाता है।

1848 की महान उथल–पुथल के बाद के वस्तुतः ईमानदार और प्रतिभा–सम्पन्न बुर्जुआ लेखक स्वभावतः वैसी निष्ठा और गहराई से अपने वर्ग के विकास की अनुभूति और उसमें साझेदारी नहीं कर सके जैसी उनके पूर्ववर्ती करते थे... और चूँकि अपने युग के समाज में ऐसा कुछ नहीं मिला जिसका वह तहेदिल से समर्थन कर सकें। ...वे सामाजिक परिवर्तन के द्रष्टा मात्र बन कर रह गये।[35]

यथार्थवादी उपन्यास के विषय में मुख्य बात यह है कि वह बुर्जुआ वर्ग के सामाजिक प्रभुत्व के साथ–साथ विकसित हुआ है। समाजवाद और श्रमिक वर्ग के आन्दोलन के आरम्भ के साथ बुर्जुआ समाज की भर्त्सना उन्हीं ऐतिहासिक शक्तियों द्वारा की गयी जिनका आविर्भाव उसके कार्यों द्वारा ही हुआ था। लेखक इस प्रकार तमाशबीन–समाज का निरपेक्ष द्रष्टा मात्र बनकर रह जाता है। फिर भी इस स्थापना की संगति मार्क्स के समाज–सिद्धान्त की एक प्रमुख प्रतिपत्ति के साथ नहीं बैठती, जिसके अनुसार समाज व्यक्तियों का ढेर नहीं है अर्थात् अणुओं के ढेर जैसा नहीं है, उसमें सुनिश्चित सामाजिक संगठन होते हैं, वर्गों के भीतर वर्ग और दल होते हैं। मार्क्स ने वर्ग को मोटे तौर पर आर्थिक उत्पादन प्रणाली के आधार पर परिभाषित किया था, पर उन्होंने यह भी कहा था कि वर्ग–चेतना एक वर्ग द्वारा दूसरे वर्ग के विरोध से जन्म लेती है। यह एक ऐसा द्वन्द्वात्मक सम्बन्ध है जो वर्ग की पहचान कराता है और उसे भाईचारे के बन्धन में बाँधता है। वर्ग के भीतर विभिन्न समूह एक–दूसरे से जुड़कर एक हो जाते हैं। इस प्रकार लेखक का अपने वर्ग से सम्बन्ध महत्त्वपूर्ण होता है। उन्नीसवीं शताब्दी का यथार्थवादी लेखक सामाजिक मूल की दृष्टि से मध्यवर्ग का हिस्सा था और सामान्यतः वह उसी वर्ग में रहा। यद्यपि सदा इस वर्ग के प्रति उसकी सहानुभूति नहीं रही। लूकाच के विश्लेषण में यही मध्यस्थता ग़ायब है। किसी भी बिन्दु पर वह विशिष्ट लेखक को निश्चित सामाजिक समूह से और साहित्यिक रचनाओं को इस समूह की विशिष्ट सामाजिक संरचना से नहीं जोड़ता। लूकाच के अनुसार लेखक वर्ग की विश्व दृष्टि को साहित्यिक स्तर पर रूपायित नहीं करता, वह अपनी रचना में समाज के आर्थिक क्षेत्र में सक्रिय प्रगतिशील शक्तियों को प्रतिबिम्बित करता है। उसमें आवश्यक नैतिक गुण होते हैं और यह उसका सौभाग्य है कि वह उस समय लिख रहा होता है, जब पूरे समाज में प्रगतिशील प्रवृत्तियाँ हावी रहती हैं।

जिन विशिष्ट समुदायों के भीतर लेखक सामाजिक प्राणी के रूप में काम करते हैं। उनके निश्चित विश्लेषण का अभाव और अखण्ड इकाई के रूप में समाज की परिभाषा लूकाच के लिए घोर असमंजस पैदा करती है–एक ही पीढ़ी के विभिन्न लेखकों को एक–दूसरे से कैसे अलग किया जाये? लूकाच की प्रविधि की विफलता सबसे अधिक तब दिखायी पड़ती है जब वे तुर्गनेव, टॉल्सटॉय और दोस्तोएव्स्की तीनों को यथार्थवादी सिद्ध

करने का प्रयास करते हैं और स्ताल तथा बालज़ाक को रचनाओं को रूपात्मक दृष्टि से समान बताते हैं।

लूकाच द्वारा किये गये उन्नीसवीं सदी के रूसी यथार्थवाद के विवेचन में ये समस्याएँ और भी उभरकर सामने आती हैं। टॉल्सटॉय के विश्लेषण में उन्होंने एंगेल्स का अनुसरण किया है। उंनका तर्क है कि रूसी पूँजीवाद के विलम्ब से होने वाले विकास ने बुर्जुआ वर्ग और ऐसी विचारधारा को जन्म दिया जो उस समय के पश्चिमी यूरोप में विद्यमान विचारधारा से बेहतर थी (रूस में) ऐसी सामाजिक स्थितियाँ जो यथार्थवाद के अनुकूल थीं और जिन्होंने स्विफ्ट से स्तांढाल तक के यूरोपीय साहित्य के विकास को निर्धारित किया अब भी वर्तमान थीं... यद्यपि उनका स्वरूप भिन्न था और परिस्थितियाँ भी बहुत अधिक बदल गयी थीं'।[36] लूकाच का तर्क है कि पश्चिमी यूरोप के विपरीत रूस में अभी वर्ग–संघर्ष से उत्पन्न फूट नहीं थी, सर्वहारा तथा बुर्जुआ वर्ग के बीच संघर्ष प्रत्येक सामाजिक समस्या के केन्द्र में न था। पूँजीवाद के धीमे विकास के कारण साहित्य में यह संघर्ष देर से प्रकट हुआ। इसीलिए टॉल्सटॉय रूस के सामाजिक विकास का 'काव्यात्मक दर्पण' उस समय बन पाये, जब, जोला और फ्लाबेयर के प्रकृतवाद के रूप में यूरोपीय यथार्थवाद पतनोन्मुख था। टॉल्सटॉय का यथार्थवाद क्रान्तिकारी सम्भावनाओं के उदय के साथ घनिष्ठ रूप से जुड़ा हुआ था। फ्लाबेयर तथा जोला के समान वे मात्र दर्शक नहीं थे। वे ऐसे लेखक थे, जो जनता और उसके जीवन की समस्याओं के साथ गहरा लगाव अनुभव करता है। अतः उन्होंने अपने समकालीन दोस्तोएव्स्की की तुलना में, रूसी जनता से इतना लगाव नहीं रखते थे, समाज की अधिक सच्ची तस्वीर की। फिर भी लूकाच ने दोनों लेखकों को समान रूप से यथार्थवादी माना है। कथा साहित्य (उदाहरण के लिए 'अंडरग्राउंड मैन') में असंगत तत्त्वों के बावजूद लूकाच ने दोस्तोएव्स्की और टॉल्सटॉय दोनों में बाद के रूसी पूँजीवादी विकास का प्रतिबिम्ब देखा है, इसलिए उसके अनुसार दोनों लेखकों की कलात्मक पद्धति में मौटे तौर पर समानता होनी ही चाहिए। वस्तुतः वे दोनों ही यथार्थवादी हैं।

लूकाच का कथन है कि दोस्तोएव्स्की की रचनाएँ रूसी समाज के गहन संकट को चित्रित करती हैं। टॉल्सटॉय में रूसी किसान का सहानुभूति–प्रवण चित्रण है, इसके विपरीत दोस्तोएव्स्की के कथासाहित्य में नगर और 'नगर की दुर्गति' का चित्रण है। उन्होंने 'नगरों की दुर्दशा के माध्यम से रूस के

विघटन की उसी प्रक्रिया और उसके पुनर्जन्म के अंकुरों का चित्रण' किया है, लूकाच ने लिखा है, 'दोस्तोएव्स्की के संसार में ऊपर–ऊपर से जो अशान्ति और अव्यवस्था दिखायी देती है, वह 'वर्तमान बुर्जुआ समाज की प्रत्येक झूठी और विकृत बात के विरुद्ध शक्तिशाली प्रतिरोध' के अलावा और कुछ नहीं है। सारांश यह कि दोस्तोएव्स्की 'शोषितों, तिरस्कृतों और पीड़ितों' के पक्षधर थे और यही उनमें प्रगतिशील तत्त्व है, 'पीटर्सबर्ग की विपत्ति के अँधियारे में जगमगाता हुआ आलोक स्तम्भ है, मानव जाति के भविष्य के मार्ग को आलोकित करने वाला प्रकाश है।'[37] अपने कथासाहित्य के सभी महत्त्वपूर्ण तत्त्वों–गहरी धार्मिकता, पश्चिमी यूरोप, उद्योगीकीकरण तथा विज्ञान के प्रति घृणाभाव, मूल रहस्य–भावना आदि के बावजूद दोस्तोएव्स्की सचमुच भाग्यशाली थे कि वे ऐसे युग में पैदा हुए जब बाहरी सामाजिक एवं आर्थिक प्रक्रियाएँ मोटे तौर पर प्रगतिशील थीं (रूस का उद्योगीकीकरण) और इसीलिए उनके यथार्थवाद में असंगत घटक नगण्य हो गये थे।

टॉमस मान इतने भाग्यशाली नहीं थे, क्योंकि उनके रचनाकाल में साम्राज्यवाद और पूँजीवाद घोर संकट की स्थिति से गुज़र रहे थे। दोस्तोएव्स्की से भिन्न मान का यथार्थवाद उनके व्यक्तिगत निर्णय का परिणाम अधिक था। उदाहरण के लिए लूकाच ने 'जादुई पर्वत'[38] को प्रगतिवादी कहा है क्योंकि वह बुर्जुआ समाज और उसकी समस्याओं को सही–सही चित्रित करता है और बुर्जुआ जीवन की सम्पूर्ण तस्वीर पेश करता है। आखिर साम्राज्यवादी युग में ऐसा सच्चा यथार्थवाद सम्भव कैसे हुआ? इसका उत्तर बड़ा सरल है। मान व्यक्तिगत रूप से प्रगतिशील राजनीतिक धाराओं से सम्बद्ध थे। 1918 के बाद वे इस मूल बात को समझ गये थे कि लोकतन्त्र के अभाव में 'सही अर्थ में जर्मन संस्कृति' असम्भव है। अतः उनकी दृष्टि में लोकतन्त्र के लिए संघर्ष का अर्थ था–जर्मनी की ह्रासोन्मुख प्रवृत्तियों अर्थात् कला में तर्क बुद्धि विरोधी और भविष्य के प्रति निराशावादी दृष्टि के विरुद्ध संघर्ष। बुर्जुआ परिवार में जन्म लेने और अपनी सामाजिक स्थिति के कारण मिली बुर्जुआ दृष्टि से व्यक्तिगत रूप से ऊपर उठकर मान ने ऐसी स्थिति अपनायी जो समाजवाद को अपरिहार्य मानती थी।[39] मान यथार्थवादी कथासाहित्य लिखने में इसलिए भी समर्थ हुए कि उन्होंने व्यक्तिगत रूप में अजनबीपन के भाव का अतिक्रमण कर लिया था। लूकाच ने उनकी ईमानदारी को सर्वाधिक महत्त्वपूर्ण पक्ष माना है। मार्क्स के अनुयायी द्वारा किया गया यह विश्लेषण विचित्र है।

इस प्रकार लूकाच की दृष्टि में उपन्यास एक इकाई के रूप में बुर्जुआ वर्ग और समाज के आर्थिक और राजनीतिक भाग्य को प्रतिबिम्बित करता है। स्पष्ट है कि यथार्थवादी उपन्यास के विकास को समझने के लिए बुर्जुआ समाज के सामान्य ऐतिहासिक विकास को समझना होगा। परन्तु यह कहना पूर्णतः अवैज्ञानिक है कि विशिष्ट साहित्यिक रचनाओं के अर्थ को आत्मसात करने के लिए सामान्य इतिहास की जानकारी पर्याप्त है। ऐसा इतिहास सांस्कृतिक विरोधों (स्टर्न और फील्डिंग, बालज़ाक और स्तांढाल, टॉल्सटॉय और दोस्तोएव्स्की, मान और काफ़्का) को सम्यक् रूप से नहीं समझा सकता। लूकाच की पद्धति साहित्य और समाज के बीच जटिल द्वन्द्वात्मक सम्बन्धों को समझाने के लिए नहीं बनी है। तेन की तरह वे कठोर नियतत्ववादी सम्बन्धों की व्यवस्था स्थापित करते हैं और लेखकों के बीच अन्तर का कारण पृष्ठभूमि, शिक्षा, व्यक्तिगत विचारधारा आदि को बताकर चलता कर देते हैं। लूकाच कहीं भी विशिष्ट रचना को लेखक की विशिष्ट जीवन–पद्धति से नहीं जोड़ते, दोनों के बीच कहीं कोई मध्यस्थता नहीं है, केवल राजनीति और अर्थव्यवस्था की सीधी प्रतिक्रिया है। पूँजीवाद कभी प्रगतिशील था, पर अब नहीं रहा–इस पूर्वनिर्धारित सामाजिक विषय को उदाहरणों द्वारा समझाने के लिए मूल कृति के अंश काट–काटकर अलग किये जाते हैं। जॉर्ज लूकाच साहित्यिक रचना को सुसंगत इकाई के रूप में कभी ग्रहण नहीं करते। वे उसे केवल प्रगतिशील और अप्रगतिशील सामाजिक शक्तियों का मूर्त रूप मानते हैं।

लूकाच के विचारों का यह संक्षिप्त विवेचन इस स्पष्टता पर महत्त्वपूर्ण बात को रेखांकित करता है कि लेखक समाज से कटे हुए या अलग–थलग नहीं रहते अपितु सुनिश्चित समाज समूहों के भीतर अपना जीवन जीते हैं और समाजीकरण की प्रक्रिया द्वारा–शिक्षा–संस्थाओं, परिवार, राजनीति आदि में मूल्यों और यथार्थ के सम्बन्ध में विशिष्ट दृष्टिकोण को वाणी देते हैं। उनकी रचना में इस आचरण की जटिल अभिव्यक्ति हुई है। क्रान्तिकारी मार्क्सवादी लिओ त्रॉत्स्की ने एक बार लिखा था, ''कलात्मक सर्जन... एक बड़ा जटिल जाल है जो अपने–आप नहीं बुन जाता...वरन् जटिल अन्तःसम्बन्धों के माध्यम से आकार ग्रहण करता है।''[40] लेखक–समाज के सम्बन्ध के इस विशिष्ट एवं जटिल ताने–बाने की समझ ही उपन्यास के सच्चे समाजशास्त्र का मुख्य लक्षण है।

सामान्यतः साहित्य के मार्क्सवादी सिद्धान्त की मुख्य दिशा प्रत्यक्षवादी रही है। यह सिद्धान्त इतिहास के नियतत्त्ववादी सिद्धान्त पर आधारित है। इस सिद्धान्त में लेखक एक ऐसा माध्यम होता है जिसके द्वारा महत्त्वपूर्ण सामाजिक–ऐतिहासिक प्रवृत्तियाँ साहित्यिक अभिव्यक्ति पाती हैं। लूकाच कदाचित् इस प्रवृत्ति के सर्वश्रेष्ठ प्रतिनिधि हैं। इस प्रवृत्ति के अनुसार पूँजीवाद में महान साहित्य–सृजन की शक्ति है और साथ ही वह अपने अपरिहार्य पतन में अलगाववादी अमानवीकृत कला की सृष्टि करती है। भ्रम और सच्चाई[41] (1937) में कॉडवेल ने लिखा है :

उपन्यास का विकास निश्चित था... पूँजीवाद में श्रम विभाजन के फलस्वरूप उत्पादक शक्तियों की वृद्धि से समाज में न केवल विभेदीकरण बढ़ा अपितु अपने आधार को निरन्तर बदलते रहने के फलस्वरूप जीवन में अनन्त परिवर्तन और गति भी आयी। जैसे–जैसे पूँजीवाद का ह्रास हुआ, उपन्यास ने मनुष्यों के इस अनुभव को अभिव्यक्ति प्रदान की कि आर्थिक विभेदीकरण स्वातंत्र्य का साधन न रहकर व्यक्तित्व को कुचलने वाली रबड़ की मुहर बनकर रह गया है। ...अतः ऐसे युग में क्रान्तिकारी उथल–पुथल के साथ उपन्यास का अनिवार्यतः ह्रास होता है।[42] और अर्नस्ट फिशर का सीधा–सादा तर्क है कि ईमानदारी से वस्तुनिष्ठ होने के लिए आधुनिक लेखक को श्रमजीवी वर्ग का पक्ष लेना होगा और 'उदार मार्क्सवादी दृष्टिकोण'[43] अपनाना होगा। ऐसी अनगढ़ स्थापनाओं के बीच अमेरिकी आलोचक नार्थाप फ्राई के तर्क को अस्वीकार करना कठिन होगा जो मार्क्सवाद को ध्यान में रखते हुए लिखते हैं, "साहित्य को पहले से बने–बनाये इतिहास के साचे में निर्णयात्मक ढंग से फिट करने के बजाय आलोचक को चाहिए कि वह साहित्य को अखण्ड, सुसंगत और स्वतन्त्र रूप से रची कृति माने जो इतिहास से प्रभावित होते हुए भी अपना इतिहास स्वयं बनाती है। वह किसी बाह्य ऐतिहासिक प्रक्रिया से निर्धारित नहीं होती।"[44] कट्टर मार्क्सवादी सिद्धान्त ऐसी आलोचना के सुगम लक्ष्य होते हैं और फ्राई जैसे आलोचकों तथा समकालीन संरचनावादियों की शक्ति इस बात में है कि वे साहित्यिक कृति को एक पूर्ण इकाई मानते हैं और विश्लेषण के लिए विशिष्ट साहित्यिक परम्पराओं के महत्त्व को समझते हैं। इन आलोचकों की कमजोरी उनका यह कट्टरतावादी दावा है कि साहित्य को ग़ैर–साहित्यिक शब्दावली में कभी नहीं समझाया जा सकता और समाजशास्त्रीय व्याख्या खुद–ब–खुद साहित्य को इतिहास और सामाजिक सन्दर्भ से अनिवार्यतः जोड़ती है।

निःसन्देह कोई व्यक्ति साहित्य पर साहित्य के प्रभाव की महत्ता से इनकार नहीं करेगा, पर ऐसी स्थापनाओं के विषय में महत्त्वपूर्ण बिन्दु यह है कि साहित्य स्वयं विकास अथवा अस्वीकार के लिए मौजूदा परम्परा के तत्त्वों का चुनाव नहीं करता। यह चुनाव तो स्वयं लेखक द्वारा किया जाता है। उसके चुनाव को और उन तरीक़ों को, जिनसे वह साहित्यिक संस्कृति के भीतर विशिष्ट संरचनाओं को रूपान्तरित करता है, लेखक के सामाजिक मूल्यों, उसके वर्ग–सम्बन्धों अर्थात् बाह्य जगत के सन्दर्भों के बिना नहीं समझाया जा सकता। इस प्रकार जहाँ बहुत से संरचनावादी आलोचक साहित्य के उत्पादन में सामाजिक उपादानों के महत्त्व को स्वीकार करते हैं, उनके वक्तव्यों से प्रायः ऐसा लगता है मानों उनके लिए समाज और इतिहास का अस्तित्व ही न हो। साहित्य का संरचनापरक विश्लेषण इस बात को प्रायः मान्यता नहीं देता कि साहित्य मानवीय और सामाजिक सन्दर्भ का अंश है और वह मानवीय उद्देश्यों और लक्ष्यों की पूर्ति का साधन है; क्योंकि ऐसे उद्देश्य के अभाव में तो किसी प्रकार का साहित्य सम्भव ही नहीं होगा। ल्यूसिएं गोल्डमान का 'उत्पत्तिमूलक संरचनावाद' एक नूतन प्रयास है। व्यापक मार्क्सवादी चौखटे के भीतर काम करते हुए वह साहित्य को विशिष्ट ऐतिहासिक सन्दर्भ वाली स्वायत्त इकाई मानते हैं, उसे मात्र उपतत्त्व नहीं कहते।[45] यद्यपि गोल्डमान की रचना निश्चय ही लूकाच के कट्टर मार्क्सवाद से आगे है, फिर भी वह कुल मिलाकर द्वन्द्वात्मक सिद्धान्त का विकास करने में असफल रहे हैं।

गोल्डमान की साहित्य–दृष्टि समष्टि चेतना की अवधारणा पर केन्द्रित है। वे लिखते हैं, "साहित्यिक रचना सच्ची और वास्तविक समष्टि चेतना का प्रतिबिम्ब मात्र नहीं है। वह अत्यधिक विकसित सामंजस्य के स्तर पर इस या उस समूह की चेतना के अनुकूल प्रवृत्तियों का प्रतिबिम्ब मात्र नहीं है। वह अत्यधिक विकसित सामंजस्य के स्तर पर इस या उस समूह की चेतना के अनुकूल प्रवृत्तियों का प्रतिफल होती है और उस चेतना को गतिशील सच्चाई मानना होगा...।[46] विशिष्ट साहित्यिक कृतियों और उस समष्टि चेतना के बीच का सम्बन्ध–जिसकी अभिव्यक्ति उनमें हुई है–'संरचनाओं की सजातीयता' का होता है।" साहित्यिक कृति की आन्तरिक संरचना विशिष्ट सामाजिक संरचना के समानान्तर होती है। उदाहरण के लिए उपन्यास का आन्तरिक सामंजस्य सजातीयता पर निर्भर होता है। जिस साहित्य में समष्टि चेतना होती है, वह बाह्य सम्बन्ध पर आधारित होता है, पर उस सम्बन्ध में

कथ्य सदा एक नहीं होता। अतः साहित्य का सामाजिक चरित्र इस बात में है कि कोई व्यक्ति अकेला 'एक सुसंगत मानसिक संरचना', 'एक विश्व–दृष्टि' का निर्माण करने में अक्षम है। गोल्डमान मानते हैं कि "विश्व दृष्टि 'विचारों, आकांक्षाओं और भावनाओं का ऐसा तन्त्र है जो समाज में रहने वाले वर्ग विशेष के सदस्यों को परस्पर सहबद्ध करता है।" इस प्रकार वे सदस्य एक सुसंगत विश्व चेतना प्राप्त करते हैं। विश्व दृष्टि विचारों का पूर्ण तन्त्र, जैसे बुद्धिवाद, अनुभववाद, मार्क्सवाद–कुछ असाधारण व्यक्तियों, लेखकों, दार्शनिकों द्वारा प्रदान की जाती है। उनकी रचना में यह दृष्टि एक पूर्ण और समाकलित आकार ग्रहण करती है। विश्व दृष्टि सम्पूर्ण जीवन की अभिव्यक्ति करती है और उसमें विशिष्ट समाज–समूह और वर्ग की चेतना समाहित होती है।[47] प्रतिभा सम्पन्न व्यक्ति इस दृष्टि को सर्जनात्मक विचार के स्तर पर मूर्त करता है और उसमें अधिकाधिक सुसंगति लाने का प्रयास करता है।

गोल्डमान का साहित्य के प्रति दृष्टिकोण यह है कि वह लेखक की वर्ग–स्थिति का निष्क्रिय अनुकरण नहीं है और न व्यक्ति के रूप में लेखक से यह अपेक्षा की जाती है कि वह अलगाव से ऊपर उठ जाये क्योंकि वह व्यक्ति के रूप में एक विशिष्ट सामाजिक समूह की आकांक्षाओं, मूल्यों और भावनाओं को अभिव्यक्ति प्रदान करता है। यह ठीक है कि समाज में व्यक्ति के अपने कार्यों के परिणामस्वरूप राजनीतिक आर्थिक और सामाजिक जीवन में सक्रिय भाग लेने के कारण सामाजिक समूह की समष्टि–चेतना का विकास होता है। साहित्यिक रचनाएँ लेखक और समूह के सामाजिक कार्यों का प्रतिफल होती हैं। गोल्डमान मानते हैं कि साहित्यिक संरचनाओं का निर्माण और पुनर्निर्माण मानव–कार्यों द्वारा होता है; वे केवल स्थूल तथ्य नहीं होतीं। वर्ग का इस दृष्टि से महत्त्व है कि सामाजिक वर्ग और पारिवारिक–की सदस्यता के माध्यम से व्यक्ति प्रमुख सामाजिक और राजनीतिक परिवर्तन से जुड़ा रहता है। समूह के साथ व्यक्ति के सम्बन्ध उसकी सामाजिक चेतना को निखारते हैं और वह अपनी साहित्यिक या दार्शनिक रचना में अपने युग की महत्त्वपूर्ण सामाजिक प्रवृत्तियों को चित्रित करता है, चाहे वह यह कार्य कितने ही अप्रत्यक्ष रूप से क्यों न करे।

गोल्डमान ने अपनी प्रविधि को 'उत्पत्तिमूलक संरचनावाद' की संज्ञा दी है। उत्पत्तिमूलक इसलिए कि वे साहित्य को सर्जनात्मक प्रक्रिया मानने पर बल देते हैं। प्रत्येक साहित्यिक रचना अन्तरंग और बहिरंग दोनों स्तरों पर

लेखक की सामाजिक स्थिति और उसके समूह तथा वर्ग के मूल्यों के संगम (गोल्डमान का 'सामूहिक विषय') से जन्म लेती है। लेखक साहित्यिक रचना के माध्यम से अपने समूह की महत्त्वपूर्ण संरचनाओं को प्रस्तुत करता है। गोल्डमान की प्रतिपत्ति है कि सभी मानव–क्रियाएँ महत्त्वपूर्ण होने का प्रयास करती हैं। सभी व्यक्ति अपने विचारों को सुसंगत और महत्त्वपूर्ण संरचना प्रदान करना चाहते हैं। साहित्यिक रचना एक विशिष्ट प्रकार का कर्म होने के कारण उसी सीमा तक सुसंगत और महत्त्वपूर्ण होती है जिस हद तक वह समूह की सामाजिक, राजनीतिक और वैचारिक आकांक्षाओं के निकट होती है। उत्पत्तिमूलक संरचनावाद प्रत्येक साहित्यिक कृति के भीतर और उसके बाहर समूह में महत्त्वपूर्ण संरचनाओं की पहचान करता है। वह तत्त्वतः एक गति है–मूल रचना से लेखक के समूह के सामाजिक ढाँचे की तरफ़ आगे–पीछे होने वाली गति। यहाँ साहित्यिक रचना निरन्तर अंग और अंगी की दृष्टि से विश्लेषित की जाती है–रचना का प्रत्येक हिस्सा सम्पूर्ण रचना से जुड़ा होता है और उसी से अन्तिम साहित्यिक अर्थ प्राप्त किया जाता है। इस प्रविधि में गोल्डमान स्पष्ट ही मार्क्स का अनुसरण कर रहे हैं जिसके लिए अन्य चीज़ों से कटा हुआ एकान्त तथ्य अर्थहीन था, उसका महत्त्व तभी है, जब वह उस सम्पूर्ण के सन्दर्भ में देखा जाये, जिससे वह केवल विश्लेषण के लिए आरम्भ में अलग किया गया था। द्वन्द्वात्मक विश्लेषण का सार तत्त्व है अंगी से अंग और अंग से अंगी की ओर बढ़ना।

संक्षेप में यही है गोल्डमान की प्रविधि–साहित्य का समाजशास्त्र, जिसका सम्बन्ध सांस्कृतिक सृजन से है, बाज़ार के लिए मात्र उत्पादन से नहीं। उसके नियतत्त्ववादी पक्ष स्पष्ट हैं। लेखक इतिहास के विशिष्ट युग में अपने समाज–समूह की चेतना को अभिव्यक्त करता है। यद्यपि गोल्डमान व्यक्ति के समूह के साथ और समूह के वर्ग के साथ जटिल द्वन्द्वात्मक सम्बन्ध पर बल देते हैं पर उनकी प्रविधि में सामाजिक समूह और सामाजिक विकास के बीच यान्त्रिक सम्बन्ध विवक्षित है। यह बात उनके 'पूर यून सोशियोलॉजी द्‌यू रोमां' नामक लेख में उपन्यास के विवेचन से और भी स्पष्ट हो जाती है, जहाँ गोल्डमान एक ऐसे सिद्धान्त का सुझाव देते हैं जो उपन्यास के उद्‌भव और संरचना का सम्बन्ध निर्णायक रूप से बुर्जुआ वर्ग से जोड़ने वाले पूर्ववर्ती सिद्धान्त से बिलकुल भिन्न है। वे लूकाच के मार्क्सवादी–पूर्व निबन्ध 'उपन्यास–सिद्धान्त' (द थ्योरी ऑफ़ द नॉवल) के विवेचन से आरम्भ करते हैं जिसमें तेन और प्लेखानोव की

रचनाओं से भिन्न उपन्यास रूपविधा के असली सिद्धान्त का विकास करने प्रयत्न किया गया है। हेगल के प्रति उनका ऋण स्पष्ट है। लूकाच लिखते हैं कि उपन्यास महाकाव्य की आख्यान–पद्धति में जीवन (अस्तित्व) और सच्चे आत्मन् (उसका सार) के बीच सामंजस्य स्थापित करने का प्रयास करते है। फिर भी उपन्यास सच्चे महाकाव्य की धूमिल छाया है क्योंकि जिन ऐतिहासिक परिस्थितियों संघटित समाज और उसकी सर्वस्वीकृति मूल्य--पद्धति में महाकाव्य लिखा जा सकता था, वे आज पश्चिमी जगत् में नहीं रहीं। लूकाच महाकाव्य को 'समग्र रचना'–ऐसा सवृंत्त कला–रूप मानते हैं जिसका नायक कभी भी व्यक्ति नहीं होता क्योंकि महाकाव्य व्यक्ति के भाग्य का नहीं, सम्पूर्ण जाति के भाग्य का वर्णन करता है।

महाकाव्य का नायक जाति के मूल्यों पर सन्देह नहीं करता, कभी अकेला नहीं होता क्योंकि जाति के साथ अभिन्न रूप से जुड़ा होता है और उसका भाग्य जाति के भाग्य से जुड़ा होता है। इसके विपरीत उपन्यास का नायक मनुष्य के संसार से कट जाने का प्रतिफल है–एक ऐसा संसार जहाँ मूल्य सार्वभौम नहीं होते और व्यक्ति अपने में सिमटी जाति से जुड़ा नहीं होता। महाकाव्य के नायक से भिन्न उपन्यास का नायक आन्तरिक जीवन का विकास करता है। वह अकेला और आत्मोन्मुख होता है, सदा जीवन की अर्थवत्ता पर चिन्तन करता रहता है। अर्थपूर्ण संघटित दुनिया का हिस्सा न होने के कारण उपन्यास का नायक व्यक्तिगत कार्यों द्वारा अपने जीवन का अर्थ पाने का प्रयास करता है। अतः उपन्यास अधूरा कला–रूप है, सदा 'होने' और 'बनने' के बीच झूलता हुआ। उपन्यासकार सदा के लिए खण्डित संसार में अखण्डता का भाव लाने की चेष्टा करता है। इस प्रकार उपन्यास ऐसे युग का महाकाव्य है जिसमें जीवन की व्यापक समग्रता नहीं रह गयी है, जीवन में अर्थ की सर्वव्यापकता एक समस्या बन गयी है पर जो अब भी समग्रता की बात सोचता है। इसीलिए उसका नायक समस्याधर्मी होता है, वह प्रकृति और समाज के विरोध में खड़ा होता है। लूकाच की दृष्टि में उपन्यास जीवन में छिपी समग्रता को अनावृत्त करने और उसका निर्माण करने का प्रयास करता है, उसके नायक को इस ऐहिक संसार में जीवन का लक्ष्य और अर्थ पाने का प्रयत्न करना पड़ता है पर जीवन उसे यह सब न देकर निराश करता है। इस प्रकार उपन्यास में अन्तर्निहित संरचनात्मक अस्थिरता का कारण समस्याधर्मी नायक और अनिश्चित संसार के बीच अनिवार्य तनाव, जिन सार्वभौम मूल्यों को पाने का नायक प्रयास

करता है उनके और इस कठोर सत्य के बीच संघर्ष की इस दुनिया में उन मूल्यों को पाना असम्भव है। ऐसे मूल्यों को पाने का अर्थ होगा उपन्यास विधा को नष्ट करना और महाकाव्यात्मक पूर्णता का पुनःसृजन करना।[48] लूकाच के आरम्भिक उपन्यास–सिद्धान्त का सार है–बाह्य संसार (आदर्शों से अपरिचित और अन्तर्मुखता का शत्रु) तथा मनुष्य की अन्तरात्मा के बीच विरोध, 'उपन्यास अन्तर्मुखता के अभियान की कहानी है, उपन्यास का कथ्य उस आत्मा की काहानी है जो स्वयं को पहचानने का प्रयत्न करती है, जो साहसिक अभियानों की तलाश करती है, ताकि अपनी शक्ति की परीक्षा कर सके और कसौटी पर खरी उतरकर अपना सार प्राप्त कर सके।'[49]

आदर्शवादी हेगलीय शब्दावली में उपन्यास को परिभाषित करने के उपरान्त लूकाच काव्य–रूपों का विशद वर्गीकरण प्रस्तुत करते हैं। गोल्डमान ने अपने समाज–शास्त्रीय विवेचन में उन्हें विशिष्ट सामाजिक संरचना से जोड़ा है। गोल्डमान का तर्क है कि जैसे–जैसे उन्नीसवीं सदी में उपन्यास का विकास होता गया समस्याधर्मी नायक की अवधारणा उपन्यास की विशेषता बन गयी क्योंकि मध्यवर्ग की उदार विचारधारा का सार था व्यक्तिवाद की कठोर संहिता तथा स्वतन्त्रता, समानता और सहिष्णुता के सार्वभौम मूल्यों के प्रति आकर्षण–वे मूल्य जो व्यक्ति के विकास में सहायक होते हैं। इन्हीं मूल्यों से उपन्यास के संघटक तत्त्व के रूप में व्यक्ति की जीवनी जन्म लेती है पर उसका नायक समस्याधर्मी व्यक्ति होता है। बुर्जुआ साहित्य में आदर्शवादी मूल्यों और ऐहिक संसार के बीच तनाव उपन्यास के विभिन्न प्रकारों को जन्म देता है। भावात्मक आदर्श वाला उपन्यास नायक अपने आदर्श मूल्यों के बीच संगति बिठाने का निष्फल प्रयास करता है। जिसे वह पुराना और परम्परागत मानता है (सर्वान्तेस का डॉन क्विग्ज़ोट, स्तांढाल का स्कारलेट एंड ब्लैक); नायक की आत्मपरक स्थिति और निष्क्रियता के चारों ओर रचा गया मनोवैज्ञानिक उपन्यास जिसके मूल्य इस दुनिया को देखते हुए अत्यधिक उदार हैं (गांशरोफ का आब्लोमोव, फ्लाबेयर का सेंटीमेंटेल एज्युकेशन) और शिक्षाप्रद उपन्यास (गेटे का विल्हेम मिस्टर और स्विस लेखक कैलर के उपन्यास)।

उपन्यास के विभिन्न रूपों का विकास असाधारण व्यक्तियों की रचना के रूप में नहीं हो़ता, अपितु लेखक के सामाजिक वर्ग और समाज के जटिल अन्तःसम्बन्धों का परिणाम होता है। युवा लूकाच के विपरीत गोल्डमान समाजशास्त्रीय मध्यस्थता पर बल देते हैं। समाज अणुओं से बना नहीं है,

वह सुनिश्चित सामाजिक स्तरों पूँजीवादी उत्पादन में संलग्न, समान आर्थिक लाभ पाने वाले तथा समान जीवन–पद्धति वाले सामाजिक वर्गों से बना है। प्रत्येक सामाजिक वर्ग समरूप नहीं है। अपितु सुनिश्चित स्तरों से निर्मित है जिनमें से कुछ स्तर सुस्पष्ट समूहों रूपों में विश्लेषित किये जा सकते हैं। वे समूह, समान सामाजिक आर्थिक सम्बन्धों के कारण सम्पूर्ण समाज के साथ आपस में जुड़े हैं। अधिकतर लेखक समाज के मध्य और उच्च वर्ग में जन्म लेते और रहते हैं, क्योंकि एक विशिष्ट प्रकार का कार्य होने के कारण लेखन के लिए शिक्षा, अवकाश तथा संस्कृति अपेक्षित है जो जनसाधारण को उपलब्ध नहीं होते हैं। गोल्डमान का तर्क है कि लेखक की कृति इस विशेष सुविधा प्राप्त सामाजिक स्थिति को प्रतिबन्धित करती है, पर सर्जनात्मक लेखक के रूप में वह उसमें आलोचनात्मक तत्त्व भी समाविष्ट करती है। समस्याधर्मी नायक वाला उपन्यास बुर्जुआ समाज का उपन्यास होता है परन्तु वह बुर्जुआ मूल्यों को स्वीकार नहीं करता। संक्षेप में बुर्जुआ समाज ऐसी सामाजिक स्थिति और विचारधारा का विकास करता है, जिसमें उपन्यास लेखन सम्भव होता है। समाज को पूँजीवाद की ओर धकेलने में उसकी भूमिका उसके लेखकों को आलोचना और विरोध की ओर प्रेरित करती है।

गोल्डमान का कथन है कि समस्याधर्मी नायक वाला अर्थात् बुर्जुआ यथार्थवादी उपन्यास पूँजीवादी समाज में विनिमय–मूल्य की अवधारणा से घनिष्ठ रूप में जुड़ा होता है। उसका तर्क है कि पूँजीवाद मनुष्यों के बीच सम्बन्धों को उनकी श्रमशक्ति के आधार पर परिभाषित करता है जिसे जिंस मात्र समझा जाता है। पूँजीवादी बाज़ार में व्यक्ति और समाज के बीच मध्यस्थता का कार्य करते हैं केवल पण्य–पदार्थ। मानव–श्रम और मानवता का मूल्य आर्थिक बाज़ार के विनिमय–मूल्यों द्वारा निर्धारित होता है। अतः मनुष्यों के बीच सम्बन्ध दूषित और नक़ली होते हैं, वे पण्य–पदार्थों के माध्यम से बनते हैं। यही कारण है कि यथार्थवादी उपन्यास में सच्चे मानव–मूल्यों का चित्रण अधिकाधिक रूढ़िमुक्त होता है। सर्जनात्मक लेखक विनिमय–मूल्यों द्वारा नहीं अपितु उपयोग–मूल्यों द्वारा संचालित होते हैं। वे समाज के सीमान्त पर रहते हैं और स्वयं रूढ़िमुक्त बन जाते हैं। संक्षेप में, उपन्यास का विकास मानवतावाद के सच्चे मूल्यों और पूँजीवादी सभ्यता के भ्रष्ट मूल्यों के बीच संघर्ष की कहानी रहा है।

'उपन्यास बुर्जुआ समाज के निरन्तर विकास के प्रति... आलोचनात्मक विरोध का एक प्रकार', प्रतिरोध का सर्जनात्मक कार्य बन गया है, परन्तु यह विरोध उपन्यास के स्वरूप के भीतर ही है। इस प्रकार ''समस्याधर्मी नायक वाला उपन्यास बुर्जुआ समाज के इतिहास और विकास से घनिष्ठ रूप में जुड़ी साहित्यिक विधा है; परन्तु वह उस वर्ग की वास्तविक अथवा सम्भाव्य चेतना की अभिव्यक्ति नहीं है।''[50]

उपन्यास विधा के द्वन्द्वात्मक सम्बन्ध, लेखक के समूह और वर्ग–संरचना को देखने के बाद गोल्डमान का निष्कर्ष सन्तोषजनक प्रतीत नहीं होता। उपन्यास के ऐतिहासिक विकास का विवेचन करते हुए वे पूँजीवादी आर्थिक संरचना और साहित्य–रूपों के बीच रूढ़, यान्त्रिक सम्बन्ध बनाते हैं। आर्थिक शक्तियों की सांस्कृतिक कार्य–कलाप में सीधी व्याप्ति होती है। ''बाज़ार–नियन्त्रित समाजों में समष्टि–चेतना निरन्तर यथार्थ बोध करवाती चलती है और आर्थिक जीवन का प्रतिबिम्ब मात्र रह जाती है।'' कुल मिलाकर गोल्डमान समाज और उपन्यास के बीच कार्य–कारण सम्बन्ध का समर्थन करते हैं। उन्होंने दो ऐतिहासिक युगों का उल्लेख किया है– पहला युग (1880–1914) जिसमें उत्पादक–संघों इजारेदारों तथा उपनिवेशों का विकास–विस्तार हुआ और उपन्यास में नायक का पतन हुआ। दूसरे युग में (1918–1939) जिसे 'पूँजीवाद पर संकट' का युग कहते हैं। उपन्यास से नायक लगभग अदृश्य हो गया। यह प्रक्रिया 1945 के बाद 'उपभोक्ता पूँजीवाद' द्वारा पूरी होती है।

गोल्डमान द्वारा लूकाच के आदर्शवादी उपन्यास–सिद्धान्त के समाजशास्त्रीय विस्तार में हम तेन के प्रत्यक्षवाद तथा प्लेखानोव और परवर्ती लूकाच के परिणामवादी सिद्धान्तों की ओर प्रत्यावर्तन देखते हैं। उपन्यास अलगाव की ओर निरन्तर बढ़ते समाज का प्रत्यक्ष दृश्य बन जाता है व्यापक सामाजिक–आर्थिक परिवर्तन के प्रति लेखक की अनुक्रिया संवेदना शून्य हो जाती है। सामाजिक समूह, संस्कृति और समाज के साथ लेखकों के द्वन्द्वात्मक सम्बन्ध के स्थान पर इतिहास का नियतिवादी सिद्धान्त स्वीकार कर लिया जाता है। यह अजीब विरोधाभास है कि गोल्डमान का उपन्यास–सम्बन्धी समाजशास्त्रीय सिद्धान्त अन्ततः उसी स्थिति को अपना लेता है जिस पर उसकी पद्धति प्रहार करने चली थी। एक ओर स्वयं उपन्यास के भीतर से बुर्जुआ समाज की आन्तरिक आलोचना पर द्वन्द्वात्मक बल दिया जाता है, दूसरी ओर यह यान्त्रिक तर्क दिया जाता है

कि नायक के पतन का कारण सामूहिक समाज का विकास है। उपन्यास उदार पूँजीवाद के संगठित पूँजीवाद की ओर प्रयाण को ज्यों–का–त्यों प्रतिबिम्बित करता है। नायक का स्थान वस्तुओं और पदार्थों से भरी कथात्मक संरचना ले लेती है (काफ़्का, सार्त्र, कामू)। उपन्यास का गोल्डमान द्वारा प्रतिपादित समाजशास्त्रीय सिद्धान्त उन आलोचकों के अत्यन्त निकट प्रतीत होता है जिनकी दृष्टि में उपन्यास व्यापक व्यक्तिवादी और उदारवादी दृष्टि से मानव–अनुभव की जटिल विविधता को चित्रित करता है। और इस तरह यह समष्टिवादी विचारधारा एवं व्यवहार के लिए अभिशाप है। यह ठीक है कि गोल्डमान इस बात पर बल देते हैं कि वे साहित्यिक संरचनाएँ जिनका वे अपनी पद्धति में विश्लेषण करते हैं, मनुष्यकृत हैं पर उनकी मुख्य समस्या है–लेखक–समूह सम्बन्ध और लेखक तथा व्यापक समाज के बीच सम्बन्ध। जैसा कि हम देख चुके हैं, गोल्डमान की पद्धति साहित्यिक रचना को समझने–समझाने के लिए उसकी आन्तरिक संरचना को लेखक के सामाजिक समूह की बाह्य संरचनाओं से जोड़ने का प्रयास करती है। परन्तु उपन्यास और समाज के द्वन्द्वात्मक सिद्धान्त के अभाव में जिसमें लेखक, समूह, वर्ग, पाठ, संस्कृति समाज के बीच जटिल सम्बन्ध माने जाते हैं–कट्टर ऐतिहासिकतावाद उभरकर आ जाता है और साहित्यिक विधाओं में आर्थिक, सामाजिक और राजनैतिक विकास के कट्टर नियतत्त्ववादी सिद्धान्त अनुरूप लिखा जाता है।

साहित्य को पद्धति समझने में गोल्डमान ने जो बल दिया है, उसकी मूल्यवत्ता उनके उपन्यास–सम्बन्धी समाजशास्त्रीय सिद्धान्त से खण्डित हो जाती है। यहाँ अधिरचना का सम्यक् सिद्धान्त नहीं है। लूकाच की यान्त्रिक स्थापनाओं और गोल्डमान के ऊपर अधिक सूक्ष्म दिखने वाले सिद्धान्त में बहुत कम तात्विक अन्तर है। अधिरचना के द्वन्द्वात्मक सिद्धान्त में बहुत कम तात्विक अन्तर है। अधिरचना के द्वन्द्वात्मक सिद्धान्त का विकास न कर पाने की यह कमज़ोरी ही समकालीन मार्क्सवाद, अंग्रेज़ी सांस्कृतिक सिद्धान्त, संरचनावाद और लक्षणवाद की मूलभूत कमज़ोरी है, क्योंकि उसके अभाव में उपन्यास का समाजशास्त्र या तो प्रत्यक्षवाद या ऐतिहासिकतावाद बनकर रह जायेगा और उपन्यास, उसके स्वरूप, उसके स्रष्टा और समाज के बीच ठोस और जटिल सम्बन्ध तिरोहित हो जायेंगे।

सन्दर्भ

1. जॉर्ज स्टीनर, *लैंग्वेज एंड साइलेंस* (1967), पृ. 104
2. डब्ल्यू. जे. *हार्वे करेक्टर एंड द नॉवल*, पृ. 24
3. पिकारेस्क।
4. आयन वाट, *द राइज़ ऑफ़ द नॉवल* (1963)।
5. वही, पृ. 33
6. वही, पृ. 87
7. वही, पृ. 68
8. वही, पृ. 23
9. वही, पृ. 49
10. ए. हॉसर, *ए सोशल हिस्ट्री ऑफ़ आर्ट* (1962) III. पृ. 53–63
11. *मदाम–द–स्ताल,* द ला लितरात्यूर (1800)
12. जी.डब्ल्यू.एफ. हेगल, *लेक्चर्स ऑन फाइन आर्ट* (1920), पृ. 26–73, 123–171
13. उन्नीसवीं सदी के समाजशास्त्र पर काफी हद तक प्रत्यक्षवादी प्रविधि का प्रभुत्व था। कोंत से प्रारम्भ होने वाले प्रत्यक्षवाद का अर्थ हो गया– सामाजिक एवं मानवीय गतिविधियों एवं संस्थाओं के अनेकानेक *बाह्य पदार्थों* के समरूप मानना जिनका विश्लेषण उसी वैज्ञानिक (सटीकता) से किया जा सके जिससे प्राकृतिक विज्ञानों में पदार्थों का किया जाता है। परिणामतः कार्यकारण के वैज्ञानिक नियम बने। साहित्यिक विश्लेषण में प्रत्यक्षवाद ने साहित्य को लेखक की जीवनी, परिवेश और युगीन विचारधारा के प्रतिबिम्ब और उत्पाद के स्तर पर लाकर पटक दिया। इस प्रकार साहित्य एक अन्य सर्वथा भिन्न व्यवस्था द्वारा पूर्णतः आत्मसात कर लिया गया।
14. एन.ए. दब्रल्यूबाफ़, सिलेक्टेड फिलॉसफिकल एसेज, मास्को, (1956), पृ. 394–398
15. जी.वी. प्लेखानोव, आर्ट एंड सोशल लाइफ, (1953), पृ. 164
16. प्रत्यक्षवाद में अन्तर्निहित भाग्यवाद और समर्पण–भाव को कोंत ने बड़े सुन्दर शब्दों में व्यक्त किया है प्रत्यक्षवादी चेतना असाध्य राजनीतिक बुराइयों के प्रति विवेकपूर्ण समर्पण भाव का तर्कसम्मत विकास कर समाज में व्यवस्था लाने का प्रयास करती है। सभी प्राकृतिक घटनाओं के पीछे अनिवार्य प्राकृतिक नियम होते हैं, यह भावना सच्चे समर्पण–भाव को जन्म देती है।
17. कार्ल मार्क्स, कैपिटल (मास्को, 1985), खण्ड–1, पृ. 177–78
18. द जर्मन आइडियालॉजी।
19. *ए कांट्रीब्यूशन टु द क्रिटीक ऑफ़ पोलिटिकल इकॉनमी।*
20. निरन्तर चलते रहने वाले सामाजिक उत्पादन में मनुष्य ऐसे सुनिश्चित सम्बन्ध बना लेते हैं जो अपरिहार्य और उनकी इच्छा से स्वतन्त्र होते हैं। उत्पादन के ये सम्बन्ध उत्पादन की भौतिक शक्तियों के विकास की निश्चित स्थिति के अनुरूप होते हैं। कुल मिलाकर उत्पादन के ये सम्बन्ध

समाज का आर्थिक ढाँचा बनाते हैं। एक ऐसी नींव का निर्माण करते हैं जिस पर विधि सम्मत और राजनीतिक अधिरचना खड़ी होती है। सामाजिक चेतना के निश्चित रूप भी इसी अधिसूचना के अनुरूप होते हैं। भौतिक जीवन में उत्पादन के तरीके सामान्य रूप से सामाजिक, राजनीतिक और बौद्धिक जीवन–प्रक्रियाओं का निर्धारण करते हैं। मनुष्यों की चेतना उनके अस्तित्व को निर्धारित नहीं करती, बल्कि उनका सामाजिक जीवन उनकी चेतना को निर्धारित करता है *(मार्क्स, ए कान्ट्रीब्यूशन टु द क्रिटिक ऑफ़ पोलिटिकल इकॉनमी*, मास्को, (1971), पृ. 20–21

21. कार्ल मार्क्स, ग्रडिसे, सं.डी. मैकेलेलाल (1973), पृ. 164–166
22. 1848 की बुर्जुआ क्रान्ति के समर्थक उन बुर्जुआ कवियों का, जिन्होंने अपनी कला द्वारा खुलकर निजी सम्पत्ति और पूँजीवादी राज्य के हितों का पक्ष ग्रहण किया था, मार्क्स द्वारा किया गया विश्लेषण और इसके साथ ही यूजीन स्यू के प्रसिद्ध उपन्यास *ला मिस्ट्रीज द पेरिस* के विवेचन से यह स्पष्ट है कि जब राजनीतिक हितों को सीधे साहित्य में रूपान्तरित किया जाता है तो वह कोरा सिद्धान्त बनकर रह जाता है। उसकी उपयोगिता केवल दस्तावेज़ के रूप में रह जाती है जिसका मूल्य उपतत्त्व से अधिक नहीं होता।
23. कार्ल मार्क्स, इकनॉमिक एंड फिलॉसफिकल मैनस्क्रिप्ट्स, सम्पा. टी.बी. बॉटमोर (1963), व 190–194
24. ए सिटी गर्ल।
25. रैमोज़ नेव्यू।
26. मार्क्स एंड एंगेल्स, लिटरेचर एंड आर्ट (न्यूयार्क, 1947), पृ. 37–40
27. *लिटरेरी एनवायरनमेंट।*
28. *रीडिंग्स इन रशियन पोलिटिक्स,* सम्पा. एल. मतेजका एंड के. पोमोर्स्का (कैंब्रिज,1971), पृ. 60–63
29. एफ.आर. लीविस *रेप्लाई टु एफ डब्ल्यू बेटसन,* स्क्रूटनी, 1953
30. एफ.आर. लोविस, *'अंडर व्हिच किंग, बेजोनियन',* स्क्रूटनी, 1 (1952)।
31. जॉर्ज लूकाच (1885–1971) की साहित्यिक रचनाओं को दो चरणों में बाँटा जा सकता है। पहले चरण (1908–1919) में उनकी मार्क्सवाद–पूर्व की रचनाएँ आती हैं जैसे *द सोल एंड द फॉर्म* और *द थ्योरी ऑफ़ द नॉवल*–दूसरी रचना उनकी अधूरी रचना *एस्थेटिक* का ही अंश है। दूसरा चरण 1919 में उनके हंगरी की कम्युनिस्ट पार्टी का सदस्य बनने से आरम्भ होता है। यह सोवियत संघ में स्टालिनवाद की विजय और यूरोपियन क्रान्ति की पराजय का समय था। चौथे दशक के रूस में रहते हुए लूकाच ने अनेक पुस्तकें लिखीं जिन पर आज भी उनकी ख्याति आधारित है। ये रचनाएँ हैं : *स्टडीज़ इन यूरोपियन रियलिज्म, द हिस्टॉरिकल नॉवल, एसेज ऑन टॉमस मान।*
32. *स्टीनर, लैंग्विज एंड साइलेंस,* पृ. 368–370

33. जॉर्ज लूकाच, *स्टडीज इन यूरोपियन रियलिज्म,* (न्यूयार्क, 1964), अध्याय–4
34. जॉर्ज लूकाच, *एसेज ऑन टॉमस मान* (1964)
35. लूकाच, *स्टडीज,* पृ. 141
36. वही, पृ. 135
37. लूकाच, *'दोस्तोएव्स्की' इन दोस्तोएव्स्की,* सम्पा. आर. वेलेक (न्यू जर्सी, 1962)
38. मैजिक माउंटेन।
39. लूकाच, एसेज ऑन टॉमस मान, पृ. 57
40. एल. त्रात्स्की, ऑन लिटरेचर एंड आर्ट, न्यूयार्क, 1970, पृ. 70
41. इल्यूज़न एंड रिएलिटी।
42, क्रिस्टोफ़र कॉडवेल, *इल्यूज़न एंड रिएलिटी* (न्यूयार्क 1967), पृ. 207
43. ई. फिशर, *द नेसेसिटी ऑफ़ आर्ट* (1963), पृ. 111
44. एन. फ्राई, *द क्रिटिकल पाथ: एन एसे ऑन द सोशल कंटेक्स्ट ऑफ़ लिटरेरी क्रिटिसिज्म* (न्यूयार्क, 1972)।
45. साहित्य के समाजशास्त्र पर गोल्डमान की सर्वाधिक महत्त्वपूर्ण रचनाएँ हैं– पास्कल के दर्शन और रासीन के थियेटर में 'त्रासद दृष्टि' (ट्रेजिक विज़न) का अध्ययन, *द हिडेन गॉड* (1566), *मालरो, रॉबे ग्रिले* और नवीन उपन्यास पर लघु प्रत्ययवादी निबन्ध तथा *पूर यून सोशियोलॉजी द्‌यू रोमा* (1964)। यद्यपि गोल्डमान ने लूकाच के मार्क्सवादी लेखन पर कुछ नहीं कहा है, फिर भी उन पर उपन्यास और त्रासदी पर लिखे पूर्व–मार्क्सवादी निबन्धों तथा बाद में वर्ग–चेतना का इतिहास *(हिस्ट्री ऑफ़ क्लास कांशसनेस)* (1923) का गहरा प्रभाव है।
46. ल्यूसिएँ गोल्डमान, *पूर यून सोशियोलॉजी द्‌यू रोमा* (पेरिस, 1964). 47 ल्यूसिएँ गोल्डमान, *मार्क्सिज्म एत साइंसेज हयूमेन्स,* पेरिस, 1970), पृ. 130–150 द हिडेन गॉड, अध्याय–1
48. जॉर्ज लूकाच, *द थ्योरी ऑफ़ द नॉवल* (1971), पृ. 56–67
49. वही, पृ. 89
50. ल्यूसिएँ गोल्डमान, *पूर यून सोशियोलॉजी द्‌यू रोमा,* पृ. 19–57

6

उपन्यास की भारतीय विधा

अज्ञेय

साहित्य के 'राष्ट्रीय' रूप में मेरी कोई दिलचस्पी नहीं है। क्यों हो? राष्ट्रीयतापरक साहित्य हो सकता है, विभिन्न समय पर उसकी ज़रुरत भी हो सकती है और यह भी हो सकता है कि समूचे देश–समाज की मुख्य संवेदना का प्रतिबिम्बन और वहन करते हुए साहित्य राष्ट्रीयता की भावना से अनुप्राणित हो। जिस देश–समाज में राष्ट्रीयता की भावना प्रबल हो, जो राष्ट्रत्व के लिए छटपटा रहा हो, उसका साहित्य इस अकुलाहट को व्यक्त करे, इससे अधिक स्वाभाविक क्या होगा? पर क्या वैसा होने से ही हम कह सकेंगे कि वह राष्ट्रीय साहित्य है?

भारतीय साहित्य, हाँ! क्योंकि वह एक भारतीय संवेदना का वाहक हो सकता है, ऐसी संवेदना, जिसमें वैसे मूल्य हैं जो भारत के सांस्कृतिक इतिहास और अनुभव की उपलब्धियाँ हैं, ऐसी संवेदना, जिसकी अभिव्यक्ति मिलने पर हर भारतीय अनुभव करेगा कि उसी को अभिव्यक्ति मिली है।

साहित्य–विधाएँ : क्या उनके साथ ही हम देशवास विशेषण लगा सकते हैं? इस अर्थ में क्या 'भारतीय उपन्यास' की बात कर सकते हैं?

प्रश्न पूछता हूँ और सोचने के लिए रुक जाता हूँ।

भारतीय भाषाओं के बहुत से उपन्यासों का अध्ययन–विश्लेषण करके हम कुछ सामान्य धारणाएँ उनके गुण–दोष या विशिष्ट प्रवृत्तियों के बारे में बना लें और कहें कि अमुक–अमुक बातें भारतीय उपन्यास में पायी जाती हैं या इसी बात को उलट कर कहें कि जिस उपन्यास में अमुक–अमुक हों वह भारतीय उपन्यास है, तो वह कहना संगत हो सकता है उससे भारतीय उपन्यास के अध्ययन के लिए कुछ प्रकाश भी मिल सकता है।

पर यह कहने में कि 'भारतीय उपन्यास' नाम सार्थक हो सकता है और यह कहने में कि उपन्यास–विधा में एक विशेष रूप–संघटना है जिसे भारतीय उपन्यास–रूप कहा जा सकता है, काफी अन्तर है। विधा और रूप में भेद करना चाहिए। रूपाकार के साथ कोई देश अथवा जातिवाचक विशेषण लग सकता है या नहीं यह सोचने की बात है। अगर रूपाकार एक सौन्दर्य–तत्त्व है तो उसे राष्ट्रीयता का अतिक्रमण करना चाहिए, अतिराष्ट्रीय होना चाहिए। किसी कृति–उपन्यास–कृति में या तो रूपाकार है या नहीं; जातिवाचक विशेषण से वह कलावस्तु नहीं बन जायेगी और अगर कला–कृति है तो ऐसे बिल्ले की उसे ज़रुरत क्या है?

शैलियाँ, पद्धतियाँ, शिल्प, तन्त्र–रूपाकार को रूपायित और रूप बोध का सम्प्रेषण करने के लिए इनके विभेद हो सकते हैं, पर तन्त्र स्वयं रूपाकार नहीं है। तन्त्र के साथ भी विशेषण की क्या आवश्यकता है, क्या किसी का आत्यन्तिक महत्त्व है? केवल ऐतिहासिक मूल्यांकन की दृष्टि से उसकी सार्थकता या प्रयोजनीयता हो सकती है, कोई विशेष तन्त्र किसी विशेष देश–काल की उपज हो सकता है, किसी युग या समाज विशेष की संवेदना का वहन करने का विशेष सामर्थ्य रख सकता है।

भारतीय उपन्यास की चर्चा इसी सन्दर्भ में सार्थक हो सकती है।

उपन्यास मूलतः एक कालबद्ध रचना है। काल में घटित का ही रूपयुक्त वृत्तान्त उपन्यास है। इसलिए अगर काल–बोध भिन्न है तो उपन्यास का रूप भी भिन्न होगा, अगर उपन्यास–रूप विशिष्ट है तो काल–बोध भी विशिष्ट होगा।

इस परिप्रेक्ष्य म आख्यान का अगर कोई विशिष्ट रूपाकार है जिसे भारतीय प्रतिभा की अनन्य उपज माना जा सके तो वह शृंखलाबद्ध कथा या कहानी के भीतर कहानी ही है। हितोपदेश पंचतन्त्र इसके प्राक्तन रूप हैं। कथा–सरित्सागर, ईसप की कहानियाँ, अलिफ़ लैला, बैताल–पचीसी और सिंहासन बत्तीसी, डेकामेरॉन और तोता–मैना उसी शृंखला की कड़ियाँ हैं। सम्बद्ध वृत्तों–दृष्टान्तों के द्वारा ठोस व्यावहारिक ज्ञान–दर्शन की परम्परा के रक्षण, प्रचार और प्रसार की ऐसी कथाएँ तो सारे संसार में मिलती हैं, पर यह मानना संगत है कि एक सुष्ठु और परिपक्व, परिमार्जित साहित्यिक विधा के रूप में इसका विकास विशिष्टतः भारतीय है। मैं समझता हूँ कि आख्यान

या उपन्यास–साहित्य में किसी रूपाकार को हम वास्तव में भारतीय कह सकते हैं। तो वह यही है।

आधुनिक उपन्यास वास्तव में पश्चिमी उपन्यास है। हर भारतीय भाषा में उपन्यास का आविर्भाव पश्चिम के सम्पर्क का परिणाम है और इस बात को आगे तक बढ़ाकर भी कह सकते हैं। आधुनिक काल भी पश्चिमी काल है। ऐतिहासिक काल के साथ ऐतिहासिक उपन्यास का विकास हुआ, फिर कालबोध के खण्डित, कालाणुपरक, निर्वैयक्तिक होने के साथ–साथ उपन्यास में भी वही चीज प्रकट हुई। खण्डित बोध के, क्षण–गत जीवन के निर्वैयक्तिक 'अनुभूति' के उपन्यास अत्याधुनिक (पश्चिमी) काल–बोध के साथ अनिवार्यतः बँधे हैं।

यह दूसरी बात है कि पश्चिम से जो हमने पाया है, उसमें हम दोबारा ऐसे भी तत्त्व पहचानें जो हमारे अपने थे। जो हमने दिये, पर मूर्ख दाता होने के कारण देने में गँवा दिये; देकर सम्पन्नतर नहीं हुए।

शृंखला कथा की जड़ें दो हैं

पहली तो यह है कि वह व्यवहार और व्यावहारिक ज्ञान की भूमि लोक–जीवन में खोजती और पाती है; उस ठोस, 'सयाने' सफलतापरक (प्रैग्मैटिक) 'चलती का नाम गाड़ी' कोटि के व्यावहारिक ज्ञान की, जिसके सहारे हमारा दिनोंदिन जीवन चलता रहता है, उस समय भी जब हम उच्चतर क्षेत्रों के सपने देख रहे होते हैं या गहनतर विषयों की थाह ले रहे होते हैं।

दूसरी यह है कि उसका काल–बोध पश्चिम से न केवल पृथक है, बल्कि अभी कुछ काल पहले तक पश्चिम के लिए दुर्बोध और अगम्य रहा है। पश्चिमी नाटकीय सन्दर्भ की काल की एकता का भारतीय सन्दर्भ में कोई अर्थ नहीं रहा क्योंकि भारतीय दृष्टि में सब काल सहवर्ती हो सकते थे।

पश्चिमी शॉर्ट–स्टोरी और भारतीय कथा में ये दो अलग–अलग कालबोध प्रतिबिम्बित और परिलक्षित होते हैं। उसका काल–बोध ऐतिहासिक, ऋजुरेखानुसारी, अप्रत्यावर्त्य है। 'हो चुके' पर 'हो रहा' वरीयता पाता है और हर घटना का एकअन्त होता है, परिणति होती है, भारतीय कथाकार या क़िस्सागोई इत्मीनान में है, मजे–मजे चलता है, उसकी दृष्टि संग्राहक है। उसका काल–बोध सांस्कृतिक और वृत्तानुसारी है। उसमें आना और जाना तो है, पर अन्त या चुक जाना नहीं है। जो हो चुका है, वह घटित के नाते ही निरन्तर घटमान है। न कोई आदि है, न अन्त है।

मैं तो भारतीय लेखक हूँ न? न्यूनाधिक भारतीय, जैसा कि मेरा देश ही न्यूनाधिक भारत है! और मैं न्यूनाधिक आधुनिक लेखक भी हूँ जिसका अभिप्राय यह है कि मैं उन नाना प्रभावों के प्रति खुला हूँ जो राष्ट्रीय सीमाओं का अतिक्रमण करते हुए आते हैं।

इस प्रकार मैं आधुनिक विधाओं में रचना करता हूँ, पर उसी रूप में जिसमें एक भारतीय वैसा कर सकता है।

तो मैं कह सकता हूँ कि मेरा काल–बोध भी दोहरा है, बल्कि दोहरे से कुछ अधिक क्योंकि मैं दो प्रकार का काल–बोध स्वीकार करके उनका परस्पर विरोध निराकृत करना चाहता हूँ। इस विशेष परिस्थिति का भी प्रतिबिम्ब आज भारत के उपन्यास में हो सकता है। उसके लिए विशिष्ट तन्त्र का आविष्कार या विकास हो सकता है। होगा, तो जिस सीमा तक होगा या जिस मात्रा में होगा उसी में या उसी तक हम एक भारतीय रूपाकार की बात कर सकेंगे। पर वैसा करके भी हम उसे किसी दूसरे राष्ट्रीय या जातीय रूपाकार की प्रतिस्पर्धा में नहीं रखेंगे, यही कहना होगा कि वह उपन्यास यात्रा की एक देन है। उपन्यास मात्र की श्रीवृद्धि उससे होती है।

स्रोत : 'सर्जना और सन्दर्भ', अज्ञेय।

7

'अंग्रेज़ी ढंग का नॉवेल' और भारतीय उपन्यास

नामवर सिंह

कैसी विडम्बना है कि उन्नीसवीं शताब्दी में जब अंग्रेज़ी 'ओरिएंटलिस्ट' कादम्बरी, कथा सरित्सागर, पंचतन्त्र जैसी भारतीय कथाओं के पीछे पागल थे, स्वयं भारतीय लेखक 'अंग्रेज़ी ढंग का नॉवेल' लिखने के लिए व्याकुल थे। ये हैं उपनिवेशवाद के दो चेहरे।

निस्सन्देह कुछ लोग अपनी भाषा में 'अंग्रेज़ी ढंग का नॉवेल' लिखने में कुछ–कुछ कामयाब भी हो गये। उदाहरण के लिए लाला श्रीनिवास दास का 'परीक्षा–गुरु' (1882) जिसे आचार्य रामचन्द्र शुक्ल ने हिन्दी में 'अंग्रेज़ी ढंग का पहला उपन्यास' माना है, लेकिन पूरा–पूरा 'अंग्रेज़ी ढंग का नॉवेल' सबसे न बन पड़ा। ख़ासतौर से उनसे जो सर्जनशील रचनाकार थे, जैसे हिन्दी से ही उदाहरण लें तो ठाकुर जगमोहन सिंह, जिनकी कथाकृति 'श्यामास्वप्न' किसी भी तरह 'अंग्रेज़ी ढंग का नॉवेल' नहीं है। ऐसे सर्जनशील रचनाकारों के सिरमौर हैं बंकिमचन्द्र, जिन्हें प्रथम भारतीय उपन्यासकार होने का गौरव प्राप्त है।

छब्बीस वर्ष की कच्ची उम्र में बंकिमचन्द्र ने 'दुर्गेशनन्दिनी' (1865) नाम का अपना पहला बँगला उपन्यास प्रकाशित किया और एक साल बाद 'कपालकुण्डला' (1866) फिर तीन साल के अन्तराल के बाद 'मृणालिनी' (1869)। इनमें से एक भी 'अंग्रेज़ी ढंग का नॉवेल' नहीं है। जगमोहन सिंह के 'श्यामास्वप्न' के समान ही ये तीनों उपन्यास किसी 'अंग्रेज़ी ढंग के नॉवेल' की अपेक्षा संस्कृत की 'कादम्बरी' की याद दिलाते हैं। यह भी एक विडम्बना ही है। एक लेखक कथा की पुरानी परम्परा से मुक्त होकर एक़दम

आधुनिक ढंग की नयी कथाकृति रचना चाहता है और परम्परा है कि उसके सर्जनात्मक अवचेतन का संचालन कर रही है। बाबा जी को कम्बल कैसे छोड़े! इस तरह बंकिमचन्द्र की रचना–प्रक्रिया से गुजरकर जो चीज़ निकली उसके लिए सही नाम एक ही है रोमांस!

उपन्यास का अर्थ जिनके लिए 'अंग्रेज़ी ढंग का नॉवेल' है फिर उसकी परिभाषा जो भी हो इसे बंकिमचन्द्र की विफलता मानेंगे, लेकिन मेरी दृष्टि में लेखक की इस विफलता में ही भारतीय उपन्यास की सार्थकता निहित है। भारतीय उपन्यास के मूलाधार उन्नीसवीं शताब्दी के ये 'रोमांस' ही हैं न कि तथाकथित अंग्रेज़ी ढंग के उपन्यास। उन्नीसवीं शताब्दी के भारतीय मानस का सही प्रतिनिधित्व कपालकुण्डला करती है, 'परीक्षागुरु' नहीं। 'परीक्षागुरु' का महत्त्व अधिक–से–अधिक ऐतिहासिक है और वह भी सिर्फ़ हिन्दी के लिए जबकि 'कपालकुण्डला' अपने ज़माने की अत्यधिक लोकप्रिय कृति होने के साथ ही स्थायी कीर्ति की हकदार है तथाकथित 'अंग्रेज़ी ढंग का नॉवेल' का तिरस्कार करके ही बंकिमचन्द्र के रोमांसधर्मी उपन्यासों ने भारतीय राष्ट्र और भारतीय उपन्यास की अपनी पहचान बनाने में पहल की है।

'अंग्रेज़ी ढंग के नॉवेल' का तिरस्कार वस्तुतः उपनिवेशवाद का तिरस्कार है। भारत से पहले 'अंग्रेज़ी ढंग के नॉवेल' को उत्तरी अमेरिका अस्वीकार कर चुका था। हाथोर्म और मेल्विन ने 'रोमांस' की रचना की थी, किसी 'अंग्रेज़ी ढंग के नॉवेल' का अनुकरण नहीं किया। 'स्कार्लेट लेटर' और 'मोबी डिक' ऐसे 'रोमांस' हैं जिन्हें 'राष्ट्रीय रूपक' के रूप में आज भी ग्रहण किया जाता है। अंग्रेज़ी साम्राज्यवाद से अपने आपको मुक्त कर अमेरिकी प्रतिभा ने आख्यान के रूपबन्ध में भी स्वतन्त्रता प्राप्त की। इस प्रकार उत्तरी अमेरिका में राष्ट्र और उपन्यास का जन्म साथ–साथ हुआ। तब तक के 'अंग्रेज़ी नॉवेल' के रूपबन्ध में एक स्वतन्त्र राष्ट्र की उद्दाम आकांक्षाओं का अँटना सम्भव न था। नये राष्ट्र ने एक नितान्त उन्मुक्त रूपबन्ध का सृजन किया। भारत के ऐसे भाग्य न थे। 1857 के प्रथम स्वतन्त्रता संग्राम का अन्त राष्ट्रीय पराजय में हुआ। किन्तु राष्ट्र की आत्मा ने पराजय स्वीकार न की। कल्पना में स्वतन्त्रता संग्राम गोया अभी भी जारी था। कहने वाले लाख कहें कि "ब्रिटिश साम्राज्य में सूर्य नहीं डूबता और इस न्याय से 'अंग्रेज़ी ढंग के नॉवेल' को ही आख्यान की सार्वभौम विधा का आदर्श मानते रहें लेकिन भारत के स्वतन्त्रचेता लेखक ने इसे स्वीकार नहीं किया। उसके लिए तो सितारों से आगे जहाँ और भी हैं... तेरे सामने आसमाँ और भी हैं।'

इस जहान और आसमान का ही दूसरा नाम है भारत स्वतन्त्र–राष्ट्र के रूप में भारत। आँखों के सामने रोज़–रोज़ दिखायी पड़ने वाला भारत नहीं है। असली भारत मनोवांछित भारत। कल्पना का भारत। इस भारत का निर्माण ही मुख्य मुद्दा या निश्चित ही यह एक प्रकार की कल्पसृष्टि है। कल्पसृष्टि कल्पसृजन से ही सम्भव है। उपन्यास सही गल्प–सृजन है। गल्प–से–गल्प की सृष्टि। एक गल्प–उपन्यास, दूसरा गल्प राष्ट्र यह दूसरा 'कल्प' गले से जल्दी नहीं उतरता। पर विचार करें तो राष्ट्र भी एक गल्प ही है। कुल मिलाकर राष्ट्र एक प्रतिमा ही तो है। इसके निर्माण में अतीत की कितनी पुरागाथाएँ, मिथक, किवंदन्तियाँ, लोककथाएँ, स्मृतियाँ, इतिहास–पुराण आदि का योग होता है? कहना कठिन है कि इसमें कितना वास्तविक है और कितना काल्पनिक। बेनेडिक्ट एंडरसन ने शायद इसीलिए राष्ट्र को 'कल्पित जनसमुदाय' (इमेजिंड कम्युनिटी) कहा है।

आधुनिक युग में इस राष्ट्र नाम के गल्प के निर्माण का सबसे सशक्त माध्यम उपन्यास है। छापकर पढ़ने के लिए तैयार की गयी गद्य–कथा। छापेखाने के साथ ही उपन्यास अस्तित्व में आया। लगभग समाचार–पत्रों के साथ और यह आकस्मिक नहीं कि अनेक उपन्यास पहले पहल पत्रिकाओं में ही धारावाहिक रूप से प्रकाशित हुए। इन धारावाहिक उपन्यासों के द्वारा धीरे–धीरे पढ़ने वालों का एक सुनिश्चित समुदाय बना। इसे कुछ विद्वान 'प्रिंट कम्युनिटी' कहना पसन्द करते हैं। यह समुदाय वाचिक परम्परा द्वारा निर्मित समुदायों से भिन्न है अपनी चेतना में भी और अपने ढांचे में भी इस प्रकार आधुनिक राष्ट्र को उपन्यासों की 'निर्मिति' भी कहा जाये तो कोई अतिशयोक्ति न होगी।

इतिहास भी उपन्यास के समान ही एक प्रकार की कल्पसृष्टि है। आख्यान दोनों का आधार है और आख्यान–रचना मूलतः कल्पना का ही व्यापार है। आकस्मिक नहीं कि इतिहास लेखन और उपन्यास–रचना का आरम्भ लगभग साथ–साथ हुआ यहाँ तक कि अधिकांश आरम्भिक उपन्यास 'ऐतिहासिक उपन्यास' हैं। बंकिमचन्द्र को इतिहास और उपन्यास की तरह सजातीयता का पूरा अहसास था। अपने प्रसिद्ध ऐतिहासिक उपन्यास 'राजसिंह' (1882) के चौथे संस्करण के 'विज्ञापन' में उन्होंने लिखा है; ''इतिहास का उद्देश्य कभी–कभी उपन्यास द्वारा सिद्ध हो जा सकता है। उपन्यास–लेखक सर्वत्र सत्य (तथ्य) की शृंखला में नहीं बँधे होते। इच्छानुसार वे अपनी अभीष्ट सिद्धि के लिए कल्पना का आश्रय ले लेते हैं। पर सर्वत्र उपन्यास इतिहास के आसन को ग्रहण नहीं कर सकता।''

फिर भी उन्नीसवीं शताब्दी के भारत में राष्ट्र निर्माण की दिशा ने जो भूमिका निभायी, उससे इतिहास की तुलना सम्भव नहीं है। इसका मुख्य कारण उपन्यास के रूपबन्ध की सर्जनात्मकता है। जैसा कि रूसी चिन्तक बाख्तीन ने दिखाया है, उपन्यास के ढाँचे में समाज के विभिन्न स्तरों के चरित्र आपस में मिलते हैं और अपनी–अपनी बोली–बानी में एक–दूसरे से बात करते हैं इस प्रक्रिया में उपन्यास का संसार सहज ही एक ऐसे रूप में सामने आता है, जिसमें सभी सदस्यों की भागीदारी एक समान नागरिक की सी प्रतीत होती है।

इसके अतिरिक्त किसी राष्ट्र की अपनी पहचान उसकी भाषा है और कहना न होगा कि ये सबसे लोकप्रिय रूपबन्ध के रूप में उपन्यास ने ही भारत की आधुनिक भाषाओं को मानक रूप दिया। यह मानकीकरण छपे हुए गद्य के बिना सम्भव ही न था। सन्तों–भक्तों ने आधुनिक भारत की लोक–भाषाओं को साहित्यिक रूप में प्रतिष्ठित किया तो उपन्यास ने उन्हें राष्ट्रीय रूप प्रदान किया। इस दृष्टि से हिन्दी भाषी क्षेत्र में उपन्यास की भूमिका विशेष रूप से उल्लेखनीय है। आधुनिक खड़ी बोली हिन्दी का उदय एक ऐतिहासिक घटना है।

उपन्यास ने यदि राष्ट्र का रूप निर्मित किया तो राष्ट्रीय कल्पना ने उपन्यास के रूप निर्माण में भी नियामक भूमिका अदा की। इस प्रकार राष्ट्र निर्माण और उपन्यास के बीच द्वन्द्वात्मक सम्बन्ध है। इस द्वन्द्व के कारण उन्नीसवीं शताब्दी के अधिकांश भारतीय उपन्यास 'राजनीतिक' हैं। कथानक चाहे ऐतिहासिक हो चाहे सामाजिक अथवा नितान्त निजी प्रेम की कहानी, अन्ततः उनसे कोई–न–कोई राजनीतिक अर्थ ध्वनित होता है। सम्भवतः इसी बात को लक्षित करते हुए अमेरिका के प्रसिद्ध मार्क्सवादी समालोचक फ्रेडरिक जेम्सन ने भारत सहित तीसरी दुनिया के सभी देशों के उपन्यासों को 'नेशनल एलिगरी' (राष्ट्रीय रूपक) कहा है।

बंकिमचन्द्र के उपन्यासों के माध्यम से राष्ट्रीय रूपक' की परिकल्पना को आसानी से समझा जा सकता है। 'राजसिंह' (1882) के सन्दर्भ में तो बंकिमचन्द्र ने स्पष्ट शब्दों में स्वीकार किया है कि "हिन्दुओं का बाहुबल ही मेरा प्रतिपाद्य है।" इसका कारण यह है कि "अंग्रेज साम्राज्य में हिन्दुओं का बाहुबल लुप्त हो गया है।" इस प्रकार 'मृणालिनी' (1869) में भी उनका स्वदेश–प्रेम स्पष्ट रूप में व्यक्त हुआ है। सिर्फ़ सत्रह घुड़सवारों को लेकर बख़्तियार ख़िलजी ने बंगाल को जीता था, इस कहानी पर

बंकिमचन्द्र को बिलकुल विश्वास नहीं था। वे बंगाली जाति के शौर्य–वीर्य के प्रति इतने आस्थावान थे कि 'मृणालिनी' के द्वारा वे इस जातीय कलंक को दूर करने में प्रवृत्त हो गये। कहने की आवश्यकता नहीं कि बख़्तियार ख़िलजी की बंगाल विजय भी एक रूपक ही है। इससे अनायास ही अंग्रेज़ों की बंगाल–विजय व्यंजित है।

बंकिमचन्द्र इस राष्ट्रीय कलंक से इतने उद्वेलित थे कि अपने पहले उपन्यास 'दुर्गेशनन्दिनी' में भी इसका ज़िक्र करना नहीं भूले। तीसरे ही अध्याय में वे लिखते हैं, "यह परिच्छेद इतिहास–सम्बन्धी है। पाठकवर्ग बहुत अधीर हों तो इसे छोड़ सकते हैं, किन्तु ग्रन्थकार की सलाह है कि अधैर्य अच्छा नहीं। पहले पहल बंगदेश में बख़्तियार ख़िलजी के मुहम्मदीय जयध्वजा फहराने पर मुसलमान बेरोकटोक कई शताब्दी तक उसके राज्य का शासन करते रहे।''

वैसे, दुर्गेशनन्दिनी' मुख्यतः रोमांस' है जिसके केन्द्र में हिन्दू राजकुमार जगत सिंह और मुस्लिम शहजादी आयशा की प्रेम कहानी है। यह प्रेम कहानी दुखान्त है। प्रेम की परिणति विवाह में नहीं होती। फिर भी आयशा का आत्म बलिदान मन पर अमिट छाप छोड़ जाता है। आयशा के आदर्श–प्रेम के सामने राजकुमार का सारा शौर्य पराक्रम फीका पड़ जाता है। रोमांस में जो एक जीवट या साहस होता है, यह इस प्रेमकथा का अतिरिक्त आकर्षण है। इसमें अद्‌भुत का भी पुट है और रहस्य का भी पुट है। इन सबको आकर्षक रंग देता है बंगाल के प्राकृतिक परिवेश या आँखों देखा वास्तव–सा चित्रण क्या यह सब रूपक नहीं है?

राष्ट्रीय रूपक का इससे अच्छा उदाहरण है 'कपालकुण्डला', शुद्ध रोमांस। दुखान्त यह भी है। 'दुर्गेशनन्दिनी' की तरह यहाँ भी नायक की एक पूर्वपत्नी है अधिक ईर्ष्यालु और पतित भी। पृष्ठभूमि है गंगा सागर का वन्य, असाधारण और रोमांचक परिवेश अन्तिम दृश्य। एक हहराते समुद्र में कपालकुण्डला की छलांग और उसे बचाने के प्रयास में नायक की भी जल–समाधि। लगता है, गोया कपालकुण्डला स्वयं ही वह हहराता हुआ सागर है। एक हहराते हुए समुद्र–सी युवती! पुरुष की काम्या! उस ज्वार में निमज्जित होता पुरुष! क्या यह सब कुछ रूपक नहीं प्रतीत होता?

यदि रोमांचक 'मोबी डिक' अमेरिका का राष्ट्रीय रूपक हो सकता है तो 'कपालकुण्डला' बंगभूमि का रूपक क्यों नहीं? कुछ समीक्षक तो ऐसे प्रेमकेन्द्रित 'रोमांस' को 'राजनीति का कामशास्त्र' (इरोटिक्स ऑफ़ पॉलिटिक्स) कहना चाहते हैं।

जो हो, इसमें कोई शक नहीं कि बंकिम के प्रेम–केन्द्रित रोमांस कोरे प्रेम से कुछ अधिक अर्थ व्यंजित करते हैं। प्रेमियों का आत्मबलिदान कहीं राष्ट्रीय आदर्श के लिए आत्मबलिदान का सन्देश देता है तो कहीं प्रेमियों का मिलन–प्रसंग अधिक व्यापक एकता की ओर संकेत करता है।

तात्पर्य यह है कि उन्नीसवीं शताब्दी के भारतीय 'रोमांस' लोकरंजन तक सीमित नहीं थे, बल्कि उनमें एक राष्ट्रीय भावना भी अन्तर्निहित थी, जिससे समसामयिक पाठक कहीं–न–कहीं परिचित थे। इस प्रकार वे ऊपर–ऊपर से यथार्थ से दूर दिखते हुए भी अपने निहितार्थ में कहीं अधिक वास्तविक थे। सत्य के निकट, सत्य के निदर्शक काल्पनिक होते हुए भी ये रोमांस यथार्थ में हस्तक्षेप करने में समर्थ थे बहुत कुछ अनैतिक होते हुए भी इतिहास के निर्माण में प्रयत्नशील थे और विषयवस्तु में स्पष्टतः राष्ट्रीय न होते हुए अन्तर्वस्तु में राष्ट्रीय रूपक का आभास देते थे।

इनके विपरीत तथाकथित 'अंग्रेज़ी ढंग के नॉवेल' चाहे जितने यथार्थवादी दिखायी पड़ें अन्ततः अनुकरणधर्मी थे, रूपबन्ध में एक परायी विधा के अनुकरणकर्ता और अन्तर्वस्तु में प्रदत्त यथार्थ के पीछे चलने वाले क्योंकि उनके पास यथार्थ में हस्तक्षेप करने वाली 'कल्पना' ही नहीं थी। अधिक–से–अधिक वे पुरानी नीतिकथाओं के समान अन्त में नीरस उपदेश देकर ही सन्तुष्ट हो सकते थे, जैसे कि परीक्षागुरु औसत अंग्रेज़ी उपन्यासों की तरह उस जमाने के ज्यादातर भारतीय सामाजिक उपन्यास बहुत कुछ घरेलू उपन्यास' बन कर रह गये।

विरोधाभास प्रतीत होते हुए भी यह तथ्य है कि भारतीय उपन्यास में सच्चे यथार्थवाद का विकास इन घरेलू उपन्यासों के द्वारा नहीं, बल्कि बंकिमचन्द्र जैसे 'रोमांसकारों' के उपन्यासों से ही हुआ। वैसे, बंकिम के रोमांसधर्मी उपन्यासों में भी यथार्थ के चित्र कम नहीं हैं। उदाहरण के लिए 'आनन्दमठ' में ही बंगाल के गाँवों की दुर्दशा के चित्र। निश्चय ही शताब्दी का अन्त होते–होते क्रमशः इस यथार्थवाद में व्यापकता भी आयी और गहराई भी। फ़कीर मोहन सेनापति का उड़िया उपन्यास 'छह माण आठ गुण्ठ' विकास की इस ऐतिहासिक प्रक्रिया की अन्तिम परिणति है और सर्वोत्तम उपलब्धि भी। यह उपन्यास एक प्रकार से प्रेमचन्द के उपन्यासों का पूर्वाभास है। उपनिवेशवादी दौर का ही दलित किसान, ज़मींदार द्वारा किसान के खेत का हड़प लिया जाना, गाय का छिन जाना, मुक़दमेबाजी, कोर्ट–कचहरी, वकील मजिस्ट्रेट, अंग्रेज़ी न्याय, जेल, क्षुब्ध किसान का

हिंसात्मक प्रतिशोध आदि। फिर भी यह किसी 'अंग्रेज़ी ढंग का नॉवेल' नहीं है। बंकिमचन्द्र की तरह ही बीच–बीच में संस्कृत के श्लोक, श्लोकों की मनोरंजक व्याख्याएँ, ठेठ भारतीय व्यंग्य, फिर भी आद्यन्त व्याप्त करुणा! उन्नीसवीं शताब्दी के समूचे भारतीय उपन्यास–साहित्य में 'छह माण आठ गुण्ठ' अनूठी कृति है, अनुपम और अद्वितीय। उपन्यास के अन्त में 'छह माण आठ गुण्ठ' का विक्षिप्त प्रलाप करते हुए मगराज का प्राणत्याग अमिट छाप छोड़ जाता है। यथार्थ और फैंटेसी एक साथ। यह उपन्यास भी अन्ततः एक राष्ट्रीय रूपक है। किसी एक व्यक्ति की व्यथा–कथा यह नहीं है, जैसे पूरे समूह की देश की आत्मा की चीत्कार है! 'छह माण आठ गुण्ठ पूरा भारत है!

इतिहासाचार्य विश्वनाथ काशीनाथ राजवाड़े ने बहुत पहले अपने 'कादम्बरी (1902) शीर्षक लेख में चेतावनी दी थी कि केवल अंग्रेज़ी उपन्यासों वह भी 'सोसायटी नॉवेल्स' का परिचय भारतीय उपन्यासकारों के लिए हानिकारक सिद्ध हुआ है। इसके बदले भारतीय उपन्यासकारों का साक्षात्कार यदि उन्नीसवीं शताब्दी में ही रूस के टॉल्सटॉय और फ्रांस के बालज़ाक जैसे उपन्यासकारों की महान कृतियों से हो गया होता तो भारतीय उपन्यास का नक्शा कुछ और ही होता!

कभी–कभी यह ख़्याल भी आता है कि यदि सभी भारतीय भाषाओं ने मराठी की तरह 'नॉवेल्स' के लिए 'कादम्बरी' संज्ञा स्वीकार कर ली होती तो शायद अपनी जातीय स्मृति अधिक सुरक्षित रहती और अपनी परम्परा का प्रत्यभिज्ञान हमारी कथात्मक सर्जनात्मकता में कुछ और रंग लाता।

इस धारणा की पुष्टि आचार्य हज़ारी प्रसाद द्विवेद्वी के उपन्यास 'बाणभट्ट की आत्मकथा' (1946) से होती है। इस तरह से देखें तो बाणभट्ट की आत्मकथा' भारतीय उपन्यास की भी आत्मकथा है। रूपबन्ध में प्राचीन और नवीन का अद्‌भुत संयोग। 'कादम्बरी' कथा की तरह आरम्भ में मिस कैथराइन का कथान्तर, लेकिन कथानक का विकास व्योमकेश शास्त्री के शब्दों में 'आजकल की डायरी शैली' में "कथालेखक जिस समय कथा लिखना शुरू करता है उस समय उसे समूची घटना ज्ञात नहीं है।" तात्पर्य यह कि 'नैरेटर' भूत–वर्तमान–भविष्य सब कुछ का जानकार सर्वज्ञ नहीं है। 'कादम्बरी' की तरह ही अपनी कथा की अपूर्णता का उल्लेख करके लेखक ने क्या यह संकेत देना चाहा है कि उसकी दृष्टि में उपन्यास ऐसा रूपबन्ध है जो कहीं खत्म नहीं होता और एक जगह समाप्त होने के बाद भी कल्पना के लिए खुला रहता है?

कुल मिलाकर प्राचीनता का आभास देती हुई 'बाणभट्ट की आत्मकथा' कितनी नयी है! नयी और ताजा! किसी कालजयी कृति के लक्षण इसके अलावा और क्या होते हैं? इसी प्रकार यदि अन्तर्वस्तु पर दृष्टिपात करें तो पूरी कथा 'एलिगरी' (रूपक) है 'ओरिएंटलिस्ट' कैथराइन अपने 'बाण' को खोजती हुई भारत आती है; शोणनद के किनारे की बीहड़ यात्रा करती है। हाथ लगती है एक पुरानी पोथी और वो तन्मय होकर नैश जागरण करती हुई उसका हिन्दी अनुवाद करती है। कैसी विडम्बना है कि जिस समय भारतीय उपन्यासकार अंग्रेज़ी 'नॉवेल' की नक़ल में विकल थे, एक यूरोपीय महिला भारत की एक अति प्राचीन पोथी में अपने लिए जाने क्या पा जाती है कि उल्था करने में प्राणपण से जुट जाती है। यह किसकी 'आत्मकथा' है? बाण की? भट्टिनी की? निउनिया की? कैथराइन की या स्वयं 'बाणभट्ट की आत्मकथा' के आपाततः सम्पादक और प्रकाशक व्योमकेश शास्त्री की? यह व्योमकेश शास्त्री वही हैं जिन्हें आचार्य हज़ारी प्रसाद द्विवेदी अपना अभिन्न कहते हैं। कैथराइन की डाँट और व्योमकेश पण्डित का अनुचिन्तन सुनें तो यह किसी व्यक्ति की कथा नहीं है, बल्कि 'आत्मा' की कथा है और आत्मा सार्वभौम है, किसी देश या व्यक्ति तक सीमित नहीं। तात्पर्य यह कि 'बाणभट्ट की आत्मकथा', 'ऑटोबायोग्राफी' के अर्थ में किसी व्यक्ति का आत्मचरित नहीं, बल्कि समूह की अन्तर्कथा है। 'एलिगरी' या रूपक और किसे कहते हैं? यहाँ व्यक्ति और समूह में कोई अन्तर नहीं। व्यक्ति की कथा ही समूह की कथा बन जाती है। फ्रेडरिक जेम्सन के अनुसार यह 'नेशनल एलिगरी (राष्ट्रीय रूपक) है और पश्चिमी दुनिया के विकसित पूँजीवादी सभ्यता से भिन्न विकासशील देशों में कथा–सृजन का स्वधर्म!

इस अर्थ में 'बाणभट्ट की आत्मकथा' आधुनिक भारत का 'राष्ट्रीय रूपक' नहीं तो और क्या है? इस राष्ट्र द्वारा अपनी अस्मिता की खोज और उसका पुनः प्रत्यभिज्ञान! फिर इतनी आत्मसजगता कि फिर से अपने आपको पहचान लेने पर भी मन पूरी तरह आश्वस्त नहीं है। सन्तुष्ट भी नहीं। इस स्वचेतना का प्रमाण है उपन्यास का यह अन्तिम वाक्य "अन्तरात्मा के अतल गहवर से कोई चिल्ला उठा, फिर क्या मिलना होगा?"

क्या यही प्रश्न आज के भारतीय उपन्यास के भविष्य पर नहीं किया जा सकता?

स्रोत : 'प्रेमचन्द और भारतीय समाज' नामक पुस्तक से।

8

संस्कृति, समय और भारतीय उपन्यास

निर्मल वर्मा

हम भारतीय लेखक उस विधा के बारे में बहुत कम सोचते हैं, जिसे स्वयं अपने सृजन के लिए चुनते हैं। हमारे लिए विधा महज माध्यम है, लक्ष्य कुछ है और साहित्य, समाज, दर्शन। इसलिए 'साहित्यकार' साहित्य की रचना करते हैं। हम यह नहीं सोचते कि लेखक की नैतिकता उसके विचारों में या उनकी अभिव्यक्ति की विभिन्न शैलियों में निहित नहीं होती, उसकी नैतिकता इस बात में निहित होती है कि उसका अपनी विधा, भाषा के प्रति क्या रुख है। दो शब्दों में कहें कि जिस 'चीज़' को हम समाज की आलोचना का औज़ार मानते हैं खुद उस औज़ार का परीक्षण ज़रूरी नहीं समझते।

ज़रूरी नहीं, आत्म–परीक्षण के अभाव में सृजन–शक्ति कुण्ठित हो बल्कि अक्सर देखा गया है कि अपनी विधा के प्रति अत्यधिक बौद्धिक सतर्कता कभी–कभी मुक्त, सहज़, निर्दोष प्रेरणा को बोझिल और बनावटी बना देती है, किन्तु इससे अगर कोई लेखक यह सुविधाजनक निष्कर्ष निकाल ले कि भाषा और विधाओं के बारे में माथापच्ची एक व्यावसायिक आलोचना का काम है, कलाकार का अपना कर्म नहीं, तो शायद स्वयं कला के लिए इससे आत्मघाती भ्रम कोई दूसरा नहीं सृजनात्मक कल्पना अपने सर्वोत्तम क्षणों में उतनी ही आलोचनात्मक होती है, जितनी व्यावसायिक आलोचना अपने गरिमापूर्ण क्षणों में सृजनात्मक/सृजन और आलोचना को अलग–अलग कटघरों में बाँटकर हम एक तरफ़ आलोचना को निर्जीव और पंगु बना देते हैं, दूसरी तरफ़ सृजन को महज एस्थेटिक सौन्दर्य का साधन मात्र। हम अक्सर भूल जाते हैं कि कल के आधुनिक आन्दोलन,

जिसकी शुरुआत बीसवीं शती के आरम्भ में हुई थी, की प्रमुख विशेषता यह प्रखर आलोचनात्मक दृष्टि ही थी। यह आलोचना कोई बाहर की चीज़ न होकर ख़ुद लेखक के सृजनात्मक एडवेंचर से जुड़ी है स्वयं 'लिखने' के कार्य में अन्तर्निहित है। इसलिए विचारों, सिद्धान्तों और दर्शन से अलग लेखक की आलोचना उसकी कल्पना के बीचों–बीच केन्द्रित है। लेखक का 'शब्द' न यन्त्र है, न माध्यम, न ही तर्कसंगत विचार पद्धति, वह सिर्फ़ है और उसका होना ही तीव्र ढंग से आलोचनात्मक हो जाता है। भाषा जिस चीज़ को व्यक्त करती है, स्वयं वह चीज़ भी है जिस लक्ष्य का माध्यम है, ख़ुद वह लक्ष्य भी है, अगर वह समाज–परीक्षण का 'यन्त्र' है तो स्वयं उस यन्त्र को माँजने का स्वप्न भी है साहित्य जो 'होता', उस 'है' से निकलकर बार–बार उसके पास लौटता है। अतः अन्तिम रूप से हर कला की लड़ाई अपने से लड़ाई है, अपना आत्ममन्थन है। यह आत्म–मन्थन सृजन–कर्म को आलोचनात्मक करता है। शब्द किसी विचार का वाहक नहीं, वह शब्द पीछे मुड़कर अपनी तरफ़ देखता है, तो ख़ुद विचार बन जाता है। हम 'विचार' को बौद्धिकता और 'कल्पना' को सृजन के साथ नत्थी करने के इतने आदी हो चुके हैं कि यह सोचना असम्भव लगता है कि शब्द से जुड़कर हर कल्पना वैचारिक, हर सृजन–प्रक्रिया आलोचनात्मक हो सकती है। शब्द का यह चयन मनमाना, रहस्यमय, अलौकिक नहीं है, इस चयन के पीछे लेखक का समूचा नैतिक संघर्ष छिपा होता है, बल्कि यूँ कहें, अगर लेखक की प्रतिबद्धता जैसी कोई चीज़ है, तो वह लेखक और शब्द के बीच सम्बन्ध में ही प्रतिध्वनित हो सकती है।

इससे हम एक अनोखे निष्कर्ष पर पहुँचते हैं कि कोई भी कलाकृति अपनी शुद्ध पवित्रता में ही सबसे अधिक आलोचनात्मक हो सकती है। जिस हद तक सृजन–शक्ति समाज के बाहरी खूँटों से, समाजशास्त्र और सैद्धान्तिक आग्रहों की 'छद्म चेतना' से मुक्त होती जायेगी। उस हद तक ही वह सार्थक आलोचनात्मक चेतना की वाहक बन सकेगी। दूसरे शब्दों में वही कला, जो किसी विचार का यन्त्र न हो, सबसे अधिक प्रखर वैचारिक यन्त्र बन जाती है। वह किसी 'सत्य' का माध्यम न बनकर ख़ुद अपने नंगे रूप में, बिना किसी समझौते का चीथड़ा ओढ़े सत्य हो जाती है। यह न विचित्र है और न ही विरोधाभासपूर्ण कि एक अधिनायक–सत्ता में शुद्ध कल्पना को सबसे अधिक सन्देह की दृष्टि से देखा जाता है जहाँ कला को किसी बाहरी सत्य का माध्यम माना जाता रहा है, वहाँ वह कला सबसे

अधिक ख़तरनाक बन जाती है जो खुद अपने में सत्य उद्घाटित करती है। कितना बड़ा व्यंग्य है, 'यथार्थवादी' कला पर जिसका अपने यथार्थ पर विश्वास नहीं, इसलिए कितनी ख़तरनाक बन जाती है वह कला, जो किसी यथार्थ की ओट में नहीं खुद अपनी शर्तों पर महज अपनी कल्पना को केन्द्र मानकर जीवित रहना चाहती है, सिर्फ़ बाहर के यथार्थ में ही नहीं बल्कि खुद अपने सत्य से साक्षात्कार करना चाहती है! कला का यह आत्ममन्थन, खुद अपनी जड़ों को खोजने का यथार्थ ही उसे एक साथ आधुनिक, आलोचनात्मक और ख़तरनाक बना देता है। यह महत्त्वपूर्ण तथ्य है कि हिटलर और स्टालिन दोनों ही 'आधुनिक कला' से भड़कते थे, क्योंकि एक समय में आधुनिक होने का मतलब ही आलोचनात्मक होना था, किसी विचार या सिद्धान्त या निजाम की बाहरी प्रचारात्मक आलोचना नहीं, बल्कि ऐसी आलोचना जो स्वतन्त्र, सृजनात्मक, पवित्र कल्पना के केन्द्र में वास करती है, इसलिए स्वतः अपने अस्तित्व द्वारा ही एक चुनौती हो जाती है। आधुनिक कलाकृति का 'विषय' चाहे अमूर्त हो, अपने में वह सबसे अधिक मूर्त स्वतन्त्रता का प्रतीक हो सकती है।

आधुनिक हिन्दी कविता में कल्पना को पुनः प्रतिष्ठित करने का संघर्ष लम्बे अर्से तक चलता रहा है। बहुत हद तक वह जीता भी जा चुका है। यह संघर्ष कविता का बाहर से नहीं, बल्कि अपने से, अपने बीच शब्दों की यथार्थता को खोजने का संघर्ष रहा है। मुक्तिबोध जैसे कवि को हमने उनकी 'कल्पना–लोक' की शर्तों पर स्वीकार किया है, अपनी शर्तों पर हम बरसों उन्हें उपेक्षित करते आये थे। जिस ज़मीन पर आधुनिक हिन्दी कविता ने संघर्ष किया था, वह उसे लम्बी विरासत से उपलब्ध हुई थी। एक लम्बी परम्परा का 'रेफरेंस' उसके पास था, तोड़ने की प्रक्रिया में जुड़ने की तीव्र आकांक्षा निहित थी, इसीलिए 'नहीं' की चीख भी कहीं दूर अँधेरे में 'हाँ' की कौंध पैदा करती थी। यह संघर्ष बाहरी खूँटों पर न होकर खुद कविता की भाषा और संस्कारों में गुँथा था। अतः आधुनिक हिन्दी कविता अपने सर्वोत्तम क्षणों में नये या पुराने पश्चिमी या जातीय प्रभावों का झगड़ा न होकर स्वयं अपने को नये सन्दर्भ में परिभाषित करने की कोशिश थी। यही कारण है कि आज जिसे हम नयी कविता कहते हैं, जिसमें पिछले तीस वर्षों का संघर्ष शामिल है, वह खुद में आलोचनात्मक कविता है आलोचनात्मक महज यथार्थ या समाज के सन्दर्भ में नहीं, बल्कि गहनतम स्तर पर आलोचनात्मक, जिसके बिना शहर की आलोचना कोई माने नहीं रखती।

मगर आज रघुवीर सहाय इतने हल्के–फुल्के ढंग से, बिना किसी राजनीतिक मुद्रा या वाद का सहारा लिये इतनी तीव्र व्यंग्यात्मक, राजनीतिक कविता लिख सकते हैं, तो इसलिए कि स्वयं हिन्दी कविता ने पिछले बरसों में गहरा आत्ममन्थन, अपनी जड़ों और भाषा–संस्कारों की सही या ग़लत, लेकिन निर्भीक, बेलौस आलोचना की है। आज की कविता के पीछे आत्म–परीक्षण की यह सशक्त पीठिका न होती, तो शायद उसका वही हश्र होता जो बरसों पहले 'प्रगतिवादी' कविता का हुआ था।

एक समय था जब आधुनिक हिन्दी कहानी ने भी आत्म–परीक्षण की इस चुभन को एक 'फ्लैश' में पकड़ने की कोशिश की थी। तब आत्म–जिज्ञासा का ज्वार आया था, जब हमने अपने से पूछा था कि गद्य में वह कौन–सी चीज़ है जो उसे कविता का संकेन्द्रित भाव, एकनिष्ठ सघनता (Intensity) देती है और इसके बावजूद उसका अपना कथ्यात्मक स्वरूप क़ायम रह सकता है। काव्यात्मक गद्य का प्रश्न नहीं, बल्कि गद्य में 'कल्पना की जगह ढूँढ़ने का प्रश्न था, जो काव्य–सत्य को जन्म देता है। एक दूसरे स्तर पर प्रश्न यह था कि हमारे यहाँ द्विवेदी–काल से इतिवृत्तात्मक गद्य की जो परम्परा रही है, उसे कैसे किन सर्जनात्मक विधाओं द्वारा नया मोड़ दिया जा सके। गद्य एक चीज़ है, उसके सामने सारा संसार फैला है। शब्दों द्वारा हम उसका निरूपण, व्याख्या कर सकते हैं। यदि इस व्याख्या की चौखटे में हम घटनाएँ, पात्र, स्थितियाँ जमा कर देते हैं, तो इससे वह 'उपन्यास नहीं बनती, इतिवृत्तात्मक चौखटे में कहानी शामिल करके किसी सृजनात्मक विधा का जन्म नहीं होता, क्योंकि संसार या यथार्थ के प्रति दृष्टि वही रहती है, जो व्याख्या द्वारा नियमित होती है। इन चौखटों को हम बाहर ले जा सकते हैं, उन पर उपन्यास और कहानी का लेबल भी चिपका सकते हैं, किन्तु जो यथार्थ हमारे आस–पास फैला है, हमारी स्मृतियों और संस्कारों में सन्निहित है, उसका इन चौखटों से कोई वास्ता नहीं। हम जब तक इस यथार्थ को नष्ट नहीं कर देते उसे मुर्दा और निर्जीव नहीं बना देते, तब तक उसे इन चौखटों में फिट नहीं कर सकते। यह हमारी विडम्बना है। अगर हम पश्चिम से बनी बनायी उपन्यास की विधा उधार लेने की सुविधा उठाना चाहते हैं तो हमें अपने अनुभव और यथार्थ को नष्ट करना होगा। यदि हम इस यथार्थ को जीवित रखना चाहते हैं, तो हमें खुद 'उपन्यास' जैसी विधा का परीक्षण करने का जोखिम उठाना होगा, जिससे आज तक हम बचते आये हैं।

कविता का समूचा रहस्य उसके 'बीजत्व' में है, एक ऐसा बीज है, जिसमें 'क्षण' है, तो 'शाश्वत' भी। बीज में अतीत और भविष्य दोनों हैं, दोनों का निषेध भी है, इस निषेध की स्वीकृति भी उसमें शामिल है। इसी में उसका रहस्य है। इसमें उसका जादू भी है, ऐसा जादू जो एक बीहड़, प्रागैतिहासिक मिथक की तरह भाषा की अँधेरी जड़ों में बैठा रहता है। हम जिस तरह बीज को खोल नहीं सकते, बिना उसे नष्ट किये, उसी तरह बिना उसका जादू नष्ट किये हम कविता की व्याख्या नहीं कर सकते। किन्तु गद्य की 'काव्यात्मकता' वृक्ष के विस्तार की तरह केवल समय में ही प्रस्फुटित हो सकती है। समय का विस्तार ही वह आबोहवा है, जिसमें एक शब्द दूसरे शब्द से जुड़ता है, एक का अर्थ दूसरे में खुलता है। कविता में अकेला एक शब्द महज अपने सघनत्व और अप्रत्याशित रूप से प्रकट होने की प्रक्रिया में एक अनोखा अर्थ दे सकता है। अपने आस–पास के शब्दों को फोड़ आकाश की तरफ़ एक मीनार की तरह उठता हुआ, किन्तु गद्य में शब्दों का अर्थ अन्योन्याश्रित है, horizontal है, वह समय की लय में एक श्रृंखला बनाता है, एक 'कथ्यात्मक' धागे में जो 'है' उसे 'होने' में पिरोता है। यदि उपन्यास की विधा अन्य विधाओं की अपेक्षा अधिक नयी है, तो इसलिए कि पहले कभी समय ने इतने प्रत्यक्ष और प्रमुख ढंग से मनुष्य के जीवन में दखल नहीं दिया था।''

समय की इन चौखटों में ही यूरोपीय उपन्यास का विकास हुआ था। कहानी कहने की परम्परा बहुत पुरानी रही हो, किन्तु जिस विशिष्ट विधा में मनुष्य और उसकी नियति के बीच सम्बन्ध जोड़ा गया, वह 'कहानी' बहुत पुरानी नहीं है। उसमें आपको एक खोए हुए सुरक्षित समय को पाने का 'नौस्टेल्जिया' मिलेगा, जो आने वाले समय के प्रति अदम्य विश्वास के साथ तथ्यों के प्रति वस्तुपरक दृष्टि मिलेगी, जो स्वयं इन तथ्यों के लौह–चक्र से पलायन करने का स्वप्न, फैंटेसी, मोह भी दिखायी देंगे। इसमें बुर्जुआ वर्ग के वे सब तत्त्व दिखायी देंगे जिनका विश्लेषण बालज़ाक ने इतनी निर्मम अन्तर्दृष्टि से किया है। शहर की भीड़ में आदमी का और उस अकेलेपन की व्यर्थता जिसे एंगेल्स ने मैनचेस्टर में और बाल्देयर ने पेरिस की भीड़ में देखा था। इसी भीड़ के बाहर भी शान्ति नहीं थी। बाहर सिर्फ़ ऊब थी, जिसके पिन्जरे में छटपटाते हुए मदाम बॉवेरी ने दम तोड़ा था। शायद ही कोई साहित्यिक विधा इतने भयानक और नंगे ढंग से समय–सापेक्ष, वर्ग–सापेक्ष रही हो, जितनी उपन्यास की विधा थी।

वह एक आईना थी, जिसमें पहली बार बुर्जुआ संस्कृति ने अपने दर्पपूर्ण गौरव और घिनौनी विकृति, दोनों को एक साथ देखा था। मेरी मंशा यूरोपीय उपन्यास का विश्लेषण करने की नहीं है। मेरा संकेत सिर्फ़ एक ख़ास संस्कृति की तरफ़ है, जिसमें यूरोपीय उपन्यास का ढाँचा तैयार हुआ था। इस ढाँचे के भीतर का अपना निश्चित, नियोजित संघटन था। घटनाओं द्वारा व्यक्ति चेतना का विकास होता था और अपनी बारी आने पर खुद यह चेतना घटनाओं को परिभाषित, आलोकित करती थी। यह चेतना आत्मनिर्भर थी, तीव्र रूप से सजग और स्वायत्त और इसी में उसकी यातना, द्वन्द्व, आत्ममन्थन शामिल थे। बुर्जुआ व्यक्ति की अपने प्रति यह उम्मीद और निराशा, विश्वास और सन्देह के अजीब मिश्रण से ही उस आत्मघाती द्विविधा का जन्म हुआ था, जो फ्लाबेयर से काफ़्का तक के उपन्यासों में चली आती है।

ताज्जुब की बात यह है कि हमने अपने कथ्यात्मक गद्य के लिए 'उपन्यास' जैसी विधा को चुना, जो नितान्त भिन्न सांस्कृतिक अनुभव क्षेत्र में पनपी और विकसित हुई थी। यह कुछ ऐसा था कि हम एक ऐसे बने बनाए मकान में रहने लगें, जो दूसरों ने अपनी ज़रूरतों, संस्कारों, स्मृतियों, एक शब्द में कहें तो अपनी 'जलवायु' के अनुसार बनाया था। हम न केवल उसमें रहने लगे, बल्कि कभी उसमें अपने अनुकूल परिवर्तन करने की ज़रूरत भी महसूस न की। प्रेमचन्द से लेकर अधुनातन उपन्यासकार ने कभी 'उपन्यास' की विधा पर शंका प्रकट नहीं की, अपने अनुभव के सन्दर्भ में उसका पुनर्परीक्षण तो दूर की बात थी। बरसों से हमने जिस विधा को 'सामाजिक यथार्थ के विश्लेषण का सबसे महत्त्वपूर्ण औज़ार माना, कभी उस औज़ार की सक्षमता की जाँच पड़ताल करने की ज़रुरत का सामना नहीं किया।

यहाँ प्रश्न यह नहीं है कि हिन्दी में कितने अच्छे 'उपन्यास' लिखे गये हैं। अमृत राय ने उनकी एक लम्बी फेहरिस्त हाल में अपने एक लेख में दी है। इस फेहरिस्त को और भी लम्बा किया जा सकता है। मूल प्रश्न यह है कि हिन्दी उपन्यासों का मूल्यांकन हम कौन–सी कसौटी पर करते हैं। जब तक हम इस कसौटी के लिए खरी कसौटी नहीं ढूँढ़ते–तब तक 'अच्छे' उपन्यासों की गिनती कराकर हम मन–ही–मन खुश अवश्य हो लें पर हम वहीं रहेंगे, जहाँ आज हैं। इस कसौटी के अभाव में हम विश्वसनीय रूप से यह भी तय नहीं कर सकते हैं कि जिस फेहरिस्त में भगवती बाबू और अमृतलाल नागर हैं, उसमें गुलशन नन्दा को क्यों छोड़ा जाये।

यही नहीं, हम आगे बढ़कर एक अजीब, मनमानी 'कसौटी' तैयार करते हैं, जिसे लेकर 'अन्तर्मुखी' और 'वस्तुपरक' उपन्यासों के बीच भेद भी करते हैं और 'वस्तुपरक' को यथार्थवादी उपन्यास मानते हैं, मानों खुद व्यक्ति की अपेक्षा 'वस्तु' यथार्य के अधिक नज़दीक हो।

यह कसौटी कहीं बाहर न होकर खुद उपन्यास–विधा की संरचना के भीतर है। हम यह कहकर उपन्यास की आलोचना नहीं कर सकते कि वह 'ज़िन्दगी के कितने पास है (कौन–सी ज़िन्दगी, कैसी ज़िन्दगी?), उसकी घटनाएँ कितनी 'विश्वसनीय' हैं ('विश्वसनीयता' कभी साहित्य की कसौटी नहीं रही, वरना शेक्सपियर सबसे अधिक असफल लेखक होते) या उपन्यास के पात्र कितने 'यथार्थपूर्ण' हैं। (यथार्थ' बिजली का कोई बल्ब नहीं जिसके पास जाकर कोई साहित्य–विधा चमक जाती है और दूर जाकर धुँधला जाती हो)। उपन्यास की अर्थवत्ता 'यथार्थ' में नहीं, उसे समेटने की प्रक्रिया, उसके संघटन की अन्दरूनी चालक शक्ति में निहित है। तभी किसी विधा के भीतर एक विशिष्ट 'फार्म' का आविर्भाव होता है, जो 'समेटने' की हर लय, स्तर और स्पन्दन को अनुशासित करती है, ऐसे 'स्पेस, का उद्घाटन करती है, जहाँ अनुभव का औपन्यासिक जीवन शुरू होता है। हम अक्सर साहित्यिक विधा और फॉर्म को आपस में उलझा देते हैं। एक रूढ़ प्रणाली है, दूसरी उसे तोड़कर अपनी धारा को खोजने की कोशिश, यदि इनमें हम भेद कर पाते तो यूरोप की संस्कृति–सापेक्ष विधा को अपनाते वक़्त उसके 'फॉर्म' को भी ज्यों–का–त्यों अपनाना ज़रूरी न समझते।

फॉर्म की यह खोज कोई हवाई, ऐस्थेटिक खोज नहीं है, इसका सीधा सम्बन्ध सांस्कृतिक अनुभव की उस धारा से है, जिसमें हमारे संस्कार, स्मृतियाँ, समय, जीवन और मृत्यु का बोध शामिल है, यदि इन सब बिन्दुओं के प्रति हमारा रुख, हमारी दृष्टि यूरोपीय मनुष्य से अलग रही है, यदि 'समय' के प्रति हमारा बोध उस ऐतिहासिक समय से बिलकुल अलग रहा है, जिसे उन्नीसवीं शती के यूरोपीय उपन्यास ने अपना केन्द्र–बिन्दु माना था, यदि व्यक्ति के प्रति हमारा दृष्टिकोण उस यूरोपीय 'व्यक्ति' से बिलकुल भिन्न हो जो आत्म–सजग है, स्वायत्त है, स्वयं अपनी 'स्वतन्त्रता में खण्डित' (हेगल) है। एक ऐसा व्यक्ति जो अपनी 'प्राइवेसी' में ही अपनी स्वतन्त्रता को हासिल करता हो। यदि हम भिन्नता के इन सब बिन्दुओं को नज़रअन्दाज नहीं करते, तो हम एक ऐसे 'फॉर्म' को खोज सकते थे जो ऊपरी कथ्यात्मक

विधा के तौर पर शायद 'उपन्यास' की तरह होती, किन्तु जिसकी मूल चालक शक्ति पश्चिम की उपन्यास विधा से बिलकुल भिन्न होती।

भिन्न इसलिए नहीं कि चूँकि 'भारतीय अनुभव' यूरोप के अनुभव से अलग है, तो भारतीय उपन्यास भी यूरोपीय उपन्यास से अलग होगा। केवल अनुभव की भिन्नता से अलग-अलग साहित्य-विधाएँ उत्पन्न नहीं हो जातीं, वरना फ्रेंच उपन्यास और अंग्रेज़ी उपन्यास महज अनुभवों के आधार पर बिलकुल अलग होते। यदि इन भिन्न अनुभवों के बावजूद उपन्यास के विशिष्ट यूरोपीय फॉर्म का आविर्भाव हुआ तो इसलिए कि इन देशों की सांस्कृतिक समानता, धर्म और इतिहास के प्रति व्यक्ति का जुड़ाव खुद व्यक्ति की आत्मकेन्द्रित इकाई बहुत कुछ एक सूत्र में बँधी है। इसी सन्दर्भ में यह कहना अप्रासंगिक न होगा कि यूरोप की इस परम्परा में ही संस्कृति, समाज, डेमॉक्रैसी जैसे शब्द कोई मानी रखते हैं भारतीय सन्दर्भ में और तो और, "संस्कृत शब्द भी अजनवी जान पड़ता है। यूरोप में संस्कृति का अहसास ही एक आत्म-सजग विकसित आत्म-चेतना से जुड़ा है। एक ऐसे समाज में ही संस्कृति का बोध होता है, जहाँ मनुष्य का धार्मिक अनुभव उसके सैक्यूलर अनुभव से स्पष्ट रेखा द्वारा विभाजित हो। किन्तु भारतीय सन्दर्भ में इस तरह का कोई विभाजन न था, धर्म की धारा में संस्कृति का उतना ही समावेश था, जितना आध्यात्म का। शेक्सपियर और बीथोवन अवश्य यूरोपीय संस्कृति की गौरवपूर्ण परम्परा में आते हैं, किन्तु आज भी हम किसी साधारण यूरोपीय शिक्षा से अनभिज्ञ किन्तु अपने संस्कारों में संवेदनशील हिन्दू से कहें कि तुलसीदास का रामचरित मानस हमारी संस्कृति का अंश है, तो अवश्य उसे कुछ आश्चर्य और संकोच का अनुभव होगा। यह 'संस्कृति' को अलग से एक विशिष्ट भावबोध के अर्थ में अपनी समूची जीवन-मर्यादा से अलहदा नहीं देख सकता, जबकि यूरोप में इससे बिलकुल विपरीत 'संस्कृति का आविर्भाव ही ऐसे समय में हुआ था, जब व्यक्ति ने अपनी शर्तों पर जीवन--मर्यादा के प्रति शंका प्रकट की थी। उपन्यास की विधा स्वयं इस शंका की अभिव्यक्ति के रूप में यूरोप के सांस्कृतिक अनुभव का एक हिस्सा बनी थी।

किन्तु मुझे दोबारा बहस के उस बिन्दु पर लौटना चाहिए जहाँ से मैं भटक गया था। जातीय अनुभव की भिन्नता महत्त्वपूर्ण है, किन्तु हमें उसके महत्त्व को ज़रुरत से ज्यादा बढ़ा-चढ़ाकर नहीं देखना चाहिए ख़ासकर जब बहस साहित्यिक विधाओं पर हो हम जिस युग में रहते हैं,

उसे वैसे भी देर–सवेर एक देश और दूसरे देश के लोगों के बीच अनुभवों का अन्तर सिकुड़ता जायेगा। साहित्य में प्रश्न, अनुभव के विषय (कंटेंट) का नहीं है, बल्कि उस रूप और रास्ते का है जिसके द्वारा वह अनुभव एक विशिष्ट सांस्कृतिक चेतना में परिलक्षित होता है दूसरे शब्दों में अनुभव का 'कॉन्टेंट' चाहे जैसा हो, महत्त्व इस चीज़ का है कि वह चेतना के किस धरातल और रूप में एक व्यक्ति से जुड़ता है। उदाहरण के तौर पर मनुष्य का अतीत एक सार्वभौमिक अनुभव है, पश्चिम में वैसा ही जैसा भारत में, किन्तु व्यक्ति और अतीत के बीच एक विशिष्ट जुड़ाव, एक सांस्कारिक सम्बन्ध जिससे 'स्मृति' का जन्म होता है। यह इतिहास का विषय नहीं, संस्कृति का प्रश्न है। आश्चर्य नहीं, एक भारतीय उपन्यासकार इस प्रश्न के दबाव को बहुत तीव्रता से महसूस करके, एक कवि से कहीं अधिक, क्योंकि उपन्यास की कथ्यात्मक गति सीधी समय और कृति के साथ जुड़ी है। आश्चर्य यही है कि उपन्यास ही वह क्षेत्र है, जहाँ हमने इस दबाव की सबसे अधिक अवहेलना की है। भारत में अनेक उपन्यास लिखे गये हैं, हर साल लिखे जाते हैं मनोवैज्ञानिक उपन्यास, यथार्थवादी उपन्यास, आंचलिक उपन्यास, लेकिन स्वयं 'उपन्यास' की समस्या पर विचार, उसके जातीय फॉर्म का अन्वेषण, हमने नहीं के बराबर किया है। इस स्तर पर उपन्यास की समस्या हमारी समूची संस्कृति के विश्लेषण से जुड़ी है। यहाँ हमें मनुष्य और मनुष्य के बीच सम्बन्धों के अदृश्य, संश्लिष्ट, परम्परा और स्मृति में उलझे असंख्य सूत्रों को टटोलना होगा, जो पश्चिम के बुर्जुआ, द्वन्द्वात्मक ऐतिहासिक सम्बन्धों से बहुत अलग हैं। उपन्यास समय के भीतर बहता है, किन्तु घटनाओं में बहता समय जो पात्रों को एक स्तर से दूसरे स्तर पर विकसित और परिवर्तित करता है। क्या हमारा 'समय' है? क्या यह ज़रूरी है कि पहले पन्ने पर जो व्यक्ति दिखायी दे उसकी नियति, बीच की घटनाओं के घात–प्रतिघात द्वारा, अन्तिम पृष्ठ पर उद्घाटित हो? क्या ऐसा नहीं है कि मनुष्य की नियति कहीं दूर समय–बिन्दु पर न होकर उसके भीतर अन्तर्निहित है, 'एपिक' के पात्रों की तरह और बीच की घटनाएँ उस नियति को महज धीरे–धीरे आलोकित करती जाती हैं। हर पात्र समय के दौरान उस नियति पर पहुँचता नहीं, बल्कि बार–बार एक वृत्त में घूमता हुआ उसी के पास लौटता है, जहाँ से शुरू होता है। ये सब प्रश्न एक दूसरा रास्ता दिखाते हैं जो यूरोप की उन्नीसवीं शती तक की उपन्यास–विधा से बिलकुल भिन्न है। प्रूस्त और जॉयस ने पश्चिमी उपन्यास की शिल्प–विधा

को अन्धी गली मानकर छोड़ दिया था। वे एक ऐसी आत्मसजग ऐतिहासिक चेतना की चरम सीमा पर पहुँचकर अपनी स्मृति के शाश्वत समय की तरफ़ मुड़े थे। उन्नीसवीं शती के बुर्जुआ, ऐतिहासिक क्रम को छोड़कर उन्होंने उपन्यास की विधा को तोड़ा था। कितना बड़ा व्यंग्य है कि जिस विधा को छोड़कर वे अतीत और स्मृति की तरफ़ आये थे, हम खुद उस ज़मीन को छोड़कर बरसों से एक ऐसी विधा से चिपके हैं, जो शुरू से ही हमारे सांस्कृतिक अनुभव, हमारी संस्कृति और संस्कार, समय और विकास के प्रति हमारी विशिष्ट मर्यादा के प्रतिकूल और अयोग्य रही है।

हम अक्सर 'गोदान' के बारे में कहते हैं कि 'वह एक उत्कृष्ट उपन्यास है, लेकिन बरसों से हम इस 'लेकिन' के आगे अपने धुँधले असन्तोष के कारण ढूँढ़ते आये हैं। यहाँ तक कि 'गोदान' के अंग्रेज़ी संस्करण तैयार करते समय हम अनेक ऐसे प्रसंग, पात्र, घटनाएँ छोड़ देना उचित समझते हैं, जो उपन्यास की 'मूल कथा' को कमज़ोर बनाते हैं। उसके नैसर्गिक प्रवाह को अवरुद्ध करते हैं। किन्तु इस तरह की काट–छाँट से उपन्यास की मूल कमज़ोरी दूर नहीं हो जाती, क्योंकि यह कमज़ोरी अनावश्यक घटनाओं या पात्रों में न होकर स्वयं 'गोदान' की समूची औपन्यासिक संरचना के केन्द्र में विराजमान है, यह कमज़ोरी उस फॉर्म में निहित है, जो प्रेमचन्द ने होरी–जैसे जीवन्त, अपनी सुख–पीड़ा में सतत् प्रवाहमान जैसे पात्र पर आरोपित की है। एक तरफ़ प्रेमचन्द की गहन अन्तर्दृष्टि है जो 'गोदान' के पात्रों ने उन्हें दी है, दूसरी तरफ़ 'एक ऐसी बनी बनायी विधा' को अपनाने की मोहज़नक सुविधा है, जिसका इन पात्रों के संस्कारों, व्यक्तित्व, जातीय अनुभवों, उनकी जीवन–धारा से कोई सम्बन्ध नहीं। यह एक सृजनात्मक चुनौती थी जब प्रेमचन्द रूसी उपन्यासकारों की तरह उन्नीसवीं शती के 'परम्परागत' औपन्यासिक ढाँचे को छोड़कर या उसे परिवर्तित करके एक ऐसी कथ्यात्मक, नेरेटिव विधा का अन्वेषण करते, जो होरी की नियति और मर्यादा, उसकी हताशा और नैतिकता के अनुकूल अपना निजी कलात्मक स्पेस' निर्धारित कर सकती। यह इसलिए भी ज़रूरी था, क्योंकि घटनाओं के प्रति होरी का सम्बन्ध वैसा द्वन्द्वात्मक, समय–अनुशासित नहीं है, जैसा पश्चिम के उपन्यास पात्रों का साधारणतः होता है। जब हम पहली बार उपन्यास में होरी को देखते है, तो हमें एक झलक में उसकी अन्तिम नियति का आभास मिल जाता है। एक ऐपिक पात्र की तरह उसकी नियति एक वाक्य, एक संकेत, एक उड़ती हुई प्रतिक्रिया में अन्तर्निहित है।

कितना भिन्न है होरी का चरित्र पश्चिम के क्लासिक उपन्यास पात्रों से, जो एक घटना से दूसरी घटना की तरफ़ बढ़ते हुए अपने को उद्घाटित करते हैं, एक आयाम को छोड़कर नितान्त नया, गुणात्मक रूप से मिन्न आयाम ग्रहण करते हैं, इसका यह मतलब नहीं है कि समूचे उपन्यास में होरी बदलता नहीं, या अलग–अलग मौक़ों पर उसकी प्रतिक्रियाएँ नहीं बदलती, किन्तु यह बदलाव, ये अलग–अलग प्रतिक्रियाएँ वास्तव में एक स्थिर चरित्र की विभिन्न अभिव्यक्तियाँ हैं। वह चरित्र नहीं बदलता, उसके 'चित्र' बदलते हुए भी एक आयामी धुरी पर क़ायम रहते हैं, एक ऐसे वृक्ष की तरह, जो हवा के थपेड़ों से कभी झुकता है, कभी सिर उठाता है, लेकिन अपनी ज़मीन नहीं छोड़ता। वह पात्र, जिसका जीवन किसी पश्चिमी उपन्यास में नहीं मिलता, क्या उसी पश्चिमी उपन्यास की विधा उसके जीवन के लिए अनुकूल थी? क्या यही कारण नहीं है कि बरसों से हम 'गोदान' को एक मिश्रित प्रतिक्रिया में प्रस्तुत और महसूस करते आये हैं। गर्व और संकोच के मिले–जुले भाव में एक उत्कृष्ट उपन्यास, लेकिन इस 'लेकिन' के आगे हम पुनः उस बिन्दु पर लौट आते हैं, जहाँ से हर विधा का सृजनात्मक पूर्ण परीक्षण शुरू होता है। यह एक जोखिमपूर्ण एडवेंचर है, क्योंकि एक ऐसा क्षण आता है, जब अनुभव और विधा के बीच अन्तर्विरोध किसी सुविधाजनक समझौते से नहीं सुलझाया जा सकता। उपन्यास के क्षेत्र में यह जोखिम और भी बढ़ जाता है क्योंकि वह इतिहास और कविता के बीच एक ऐसे स्थल की खोज है, जहाँ तर्कशील, आत्मसजग चेतना, विचारों और विश्वासों द्वारा नहीं बल्कि स्मृति और सांस्कृतिक अनुभवों में साँस लेती है। कविता की तरह वह भाषा और बिम्बों में उतनी ही डूबी है, जितनी डूबने के बाद बाहर समय में अपने अनुभवों को परिभाषित करने को आतुर।

एक आधुनिक भारतीय लेखक के लिए यह जोखिम और भी अधिक विकट है। उपन्यास जैसी विधा के लिए उसे एक पश्चिमी लेखक की ही तरह आत्मसजग और तर्कशील होना होगा, किन्तु इस विधा की सीमाओं पर उसे एक निर्वैयक्तिक, ग़ैर–ऐतिहासिक, 'मिथक–सम्पन्न अँधेरी' स्मृतियों को उजागर करना होगा। उन्हें उजागर करने के लिए खुद इस 'अँधेरे' में डूबना होगा। यह समूचा कार्यकलाप, यह एडवेंचर किसी आलोचनात्मक बौद्धिक योजना द्वारा नहीं, शुद्ध कल्पनाशील अनुभवों के बीच होगा फॉर्म का निर्माण नहीं, सृजन होता है। इसी 'कल्पनाशीलता' के आधार पर टॉल्सटॉय 'रूसी समाज का दर्पण बने थे, अपने ऐतिहासिक, बौद्धिक ज्ञान के कारण नहीं।

इतिहास और मिथक, समय और स्मृति इन दो उजले अँधेरे छोरों के बीच भारतीय उपन्यास जिस ज़मीन को समेटेगा, उसके लिए जिस 'फॉर्म' को ढूँढ़ना होगा वहाँ उस ज़मीन पर भारतीय लेखक न शुद्ध रूप के दर्शक रहेगा एक विदेशी उपन्यासकार की तरह पूर्ण रूप से भोक्ता, एक औसत भारतीय की तरह वह न तो इस अर्थ में एक अलगावग्रस्त (Alienated) बुर्जुआ लेखक बन पाया है जो अपने अलग आत्मसजग व्यक्तित्व के बाहर अपने अतीत, स्मृतियों और संस्कारों से अलग रह सके, न इन संस्कारों और स्मृतियों से इतना अविच्छिन्न रूप से जुड़ा है कि बाहर के अलगाव, अपने दो सौ वर्षों के यूरोपीय अनुभव से अर्जित आत्मचेतना की उपेक्षा कर सके। वह बाहर भी है, भीतर भी, वैयक्तिक है तो निर्वैयक्तिक भी, समय से आक्रान्त है तो इतिहास का अतिक्रमण करने का मिथक–बोध भी उसमें है। इन दोनों पाटों के बीच अन्तर्द्वन्द्व और इतिहास की उस जातीय विडम्बना का दबाव हम जितनी तीव्रता से महसूस कर पायेंगे, उतना ही हमारा यह एडवेंचर प्रामाणिक और अर्थपूर्ण हो सकेगा।

स्रोत : 'शताब्दी के ढलते वर्षों में' शीर्षक पुस्तक से।

9

उपन्यास का समाजशास्त्र

मैनेजर पाण्डेय

मिशेल ज़ेराफ़ा ने लिखा है कि "उपन्यास ऐसी कला है जिसमें मनुष्य सामाजिक और ऐतिहासिक दृष्टि से निरूपित होकर सामने आता है।" ज़ेराफ़ा के इस कथन के अभिप्राय पर ध्यान देते ही यह बात समझ में आ जायेगी कि साहित्य के समाजशास्त्रियों के बीच उपन्यास अधिक लोकप्रिय क्यों है। इससे यह भी समझने में सुविधा होगी कि कला के दूसरे रूपों और साहित्य की दूसरी विधाओं की तुलना में उपन्यास समाजशास्त्रीय विश्लेषण के अधिक अनुकूल क्यों है। अपने समय, समाज और इतिहास की प्रक्रिया से परिभाषित मनुष्य ही उपन्यास रचना का लक्ष्य है और समाजशास्त्रीय अन्वेषण का भी। एक उसकी कलात्मक पुनर्रचना का माध्यम है तो दूसरा उसके बौद्धिक विश्लेषण का साधन। समाजशास्त्र में मनुष्य की सामाजिकता की पहचान के अनेक रास्ते हैं। उनमें से जो रास्ता साहित्य संसार से होकर जाता है वह सबसे सुगम और विश्वसनीय तब होता है, जब वह उपन्यास के रचना संसार से गुज़रता है, क्योंकि वहाँ न तो कविता की तरह आत्मपरकता की फिसलन होती है और न नाटक के यथार्थ का मायालोक होता है। उपन्यास की कला में मौजूद मनुष्य के समाज सम्बद्ध और इतिहास सापेक्ष रूप को आसानी से पहचाना जा सकता है। वहाँ कल्पना में रची बसी ज़िन्दगी की वास्तविकता को आसानी से पाया जा सकता है। इसीलिए साहित्य का समाजशास्त्री सबसे पहले और सबसे अधिक उपन्यास की ओर मुड़ता है। उपन्यास के समाजशास्त्र के विशेष विकसित होने का भी यही कारण है।

असल में उपन्यास और समाजशास्त्र एक ही युग के समान भौतिक और वैचारिक परिवेश की उपज हैं। यह महज संयोग नहीं है कि यूरोप में आधुनिक युग के साथ ही नयी ऐतिहासिक चेतना और समाजशास्त्रीय अन्वेषण की दृष्टि का विकास होता है और आधुनिक चेतना की अभिव्यक्ति के कलात्मक माध्यम के रूप उपन्यास का उदय होता है। विधेयवाद के जनक अगस्त काम्ते समाजशास्त्र के भी जनक हैं। उनके विचारों का उपन्यास के विकास पर गहरा प्रभाव केवल यूरोपीय उपन्यास तक सीमित नहीं है। भारतीय उपन्यास के विकास में भी उनके विचारों का प्रभाव है। भारत में उपन्यास के विकास में मार्गदर्शन करने वाले और भारतीय उपन्यास की सम्भावनाओं को साकार रूप देने वाले बँगला के बंकिमचन्द्र के उपन्यासों की रचनादृष्टि के पीछे विधेयवाद की सर्जनात्मक भूमिका को अनेक आलोचकों ने स्वीकार किया है। यशोधरा बागची ने बंकिमचन्द्र के उपन्यासों में, विशेषतः आनन्दमठ में विधेयवाद और राष्ट्रवाद के अनेक स्तरीय सम्बन्धों की खोज की है।[1] कुछ की राय है कि बंकिम के आरम्भिक उपन्यासों में विधेयवादी दृष्टि है, लेकिन परवर्ती उपन्यासों में विधेयवाद की वैज्ञानिकता की जगह परम्परागत हिन्दू चेतना आ गयी है। यशोधरा बागची ने इस मान्यता का खण्डन करते हुए लिखा है कि बंकिमचन्द्र ने अपने परवर्ती उपन्यासों में विधेयवाद की वैज्ञानिकता से मुँह नहीं मोड़ा है। उन्होंने विधेयवाद की प्रगति और व्यवस्था सम्बन्धी मान्यताओं को अधिक समता के साथ अपनी रचना–दृष्टि में आत्मसात किया है और उसकी कलात्मक अभिव्यक्ति भी की है। आनन्दमठ में विधेयवादी यूटोपिया के सहारे राष्ट्रीय स्वाधीनता सघंर्ष की अभिव्यक्ति हुई है और स्त्री संकटग्रस्त राष्ट्रीयता का प्रतीक बन गयी है। काम्ते की मानवता की देवी ही आनन्दमठ में भारतमाता के रूप में दिखायी देती है।[2] इस उदाहरण से जाहिर है कि अपने समय और समाज के निरीक्षण, परीक्षण और अन्वेषण की आधुनिक दृष्टि का एक रूप उपन्यास में मिलता है और दूसरा समाजशास्त्र में। रिचर्ड होगार्ट के शब्दों में यह भी कहा जा सकता है कि उपन्यास में साहित्यिक कल्पना और समाजशास्त्रीय कल्पना की जो रचनात्मक एकता मिलती है, उसी की खोज और पहचान उपन्यास के समाजशास्त्र का मुख्य लक्ष्य है।

पश्चिम में साहित्य के समाजशास्त्र के विकास के आरम्भिक काल से ही उपन्यास के सामाजिक आधार, अर्थ और अभिप्राय की खोज होती आ रही है।

उपन्यास के उदय काल से उसके रूप और अन्तर्वस्तु का ऐतिहासिक, सामाजिक स्वरूप साहित्य विचारकों को आकर्षित करता रहा है। मादाम स्तेल और हेगेल के चिन्तन से उपन्यास के सामाजिक आधार और अभिप्राय पर विचार की जो परम्परा शुरू हुई थी, वह उपन्यास के विकास के साथ–साथ विकसित हुई है। विगत चार सदियों में पश्चिम में उपन्यास की कला में निरन्तर निखार आया है, उसकी रचना दृष्टियों में विविधता आयी है और कलात्मक प्रयोगों की अनेक परम्परा विकसित हुई है। इन सबके समानान्तर उपन्यास की समाजशास्त्रीय व्याख्या के लिए आवश्यक दृष्टियों और पद्धतियों की खोज भी होती रही है। इसी प्रक्रिया में उपन्यास के समाजशास्त्रीय विश्लेषण की अवधारणाओं और पद्धतियों का विकास हुआ है।

उपन्यास की समाजशास्त्रीय व्याख्या की अनेक दृष्टियाँ और पद्धतियाँ हैं। सबसे पुराना दृष्टिकोण विधेयवाद का है, जिसका नया रूप अनुभववाद में दिखायी देता है। इसमें एक ओर उपन्यास के सामाजिक अस्तित्व को निर्धारित करने वाले पाठकीय ग्रहण का विवेचन किया जाता है। उपन्यास के समाजशास्त्र का एक और रूप मार्क्सवादी विश्लेषण में मिलता है, जिसमें अन्तर्वस्तु और रूप में निहित सामाजिक ही यथार्थ, चेतना, विचारधारा आदि की खोज होती है। फ्रैंकफुर्त समुदाय के आलोचनात्मक समाजशास्त्रियों में से एक लियो लावेंथल ने आलोचनात्मक समाजशास्त्र की दृष्टि से उपन्यासों का विश्लेषण और मूल्यांकन किया है। कुछ समाजशास्त्रियों ने संरचनावाद के सहारे उपन्यास का समाजशास्त्र विकसित करने का प्रयास किया है। गोल्डमान ने मार्क्सवाद और संरचनावाद के बीच एकता स्थापित करते हुए उत्पत्तिमूलक संरचनावाद की पद्धति से एक नये ढंग के उपन्यास का समाजशास्त्र विकसित किया है। जैसे यूरोप में उपन्यास के विकास से दुनियाभर में उपन्यास का विकास किसी न किसी रूप में प्रभावित हुआ है, वैसे ही उपन्यास के समाजशास्त्रीय विश्लेषण की यूरोपीय परम्परा में विकसित अवधारणाओं और पद्धतियों का प्रभाव दूसरे देशों के उपन्यासों के समाजशास्त्रीय विश्लेषण पर पड़ा है। अब उपन्यास की विधा के साथ उसकी रचना और आलोचना से जुड़ी अवधारणाएँ भी विश्वव्यापी बन गयी हैं।

इस पुस्तक के तीसरे अध्याय में गोल्डमान, लियो लावेंथल, रेमंड विलियम्स के चिन्तन पर विचार की प्रक्रिया में उपन्यास के समाजशास्त्र से

सम्बन्धित उनकी मान्यताओं का विवेचन हुआ है। पाठकों को उस अध्याय में इन आलोचकों के दृष्टिकोणों की जानकारी मिल जायेगी, इसलिए यहाँ हम पहले उपन्यास के समाजशास्त्र से सम्बन्धित कुछ सवालों की चर्चा करेंगे, फिर यूरोप के उपन्यासों से तीसरी दुनिया के उपन्यासों के अन्तर पर विचार करेंगे, और अन्त में भारतीय उपन्यास के स्वरूप की विशिष्टताओं का विवेचन करेंगे।

समाज से उपन्यास के सम्बन्ध के अनेक स्तर और रूप हैं। फ़िल्म के बाद उपन्यास ही आधुनिक युग का सर्वाधिक प्रतिनिधि कला रूप है। हेगेल ने उपन्यास को गद्य युग का महाकाव्य कहकर इसी सच्चाई की ओर संकेत किया था। उपन्यास के उदय और विकास के लिए अर्थात् उसके अस्तित्व के लिए कुछ ऐसे भौतिक और विचारधारात्मक आधारों की ज़रूरत थी, जो आधुनिक युग में ही विकसित हुए। उपन्यास के अस्तित्व के लिए अनिवार्य प्रेस, प्रकाशन और पत्र–पत्रिकाएँ आधुनिक युग के वैज्ञानिक विकास की देन हैं तो उसके लेखक और पाठक के रूप में क्रियाशील मध्यवर्ग पूँजीवादी सामाजिक संरचना का परिणाम है। इन भौतिक आधारों के साथ–साथ विचारधारा के स्तर पर व्यक्तिवाद, धर्मनिरपेक्ष जीवनदृष्टि और यथार्थवादी विश्वदृष्टि की ज़रूरत थी, जो आधुनिक युग की विवेकवादी चेतना की उपज हैं। उपन्यास की रचनादृष्टि में मनुष्य की स्वतन्त्रता, व्यक्ति की महत्ता और मानवीय सम्बन्धों की गरिमा को तभी केन्द्रीय महत्त्व मिला, जब आधुनिक मानस अपने अनुभव और तर्क के अलावा किसी अलौकिक शक्ति की सत्ता को स्वीकार करने के लिए तैयार न था। यह मध्ययुग में सम्भव नहीं था। उपन्यास मध्ययुगीनता के विरुद्ध आधुनिकता के विद्रोह की अभिव्यक्ति करने वाला साहित्य रूप है।

आधुनिक युग की सांस्कृतिक चेतना का प्रतिनिधि कला रूप बनने के लिए उपन्यास को कठिन संघर्ष करना पड़ा है। आधुनिक युग के प्रतिबन्धित और तरह–तरह के सेंसरशिप के शिकार साहित्य का अगर कोई ब्योरा तैयार किया जाये तो उसमें सबसे अधिक संख्या उपन्यासों की ही होगी। उपन्यास के विरोध के अनेक कारण रहे हैं। आरम्भ से ही उपन्यास की कला में निहित लोकतान्त्रिक चेतना का विरोध सामन्त चेतना की ओर से होता रहा है। सोलहवीं सदी में स्पेन के सम्राट ने क़ानून बनाकर दक्षिण अमेरिका में उपन्यास लिखने पर प्रतिबन्ध लगा दिया था, क्योंकि उसके अनुसार

उपन्यास जनता के लिए ख़तरनाक था। डब्ल्यू. जे. हार्वे ने ठीक ही लिखा है कि "उपन्यास की रचना में क्रियाशील मानसिकता समाज में लोगों की पूर्णता, विविधता और वैयक्तिकता को स्वीकार करती है। वह विश्वासों तथा मूल्यों की अनेकता में विश्वास करती है। सहिष्णुता, संशयवाद और दूसरों की स्वायत्तता के प्रति आदरभाव उसके आदर्श हैं, मतांधता और कट्टरता से उसे घृणा है।[3] मध्ययुगीन मानसिकता वाले मतान्ध और कट्टरपन्थियों के लिए उपन्यास की धर्मनिरपेक्षता और विवेकशीलता कितनी असह्य हो सकती है। उसका एक उदाहरण है 'सैटेनिक वर्सेज' उपन्यास के लेखक सलमान रूशदी की हत्या के लिए जारी किया गया इरान के अयातुल्ला खुमैनी का फरमान।

उपन्यास अपने पाठकों को जीवन मूल्यों के बीच चुनाव का संकेत देता है, उनकी सहानुभूतियों का विस्तार करता है और जीवन की कला भी सिखाता है। इस तरह उसका एक नैतिक आयाम है। यह नैतिक आयाम आधुनिक युग का है, इसलिए रूढ़िवादी नैतिकता के समर्थक उसका विरोध करते हैं। आरम्भ से ही नैतिक आधार पर उपन्यासों का विरोध होता रहा है। युवकों को उपन्यास से बचने की सलाह दी जाती रही है। यही नहीं उपन्यासों को अनैतिक कहकर उन पर अधिक प्रतिबन्ध लगाये गये हैं। ऐसे प्रतिबन्धित उपन्यासों में जेम्स ज्वायस का 'यूलिसिस' और डी.एच. लारेंस का 'लेडी चैटरलीज़ लवर' जैसे उपन्यास भी हैं। हिन्दी में अज्ञेय के 'शेखर : एक जीवनी' के प्रकाशन पर खलबली मची थी। उस पर अनैतिकता का आरोप लगा था। कहीं—कहीं सभा करके उसकी प्रतियाँ भी जलायी गयी थीं। इन सब उपन्यासों को बाद में महत्त्वपूर्ण उपन्यास माना गया। हिन्दी के आरम्भिक उपन्यासों के बारे में पत्र—पत्रिकाओं में सबसे अधिक बहस नैतिकता के सवाल पर ही हुई है। उन्नीसवीं सदी के अन्तिम दो दशकों से लेकर बीसवीं सदी के दूसरे दशक तक प्रकाशित हिन्दी उपन्यासों के नैतिक—अनैतिक प्रभाव पर श्री वेंकटेश्वर समाचार, प्रयाग समाचार, भारतमित्र, सुदर्शन आदि पत्रिकाओं में उग्र विवाद हुए। इन विवादों में माधव प्रसाद मिश्र का दृष्टिकोण दूसरे लोगों से अधिक आधुनिक है। उपन्यास की नैतिकता पर बहस हिन्दी में ही नहीं हुई। सत्रहवीं और अट्ठारहवीं सदी के अंग्रेज़ी और फ्रांसीसी उपन्यासों पर भी ऐसी बहसें मिलती हैं। उन बहसों को देखने से मालूम होता है कि जो उपन्यास जितना अधिक यथार्थवादी होता था,

उसको उतना ही अधिक अनैतिक कहकर उसकी निन्दा की जाती थी। अंग्रेज़ी के आलोचक रिचर्ड स्टील और फ्रांसीसी पियरे बायल ने यह माँग की थी कि क़ानून बनाकर उपन्यासकारों को तथ्य और कल्पना में अन्तर करने के लिए मजबूर किया जाये, अन्यथा पाठक कल्पना को तथ्य और तथ्य को कल्पना मान लेंगे।[4] उपन्यास के प्रसंग में नैतिक और अनैतिक, तथ्य और कल्पना, सच झूठ आदि के साथ सम्भव–असम्भव का झगड़ा भी खड़ा होता रहा है। हिन्दी में देवकीनन्दन खत्री के उपन्यासों भी सम्भव–असम्भव के सवालों पर बहुत विवाद हुआ था।

यह सच है कि दूसरे कलारूपों और साहित्य रूपों की तुलना में उपन्यास का स्वरूप समाज पर अधिक निर्भर होता है और उसका विकास समाज के इतिहास के साथ होता है, लेकिन यह भी सच है कि वह एक कला है, केवल सामाजिक दस्तावेज़ नहीं; इसलिए सामाजिक यथार्थ, जीवन के अनुभव और इतिहास को गति रचनाकार की सृजनशीलता से पुनर्रचित होकर ही उपन्यास में आते हैं। कहने का तात्पर्य यह कि उपन्यास के समाजशास्त्री को हमेशा यह याद रखना होगा कि वह एक कला के समाजशास्त्रीय विश्लेषण में लगा है, किसी सामाजिक दस्तावेज़ के अध्ययन में नहीं। मिशेल ज़ेराफा ने लिखा है कि उपन्यास के रूप का भी अपना इतिहास होता है, जो एक सीमा तक समाज और इतिहास से स्वतन्त्र है। जो समाजशास्त्री उपन्यास की इस विशेषता की उपेक्षा करता है, वह यह नहीं पहचान पाता कि उपन्यास कैसे सामाजिक यथार्थ का संश्लिष्ट प्रतिरूप बनता है। वह समाज और संस्कृति पर उपन्यास के प्रभाव को भी नहीं समझ पाता। यह समझना आवश्यक है कि उपन्यासकार एक कलाकार है, उसकी रचना में ऐसे यथार्थ की अभिव्यक्ति होती है, जिसके रूप और अर्थ के बारे में वह पहले से सजग है। वह यथार्थ की अभिव्यक्ति के लिए एक ओर उपन्यास कला की उन तकनीकों का प्रयोग करता है, जिन्हें उसने अपने पूर्ववर्तियों से सीखा है और दूसरी ओर अपने अनुभवों से कुछ नये कला–कौशलों का आविष्कार भी करता है।[5] यह समझ लेने के बाद कि उपन्यास सामाजिक यथार्थ की एक कला है, उस दुविधा की सम्भावना नहीं रहती कि उपन्यास लेखन एक कला है या सामाजिक अभिव्यक्ति का एक रूप–रूपवादी आलोचक उपन्यास को लेखन की एक कला कहते हैं और समाजशास्त्री उसे सामाजिक अभिव्यक्ति का एक रूप मानते हैं।

दोनों इस भ्रामक असमंजस के एक–एक छोर को पकड़कर उपन्यास की आलोचना के क्षेत्र में रस्साकशी करते रहते हैं।

उपन्यास का स्वभाव ऐसा है कि वह सामाजिक यथार्थ की अभिव्यक्ति से भागकर उपन्यास नहीं रह सकता, लेकिन केवल सामाजिक यथार्थ की अभिव्यक्ति के कारण कोई उपन्यास कलात्मक कृति नहीं हो जाता। अगर ऐसा होता तो सभी उपन्यासकार प्रेमचन्द होते। यहाँ तक कि प्रेमचन्द के भी सभी उपन्यास समान रूप से कलात्मक नहीं हैं। अन्तोनियो ग्राम्शी ने लिखा है कि दो लेखक एक ही सामाजिक ऐतिहासिक यथार्थ की अभिव्यक्ति का प्रयास करते हैं, लेकिन उनमें से एक कलाकार साबित होता है और दूसरा केवल कातिब। इन दोनों की आलोचना करते समय केवल उनकी सामाजिक पृष्ठभूमि बताना या रचना में व्यक्त यथार्थ की विशेषताएँ बताना कला की समस्या से पल्ला झाड़ लेना है। यह सब आवश्यक और उपयोगी है, लेकिन यह कला की आलोचना नहीं है।[6] ग्राम्शी ने जो सवाल उठाया है उससे बचकर उपन्यास का जो समाजशास्त्र बनेगा, वह कला के रूप में उपन्यास का समाजशास्त्र न होगा। ऐसा समाजशास्त्र न तो किसान जीवन पर लिखे प्रेमचन्द के उपन्यासों से भैरव प्रसाद गुप्त के उपन्यासों का अन्तर समझ पायेगा और न आदिवासी जीवन से सम्बद्ध महाश्वेता देवी के उपन्यास से राजेन्द्र अवस्थी के उपन्यास का फ़र्क़ जान पायेगा।

प्रायः उपन्यास के समाजशास्त्र में उपन्यासकार की वर्गचेतना, विचारधारा, या विश्वदृष्टि के सहारे उपन्यास का सामाजिक अभिप्राय जानने की कोशिश होती है। इसी प्रक्रिया में सामाजिक यथार्थ के बारे में लेखक के दृष्टिकोण के आधार पर उसकी रचना का मूल्यांकन भी होता है। यहाँ दो तरह के सरलीकरणों से सावधानी ज़रूरी है। एक सरलीकरण की ओर बहुत पहले एंगेल्स ने संकेत किया था और बाद में यथार्थवाद की व्याख्या के प्रसंग में जॉर्ज लूकाच ने उसको दोहराया था। एंगेल्स ने कहा था कि "यथार्थवाद लेखक के विचारों के बावजूद प्रकट हो सकता है।" उदाहरण के रूप में उन्होंने बालज़ाक की रचनाओं को रखा था! लूकाच ने एंगेल्स के इस कथन के सहारे बालज़ाक और टॉल्सटॉय के उपन्यासों में लेखक की विचारधारा और रचना के यथार्थवाद के परस्पर विरोधी सम्बन्ध की व्याख्या की है। लेखक की विचारधारा और रचना के यथार्थवाद के बीच हमेशा समानधर्मिता ही नहीं होती, कई बार विरोध भी होता है।

इस विरोध की उपेक्षा करके आलोचना, रचना के साथ न्याय नहीं कर सकती, लेकिन यह भी ध्यान में रखना होगा कि विचारधारा से लेखक को जीवन और जगत को देखने की दृष्टि मिलती है, इसलिए विचारधारा और यथार्थबोध के बीच समानधर्मिता भी हो सकती है। ऐसी समानधर्मिता ग्राम्शी में मिलती है। लेखक की चेतना से उसकी रचना के सम्बन्ध की पहचान के सन्दर्भ में दूसरी सावधानी का संकेत सार्त्र के एक कथन में है। सार्त्र ने लिखा है, "यह ठीक है कि पाल वैलरी एक पेटी बुर्जुआ बुद्धिजीवी है, लेकिन प्रत्येक पेटी बुर्जुआ बुद्धिजीवी पाल वैलरी नहीं होता।" सार्त्र के इस कथन से जाहिर है कि किसी लेखक की वर्गीय स्थिति से ही उसकी रचना का मूल्यांकन करना ख़तरे से खाली नहीं है। उपन्यास के समाजशास्त्र में ऐसे खतरों के प्रति सजगता ज़रूरी है। प्रेमचन्द मध्यवर्ग के व्यक्ति थे, लेकिन वे जीवन भर गहरी सहानुभूति के साथ किसान की कथा लिखते रहे।

मानव जीवन के यथार्थ में रूपों की अपार विविधता होती है। एक उपन्यासकार जीवन यथार्थ के एक रूप और स्तर को महत्त्व देता है तो दूसरा किसी और रूप का चित्रण करता है। इसके साथ ही यथार्थ को देखने की दृष्टियाँ भी अनेक हो सकती हैं। इन बातों से उपन्यास का कलात्मक रूप प्रभावित होता है। यथार्थ के रूप और रचनाकार की चेतना के रूप से कला के रूप का गहरा सम्बन्ध होता है। उपन्यास के समाजशास्त्रीय विवेचन में किसी रचना की सामाजिकता की खोज करते समय उसके कलात्मक रूप से लेखक की चेतना और यथार्थ के रूप में सम्बन्ध की पहचान आवश्यक है। हिन्दी में ऐसे उपन्यासकार हैं जिनकी रचनाओं के केन्द्र में समाज का कोई वर्ग होता है और चरित्र उस वर्ग के प्रतिनिधि के रूप में सामने आते हैं। इनसे अलग वे उपन्यासकार हैं जिनकी रचनाओं के केन्द्र में व्यक्ति होता है और व्यक्ति चरित्र के व्यक्तिगत गुणों, जीवन के अनुभवों और मानवीय सम्बन्धों के माध्यम से समाज व्यक्त होता है। इन दोनों प्रकार के उपन्यासों का समाजशास्त्रीय विश्लेषण एक ही पद्धति से नहीं हो सकता। उदाहरण के लिए एक ही समाजशास्त्रीय पद्धति से अगर प्रेमचन्द और अज्ञेय के उपन्यासों का विश्लेषण होगा तो दोनों के साथ ज़्यादती होगी। इन दोनों के उपन्यासों के समाजशास्त्रीय विश्लेषण में सामाजिक वास्तविकता और जीवन के अनुभवों के प्रति दोनों के दृष्टिकोण, उस दृष्टिकोण की रचनाओं में अभिव्यक्ति और दोनों की कला के

अन्तरों को ध्यान में रखकर उनके उपन्यासों के साथ न्याय हो सकता है। प्रेमचन्द की नैतिक चेतना और अज्ञेय की नैतिक चेतना में बहुत अन्तर है। इससे मानवीय सम्बन्धों और जीवन मूल्यों के बारे में उनकी दृष्टियों में भी अन्तर आया है। फलतः उनके चरित्र विधान की प्रक्रियाएँ भी अलग–अलग हैं। दोनों के पात्र अलग–अलग वर्गों के हैं, इसलिए उनकी मानसिकताओं में भी अन्तर है। अज्ञेय के उच्च मध्यवर्गीय पात्रों में जैसी बौद्धिकता है, आत्ममन्थन की प्रवृत्ति है वैसी बौद्धिकता प्रेमचन्द के किसानों में सम्भव नहीं है। इससे दोनों के उपन्यासों की भाषिक संरचनाओं में भी अन्तर आया है। प्रेमचन्द के 'गोदान' में भारतीय किसान जीवन की वास्तविकताएँ और आकांक्षाएँ साफ़ दिखायी देती हैं, लेकिन 'शेखर : एक जीवनी' में मध्यवर्ग की ज़िन्दगी के जटिल यथार्थ के अनेक पक्ष खोजने पर मिलते हैं। फणीश्वरनाथ 'रेणु' के मैला आँचल के केन्द्र में भी किसान जीवन ही है। रेणु ने किसान जीवन के यथार्थ के कुछ दूसरे पक्षों और रूपों को देखा है और प्रेमचन्द से भिन्न पद्धति से चित्रित किया है। इसलिए वहाँ किसान जीवन का ही नया रूप सामने नहीं आता, उपन्यास कला का नया रूप भी उभरता दिखायी देता है।

अपने समाज की वास्तविकता, समय की सच्चाई और इतिहास की गति की अभिव्यक्ति उपन्यास में कई रूपों में हो सकती है और होती रही है। अभिव्यक्ति का एक रूप प्रातिनिधिक होता है और दूसरा प्रतीकात्मक। अभिव्यक्ति की प्रातिनिधिक पद्धति का विकास उपन्यास की यथार्थवादी परम्परा में मिलता है, लेकिन कथा की प्रतीकात्मक पद्धति अधिक पुरानी है। प्राचीन काल के कथा साहित्य के अधिकांश में प्रतीकात्मक पद्धति का ही प्रयोग मिलता है। प्रतीकात्मक कथा पद्धति के अन्तर्गत फैंटेसी, मिथक, और अद्‌भुत कथानकों का उपयोग होता है। बीसवीं सदी के उपन्यासों में प्रतीकात्मक पद्धति के विभिन्न रूपों का प्रयोग बढ़ा है। जेम्स और काफ़्का के उपन्यास इसके कलात्मक रूपों के प्रमाण हैं। हिन्दी उपन्यास के आरम्भिक दौर में प्रतीकात्मक पद्धति का कथा विधान मिलता है। देवकीनन्दन खत्री के उपन्यासों में इसका एक रूप है तो अम्बिकादत्त व्यास के 'आश्चर्य वृत्तान्त' में दूसरा रूप। हिन्दी के अनेक महत्त्वपूर्ण उपन्यासों में प्रातिनिधिक और प्रतीकात्मक पद्धति की एकता का, यथार्थवादी रचनाविधान के भीतर फैंटेसी और मिथक के कलात्मक प्रयोग का सर्वोत्तम रूप दक्षिण अमेरिका के उन

उपन्यासों में मिलता है, जिन्हें जादुई यथार्थवाद के उपन्यास कहा जाता है। यहाँ कथा की इन दोनों पद्धतियों के अलग–अलग रूपों और उनकी एकता की चर्चा का उद्देश्य यह है कि किसी उपन्यास के समाजशास्त्रीय विश्लेषण में उसके कथा शिल्प के स्वरूप की विशिष्टता पर ध्यान देना ज़रूरी है। प्रायः आलोचक प्रातिनिधिक पद्धति के यथार्थवादी उपन्यासों को ही समाजशास्त्रीय विश्लेषण के लिए स्वीकार करते हैं और प्रतीकात्मक कथाविधान वाले उपन्यासों को छोड़ देते हैं, क्योंकि फैंटेसी मिथक आदि में निहित सच्चाइयों की खोज असुविधाजनक होती है। उपन्यास के ऐसे समाजशास्त्र में अनेक महत्त्वपूर्ण कलात्मक उपन्यासों की उपेक्षा हो जाती है।

टेरी ईगल्टन ने हाल के एक निबन्ध[7] में ठीक ही लिखा है कि साहित्य में समाजशास्त्रीय दिलचस्पों के दो रूप हैं–यथार्थवादी और व्यवहारवादी। यथार्थवादी दृष्टि के अनुसार साहित्य का स्वरूप अपने सामाजिक सन्दर्भ से निर्मित और प्रभावित होता है। व्यवहारवादी पद्धति में साहित्य के स्वरूप और उसके पाठकीय ग्रहण की परिस्थितियों पर विचार होता है। साहित्य के स्वरूप के निर्माण में सामाजिक सन्दर्भ की विभिन्न भूमिकाओं के विश्लेषण की प्रक्रिया में ही यथार्थवाद की अवधारणा का विकास हुआ है, जो उपन्यास के समाजशास्त्रीय विश्लेषण की केन्द्रीय अवधारणा है। उपन्यास की आलोचना में यथार्थवाद का उपयोग मार्क्सवादी और गैर–मार्क्सवादी दोनों तरह के आलोचक करते रहे हैं, लेकिन इसका सबसे अधिक विकास मार्क्सवादी आलोचना में ही हुआ है।

पश्चिम में उपन्यास के समाजशास्त्र के निर्माण में जॉर्ज लूकाच का योगदान किसी भी दूसरे आलोचक से अधिक है। उनके लेखन में उपन्यास के समाजशास्त्र के विकास की दो अवस्थाएँ हैं। आरम्भिक अवस्था 'उपन्यास का सिद्धान्त' नाम की पुस्तक में है, जो 1916 में प्रकाशित हुई थी। तब तक लूकाच मार्क्सवादी नहीं हुए थे। लूकाच की इस पुस्तक का उपन्यास के समाजशास्त्र के विकास पर जितना व्यापक प्रभाव पड़ा है, उतना किसी दूसरी पुस्तक का नहीं। उस पुस्तक में पहली बार उपन्यास के दार्शनिक, ऐतिहासिक और सामाजिक स्वरूप का गम्भीर विश्लेषण हुआ था, जिससे प्रेरणा लेकर गोल्डमान और दूसरे समाजशास्त्रियों ने उपन्यास के समाजशास्त्र का विकास किया। लूकाच ने 'यूरोपीय यथार्थवाद का अनुशीलन' और ''समकालीन यथार्थवाद का अर्थ'' जैसी कृतियों में उपन्यास

का मार्क्सवादी समाजशास्त्र निर्मित किया है। इन ग्रन्थों में यथार्थवाद को विशेषतः आलोचनात्मक यथार्थवाद को उपन्यास के समाजशास्त्रीय विश्लेषण की बुनियादी धारणा बनाया गया है और यूरोप के अनेक महान उपन्यासकारों की रचनाओं के विश्लेषण तथा मूल्यांकन में उसका सार्थक उपयोग हुआ है। वैसे तो यथार्थवाद के अनेक रूप और भेद बताये गये हैं, लेकिन वास्तव में यथार्थवाद के दो रूपों का विकास उपन्यास की आलोचना में हुआ है। इन्हीं दोनों को यथार्थवाद की सुसंगत अवधारणाएँ कहा जा सकता है। एक है आलोचनात्मक यथार्थवाद और दूसरा समाजवादी यथार्थवाद। जॉर्ज लूकाच ने समाजवादी यथार्थवाद की तुलना में आलोचनात्मक यथार्थवाद को अधिक व्यापक रचनात्मक प्रवृत्ति माना है और उसे विशेष महत्त्व दिया है। यहाँ हम यथार्थवाद के भेदों और रूपों को चर्चा नहीं करेंगे। उनकी हिन्दी में अच्छे बुरी। चर्चा खूब हुई हैं। हम आगे यथार्थवाद से सम्बन्धित कुछ सवालों की चर्चा करेंगे। ऐसे सवालों में सर्वाधिक विवादास्पद है यथार्थवाद से विचारधारा के सम्बन्ध का सवाल; इसलिए उस पर कुछ विस्तार से बात करना ज़रूरी है।

यथार्थवाद के स्वरूप और विचारधारा से उसके सम्बन्ध की बात उठते ही एंगेल्स का वह पत्र ध्यान में आता है जो उन्होंने 1888 में माग्रेट हार्कनेस को लिखा था। इस पत्र में एंगेल्स ने यथार्थवाद के स्वरूप, प्रातिनिधिकता की धारणा और यथार्थवाद से विचारधारा के सम्बन्ध पर विचार करते हुए 'यथार्थवाद की विजय' की धारणा स्थापित की है। यथार्थवाद और विचारधारा के बीच विरोध को महत्त्व देने वाले बार–बार इस पत्र का हवाला देते हैं।

एंगेल्स ने अपने पत्र में लिखा है "मैं जिस यथार्थवाद की बात कर रहा हूँ, वह लेखक के विचारों के बावजूद प्रकट हो सकता है। इस बात को समझने के लिए बालज़ाक का उदाहरण लिया जा सकता है। बालज़ाक राजनीतिक दृष्टि से लिजिटिमिस्ट था। उसकी महान रचनाएं एक अच्छे समाज के अनिवार्य विनाश पर लिखे गये सच्चे शोकगीत के समान हैं। बालज़ाक अपने राजनीतिक पूर्वग्रहों और वर्गीय सहानुभूति के विपरीत जाने को मजबूर होता है। उसने अपने प्रिय सामन्तों के पतन की अनिवार्यता को देखा और उनका उसने उसी रूप में चित्रण किया। उसने भविष्य की उन वास्तविक शक्तियों को भी देखा जो उस समय उपलब्ध थीं। मैं, इसे यथार्थवाद की महान विजय समझता हूँ।"

यथार्थवाद और विचारधारा को परस्पर विरोधी बताने वाले इस वाक्य को बार–बार उद्धृत करते हैं–"यथार्थवाद लेखक के विचारों के बावजूद प्रकट हो सकता है।" इस वाक्य में एंगेल्स ने एक सम्भावना की ओर संकेत किया है। कुछ लोग इसको यथार्थवाद का स्थायी नियम समझते हैं। उनकी नज़र एंगेल्स के वाक्य में आये 'बावजूद' पर टिकी रहती है। इस 'बावजूद' को ऐसे लोगों ने एक सिद्धान्त बना दिया है। मिखाइल ख्रापचैंको ने इन बावजूदवादियों की ठीक आलोचना की है। इन बावजूदवादियों में जॉर्ज लूकाच भी शामिल हैं।

जॉर्ज लूकाच यथार्थवाद के महत्त्वपूर्ण व्याख्याता और सिद्धान्तकार हैं। उन्होंने अपने अनेक लेखों में यथार्थवाद और विचारधारा के सम्बन्ध पर विचार किया है लूकाच ने एक निबन्ध 'मार्क्स–एंगेल्स आन ईस्थेटिक्स' में एंगेल्स के इस पत्र के सहारे सिद्ध किया है कि यथार्थवाद और लेखक के सामाजिक राजनीतिक दृष्टिकोण में विरोध होता है। यदि हम इस मान्यता को स्वीकार कर लें कि विचारधारा और रचना के यथार्थवाद में विरोध स्वाभाविक या ज़रूरी होता है तो सवाल उठता है कि यथार्थबोध की प्रेरणा और शक्ति का स्रोत क्या है और यह भी कि लेखक की चेतना और यथार्थबोध में क्या सम्बन्ध होता है। लूकाच के सामने भी ये सवाल ज़रूर रहे होंगे। उन्होंने बालज़ाक के प्रसंग में इन सवालों के उत्तर दिये हैं और उन उत्तरों को यथार्थवाद के नियम के रूप में पेश किया है।

लूकाच ने 'विचारक बालज़ाक' और 'रचनाकार बालज़ाक' में पार्थक्य स्थापित किया है (क्या यह टी.एस. एलियट द्वारा स्थापित भोक्ता मनुष्य और सर्जक मनीषा के बीच पार्थक्य जैसा है?) लूकाच ने यथार्थवाद की विजय को विचारक बालज़ाक पर रचनाकार बालज़ाक की विजय बताया है। यह अन्तर और यथार्थवाद की विजय की व्याख्या बहुत सन्तोषजनक नहीं है, इसलिए उन्होंने एक दूसरी व्याख्या रखी है। वे कहते हैं कि "यथार्थबोध के लिए 'दम्भ रहित अटल ईमानदारी' ज़रूरी है, जो महान लेखकों में होती है। 'स्टडीज़ इन यूरोपियन रियलिज़्म" की भूमिका में लूकाच ने ईमानदारी को सच्चे यथार्थवाद की कसौटी कहा है। हिन्दी में चर्चित अनुभूति की ईमानदारी और भोगा हुआ यथार्थ की सीमाओं से सब परिचित हैं। जाहिर है रचनाकार की ईमानदारी यथार्थ बोध के लिए पर्याप्त नहीं है, रचनाकार की 'दम्भरहित अटल ईमानदारी' से यथार्थबोध और उसकी व्यंजना की व्याख्या नहीं हो पाती।

लूकाच ने तथाकथित वर्ग–मनोविज्ञान के सहारे लेखक के राजनीतिक दृष्टिकोण के आधार पर रचना का मूल्यांकन करने वाली आलोचना को कुत्सित कहा है और उसकी आलोचना की है ठीक। लेकिन क्या यथार्थवाद की विजय की व्याख्या के लिए लेखक की ईमानदारी को आधार बनाना व्यक्ति मनोविज्ञान का सहारा लेना नहीं है। क्या व्यक्ति मनोविज्ञान का सहारा लेने वाली आलोचना वर्ग–मनोविज्ञानवादी आलोचना से बेहतर है? लूकाच ने यथार्थवाद की विजय के लिए लेखक में 'सत्य की प्यास' और यथार्थ से बेहद लगाव आदि को ज़रूरी माना है। सत्य की प्यास और तथ्य की भूख को यथार्थवाद की अनिवार्य शर्त समझने वाले लेखकों की रचनाओं में जो भूखा–प्यासा यथार्थवाद मिलता है, उससे सब परिचित हैं और उसकी सीमाओं से भी। सुनिश्चित प्रयोजन और दृष्टिकोण के अभाव में केवल सत्य की प्यास और यथार्थ से बेहद लगाव के आधार पर ही सार्थक यथार्थवादी कृति रचना सम्भव नहीं होती।

विचारधारा से यथार्थवाद के विरोध और यथार्थवाद की विजय का रहस्य खोजने के लिए लूकाच लेखक की चेतना की गहराई में उतरे हैं। उन्होंने लिखा है कि लेखक विश्वदृष्टि और यथार्थ चित्रण के बीच का विरोध, वास्तव में लेखक की चेतना के दो स्तरों में बसने वाली विश्वदृष्टियों के बीच का विरोध है। रचनाकाल में रचनाकार की चेतना के ऊपरी स्तर और भीतरी अन्तर्दृष्टि में द्वन्द्व होता है। अन्तर्दृष्टि की विजय में यथार्थवाद की विजय निहित है। क्या किसी लेखक की चेतना के ऊपरी स्तर की विश्वदृष्टि प्रतिक्रियावादी और भीतरी अन्तर्दृष्टि प्रगतिशील हो सकती है? क्या कोई लेखक सचेत रूप में प्रतिक्रियावादी होने के बावजूद अवचेतन में प्रगतिशील हो सकता है? ये सवाल यूँ ही नहीं उठाये जा रहे हैं। सवाल बालज़ाक के प्रसंग में यथार्थवाद की विजय की लूकाच की व्याख्या से उठे हैं। बेचारा बालज़ाक! वह जो चाहता था वह कर नहीं पाता था और जो नहीं चाहता था वह हो जाता था। चेतना के इन दो स्तरों वाले तर्क को स्वीकार कर लिया जाये तो किसी भी प्रतिक्रियावादी रचनाकार को प्रगतिशील और प्रगतिशील को प्रतिक्रियावादी साबित करने में देर नहीं लगेगी।

यहाँ एक और सवाल विचारणीय है। लेखक की प्रतिक्रियावादी विचारधारा की यथार्थवादी के निर्माण में क्या भूमिका है। लूकाच ने टॉल्सटॉय के प्रसंग में लिखा है कि महान यथार्थवादी लेखकों की विश्व दृष्टि की प्रतिक्रिया

वादी प्रवृत्तियाँ सामाजिक यथार्थ के व्यापक सच्चे और वस्तुनिष्ठ चित्रण में बाधक नहीं होती। तो क्या साधक होती हैं? जी, हाँ! लूकाच का यही ख़्याल है। वे लिखते हैं "टॉल्सटॉय के भ्रम उनके यथार्थवाद को कमज़ोर करने के बदले, वास्तव में उनके यथार्थवाद को महानता, गहराई और अनुभूति प्रदान करते हैं। अगर यह सच है तो क्रान्तिकारी विश्व दृष्टि की क्या ज़रूरत है? यह लूकाच का पूर्वग्रह है या उनकी विचारधारात्मक परिणति? सच तो यह है कि ग़लत विचारधारा महान से महान लेखकों की रचनाओं को भी किसी–न–किसी रूप में कमज़ोर करती है। टॉल्सटॉय और प्रेमचन्द की अनेक रचनाएँ ऐसे प्रभावों से बच नहीं पायी है। जॉर्ज लूकाच को बीसवीं सदी में यथार्थवाद का व्यापक ह्रास दिखायी देता है, केवल टॉमस मान और सोल्झेनित्सिन ही अपवाद प्रतीत होते हैं। 19वीं सदी के यथार्थवाद के विकास की विस्तृत छान–बीन करने के बाद 'टॉल्सटॉय और यथार्थवाद का विकास' नामक लेख में वे इस निष्कर्ष पर पहुँचे हैं कि 1848 के बाद बुर्जुआ समाज के विकास ने महान यथार्थवाद की सम्भावना की आत्मपरक दशाओं का नाश कर दिया। 1848 के पहले यथार्थवादी लेखक सामाजिक प्रक्रिया में भाग लेते थे और उसका अनुभव करते थे जबकि बीसवीं सदी के लेखक सामाजिक प्रक्रिया के दर्शक और पर्यवेक्षक रह गये हैं। लूकाच ने ठीक ही लिखा है कि सामाजिक प्रक्रिया में लेखक की सक्रिय हिस्सेदारी से उसके अनुभव में व्यापकता, गहराई और प्रामाणिकता आती है, इसलिए यथार्थवाद के विकास की सम्भावना बनती है। यह केवल लेखक के आत्मपरक प्रयास पर ही निर्भर नहीं होता। लूकाच के अनुसार "यह इस पर निर्भर है कि लेखक जिस समाज में रह रहा है उसमें ऐतिहासिक दृष्टि से सार्थक सामाजिक और विचारधारात्मक प्रवृत्तियाँ मौजूद हैं या नहीं!"

बीसवीं सदी में यथार्थवाद के ह्रास के बारे में जॉर्ज लूकाच की मान्यता से कई सवाल पैदा होते हैं। क्या 1848 के बाद पूँजीवाद की विकृतियों के बावजूद यूरोप में ऐतिहासिक दृष्टि से सार्थक सामाजिक और विचारधारात्मक प्रवृत्तियाँ मौजूद नहीं रही हैं? क्या 1848 के बाद सामाजिक प्रक्रिया में सक्रिय भाग लेने वाले लेखक नहीं रहे हैं? 1848 में ही 'कम्युनिस्ट घोषणा पत्र' प्रकाशित हुआ जो 19वीं सदी के विचारधारात्मक इतिहास में एक नया मोड़ और बीसवीं सदी के विचारात्मक संघर्ष को नयी दिशा देने वाला साबित हुआ है। 1848 के बाद का इतिहास महान सामाजिक

राजनीतिक आन्दोलनों और संघर्षों से भरा पड़ा है। पेरिस कम्यून और रूस की समाजवादी क्रान्ति के अलावा साम्राज्यवाद के विरुद्ध दुनिया की शोषित–पीड़ित जनता का व्यापक मुक्ति आन्दोलन इसी बीच विकसित हुआ है जिनसे मानव–मुक्ति का द्वार खुला है। 1848 के बाद के इतिहास की महान सामाजिक राजनीतिक घटनाओं और मुक्ति–आन्दोलनों की अनदेखी करके अगर कोई कहता है कि 20वीं सदी में यथार्थवाद के विकास की सम्भावना का नाश हो गया है तो मानना होगा कि उसकी नज़र वर्तमान पर नहीं अतीत की ओर है। 1848 के बाद ख़ासतौर से बीसवीं सदी में, एक–दो नहीं असंख्य लेखकों की पूरी पंक्ति मौजूद है जिन्होंने सामाजिक प्रक्रिया में मुक्ति आन्दोलनों और संघर्षों में न केवल भाग लिया है बल्कि शहीद भी हुए हैं। क्या बीसवीं सदी के इतिहास में समाजवादी विचारधारा की मौजूदगी और समाजवाद की विजय ने यथार्थवाद के विकास और विजय की नयी सम्भावनाओं का निर्माण नहीं किया है?

जॉर्ज लूकाच पर कुछ विस्तार से बात करने के दो कारण हैं। एक तो यह कि हिन्दी में जॉर्ज लूकाच की तरह सोचने वाले, उसकी मान्यताओं से सहमत बहुत से लोग हैं। दूसरा यह कि कुछ लोग मार्क्स–एंगेल्स की यथार्थवाद सम्बन्धी मान्यताओं को लूकाच के मार्फ़त समझते हैं।

आइए अब मूल सवाल की ओर लौटें। क्या सचमुच 'यथार्थवाद की विजय' का अर्थ विचारधारा की पराजय है? यहाँ यह याद दिलाना ज़रूरी है कि विचारधारा का मतलब केवल राजनीतिक विचारधारा नहीं है और राजनीतिक विचारधारा केवल राजनीतिक पूर्वाग्रह नहीं है। एंगेल्स के पत्र से स्पष्ट है कि बालज़ाक की वर्गीय सहानुभूति से उनका यथार्थवाद प्रभावित हुआ है अन्यथा यह कहने का क्या अर्थ है कि बालज़ाक की महान रचनाएँ उसके प्रिय वर्ग और समाज के अनिवार्य अन्त पर लिखे गये सच्चे शोकगीत हैं। एंगेल्स ने लिखा है कि बालज़ाक अपने प्रिय वर्ग और समाज के अन्त की अनिवार्यता को देखता है और भविष्य की वास्तविक शक्तियों को भी। क्या इस देखने के पीछे कोई दृष्टि या दृष्टिकोण नहीं है? असल में समाज के इतिहास के यथार्थ की विकास–प्रक्रिया की अनिवार्यताओं और सम्भावनाओं को वर्तमान की अनिवार्यताओं और भविष्य की सम्भावनाओं को, ह्रासशील शक्तियों के अन्त की अनिवार्यता और प्रगतिशील शक्तियों के विकास की सम्भावनाओं को देखने में ही यथार्थवाद की विजय है।

यहाँ इतिहास –प्रक्रिया की अनिवार्यताओं और सम्भावनाओं को देखने–दिखाने की क्षमता ही विचारधारा है। इस क्षमता के कारण ही कोई रचना यथार्थवादी होती है। यह बात बालज़ाक ही नहीं प्रेमचन्द के प्रसंग में भी सच है। प्रेमचन्द ने अपनी रचनाओं में साम्राज्यवाद और सामन्तवाद से जूझती भारतीय जनता के जीवनसंघर्ष और मुक्ति संघर्ष का चित्रण किया है। इस विशाल चित्र में भारतीय जनता के सामाजिक–राजनीतिक जीवन के यथार्थ वर्तमान रूपों की अभिव्यक्ति है और भावी सम्भावनाओं की ओर संकेत भी। प्रेमचन्द ने भारतीय समाज के इतिहास की विकास–प्रक्रिया को, इस व्यापक विकास प्रक्रिया में क्रियाशील शक्तियों को और विकास–प्रक्रिया में बदलते यथार्थ को एक जन पक्षधर रचनाकार की दृष्टि से देखा है। यही दृष्टि प्रेमचन्द के यथार्थवाद की मुख्य शक्ति और विशेषता है। इस प्रकार हम देखते हैं कि यथार्थवाद की विजय विचारधारा की मदद से होती है, उसकी पराजय से नहीं। पूर्वाग्रह और सहानुभूति पर विजय को विचारधारा की पराजय समझना विचारधारा को पूर्वाग्रह और सहानुभूति तक सीमित करना है।

विचारधारा और यथार्थवाद के सम्बन्ध पर विचार करते समय आलोचना की पद्धति का प्रश्न भी विचारणीय है। सवाल यह है कि आलोचना में रचनाकार की विचारधारा और रचना के यथार्थवाद के सम्बन्ध की खोज हो या रचना के यथार्थवाद और उसकी विचारधारा के सम्बन्ध की। रचनाकार रचना की विचारधारा मान लेने और उससे रचना के यथार्थवाद के सम्बन्ध की खोज करने पर अनेक कठिनाइयाँ उठ खड़ी होती हैं। जहाँ रचनाकार की विचारधारा और उसकी रचना के यथार्थबोध के बीच विरोध नहीं होता, वहाँ कोई विशेष कठिनाई नहीं होती, लेकिन जहाँ विरोध होता है वहाँ संगति खोजने में कठिनाई होती है। ऐसी स्थिति में असंगति को सुलझाने के लिए तरह–तरह के समाधान खोजे जाते हैं। कभी रचनाकार के विचारक और लेखक व्यक्तित्व में अन्तर किया जाता है और कभी चेतना के स्तरों के बीच द्वन्द्व की कल्पना की जाती है।

किसी व्यक्ति की विचारधारा केवल उसके कथनों और घोषणाओं के आधार पर नहीं जानी जा सकती। विचारधारा तो व्यक्ति के सामाजिक जीवन के क्रिया–व्यापार में व्यक्त होती है और उसी के सहारे जानी जा सकती है। रचनाकार की विचारधारा उसके रचना–कर्म में व्यक्त होती है और उसी के आधार पर उसे समझा जा सकता है।

केवल उसके कथनों के आधार पर नहीं। रचनाकर्म का प्रमाण रचना ही है। रचनाकर्म एक विचारधारात्मक कर्म है। रचना उसका फल है। रचनाकार की विचारधारा को जानने का विश्वसनीय साधन उसकी रचना ही है। ऐसी स्थिति में जाहिर है कि वस्तुपरक आलोचना दृष्टि के विकास के लिए रचना की विचारधारा और उसके यथार्थवाद के सम्बन्ध की खोज करना ज़रूरी है।

यहाँ रचना–केन्द्रित आलोचना पर जोर देने का उद्देश्य लेखक के रचनात्मक अभिप्राय और विचारधारा के महत्त्व को कम करना नहीं है। आग्रह केवल यह है कि पहचान का आधार रचना को बनाया जाये और रचना की विचारधारा से उसके यथार्थवाद के सम्बन्ध की खोज की जाये। लेखक की विचारधारा को जानने के लिए उसके कथनों और घोषणाओं पर निर्भर होने से बेहतर है उसकी रचना पर विश्वास करना। कई बार लेखक के विचारधारात्मक छद्म का भेद उसकी रचना खोल देती है, इसलिए लेखक अपने रचनात्मक उद्देश्य और विचारधारा के बारे में जो कुछ कहता है। उससे अधिक महत्त्वपूर्ण यह है कि उसकी रचना क्या कहती है। शमशेर जी ने ठीक ही लिखा है, "बात बोलेगी। हम नहीं भेद खोलेगी। बात ही।"

आमतौर पर यथार्थवाद की चर्चा में यथार्थ पर कम और वाद पर अधिक बात होती है। अगर हम यथार्थ के बोध और उसकी अभिव्यक्ति की प्रक्रिया पर ध्यान दें तो यथार्थवाद और विचारधारा के सम्बन्ध के कई महत्त्वपूर्ण पक्ष सामने आयेंगे। यथार्थ स्थिर और जड़ नहीं होता। वह गतिशील, परिवर्तनशील और व्यापक विकास प्रक्रिया का हिस्सा होता है। कला और साहित्य में यथार्थ का ऐतिहासिक और मानवीय रूप व्यक्त होता है। रचनाकार जिस समाज और परिवेश में जीता है उसके यथार्थ का अनुभव अनेक रूपों में करता है। यथार्थ का सामान्य और तात्कालिक अनुभव जब विशिष्ट और सुनिश्चित बोध बनता है तब रचना का विषय बनता है। सामान्य और तात्कालिक अनुभव को विशिष्ट और सुनिश्चित बोध में रूपान्तरित करने की प्रक्रिया में रचनाकार के दृष्टिकोण की महत्त्वपूर्ण भूमिका होती है। सामाजिक यथार्थ, यथार्थ के दूसरे रूपों से अधिक गतिशील, परिवर्तनशील और इतिहासबद्ध होता है। लेखक सामाजिक प्रक्रिया में हिस्सा लेते हुए सामाजिक यथार्थ के विभिन्न पक्षों और रूपों का अनुभव करता रहता है। रचना के लिए उसे अपने अनगिनत अनुभवों में से कुछ का चुनाव करना पड़ता है, उसे कुछ को अपनाना और कुछ

अनुभवों को छोड़ना पड़ता है। इस चुनाव में वह यह देखता है कि विकास प्रक्रिया में सामाजिक यथार्थ का कौन–सा रूप तथा पक्ष अधिक सार्थक और सम्भावनापूर्ण और कौन–सा रूप निरर्थक और अनावश्यक है। और यह भी कि क्या प्रातिनिधिक है और क्या नहीं। लेखक एक सुनिश्चित दृष्टिकोण और इतिहास प्रक्रिया की समझ के अभाव में इन सवालों का सामना नहीं कर सकता और सही चुनाव भी नहीं कर सकता। अनुभववादी और यथार्थवादी में यह फ़र्क़ होता है कि अनुभववादी यथार्थ के अनुभव की तात्कालिकता को ही महत्त्व देता है, जबकि यथार्थवादी यथार्थ के अनुभव के व्यापक सन्दर्भ पर भी ध्यान देता है। यथार्थ के चयन की प्रक्रिया में कई बार यथार्थ के नयी रूप और पक्ष लेखक के सामने आते हैं। तब लेखक को पहले के अनुभवों से बने यथार्थ सम्बन्धी अपने पूर्वग्रहों और नये पक्षों के बीच चुनाव करना होता है। सच्चा यथार्थवादी यथार्थ के नये पक्षों पर अपने पूर्वाग्रह नहीं लादता, नये उभरे पक्ष की उपेक्षा भी नहीं करता, वह यथार्थ की विकास–प्रक्रिया और विवेक सम्मत परिणति को स्वीकार करता है। यही विवेकशील यथार्थवादी दृष्टिकोण है। प्रायः जिसे लेखक की विचारधारा पर यथार्थवाद की विजय कहा जाता है वह वास्तव में यथार्थ के मामूली अनुभव पर यथार्थ के विवेक की विजय है, मामूली और तात्कालिक अनुभव से निर्मित पूर्वाग्रह पर सुनिश्चित विवेक की विजय है।

लेखक चुने हुए यथार्थ की व्याख्या करता है, उसकी सम्भावना की पहचान करता है, उसे अपने रचनात्मक अभिप्राय के अनुरूप नये रूप में रचता है। यह पूरी प्रक्रिया एक निश्चित मूल्य–दृष्टि के तहत सम्पन्न होती है। इसके बाद यथार्थ का अनुभव रचना की अन्तर्वस्तु बनता है। यह ऐतिहासिक यथार्थ का कलात्मक रूपान्तरण है। इस रूपान्तरण की प्रक्रिया में विचारधारा की महत्त्वपूर्ण भूमिका होती है और रचना की अन्तर्वस्तु में मूल्य–चेतना के रूप में विचारधारा में मौजूद होती है। ऐतिहासिक यथार्थ के कलात्मक रूपान्तरण की प्रक्रिया में रचना की संरचना का विकास होता है। उसके साथ ही अभिव्यक्ति के विभिन्न तत्त्वों का चयन और संगठन होता है। यथार्थबोध को यथार्थवाद में विकसित करने की प्रक्रिया व्यापक और जटिल होती है, इसलिए विचारधारा का यथार्थवाद से सम्बन्ध यथार्थबोध से सम्बन्ध की तुलना में अधिक व्यापक और जटिल होता है। विचारधारा रचना में अन्तर्वस्तु से लेकर रूप तक व्याप्त होती है, इसलिए विचारधारा के सम्बन्ध की खोज अन्तर्वस्तु से लेकर रूप तक करने की ज़रूरत है।

यथार्थ के अनुभव, चयन, व्याख्या, मूल्यांकन, रूपान्तरण और अभिव्यक्ति की प्रक्रिया स्वतः चालित प्रक्रिया नहीं होती। इसमें रचनाकार की विश्वदृष्टि के साथ–साथ कलादृष्टि की महत्त्वपूर्ण भूमिका होती है। कलादृष्टि के अभाव में यथार्थ के अनुभव के बावजूद यथार्थवादी कलाकृति नहीं बन पाती। ग्राम्शी ने ठीक ही लिखा है कि "एक ही ऐतिहासिक यथार्थ की अभिव्यक्ति करने वाले दो लेखकों में से एक उस यथार्थ का कलाकार बन जाता है और दूसरा केवल प्रवक्ता।" यह अन्तर कला–क्षमता के अन्तर के कारण होता है।

यथार्थवाद और विचारधारा के सम्बन्ध का एक और पक्ष रचना में व्यक्त यथार्थ के पाठकीय ग्रहण के सन्दर्भ में प्रकट होता है। पाठक रचना के पास खाली दिमाग़ लेकर नहीं जाता। रचना में व्यक्त यथार्थ के बोध के समय उस यथार्थ का पाठक का अपना ज्ञान, उस यथार्थ के बारे में उसका दृष्टिकोण सदा सक्रिय रहता है। कई बार लेखक के यथार्थबोध और यथार्थ के प्रति दृष्टिकोण से पाठक के यथार्थबोध और यथार्थ के प्रति दृष्टिकोण की टकराहट होती है। पाठक रचना के बोध के समय व्यापक इतिहास प्रक्रिया में अपनी स्थिति और रचना की स्थिति के बारे में सजग होता है। इस तरह विचारधारा और यथार्थवाद के सम्बन्ध का सवाल केवल रचनाकार की विचारधारा से रचना के यथार्थवाद या रचना की विचारधारा से उसके यथार्थवाद के सम्बन्ध का ही सवाल नहीं है। यह सवाल रचना के पाठकीय ग्रहण से भी जुड़ा हुआ है।

कुछ आलोचक यथार्थ के इन्द्रियानुभव और भावानुभव के चित्रण में ही यथार्थवाद देखते हैं। वे कविता के प्रसंग में इन्द्रियबोध और भावबोध में ही यथार्थवाद खोजते हैं। यथार्थवाद की इस धारणा में यथार्थ के बोध और चित्रण में विचारधारा की भूमिका की उपेक्षा होती है। रचना में इन्द्रियबोध और भावबोध रचना की विचारधारा के अंग के रूप में ही सार्थक होते हैं। केवल इन्द्रियबोध और भावबोध तक सीमित यथार्थवाद जीवन के तात्कालिक अनुभवों और तथ्यों से आगे नहीं जाता, उसमें अनुभव और तथ्य के व्यापक सन्दर्भ नहीं होते। जीवन के अनुभव और तथ्य जिस सामाजिक यथार्थ की जटिल समग्रता के अंग होते हैं उसका, बोध ऐसा यथार्थवाद नहीं जगा पाता। यथार्थवाद की यह धारणा अनुभववादी है। अनुभववादी यथार्थवाद अन्तर्वस्तु और शिल्प के स्तर पर नयी खोज और आविष्कार की चेतना के अभाव में यथास्थितिवादी होता है।

यथार्थवाद व्यक्तियों, वर्गों और वस्तुओं के बाहरी रूप के मूर्त चित्रण तक सीमित नहीं होता, उसमें विभिन्न प्रकार के सम्बन्धों की भी अभिव्यक्ति होती है। सामाजिक जीवन के सतह के यथार्थ तक सीमित यथार्थवाद की कमज़ोरी सब जानते हैं, सतह के नीचे तह का यथार्थ भी यथार्थ ही होता है। सामाजिक–राजनीतिक व्यवस्थाओं और संस्थाओं की संरचनाओं की पहचान से वंचित यथार्थवाद अधूरा होता है। यथार्थ के मूर्त रूप के साथ–साथ उसके अमूर्त प्रभावों का चित्रण करना यथार्थवाद की सीमा लाँघना नहीं है। यथार्थ की सारसत्ता, विभिन्न प्रकार के सामाजिक, राजनीतिक तथा मानवीय सम्बन्ध, सामाजिक व्यवस्था तथा संस्थाओं की संरचनाओं और सामाजिक–राजनीतिक जीवन में सक्रिय विभिन्न प्रकार की दृश्य–अदृश्य शक्तियों के मूर्त–अमूर्त प्रभावों की पहचान विचारधारा की मदद से होती है, इसलिए विचारधारा यथार्थवाद की दुश्मन नहीं है। जिस यथार्थवादी रचना में सामाजिक यथार्थ को जटिल समग्रता और इतिहास प्रक्रिया में परिवर्तनशील यथार्थ के विकास की दिशा का बोध नहीं होता, तात्कालिक अनुभवों से आगे बढ़कर उनके व्यापक सन्दर्भों की खोज नहीं होती, जीवन के तथ्यों में निहित सत्य की पहचान नहीं होती और अभिव्यंजना की प्रचलित प्रवृत्तियों तथा शैलियों से आगे बढ़कर नये आविष्कारों की कोशिश नहीं होती वह रचना अपने समय में भी पाठकों को प्रभावित नहीं करती। ऐसी रचना कालजयी क्या होगी।

किसी रचना की विचारधारा से उसके यथार्थवाद के सम्बन्ध की खोज तीन स्तरों पर हो सकती है–रचना की विचारधारा और यथार्थवाद की ऐतिहासिकता, रचना में दोनों का विशिष्ट स्वरूप और रचना की सम्पूर्ण संरचना में दोनों का सम्बन्ध। इनमें से किसी भी स्तर की उपेक्षा करने वाली आलोचना विचारधारा और यथार्थवाद के सम्बन्ध के बारे में सरलीकरण का शिकार होती है।

विचारधारा चाहे प्रभुत्वशाली हो या वैकल्पिक, उसमें सामाजिक यथार्थ के साथ किसी–न–किसी तरह के सम्बन्ध की अभिव्यक्ति ज़रूर होती है। यह सम्बन्ध काल्पनिक हो सकता है और वास्तविक भी हो सकता है। अपने समय के सामाजिक यथार्थ के साथ सम्बन्ध सभी विचारधारात्मक रूपों में एक जैसा नहीं होता।

राजनीतिक विचारधारा और सौन्दर्यबोधी विचारधारा में सम्बन्ध की अभिव्यक्ति एक–सी नहीं होती। वर्गीय आधार की एकता के कारण उससे

सम्बद्ध सभी विचारधारात्मक रूपों में एक स्तर पर समानता होती है, लेकिन सम्बन्धों के बोध और व्यंजना की पद्धतियाँ अलग–अलग होती हैं। विचारधारा और यथार्थबोध की ऐतिहासिकता की खोज का अर्थ है। दोनों के विकास के मूल सामाजिक सन्दर्भ की खोज। कला और साहित्य में विचारधारा धारणात्मक और तार्किक रूप में नहीं होती, वह यथार्थ के बोध और व्यंजना के दृष्टिकोण के रूप में प्रकट होती है। यथार्थ के बोध और व्यंजना में विचारधारा की विशिष्ट भूमिका की पहचान से ही विचारधारा और यथार्थवाद के विशिष्ट स्वरूप की पहचान होती है। एक ही विचारधारा के विभिन्न लेखकों की रचनाओं में या एक लेखक की विभिन्न रचनाओं में विचारधारा और यथार्थ की समान ऐतिहासिक स्थिति के बावजूद यथार्थ के बोध और व्यंजना में विचारधारा की भूमिका एक–सी नहीं होती। प्रत्येक रचना में विचारधारा और यथार्थबोध के विशिष्ट स्वरूप से रचना की विशिष्ट संरचना का विकास होता है, इसलिए विचारधारा और यथार्थवाद का सम्बन्ध रचना की पूरी संरचना में व्यक्त–अव्यक्त रूप मौजूद होता है। यहाँ तक कि रचना की भाषा के स्वरूप में भी विचारधारात्मक प्रभाव मौजूद होते हैं। ग्राम्शी ने लिखा है कि "भाषा एक साथ ही एक जीवित वस्तु भी है और जीवन तथा सभ्यता का अजायबघर भी।" यथार्थवादी लेखक के सामने भाषा के इन दोनों रूपों से एक के चुनाव की समस्या होती है। इस चुनाव पर यथार्थवाद की सफलता निर्भर होती है। भाषा का भोलापन एक भ्रम है। व्यवहार में भाषा का विचारधारात्मक प्रभाव एक सच्चाई है।

गाँधीवाद से प्रेमचन्द के सम्बन्ध पर हिन्दी में काफी बहस हुई है। बहस इस सवाल पर होती रही है कि प्रेमचन्द गाँधीवादी हैं या नहीं, लेकिन महत्त्वपूर्ण सवाल यह है कि कथाकार प्रेमचन्द का गाँधीवाद से क्या सम्बन्ध है। गाँधीवाद प्रेमचन्द के काल की प्रभावशाली विचारधारा थी, उसके राजनीतिक ही नहीं, दार्शनिक और नैतिक आयाम भी थे। उस समय का कोई लेखक गाँधीवाद का सामना करने से कैसे बच सकता था। यह अलग बात है कि सामना होने पर किसने क्या रुख अपनाया और किस तरह का सम्बन्ध बनाया। प्रेमचन्द गाँधीवाद के साम्राज्यवाद से संघर्ष और भारतीय जनता को जगाने के प्रयत्न से जुड़ते हैं, लेकिन साम्राज्यवाद से समझौता करने और जन आन्दोलनों को क्रान्तिकारी दिशा में बढ़ने से रोकने की आलोचना करते हैं। वे भारतीय जन–जीवन के यथार्थ को, ख़ासतौर से किसान–जीवन के यथार्थ को, हमेशा गाँधीवादी पूर्वग्रहों से नहीं देखते।

वे यथार्थ के अपने विवेक को महत्त्व देते हैं, लेकिन कई बार यथार्थ के बोध, विवेक का द्वन्द्व भी होता है। जहाँ पूर्वाग्रह प्रबल होता है, वहाँ हृदय परिवर्तन होता है, सदन और आश्रम स्थापित होते हैं। समस्या का समाधान रचना के अन्त को प्रभावित करता है, विचारधारा संरचना को प्रभावित करती है। जहाँ विवेक विजयी होता है वहाँ किसानों का जीवन संघर्ष पूरे समाज की समग्र वास्तविकता के अंग के रूप में चित्रित होता है। प्रेमचन्द के यथार्थवाद और विचारधारा को केवल पूर्वग्रहों, पूर्वग्रहों से उत्पन्न समाधानों और उन समाधानों से प्रभावित संरचनाओं में खोजना ग़लत है, लेकिन इन सबकी उपेक्षा करके केवल विवेक के विजय की बात करना भी अधूरी पहचान है।

विचारधारा और रचनाशीलता के जटिल सम्बन्ध को समझने के लिए एक और उदाहरण लिया जा सकता है– आधुनिकतावादी रचनाशीलता का उदाहरण। यूरोप में आधुनिक कला तथा आधुनिकतावाद की ऐतिहासिक स्थिति और भूमिका इटली, इंग्लैंड और जर्मनी में समान नहीं रही है। इटली में आधुनिकतावाद का फासिज़्म से गठजोड़ हुआ था। उदाहरण है पिरेंदेलो। इंग्लैंड में वह प्रतिक्रियावादी भूमिका निभा रहा था। टी.एस. एलियट ने कहा था–"मैं राजनीति में राजतन्त्रवादी, धर्म में कैथॉलिक और साहित्य में परम्परावादी हूँ।" जर्मनी में अधिकांश आधुनिकतावादी हिटलरशाही का विरोध कर रहे थे। प्रमाण के लिए नाज़ियों द्वारा आधुनिकतावादी कला और कलाकारों के दमन को देखा जा सकता है। ऐसी स्थिति में क्या आधुनिकतावाद की किसी सामान्य विचारधारा में आधार पर इटली, इंग्लैंड और जर्मनी की आधुनिकतावादी कलाकृतियों को समझना और कलाकारों का मूल्यांकन करना उचित है? जॉर्ज लूकाच ने आधुनिकतावाद को कला के क्षेत्र में पतनशील बुर्जुआ विचारधारा की अभिव्यक्ति मानकर आधुनिकतावादी रचनाओं और रचनाकारों को सन्देह की नज़र से देखा है। लूकाच ने आधुनिक रचनाकारों में सबसे अधिक काफ़्का की आलोचना की है। कहते हैं कि जब लूकाच हंगरी के 1956 की उथल–पुथल के कारण रूमानिया में क़ैद थे तो उन्हें काफ़्का की रचनाओं का ठीक–ठीक अर्थ समझ में आया। महत्त्वपूर्ण रचनाओं को समझने के लिए न जाने कैसा और कितना मूल्य चुकाना पड़ता है।

उपन्यास के समाजशास्त्र में यथार्थवाद की धारणा का आधार उन्नीसवीं सदी के यूरोपीय उपन्यास रहे हैं। बीसवीं सदी में भी इस परम्परा का

विकास रूसी और फ्रांसीसी उपन्यासों में मिलता है, लेकिन दूसरे महायुद्ध के बाद फ्रांस में 'नया उपन्यास' का आन्दोलन चला जिसने उन्नीसवीं सदी के उपन्यासों की परम्परा और यथार्थवाद दोनों का विरोध किया। बीसवीं सदी के आरम्भ से ही कला और साहित्य के विभिन्न रूपों में आधुनिकतावाद के आन्दोलन के साथ यथार्थवाद विरोधी चेतना फैली। फ्रांस में 'नया उपन्यास' के आन्दोलन के पहले प्रूस्त, कामू और सार्त्र के उपन्यासों में उपन्यास का परम्परागत स्वरूप विघटित हुआ, कथानक का महत्त्व घटा और यथार्थ से उसका सम्बन्ध बदला। एक तरह से इन उपन्यासकारों ने बालज़ाक की रचना परम्परा की जगह फ्लॉबेयर की रचना दृष्टि को अपनाया। यूरोप में काफ़्का, जेम्स ज्वायस, वर्जीनिया वुल्फ, प्रूस्त, कामू और सार्त्र के उपन्यासों से उपन्यास रचना की नयी दृष्टि सामने आयी। इन उपन्यासों में समाज की जगह व्यक्ति रचना का केन्द्र बना, आत्मपरकता बढ़ी और उपन्यास प्रवृत्ति का चरम रूप 'नया उपन्यास' आन्दोलन में दिखायी दिया। इसमें पूँजीवादी समाज के एक आयामी मनुष्य की दशा, इसका अजनबीपन और परायापन, उपन्यास के केन्द्र में आ गये। ऐसे उपन्यासों में समाज में व्यक्ति की स्थिति की जगह उसकी चेतना की जटिलताएँ प्रमुख हो गयीं। फ्रांसीसी उपन्याकार रॉब्ब ग्रिए ने लिखा है कि 'नया उपन्यास' उन्नीसवीं सदी के प्रकृतिवाद और यथार्थवाद की सीमाओं को पहचानता है और उनको तोड़कर उपन्यास विकसित करता है। आधुनिकतावाद, आवांगार्द और नया उपन्यास के आने के बाद यथार्थवाद की अपर्याप्तता पर पर्याप्त बहस चली। गोल्डमान और मिशेल ज़ेराफा जैसे उपन्यास के समाजशास्त्रियों ने आधुनिकतावादी उपन्यासों की सामाजिक भूमि और भूमिका का विश्लेषण किया है, लेकिन जॉर्ज लूकाच के लेखन में आधुनिकतावाद और आधुनिकतावादी उपन्यासों का निरन्तर विरोध मिलता है। उन्होंने आधुनिकतावाद की विचारधारा की व्याख्या करते हुए उसे पतनशील प्रवृत्ति कहा है, जिसका कई ओर से विरोध हुआ है। काफ़्का का कथा साहित्य यथार्थवाद विरोधी बहस का वर्षों केन्द्र बना रहा इसलिए लूकाच ने काफ़्का बनाम टॉमस मान शीर्षक लेख में काफ़्का की आलोचना की और टॉमस मान की यथार्थवादी रचनापद्धति का समर्थन किया। लूकाच का आधुनिकतावाद विरोध इतना विख्यात हुआ कि कुछ लोगों ने मार्क्सवादी आलोचना को आधुनिकतावाद का स्थायी विरोधी मान लिया जबकि मार्क्सवादी आलोचना में ऐसे आलोचकों की एक परम्परा रही है,

जो आधुनिकतावादी रचनाओं की सामाजिक सार्थकता पहचानते हैं। अडोर्नो, वाल्टर बेंजामिन, अर्न्स्ट फिशर, गोल्डमान और रेमंड विलियम्स ने अनेक आधुनिकतावादी रचनाओं और रचनाकारों का व्यवस्थित मूल्यांकन किया है। कुछ मार्क्सवादी आलोचकों ने बीसवीं सदी के सम्पूर्ण साहित्य को यथार्थवाद की सीमा में लाने के लिए सीमाहीन यथार्थवाद की धारणा पेश की है। अब कुछ रूढ़िवादी मार्क्सवादियों को छोड़ कर कोई भी आधुनिक कला या आधुनिक उपन्यास की आलोचना में पतनशीलता की पुरानी मान्यता का उपयोग नहीं करता है।

उपन्यास रचना के क्षेत्र में आधुनिकतावाद के विकास के समानान्तर आलोचना में भी यथार्थवाद–विरोध की प्रवृत्ति विकसित हुई है। वैसे तो आलोचना में यथार्थवाद के विरोध का इतिहास बहुत पुराना है, लेकिन इस सदी के दूसरे और तीसरे दशक के रूसी रूपवादियों ने सबसे पहले यथार्थवाद की सार्थकता का सवाल उठाया था। बाद में अमेरिकी नयी समीक्षा में समाज से रचना की स्वतन्त्रता पर जोर देते हुए यथार्थवाद की जड़ काटने की कोशिश की गयी। नयी समीक्षा के आलोचकों ने कृति के सत्य की संगति के लिए समाज से उसकी संवादिता का विरोध करते हुए रचना की आत्मनिर्भर आन्तरिक संगति को महत्त्व दिया और साहित्य की पूरी प्रक्रिया को सामाजिक सन्दर्भ से स्वतन्त्र घोषित कर दिया। इस यथार्थवाद विरोधी अभियान का अधिक व्यवस्थित रूप फ्रांसीसी संरचनावाद में विकसित हुआ। संरचनावाद के भाषिक, मनोवैज्ञानिक और साहित्य सम्बन्धी चिन्तन में यथार्थवाद का अनेक स्तरों पर विरोध हुआ। रोलां बार्थ, रेने गिरार्ड, जाक लांका, मिशेल फूको, तोदोरोव और जाक दरीदा के साहित्य विश्लेषण में यथार्थवाद के लिए कोई जगह नहीं है। संरचनावाद के अनुसार साहित्य अनेक भाषिक निर्मितियों में से एक भाषिक निर्मित है, वह एक भाषिक संरचना है और एक संकेत है। मनुष्य संकेतों का निर्माता और पाठक है। संरचनावादी दृष्टि से साहित्य के विवेचन में मानवीय अनुभव और ज्ञान की वस्तु के रूप में रचना की कोई स्वतन्त्र सत्ता नहीं है, वह एक संकेत है या संकेतों की एक व्यवस्था है। इस तरह कृति और आलोचक के बीच ज्ञाता और ज्ञेय का सम्बन्ध नहीं है, जैसा कि पहले की आलोचना में था। रचना को पाठ मान लेने के बाद अधिक से अधिक पाठों के बीच के सम्बन्ध की खोज ही सम्भव है और इस प्रक्रिया में साहित्यिक रूढ़ियों

और क्षमताओं की व्याख्या होती है। संरचनावादी और उत्तर संरचनावादी मानते हैं कि यथार्थवाद की अवधारणा उन्नीसवीं सदी की ऐतिहासिक और विचारधारात्मक स्थितियों की देन है। वह लोकमत में निहित मानववाद और अनुभववाद से जुड़ा है, इसलिए उसे अभिव्यंजक यथार्थवाद भी कहा गया है। उनके अनुसार उपन्यास कोई यथार्थपरक प्रातिनिधिक रचना नहीं है, बल्कि वह संकेतों की एक आत्मनिर्भर व्यवस्था है, जिसमें भाषा की क्रियाशीलता और प्रयोजनशीलता की खोज ही आलोचना का दायित्व है।

उपन्यास के समाजशास्त्र में यथार्थवाद सम्बन्धी बहस के दो छोर हैं। एक छोर पर वे हैं जो उपन्यास रचना में यथार्थवाद की दृष्टि और पद्धति के बाहर, आलोचनात्मक यथार्थवाद और समाजवादी यथार्थवाद के परे, किसी रचनात्मक प्रवृत्ति की सार्थकता स्वीकार करने को तैयार नहीं हैं। दूसरे छोर पर वे हैं जो उपन्यास में यथार्थवाद के किसी तरह के प्रभाव को बर्दाश्त करने के लिए तैयार नहीं हैं। इन अतिवादी छोरों पर ठहरी बहस में उलझकर उपन्यास की सामाजिकता खो जाती है। राबर्ट ऑल्टर ने ठीक ही लिखा है कि "सभी उपन्यास यथार्थपरक होते हैं, लेकिन इस यथार्थपरकता के दो रूप हैं। एक है आत्मचेतन रूप और दूसरा यथार्थवादी रूप।" पहले में उपन्यासकार इस बात के बारे में निरन्तर सजग रहता है कि वह एक कथा लिख रहा है इसलिए वह यथार्थ से अधिक उसकी चेतना पर ध्यान देता है और उस चेतना के बनते–बदलते रूपों को पाठकों के सामने रखता चलता है। यथार्थवादी उपन्यासकार यथार्थ की समरूपता और समानधर्मिता की प्रतीति बनाये रखने की निरन्तर कोशिश करता है। निश्चय ही शब्दों और वस्तुओं में अन्तर होता है और दूसरे कला माध्यमों की तरह उपन्यास में भी यथार्थ की सीधी पुनर्प्रस्तुति नहीं होती। उपन्यास में शाब्दिक संकेतों के माध्यम से पाठक के मन में व्यक्तियों, स्थानों, स्थितियों, घटनाओं और संस्थाओं की समरूपता और समानधर्मिता की चेतना पैदा करने की कोशिश होती है।[8] इसका आशय यह है कि यथार्थ की चेतना और अभिव्यक्ति की पद्धति के बदलने से उपन्यास यथार्थ विरोधी नहीं होता और यथार्थवाद का महत्त्व भी नहीं घटता, लेकिन यह भी एक सच्चाई है कि पिछले पचास वर्षों में सारी दुनिया में उपन्यास के नये–नये रूपों का जो विकास हुआ है, उसे पुराने यथार्थवाद के दायरे में रखकर समझना मुश्किल है, इसलिए पुराने यथार्थवाद की दृष्टि और पद्धति से अलग हट कर लिखी गयी रचनाओं

को पतित कहकर ख़ारिज करने की मानसिकता से अब काम नहीं चलेगा। दक्षिणी अमेरिका के जादुई यथार्थवाद के उपन्यासों की व्याख्या उन्नीसवीं सदी के उपन्यासों वाले यथार्थवाद की सीमा में नहीं हो सकती। आज की दुनिया में वस्तु और शब्द का, समाज और पुस्तक का सम्बन्ध बहुत समस्यामूलक, जटिल और दुर्बोध्य हो गया है। उपन्यास भी इस स्थिति का शिकार है। फिर भी यह कहना ज़रूरी है कि उपन्यास की कला चाहे जितनी भी विकसित हो, अगर वह पाठक के आत्मबोध और जगत बोध को सकारात्मक या नकारात्मक रूप में प्रभावित नहीं करती तो वह सार्थक नहीं हो सकती। पाठक की चेतना से उपन्यास के सम्बन्धों का विश्लेषण उपन्यास के समाजशास्त्र की एक नयी दिशा है।

पिछले दस–पन्द्रह वर्षों में उपन्यास की समाजशास्त्रीय आलोचना में एक नया मोड़ आया है, जिसके मूल में रूसी आलोचक मिखाइल बाख़्तिन के विचारों की प्रेरणा है। रूस में इस सदी के तीस और चालीस के दशकों में बाख़्तिन और उनके सहयोगियों ने एक ओर रूसी रूपवाद और दूसरी और स्टालिनवादी मार्क्सवाद की साहित्य सम्बन्धी मान्यताओं के अतिवादों से बचते हुए, लेकिन दोनों से बहुत कुछ सीखते हुए, जिस व्यापक समाजशास्त्रीय काव्यशास्त्र का विकास किया था, उसका महत्त्व अब स्वीकार किया जा रहा है। बाख़्तिन और उनके दूसरे सहयोगी स्टालिन कालीन आतंकवाद के शिकार हो गये थे। इसीलिए उनका अधिकांश लेखन अब धीरे–धीरे प्रकाश में आ रहा है। अब बाख़्तिन उपन्यास के एक महत्त्वपूर्ण आलोचक और दार्शनिक के रूप में प्रतिष्ठित हो रहे हैं और उनके विचारों की मदद से उपन्यास की सामाजिक सार्थकता की नयी व्याख्या हो रही है। 'दोस्तोएव्स्की के काव्यशास्त्र की समस्याएँ' नामक रचना में बाख़्तिन ने उपन्यास की आलोचना की नयी दृष्टि और पद्धति का निर्माण किया है। बाख़्तिन ने अपने लेखन में कृति के अन्तर्जगत और बाह्य जगत के सम्बन्ध, रचना के उद्भव, उसके सन्दर्भ, उसकी संरचना आदि की समस्याओं पर विचार करते हुए यह मानने से इनकार किया है कि रचना का अन्तर्जगत पूर्णतः आत्मनिर्भर होता है या कि वह पूरी तरह बाहरी जगत से निर्धारित होता है। असल में वे रचना के सन्दर्भ में अन्तर्जगत और बाह्यजगत के द्वैत को ही ग़लत मानते हैं। इसी प्रक्रिया में उन्होंने रूपवाद की आन्तरिकता की धारणा के अतिवाद के साथ–साथ मार्क्सवाद की प्रतिबिम्बवादी मान्यताओं

को भी अस्वीकार किया है। वे भाषा और कल्पना की संवादधर्मिता पर जोर देते हैं और इसी संवादधर्मिता को साहित्य की विशेषता मानते हैं। उनके अनुसार रचना के अन्तर्जगत में बाह्यजगत अन्तर्निहित होता है और लेखक की चेतना में दूसरों की चेतनता बनी रहती है। तभी सम्वाद सम्भव होता है। इसीलिए साहित्य का मुख्य गुण संवाद तथा सम्प्रेषण है।

बाख़्तिन के अनुसार उपन्यास की केन्द्रीय विशेषता है उसकी संवादधर्मिता, साहित्य के दूसरे रूपों की तुलना में उपन्यास की संवादधर्मिता में अनेकता होती है। उन्होंने लिखा है कि उपन्यास में सामाजिक वाणी की विविधता और वैयक्तिक स्वरों की विविधता का कलात्मक गठन होता है। उसमें किसी जातीय भाषा को बोलियों, पेशा सम्बन्धी मुहावरों, साहित्यिक पदावलियों और पीढ़ियों की ज़बान का विशिष्ट संयोजन होता है, जिससे रचना की ऐतिहासिकता निर्मित होती है। उपन्यास में कोई स्वर अनुत्तरित नहीं रहता, उसमें कुछ भी अन्तिम सत्य या अन्तिम कथन नहीं होता। अपनी इस मान्यता के आधार पर ही बाख़्तिन ने दोस्तोएव्स्की के उपन्यासों में स्वरों की अनेकता और कथा शैलियों की परिवर्तनशीलता का विश्लेषण किया है। उपन्यास के रूप का खुलापन, विरुद्धों के सामंजस्य की उसकी शक्ति और उसकी बहुभाषिकता के विश्लेषण से उपन्यास की ऐतिहासिकता और सामाजिकता का बोध हो सकता है। उसमें भाषाओं, कथाशैलियों, रूपों, स्वरों और सामाजिक कथन–भंगिमाओं की अनेकता ही उसके महत्त्व का एक मुख्य आधार है। बाख़्तिन की राय में उपन्यासकार का लक्ष्य वस्तु की पुनर्प्रस्तुति नहीं है। उसके लिए वस्तु तो स्वरों की अनेकता का वह केन्द्र बिन्दु है, जिसमें उसका अपना स्वर भी शामिल है। इन स्वरों की अभिव्यक्ति के लिए ही उपन्यासकार वस्तु या यथार्थ का सहारा लेता है। बाख़्तिन की इन मान्यताओं के आधार पर उपन्यास की सामाजिकता की नयी व्याख्या की अपार सम्भावनाएँ बनी हुई हैं।

दुनियाभर के सभ्य और असभ्य समाजों में बच्चों को कथा का पहला अनुभव स्त्री के माध्यम से ही होता है। वह चाहे माँ हो, नानी हो या दादी। बच्चों को कभी–कभी नाना और दादा भी कहानियाँ सुनाते हैं; लेकिन नानी और दादी के बाद ही। माँ, नानी और दादी की कहानियाँ गद्य में हो सकती हैं और पद्य में भी। लोरी में भी कथा की कला होती है। दुनिया भर के लोकसाहित्य का सबसे बड़ा हिस्सा लोककथाओं का है और अधिकांश लोक

कथाओं की रचना का श्रेय स्त्रियों को ही है। एक ही कथा को अगर स्त्री और पुरुष दोनों अलग–अलग कहें और श्रोता समुदाय भी भिन्न–भिन्न हो तो कथा में अनेक तरह के परिवर्तन हो जाते हैं। कथा के पात्रों के साथ कथा कहने वाली या कथा कहने वाले की भावनाएँ बदल जाती हैं। तात्पर्य यह कि कथा कहने वाली की चेतना से गहरा सम्बन्ध होता है। कथा कहते हुए स्त्री पात्रों के प्रति नाना–दादा का जो दृष्टिकोण होगा वही नानी–दादी का नहीं होगा। लोक कथाओं से आगे बढ़कर अगर इस बात को आधुनिक उपन्यासों के सन्दर्भ में देखें तो उपन्यास के समाजशास्त्र का एक नया पक्ष उभरेगा। कथा कहने के दौरान जन जगत की व्याख्या भी होती है और उस व्याख्या में कथा कहने या कहने वाली की अपनी सामाजिक–ऐतिहासिक स्थिति की भी एक भूमिका होती है। यह कि कथा के कहने, सुनने और पढ़ने में स्त्री और पुरुष के दृष्टिकोण में अन्तर हो सकता है। क्या इस अन्तर के कारण और प्रभाव की खोज उपन्यास के समाजशास्त्र का विषय नहीं हो सकता?

कथा कहने के ढंग में सोचने का ढंग भी निहित होता है, उसके माध्यम से स्त्री अपने स्वत्व और आत्मसम्मान की प्रतिष्ठा करती है। सामाजिक स्थिति और मूल्य चेतना के अन्तर के कारण पुरुष कथाकारों के उपन्यासों में स्त्री को जिस रूप में देखा और चित्रित किया जाता है, उससे भिन्न दृष्टिकोण स्त्री कथाकारों के उपन्यासों में मिल सकता है। 'हजार चौरासी की माँ' जैसा उपन्यास और 'द्रौपदी' जैसी कहानी महाश्वेता देवी ही लिख सकती हैं कोई पुरुष कथाकार नहीं। वर्जीनिया वुल्फ ने तो यहाँ तक कहा है कि स्त्री का दृष्टिकोण सामाजिक चेतना ही नहीं कथा की शैली और वाक्य रचना में भी पुरुष से भिन्न होता है। डोरोथी रिचर्डसन के बारे में वर्जीनिया वुल्फ़ ने लिखा है कि वह उपन्यास की भाषा में पहले से प्रचलित 'पुरुष वाक्य' की जगह 'स्त्री वाक्य' का विकास कर रही थी। उसने स्त्री वाक्य और स्त्री भाषा को विशेषताओं की ओर संकेत भी किया है। पश्चिम में इस दृष्टि से नये–पुराने उपन्यासों का विश्लेषण हो रहा है। हिन्दी के लिए यह अभी दूर की बात लगती है, लेकिन जब तक उपन्यास की सामाजिकता का इस दृष्टिकोण से विश्लेषण न होगा, तब तक उपन्यास का समाजशास्त्र अधूरा ही रहेगा।

सन्दर्भ

1. Narrative Froms and Transformations, Edit p. 59
2. Ibid, p. 68-69
3. W.J. Harvey Character and the Novel. p. 241
4. Diacritics Summer 1988, p. 7
5. Michel Zeraffa, Fictions p. 9
6. Antonio Gramsci. Selections from Cultural Writings p. 93
7. Terry Eagleton, Critical Inquiry spring 1988, p. 93
8. Robert Alter Tri quarterly 92 spring 1938, p. 238

खण्ड : दो

10

प्रथम ग्रामकेन्द्री भारतीय उपन्यास 'छह माण आठ गुण्ठ'

भोलाभाई पटेल

ओड़िया उपन्यासकार फ़क़ीरमोहन सेनापति (1843–1918) का 'छह माण आठ गुण्ठ' भारतीय भाषाओं में प्रथम ग्रामकेन्द्री–कृषिभीतिक उपन्यास है। यह उपन्यास 'धूर्जटी' नाम से उन्होंने लिखा था और 1897 से 'उत्कल पत्रिका' में इसका धारावाहिक प्रकाशन होता रहा था। 1902 में यह उपन्यास पुस्तक के रूप में प्रकाशित हुआ।

हमारे प्राचीन महाकाव्यों में, पदों में, कथाओं में गाँव की, किसान और उसकी भूमि की बात कम ही आती है। हमारे देश में उपन्यास कला का आधुनिक काल में जो विकास हुआ, उसमें शायद ही किसी गाँव के किसान या उसके भूमि प्रेम को याद किया गया है। मध्यम वर्ग के आविर्भाव के साथ अपने इस साहित्यस्वरूप में हमारे यहाँ ज़मीन को केन्द्र में रखकर जो प्रथम उपन्यास लिखा गया है, वह है 'छह माण आठ गुण्ठ'। शीर्षक ही निर्देश करता है कि इस उपन्यास का विषय है ज़मीन। यह ज़मीन, एक निःसन्तान ताँती जुलाहे की अपनी खेती की ज़मीन है। उस 'छह माण आठ गुण्ठ' ज़मीन को छल–कपट से ज़मींदार के द्वारा हथिया लिया जाता है। ज़मीन ही नहीं, उसकी गाय भी छीन ली जाती है। ज़मीन और गाय भारतीय किसान की सम्पत्ति नहीं, उसकी आत्मपहचान है। ज़मीन और गाय से वंचित दम्पति की इस करुण कथा में लेखक ने ज़मीन हथियाने वाले ज़मींदार की अन्त में दुर्दशा दिखाकर poetic justice (कवि न्याय) किया है।

लेकिन क्या ऐसा कवि न्याय वास्तविक स्थिति है? जो कुछ भी हो, यह शायद प्रथम भारतीय उपन्यास है, जो भारतीय 'ज़मीन' पर खड़ा है।

डॉ. नामवर सिंह ने इस उपन्यास को 'राष्ट्रीय रूपक' कहा है, क्योंकि उनके कथनानुसार "किसी एक व्यक्ति की व्यथा कथा ही नहीं है, बल्कि जैसे पूरे समूह की, देश की आत्मा का चीत्कार है। 'छह माण आठ गुण्ठ' पूरा भारत है।"

'छह माण आठ गुण्ठ' खेत गोविन्दपुर नामक गाँव के एक ताँती परिवार का था। गाँव के सभी खेतों में यह सबसे अधिक उपजाऊ था। इससे भगिया और सरिया का जीवन सुख से बीत रहा था। ताँती दम्पति निःसन्तान था। लेकिन दम्पति की सारी वत्सलता उनकी नेत नामक गाय को प्राप्त थी। भगिया और सरिया को एक तरह से सन्तोष था, किन्तु सरिया चाहती थी कि उसकी छह माण आठ गुण्ठ ज़मीन का कोई वारिस हो।

इस खेत को हड़प लेने की इच्छा गाँव के देहाती ज़मींदार मंगराज की है। मंगराज जब इस गाँव में आया था, तब अनाथ जैसा था। माँ–बाप मर गये थे और घर के छप्पर का फूस भी उड़ गया था। उसी मंगराज की गोविन्दपुर में अब बड़ी हवेली है। अनेक युक्ति–प्रयुक्तियों से उसने धन इकट्ठा किया है। 'परधनहरण' उसका ध्यानमन्त्र है। वह कंजूस है। बड़ा धार्मिक होने का ढोंग रचता है। उपन्यास का आरम्भ ही उसकी तथाकथित धार्मिकता से हुआ है। धर्मलक्ष्मी जैसी पत्नी होने के बावजूद मंगराज चम्पा जैसी रखैल पर अनुरक्त है। वह मंगराज के सारे काले कर्मों की साक्षी है।

'छह माण आठ गुण्ठ' खेत हथियाने के लिए उसने सरिया की सन्तानकामना का फ़ायदा उठाया। चम्पा के द्वारा सरिया के मन में यह बात अच्छी तरह बैठा दी कि गाँव में मंगलादेवी का मन्दिर बनाने से उसको सन्तान प्राप्ति होगी। सरिया जब देवी की पूजा करने गयी तो मंगराज का आदमी ही मूर्ति के नीचे के भूगर्भ से देवी की आवाज़ हो, इस तरह से कहता है कि तू मन्दिर बनायेगी तो तुझे पुत्र प्राप्ति होगी, धन प्राप्ति होगी। सरिया मान लेती है कि यह देवी का आदेश है। देवी ने यह भी कहा कि मेरी आज्ञा न मानने पर मैं तेरे पति भगिया को मार डालूँगी।

ताँती परिवार के पास इतने नकद रुपये नहीं थे कि मंगला का मन्दिर बना दे। मंगराज उसकी मदद करने के लिए तैयार होता है। वह छह माण आठ गुण्ठ खेत गिरवी रखकर पैसे देता है। एक बार खेत मंगराज के अधिकार में आया कि वह उस पर अपना स्वामित्व कर लेता है। इतना ही नहीं सूद के बहाने उसकी गाय नेत को भी मंगराज अपने घर ले जाता है। भगिया पागल हो जाता है और उसे जेल में बन्द किया जाता है।

वह रटता रहता है– 'मेरी छह माण आठ गुण्ठ ज़मीन वापस दे दो।' सरिया अब भीख माँगकर पेट पालती है। मंगराज की पत्नी उसे खाना देती थी, लेकिन कुछ दिनों के बाद भूख से तड़पकर सरिया चल बसी। गाँव के दारोगा ने सरकार से शिकायत की कि मंगराज ने सरिया को मार डाला है, और उसकी गाय ले ली हैं।

मंगराज को गिरफ़्तार किया गया। उसके सारे तथाकथित स्वजन पराये हो गये। अनेक लोगों ने मंगराज के विरुद्ध ज़ुबानी दी। सरिया की हत्या का आरोप सिद्ध न हो सका, लेकिन नेत (गाय) हड़प करने के अपराध में मंगराज को छह महीने के कारावास की सजा हुई।

मंगराज की अनुपस्थिति में उसकी हवेली और कारोबार तहस–नहस हो गये, उसकी रखैल चम्पा घर के नौकर के साथ भाग गयी, घर से रुपये गहने चुराकर/जेल में मंगराज को अनेक कष्ट झेलने पड़ते हैं। पागल भगिया भी वहीं था। उसने मंगराज के नाक–कान काट लिये। मंगराज तन–मन से टूट गया था। घरवाले भी उसकी ख़बर नहीं लेते थे। मरणासन्न स्थिति में उसको रिहा किया जाता है। मृत्यु शय्या पर पड़े मंगराज को सपने में सरिया की मूर्ति दिखायी पड़ती है। वह कठोर स्वर में कहती है– "दे मेरी छह माण आठ गुण्ठ ज़मीन दे।" मंगराज भी सपने में बड़बड़ाता है 'छह माण आठ गुण्ठ'। अन्त में जिस तुलसीकुण्ड के आगे उसकी पत्नी का देहान्त हुआ था, वहीं मंगराज ने भी अपने प्राण छोड़ दिये।

कथा के केन्द्र में खेत और गाय है। भारतीय कृषक जीवन के इन दो महत्त्वपूर्ण पहलू की बात प्रेमचन्द के 'गोदान' में भी प्रधान है। होरी किसान जीवन की मरजाद रखने के लिए अपनी ज़मीन बचाये रखना चाहता है, जो अन्त में उसके हाथ से निकल जाती है। इसी तरह वह अपने घर के आँगन में गाय बाँधने की महेच्छा भी किसी तरह पूर्ण करता है, लेकिन गाय उसके जीवन की त्रासदी का कारण भी बन जाती है। यहाँ हम देखते हैं कि ग्राम–जीवन में, विशेष रूप से किसान के घर गाय केवल भौतिक सम्पत्ति का निर्देश नहीं है, उसके जीवन की सार्थकता की एक उपलब्धि है।

ज़मींदारी प्रथा और महाजनी सभ्यता ने होरी को और होरी जैसे अनेक किसानों के जीवन को नष्ट कर दिया है। सेनापति ने उन्नीसवीं शताब्दी के अन्त में इन दो अनिष्टों को केन्द्र में रखकर ग्रामचेतना को अभिव्यक्त किया है। प्रेमचन्द का बेलारी तथा सेनापति का गोविन्दपुर, ज़मींदार और महाजनों

की चपेट में फँसे भारतीय गाँवों के प्रतिनिधि हैं। बेलारी या गोविन्दपुर आदर्श 'गोकुलग्राम' नहीं हैं। प्रेमचन्द की तरह सेनापति ने गाँव को यथार्थ रूप में चित्रित किया है। यहाँ पर गाँव–समाज के हर वर्ग के चरित्र हैं। ये साधारण जन उपन्यास में अपने यथार्थ के साथ जीवित हो उठे हैं। ओडिया समीक्षक मायाधर मान सिंह ने ठीक ही कहा है कि सेनापति के मन में ''हमारे गाँव के प्रति किसी प्रकार का रोमांटिक भ्रम नहीं था।''

'गोदान' के राय साहब की तरह 'छः माण' का मंगराज खानदानी ज़मींदार नहीं है। उसने तो सब प्रकार की युक्ति–प्रयुक्ति आजमा कर सम्पत्ति और ज़मींदारी प्राप्त की है। उपन्यास का प्रथम वाक्य ही है: 'रामचन्द्र मंगराज देहाती ज़मींदार है, मध्यम श्रेणी, जो महाजन भी है।'

इस रामचन्द्र मंगराज का सगोत्र हमें ताराशंकर के 'गणदेवता' के छिरुपाल में मिलता है। छिरू भी रामचन्द्र के वर्ग का ज़मींदार बन गया था। रामचन्द्र के एक बहुत बड़े ज़मींदार शेख दिलदार का कारिन्दा था। शेख की ज़मींदारी ओड़ीसा में भी थी। रामचन्द्र ज़मींदार की ओर से लगान वसूल करता था, लेकिन वसूली की अधिकांश आय ज़मींदार को धोखा देकर ख़ुद हड़प लिया करता था और बाद में पियक्कड़ शेख को अपना कर्जदार बनाकर विश्वासघाती मंगराज गाँव का ज़मींदारी–सा बन जाता है।

ताराशंकर के गणदेवता का छिरू पाल खेतिहर से ज़मींदारी बनकर अपनी वर्गोन्नति भी कर लेता है और श्रीहरि घोष बन जाता है। इतना ही नहीं, लगान बढ़ाने को उद्यत ज़मींदारों से मिलकर किसानों का शोषण करने के लिए तैयार होता है।

एक दूसरी बात भी इन बन बैठे देहाती ज़मींदारों में सामान्य है, वह है उनकी कामवासना, जो परायी औरतों से सन्तुष्ट होती है। ये दोनों ज़मींदार नखशिख खल चरित्र हैं, लेकिन छिरू पाल अधिक चतुर है। परिस्थिति के अनुसार वह अपना रंग बदलता रहता है, अन्त तक अपनी खलता बनाए रखता है। यह खल फलता–फूलता है, यही तो यथार्थ है। सेनापति ने उपन्यास के उत्तरार्द्ध में मंगराज के बुरे दिन दिखाकर कवि न्याय का निर्वाह किया है। इन दोनों की तुलना में 'गोदान' के ज़मींदार राय साहब अपने आभिजात्य में अलग हैं, लेकिन किसानों का शोषण करने में समान हैं। डॉ. नामवर सिंह ने फ़क़ीरमोहन के 'छह माण आठ गुण्ठ' में प्रेमचन्द के उपन्यासों का पूर्वाभास देखा है। वे लिखते हैं :

"उपनिवेशवादी दौर का यही दलित किसान, ज़मींदारी द्वारा किसान के खेत का हड़प लिया जाना, गाय का छिन जाना, मुक़दमेबाजी, कोर्ट कचहरी, वकील, मजिस्ट्रेट, अंग्रेज़ी न्याय का नाटक, जेल, क्षुब्ध किसान का हिंसात्मक प्रतिशोध आदि। फिर भी यह किसी अंग्रेज़ी ढंग का नॉवेल नहीं है।"

'छह माण आठ गुण्ठ' में 19वीं शती के अन्तिम दिनों के उपनिवेशकालीन भारतीय गाँव का यथार्थ आलेखन है। उपन्यास में मंगराज या चौकीदार गोबरा जेना जैसे व्यक्ति को छोड़कर अन्य सब साधारण जन हैं। 'गाँव का हालचाल' शीर्षक अध्याय में गाँव के भौगोलिक विभाजन की बात करते हुए लेखक गाँव में रहने वाले ब्राह्मण, ताँती और डोम लोगों के रहन–सहन का जब चित्रण करते हैं तब ब्राह्मणों की आलोचना करते हुए अपनी व्यंग्यपूर्ण शैली में कहते हैं, "ब्राह्मण वर्गहीन होकर भी छत्तीसों वर्णों का राजा होता है। ब्राह्मण और कुत्तों के स्वभाव का तुलनात्मक वर्णन कर परोक्ष रूप से उस वर्ग के लिए अपना तिरस्कारभाव लेखक व्यक्त करते हैं। अपर पक्ष में ताँती टोले की साफ़–सुथरी गलियों की प्रशंसा करते हैं। ताँती टोले के छोर पर भागवत–घर और दधिबामन का मन्दिर है। ओड़िसी गाँव की यह अलग पहचान है। इस प्रकार मालिकान टोला, ताँती टोला, ब्राह्मण टोला और डोम टोला में विभाजित गोविन्दपुर गाँव प्रेमचन्द के बेलारी से अधिक असली गाँव लगता है। शायद गोविन्दपुर अधिक निकट है, फणीश्वरनाथ रेणु के 'मैला आँचल' के मेरीगंज से। उसकी अपनी पहचान बनती है। यह पहचान और भी निकट सी लगती है, जब बूढ़ी मंगलादेवी और गोविन्दपुर की पोखरी असुरदिग्धी और उसकी मछलियों की बात आती है।

कैसे–कैसे लोगों से गोविन्दपुर बसा है? निःसन्तान ताँती भगिया और सरिया तो हैं, मंगराज का खवास जगा नाई, हलवाहा पाण्डिया, भीमा नाई की माँ, रामा ताँती, यशोदा, मारकण्डिया, मारकण्डिया की माँ जैसे साधारण जन हैं। चौकीदार गोबरा जेना के लिए पूरा अध्याय है। ऐसा ही एक अध्याय जमादार शेख दिलदार मियाँ और बाघ सिंह वंश पर है। शेख के चरित्र के द्वारा पतनोन्मुख ज़मींदारी और बाघ सिंह और उसके परिवार के द्वारा जागीरदारों के रहन–सहन तथा उनके विध्वंसगामिता का चित्रण है।

उपन्यास में तीन नारियाँ हैं। मालकिन अर्थात् मंगराज की धर्मपरायण पत्नी। परस्त्रीगामी पति की पत्नी की अपनी व्यथा होती है। लेखक कहते हैं, "बिचारी मालकिन सुहागिन तो थी, पर उनके कपाल से विधाता ने

'पति के सुहाग' की रेख पोंछ डाली थी।'' हवेली की मालकिन होते हुए भी उसने अपनी जीवनरीति चुन ली थी। वह कभी किसी पर रौब नहीं गाँठती।

सबकी तिमारदारी करती, कमज़ोर का पक्ष लेती। लेखक ने व्याजस्तुति का सहारा लेकर मालकिन का चरित्र चित्रण किया है। तुलसी चौरा के पास अकेले में उसकी मृत्यु हुई। मंगराज को अन्तकाल में उसकी 'ज्योर्तिमयी शान्तिमयी' मूर्ति उसे अपने पास बुलाती लगती है।

दूसरी नारी सरिया है। वह निःसन्तान है। उसकी सन्तानलालसा का लाभ उठाकर मंगराज चम्पा के द्वारा उससे अन्त में ज़मीन ही नहीं, नेत गाय को भी हड़प लेता है। उसका पति भगिया तो पागल हो जाता है और अपने पागलपन में रटा करता है–''मेरी छह माण आठ गुण्ठ ज़मीन वापस दे दो।'' उसे जेल हो जाने पर सरिया भीख माँग कर जीवन बिताती है और अन्त में भूख से मर जाती है, लेकिन उसकी मृत्यु मंगराज के जीवन में आपत्ति ले आती है।

चम्पा इस उपन्यास की प्रधान नारीपात्र है। वैसे चम्पा मंगराज के घर में दासी है, लेकिन उसका व्यवहार मालकिन जैसा है। सेनापति इसका वर्णन करते समय प्राचीन नायिका की वर्णनपरम्परा की पैरोडी करते हैं। मंगराज के सारे हथकण्डों में चम्पा का ही योगदान रहता है। बाघ सिंह के यहाँ टाडी वाली मौसी बन कर उसका घर जला देती है। इस मौसी का चित्रण सेनापति की हास्यउद्भावना शक्ति का एक उदाहरण है। अन्त में वह मंगराज के घर से ही चोरी करके नौकर के साथ भाग जाती है और उसी के हाथ मारी जाती है।

उपनिवेशी मानसिकता की सेनापति ने कटाक्षयुक्त भाषा में भरपूर निन्दा की है। तत्कालीन बाबू संस्कृति पर वे लिखते हैं :

> ''इन नये बाबू लोगों ने बड़ी–बड़ी बातें पढ़ी हैं, ये बड़ी–बड़ी बातें जानते हैं पर अपने दादा के पिता का नाम पूछिये तो बग़ले झाँकने लगते हैं। परन्तु इंग्लैंड के चार्ल्स तृतीय के पन्द्रहवें पुरखे का नाम उन्हें कण्ठस्थ होगा। अंग्रेज़ी समाज या फ्रांसीसी समाज की बातें पढ़ने से लोग विद्वान कहेंगे, अपनी जाति बिरादरी या पड़ोसी जात बिरादरी या समाज की बात जानने की ज़रूरत ही क्या है?''

ऐसा ही व्यंग्य वकील संस्कृति पर भी है, ''पंचपरमेश्वर के स्थान पर अब अदालत के आगे मेले लगते हैं।'' वकील रामलाला का व्यंग्यचित्र अविस्मरणीय है।

ऐसा लगता है कि सेनापति ने गाँव को उसके सम्पूर्ण पाराफर्नेलिया के साथ अपने उपन्यास में प्रस्तुत किया है। सेनापति के ग्रामीण उपन्यास की यह परम्परा 'पल्ली समाज' (1916) के शरतचन्द्र और बाद में गम्भीर रूप से प्रेमचन्द और ताराशंकर में पुष्ट होती है। मुझे तो लगता है कि जिस 'आँचलिकता' की 1954 में प्रकाशित 'मैला आँचल' के द्वारा धूम मची, उस 'मैला आंचल' का पूर्वाभास यहाँ है। कटाक्ष का एक उपादान के रूप में उपयोग करने में सेनापति फणीश्वरनाथ 'रेणु' से भी कहीं–कहीं आगे हैं। 'रेणु' के समक्ष तो बँगला उपन्यासकार सतीनाथ भादुड़ी का 'ढोंढायचरितमानस' का आदर्श भी है और तब तक की पूरी उपन्यास परम्परा भी। सेनापति तो इस मामले में भी अग्रगामी हैं।

फ़क़ीर मोहन सेनापति ऐसे उपन्यासकार थे, जो अंग्रेज़ी शिक्षा से वंचित थे। उनके सामने पाश्चात्य उपन्यासों का कोई आदर्श शायद नहीं था, किन्तु वे उस समय के बँगला उपन्यासों से परिचित थे। बंकिमचन्द्र का प्रभाव तो वैसे भी सारे देश में था, लेकिन सेनापति ने अपने को बंकिम के प्रभाव से मुक्त रखा है। विषय निर्वाचन में भी और उपन्यास स्वरूप के सन्दर्भ में भी। बंकिमचन्द्र के सामाजिक उपन्यास प्रायः मध्यवर्ग के जीवन को केन्द्र में रखते हैं, या तो फिर बंकिम इतिहास का आधार लेते दिखायी देते हैं। शायद सेनापति पहले भारतीय उपन्यासकार हैं, जो इस देश के गाँवों की प्रधान समस्या–'भूमि' की जड़ तक गये हैं। ऐसा करने में ज़मींदारी किसान, महाजन किसान अर्थात् शोषक–शोषित के सम्बन्धों का यथार्थ चित्रण करते हैं। जहाँ तक उपन्यास के स्वरूप (structure) का प्रश्न है, सेनापति ने अपनी एक निजी कथनरीति निर्मित की है। सत्ताईस अध्याय और एक उपसंहार में रचित इस उपन्यास में संस्कृत के अनेक अवतरणों के साथ–साथ ठेठ देहाती धरोहर भी है, लेकिन जिस बात में सेनापति किसी भी भारतीय उपन्यासकार से एक़दम भिन्न हैं, वह है साद्यन्त एक mocking tone में अपनी रचना का निर्माण। कथा करुण रस प्रधान है, लेकिन पहले पृष्ठ से अन्त तक लेखक एक वेधक व्यंग्यात्मक तेवर में लिखते गये हैं। पाठक के होंठों पर स्मित रेखा बनी रहती है। हास्य और करुण का ऐसा संयोजन अन्यत्र दुर्लभ है।

यह हास्य परिहासपूर्ण व्यंग्य, सेनापति की शैली का आभूषण नहीं, समग्र उपन्यास के भीतर की शैली को निर्धारित करता है। लेखक अपनी कथा कहते–कहते मानो अपने पाठकों से तर्क भी करता हो–इस प्रकार की उनकी शैली के उदाहरण के लिए तो पूरी पुस्तक उद्धृत की जा सकती है,

लेकिन आरम्भ के पृष्ठ का एक लम्बा अवतरण देकर ही सन्तुष्ट होना पड़ता है। प्रधान पात्र रामचन्द्र मंगराज से लेखक हमें परिचित कराते हैं।

> "आदमी बड़े धार्मिक हैं। साल में चौबीस एकादशियाँ होती हैं। चालीस भी होतीं तो नहीं छोड़ते। एकादशी के दिन जल और तुलसी दल ही उनके अवलम्ब होते हैं। उस दिन तीसरे पहर मंगराज के खवास जगा नाई ने बातों–ही–बातों में यह बात कह डाली थी कि हर एकादशी की साँझ को द्वादशी के पारणा के लिए, मालिक के लिए सोने के कमरे में सेर भर दूध, थोड़ी सी खील, कन्द–मिसरी पके केले आदि रखा जाता है और वह (अर्थात् खवास) द्वादशी के दिन नूर के तड़के उठकर रीते बरतन माँजता है। यह बात सुनकर कई लोग एक दूसरे का मुँह ताक–ताककर मुस्कुराने लगे थे। एक ने तो कह भी डाला था कि डूब के पानी पियो तो महादेव के बाप भी नहीं जान सकते। इस बात का मतलब तो साफ़ समझ में नहीं आया, पर हम सबने यह अनुमान कर लिया कि बात निन्दक की है। पर छोड़िए भी।"

स्रोत : 'भारतीय उपन्यास परम्परा', भोलाभाई पटेल।

सन्दर्भ

1, 2. *साखी* (त्रैमासिक पत्रिका), सम्पा. केदारनाथ सिंह, (प्रवेशांक अक्टूबर–दिसम्बर–92) पृ. 10

11

'सरस्वतीचन्द्र' : संक्रान्तिकाल का मन्थन और नवनीत

भोलाभाई पटेल

–and what is vision today may be a reality tomorrow

(सरस्वतीचन्द्र–3, पृ. 5)

'सरस्वतीचन्द्र' चार भागों में करीब दो हज़ार पृष्ठों में लिखा गया गोवर्धनराम माधवराम त्रिपाठी (1855–1907) का बृहत्काय उपन्यास है। आचार्य आनन्दशंकर ध्रुव ने एक ओर उसे आधुनिक युग का 'महाभारत' कहा है, दूसरी ओर आधुनिक युग के महाकाय उपन्यासों से उसकी तुलना की है। इस ग्रन्थ का गुजरात के समाजिक जीवन पर गहरा प्रभाव पड़ा है। उमाशंकर जोशी के मतानुसार गाँधी जी के आगमन के पूर्व गुजरात के सांस्कृतिक जीवन को प्रभावित करने वाले और उसे गढ़ने वाले 'सरस्वतीचन्द्र' के लेखक गोवर्धनराम थे।[1]

गोवर्धनराम स्वयं सांस्कृतिक चौराहे पर खड़े समाज की सन्तान थे। यह वह समय था, (उन्नीसवीं शती के अन्तिम दशक) जब एक ओर सांस्कृतिक नवजागरण द्वारा सांस्कृतिक अस्मिता की खोज के प्रयास शुरू हुए थे, दूसरी ओर साम्राज्यवादी प्रवृत्ति की चरम सीमा पर पहुँचे ब्रिटिश शासन के नेतृत्व में पाश्चात्य मूल्यों से रंगे नये बौद्धिकों की श्रद्धा, उपयोगितावादी उदारमतवादी तथा व्यक्तिवादी विचार सारणी में दृढ़ीभूत थी। शक्तिशाली ब्रिटिश शासन में जीवन के प्रत्येक क्षेत्र में 'प्रगति' सिद्ध करने का मन्त्र इन बौद्धिकों ने अपनाया था। ब्रिटिशकाल को देवनिर्मित मानने वाले बौद्धिकों में से एक थे–'सरस्वतीचन्द्र' के लेखक गोवर्धनराम।

'सरस्वतीचन्द्र' का पहला भाग 1887 में प्रकट हुआ था (तब तक बंकिमचन्द्र अपना अन्तिम उपन्यास 'सीताराम' लिख चुके थे)। 'सरस्वतीचन्द्र' के प्रकाशन को गुजरात में एक अपूर्व घटना माना गया। गुजरात में सभी वर्ग के पाठकों को सरस्वतीचन्द्र और कुमुद की करुण–कोमल प्रेम–कथा ने आश्चर्य से उद्वेलित किया। जर्मनी में गेटे के उपन्यास Sorrows of Young Werther के प्रकाशन से जैसा उद्वेलन समग्र जर्मनी में हुआ था, ऐसी ही घटना गुजरात के लिए थी। उपन्यास की नायिका 'कुमुद' घर–घर का नाम हो गया था। वह तरुणों के लिए–'स्वप्नकन्या' बन गयी थी।

'सरस्वतीचन्द्र' का दूसरा भाग 1892 में, तीसरा भाग 1898 में तथा चौथा तथा अन्तिम भाग 1901 में प्रकाशित हुआ। इस तरह गोवर्धनराम ने अपने इसी एक महान ग्रन्थ पर पन्द्रह वर्ष काम किया। 'सरस्वतीचन्द्र' के इन चार भागों के सन्दर्भ में गाँधी जी ने जो अभिप्राय व्यक्त किया है, वह उद्धरण योग्य है :

> (सरस्वतीचन्द्रना) पहेला भागमां एमणे पोतानी शक्ति ठालवी। नवलकथानो रस पहेलामां भरेलो छे. चरित्रचित्रण एना जेवुं क्यांय नथी; बीजामां हिन्दु संसार सरस चीतरायो छे, त्रीजामां एमनी कला उडी गयी, अने चोथामां एमने थयुं के मारे जगतने आपवुं छे, ते आ पुस्तक द्वारा ज आपी दऊं तो केवुं सारुं![2]
>
> (सरस्वतीचन्द्र के पहले भाग में उन्होंने अपनी शक्ति ऊँड़ेली। उपन्यास का रस पहले भाग में लबालब भरा है। वैसा चरित्रचित्रण अन्यत्र नहीं है। दूसरे भाग में हिन्दू गृहस्थी का सुन्दर अंकन है; तीसरे भाग में उनकी कला लुप्त–सी हो गयी और चौथे भाग में उनको लगा कि 'मुझे अब जगत को जो कुछ देना है, वह इसी पुस्तक के द्वारा दे दूँ, तो कितना अच्छा हो!')।

चार भागों में व्याप्त 'सरस्वतीचन्द्र' मुख्यतः तीन पीढ़ियों और तीन परिवारों की कथा है। मुम्बई में सेठ लक्ष्मीनन्दन और उनकी तीन पीढ़ियों का परिवार, रत्ननगरी में विद्याचतुर उनके पिता मानचतुर और विद्याचतुर की सन्तानें कुमुद–कुसुम की तीन पीढ़ियों, तथा सुवर्णपुर में अमात्य बुद्धिधन और उनकी तीन पीढ़ियों इसमें शामिल है। इसमें मुख्य कथा सरस्वतीचन्द्र और कुमुद की है जो तीनों परिवारों और तीनों पीढ़ियों–के साथ गुँथकर एक सुनिर्दिष्ट लक्ष्य की ओर गति करती है। गोवर्धनराम ने कथा अपने समय

की और अपने समाज से ली है। वास्तव में वे इस उपन्यास द्वारा भारतीय समाज के पुनर्निर्माण का आदर्श प्रस्तुत करना चाहते थे।

नयी–नयी प्रस्थापित मुम्बई युनिवर्सिटी से एम.ए. की उपाधि प्राप्त मुम्बई के धनाढ्य मिल मालिक लक्ष्मीनन्दन सेठ के पुत्र सरस्वतीचन्द्र की सगाई रत्नी नगरी के अमात्य विद्याचतुर की पुत्री कुमुद के साथ होती है। मुम्बई की नयी आबोहवा में रहने वाला सरस्वतीचन्द्र न केवल अपनी वाग्दत्ता के साथ पत्रव्यवहार करता है, अपितु एक बार रत्ननगरी जाकर उसे मिलता भी है, और उसकी तस्वीर अपने बँगले में रखता है। उसके लिए एक मणिमुद्रा भी बनवाता है। सरस्वतीचन्द्र की अपर माता गुमान को यह सब पसन्द नहीं और वह सेठ के आगे शिकायत के सुर में सारी बातें रखती हैं। इस पर पिता लक्ष्मीनन्दन अपने पुत्र को खरी–खोटी सुनाकर डाँटते हैं। पिता के व्यवहार से दुखी होकर सरस्वतीचन्द्र पिता की सारी सम्पत्ति पर से अपना हक छोड़कर गृहत्याग करता है।

सरस्वतीचन्द्र के गृहत्याग से दुखी पिता उसको ढूँढ़ने के लिए आकाश–पाताल एक करते हैं, लेकिन उसका पता न लगने पर विद्याचतुर अपनी पुत्री कुमुद का विवाह सुवर्णपुर के अमात्य बुद्धिधन के पुत्र प्रमादधन के साथ कर देते हैं। अपने हृदय से सरस्वतीचन्द्र को पति के रूप में स्वीकृत करने पर भी कुमुद को प्रमादधन की पत्नी बनकर जीवन जीना पड़ता है। वह सरस्वतीचन्द्र को अपने हृदय से दूर नहीं कर पाती।

गृहत्याग के बाद इधर–उधर भटकता सरस्वतीचन्द्र नवीनचन्द्र नाम रखकर एक दिन कुमुद की ससुराल सुवर्णपुर में एक अजनबी अतिथि के रूप में जा पहुँचता है।

गोवर्धनराम ने अपनी दो हजार पृष्ठ की कथा का आरम्भ इस घटना से किया है। सरस्वतीचन्द्र गाँव के बाहर–अमात्य–परिवार के ही देवालय में ठहरा है, उस समय अमात्य के घर का स्त्री–समाज देवालय में पूजा के लिए आता है, जिसमें नवविवाहिता कुमुद भी है। कुमुद और सरस्वतीचन्द्र की 'दृष्टोदृष्ट' मिलती है। अमात्य बुद्धिधन नवीनचन्द्र अर्थात् सरस्वतीचन्द्र को अपने यहाँ निमन्त्रित करते हैं। एक बार घर में अमात्यपुत्री अलककिशोरी पर बलात्कार का प्रयास करने वाले जमाल से सरस्वतीचन्द्र अलककिशोरी को बचा लेता है, किन्तु इस प्रयत्न में वह आहत होता है। उसकी शुश्रूषा करती अलककिशोरी सरस्वतीचन्द्र के प्रति आकृष्ट होती है, किन्तु सरस्वतीचन्द्र 'अलकबहेन, हुँ तो तमारो भाई थाऊं छु'–

(मैं तो तुम्हारा 'भाई' होता हूँ) कहकर उसे सावधान कर देता है। कुमुद अत्यन्त दुविधा में रहती है। एक बार वह साहस कर के सरस्वतीचन्द्र से मुम्बई वापस जाने के लिए कहती है।

सरस्वतीचन्द्र अपना 'हृदय' अमात्य के घर छोड़कर फिर बैलगाड़ी में निकल पड़ता है और रास्ते में डाकुओं के आक्रमण का प्रतिकार करते हुए आहत हो बेहोश हो जाता है। बेहोश सरस्वतीचन्द्र को सुन्दरगिरि पर रहने वाले साधु उठाकर अपने मठ (आश्रम) में ले जाते हैं। विष्णुदास बाबा की भविष्यवाणी के कारण वह सारे साधुसमाज का भी आदर पाता है।

इधर, कुमुद भी अपने पिता से मिलने के लिए निकलती है और वह भी डाकुओं के आक्रमण का शिकार बनती है। उनके दादा मानचतुर उसे बचा लेते हैं, किन्तु वह एकाएक नदी में गिर के बहने लगती है, जिसे साध्वियों का एक दल बचा लेता है। 'मधुरी मैया' नाम से वह भी सुन्दरगिरि पर आश्रय पाती है। सुन्दरगिरि पर एक बार कन्थाधारी सरस्वतीचन्द्र और गैरिकवसना कुमुद मार्ग में मिल जाते हैं और दोनों के बीच, 'तारामैत्रक' होता है। साध्वियाँ पहचान जाती हैं कि इन दोनों के बीच सच्चा प्रणय है। सुन्दरगिरि के चिरंजीव शृंग पर विष्णुदास बाबा की संयोजना से सौमनस्य गुहा में सरस्वतीचन्द्र और कुमुद सह–वास करते हैं और स्थूल प्रेम से मुक्त होकर सूक्ष्मप्रीति का अनुभव करते हैं। दोनों एक ही प्रकार का स्वप्न देखते हैं, जिसमें वे भारत के भूत, वर्तमान और भविष्य का दर्शन करते हैं, विशेषतया भविष्य का। यह भविष्य कल्याणग्राम की योजना में तथा देशहित एवं मनुष्य जाति के कल्याण के लिए सेवाव्रती होने ने लिए दोनों को प्रेरित करता है। इसी समय समाचार प्राप्त होता है कि कुमुद के पति ने आत्महत्या कर ली है और कुमुद विधवा हुई है। विधवा कुमुद सरस्वतीचन्द्र को अपनी छोटी बहन कुसुम से विवाह करने का आग्रह करती है। यदि सरस्वतीचन्द्र समाज सेवा करना चाहता है, तो भी उसका विवाह होना ज़रूरी है। समाज अपरिणीत सरस्वतीचन्द्र की सेवा को तत्परता से स्वीकार नहीं करेगा और यदि विधवा कुमुद के साथ विवाह करेगा, तब भी सामाजिक विरोध होगा। ऐसी स्थिति में कुसुम के साथ विवाह सरस्वतीचन्द्र की भावी योजनाओं की सफलता के लिए एक मात्र मार्ग है। वैसे कुमुद भी कुसुमरूपी गंगा के साथ जमुना की तरह मिली होगी ही।

इसी दौरान सरस्वतीचन्द्र का मित्र चन्द्रकान्त भी उसे ढूँढ़ता हुआ सुन्दरगिरि पहुँचता है। सरस्वतीचन्द्र के गृहत्याग के पाँच महीने में मुम्बई

में सेठ लक्ष्मीनन्दन के यहाँ बहुत परिवर्तन भी हुए थे। पुत्र के प्रति किये गये अन्याय के कारण लक्ष्मीनन्दन करीब पागल से हो गये थे। इतने में सरस्वतीचन्द्र की संस्थिति का समाचार मुम्बई पहुँचता है। गुमान का भी हृदय परिवर्तन हुआ हे। लक्ष्मीनन्दन सेठ और अन्य सबकी उपस्थिति में सुन्दरगिरि के साधुजनों के सम्प्रदाय के अनुसार सरस्वतीचन्द्र और कुसुम का विवाह होता है। सरस्वतीचन्द्र कल्याणग्राम की योजना के लिए अपना और पिता के धन का उपयोग करने का आयोजन करता है। सुन्दरगिरि के विष्णुदास के सम्पर्क में भी वह रहता है।

उपन्यास की मुख्य घटनाओं का यहाँ समापन है–इसके बाद के अन्तिम प्रकरण की अन्तिम घटना एक वर्ष बाद की है, जिसमें कुसुम का हृदयस्थ अनुराग सोये हुए सरस्वतीचन्द्र के प्रति उसी चुम्बनोद्यत मुद्रा के द्वारा प्रकट होता देखकर एकाएक वहाँ आ पहुँची कुमुद वहाँ से पीछे खिसक जाती है–इस उद्‌गार के साथ 'घेली मारी कुसुम!' (मेरी पगली कुसुम!)[3]

अत्यन्त विशाल पट पर आस्तीर्ण इस बृहद् उपन्यास का घटनाकाल सरस्वतीचन्द्र के गृहत्याग के बाद के पाँच मास के उसके भटकाव के दौरान अन्तिम दो महीने मात्र का है। किन्तु सरस्वतीचन्द्र और कुमुद की इस मुख्य कथा के समयान्तराल में लेखक ने, आगे जैसे निर्दिष्ट किया है, तीन परिवारों की, तीन पीढ़ी के चरित्रों की कथाएँ भी गूँथ ली हैं और इस तरह बुद्धिधन और उसका राजकारोबार (बुद्धिधनो कारभार–सर. भा. 1), विद्याचतुर गुणसुन्दरी की कुटुम्ब कथा (गुणसुन्दरीनी कुटुम्ब जाल–सर. भा. 2), मल्लराज–मणिराज की राज्यकथा (रत्नगरीनुं राजतन्त्र–सर. भा. 3) सुन्दरगिरि विष्णुदास का मठ और साधु समाज (सर. भा. 3, 4) विभिन्न कथाप्रवाहों का इस तरह कुशलता से निर्वाह किया है कि सभी प्रवाह 'सरस्वती के मनोराज्य' की परिणति कथा में आकर एक साथ मिल जाते हैं।

यद्यपि मुख्य घटना का समय पाँच महीने का है (अन्तिम–समापन की घटना अवश्य इसके एक वर्ष के अन्तराल के बाद है), किन्तु कथा में पूरी उन्नीसवीं शताब्दी का घटनाकाल व्याप्त है। 1818 ई. में मराठी सत्ता का अस्त हुआ और उसका स्थान पश्चिम भारत (महाराष्ट्र–गुजरात) में ब्रिटिश सत्ता ने लिया। प्रथम बार देशी राज्य और विदेशी सत्ता का संघर्ष होता है। संघर्ष की यह बात गोवर्धनराम ने नागराज के द्वारा चित्रित की है। 1857 के प्रथम स्वतन्त्रता संग्राम की और उसकी विफलता की कथा का संकेत मल्लराज के द्वारा 'सरस्वतीचन्द्र' में है।

'सत्तावन' का समय लक्ष्मीनन्दन (सरस्वतीचन्द्र के पिता), मानचतुर (विद्याचतुर के पिता) आदि की प्रवृत्तियों का है। अंग्रेज़ी शिक्षा का आरम्भ हो चुका है और इनकी पुरुष सन्तानें नयी अंग्रेज़ी शिक्षा लेती हैं। मुम्बई इसका केन्द्र है।

1857 के आसपास के अलावा एक महत्त्वपूर्ण कालखण्ड 1875–1885 तक का है। यह सामाजिक, राजनीतिक, शैक्षणिक नवजागरण का है, संक्रान्तिकाल का है। 1857 के विप्लव की विफलता के बाद नयी शिक्षा प्राप्त पीढ़ी में देशोन्नति का, राष्ट्रभाव का, उदय हुआ, यह वह समय है। कथा नायक सरस्वतीचन्द्र, उसके मित्र चन्द्रकान्त, वीरराव आदि इस नवजागरण के प्रतिनिधि हैं। सरस्वतीचन्द्र के प्रसिद्ध गुजराती समीक्षक विश्वनाथ भट्ट ने योग्य ही कहा है :

> 'सरस्वतीचन्द्र' अपने समय की सर्वोत्कृष्ट कथा ही नहीं है, किन्तु उस युग की सर्वांगी जीवन समीक्षा भी है। गृह, समाज, राज्य और धर्म–इन मुख्य अंगों का यथार्थपरक निरूपण है, जो प्रत्येक विषय में उच्चतर जीवन की झाँकी कराने वाली भावनासिक्त कला से आलिखित है।''[4]

बंकिमचन्द्र की तरह गोवर्धनराम ने भारत के स्वर्णिम अतीत की काल्पनिक पृष्ठभूमि पर भारतवर्ष के भविष्य का कार्यक्रम प्रस्तुत नहीं किया, अपितु अपने ही समय की, साम्प्रत की वास्तविक भूमि पर खड़े होकर नये युग पर अपनी निगाहें रखी हैं। प्रस्तावना में उन्होंने लिखा है :

> ''वार्तानो समय देक समीपनो अने प्रदेश आपणी गुर्जर वस्तीनो राख्यो छे, एटले हजी सुधी आपणा कानमां वागता भूतदशाना भणकारा, वर्तमान दशानो प्रत्यक्ष पडदो, अने भविष्यकालमां विद्यार्थी थनार अवस्थानी, आजथी आपणी कल्पना पर पड़ती प्रतिच्छाया–ए सर्वनुं मिश्रण करवाथी शास्त्रीय देशोद्धारकने कांई सूचना मळशे एवी कल्पना छे।'[5]
>
> (कथा का समय एकदम निकट का और प्रदेश अपनी गुर्जर आबादी का लिया है, इसी से अभी तक हमारे कान में बजती भूतदशा की गूँज, वर्तमान दशा का प्रत्यक्ष परदा, और भविष्यकाल में विद्यार्थी होने वाली अवस्था की, आज से हमारी कल्पना पर पड़ने वाली प्रतिच्छाया–इन सबका सम्मिश्रण करने से आज के देशोद्धारक को कोई संकेत मिल सकता है।)

उपन्यास विधा और उसके प्रयोजन के बारे में भी गोवर्धनराम का अपना निश्चित मत था। गोवर्धनराम के समय तक उपन्यास लोकप्रिय बन चुका था, विशेषकर पश्चिम में। पश्चिम के अनेक उपन्यासकार अपने पाठकों का सस्ता मनोरंजन करने के लिए ढेरों उपन्यासों का सर्जन कर रहे थे, लेकिन गोवर्धनराम ने ऐसे हल्की गुदगुदी करने वाले उपन्यास लिखने वालों की निन्दा की है। अपने ग्रन्थ की अंग्रेज़ी भूमिका में उन्होंने कहा है :

> 'It is however certain and the higher class of novelists never fail to recognise and claim that the functions of the novel are more numerous, higher and more sacred than the more pandering to the taste of the novel-reading public.'[6]

गोवर्धनराम अपना जीवनदर्शन एक निबन्ध के रूप में प्रस्तुत करना चाहते थे, लेकिन उनको लगा कि गुजरात के पाठकों तक अभी ऐसी गम्भीर बातें लेकर पहुँचना मुश्किल था। अतः उन्होंने यह माध्यम (उपन्यास का) लिया जिसमें यथार्थ और आदर्श जीवन के उदाहरण चित्रित हैं :

> 'The conviction has also grown upon him that reality in flesh and blood under the guise of fiction can supply the ordinary reader with subtler moulds and finer costs for the formation of his inner self than abstract discussions and this is especially so with a eople who must be made, and not simply left to read.'[7]

यह बात 'सरस्वतीचन्द्र' के प्रथम भाग की गुजराती प्रस्तावना में अन्य शब्दों में कही गयी है। ''जिज्ञासा पैदाकर मिष्ट कथा के साथ उपदेश पिला देना, कथा के व्यसनी को सुकथा की मदिरा पिलाकर सत्कर्म का मार्ग दिखाना, सुचित्रों के मिष्ट परिपाक में शास्त्रों का संस्कारों का मधुर सम्भार भरना–आदि काव्यकथा के उद्देश्य आर्य कथाकारों से अपरिचित नहीं है और यूरोप में भी प्रशस्त वर्ग में प्रशस्त माने जाते हैं।'' उन्होंने यह भी कहा : ''मलिन चित्र आलेखित करने का पाठकों को उबाने वाला काम जहाँ तक हो सके इस कथा में दूर रखा है। प्रत्येक मनुष्य भले–बुरे का मिश्रण होता है। इस जगत में समग्र रूप में अच्छा ही अच्छा या समग्र रूप से बुरा ही बुरा, ऐसा कुछ नहीं है। यहाँ उसका सम्मिश्रण है।'[8]

गोवर्धनराम की अपनी उपन्यास विषयक अवधारणा सरस्वतीचन्द्र के निर्माण में व्यहृत हुई है। अनेक आलोचकों की, विशेषतया आधुनिक काल के सुरेश जोशी जैसे रूपवादी (formalist) आलाचकों की यह शिकायत है कि 'सरस्वतीचन्द्र' में आकृतिविधान (form) अत्यन्त शिथिल है।

उनका कहना है कि "एक कलाकृति लेखे उणी उतरे छे एम कह्या विना चाले एम नथी।"[9] हेनरी जेम्स जैसे कलावादी उपन्यासकार ने टॉल्सटॉय के War and Peace को 'large, loose, baggy monster' कहकर उसके रूपविधान की निन्दा की है। किसी भी बड़े उपन्यास की संरचना जटिल होती है। 'सरस्वतीचन्द्र' के वस्तुविन्यास में ऐसी जटिलता होते हुए भी, उसमें अनेक उपकथाओं और रूपकों का जटाजाल होते हुए भी कथा अपनी निश्चित दिशा में गति करती है। लेखक ने निबन्ध के विकल्प में भले ही उपन्यास की विधा को अपनाया हो, लेकिन उपन्यासकला की शर्तों की वह पूरी रक्षा कर सका है। वे मानते थे कि स्त्री की तरह सुन्दर होना उपन्यास का भी लक्ष्य होता है और उनका यह उपन्यास बृहत्‌कार होते हुए भी 'सुन्दर' है इतना ही नहीं दो हजार पृष्ठों तक अपने पाठक के जिज्ञासा रस (suspence) को जाग्रत रखने में सफल हुआ है। प्रत्येक भाग का अन्त उस बिन्दु पर आकर रुकता है। जहाँ से आगे की गति जानने के लिए पाठक उत्सुक ही नहीं व्यग्र रहता था। उस समय के पाठकों ने कम–से–कम चौदह–पन्द्रह वर्ष तक इस कथा का संवनन किया था।

बंकिमचन्द्र या रवीन्द्रनाथ के अनेक उपन्यासों की तरह 'सरस्वतीचन्द्र' किसी पत्र या मासिक में धारावाहिक रूप में प्रकाशित नहीं हुआ था, लेकिन चार भाग कुल मिलाकर चौदह–पन्द्रह वर्ष के अन्तराल में प्रकाशित होते गये थे। गुजरात का पूरा शिक्षित समाज अधैर्य से एक भाग के बाद दूसरे भाग की प्रतीक्षा करता था–सप्ताहों या महीनों में नहीं, वर्षों में। सरस्वतीचन्द्र के कथारस में कहीं भी मन्दता नहीं है, अवश्य दूसरे भाग से लेखक इस 'सुकथा की मदिरा' के साथ–साथ अपने पाठक को 'उपदेश' भी पिला देता है। अवश्य, कई बार dosage बहुत भारी हो जाती हैं। लेखक ने तीसरे भाग में पूरा एक प्रकरण 'लक्ष्यालक्ष्यरहस्य', (जिसमें सुन्दरगिरि के विष्णुदास बाबा के बहाने लख–अलख दर्शन के लेखक की अपनी स्थापना है) पूरा संस्कृत में है। इसी तरह से चौथे भाग में 'मल्ल महाभवन' का प्रकरण। सरस्वतीचन्द्र का मित्र चन्द्रकान्त यह सब देख–सुनकर कहता भी है, "मारे ते आ मल्लभवननुं शुं काम हतुं?" (सर. IV पृ. 256)। पाठक भी कहेगा कि मुझे भी इस मल्ल भवन का क्या काम है? लेकिन गोवर्धनराम एक आदर्श देशी राज्य की चर्चा (जहाँ बंकिमचन्द्र 'राष्ट्र' की चर्चा करते हैं) में महाभारत का अपने ढंग से अर्थविस्तार करते हैं, देशी राज्य में राज्यनय–True Statesmenship का स्वरूप क्या हो सकता है, यह दिखाने के लिए, लेकिन चन्द्रकान्त की

तरह कई पाठकों के गले से यह बात आसानी से नहीं उतरेगी। शायद वे इस प्रकरण के पन्ने भी पलट दें। किन्तु 'ततः किम्' की पाठकीय उत्सुकता उपन्यासकार ने बनाये रखी है। यद्यपि सरस्वतीचन्द्र एक चिन्तन प्रधान उपन्यास (Novel of ideas) है।

उपन्यास के अन्त पर उस समय ही नहीं, आज भी विवाद जारी है। गोवर्धनराम ने विधवा हुई कुमुद से सरस्वतीचन्द्र की शादी क्यों नहीं करायी? क्या वे विधवा विवाह के समर्थक नहीं थे? (यही प्रश्न इस उपन्यास के कुछ ही वर्षों बाद (1905) प्रकाशित रवीन्द्रनाथ की 'चोखेर बाली' उपन्यास के बारे में उठाया जाता है। रवीन्द्रनाथ ने कथा के अन्त तक बिहारी और विधवा विनोदिनी का प्रेम दिखाया, अन्त में बिहारी ने जब विवाह के लिए प्रस्ताव किया, तब विनोदिनी मुकर जाती है और काशी चली जाती है। कई आलोचकों का कहना है कि अपने पिता देवेन्द्रनाथ के होते रवीन्द्रनाथ ने विधवा विवाह का प्रकट रूप से अनुमोदन नहीं किया होगा।)

वास्तव में यह प्रश्न जितना समाज सुधार का है, उतना औपन्यासिक कला का नहीं। गोवर्धनराम ने अवश्य कुमुद के स्थान पर कुसुम के साथ सरस्वतीचन्द्र के विवाह का समाजसेवा के सन्दर्भ में एक तार्किक हल दिया है, किन्तु उपन्यास के चिरंजीव प्रभाव के लिए यह ज़रूरी था कि सरस्वतीचन्द्र की प्रीति पाकर भी कुमुद उससे विवाह न करें। इस प्रकार सुखान्त इस महान रचना के और उसके एक महान चरित्र कुमुद के पाठक हृदयस्थित प्रभाव को 'मधुरेण समापमेत्' की स्थिति में पहुँचा देता। कुमुद ने उत्तररामचरित की सीता की तरह जन–जन के हृदय में 'करुणस्य मूर्ति' बनकर जो स्थान पाया है, शायद वह स्थान उसे नहीं मिलता। अनेक पाठकों ने और स्वजनों ने बार–बार गोवर्धनराम से अनुनय किया था कि वह सरस्वतीचन्द्र और विधवा कुमुद को विवाह सूत्र में बाँध दें। किन्तु गोवर्धनराम ने कला का धर्म निभाते हुए अपने इस महान ग्रन्थ का अन्त किया है। उपन्यास क अन्तिम उद्गार 'घेली मारी कुसुम' (मेरी पगली कुसुम!) कुमुद के हैं, जो उसके चरित्र को अमर चरित्रों की श्रेणी में रखने के लिए पर्याप्त है।

उमाशंकर जोशी की बात की हम भी स्वीकार करेंगे कि "कुल मिलाकर 'सरस्वतीचन्द्र' एक महान सिद्धि है–वह भी एक कलाकृति के रूप में।"

गोवर्धनराम के हस्ताक्षर में प्राप्त 'सरस्वतीचन्द्र' की पाण्डुलिपि में देखा गया है कि उपन्यास का नाम 'नवीनचन्द्र' काटकर 'सरस्वतीचन्द्र' लिखा गया है।

गोवर्धनराम का यह नवीनचन्द्र रवीन्द्रनाथ के गौरमोहन (गोरा) से एक़दम प्रतीप है। गौरमोहन भी कलकत्ता यूनिवर्सिटी का उसी समय का एम.ए. है (उसका जन्म 1857 का है), लेकिन रवीन्द्रनाथ ने उसे आरम्भ में पुराणपन्थी हिन्दुत्व के समर्थ प्रतिनिधि के रूप में चित्रित किया है। उसका मुख्य कारण तो गोरा का देशप्रेम ही है। सरस्वतीचन्द्र में भी आरम्भ से ही देशोद्धार की तृष्णा है, जो अन्त में कल्याणग्राम की योजना में परिणत होती है। गोरा की खोज 'भारतीयता' की खोज है। ('गोरा' में मातृमूर्ति आनन्दमयी और 'सरस्वतीचन्द्र' में मातृमूर्ति गुणसुन्दरी का अद्‌भुत साम्य है)।

गेटे के विल्हेम माइस्टर की तरह रवीन्द्रनाथ के गोरा और गोवर्धनराम के सरस्वतीचन्द्र की एक व्यक्ति के रूप में Maturing की प्रक्रिया उपन्यासकार को अभीष्ट है। उपन्यास के आरम्भ का गोरा उपन्यास के अन्त का नहीं है, तथैव सरस्वतीचन्द्र भी। दोनों का एक तरह से रूपान्तर transformation होता है, अतः एक तरह से ये दोनों उपन्यास भी गेटे के विल्हेम माइस्टर की तरह चरित्र गठन के उपन्यास (Buildingsroman) है।

एक और साम्य भी देखा जा सकता है–उपन्यास की नायिका–उपनायिकाओं के सन्दर्भ में। कुमुद और सुचरिता दोनों 'terrible meek' हैं, कुसुम और ललिता दोनों विद्रोही–'new women' हैं।

'गोरा' में विनय गोरा का सहपाठी मित्र है, यहाँ चन्द्रकान्त। भारतीय उपनिवेश में उन्नीसवीं शती के अन्तिम दशकों में शिक्षित भारतीयों में धर्म, राष्ट्र, जाति, स्वतन्त्रता आदि पर लगातार विवाद चलते थे। 'गोरा' और 'सरस्वतीचन्द्र' में अनेक पृष्ठ इस प्रकार की चर्चाओं से भरे हैं। 'गोरा' के केन्द्र में है भारतवर्ष की अवधारणा का प्रश्न। बंकिमचन्द्र ने आनन्दमठ में 'वन्देमातरम्' के द्वारा भारतमाता की एक देवी के रूप में जो संकल्पना की थी, रवीन्द्रनाथ एक प्रकार से भारतीयता की वह बात 'गोरा' में आगे ले जाते हैं। 'गोरा' में वह चर्चा हिन्दू–ब्राह्म के द्वन्द्व में है। ऐसा ध्रुवीकरण– अवश्य 'सरस्वतीचन्द्र' में नहीं है, किन्तु यहाँ प्राचीन भारतीय संस्कृति, अर्वाचीन भारतीय संस्कृति और अर्वाचीन पाश्चात्य संस्कृति के संघर्ष–समन्वय के पश्चात् भू में संक्रमणकाल में–नवजागरण काल में गृह, राज्य, धर्म और राष्ट्र की चर्चा अधिक मात्रा में है। यद्यपि गोरा की खोज अलग है, गोरा की खोज सच्ची भारतीयता की है जो वह हिन्दू धर्म में ढूँढ़ता था। सरस्वतीचन्द्र की अलग। दोनों नायक जीवनानुभव से गुजरते हुए अपनी–अपनी उपलब्धि पाते हैं।

अपने जन्मरहस्य से अवगत होने पर गोरा जन्म, जाति, धर्म आदि सभी प्रकार के बन्धनों से मुक्त होकर अन्त में महसूस करता है–

"आमी आज भारतवर्षीय। आमार मध्ये हिन्दु मुसलमान खृष्टान कोनो समाजेर कोनो विरोध नेई। आज एइ भारतवर्षेर सकलेर जातइ आमार जात।"[10]

परिवार, समाज, राज्य, धर्म और इनका पारस्परिक सम्बन्ध 'सरस्वतीचन्द्र' का वर्ण्यविषय है। 'सरस्वतीचन्द्र' की वर्ण्यरीति पर जैसे कथाकार बाणभट्ट की कादम्बरी का प्रभाव है, वैसे 'सरस्वतीचन्द्र' में लेखक के जीवनदर्शन पर महाभारत के धर्म विषयक सम्प्रत्यय का प्रभाव है, विशेषतया उपन्यास के उत्तरांश में, लेकिन यह धर्म संसार के त्याग में नहीं, संसार और समाज की सेवा में अपना जीवन समर्पित कर देने में हैं। सुन्दरगिरि के चिरंजीव श्रृंग पर पहुँचकर भी सरस्वतीचन्द्र और कुमुद वापस मनुष्यलोक में आते हैं।–'कल्याणग्राम' की योजना की सम्पूर्ति के लिए। 'कल्याणग्राम' मानों 1908 में प्रकाशित होने वाले गाँधी जी के 'हिन्दू स्वराज्य' का नवजागरणकालीन पूर्वरूप है।

स्रोत : 'भारतीय उपन्यास परम्परा', भोलाभाई पटेल।

सन्दर्भ

1. उमाशंकर जोशी, *निरीक्षा*, मुम्बई, 1960, पृ. 312
2. मो. क. गाँधी, *महादेवभाईनी* डायरी भा. 1, अहमदाबाद, 1948, पृ. 37
3. *सरस्वतीचन्द्र* भा. 4, मुम्बई,–संस्करण 1974, पृ. 879
4. विश्वनाथ भट्ट, *निकषरेखा*, 1954, पृ. 64
5. *सरस्वतीचन्द्र भा. 1* मुम्बई, 1971 संस्करण, प्रस्तावना, पृ. 12
6. वही, पृ. 8
7. वही, पृ. 12
8. वही, पृ. 11
9. सुरेश जोशी, *कथोपकथन*, मुम्बई, 1974
10. रवीन्द्रनाथ ठाकुर, *रवीन्द्र रचनावली–7*, पृ. 923

12

रवीन्द्रनाथ लिखित 'गोरा' और भारतीय देशभक्ति की असाध्य समस्या

तनिका सरकार
अनुवाद : **धर्मराज कुमार**

आधुनिक भारत में, विभिन्न कारणों से देशभक्ति के लिए एक महत्त्वपूर्ण स्थान बना पाना बहुत कठिन रहा है। 19वीं और 20वीं शताब्दी के उत्तरार्द्ध में, भारतीय देशभक्ति को हिन्दू राष्ट्रवाद के रूप में पेश किया गया। रवीन्द्रनाथ टैगोर लिखित 'गोरा' 1905–08 के विभाजन–विरोधी स्वदेशी आन्दोलन के तत्काल बाद 1909 में प्रकाशित, जातीयता को, जो इस तरह की विकृति का कारण बनती है, पूरी तरह नकार देता है, लेकिन, इसमें देशभक्ति का स्वरूप सार्वभौमिकता के बहुत निकट है। यह देशभक्ति, भारतीय देशभक्त होने का मौलिक तरीक़ा प्रदान करते हुए, संसार के सारे असहाय लोगों के लिए प्यार में घुल–मिल जाती है।

इस आलेख को उल्लिखित रूप में तैयार किया गया हैः मेरा पहला तर्क है कि आधुनिक भारतीय देशभक्ति के लिए, विभिन्न ऐतिहासिक कारणों से, अपने लिए गहरी पैठ बना पाना असाधारण रूप से क़ठिन है। उसके बाद मैं उन पहलुओं की चर्चा करूँगी, जिसमें उन समस्याओं को 19वीं सदी के उत्तरार्द्ध और 20वीं शताब्दी के प्रारम्भ में सुलझाने की बात कही गयी थी। उन विभिन्न हिन्दू राष्ट्रवादी संकल्पों के द्वारा, जिन्होंने भारतीय देशभक्ति की तुलना हिन्दू राष्ट्रवाद से की एवं देश को सिर्फ़ हिन्दुओं का देश कहा।

अन्तिम खण्ड में, मैं एक विशिष्ट भारतीय देशभक्ति के उस काल्पनिक भाव की चर्चा करूँगी जिसे रवीन्द्रनाथ टैगोर ने 'गोरा' (1909) में विस्तार से लिखा।[1] बंगाल में बहुत व्यापक विद्रोह के तुरन्त बाद यह औपनिवेशिक शासन के ख़िलाफ़ लिखा गया था। अन्त में उन प्रयासों की महत्ता पर कुछ टिप्पणियों एवं उनकी सम्भावनाओं की क्षणभंगुरता के साथ निष्कर्ष रखूँगी।

यह उपन्यास 100 साल पहले लिखा गया था। इस उपन्यास में उस समय उठाये गये गम्भीर सवाल, जो अनसुलझे और विवादास्पद रह गये, आज भी प्रासंगिक हैं। जाति, विश्वास, देश की स्वतन्त्रता और व्यक्तिगत आत्मनिर्णय, सामाजिक रूप से निषिद्ध प्रेम और देशभक्ति। यह हिन्दू राष्ट्रवाद के कुछ तर्कों को पुनरुत्पन्न कर गम्भीर प्रश्न खड़े करता है। पहला, 19वीं सदी के उत्तरार्द्ध में पुनरुत्थानवादियों द्वारा विस्तारपूर्वक एवं उसके बाद, अलग तरीक़े से, बंकिमचन्द्र चट्टोपाध्याय के उपन्यास 'आनन्दमठ' में प्रभावशाली रूप से विकसित किया गया, जो 'गोरा' से तीन दशक पहले लिखा गया था।[2] इसके विपरीत, 'गोरा' भारतीय देशभक्ति का एक अनोखा स्वरूप पेश करता है। यद्यपि भारतीय देशभक्ति पहले से ही, विशेषकर स्वदेशी आन्दोलन के दौरान, एक व्यापक भाव में तब्दील हो चुकी थी और हिन्दू राष्ट्रवाद की अवधारणा से हमेशा भिन्न नहीं रही। बल्कि इस आन्दोलन की निर्मिति में हिन्दू राष्ट्रवाद को प्रदर्शित करते प्रतीकों और अनुष्ठानों की भूमिका स्पष्ट थी। इसलिए 'गोरा' ने एक नयी महत्त्वपूर्ण राजनीतिक कल्पना को साकार किया।

19वीं सदी के उत्तरार्द्ध में कुछ हिन्दू पुनरुत्थानवादी–राष्ट्रवादियों ने भारतीय देशभक्ति को समकालीन हिन्दू सामाजिक संस्थानों के अन्तर्गत परिभाषित किया, जो सम्भवतः पुरातन पद्धति से ज्यों के त्यों लिये गये थे। परिवार, विवाह, जाति और विधवा–विवाह व्यवस्था। उन्होंने कहा कि उपनिवेशवाद ने इन संस्थानों और परम्पराओं को, जिसे सभी देशभक्त हिन्दुओं की निष्ठा की आवश्यकता है, को नुकसान पहुँचाया है जिससे उनकी महत्ता पर जोर दिया जाने लगा।[3] 'आनन्दमठ' का रास्ता अलग था। इसने भारत भूमि और लोगों को मातृभूमि वाली नवीन देवी की छवि में विलीन कर दिया। दैवीय प्राप्ति की लालसा में सभी हिन्दुओं की वफ़ादारी को प्राथमिकता दी गयी। वह यह भी अपेक्षा रखती है कि मातृभूमि के प्रति प्रेम की अभिव्यक्ति भारतीय मुसलमानों के ख़िलाफ़ हिंसक कृत्य में हो।[4] 'गोरा' इन दोनों संस्करणों को ख़ारिज कर देता है।

यह देश को हिन्दू संचालित संस्थान एवं भूमि को देवी के रूप में पहचाने जाने के मूल्यों को अस्वीकार कर देता है। इन दो गतिविधियों की सहायता से यह हिन्दू राष्ट्रवाद और भारतीय देशभक्ति के बीच के रहस्यमयी अन्तर को सामने लाता है एवं सिर्फ़ देशभक्ति के रास्ते के लिए जगह बनाता है। 1917 में राष्ट्रवाद शीर्षक से प्रकाशित अंग्रेज़ी निबन्धों के एक संकलन में रवीन्द्रनाथ ने सिर्फ़ हिन्दू मतों का बल्कि राष्ट्रवाद की विचारधारा की भी विचारोत्तेजक आलोचना विकसित की।[5] उनके लिए राष्ट्रवाद हमेशा से सत्ता और आत्म–केन्द्रण, बहिष्कार एवं उत्तेजित साम्राज्यवाद की परियोजना मात्र था, जबकि देशभक्ति या देश के प्रति प्रेम सम्पूर्ण पृथ्वी, भूमि और उसके लोगों के देखभाल, पोषण और प्यार की परियोजना है।

मैं गोरा के शताब्दी वर्ष से एक जुड़ाव–सा महसूस कर रही हूँ, लेकिन केवल स्मृति भाव से नहीं बल्कि 100 वर्षों बाद भी मैं इसमें अभिव्यक्त मुद्दों एवं रवीन्द्रनाथ द्वारा गहनता एवं ईमानदारी से उठाये गये प्रश्नों और समस्याओं, जिसकी अभिव्यक्ति राजनीतिक पराधीनता के कारण विशेष रूप से दुष्कर थी, की प्रासंगिकता से हैरत में हूँ। हालाँकि इस उपन्यास में मुझे सबसे अधिक प्रभावित करती है। देशभक्ति की भावना के लिए एक विश्वसनीय और मज़बूत नींव को बचा पाने की असफलता अपने आप में, यह एक बहुत बड़ी विफलता है।

मुझे यहाँ जोड़ना है कि भले ही 'गोरा' में हिन्दू राष्ट्रवाद और भारतीय देशभक्ति जैसे प्रमुख विषय निर्विवाद रूप से केन्द्र में है, इसके बावजूद यह उपन्यास एक संकीर्ण राजनीतिक परिभाषा एवं क्षितिज से परे है। इसमें विभिन्न प्रकार के प्यार, दोस्तों, बहनों, माँ और बेटे, पिता और बेटी के बीच, पुरुष और महिला के बीच का उल्लेख सबसे अधिक है। दरअसल, प्रेम इस उपन्यास का प्रमुख बिन्दु है, यही सिद्धान्त है जो सामाजिक, भावनात्मक और देशभक्ति की समस्याओं को एक साथ व्यक्त करता है। यह एक सकारात्मकता है जो दूसरों से नफ़रत करने वालों के ख़िलाफ़ हिन्दू राष्ट्रवाद को चिह्नित करती है। प्रेम उन्मुक्तता प्रदान करता है, इसे नियन्त्रित या थोपा नहीं जा सकता। उल्लेखनीय है कि प्रेम का दायरा सिर्फ़ देश तक सीमित नहीं होता। जब तक देशभक्ति हर प्रकार के सम्बन्धों में प्रेम करने की स्वतन्त्रता को स्वीकार नहीं करती तब तक देशभक्ति अधूरी है यही इस उपन्यास का सार है। देश और लोगों के लिए, जाति बन्धन, समुदाय विभाजन, घरेलू दबावों से स्वतन्त्रता होनी ही चाहिए।

यह दृष्टि भारतीय देशभक्ति के लिए दिवास्वप्न है जहाँ स्वतन्त्रता एवं प्रेम अभी भी सिर्फ़ देश के लिए माने जाते हैं, जबकि कुछ अपवादों के साथ व्यक्तिगत व्यवहार अनुशासनात्मक नियन्त्रण में है।

इस प्रकार गोरा विभिन्न प्रकार की स्वतन्त्रता और प्रेम को दर्शाता है। कोई उपन्यास मानवीय सरोकारों के जटिल अन्तर्सम्बन्धों को उद्घाटित कर सकता है। इसके विपरीत राजनीतिक विवेचनाओं में उसे असंगत माना जाता है। मेरे आलेख में, दुर्भाग्य से, मैं केवल देशभक्ति के विषय पर ध्यान केन्द्रित करूँगी।

1

मुझे भारतीय देशभक्ति में उत्पन्न कुछ बाधाओं का उल्लेख एवं पड़ताल करने दें। पहली शर्त के अनुसार देशभक्ति के लिए एक ही देश होना चाहिए। यह भूमि विशेष के प्रति प्रेम को दर्शाता है जो देशभक्तों की दृष्टि में दुनिया के अन्य सभी देशों की तुलना में अधिक सार्थक और मूल्यवान होता है। यह एक विवादास्पद प्रश्न है कि क्यों भूमि विशेष को महत्त्व दिया जाता है और वह भूमि किसका प्रतिनिधित्व करती है। धर्मनिरपेक्ष भारतीय देशभक्त की दृष्टि में, जन्मस्थान के रूप में भूमि, स्व का स्रोत है। हिन्दू राष्ट्रवाद में सावरकर लिखित भूमि न केवल लोगों और उनके पूर्वजों बल्कि आस्था की जन्मभूमि होती है इसलिए भारतीय मुसलमान और ईसाई पूर्णरूप से भारतीय कहलाने के योग्य नहीं है, क्योंकि उनकी आस्था का जन्म इस भूमि के बाहर हुआ है।[6]

उस स्थानिक अखण्डता को एक स्थायी मानचित्र द्वारा रेखांकित किया जाना चाहिए, जो बृहद् कालखण्ड में विस्तृत है। देशभक्त और राष्ट्रवादी इस बात पर जोर देते हैं कि वर्तमान में आधुनिक मानचित्र पुरातन काल के लगभग अनुरूप ही है। इस प्रकार यह प्रयास काल और स्थान, भूगोल और इतिहास दोनों पर निर्भर करता है। देश, जैसा कि हम सभी जानते हैं, पहले से ही रहा होगा। लौकिक–स्थानिक पहचान को सांस्कृतिक रूप से भी सुदृढ़ करना पड़ता है और यह एकरूपता और अभिन्नता के मज़बूत सूत्र की पहचान, सम्पूर्ण भूमिविस्तार के माध्यम और इसमें रहने वाले लोगों के एकरूप पहलुओं की माँग करता है। एकता के दावों में एक वैचारिकता होती है। यह देश को एक नैसर्गिक जीव के रूप में प्रकट करता है,

एक सुस्पष्ट एकल अस्तित्व। शीघ्र ही तत्पश्चात देशभक्ति भूमि की राजनीति से बढ़कर विस्तृत हो जाती है। उस भूमि की संस्कृति की एक निर्धारित परिभाषा उसकी मुख्य पहचान बन जाती है।

देशभक्ति के आवश्यक तत्त्वों की समस्या

दुर्भाग्य से आधुनिक भारतीयों के लिए तीनों आवश्यक तत्त्व भौगोलिक अखण्डता, ऐतिहासिक निरन्तरता और सांस्कृतिक एकता समस्याओं से घिर गये। जब उन्होंने देशभक्ति के बारे में विचार करना शुरू किया, तो उनके सामने ब्रिटिश भारत का नक़्शा था, ऐसा नक़्शा जो पूरे उपमहाद्वीप में फैला था। इसकी नगण्य सम्भावना है कि आधुनिकता से भारतीयों की समृद्ध दुनिया में उपमहाद्वीपीय भूगोल की कोई वास्तविक उपस्थिति या स्पष्ट और साझे सम्बन्ध थे। वास्तव में औपनिवेशिक युग से पहले व्यापक राजनीतिक प्रशासनिक एकीकृत व्यवस्था का कोई इतिहास नहीं था। और यहाँ, चीन के सन्दर्भ में विभेद किया जा सकता है, जिसकी भौगोलिक सीमाएँ, भौतिक विस्तार और विविधताएँ साम्राज्यवादी–नौकरशाही और भाषायी एकता के एक पुराने इतिहास द्वारा प्रतिरूपित होती थी। इसके विपरीत, भारत के अन्दर, एक समय में कई साम्राज्य थे। भारतीय राजवंश एक दूसरे के ख़िलाफ़ लड़े, विजय प्राप्त की और एक दूसरे पर शासन किया। किसी भी समय, ब्रिटिश आक्रमण से पहले, भारत का आधुनिक मानचित्र एक सीमा के भीतर नहीं था।

साझा सांस्कृतिक लक्षण राजनीतिक प्रशासनिक विभाजन को ख़त्म कर सकते थे, लेकिन वे बहुत कम थे। शास्त्रीय भाषा संस्कृत के अलावा, परवर्ती काल में फ़ारसी, कोई एक भाषा नहीं थी जिसे देश के विभिन्न हिस्सों के लोग समझते या उपयोग करते। संस्कृत और फ़ारसी भी कुलीन भाषाएँ थीं, जिनका उपयोग आभिजात्य लोगों के समूहों द्वारा उच्च साहित्यिक, पवित्र या नौकरशाही ज़रूरतों के लिए किया जाता था। दूसरी ओर, जीवित/आम बोलचाल की अनेक भाषायी परम्पराएँ थीं और ज़्यादातर पारस्परिक स्तर पर समझ से परे थीं। यही स्थिति सांस्कृतिक परम्पराओं और पूजा शैलियों की, जो एक दूसरे से न केवल मौलिक रूप से भिन्न थीं–विभिन्न धार्मिक समुदायों के बीच, बल्कि अक्सर एक ही समुदाय के विभिन्न घटकों में भी भिन्नता थी। निसन्देह, अतीत में निरन्तर सम्पर्क के बिन्दु थे। प्राचीन काल से एक तीर्थयात्रा का प्रचलन था, जो देश के कई अलग–अलग हिस्सों को

जोड़ता था, लेकिन तीर्थ यात्राएँ समुदाय या सम्प्रदाय विशेष की होती थीं, विस्तृत क्षेत्र में रहने वाले लोगों को जोड़ने के लिए कोई सामान्य बिन्दु नहीं था। वस्तुओं और व्यापारियों का व्यापक प्रसार भी हुआ, लेकिन व्यापार की सामग्रियों एवं लोगों के आवागमन समूह विशेष के लोगों के लिए सीमित होते थे। अधिकांश लोगों के बीच न तो कोई परिचय होता था और न ही देश के विभिन्न हिस्सों के साथ एक मज़बूत भावनात्मक बन्धन। उनके लिए उपमहाद्वीप कोई अपना प्यारा देश नहीं था, जिनके सभी भागों के बीच किसी प्रकार का अन्तरंग सम्बन्ध था।

आधुनिक समय से पूर्व, लोकप्रिय राजनीतिक निष्ठा भूमि और लोगों के बजाय सम्प्रभु और उसके दायरे के प्रति होने की अपेक्षा की जाती। रामराज्य शब्द इसका एक अच्छा उदाहरण होगा। परिचित और प्रेमपूर्ण अन्तरंगता की भावनाएँ जिन्हें हम देशभक्ति की विशिष्ट विशेषताओं के रूप में सम्बद्ध करते हैं, वास्तव में छोटे और अन्तरंग सन्दर्भों को सूचित करते थे। रामायण ने घोषणा की थी कि माता और जन्मस्थान स्वर्ग से श्रेष्ठ हैं। इस मामले में, जन्म स्थान का शाब्दिक अर्थ होगा वह पैतृक घर जहाँ वह पैदा हुआ था। व्यक्तिगत इतिहास, सम्पत्ति और स्थान से जुड़ाव कुछ ऐसे तत्त्व थे, जो किसी भूमि के अंश पर उचित दावा स्थापित करते थे। इन घनिष्ठताओं की अनुभूति की अभिव्यक्ति देश, संस्कृत मूल के एक शब्द से होती थी, जिसका कई भारतीय भाषाओं में भी इस्तेमाल होता है और फ़ारसी के शब्द मुल्क, जो देश के लिए दूसरा शब्द है, से भी अवगत कराया गया था।[7] मूलरूप से, दोनों का अर्थ मात्र व्यक्तिगत पता था। जब एक उपमहाद्वीप को बड़े पैमाने पर बहुत प्रयास के बाद पुनः खींचा गया, जिसकी केवल कल्पना की जा सकती है, तो दोनों ने श्रेष्ठ अर्थ धारण कर लिए। स्वामी विवेकानन्द और बाद में गाँधी जैसे आधुनिक देशभक्तों की विशेषताओं में से एक थी–देशव्यापी दौरा करना वास्तविक अर्थ में एक भारतीय होने की दिशा में पहला क़दम स्पष्ट है, एक भारतीय होने के लिए यह प्रयास ज़रूरी था। यह ज्ञानार्जन था, आन्तरिक गुण नहीं।

19वीं सदी में अखिल भारतीय या उपमहाद्वीपीय देशभक्ति के साथ–साथ एक क्षेत्रीय देशभक्ति का भी उभार हुआ। वास्तव में इससे देश के पूर्ववर्ती अर्थों, एक चिर परिचित भूमि और लोग, हमेशा एक भाषा के सूत्र में पिरोये हुए, को कहीं अधिक सफलतापूर्वक स्वीकृति मिली। निश्चित ही 19वीं शताब्दी के उत्तरार्द्ध से बंगाल में देशभक्ति गीतों से बंगाल के लोगों और भूमि के प्रति

इसे प्रसिद्ध अन्तिम शब्दों के एक उल्लेखनीय उदाहरण के रूप में पेश किया जा सकता है। यहाँ तक कि उसने जिस पर बोला, जिसके अस्तित्व को वह खुद भी नकारता रहा, का निर्माण पहले ही शुरू हो चुका था, बल्कि उसी प्रशासन के माध्यम से यह जीवन में प्रवेश करता रहा जिसका वह खुद एक हिस्सा था। भारतीय साम्राज्य, जिसका उभार धूमधाम से एक दशक पहले ही हुआ था, बहुत तेजी से भारतीय लोगों के एक राष्ट्र के रूप में विकसित हो रहा था, इस विश्वास के साथ कि वे सभी लोग एक ही देश के हैं। यह एक आधुनिक शुरुआत थी जिसमें विश्वास के कहीं से भी कम होने की बात ही नहीं थी। इतिहास, आखिरकार, नियति पर आश्रित नहीं होता है।

भारतीय देशभक्ति, एक अनुभूति के रूप में, औपनिवेशिक शासन का अवांछित उत्पाद था जिससे राजनीतिक एकता एवं बिखरे भूगोल को एकसूत्र में बाँधा जा सके। इसके अलावा, बड़े पैमाने पर समान नस्लीय, आर्थिक और प्रशासनिक नीतियों के माध्यम से, एक उपमहाद्वीप के आसपास बिखरे लोगों के बीच समरूप शिकायतों, आकांक्षाओं और भावनाओं को उभारा जा सके। अन्ततः यह औपनिवेशिक–जनविरोधी लोकप्रिय आन्दोलन था जिसने लोगों की बहुत बड़ी संख्या को एक मज़बूत, समृद्ध समुदाय में बदल दिया। फलस्वरूप, विकसित होने वाला उपमहाद्वीपीय जुड़ाव शक्तिशाली, वास्तविक एवं व्यक्तिगत था। हालाँकि, उत्तर–औपनिवेशिक युग में भी, एक अपेक्षानुकूल विकास के बावजूद, भारतीयों की बड़ी संख्या में इसके प्रति प्रतिबद्धता है। कोई यहाँ तक भी कह सकता है कि यह देशभक्ति ही थी जिससे एक देश के रूप में भारत उभरा, लेकिन समस्या यह थी कि इस शुरुआत को सामान्यतः पर्याप्त नहीं माना जाता है। यह बहुत नया और आकस्मिक है, न कि जैविक, न कि संरचनात्मक आवश्यकता या दीर्घकालीन ऐतिहासिक दबाव। इसलिए यह आवश्यक हो गया कि उभरते हुए देशभक्ति को न्यायोचित ठहराने और प्रसार के लिए अधिक स्थायी और जन्मजात आधारों की कल्पना करने के लिए, 'दूसरों', नामक श्रेणी की कल्पना की जाये।

2

देश की खोज में मज़बूत देशभक्ति की भावनाएँ। इसका अर्थ था औपनिवेशिक एकीकरण के अपेक्षाकृत हाल के इतिहास एवं स्वतन्त्रता आन्दोलनों से

उपजी भावनाओं से परे भारत नामक एक देश की खोज। भारत की प्रस्तुति में स्थायित्व होना चाहिए न कि किसी विशेष ऐतिहासिक परम्परा का आकस्मिक परिणाम, लेकिन क्या हम अपने इतिहास में कुछ ऐसा ढूँढ़ सकते हैं जो एक उपमहाद्वीपीय एकता और ऐतिहासिक निरन्तरता के लिए प्रेरक के रूप में काफी पुराना, मज़बूत एवं पर्याप्त सामान्यीकृत करने वाला हो?

आधुनिक हिन्दुओं की बड़ी संख्या के लिए, जो एक देश और उसके इतिहास को परिभाषित करने की समस्या में लगे हुए थे, सरल और स्पष्ट उत्तर था जिसे 19वीं शताब्दी से ही तैयार और सजाया गया था। उनके लिए, हिन्दू धर्म ही उसकी आवश्यकता को पूरा करने के लिए पर्याप्त था। हिन्दुओं की संख्या, जैसा कि उनका दावा था, भारतीय लोगों में सबसे अधिक है और उनका अस्तित्व अकेले एक अखण्ड ऐतिहासिक निरन्तरता का प्रमाण है जो अन्य भारतीय समुदायों की तुलना में कहीं अधिक पुराना है। पुरातनता के ऐसे दावों का प्रमुख ख़तरा इस में है कि देश में बहुत प्राचीन एवं घनी आबादी वाले ग़ैर–हिन्दू समुदाय हैं जिनका सांस्कृतिक, राजनीतिक परम्पराओं एवं विविधताओं को समृद्ध करने में बहुत बड़ा योगदान है। भारत को हिन्दू बनाने के लिए न केवल उन महत्त्वपूर्ण जनसमूहों को बाहर करना होगा–हमारे जीवन, संस्कृतियों और इतिहासों को पंगु बनाने की क़ीमत पर बल्कि अपने वास्तविक पैतृक घर एवं हक़ के लिए संघर्षरत भारतीयों की विशाल संख्या को भी छोड़ना होगा। इसके अलावा, हिन्दू जाति, क्षेत्र, भाषा और सम्प्रदाय में स्वयं विभाजित हैं। एक प्रथा जो उनमें से अधिकांश को एक साथ लाती है, वह जातियों के पदानुक्रम का प्रकार। इसके अलावा, ऊपरी या सवर्ण जाति के तौर–तरीक़े जिसे "निम्न जातियों द्वारा अनुसरण करना पड़ता था। हालाँकि, 19वीं सदी से हिन्दुओं की बड़ी संख्या में ऐसी सामान्यताएँ जाँच का विषय बन गयी। वे शायद ही सभी आधुनिक हिन्दुओं के बीच एकता का भाव स्थापित कर सकें, सभी भारतीयों के बीच एकता की तो बात ही दूर है।

शास्त्र और रीति-रिवाज

19वीं सदी के हिन्दू पुनरुत्थानवादियों ने प्राचीन ब्राह्मण ग्रन्थों में हिन्दू–भारतीयों के लिए सबसे अधिक सांस्कृतिक निरन्तरता और विलक्षण सभ्यता को समाहित बताया है, जिनमें पौराणिक, दार्शनिक और तत्त्वमीमांसक प्रणालियों, क़ानूनी विधियों और शास्त्रीय संस्कृत साहित्य शामिल है।

ये 19वीं शताब्दी के भारतविदों, भारतीय और पश्चिमी विद्वानों द्वारा संकलित एवं प्रकाशित किये गये थे और जिसे अन्तरराष्ट्रीय स्तर पर प्रसिद्धि मिली। दरअसल, औपनिवेशिक साम्राज्य ने ही इसके कुछ हिस्सों को प्रचारित किया एवं पहचान दिलायी। उन्होंने घोषित किया कि विश्वास, अनुष्ठान, विवाह, तलाक़, विध्वंस, गोद लेने, उत्तराधिकार, सम्पत्ति और जाति के सभी क्षेत्रों में, हिन्दू और मुस्लिम अपने धर्मग्रन्थ और रिवाज से ही शासित होंगे और राज्य केवल तब हस्तक्षेप कर सकते हैं जब यह दिखाया जाये कि वर्तमान पद्धतियों से अधिक प्राचीन एवं पुरातन परम्परा का उल्लंघन हो रहा हो। निसन्देह, उनके निर्णय का एक हिस्सा समीचीन राजनीति के गणित से संचालित होता था। उन्होंने सोचा अन्तरंग और निजी क्षेत्रों में स्वतन्त्रता पराधीन लोगों को सँभालेंगी और शान्त करेंगी, लेकिन रीति–रिवाज, विधियों और परम्पराओं के क्षेत्र में उनका काम वास्तव में प्रशंसनीय भी था जब अनेक शास्त्रीय परम्पराओं की सहायता से, जिसमें हिन्दू मतों एवं कर्मकाण्डों का उल्लेख था, एक संकलन बनाया गया था, तो महान उपयोगितावादी बेंथम ने इसका अनुवाद पढ़ा और निर्णय लिया कि इन पहलुओं को सार्वभौमिक क़ानूनी संहिता (यूनिवर्सल लीगल कोड) में शामिल किया जाना चाहिए जिसके लिखने की योजना उसने बनायी थी।[11]

इन मान्यताओं और प्रथाओं ने एक ऐसे क्षेत्र का गठन किया, जहाँ औपनिवेशिक राज्य ने स्वयं अपनी सम्प्रभुता का हनन कर दिया। दूसरे अर्थ में, इसका तात्पर्य था कि इस क्षेत्र में भारतीय अभी भी पूरी तरह औपनिवेशिक नहीं थे। इस प्रकार हिन्दू धर्मग्रन्थ और रीति–रिवाज अतीत की आजादी के अनमोल धरोहर और भविष्य के स्वशासन के बीज के रूप समझे गये। 19वीं शताब्दी के दौरान, उदारवादी सुधारकों और हिन्दू रूढ़िवादियों ने इस स्वतन्त्रता के प्रयोजन को लेकर संघर्ष किया। क्या यह विशेष रूप से जाति और लिंग के लिए आत्मनिरीक्षण और आत्म–सुधार का स्रोत होना चाहिए? या इस परम्परा को सुदृढ़ करना चाहिए, जो सभी भ्रष्टाचारों एवं विदेश प्रभावों से मुक्त हो? क्या इसे पूरी तरह से उसी रूप में श्रद्धांजलि देनी चाहिए, जिसने देश को बनाया है। या किसी को सामाजिक और लैंगिक न्याय की तर्ज पर देश का पुनर्निर्माण करना चाहिए?

रूढ़िवादी सांसद एडमंड बर्क के विचारों से जुड़ते हुए, लेकिन जो वास्तव में उत्तर मध्ययुगीन अंग्रेज़ी लेखन से सम्बन्धित हैं, विशेषकर फोर्टेस्क्यू, भारतीय रूढ़िवादियों ने रचनात्मक रूप से पश्चिमी रूढ़िवाद

के कुछ क्षेत्रों को अपना लिया है। उनकी दलीलें इस प्रकार थीं—यदि कुछ संस्थाएँ और परम्पराएँ युगों से चली आ रही थीं, जिसमें विजय और विदेशी वर्चस्व शामिल हैं, तो उनकी चीज़ें स्वतः अच्छी थीं। यहाँ तक कि विदेशी आक्रमणकारियों ने भी उन्हें परेशान नहीं किया था, इन दोनों रूपों से यह साबित होता है। भले ही उनके तर्क या नैतिक गुण स्पष्ट नहीं हैं, फिर भी उनकी ऐतिहासिक निरन्तरता और दृढ़ता आधुनिक समय में उनकी प्रासंगिकता और उपयोगिता को प्रदर्शित करती है। सुधारक उनका अपने समकालीन क्षणभंगुर कारणों के आधार पर मूल्यांकन नहीं कर सकते जो सिर्फ़ एक पीढ़ी की सोच का परिणाम है, जबकि सदियों से प्रचलित क़ानूनों और रीति–रिवाजों में पिछली पीढ़ियों का ज्ञान होता है। वे एक बहुत प्राचीन ऐतिहासिक व्यवस्था पर आश्रित हैं।[12] अपने तरीक़े से, इस दलील ने उसी अर्थ की पुष्टि की जिसे पोकॉक दूसरे अर्थ में मृतकों का लोकतन्त्र कहते हैं।[13]

तर्क का दूसरा छोर था क्या जाति और लिंग जैसी स्पष्ट रूप से आपत्तिजनक प्रथाएँ पश्चिम में नहीं हैं जिसे बहुत महान और सभ्य समझा जाता है? हमारा गहन और जटिल दार्शनिक तन्त्र, हमारा अद्भुत शास्त्रीय साहित्य? यदि हम उनसे अब सवाल करते हैं, तो क्या हम पूरी परम्परा, स्पष्ट रूप से महान और अच्छे को महज कुछ समस्याग्रस्त तत्त्वों से जोड़कर नहीं नकारते हैं?

औपनिवेशिक काल में, उपन्यास, नाटक, वैचारिक निबन्धों में बार–बार दोहराये जाने वाले लगातार आने वाले जो आग्रहपूर्ण तर्क थे उनमें से कुछ जो उत्तर–औपनिवेशिक ज्ञान के परिप्रेक्ष्य में संशोधित और पुनर्व्यवस्थित कर पुनर्जीवित भी किये गये हैं। वे गोरा में बार–बार आते हैं, जिसे हम उनकी सबसे सशक्त एवं मार्मिक अभिव्यक्तियों के साथ–साथ उनके सबसे प्रभावशाली नकार के रूप में भी देख सकते हैं।

यदि सभी देशभक्तिपूर्ण परियोजनाएँ निष्ठा की माँग करती हैं, तो एक उपनिवेशित लोगों की देशभक्ति निष्ठा के साथ–साथ भय, शक्ति एवं मार्मिकता से भी जुड़ती है। यदि सुधारों की अनुमति दी जाती है, तो क्या वे उन अहंकारों पर प्रहार नहीं करेंगे, अपनी ग़लतियों एवं अन्याय को स्वीकार नहीं करेंगे? यदि पतन को स्वीकार किया जाता है, तो देशभक्ति आत्मसम्मान के सवाल का सामना कैसे कर सकती है जो पहले से ही औपनिवेशिक नस्लवाद से इतना क्षतिग्रस्त है?

और अन्ततः, अगर परम्पराएँ जो निम्न जातियों और महिलाओं के लिए इतनी अन्यायपूर्ण साबित हुईं, देशभक्ति के लिए पर्याप्त आधार नहीं है, तो हिन्दू या भारतीय इतिहास का विकल्प क्या होगा?[14] इस अर्थ में गोरा एक वैकल्पिक रास्ता दिखाता है।

3

इस हिन्दू राष्ट्रवादी तर्क के लिए 'आनन्दमठ' ने एक और मोड़ दिया। इसने एक सामाजिक अन्याय और विभाजन की शॉर्ट सर्किट समस्याओं के लिए राष्ट्रवादी युद्ध को हल बताया। स्व–विभाजित हिन्दू लोग सब एक हो गये जब उन्होंने उपन्यास में उल्लिखित ऐतिहासिक दुश्मन, मुसलमानों का सामना किया। सम्प्रदाय एवं देश एक देवी, एक ऐसी देवी जो मुसलमानों से प्रतिशोध ले, के निर्माण के लिए एक हो गये। निम्न एवं उच्च जातियाँ, दुश्मनों के शासनकाल तक, आपस में लड़ती रहीं, जाति को निलम्बित कर दिया जाना चाहिए–भले ही, हमेशा के लिए नहीं, पर सारे नेता थे तो उच्च जाति के ही।

टैगोर और स्वदेशी आन्दोलन

'आनन्दमठ' के हिंसक तर्क ने विखण्डन और अनियमितताओं की समस्याओं को इस तरह से सुलझाया जो सुसंगत और तर्कपूर्ण था। हालाँकि, यह ऐसा हल था जिससे रवीन्द्रनाथ को गहरा डर था। बंकिमचन्द्र ने हिन्दू राष्ट्रवाद तक पहुँचने के लिए वर्ग, जाति और लिंग आधारित भेदभाव सम्बन्धी अपनी ही मान्यताओं को दरकिनार कर दिया। रवीन्द्रनाथ भी, बंकिमचन्द्र की तरह सामाजिक और राजनीतिक सोच के विभिन्न चरणों से गुज़र चुके थे।[15] हालाँकि, उनके मामले में परिस्थिति बदल चुकी थी। उनके गोरा लिखने से ठीक पहले, 1905 और 1908 के बीच, देश ने औपनिवेशिक राज्य के ख़िलाफ़ एक व्यापक लोकप्रिय आन्दोलन देखा था, जिसका कारण हाल ही में मनमाने ढंग से बंगाल प्रान्त का विभाजन हुआ था। ब्रिटिश कपड़ों का बहिष्कार और उन्हें जलाया जाना, उन भारतीयों का सामाजिक बहिष्कार जो अंग्रेज़ी सरकार में बड़े पदों पर क़ाबिज़ थे या राज्य के प्रति वफ़ादार थे, विशाल प्रदर्शन और विदेशी सामग्रियों वाले दुकानों के सामने प्रदर्शन हो चुके थे। अन्ततः ब्रिटिशों की हत्याएँ शुरू हो गयी।

आन्दोलन के शुरुआती चरण से रवीन्द्रनाथ गहराई से जुड़े थे और उन्होंने कई सांस्कृतिक संकेतों और प्रतीकों का सृजन किया। उन्होंने इस समय, अन्य राष्ट्रवादी नेताओं के साथ बड़े पैमाने पर लोगों को इकट्ठा करने के लिए हिन्दू अनुष्ठानों का इस्तेमाल किया और हिन्दू सामाजिक प्रथाओं और विधानों का बचाव किया, यहाँ तक कि सामाजिक सद्भाव के संरक्षण के लिए जाति व्यवस्था को तर्कसंगत एवं श्रम आधारित बताया। उसी तर्ज पर उन्होंने ब्राह्मणवादी लैंगिक प्रथाओं के समर्थन में विधवा आत्मदाह को रिवाज बताया।[16] 1904 में उन्होंने स्वदेशी समाज पर लिखा–

"क्या हिन्दू धर्म दिन–प्रतिदिन हममें से हर एक को, हमारा भारतवर्ष, हमारे देवताओं के स्वर्ग, ऋषियों के तीर्थ, पूर्वजों की भूमि के प्रति साहचर्य एवं समर्पण के बन्धन में नहीं बाँध सकेगा?"[17]

गोरा में इन विषयों और शब्दों की इतनी अधिक पुनरावृत्ति है कि यह निर्विवाद लगता है कि रवीन्द्रनाथ ने स्वदेशी युग के मद्देनज़र उपन्यास में प्रारम्भिक गोरा की देशभक्ति की भाषा का उदाहरण पेश किया। इसलिए, दूसरे अर्थ में यह उपन्यास आत्मकथात्मक है। पूर्ववर्ती एवं परवर्ती गोरा रवीन्द्रनाथ के जीवन के दो विभिन्न राजनीतिक क्षणों को दर्शाते हैं।

हालाँकि, इस दौर में भी रवीन्द्रनाथ कई अन्य महत्त्वपूर्ण कारणों से, दूसरे हिन्दू राष्ट्रवादियों से बिल्कुल अलग बने रहे। स्वदेशी आन्दोलन से उनके मतभेद बढ़ते गये, इतना कि वे उसके सबसे मुखर आलोचक बन गये। उन्होंने मुसलमानों को समानता की दृष्टि से देखा।[18] हिंसा ने उन्हें भयाक्रान्त कर दिया, चाहे वह राज्य के अधिकारियों के ख़िलाफ़ हो या मुसलमानों के। वे अडिग थे कि भारतीय सभ्यता हमेशा कई संस्कृतियों द्वारा पोषित हुई है। उनमें से कुछ प्रारम्भ में विदेशी आक्रमणकारियों के रूप में पहुँचे, लेकिन बाद में वे यहीं के होकर रह गये। इसमें पश्चिम भी शामिल था, जिसके बौद्धिक और सांस्कृतिक संसाधनों को औपनिवेशिक युग में भी घातक सांस्कृतिक आत्मसमर्पण के बिना नहीं ठुकराया जा सकता है।[19] आखिरकार, वे ग्रामीण उत्थान, किसान कल्याण को महत्त्व देते थे, क्योंकि किसानों की बारहमासी ग़रीबी और अज्ञानता के कारणों को गम्भीरता से समझते थे कि इसमें जितने दोषी औपनिवेशिक राजस्व वसूली है, उतने ही भारतीय ज़मींदारी भी। जैसे–जैसे आन्दोलन तेज हुआ, वे उच्च वर्ग और उच्च जाति के हिन्दू राष्ट्रवादी नेतृत्व के कटु आलोचक हो गये, जिसने निम्न जातियों एवं मुस्लिम किसानों को मिलने वाले सस्ते विदेशी कपड़े

जलाने की मुहिम तो चलायी, लेकिन उनके कल्याण के लिए बहुत कम या कुछ भी नहीं किया।[20]

स्वदेशी आन्दोलन के दौरान, निम्न जातियों और मुसलमानों ने विदेशी वस्तुओं के बहिष्कार का विरोध किया था जिससे यह हिंसक साम्प्रदायिक झड़पों में बदल गया। उस समय रवीन्द्रनाथ पूरी तरह आन्दोलन से दूर हो गये। उन्होंने अपनी सामाजिक और राजनीतिक धारणाओं की समीक्षा की और निष्कर्ष निकाला कि अस्पृश्यता और साम्प्रदायिकता औपनिवेशिक अन्याय की तुलना में कहीं भी कम महत्त्वपूर्ण समस्या नहीं थी। जब तक किसानों में ग़रीबी और शोषण की समस्या है, कुलीन राष्ट्रवादी नेतृत्व को ग्रामीणों को उनके आन्दोलन में हिस्सा लेने के लिए दबाव बनाने का कोई अधिकार नहीं था।[21]

गोरा : नये राजनीतिक परिवर्तन की अभिव्यक्ति

'गोरा' नयी राजनीतिक परिवर्तन की पहली साहित्यिक अभिव्यक्ति थी, जो समय के साथ गम्भीर होती गयी। यह आधुनिक स्वदेशी, राजनीतिक और सामाजिक परिस्थितियों पर लिखे गये उपन्यासों में से एक था, 'चोखेर बाली' और 'नौकाडूबि' उनमें प्रथम थे। अपने पूर्ववर्तियों की तुलना में, गोरा अनेकों सामाजिक समस्याओं की दुनिया में विचरता है, जहाँ बार–बार अन्तर्संवाद, टकराव और सुलह होती है। 'चोखेर बाली' की तुलना में यह अधिक गम्भीर है, जहाँ अनेक क्लिष्ट कहानियाँ, अभिव्यक्तियाँ, संवाद एवं सांस्कृतिक संकेत मिलते हैं–उदारवादी, रूढ़िवादी और पुनरुत्थानवादी पृष्ठभूमि के पुरुष और महिलाएँ, औपनिवेशिक, ग्रामीण और महानगरीय स्थानों, आधुनिक परमाणु परिवारों से लेकर बड़े पैमाने पर संयुक्त परिवारों तक के परस्पर सम्बन्धों तक आभिजात्य एवं शास्त्रीय भाषा, हालाँकि, विविध स्थानीय भाषा की शब्दावलियों से इसके मिज़ाज में बिखराव भी है।

एक काफी यान्त्रिक समरूपता के साथ, उपन्यास एक अच्छे और एक बुरे ब्राह्मण के समक्ष एक अच्छे और बुरे हिन्दू को रखकर प्रतिरोध कराया गया है। परेश और हारान ऐसे ही दो ब्राह्मण चेहरे हैं, जबकि आनन्दमयी और कृष्णदयाल दो अलग हिन्दू हैं। ये दोनों आपस में, वर्तमान में आस्था की शक्ति और समस्याओं को दिखाते हैं। उपन्यास के केन्द्र में संवाद है और प्रत्येक प्रसंग में पर्याप्त आत्म–प्रतिनिधित्व तथा अलंकारिक शैली का वैविध्य दिखता है। इसके बहुभाषी और संवाद संगठन में, साथ ही साथ

इसके अनेक तर्कों में, बाद में प्रकाशित 'घरे बाईरे', स्वदेशी अनुभव पर आधारित उपन्यास की झलक है। यह रोचक है कि भले ही गोरा स्वदेशी के अनुभव के तुरन्त बाद लिखा गया, लेकिन इसकी पृष्ठभूमि के लिए 19वीं शताब्दी ही लिया गया। लगभग एक दशक बाद लिखा गया 'घरे बाईरे', स्वदेशी युग को ही दर्शाता है। शायद, रवीन्द्रनाथ ने उस वक़्त तक इन्तजार किया जब तक बंगाल का अति घृणित विभाजन रद्द नहीं हो गया, अर्थात उनके विभाजन–विरोधी आन्दोलन की आलोचना स्पष्ट करते। अनुभव के निकटवर्ती समय में, उन्होंने अपनी तात्कालिक प्रतिक्रिया को रोका और अतीत में जाकर समस्याग्रस्त पहलुओं को ढूँढ़ा।

यद्यपि 'गोरा' में अनेक अन्तर्दृष्टियाँ हैं, जो आन्दोलन में जुड़ने के कारण विकसित हुए थे, उन्होंने अपनी पटकथा के लिए 1870 का दशक लिया, जब एक रूढ़िवादी हिन्दू राष्ट्रवादी ने हिन्दुओं की सांस्कृतिक विशिष्टता के नाम पर उदारवादी सोच और सामाजिक सुधार का कड़ा विरोध किया।[22] गोरा एक शिक्षित, रूढ़िवादी ब्राह्मण परिवार का एक देशभक्त नौजवान है, जो अपने देशभक्ति की दृष्टि, जुनून और औपनिवेशिक जातिवाद के ख़िलाफ़ अटूट और निडर विरोध के कारण अपने दोस्तों और परिवार से श्रेष्ठ समझा जाता है। वह भारतीयों, मुस्लिमों और अछूतों, सभी से प्रेम करता है, लेकिन वह उदारवादी सुधारकों को बर्दाश्त नहीं कर सकता। वे उसके लिए सांस्कृतिक पाखण्डी है, अपने औपनिवेशिक मालिकों के मानने वाले हैं, सुधार के नाम पर हमेशा उन चीज़ों को नष्ट करने की कोशिश करते हैं जिनकी न तो समझ है और न ही सहानुभूति। उनसे अन्तर बनाये रखने के लिए अपने व्यवहार में विशेष रूप से लिंग और जाति प्रदूषण के क्षेत्रों में, सभी रूढ़िवादी रूपों को मानता है। वह अपनी माँ, जिसे वह दिल से प्यार करता है, द्वारा पकाया गया खाना नहीं खाता क्योंकि वह एक निम्न जाति की घरेलू नौकरानी लछमिया के हाथ से पानी लेती है।

बंगाली साहित्यिक इतिहासकारों द्वारा कहा गया है कि स्वामी विवेकानन्द पात्र गोरा का उदाहरण पेश करते हैं। इसमें कुछ सच्चाई है, हालाँकि मुझे लगता है कि दो अलग–अलग समय में रवीन्द्रनाथ के पात्र गोरा के दो क्रमों को सही अर्थों में प्रस्तुत करते हैं। विवेकानन्द और गोरा दोनों ने उच्च जाति के सामाजिक कल्याण कार्यों द्वारा निम्न जाति की स्थितियों में सुधार की कोशिश की, दोनों ने एक शक्तिशाली देशभक्तिपूर्ण गद्य विकसित किया, दोनों ने मध्यम वर्ग के हिन्दू युवाओं को हिन्दू मिशनरी समूह निर्माण

के लिए संगठित किया और दोनों ने देशभक्ति के तुलना हिन्दू राष्ट्र से की फिर भी, उनमें एक और साझा विशेषता हो सकती है। गोरा को हिन्दू गौरव को बढ़ाने के लिए हिन्दू सामाजिक संस्थाओं पर से अपने सन्देह को लगातार दबाना पड़ता है। सुमित सरकार का तर्क है कि जहाँ एक तरफ़ विवेकानन्द के निजी बयानों और पत्राचारों के बीच अन्तर था, जहाँ एक तरफ़ उन्होंने हिन्दू रीति–रिवाजों पर अपनी तीखी प्रतिक्रिया दी और दूसरी तरफ़ उनके सार्वजनिक भाषण और लेखन, जिसमें उन्होंने खुद को विशेष रूप से समृद्ध हिन्दू सभ्यता से जोड़कर रखा। हिन्दू मिशनरी परियोजना के दौरान आत्मविश्वास और निराशा के भी अस्थिर क्षण थे।[23]

गोरा के कई प्रतिरूप हैं। उनकी माँ आनन्दमोई मुख्यतः एक दूरदृष्टि वाली व्यक्ति हैं जो मनुष्य को मनुष्य से अलग करने वाली किसी भी रस्म को मानने से इनकार कर देती हैं। जन्म या विश्वास के कारण वह किसी का तिरस्कार नहीं कर सकती और उसका सहज और अगाध प्रेम सभी मनुष्यों के लिए है। गोरा एक उदारवादी सुधारक परिवार के सम्पर्क में आता है, सहृदय एवं चिन्तनशील पिता, परेश से तर्क करता है और उसे उनकी दत्तक पुत्री सुचरिता से प्रेम हो जाता है, ठीक वैसे ही जैसे उसका दोस्त और शिष्य बिनय सुचरिता की दत्तक बहन ललिता से प्रेम करता है। उनके संवाद में दिलचस्प मोड़ आते हैं। आनन्दमयी सार्वभौमिक मानवीय प्रेम और मूल्यों के साथ बड़ी भावनात्मक गहराई के साथ अपनी बात रखती है। परेश धीरे–धीरे, लेकिन तार्किक रूप से नपे–तुले बौद्धिक स्वर में बोलते हैं। ललिता, जो बाद में गोरा के दोस्त बिनय से शादी करती है, अपने पिता की तार्किकता को एक तीखी बहस में ढाल देती है। गोरा, शान्तिपूर्ण तर्क एवं प्रेम के कोमल भावों से निर्मित प्रभाव को कम करने के लिए उत्तेजक एवं अतिशयोक्तिपूर्ण रूपकों एवं उपमाओं की भाषा में बोलता है। सुचरिता अपने पिता और गोरा के बीच उलझी रहती है, जो बिनय भी करता है। उसकी बुद्धि सामाजिक और ऐतिहासिक तर्कों, जिसे परेश लाते हैं, को गोरा के हिन्दू राष्ट्रवाद के प्रति उत्तर में इकट्ठा करती है। उसी समय, गोरा ऐसे स्मृति संवाद, देश दृष्टि और शक्ति से प्रेम करने लगता है, जिससे सुचरिता मुग्ध है। उसके लिए देश पूरी तरह से उसके प्रिय के शब्दों का प्रभाव है। एक ही समय में, वह दोनों से प्रेम करती है, जब गोरा पहली बार, ओथेलो की तरह, उसके शब्दों के प्रभावशाली चमत्कार की तरफ़ मुड़ता है।

हिन्दू राष्ट्रवाद की ऊर्जा का स्रोत

रवीन्द्रनाथ ने हिन्दू राष्ट्रवाद की शक्ति के एक बहुत महत्त्वपूर्ण स्रोत की तरफ़ इशारा किया जब उन्होंने गोरा की संवाद कला का प्रभाव दिखाया–जब भाषायी चित्रण, ऐतिहासिक साक्ष्य और न्याय की अनिवार्यता पर हावी हो सकते हैं–साथ ही जीवन को अमूर्तता में बदल सकते थे, पुनर्निर्धारण और उसी के साथ, इसे अधिक अनुभूतिपूर्ण एवं ऐतिहासिक से अधिक वास्तविक बनाकर अमूर्त को प्रभावशाली मानवीय गुण में बदल सकते थे। हिन्दू राष्ट्रवाद रवीन्द्रनाथ के अनुसार, सभी तरह के राष्ट्रवादी शब्दों से निर्मित काल्पनिक प्रवाह में आयातित होने वाला है। यह विचार काल्पनिक एवं आदर्श दुनिया में हमारी दुनिया को हद से ज्यादा अन्धकार में धकेल देता है। किसी कवि के लिए यह आश्चर्य की बात है।

गोरा का अपने ग़ैर–हिन्दू कृत्य से नफ़रत, एक ग़ैर–सहमतिवादी हिन्दू–विवाह प्रणाली में प्रेम विवाह का अभिशाप और वो भी जब सुचरिता दूसरे समुदाय की महिला है, वह और अधिक रूढ़िवादी हो जाता है। सुचरिता के लिए अपने प्यार और जाति विभाजन एवं घरेलू नियमों के सन्देह को कठोरता से दबा देता है। जैसे ही निष्कर्ष पर पहुँचने के लिए वैचारिक खाई बढ़ती है गोरा को ज्ञात होता है कि वह असल में आयरिश माता–पिता द्वारा गोद लिया हुआ बच्चा है उसके माता–पिता 1857 के विद्रोह के दौरान मारे गये थे। यह ज्ञान, एक ही झटके में, उसे उसके परिवार, उसके हिन्दू और ब्राह्मणवादी परिवेश से बाहर निकाल देता है। जन्म से एक यूरोपीय होने के नाते और एक विद्रोह के कारण अनाथ, वह उपनिवेशवाद विरोधी विद्रोह से भी अपना रिश्ता खो देता है।

ब्राह्मणवादी हिन्दू देशभक्त गोरा रवीन्द्रनाथ के अतीत को दर्शाता है जिसे लेखक ने हाल में त्याग दिया था लेकिन रवीन्द्रनाथ इसकी सम्मोहक शक्ति जानते थे। गोरा, एक कट्टर हिन्दू होते हुए भी, एक उज्ज्वल प्रकाश की तरह था वह अन्याय और जातिवाद के ख़िलाफ़ पराजित लोगों की तरफ़ से उठ रहे एक शक्ति को प्रदर्शित करता है। हिन्दू देशभक्ति के कुछ पहलू औपनिवेशिक कुशासन से अपमानित एवं कलंकित लोगों के गर्वपूर्ण नकार को दर्शाता है। इसके सबसे सशक्त आत्माभिव्यक्ति के केन्द्र में गोरा है। हालाँकि, उसका टूट जाना ही उसे विशेष रूप से भरोसेमन्द और आकर्षक बनाता है। वह मुस्लिम की प्रशंसा करता है, वह क्रोधित हो जाता है।

जब वह उच्च जाति के हिन्दुओं द्वारा निम्न जाति के हिन्दुओं को अपमानित होता देखता है। इसके बावजूद, उसे लगता है कि औपनिवेशिक समय में देशभक्ति सभी के प्रति प्रेम और सम्मान पर आधारित होना चाहिए जो हिन्दूवादी भारत में है। कोई अन्य तुलनीय सांस्कृतिक संसाधन नहीं है, जिसके साथ हम विदेशी शासन के नस्लवाद को समझकर सामना कर सकते हैं।

उपन्यास के आरम्भ में, उसका मित्र बिनय उससे पूछता है. मुझे बताओ, गोरा, क्या भारतवर्ष तुम्हारे लिए सच जैसा है? क्या तुम उसे स्पष्ट रूप में देखते हो? तुम उसे कैसे देखते हो? बिनय उस आदर्श के प्रति अनिश्चित है जिसके लिए गोरा उसे एक ब्राह्मण लड़की से दूर हो जाने को कहता है, जो उसे आकर्षित करती है। देश में ज़रूर एक नशे जैसी प्रभावशाली शक्ति होती होगी जो बलिदान के लायक हो? जब तक कि वह खुद भी गोरा की तरह उस वास्तविक शक्ति का अनुभव नहीं कर लेता है, तब तक वह अपनी नयी प्रेमाकुल अनुभूतियों से भाग नहीं सकता है। गोरा कहता है। मेरा देश मेरे लिए हर समय वास्तविक और स्पष्ट है, लेकिन आप उसे मार्शमैन साहब के भारत के इतिहास में नहीं ढूँढ़ पायेगे, वह मेरे दिल के अन्दर रहता है... मैं अपना रास्ता खो सकता हूँ, मैं डूब और मर सकता हूँ... लेकिन वह आश्रय हमेशा मौजूद है। मेरा देश, धन, ज्ञान, विश्वास से पूर्ण है। ग़लतियाँ हमें घेरे रहती हैं और जिसे हम देखते हैं, वह वास्तविकता नहीं है... यह कलकत्ता, तुम्हारा यह व्यापारिक कार्यालय, यह कोर्ट रूम, ये ठोस बुलबुले क्या यह मेरा भारतवर्ष हो सकता है? यहाँ हम झूठा जीवन जीते हैं, निरर्थक काम करते हैं, यह भारतवर्ष एक जादूगर की चाल है, इसका कोई वास्तविक जीवन नहीं है... एक सच्चा भारत है, हमें उसकी खोज करने की ज़रूरत है, वहाँ पहुँचे, हमारी जीवनधारा, आत्मा, ज्ञान को उससे बाहर निकालें।...हमने अपनी आत्मप्रवंचना से खुद को कमज़ोर कर लिया है। एक बार जब हम देश के लिए गर्व का अनुभव करेंगे, तो भारत की सच्चाई प्रकट होगी।[24]

गोरा दावा करता है कि देश की स्थिति इसके वास्तविक स्वरूप से कुछ अलग होती है। इसके आन्तरिक सत्य को एक आस्था के रूप में, एक रहस्यमय अनुभूति के रूप में पकड़ना चाहिए। यही असली भविष्य है जिसे अस्तित्व में आने के लिए अतीत और वर्तमान के रूप में देखना चाहिए।

वह इसे भी मानता है कि असली भारत दुखों से ग्रस्त है लेकिन वह अभी भी एक देवी है और हमें उसे देवी ही समझना चाहिए। उसे लगता है कि इस अपमान से मुक़ाबला करने के लिए एक आन्दोलन पैदा होगा, लेकिन इस देवी में हमारी आस्था से पैदा होगा, "विनय, मैं अपनी देवी को देखता हूँ, वह सौन्दर्य से सराबोर नहीं है, मैं उसे अकाल, ग़रीबी, पीड़ा में देखता हूँ, उसका अपमान होता है। उसकी पूजा गीतों और फूलों के बजाय जीवन और रक्त से करनी होगी। मैं इस रक्तरंजित रक्तपात आकाश में, स्वतन्त्रता के एक नये सुनहले भोर के आगमन को देखता हूँ।"[25]

राजनीतिक आवश्यकता

इस प्रकार, 'देवी' और 'भूमि' एक राजनीतिक आवश्यकता हैं। भारत की वर्तमान दुर्दशा को एक साथ उठाया और ख़त्म कर दिया जाता है। एक स्तर पर, इसे एक झूठे आवरण के रूप में देखा जाना चाहिए, जिसमें सत्य को माया या दैवीय कृत्य से जोड़कर देखा जाता है और ऐसे निरन्तर झूठ के साथ कि सत्य ढँक जाता है, लेकिन दूसरे स्तर पर, यह देवी का एक आवश्यक श्रृंगार भी है क्योंकि पीड़ा का अहसास भी युद्ध का आह्वान है। गोरा के वर्णन में देवी की दो अलग–अलग ऐतिहासिक परते हैं। एक 'आनन्दमठ' की देवी का काल है जो 18वीं शताब्दी के अन्त में एक विनाशकारी अकाल और युद्ध के बीच में हिन्दू देशभक्तों के सामने प्रकट हुई थी, जब औपनिवेशिक शासन की तुरन्त स्थापना हुई थी। दूसरा स्वदेशी आन्दोलन का तात्कालिक अतीत है, जिसमें युद्ध और संघर्ष का ख़ून और घमासान का चरमोत्कर्ष संवाद और राजनीतिक हत्याओं की क्रान्तिकारी आतंकवादी कार्रवाई की शुरुआत है।

जब सुचरिता उसे वास्तविक देश का सटीक निवास स्थान बताने का दबाव डालती है, तो गोरा प्राचीन अतीत को अपनी संस्कृति की ऐतिहासिक निरन्तरता के साथ स्पष्ट करता है, जो उसके शाश्वत सत्य की सामयिक विकृतियों से दूर होता है। इतिहास नियति है, इतिहास देश है, अतीत हमारा वास्तविक स्थान है।[26]

बिनय बनाम गोरा

बिनय के विचार अस्थिर हैं। कई बार वह गोरा के जादुई शब्दों एवं स्थापना से पूरी तरह सहमत हो जाता है। हालाँकि, प्रभाव ख़त्म होते ही वह फिर

सन्देह और अपनी व्यग्र भावनाओं और ज़रूरतों से घिर जाता है। अन्ततः, वह गोरा को अपना फ़ैसला बताते हुए कहता है कि उसे अपनी हिन्दू राष्ट्रवादी योजना को छोड़ देना चाहिए क्योंकि उसे लगता है कि वह देश को गोरा के भाषणों से इतर अपने अनुभवों से देख सकता है एवं अनुभवों की ही तरफ़ झुक जाता है। हालाँकि, वह गोरा को छोड़ने से पहले अपने दोस्त को अपने प्रेम के विषय में बताता है। वह उन महिलाओं के बारे में भी बात करता है, जिन्हें अपनी आत्मनिर्भरता एवं रचनात्मकता की रक्षा के लिए स्वतन्त्र रहना चाहिए, जो हिन्दू विधान नहीं देता। दूसरी तरफ़, उसके ये शब्द गोरा के प्रेम की ज़रूरत एवं उसके मन में महिलाओं की छिपी और छुपाने की मज़बूत क्षमता की प्रशंसा को उभार देता है। हालाँकि, इन विचारों को वह तुरन्त दबा देता है, लेकिन बिनय के शब्द उसके भीतर उसकी योजना की पूर्ति के खोखलेपन की छवि को चुनौती देने का काम करते हैं। इस प्रकार, अनुभव और ज़रूरतें, बिनय की सरल शब्दों को अधिक प्रभावशाली बना देते हैं। इसी तरह, हमें आनन्दमयी की बातों का भी अर्थ पता चलता है, जब वह बार–बार बिनय और गोरा को बताती है कि वह भी कभी रूढ़िवादी थी। लेकिन जब उसने शिशु को गोद में लिया, तब उसे सामाजिक विभाजन के झूठ और अमानवीयता का अहसास हुआ। जैसे गोरा का पालन–पोषण सामने आता है, सबकुछ स्पष्ट हो जाता है जैसे कि उसे किसी दूसरे धर्म और समुदाय का एक अनाथ बच्चा मिलता है, एक ऐसा बच्चा जिसका स्पर्श प्रदूषण का पर्याय है, उसके प्यार की अनुभूति और मातृत्व भावनाओं उसके मन में बसी सामाजिक जकड़न की संरचना को तोड़ देती है। एक बार जब प्यारे बच्चे ने उसे महसूस कराया कि उसकी जाति या जातिहीनता कोई मायने नहीं रखती, तो उसे बोध होता है कि पवित्रता और प्रदूषण के सिद्धान्त असत्य थे।

इसी तरह, सुचरिता गोरा की दृष्टि से देश की झलक पाती है। उसे गोरा और उसके शब्दों से प्यार हो जाता है, लेकिन उसकी अपनी स्पष्ट बुद्धिमत्ता, पिता प्रदत्त द्वारा शान्त तार्किकता, गोरा के तर्क को बार–बार मूल बिन्दु में बदल देता है। गोरा के प्रति उसके अगाध प्रेम के कारण ही वह हिन्दू अनुशासन को स्वीकार करने के लिए मजबूर करती है, जिसे गोरा देशभक्ति के रूप में करता है, लेकिन आखिरकार उसे अहसास होता है कि उसे गोरा के लिए अपने प्यार को मारना चाहिए और श्रेष्ठ जाति और वंश के व्यक्ति के

साथ प्रेम विवाह करना चाहिए। अन्ततः उसकी बहन ललिता, जो बिनय से शादी करती है, के प्रति उसका प्यार है, जो धार्मिक विभाजन और सामाजिक कलंक को धता बताती है। अतः गोरा का रास्ता त्याग देती है। वह हिन्दू राष्ट्रवाद के कारण ललिता को नहीं छोड़ सकती। उस पर यह प्रेम का अनुभव सामाजिक अन्याय और अत्याचार से परे ले जाता है। यह उस रहस्यमय विचार पर जीत है जो एक अनुशासनात्मक शक्ति का निर्माण करती है।

सुचरिता गोरा से पूछती है कि "देश की पहचान आस्था से क्यों होनी चाहिए?" वह पूछती है कि "क्या आस्था देश से बड़ी नहीं है?" गोरा प्रतिरोध करता है। हमारी आस्था हमारा इतिहास है, यही है जो जिससे देश बनता है...यह सभी देशों के सन्दर्भ में सत्य है, प्रत्येक देश एक आस्था पर आश्रित है, जो इसके सार को व्यक्त करता है। भारत के लिए, यह आस्था हिन्दू धर्म है। सिर्फ़ वही हमारे अतीत और वर्तमान के बीच एक कड़ी स्थापित कर सकता है, हमारे देश को एक बना सकता है।[27]

"यहाँ जो भी मौजूद है, हमें उसे बिना शर्तों के गले लगाने की ज़रूरत है... अगर हम पश्चिम से अलग हैं, तो कोई फ़र्क़ नहीं पड़ता...।" वह मानता है कि "जाति स्पष्ट रूप से अन्यायपूर्ण और तर्कहीन लग सकती है। इससे कई समस्याएँ उपजती हैं। फिर भी, यह हमारे आस्था का विषय है, जिसने बहुत सी तर्कसंगत, मानवीय एवं गम्भीर चीज़ों का उत्पादन किया है। इसे समग्रता में देखना ही न्यायसंगत होगा।[28] परेश उससे तर्क करता है कि भले ही हिन्दू जाति का कोई उद्देश्य बड़ा हो, हम इसे नहीं मान सकते। हम सभी देखते हैं कि मानव के लिए घृणा की दीवारें हैं और उन्हें मानव नहीं माना जाता है। गोरा प्रतिवाद करता है; अगर हम कुछ तत्त्वों के कारण नहीं समझ सकते हैं, लेकिन उसकी पूरी बात विशिष्ट है, तो हमें उसे पूर्णतः स्वीकार करना चाहिए और मानना चाहिए कि उन तत्त्वों के होने का भी कोई उच्च कारण होगा, जिसे हम नहीं देख सकते क्योंकि हमने अपनी दृष्टि को गिरवी रख दिया है, अब हम विदेशी दृष्टिकोण से देखते हैं, जो निन्दनीय और सन्देहयुक्त है। जैसे ही हम पूरी चीज़ को प्यार से लेते हैं, तो अर्थ स्पष्ट हो जायेगा। यदि हम कुछ हिस्सों को बदल या छोड़ देते हैं, तो हम एक पूरी, अद्‌भुत सभ्यता को नष्ट कर देंगे, हम अपनी ख़ुद की, अपनी पहचान को मार देंगे। जैसा कि वह कहता है, "सुधार? वह बाद में आयेगा। तात्कालिक आवश्यकता है देश को पूरे दिल से प्यार करने की, उसके साथ एक होने की है।

एक बार जब आप सुधार करने की कोशिश करते हैं, तो आप उसे पतन की ओर ले जाते हैं, आप उसे आलोचना से नीचा दिखाते हैं, आप ख़ुद को उससे श्रेष्ठ साबित करते हैं।[29]

तो अतीत क्या है? स्मृति और आदर्श क्या है? जो रहस्यमयी एवं अपारदर्शी है वही अनुभव, वर्तमान और लौकिक से अधिक वास्तविक है। यह प्रतिस्थापन वास्तविक आवश्यकता बन जाता है क्योंकि वास्तविक अनुभव कोई वास्तविक संसाधन प्रदान नहीं करता है जो उसे दिखायी देता है वह हमेशा निराश करता है। गोरा गाँव जाता है और स्वीकार करता है कि मुसलमानों में आपसी सहयोग और एकजुटता अधिक मज़बूत है क्योंकि ये जाति में विभाजित नहीं हैं। वह स्वयं ब्राह्मणवादी वर्जनाओं को तोड़ता है और निम्न जाति के हाथों से पानी पीता है क्योंकि उच्च जाति के उत्पीड़न को देखकर वह पीड़ित है। वह हताश लौटता है, उसे वह भारतवर्ष कहीं नहीं मिल सकता जिसे वह प्यार करता है। शहर में, यह दूसरे धर्म की महिला से प्यार करता है, यह जानते हुए कि उसे छोड़ना होगा। इससे भी बदतर, उसे उस महिला को अपना आकर्षक व्यक्तित्व त्याग कर प्रेमविहीन शादी के जरिये एक अयोग्य पति स्वीकार करने की सलाह देनी चाहिए। वह अपनी माँ से प्यार करता है, लेकिन वह उसके हाथ का बना खाना नहीं खा सकता। वह अपने सबसे प्यारे दोस्त से अलग हो जाता है, जब वह किसी अन्य धर्म और जाति की लड़की से शादी कर लेता है। उसे अपने रूढ़िवादी शिष्यों, जिन्हें ग़ैर–हिन्दू, निम्न जाति, महिला से नफ़रत है, से घृणा है, फिर भी, वह उनका एकमात्र साथी बने रहने को अभिशप्त है। उसे अहसास होता है कि उसके हिन्दू भारत, जहाँ विभाजन अधिक स्वीकृत है, में प्रेम के लिए कोई जगह नहीं है।

हिन्दू भारत के लिए बलिदान

उसकी निराशा ही उसके विश्वास को दृढ़ करती है। उसकी कल्पना के भारत के लिए उसका रिश्ता बाकी सभी रिश्तों से अधिक मज़बूत है उसे कठोरता से अपने सारे सन्देहों एवं आवश्यकताओं को दबाकर अपने मुकाम तक पहुँचना है। वह अपने आसपास उच्च ब्राह्मणवादी प्रथाओं का एक घेरा बनाने की तैयारी करता है। यह एक त्याग है जिसे हिन्दू भारत के लिए करना होगा। एक प्रकार से, वह अपने उद्‌भव की खोज से पहले ही दुविधाओं से घिर गया है। उसे या तो अपने वास्तविक अनुभव की सहूलियत

के अनुसार पुनर्विचार करना होगा या सब कुछ पूर्णतः आस्था के अनुरूप करना होगा। उसके आत्मन्वेषण से स्पष्ट हो जाता है और उसके पहले विचार ही दृढ़ हो जाते हैं, यह अन्य सभी विकल्प समाप्त हो जाते हैं।

आत्मान्वेषण हिन्दू राष्ट्रवाद के उसके पूर्व प्रतिबद्धता के दो महत्त्वपूर्ण प्रस्थान बिन्दुओं की तरफ़ संकेत करते हैं। सबसे पहले गोरा अपने अतीत से शीघ्र ही मुक्त हो जाता है। यदि अतीत, उसके मामले में, असत्य था, तब उसे अपने सम्पूर्ण जीवन को पूरी तरह से नये अर्थों पर पुनर्स्थापित करना होगा। हालाँकि, उसकी पहली धारणानुसार, यह एक असम्भव आत्मदुर्बलता होगी। क्या अतीत से अलग होना सम्भव है और जिस पर भी एक ऐसी मानवीय पहचान का दावा करना जो जीने लायक हो? क्या हम उन अर्थों से दूर हो सकते हैं जो हमारे अतीत का हिस्सा है? क्या देशभक्ति ऐसी कोई पहचान विकसित कर सकती है जो अतीत से पूर्णतः न सम्बन्धित हो?

दूसरा, भारतवर्ष के लिए उसका प्यार उसके लिए एक सबसे अधिक वास्तविक, स्पष्ट एवं प्रभावशाली अनुभव रहा था, जो उसके तात्कालिक एवं व्यक्तिगत प्रतिबद्धताओं से अधिक श्रेष्ठ है। भले ही इसका आधार झूठ पर आश्रित हो, फिर भी यह एक सच्ची अनुभूति व प्रेम था। उसके आत्मान्वेषण के बाद भी ऐसा ही रहता है। अब वह जान चुका है कि यह एक बाहरी एवं विदेशी कहे जाने वाले आदमी के लिए भी सम्भव है कि उसकी पहचान भारत के साथ, अपने लोगों के साथ हो। चूँकि वह अब जानता है कि देशभक्ति को जन्म की घटना के लिए नहीं छोड़ा जा सकता, जो हिन्दू राष्ट्रवाद की सम्मोहक शक्ति है कि अतीत, आस्था, जन्म को देश की मिट्टी में तलाशने की आवश्यकता है, ताकि सम्बन्धित परिस्थितियों के अनुसार कार्य किया जा सके। उसने अपने स्वयं के जीवन से इसे दूर कर दिया है।

गोरा अब देश और भारत के लोगों से प्यार करना चाहता है। उसी तर्ज पर, वह सभी प्रतिबद्धताओं और पहचान के लिए स्वतन्त्र प्रेम के सन्दर्भ में एक नयी समझ विकसित करता है। व्यक्तिगत और सामूहिक यदि कोई देश को केवल आत्मनिर्णय की स्वतन्त्रता में प्यार कर सकता है, तो जीवन के प्रत्येक पहलुओं का मूल्य स्वतन्त्रता होना चाहिए। एक ऐसा मूल्य जिसका देश स्वयं सम्मान करे और जिसे कभी भी ख़त्म करने या देशभक्ति के नाम पर योग्यता ढूँढ़ने की कोशिश न करे। यह सुचरिता की ओर मुड़ता है और पहली बार अपना हाथ उसकी तरफ़ बढ़ाता है।

कथानक युक्ति

उपन्यास में गोरा का श्वेतवर्ण होना भी पश्चिमी परम्पराओं और संसाधनों की प्रस्तुति के लिए कथानक मुक्ति का काम करती है जिसे भारतीयों ने भारतीय इतिहास में अपनी पहचान के रूप चुना और पुनर्सृजित किया है। 'राष्ट्रवाद' जैसे अपने बाद के लेखन में, रवीन्द्रनाथ ने भारतीय जीवन से पश्चिमी मूल्यों के निष्कासन के विरुद्ध तत्काल एक चेतावनी दी। गोरा यूरोपीय और भारतीय दोनों हो सकता हैं। वास्तव में नामकरण महत्त्वपूर्ण है। इस शब्द का अर्थ है श्वेत वर्ण (गौर वर्ण) और यह श्वेत नस्ल के साथ–साथ प्रारम्भिक आधुनिक बंगाल के प्रिय महान वैष्णव सन्त, चैतन्य जिन्हें गौरंगा या गोरा भी कहा जाता है, को दर्शाता है।

जन्म की घटना उसे अपनी जाति की पवित्रता के बोझ से मुक्त कर देती है, जिसने उसे पीड़ित और अपने ही लोगों से दूर कर दिया था। वह जानता है। "उत्तर से दक्षिण, पूर्व से पश्चिम तक, भारत के सभी मन्दिर मेरे लिए बन्द हैं। मैं अब किसी जाति के साथ भोजन नहीं कर सकता। एक पल में मेरा पूरा जीवन समाप्त हो गया है, मेरी अब कोई पहचान नहीं है।"[30]

वह इस नुक़सान, अतीत के ग़ायब होने से, जो उसके पूर्ववर्ती विचारों में सच्ची पहचान, व्यक्तिगत और सामूहिकता का प्रतिनिधित्व करता था, को क्या करता है? वह ख़ुशी–ख़ुशी परेश के पास जाता है, इसलिए नहीं कि वह एक गोरा आदमी है, बल्कि इसलिए कि वह भी अब भारतीय बन गया है। यह उसकी कोई ऐसी भारतीय पहचान नहीं है जिसका ज्ञान आवश्यक है, यह उसकी मात्र जाति की पहचान है। वह एक भारतीय होना चुन सकता है, लेकिन वह अपनी जाति नहीं चुन सकता, जिसका निर्धारण सही मायने में जन्म, उत्पत्ति और आस्था से होता है।"...मैंने अपने आपको भारत में शामिल करने की इतनी लम्बी और भरपूर कोशिश की, लेकिन कुछ है जो इसमें बाधक है...मैंने अपनी बाधाओं को प्यार से जीतने की कोशिश की, लेकिन मैं ऐसा कभी नहीं कर पाया। यही कारण है कि मैंने कभी भारत को वैसे देखने की हिम्मत नहीं की जैसा यह है, मैं ऐसा करने से डरता था। मैंने एक सम्पूर्ण आदर्श का निर्माण किया और इसे चारों तरफ़ से घेर दिया... अब वह घेरा ग़ायब हो गया है और मैं अपने असली देश की गोद में हूँ। जिसे मैं अपनी जान से भी अधिक

प्यार करता हूँ उसे अधिक सजाने और सँवारने की आवश्यकता नहीं है और अन्त में मैं अपने असली काम की शुरुआत कर सकता हूँ अपने 25 करोड़ लोगों का कल्याण।''

यहाँ वास्तविक अनुभव और कामना का मिलन होता है। गोरा ब्राह्मण और हिन्दू पहचान से मुक्त और सभी भारतीयों से अलग हो जाता है। हिन्दू धर्म में अनवरत चले आ रहे जातियों के सभी विभाजन उस पहचान के साथ ही ख़त्म हो जाते हैं।

आस्था और देश को कैसे एक साथ लाया जाये? गोरा सुधारवादी परेश की ओर मुड़ता है, क्योंकि उसे अब बदलाव या सुधार से डरने की कोई ज़रूरत नहीं है। अब मुझे उस ईश्वर से मिलवायें, जो सभी हिन्दू, मुस्लिम और ईसाई के हैं, जिनके मन्दिर किसी के लिए बन्द नहीं हैं, जो हिन्दुओं के भगवान नहीं बल्कि सभी भारतीयों के हैं।

अगर किसी विशेष आस्था से किसी देश की पहचान नहीं होती, तब आखिरकार देश है क्या? शाम को गोरा अपनी माँ के पास लौटता है। ''माँ, तुम मेरी माँ हो। मैंने हर जगह उसकी तलाश की और वह हर समय घर पर बैठी मेरी प्रतीक्षा करती रही...तुम्हारे पास न जाति है, न कानून है, न घृणा है, तुम प्रेम की प्रतिमूर्ति हो। तुम हो मेरी भारतवर्ष। माँ, अब लछमिया को बुलाओ, उसे मुझे गिलास पानी देने को कहो।''[31]

जब वह अपनी माँ और लछमिया के पास लौटता है, तो वह देश की दूसरी परिभाषा की तरफ़ लौटता है। उसे लोगों से प्यार करना चाहिए, क्योंकि वह उसके सभी दुर्दिन, दुःख और विरोधाभासों में साथ है। माँ के लौटते ही देवी ग़ायब हो जाती हैं।

4

यह एक अलग देशभक्ति का संकल्प है जो हिन्दू राष्ट्रवाद की तुलना में अधिक मानवीय है। यह आज कई मायनों में प्रासंगिक है। हम अभी भी हिन्दू और भारतीय में पहचान पर तीखी बहस करते हैं; रीति–रिवाजों और परम्पराओं को अनवरत पोषित करने के लिए क्योंकि वे 'हमारे' हैं और क्योंकि पश्चिम उन्हें कलंकित मानता है। देश के विचार को अपने लोगों और भूमि से अधिक वास्तविक बनाने के लिए; उन मान्यताओं और प्रथाओं को छोड़ने की माँग करने के लिए जो हिन्दू–भारतीय नहीं हैं, चाहे वे सार्वजनिक रूप

से रोमांस, महिलाओं द्वारा सार्वजनिक शराब सेवन या आस्था का अधिकार, जो हिन्दू नहीं है। 100 वर्षों के दौरान जो आश्चर्यजनक रूप से चला आ रहा है, वह है अबाध विश्वास कि देश को तब भी स्वतन्त्र कहा जा सकता है जब उसके लोग अछूत, किसान, महिलाएँ, ग़रीब गुलामी में हों। 'गोरा' इन समस्याओं और चुनौतियों का सामना इस प्रकार से करने का दावा करता है कि आज भी वह प्रतिरोध का सबसे प्रभावी 'पाठ' बना हुआ है। इसके अलावा, यह उपन्यास एक गूढ़ तर्क रखता है जो मुख्यधारा के राष्ट्रवाद, यहाँ तक कि धर्मनिरपेक्ष विविधता के देशभक्ति के लिए भी समस्या है। यदि देश स्वतन्त्र रूप में चुने गये प्रेम से अपना देश बन जाता है, तो क्या देशभक्ति, तब क्या देशभक्ति शर्तहीन एवं शाश्वत प्रेम, जुड़ाव एवं पहचान से बन सकता है? क्या होता है जब लोगों का एक हिस्सा देश के साथ अपनी पहचान नहीं करता और अपना एक अलग देश चाहता है? क्या देशभक्ति बल से जुड़ाव एवं प्रेम की अपेक्षा रख सकती है?

लेकिन एक ही समय में, गोरा में देशभक्ति का संकल्प हिन्दू राष्ट्रवादियों की तरह सहज और आन्तरिक रूप से सुसंगत नहीं है। यदि हिन्दू इतिहास में गर्व देशभक्ति का घटक नहीं है, तो किस आधार पर निर्दिष्ट क्षेत्र के लोगों के साथ कोई अपनी विशेष रूप से करता है? गोरा, आनन्दमयी को बताता है कि यह मातृभूमि का असली चेहरा है। क्योंकि उसकी न कोई जाति न किसी के प्रति घृणा। न्यायपूर्ण और समतावादी देश की दृष्टि जीवन्त है, लेकिन क्या यह वास्तविक अतीत या वर्तमान को दर्शाता है? या यहाँ भी एक आदर्श भविष्य एक निरन्तर और वास्तविक अतीत के रूप में आता है–जो गोरा के पहले के संवादों ने एक अलग उद्देश्य प्रदर्शन को दिखाया था? नयी दृष्टि पुराने पर विजय पाती है क्योंकि यह लोगों को उनकी सभी समस्याओं से रू–ब–रू कराती है। गोरा को उनके कल्याण के लिए प्रेरित करती है। काल्पनिक मातृभूमि के रहस्य को परत–दर–परत उभार दिया जाता है और लोगों के दुखों को अब स्वीकार किया जा सकता है लेकिन अब एक नयी समस्या सामने आती है। न्याय के लिए पारस्परिक देखभाल और चिन्ता सिर्फ़ मनमाने तरीक़े से सिर्फ़ एक व्यक्ति नहीं बल्कि सम्पूर्ण समुदाय को अपनाना चाहिए? नैसर्गिक प्रेम को एक विशेष प्रकार के प्रेम में बदल देने के लिए पर्याप्त ठोस एवं सशक्त कारण नहीं है, जबकि सबसे जूझने के बावजूद किसी का निर्दिष्ट जन्म न हो।

इस उपन्यास के तुरन्त बाद लिखी एक कविता में रवीन्द्रनाथ ने भारतवर्ष के प्रति प्रेम को सार्वभौमिक प्रेम में मिलाने का सन्देश दिया है। 'भारत तीर्थ' में उन्होंने भारत को सभी सभ्यताओं के संगम के रूप में वर्णित किया है, दुनिया के सभी लोगों का समागम–शक, हूण, पठान, मुगल और ब्रिटिश। आर्य, ग़ैर–आर्य, उच्च और निम्न सभी जातियाँ, सभी धर्म। यहाँ ईश्वर मनुष्य में साकार होता है। चूँकि भारत ऐतिहासिक रूप से सभी संस्कृतियों के लिए खुला है। इसमें सामूहिकता का ऐसा घनिष्ठ भाव है। कि इसमें किसी व्यक्ति का मत विलीन हो जाता है–कि उसे प्यार करना पूरी दुनिया को प्यार करना है। ऐसे में भारत एक देश से कहीं अधिक है यह दुनिया का सूक्ष्म जगत है, यह सार्वभौमिकता का प्रतीक महान विशिष्टता की शर्त है कि किसी भी स्रोत से आने वाले तत्त्वों, विचारों, लोगों को स्वीकार किया जाये, वास्तविक मूल, स्वदेशी, विदेशी आदि की सीमाओं को समाप्त किया जाये।

साहसी दृष्टि

जब उपनिवेश के रूप में पहचाने जाने का संकट गम्भीर था, ऐसे में औपनिवेशिक काल में इस ओर क़दम बढ़ाना एवं घोषणा करना एक साहसिक दृष्टि थी। जब सांस्कृतिक स्वतन्त्रता की रेखाएँ जो एक तरफ़ आत्म विश्वास और दूसरी तरफ़ साम्राज्यवादी शक्ति द्वारा सांस्कृतीकरण, विजेता के प्रति अपनी अस्मिता पूर्ण आत्मसमर्पण, इतना अधिक था कि अपने अस्तित्व को ही नकारने जैसा था। 100 साल पहले यह हिन्दू कट्टरपन्थियों या बंकिमचन्द्र के कट्टरवाद का सबसे बड़ा खण्डन था। यह वर्तमान में हिन्दुत्व हिंसा और सांस्कृतिक जड़ता के ख़िलाफ़ सबसे कारगर तर्क है।

वर्तमान में इस दृष्टि से देशभक्ति का आधार अस्पष्ट एवं अस्थिर है। हालाँकि किसी–न–किसी रूप में वर्तमान की संकीर्णता दूर करने के लिए 'गोरा' भी अतीत का ही उपयोग करता है। वह ऐतिहासिक विशेषता, जो भारतीय अतीत से विरासत में मिली है। सभी संस्कृतियों की स्वीकृति, समान आदर भाव अपने लिए विशेष रूप से कुछ ऐसी माँग करती है जो सभी मानवों के लिए हो, क्षेत्रीय सीमाओं से परे सभी मानवों के लिए हो।

इस प्रकार गोरा की देशभक्ति की दृष्टि एक ठोस तर्क के माध्यम से देशभक्ति जैसी दुरूह समस्या का हल ढूँढ़ने में विफल रहती है। इसमें देश की सार्वभौमिकता के बहुत निकट है। इसमें संसार के सभी असहाय लोगों

के लिए सद्भाव एवं हर जगह न्याय के लिए संघर्ष में विलीन हो जाने का ख़तरा है। देशभक्ति को हिन्दू राष्ट्रवाद के रूप में विकृत करने वाली जातीयता से बचने के लिए, यह देशभक्ति के गौण होते बिन्दु तक जाता है। इस आत्मविरोधाभास में ही इसकी वास्तविक ऊर्जा निहित है।

*स्रोत : पक्षधर अंक **20 /***

सन्दर्भ

1. *Gora*, Rabindra Rachanabali, Centenary Edition, Vol 9, Calcutta, 1961.
2. *Anandmath*, Bankim Rachanabali, Vol 1., Calcutta, 1953
3. On this, see my *Conjugality and Hindu Nationalism* in Hindu Wife, Hindu nationalism: Community, Religion, Cultural nationalism, New Delhi, 2001.
4. I have argued on these lines in *The Birth of a Goddess: Bankimchandra Chattopadhyay,* Anandmath, in Rebels, Wives, Saints: Desinging Selves and Nations in Colonial Times, New Delhi, 2008.
5. First published in London, 1917. See in Sisir Kumar Das (ed.), *English Writings or Rabindranath Tagore*, Vol 2. Delhi, 1996. More recently republished by Penguin, India in 2009 and edited by Ramachandra Guha.
6. V. D. Savakar, *Hindutva*, Bombay, 1923.
7. Both Subol Chandra Mira's *Saral Bangla Abhidhan* (3rd edition, Calcutta 1909) and Haricharan Bandopadhyay's *Bangiya Shabdkosh*, Vol 1 (Calcutta 1930), define desh as a specific region with personal connotations. Najaf Haidar advises me that mulk has similar associations.
8. *Oi Bhubanamohini* and *Amar Shonar Bangla* in Gitbitan, Calcutta, 1973, p 25 and 24
9. In this regard, Sumati Ramaswamy's recent work on the cartographic imagination in popular representations is illuminating, though the points she makes are somewhat different, since she focuses on the icons of the Bharatmata as it apperared on the maps.
10. *Strachey,* India, London, 1886.
11. Cited in Rosane Rocher, Orientalism, Poetry and the millenium The Checkered Life of Nathaniel Brassey Halhed, 1770-1830, New Delhi, 1983, p. 35
12. See, for instance, extracts from *Bangabashi* an Dainik O Samachar Chandrika in Report on Native Papers, Bengal, between 1889 and 1881; also Chandranath Basu's Garhasthya Path, Calcutta, 1872; Ishanchandra Basu's Streediger prati Updesh, Calcutta, and many other

late 19th century Bengali tracts. Outside Bengal, the great Hindi literary figure, Bharatendu Harishchandra of Banaras, developed this them in his Dushan Malika. See Vasudha Dalmia, The nationalisation of Hindu Traditions: Bhartendu Harishchandra and Nineteenth Century Banaras, Delhi, 1996. On 19th and early 20th century Hindu neo orthodoxy, see Kenneth W. Jones, socio Religious Reform Movements in British India: The new Cambridge History of India, Vol 111 : 1, Cambridge University Press, 1989, chapter 3

13. J.G.A. Pocock, *The Machiavellian Moment: Florentine Political Thought and the Atlantic Republican Tradition,* Princeton University Press, 1975, chapter 1
14. Reformers often cited bhakti traditions of spiritual egalitarianism. Those, however, had restricted histories and limited acceptance in their own times and never had the power to seriously challenge mainstream caste or gender norms for most Hindus
15. On this, see Sumit Sarkar, *The Swadeshi Movement in Bengal,* 1903-08, Delhi 1973.
16. *Ibid.*
17. *Swadeshi Samaj* (1904); translated by Sumit Sarkar in *Swadeshi Movement*.
18. See, for instance, *Bijoya Festival* (1905), cited in S.C. Sarkar, Bengal Renaissance.
19. Nationalism.
20. Swadeshi Movement in Bengal; also my *Questioning Nationalism: The Difficult Writings of Rabindranath Tagore* in Rebels, Wives, Saints.
21. Sumit Sarkar, *Swadeshi Movement.*
22. Gora was born in 1857. He seems to be a young man in his early 20s in the novel. I conclude, therefore, that the 1870s would be the novelistic time span, when the first flush of Hindu revivalist nationalism appeared as a force.
23. *Kaliyug, Chakri ki Bhakti: Ramakrishna and His Times* in Writing Social History, Delhi, 1997.
24. *Gora*, p. 17-18.
25. *Gora*, p. 65.
26. *Ibid*, p. 101.
27. *Ibid*, p. 100-01.
28. *Ibid,* p. 263.
29. *Gora*, p. 46
30. *Ibid*, p 346.
31. *Ibid*, p. 348-50.

13

दयनीय महानता की दिलचस्प दास्तान : 'चन्द्रकान्ता सन्तति'

राजेन्द्र यादव

अक्सर यह प्रश्न बाहर और खुद मेरे भीतर से आया है कि आज जब इतना सब कुछ आसपास हो रहा है तो मैंने सौ–साल पुरानी चन्द्रकान्ता जैसी क़िताब पर अपने छह महीने क्यों लगा दिए? आज उस गड़े मुर्दे को उखाड़ने की क्या मजबूरी या प्रासंगिकता है?

सबसे बड़ा कारण तो मुझे यही लगता है कि जैसा कैओस, मूल्यों का जैसा घपला, सही–ग़लत की पहचान का जैसा एक सिरे से ग़ायब हो जाना, उस समय के समाज में या कम–से–कम इस उपन्यास में आया है, लोग जिस आसानी से खेमे बदलते हैं; शायद आज आसपास की स्थिति एक़दम वैसी ही है और इस बात की पड़ताल मेरे अपने लिए बहुत ज़रूरी हो गयी थी कि उस चतुर्दिक व्याप्त कैओस में वे क्या सूत्र, युक्ति, जिद या आस्था थी जो लेखक को साधे हुए थी; क्या था जो छह हजार पन्नों तक लेखक को चलाये रख सका? इसके बहाने सम्भव है, वही चीज़ मैं अपने भीतर भी खोज सकूँ! कभी यह भी लगता है कि एक बहुत बड़ा कारण शायद यह भी होता है, जब घुटते और जलते हुए मकान से भागकर आदमी भीड़ में आता है, हो सकता है, अपने और समाज के भीतर के शून्य, घुटन और विश्वासों के ढहने से घबराकर देवकीनन्दन खत्री इस भीड़ में आये हों–पाठकों तक पहुँचे हों और

वहीं से उन्होंने शक्ति या धीरज अर्जित किया हो। क्या ऐसा नहीं होता कि बहुत जीवन्त संग–साथ देने वाले, अत्यन्त लोकप्रिय लोग अपने भीतर बहुत अकेले होते हैं और तब अभिव्यक्ति और सम्प्रेषण ही एक मात्रा रास्ता रह जाता हो...।

इसका एक कारण यह भी हो सकता है कि उस समय का आदमी, चन्द्रकान्ता के कथ्य की तरह बिना अपनी ज़मीन और जीवन–पद्धति छोड़े हुए ही आधुनिक सुख–सुविधाएँ पा लेना चाहता हो या कहें–सामन्ती मूल्यों, विश्वासों और व्यवस्था से चिपके रहकर उन्हें पूजते या उनका समर्थन करते हुए ही औद्योगिक सभ्यता के सारे उपकरणों और उपलब्धियों को हथिया लेना चाहता हो। शायद वह यह भूल गया था कि उपलब्धियाँ और उपकरण केवल वस्तुएँ और मशीनें ही नहीं होती–एक सम्पूर्ण व्यवस्था, सभ्यता या मूल्य–पद्धति का सतह पर दिखने वाला छोटा–सा हिस्सा, आइसबर्ग होती हैं। उनकी अपनी शर्तें या अपने तर्क होते हैं–खेल के नियम। बहरहाल, इसी ने उस समय के आदमी को मनोवैज्ञानिक और आध्यात्मिक धरातल पर दो हिस्सों में बाँट दिया है–अन्दरूनी तिलिस्मी–तिकड़मों और बाहरी छीना–झपटी, आपाधापी में। वे भयानक दिवास्वप्नी लोग हैं जो इन सपनों की कोई एक चाबी तलाश करने के लिए ज़मीन–आसमान एक किये हुए हैं। उनके लिए सही–ग़लत, वफ़ादारी, विश्वासघात, नैतिक–अनैतिक का कोई भेद नहीं रह गया है या सारे मूल्य एक–दूसरे के स्थानापन्न हो गये हैं। मूल्यहीनता के इस शून्य को आज के आदमी से ज्यादा और कौन महसूस कर सकता है?

इतिहास जहाँ मोड़ लेता है, वहाँ सामाजिक शक्तियों और समय के दबावों को ज़बान देने वाली कोई घटना, आन्दोलन या व्यक्ति होते हैं। ये सामाजिक शक्तियाँ विस्फोट से पहले जन–मानस में बहुत धीरे–धीरे और गहराई में पनपती–फैलती हैं और अपनी परिणति में ही ज़बान पाती हैं। कभी–कभी तो समाज को खुद ही अपने भीतर दबावों का पता नहीं होता, वह उन्हें सिर्फ़ महसूस करते हुए अनजाने ही कुछ अलग दिशाओं की ओर देखने लगता है या कभी–कभी यह भी होता है कि हम पीछे घूमकर

देखते हैं कि हाँ, उस बिन्दु से समाज की सारी सोच, सरोकार या रुचियाँ एक मोड़ ले रही हैं... फिर और गौर से देखते हैं तो पाते हैं कि वहाँ एक क़िताब है। अस्पष्ट और बेनाम शक्तियों को दूर से ही 'सूँघ' कर पकड़ने वाला कोई संवेदनशील एरियल अपनी निहायत ही व्यक्तिगत परिधि में घिरा, कुछ अनपहचानी आवाज़ों को पकड़ता है। अक्सर उसे खुद भी नहीं पता होता कि जिस रचना को वह जन्म दे रहा है, उसकी 'भूमिका' क्या होने जा रही है! शायद यही कारण है कि 'बड़ी क़िताबों' के घोषित लेखकीय लक्ष्य आज बहुत अजीब, निर्विशिष्ट और हास्यास्पद लगते हैं। कम–से–कम उतने महान नहीं लगते, जितने उनके लेखकों ने बताये थे। केवल एक अपवाद है, और वह है–कार्ल मार्क्स; उसे पता था कि वह अपनी क़िताब से दुनिया के नक़्शे को कहाँ और किस आधारभूत स्तर पर बदलने जा रहा है।

उन्नीसवीं शताब्दी के अन्त या बीसवीं शताब्दी के प्रारम्भ में उत्तर भारतीय या कहें हिन्दी–भाषी समाज के मोड़ पर भी एक ऐसी ही क़िताब है–चन्द्रकान्ता सन्तति, भूतनाथ यानी सब मिलाकर एक ही क़िताब। हम लोगों की पिछली तीन–चार पीढ़ियों का शायद कोई ही पढ़ा–बेपढ़ा व्यक्ति होगा जिसने छिपाकर, चुराकर, सुनकर या खुद ही गर्दन ताने, आँखें गड़ाये इस क़िताब को न पढ़ा हो। 'इस क़िताब के लिए न जाने कितने लोगों ने हिन्दी सीखी' से आगे इस क़िताब का वास्तविक मूल्यांकन कभी नहीं किया गया। रस–सिद्धान्त में यह फिट नहीं होती थी और साहित्यिक उन्नासिक (स्नॉव) वर्ग ऐयारी–तिलिस्मी और घटाटोप घटना–प्रधान शुद्ध मनोरंजनग्राही उपन्यास को अपनी चिन्ता के लिए अछूत समझता था।

हम लोगों के संस्कार, रुचियों या मानसिकता को इस क़िताब ने अच्छी दिशा दी या बुरी, हमें बनाया या बिगाड़ा, इसका जायजा लेना तो आज मुश्किल है, मगर यह सच है कि इतिहास और समाज के मोड़ पर यह क़िताब है और अपने सारे प्रभावों के साथ दसियों वर्ष मौजूद रही है। समानान्तर तीन–तीन संस्करणों में। यह कहना भी बेहद सरलीकरण है कि इसने पढ़ने के लिए रुचि पैदा की और प्रेमचन्द जैसों ने उस रुचि को दिशा दी। हो सकता है कि इस पुस्तक की हलचल, हरक़त और हंगामे–भरे कथानक ने हमें मानसिक सक्रियता में उलझाकर रखा हो, चमत्कार–विश्वासी, आत्मगरिमा–मुग्ध मन में कुछ और अन्धश्रद्धा की परतें डाल दी हों। मगर यह सच है कि इस उपन्यास की जाँच केवल साहित्य के औज़ारों से नहीं की जा सकती। उस पूरे परिवेश और माहौल को समझना

होगा जिसमें इसे लिखा–पढ़ा गया था। कह सकते हैं कि जो जिस तरह का समाज होता है या जिस भीतरी बुनावट में वह साँस लेता है, अपने लिए उसी तरह की क़िताब चुन लेता है।

सुनते हैं, गेटे के उपन्यास, 'युवा वेर्देर की अन्तर्व्यथा' उपन्यास ने भी तत्कालीन जर्मन–समाज को इसी तरह पकड़ा था और बंकिमचन्द्र के 'आनन्दमठ' ने भी बंगाली युवा–मन को वैसा ही झकझोरा था। इसी तरह की दूसरी क़िताब थी 'देवदास'। अगर अपने समय की कुछ अत्यन्त ही। लोकप्रिय पुस्तकों के आधार पर किसी समाज के मनोविज्ञान के बारे में नतीजे ही निकालने हों तो मैं कहूँगा कि आन्तरिक घुटन और कुण्ठा में छटपटाते मन को 'आनन्दमठ' ने आशा और कर्म की उँगलियों से पकड़कर बाहर निकाला था तो दूसरी ओर, बाद में, 'देवदास' युवा–मानस की रोमानी निराशा की मृत्यु का शोक–गीत बनकर आया था अर्थात् अपनी निष्क्रियता और परास्तवृत्ति का जयगान... या कह सकते हैं, सामन्ती–रूढ़िवाद के दरवाजे पर व्यक्तिगत विद्रोह का टूटकर बिखर जाना। पारो के गाँव की सड़क, बैलगाड़ी, बीमार मरता हुआ देवदास। क्या ये मानवीय तड़प और नायक की अकाल मृत्यु से उत्पन्न करुणा से आगे भी कुछ कहते हैं? इसलिए चाहे 'वेर्देर' हो या 'देवदास' इन्हें सिर्फ़ आत्महत्याओं या लेखकों की चरम निराशा की कहानियाँ मानना जल्दबाजी होगी। रूमानियत की इन्हीं अन्धी गलियों के आख़िरी छोर पर पहुँचकर हर सामाजिक मानसिकता की 'वापसी यात्रा' शुरू होती है। इसीलिए शायद ये पुस्तकें–'दास कैपिटल', 'गीता–रहस्य', 'मीन–कैम्फ', 'टाम काका की कुटिया' या एक़दम ताजी पुस्तक 'रूट्स'–की तरह समाज की सारी चेतना को दिशा देने वाली पुस्तकों के मुक़ाबले नीची नज़र से देखी जाती हैं। फिर भी पीछे मुड़कर अपने–आपको पहचानने और समझने की दृष्टि से इनका महत्त्व कम नहीं होता...।

मुझे तो अपने स्रोतों को पकड़ने, जानने के प्रयास में बार–बार 'चन्द्रकान्ता' या उसकी अगली कड़ी के उपन्यास ही दिखायी देते हैं, वरना बाकायदा उर्दू का आलिम फ़ाजिल मैं....

कैसा लगता है, चालीस साल बाद उन्हीं पहाड़ों, गुफाओं, नालों, सुरंगों और जंगलों में घूमना... उन्हीं पेड़ों, मकानों, गलियों और खण्डहरों के चक्कर लगाना,

तिलिस्मी पुतलों, खटकों और चमत्कारों के बीच अपने–आपको पाना... पिछले दिनों संयोग से मैंने *चन्द्रकान्ता, चन्द्रकान्ता सन्तति, भूतनाथ और रोहतासमठ* के 54 हिस्सों को साढ़े पाँच छह हज़ार पन्नों में पढ़ा। याद नहीं पड़ता कभी बीच में पढ़ने का अवसर मिला हो। कुछ तिलिस्मी वर्णनों को छोड़कर प्रायः कहीं भी 'छलाँग' नहीं लगायी... इन पन्नों को पढ़ते हुए उस सारी दुनिया को ही अपने भीतर जागते नहीं पाया, साथ–साथ सुरीर–(मथुरा जिले का एक कस्बा) के बचपन वाले दिनों को भी स्मृति छिड़ककर अपने भीतर जीवित कर लिया... जिनके साथ आपके आसंग और स्मृतियाँ सब जुड़े हों, उन्हें फिर से छूना केवल इतना ही भर नहीं होता, अपनी चेतना के उन जाले लगे झरोखों को झटके से खोल देना भी होता है जहाँ से आपको अपना सारा कुछ छूटा और भूला हुआ दिखने लगे–डॉक्टर के क्वार्टर का बाहरी बराण्डा और वहाँ सीढ़ियों, मूढ़े या कुर्सी पर आँखों से उपन्यास के पन्नों को जल्दी–जल्दी निगलता लड़का... झुकती साँझ के घिरते अँधियारे में तब तक वह पढ़ता रहता जब तक कि अक्षर एक़दम धुँधले होकर धब्बे से न रह जाते। जैसे ही एक हिस्सा समाप्त होता कि अगला पढ़ने की बेचैनी पागल बना देती; कब मिलेगा? उसे लेने तीन–चार फर्लांग दौड़कर क़स्बे के पुस्तकालय में जाना या केशी महाराज को दौड़ाना और जब तक अगला हिस्सा न मिल जाये तनी हुई नसों में अजीब–सी बेचैनी झनझनाहट महसूस करते रहना... तब समझ में आने लगा था कि पिता जी रात को देर–देर तक लालटेन की रोशनी में क्या और क्यों पढ़ते रहते थे? माँ क्यों नहाना, खाना भूलकर सारे दिन उन पन्नों से चिपकी रहती थीं और उन्हें पता ही नहीं लगता कि हम लोग कहाँ, कितना 'बिगड़' रहे हैं...।

दूसरा महायुद्ध शुरू हो रहा था और अस्पताल का पच्चीस बीघे का अहाता तरह–तरह की गहमा–गहमियों से भरा रहता था। शाम की मोटर से 'हिन्दुस्तान टाइम्स' आता था और फिर कम्पाउंडर, महाराज, मास्टर साहब या क़स्बे के दो–चार महत्त्वपूर्ण व्यक्ति लालटेन के चारों तरफ़ बैठकर पिता जी से अख़बार सुनते रहते कि किस देश का भाग्य बना–बिगड़ा और उन्हीं के बीच रोशनी की कोई किरण पकड़े मैं सुरंगों और तिलिस्म में भटकता रहता... कहीं कुछ गड़बड़ है और जर्मन–अंग्रेजों में लड़ाई है, जर्मन आर्य हैं और अंग्रेज़ों को पीसकर रख देंगे। इस ख़ुशी के अलावा ज्यादा कुछ समझ में नहीं आता था। हर समय दिमाग़ में भरे रहते थे–किशोरी, कमलिनी,

माधवी, दारोगा और भूतनाथ... उसके बाद बराण्डे में मेज़ को खम्भे के सहारे डेस्क की तरह टेढ़ा करके, हरी स्याही से अस्पताल के पीले लाइनदार क़ाग़जों पर 'देवगिरि' को केन्द्र बनाकर मैंने अपना उपन्यास लिखना शुरू कर डाला था–नायक का नाम था हेमेन्द्र। पता नहीं, वह उपन्यास और नायक आज कहाँ हैं; हाँ, अपने छोटे भाई का नाम ज़रूर हेमेन्द्र रख दिया। उस समय लिखना कैसे पागलपन का अजटिल और सहज स्वाभाविक काम था– कल्पना कैसी मन–चेतन पर छा जाने वाली और सर्वव्यापी दृष्टि में बदल जाती थी। आज तो कोशिश करके भी समय को क्रमबद्ध ढंग से जोड़ नहीं पाता। शायद वह लिखना पाँव की हड्डी टूट जाने के बाद था–'39–'40 की बात है। आज से शुरू करके वहाँ पहुँचता हूँ तो सब कुछ उलट–पलट जाता है। बस, सामने आ जाते हैं आसपास के जंगल, बम्बे से लगे फरास के क़तार–बद्ध झुण्ड, सरसों और अरहर के मीलों फैले खेत, कुएँ–सब कुछ किसी–न–किसी तिलिस्म से जुड़ा हुआ। हम लोग अक्सर ही लाल स्याही से लिख–लिखकर केशी महाराज की कोठरी में धमकी–भरे पत्र छोड़ आते कि अगर हमारी फलाँ शिक़ायत की या अमुक काम नहीं हुआ तो तुम्हारा सेफ्टीरेजर ग़ायब कर दिया जायेगा। किस तरह सजीव था तब किशोर कल्पना में 'चन्द्रकान्ता' का संसार और कितनी ईमानदार थी एयारी के बटुए या बेहोश कर डालने वाली बुकनी की तलाश...।

बहरहाल, इन दिनों 'क्राइम एंड पनिशमैंट' और 'इडियट' को दुबारा पढ़ने के बीच 'चन्द्रकान्ता' के साथ रहना उतना ही आश्वस्तिदायक लगा, हल्के–से अवसाद के साथ... अब शायद इस दोस्त से ज़िन्दगी में इतनी आत्मीय मुलाक़ात न हो पाये... हालाँकि यह भी सच है कि दोस्त के लिए अब निगाह उतनी निर्व्याज और निर्दोष नहीं रह गयी है।

सबसे पहला सवाल तो यही सामने आया कि यह इतना बड़ा, साढ़े पाँच–छह हज़ार पन्नों का उपन्यास (यहाँ मैं देवकीनन्दन खत्री और इस माला में लिखने वाले उनके पुत्र दुर्गाप्रसाद खत्री–दोनों को मानसिकता की दृष्टि से लगभग एक ही रचनात्मकता के क्रम में रखना पसन्द करूँगा) क्या केवल और केवल मनोरंजन के लिए ही लिख डाला गया? ठीक उसी दृष्टि से जैसे दुनिया का सबसे बड़ा उपन्यास, दास्तान–ए–अमीर–हम्ज़ा' तैयार हुआ था? वह समय, समाज दूसरा था और वहाँ शुद्ध मनोरंजन के लिए राज दरबारों में बेइन्तहा फ़ुरसत थी। फिर ये लोग सहज विश्वासी

लोग थे और सुनने वाला अमीर या बादशाह न सिर्फ़ अपने–आपको हम्ज़ा के रूप में सोच सकता था, किसी हद तक उस स्वप्न को जी भी सकता था। इसीलिए हम्ज़ा के शौर्य, पराक्रम और चमत्कारिक क्षमताओं के पीछे बहुत मोटी और स्पष्ट दृष्टि थी–इस्लाम का प्रचार। हम्जा, उमरू ऐयार की मदद से बड़े–बड़े तिलिस्म तोड़ता है, बड़े–बड़े सूरमाओं को रण–क्षेत्र में परास्त करता है और तलवार, खंजर या नेज़ा गले या छाती पर रखकर इस्लाम कुबूल कराता है, कल्मा पढ़वाता है और छोड़ देता है। उसकी बहन बेटी से शादी करके उसे वहाँ का गवर्नर बनाकर आगे चल देता है। इस प्रकार की दिग्विजय के दौरान तरह–तरह के चित्र–विचित्र मुल्क, राज्य, समुद्र, पहाड़ और भौतिक या दैवी बाधाओं, जादुओं, तिलिस्मों, जिन–आसेबों या देवों से मुठभेड़ करता है। कहानी अनन्तकाल तक चलती चली जा सकती है। उपलब्ध 46 भागों को आठ दफ़्तरों या ज़िल्दों में समेटा गया है और इसी हम्जा–दास्तान की पाँचवीं ज़िल्द का नाम है 'तिलिस्म–ए–होशरुबा'। कहा जाता है कि खत्री जी ने इसी से प्रेरणा ली थी। बहरहाल, यह कहानी चाहे कभी से और कितने ही देशों या शासनों की ज़मीन का रस लेती चली आ रही हो और इसमें कल्पना या ख़याली पुलावों के चाहे जितने कुलाबे मिलाये गये हों, अनेक अध्येताओं का विश्वास है कि होशरुबा के सारे पात्र, उनके आपसी आचार–व्यवहार, आदाब अल्काव अवध और लखनऊ या वहीं के आसपास के हैं और दुश्मनों या जादूगरों के रूप में भारतीय पात्रों को पहचाना जा सकता है, अपना देव वहाँ राक्षस या दानव का पर्याय हो जाता है।

सवाल यही है कि 'चन्द्रकान्ता' (आशय इस श्रृंखला के सारे उपन्यासों से है) क्या 'तिलिस्म–ए–होशरुबा' या 'बोस्ताने–ख़्याल' जैसे बृहद क़िस्सों से प्रेरणा लेकर इस स्पर्धा में लिख डाला गया कि हिन्दी में ऐसी कोई चीज नहीं है? या इसके पीछे कोई और भी अनजाने दबाव या स्पष्ट मन्तव्य रहे हैं? इसे क्या हम हम्ज़ा के जवाब में हिन्दू धर्म और भारतीय मेधा की पुनर्स्थापना के लिए गढ़ा गया वैसा ही ग्रन्थ मान सकते हैं, जैसा कभी 'रामचरितमानस' रहा था? क्या इस उपन्यास को लम्बा खींचते चले जाने के पीछे इतना ही कारण है कि "सामाजिक जीवन व्यवस्थित हो गया था, मध्यवर्गीय लोग फुरसत में थे और समय काटने के लिए ऐसे लम्बे क़िस्से पढ़ते चले जाना उनके लिए स्वाभाविक था?" यह सही है कि श्रोताओं

की उत्साहवर्धक प्रतिक्रिया वक्ता को अपना भाषण खींचते चले जाने का लालच पैदा कर सकती है, मगर श्रोता के किसी मानसिक तार या भीतरी ज़रूरत को वह भाषण नहीं छू रहा हो तो दिलचस्प–से–दिलचस्प बात सुनते चले जाने का उत्साह कितनी देर बना रहेगा? वह भीतरी बात, क्या सिर्फ़ चमत्कार के लिए कौतुक–भरी उत्सुकता, शौर्य और पराक्रम के प्रति मुग्ध श्रद्धा या हविस और चुस्ती–चातुरी के लिए 'वाह–वाह' वाला प्रशंसा भाव ही थी? 'आगे क्या हुआ?' की बाल–जिज्ञासा क्या कभी वयस्क नहीं हुई? और फिर सबसे बड़ा सवाल यह कि बात कितनी ही हवाई, ऊलजलूल, अजूबा या काल्पनिक हो उसमें सुनाने वाले की मानसिकता और सुनने वाले की सामाजिकता या दूसरे शब्दों में तत्कालीन समय और समाज का मुहावरा चोर–रास्तों से घुसपैठ नहीं करने लगते? क्या रचना का अपने समय और समाज या लेखक से कोई रिश्ता नहीं होता? या कहें, लेखक की अपनी घोषित मान्यताओं, मन्तव्यों और स्वार्थों, संस्कारों के बावजूद क्या उसकी रचना–प्रक्रिया में 'समय' कहीं भी प्रवेश नहीं कर पाता? उस समय के पाठक ऐसी ही मनोरंजक कहानी चाहते थे और खत्री जी ने उनकी रुचि को पहचानकर पकड़ा–यह या ऐसे बयान सपाट ही नहीं हैं, समय और रचना के किसी भी रिश्ते को नज़रअन्दाज़ करके गहराई में जाने की चुनौती से बच निकलना भी है। हिन्दी में इस आलोचकीय दायित्व के प्रति मुज़रिमाना–उदासीनता ने ही मुझे बार–बार उकसाया कि एक बार इस चन्द्रकान्ता नाम के तिलिस्म को तोड़कर देखने की कोशिश ही क्यों न कर ली जाये? हो सकता है, कुछ चाबियों की मदद से मैं इसकी भूल–भुलैयों में घूमकर 'जीवित' वापस आ सकूँ... आखिर, अपने पुरखों को जानने–समझने के लिए या अपनी जड़ों और सन्दर्भों को खोजने के लिए हर अगली पीढ़ी ने अतीत और परम्पराओं के खण्डहरों और जादुई कुओं के चक्कर लगाये ही हैं... अपने सफ़र का जायजा लेते हुए आगे बढ़ने की शक्ति और दिशा पायी ही है...।

मुझे लगता है कि अपनी पड़ताल को इसी बिन्दु से शुरू करना होगा कि 'चन्द्रकान्ता' की इस अभूतपूर्व और भयानक लोकप्रियता के सामाजिक या मनोवैज्ञानिक कारण क्या रहे हैं? वह कौन–सी मानसिक स्थिति होती है, जब समाज इस तरह के मनोरंजन, कौतुक या पलायन चाहने लगता है? अनायास और अनजाने ही लाखों पाठकों या दर्शकों को बाँध लेने वाली

किताब या फ़िल्म किसी गहरी अचेतन ज़रूरत को प्रकट और इंगित करती है या नहीं?

1857 के गदर के बाद अंग्रेज़ी शासन ने प्रायः सारे उत्तर भारत को अपने चँगुल में ले लिया था और धीरे–धीरे उसकी प्रशासनिक स्थिति मज़बूत होती चली जा रही थी। राज्यों और प्रान्तों की पुनर्व्यवस्था और पुनर्गठन का कार्य लगभग पूरा हो गया था। अंग्रेज़ों का दबदबा, आतंक इस सिरे से उस सिरे तक छाया हुआ था। नये हथियारों, रणनीतियों और हथकण्डों के साथ–साथ वे अपने उपयोग के नये–नये उपकरण भी ला रहे थे। सब मिलाकर असंगठित और गुप्त विरोधों के बावजूद भारतीय समाज ने इस पराजय को अन्तिम रूप से स्वीकार कर लिया था। हाँ, मानसिक और आध्यात्मिक रूप से जन–मन इस स्थिति को कतई स्वीकार नहीं कर पाया था। भौतिक और सामाजिक पराजय के बाद भीतर कहीं यह बोध और कचोट बने रहना बहुत स्वाभाविक है कि जो बाहरी शक्ति से नहीं हो सकता, उसे बुद्धि और समझ से किया जा सकता है। 1887 में प्रकाशित 'चन्द्रकान्ता' की अभूतपूर्व लोकप्रियता के पीछे मुझे एक कारण यह भी लगता है। चाहे ऐयारों के एक–से–एक अद्भुत कारनामे हों या तिलिस्म के चमत्कार, इन सबके पीछे एक चौकन्नी और विलक्षण बुद्धि, प्रतिभा और उपलब्धियों का काल्पनिक आश्वासन तो है ही और भी आगे जाकर मैं तो यह भी कहना चाहूँगा कि 'चन्द्रकान्ता' अपनी पराजय का ही इक़बाली बयान (कनफैशन) नहीं, बल्कि सामन्ती शौर्य की घनघोर सफलता के बाद बौद्धिक चातुर्य की दिशा में एक अचेतन प्रयोग है यानी भौतिक सामर्थ्य की व्यर्थता के बाद बौद्धिक श्रेष्ठता साबित करने का एक काल्पनिक और कमज़ोर प्रयास...।

और यहीं 'चन्द्रकान्ता' अपनी पूर्वज उर्दू–दास्तानों से कथ्य और लक्ष्य के स्तर पर ही एक़दम अलग नहीं हो गयी है, सारे शिल्प और कथानक में भी बहुत–बहुत दूर जा पहुँची है। 'दास्तान–ए–अमीर–हम्ज़ा' में नायक धर्म के प्रचार का महान लक्ष्य लेकर चला तो हातिम परोपकार के लिए समर्पित हुआ, 'अलिफ़लैला' में मलिका शहरज़ाद घुमक्कड़ी के मारे लोगों की कहानियाँ सुना–सुनाकर अपनी मौत हज़ार रात टालती रही। इन अमूर्त और महान सत्यों के मुक़ाबले 'चन्द्रकान्ता' के नायकों के उद्देश्य बहुत ही भौतिक और सांसारिक हैं–यानी तिलिस्मों के भीतर दबी सुरक्षित अकूत

अथाह दौलत को प्राप्त करना... दोस्त और दुश्मन इसी से तय होते हैं और इसी मूल कथानक में तिलिस्म की चकाचौंध कर डालने वाले करिश्मे, ऐयारों की दाँतों–तले उँगली दबाने वाली साँस रोक हैरतअंगेज़ कारगुज़ारियाँ हैं।

उर्दू–दास्तानें अलग–अलग आख्यानों या प्रसंगों का सिलसिला लेकर चलती हैं यानी हर आख्यान अपने–आप में लगभग इतना सम्पूर्ण है कि दास्तान वहाँ ख़त्म भी हो सकती है–जैसे बैताल पच्चीसी या सिंहासन बत्तीसी... हाँ, मुख्य पात्र इन सारी कहानियों के चूँकि एक ही है इसलिए अगली कहानी भी उसी का हिस्सा और क़िस्सा बनकर आती है। जैसे एक डोरी है, जिसमें ये स्वतन्त्र और स्वयं सम्पूर्ण प्रसंग पिरो दिये गये हैं। शायद इसका कारण इन कहानियों का वाचिक होना है। उन्हें प्रायः हर रात श्रोताओं के सामने सुनाया जाता था, इसलिए एक या दो बैठकों में सम्पूर्ण होने के साथ–साथ महीनों निरन्तर चलने वाले क़िस्सा–शिल्प की आवश्यकता थी। उर्दू–दास्तानों के तो कथानक सम्बन्धी पैटर्न (बुनावट) और मोटिव्स भी प्रायः तय ही हैं। हर कथा के आधार हैं :रज़्म' और 'बज़्म' यानी युद्ध और महफ़िलें या महलों के उत्सव। नायक लोग या तो लड़ते हैं या फिर महलों में बैठकर नाच–गानों का आनन्द लेते हैं, दरबार लगाते हैं। नयी सूचना आती है, कोई जटिल स्थिति पैदा होती है और विघ्न पड़ता है–हो गया नये कूच का नगाड़ा बजना शुरू! यही कारण है कि मुख्य पात्रों के अलावा प्रायः अलग–अलग आख्यानों के पात्र दुबारा नहीं आते।

इसके विपरीत 'चन्द्रकान्ता' पाठ्य–कथा है और इसकी बुनावट तो इतनी जटिल या कल्पना इतनी विराट है कि कम ही हिन्दी उपन्यासों की हो। मौखिक परम्परा के क़िस्सागो की याददाश्त को विलक्षण और चमत्कारी बताया जाता है, मगर उसकी वर्णन और विवरण रेखा एक़दम सीधी है। अपने आख्यान का मोटा नक़्शा उसके सामने रहता ही है, बाकी विवरण और सूचियाँ वह अपनी स्मृति और आसपास के निरीक्षण से भरता चला जाता है। वहाँ अन्वेषण और आविष्कार की गुंजाइश या तो है ही नहीं या बहुत सीमित कर दी गयी है। रज़्म (युद्ध) है तो हथियारों, घोड़ों और सिपाहियों के वर्णन, मोटी–मोटी मोर्चाबन्दी और रण–क्षेत्र का नक़्शा... या पारस्परिक द्वन्द्व–युद्ध में दाँव–पेंचों के नाम...उधर बज़्म में गहनों कपड़ों, खुशबुओं खानों से लेकर दरबार, शाही आदाब अल्लाब, पगड़ियाँ और कपड़े... जबकि 'चन्द्रकान्ता' में इस तरह की सूचियों पर बहुत जोर नहीं है। हाँ, वर्णन तो है ही। वहाँ जोर है कथानक के फैलाव, जटिल गुत्थियों और

अधिक–से–अधिक रहस्यमय घटाटोप पैदा करने पर... अद्भुत और अद्वितीय याददाश्त और कल्पना के स्वामी हैं बाबू देवकीनन्दन खत्री...पहले या तीसरे हिस्से में दी गयी एक रहस्यमय गुत्थी का सूत्र उन्हें इक्कीसवें हिस्से में उठाना है, यह उन्हें मालूम है। अपने घटना स्थलों की पूरी बनावट, दिशाएँ उन्हें हमेशा याद रहती हैं। बीसियों दरवाजों, झरोखों, छज्जों, खिड़कियों, सुरंगों, सीढ़ियों–सभी की स्थिति उनके सामने एक़दम स्पष्ट है।

इसी कारण मुझे लगता है कि तिलिस्म, ऐयार या दो–चार छोटी–मोटी बातों के अलावा देवकीनन्दन खत्री ने उर्दू–दास्तानों से बहुत ही कम लिया है। उनके प्रायः सभी पात्रों की निरन्तर उपस्थिति, कथानक का सुगठित फैलाव 'महाभारत' के अधिक निकट लगते हैं। हालाँकि हिन्दू–धर्म की स्थापना के प्रच्छन्न उद्देश्य, चरित्रों और कथा के रूप–बन्ध में 'रामचरितमानस' का प्रभाव ही मुखर है। 'सन्तति' के नायक कुँवर इन्द्रजीत सिंह और आनन्द सिंह की जोड़ी तो 'राम–लक्ष्मण हैं ही, मारीच द्वारा सोने का हिरन बन जाने या रावण के साधु–वेश में सीता हरण के प्रसंगों की प्रतिध्वनियाँ भी 'सन्तति' में स्पष्ट हैं। उपन्यास के प्रमुख खलनायक तिलिस्मी दारोगा का पाठक से पहला परिचय भी साधु–वेश में होता है और ऐयार, शेरों के रूप में कुँवर इन्द्रजीत सिंह का अपहरण करते है। तिलिस्मी कमालों में सोने की लंका, 'महाभारत' के मय–राक्षस के बनाये माया–महल या बत्तीस पुतलियों का बोलना इन सबके प्रभाव पकड़े जा सकते हैं। मेरा ख़्याल तो यह भी है कि "तिलिस्म तोड़ने पर ही पूर्वजों द्वारा सुरक्षित की गयी अथाह सम्पत्ति हासिल हो सकेगी।" –इस शर्त के पीछे सिंहासन बत्तीसी की मोटी रूप–रेखा भी कहीं खत्री जी के मन में बनी रही होगी यानी बत्तीस पुतलियों के सवालों के जवाब देने पर ही राजा विक्रमादित्य के सिंहासन, सम्पत्ति को प्राप्त किया जा सकेगा। यहाँ हमें यह नहीं भूलना चाहिए कि उर्दू–दास्तानों में तिलिस्म का स्वरूप और प्रयोग वैसी ही आधिभौतिक शक्तियों का मन्त्र प्रयोग है जो रावण इत्यादि राक्षसों ने युद्ध में किया गया बताते हैं या जिन्हें लोक–कथाओं में तान्त्रिकों के साथ जोड़ा जाता रहा है–आँधी–पानी, बादल–नदियों या खूँखार जानवरों और महलों–किलों को इशारे से पैदा कर देना या मिटा देना सब मिलाकर जादुई करतब। उधर, खत्री जी ने तिलिस्म का अर्थ वह लिया है जिसे हम आज की जबान में टेक्नोलॉजिकल एक्सिलेंस या गैजेट्स का उपयोग कहते हैं–बटन दबाते ही चीज़ों का खुद–ब–खुद होना...।

अपने घटना–विकास और सम्पूर्ण कथानक को देवकीनन्दन खत्री जिस आधिकारिक आत्मविश्वास से चलाते हैं, झटके और झकोले देते हैं, उससे एक बात रह–रहकर ध्यान में आती है। सुनते हैं अपने गया के व्यावसायिक ज़माने में उन्हें जहाँ रईस लड़कों वाले तरह–तरह के और शौक थे वहीं पतंगबाजी का भी बेहद नशा था। इस पर गया के एक मेले में उन्होंने पाँच हज़ार रुपये फूँक डाले थे–(तब के पाँच हज़ार का मतलब आज के एक लाख तो हैं ही) वे आदमी, जानवरों और राक्षसों की शक्लों की पतंगें बनाकर उड़ाया करते थे। एकाध बार रात के अँधेरे में उन्होंने लाख या कुछ और मसाले लगाकर ऐसी पतंगें उड़ायी थीं कि ऊपर आग की लपटें निकलती थीं। सारे शहर में तहलका मच गया और जगह–जगह भीड़ इकट्ठी होकर इस कयामत को देखने लगी। दूसरा शौक बाद में उन पर हावी रहा शतरंज का। मुझे लगता है कि पात्रों की व्यूहरचना और पैंतरों में उनकी शतरंजी चालें दिखायी देती हैं तो कथानक को बढ़ाने समेटने के अन्दाज में पतंगबाजी के दाँव–पेंच कभी वे ढील छोड़ते चले जाते हैं तो कभी सारे कथानक को चर्खी पर वापस लपेटते हुए लगते हैं–पेंच लड़ने पर ढील, खींच, झटका और कात सभी का मज़ा है...।

निश्चय ही इस बार पढ़ते हुए मेरी निगाहें उस कुंजी को ही तलाश करती रहीं, जहाँ से सारे कथानक के तालों को खोला और समझा जा सके... जहाँ तक याद आता है देवकीनन्दन खत्री तक प्रायः या तो सुबह होती है या रात, दुर्गाप्रसाद खत्री में दोपहर भी आती है–गर्मी की दोपहर और उसमें पसीने–पसीने टपकता हुआ कोई ऐयार या घुड़सवार वर्ना दोनों में ही तिलिस्म और राजमहलों को छोड़कर सभी कुछ साँझ और रात में ही घटित होता है। ऐयार तो चलना–घूमना, लड़ना या भेद लेना चोरी या हत्या–सभी कुछ रात के अँधेरे में ही करते हैं–दिन में एक शहर या स्थान से दूसरे तक जाते ही दिखायी देते हैं। दो बातों में अक्ल खर्च न की जाये तो उपन्यास आज भी बाँधते हैं। पहली यह मानकर चलना चाहिए कि हर कोई हर किसी की सूरत बना सकता है। आदमी हो या औरत, किसी की भी शक्ल बनाकर सब आपस में एक–दूसरे को धोखा दे सकते हैं। दूसरा, कि हर कोई कहीं भी पहुँच सकता है। कोई भी स्थान किसी के लिए भी पहुँच से बाहर नहीं है। अभी–अभी आपने किसी को चुनार में देखा है तो अगले ही क्षण उसे आप जमानियाँ या रोहतासगढ़ में भी देख सकते हैं।

सारे उपन्यास में चतुराई बरती गयी है कि समय इतना साफ़ तय न हो जाये कि दूसरी घटना को काटता लगे। या आधुनिकतम उपन्यास में देश–काल या टाइम--स्पेस को लेकर जैसे पूर्वापर संगति को तोड़ा गया है, उसके सूत्र तलाश करने की दृष्टि से 'चन्द्रकान्ता' में काफी कुछ बीज मिल जायेंगे।

खैर, खत्री जी की इन दो विशिष्ट असंगतियों, (उनके हिसाब से युक्तियों) को आप गले उतार लें तो उपन्यास अपने आपको पढ़वा लेता है और ये दो बातें तो हम आज भी हिन्दी फ़िल्मों में देखते ही हैं। आपने नायक या खलनायक को एयरपोर्ट या किसी तहख़ाने–कोठरी में क़ैद देखा है उधर जहाज़ उड़कर हवा में आ चुका है, या मीलों दूर समुद्र के बीच है, कि वही नायक अचानक पिस्तौल लेकर उसी तरह खड़ा हो जाता है, जैसे स्प्रिंग में लगा खिलौना–बुड्ढा। शक्लें भी लोग उसी आसानी से बदलते दिखते हैं–आदमी औरतों की बोली, कपड़ों की नक़ल करते हैं और औरतें मौलवी, साधु या पण्डित बनकर सामने आती हैं... तिलिस्म तो आज भी 'शालीमार' जैसी फ़िल्मों में ज्यों–का–त्यों मौजूद है बल्कि 'शालीमार' नाम का हीरा तो परम वैज्ञानिक तिलिस्म के बीचोबीच सुरक्षित रखा हुआ है।

हाँ, मुझे यह ज़रूर लगता रहा कि उपन्यास में गति, कार्य, हरक़त यानी एक्शन तो भयानक गर्दन–तोड़ गति से है, मगर वह चक्राकार ही हैं। उसकी धारणा ऐसी सुगठित और सुनिश्चित नहीं है कि निरन्तर विकसित, उद्घाटित या लक्ष्योन्मुख हो। जब चरित्रों की विशेषताएँ और प्रतिक्रियाएँ निश्चित हो, लक्ष्य और मन्तव्य तय हों तो बहुत कुछ नया होने को रह भी नहीं जाता। जो कुछ भी उलझाव और औत्सुक्य पैदा किया जा सकता है। वह स्थान और क्रियाओं के फेरबदल से ही होता है। पात्रों को न तो विकसित होना है, न बदलना है। बहुत जल्दी ही उनके व्यक्तित्व का कोई ऐसा पक्ष भी नहीं रह जाता जो चकित करे। अब तो देखना यह होता है कि किसका दाँव कहाँ लगता है। उस लिहाज़ से अच्छे और बुरे दो ही चरित्र–विभाजन हैं। दारोगा इत्यादि अगर दुष्ट, स्वार्थी और लालची हैं तो अन्त तक अपरिवर्तनीय हैं। संशोधन, सुधार या मनोविज्ञान के किसी और पक्ष के वहाँ सामने आने का सवाल ही नहीं है। वे या तो क़ैद किये जा सकते हैं या मारे जा सकते हैं। सबसे अजीब बात तो यह है कि इतनी लम्बी औपन्यासिक यात्राएँ कर चुकने के बावजूद न तो सुरेन्द्र सिंह, वीरेन्द्र सिंह यानी अच्छे पात्र मरते हैं, न बुरे। अच्छे पात्र बड़े धार्मिक सन्ध्या–वन्दन, पूजा–पाठ करने वाले लोग हैं और

सारे शास्त्रीय गुणों का पालन करते हैं। वे अपनी सफलता और श्रेष्ठता से परम्परागत धर्म की महानता ही सिद्ध करते हैं।

इस उपन्यास–माला में एकमात्र चरित्र भूतनाथ ही ऐसा व्यक्ति है जो अपने किये पुराने पाप के दंश से पीड़ित है, अतीत से छुटकारा पाना चाहता है और अन्त में वह नहीं रह जाता जो शुरू में था यानी विकासशील बहु–आयामी और अनप्रेडिक्टेबिल (जिसके बारे में कोई अन्दाज़ा न लगाया जा सके) चरित्र है। वह प्रायश्चित्त करता है आत्म–स्वीकृति की तरह अपनी जीवनी लिखकर। उसके इस अपराध–बोध ने उसे उपन्यास का सबसे जीवन्त, विकासशील और कर्मठ नायक बना डाला है। जितना ही अपने अतीत से वह बचना चाहता है, उतना ही वह बार–बार उसके सामने लाया जाता है। खलनायकों द्वारा डराने, धमकाने, ग़लत काम कराने या ब्लैक–मेलिंग के लिए या इन्द्रदेव जैसों द्वारा सही रास्ते पर लाने के लिए वह भयानक और खूँखार ऐयार है–चौकन्ना, चुस्त, फुर्तीला, विलक्षण और अद्‌भुत... और ज़िन्दगी को दुबारा सम्मानपूर्वक जीने की ललक, पीछे की सारी कलंक–कालिमा पोंछकर साफ़–सुथरे हो पाने की तड़प, उसे राजा वीरेन्द्र सिंह के मुहासिब ऐयारों तक ले जाती है...।

बात कथानक की बुनावट और बनावट की हो रही थी। चक्राकार और आड़ा–तिरछा चलने के बावजूद उसकी रेखाएँ मोटी और साफ़ हैं। हर ऐयार एक–दूसरे को धोखा दे सकता है धोखा खा सकता है। किसी की भी शक्ल बनाकर कोई भी कहीं पहुँच सकता है। किसी को भी कहीं भी पकड़ा, बेहोशी की बुकनी या दवा सुँघाई, बाँधा और पीठ पर लादकर चल दिये या बाँधकर एक तरफ़ झाड़ी में डाला, उसके कपड़े पहने, उसकी शक्ल बनायी और उसके पक्षवालों के बीच पहुँच गये धोखा दिया या काम निकाला–मगर जब वापस आये तो छोड़े गये व्यक्ति को ग़ायब पाया ये ऐसा बहुत कम हुआ है कि इस तरह छोड़ी गयी गठरी वापस लौटने पर वहीं मिली या कुएँ की जगत, झाड़ी, कमरे, जंगल की चट्टान पर दो व्यक्ति बातें कर रहे हों और तीसरा कहीं आसपास आड़ में छिपा सुन न रहा हो! कैसी अविश्वास, आशंकाओं और चौकन्नेपन की हिंसक दुनिया रही होगी, वह जहाँ हर समय आप मरते या मारते हैं; धोखा देते या खाते हैं, दूसरे के स्वार्थ या अपरिवर्तनीय प्रकृति को जानते–समझते हुए उसकी बातों में आ जाते हैं, सौदे और मोल–भाव करते हैं...अभी–अभी आपने सारे हमलावरों

को घायल कर दिया है, मालती या किशोरी को दुश्मनों के चँगुल से छुड़ा लिया है कि अचानक कहीं से नकाबपोश प्रकट होता है, बेहोशी के धुएँवाला बम फोड़ता है और आप फिर उतने ही असहाय और बेबस... कोई कुआँ, कोई खोह, कोई नाला या घाटी ऐसी नहीं जो किसी–न–किसी तिलिस्म का मुहाना नहीं है या जहाँ से कोई गुप्त सुरंग नहीं जाती है। कोई घर, कमरा या क़ैदख़ाना ऐसा नहीं है। जहाँ पत्थर की पटिया खिसकाकर रास्ता न निकल आता हो। अजीब गोरख धन्धा या साँप–सीढ़ी का खेल है कि आखिरी चौखट पर पहुँचते–पहुँचते साँप आपको फिर पहली चौखटे पर ला–पटकता है और सारा खेल फिर से शुरू हो जाता है... आप भूतनाथ से रहस्य–मशविरा कर रहे हैं, उसे विश्वास में लेकर अगली–पिछली योजनाएँ बता रहे हैं, ज़रूरी क़ाग़ज–पत्तर सँभलवा चुके हैं और वह अभी चार क़दम ही गया है कि सहसा एक नकाबपोश कहीं से टपक पड़ता है और बताता है कि वह भूतनाथ नहीं, दारोगा, शिवदत्त या माधवी का कोई ऐयार था–भूतनाथ तो मैं हूँ! हर कोई काले लबादे और नकाब के पीछे अपना असली चेहरा छिपाये है; हर कोई किसी–न–किसी को गठरी में बाँधे अपनी पीठ पर लटकाये चला जा रहा है... औरत हो या आदमी, कोई भी किसी को लादे मीलों बेखटके पैदल जा सकता है... न उसे थकान होती है, न कमजोरी... उधर बँधे व्यक्ति की बेहोशी भी पहले नहीं टूटती! वह बेहोश होने से पहले ख़ास प्रतिरोध भी नहीं करता। लगता है, बेहोशी की दवा को वाचिक कहानियों में मन्त्रों का ही स्थानापन्न कर दिया गया है, सुँघाया और बेहोश–लखलखा सुँघाया और चैतन्य। वहाँ रात को शायद ही किसी को नींद आती हो। गम्भीर–से–गम्भीर घायल पलक झपकते ही अगले क्षण फिर मरने–मारने को तैयार...मर्द, औरत सभी जंगलों, पहाड़ों, गुफाओं और दरों में निडर होकर धड़ल्ले से आते–जाते हैं। साँप बिच्छू, कील–काँटे, पत्थर चट्टानें–कहीं कुछ भी किसी के आड़े नहीं आता। गर्मी, बरसात, आँधी–तूफ़ान सभी में ऐयारों का एकमात्र परिधान है। काले लबादे...वैसे भी गर्मी और बरसात के ही मौसम हैं, ठण्ड और सर्दी के बहुत कम...बरसात में ऐयार बोरा ओढ़कर अपना बचाव करते हैं।

और किस आसानी से लोग गर्दनें उतार लेते हैं! खंजर मारा और गर्दन कटकर अलग! अगर कहीं पहले से लाश या लाशें पड़ी हैं। या लटकी हैं तो आप निश्चित जानिये उनकी गर्दनें ग़ायब होंगी। औरतों के जब सिर काटे जाते हैं तो अनिवार्यतः उनकी जगह कोई–न–कोई लौंडी या बाँदी होती है।

आश्चर्य होता है कि जानते–बूझते क्यों कोई लौंडी किसी ऐसी राजकुमारी या प्रेमिका की शक्ल बनायेगी जिसका सिर कटना है? मरते या मारे जाते समय वही चीखकर क्यों नहीं बताती कि मैं कमलिनी, किशोरी नहीं; बाँदी या नौकरानी हूँ? क्या वे खुद नहीं जानती होंगी कि असली व्यक्ति को जान का ख़तरा है, तभी तो उसकी जगह उसके वेश में मुझे सुलाया या घुमाया जा रहा है! 'बाबरनामा' पढ़ते हुए भी मुझे एक बात पर हमेशा ताज़्जुब होता था: कैसी आसानी से बाबर लिख देता है कि अमुक पर मुझे विश्वासघात का शक था, इसलिए उसे मरवाकर भूस भरवा दिया या अमुक गाँव के दो आदमी बग़ावत की बात सोच रहे थे और मैंने उस गाँव समेत आस–पास के चार गाँवों में आग लगवा दी और अगली ही साँस में वह आम और गुलाब की क़िस्में गिनाने लगता है, दजला और फ़रात की यादों में खो जाता है–मुग्ध और उच्छवसित होकर इन उपन्यासों को देखकर भी यही लगता है कि जंगल के क़ानून में ज़िन्दगी कितनी सस्ती और घास–पतवार जैसी महत्त्वहीन चीज़ हो जाती हैं। लौंडी और नौकर लोग कभी भी मर या मारे जा सकते हैं; वे आम आदमी हैं। और उन्हें यही सिखाया गया है कि मालिक के हाथों या मालिक के लिए मरना परम पुण्य का काम है! लेखक सिर्फ़ यही कहकर आगे चल देता है कि वह कुँवर इन्द्रजीत सिंह नहीं, कोई ऐयार था जो मारा गया। भूतनाथ की गर्दन पर जिन दर्जन भर लोगों का ख़ून है, वे सभी नक़ली और स्थानापन्न लोग हैं...।

इस समय ये सब लिखते हुए मेरे दिमाग़ में काफी कुछ गडमड हो गया है और देवकीनन्दन खत्री या दुर्गाप्रसाद खत्री के लेखन को मैं अलग–अलग नहीं कर पा रहा हूँ–हालाँकि पिता ने इस माला के कुल 34 ही भाग लिखे हैं, पुत्र ने अगले पूरे किये हैं। मन में छाप यह है कि पिता में कार्य–कारण या युक्ति की चेतना, पुत्र से अधिक है। पुत्र ने तो अदृश्य कर देने वाले तिलिस्मी–कवच, हड्डियों के ढाँचों के पीछे छिप जाने वाले ऐयार, उड़ने वाले गरुड़ और बोलने वाली मूर्तियाँ सभी कुछ धड़ल्ले से भरे हैं, जबकि देवकीनन्दन खत्री अपने पाठकों के प्रति सचेत हैं कि उन्हें उपन्यास में आई हर बात की सम्भावना बतानी है। उनकी युक्ति पाठकों को ध्यान में रखकर थी तो दुर्गाप्रसाद जी ने, देवकीनन्दन जी की युक्ति को ज्यों–का–त्यों स्वीकार कर लिया था। देवकीनन्दन तो उपन्यास के तेईसवें भाग में वर्णित हर बात की सम्भावना पर बातें भी करते हैं और कार्य–कारण की इसी

प्रवृत्ति के तहत तिलिस्मी प्रकरणों में हर 'चमत्कार' के पीछे की 'वैज्ञानिक' व्याख्या देते हैं या हर चौंका देने या दहला देने वाली अप्रत्याशित बात या घटना का आगे जाकर रहस्य खोलते हैं। वे सहसा ही झटके से एक घटना फेंक देते हैं और फिर आगे कहीं जाकर उसका कारण बताते हैं। यही उनकी तकनीक है। उपन्यास के शुरू में ज़रूर उन्होंने शिवदत्त के ऐयारों को शेरों का रूप धरकर कुँवर इन्द्रजीत सिंह को धोखा देते दिखाया है। इतना ही नहीं, एक शेर पर 'बाबा' और दूसरे पर 'कुमार' सवारी करते हैं, मगर आगे जाकर यह प्रवृत्ति कम हुई है। ऐसी ही दूसरी घटना राजा गोपाल सिंह को 'कृष्णा जिन' बनाने की है। अक्सर उन्होंने कार्य–कारण को मिलाने की ही कोशिश की है। वे पाठकों की ओर से आने वाली शंकाओं और प्रश्नों के प्रति काफी सचेत हैं; जानते हैं कि मुग्ध–भाव से हर सम्भव–असम्भव घटना को सुनने वाले उर्दू–दास्तानों के श्रोताओं की अपेक्षा, उनका पाठक अधिक वैज्ञानिक युग का आदमी है। रहस्यों के ताने–बाने मिलाने में उनकी विलक्षण याददाश्त ने ही मदद की है... रूप बदलने के लिए भी उन्होंने एक विशेष प्रकार की झिल्ली चढ़ाने की बात कहकर उसे 'वैज्ञानिकता' दी है। वैसे, ऐय्यारी के बटुए में क्या नहीं होता! इस प्रकार 'चन्द्रकान्ता' को आस्था और विश्वास के युग से, तर्क और कार्य–कारण के युग संक्रमण का दिलचस्प उदाहरण भी माना जा सकता है। क्योंकि वहाँ ईश्वरीय विधान प्रारब्ध, कर्म–फल–सभी के प्रति निष्ठा और विश्वास के संस्कारों के साथ–साथ, बुद्धि, कार्य–कारण, विश्वसनीयता के प्रति भी बराबर का आग्रह है।

सन् '**53–54** में 'आलोचना' के एक लेख में मैंने 'भूतनाथ' और तिलिस्म दोनों पर लिखा था, इसलिए ये साढ़े पाँच हज़ार पन्ने पढ़ते समय कुछ बातें मेरे सामने साफ़ थीं। खुशी हुई कि मूल स्थापना को बदलने की बहुत अधिक ज़रूरत नहीं पड़ी। हाँ, इस बार तत्कालीन समाज से उसका रिश्ता कहीं ज्यादा गहराई से जुड़ता हुआ लगा।

'चन्द्रकान्ता' के अन्त की ओर भूतनाथ और नानक के पारिवारिक जीवन को छोड़कर किसी भी पात्र की घरेलू ज़िन्दगी का न होना एक ऐसी बात थी। जिस पर मुझे आश्चर्य ही होता रहा यानी उपन्यास के सारे पात्र हरकत और एक्शन में ही रहते दिखाये गये है। राजा और राजकुमार प्रायः दरबार

लगाकर या तो सलाह करते हैं या फरियाद सुनते हैं। औरतें, चुस्त और चालाक हैं और राजकुमारियाँ या प्रेमिकाएँ, कमलिनी को छोड़कर असहाय और अबला हैं—वे केवल मुसीबत उठाने या प्रेमियों के लिए रोने—गाने को ही बनी हैं। हाँ, सबसे बड़ा आश्चर्य यही देखकर होता है कि इतने बड़े उपन्यास में यौनान्धता कहीं भी नहीं है। कार्यक्षेत्र में रहने वाली औरतों की उम्र 15 से 25 है और उनकी संख्या भी दर्जन भर से ऊपर ही है। वे जंगलों, गुफाओं, तहखानों, सुरंगों, खण्डहरों या निर्जन मकानों स्थानों में घूमती हैं, वहीं उन्हें गिरफ़्तार और बेहोश किया जाता है, या गठरी में लादकर ले जाया जाता है, क़ैद किया जाता है और भेद पूछे जाते हैं, मगर कहीं भी उनकी 'इज्जत' पर कोई आँच नहीं है बलात्कार जैसी किसी घटना का तो कहीं ज़िक्र भी नहीं है। बदला लेने, नीचा दिखाने या रहस्य उगलवाने के लिए उन्हें यातनाएँ दी जा सकती हैं; मगर यौन—सम्बन्धी बिलकुल नहीं। कम उम्र के बावजूद औरतें काफी तेज और समझदार हैं। वेश्याएँ अधिक साहसी और उद्दण्ड हैं। मगर वे मनोरमा हो या गौहर, मुन्दर हो या माधवी—सब बिना किसी भेद—भाव के आपस में घुलती मिलती हैं। सारी खुराफातों, जालसाजियों या रूप के जादू के इस्तेमाल के बावजूद कोई किसी को 'खराब' नहीं करता। वे सर्वगुण सम्पन्न हैं, पढ़ने—लिखने से लेकर हथियार घोड़े सभी कुछ चलाने में माहिर...।

देवकीनन्दन खत्री जैसे परम—धार्मिक, रीति—रिवाज और कर्मकाण्डी व्यक्ति के यहाँ इस प्रकार की आत्मनिर्भर, कर्मठ और स्वाधीन स्त्रियाँ देखकर आश्चर्य होता है। उनके नायक बिना स्नान—ध्यान, सन्ध्या—पूजा किये भोजन नहीं करते, छुआछूत के डर से अक्सर सूखे मेवों और पानी पर ही गुज़र कर लेते हैं; वहाँ ऐसी मुक्त नारियाँ! हाँ, यह ध्यान उन्होंने जरूर रखा है कि खलनायकों के साथ जुड़ी हुई या स्वतन्त्र महत्त्वाकांक्षी नारियाँ या तो वेश्याएँ हों या ऐसी—वैसी हो। यहाँ तक कि मुंदर को दुष्ट, कुटिल और भ्रष्ट दिखाने के लिए उन्हें यह बताना ज़रूरी लगता है कि वह विधवा थी। शायद उनकी धारणा भी यही रही होगी कि स्वच्छन्द विधवा चरित्रहीन होकर रास्ता भटकती है! बहरहाल, ऐसी औरतों की जोड़वाली दूसरी तरफ़ वाली नारियाँ भी फुर्ती और चालाकी में उनसे कम किसी भी हालत में नहीं हैं...

यौन–स्थितियों का इस्तेमाल चाहे बहुत न हो, मगर खत्री जी के नायक–नायिकाओं में शास्त्र–सम्मत आदर्श प्यार तो भरपूर है ही यानी वह प्यार जो एक–दूसरे की अनुपस्थिति या 'एवज़ी' में हो जाता है।

परम्परागत वाचिक कहानियों का यह प्यार मुझे हमेशा ही आश्चर्य से भर जाता है। किसी राजकुमार ने नदी में बहते किसी के ख़ूबसूरत बाल देखे, कहीं अँगूठी कँगन मिल गये और लीजिए, उसके प्यार में पागल हैं, बेहोश हो रहे हैं; घर–भर को सिर पर उठाये हैं और आसनपाटी लिये पड़े हैं या पहाड़ जंगलों की खाक छान रहे हैं। तस्वीरें देखकर तो न जाने कितने नायक–नायिका ज़िन्दगी भर के लिए एक–दूसरे के बन गये हैं। अब मेरी समझ में नहीं आता कि उस ज़माने की ये तस्वीरें (जो किसी विशेष व्यक्ति की न होकर किसी भी नारी की हो सकती थी) या वे बाल, फूल, अँगूठियाँ, थालियाँ या ऐसी ही चीज़ें कैसे तय कर देती थीं कि सम्बन्धित प्रेमिकाओं के चेहरे–मोहरे, रंग–रूप, स्वभाव–मन क्या और कैसे हैं। क्या एवज़ी में होने वाले प्यार में यह ख़तरा नहीं था कि ख़ूबसूरत लम्बे बालों वाली राजकुमारी या नायिका खुद निहायत बदसूरत और कर्कशा निकले। जहाँ तक मैं समझ पाता हूँ वह जन्म–जन्मान्तर का प्यार न होकर सिर्फ़ एक यौनासक्ति ही होनी चाहिए जिसे दूसरे नर या मादा की तलाश है!

बहरहाल, राजा वीरेन्द्र सिंह और कुँवर इन्द्रजीत सिंह इसी परम्परागत ढंग से अनुपस्थिति, एवजी (या बाई प्रॉक्सी) प्रेम में पड़ते हैं। एक–दूसरे के लिए हाय–हाय करते, बेहोश होते या मरने–मारने को तैयार हो जाते हैं। मगर 'सन्तति' में एक महत्त्वपूर्ण प्रसंग और है और वह है स्वतन्त्र रूप से अपने जीवन साथी का चुनाव यानी कुँवर इन्द्रजीत सिंह अपने इस परम्परागत प्यार के अलावा सौन्दर्य, साहस, साहचर्य और अहसान के आधार पर कमलिनी का भी चुनाव करते हैं। यहाँ यह नहीं भूलना चाहिए कि बहु–विवाह सामन्ती संस्कृति में हमेशा से प्रचलित रहा है। वैसे भी बड़े–बड़े कर्मकाण्डियों को कोठों, बाज़ारों से अपना 'स्वतन्त्र चुनाव' करने की ज़रूरत तो महसूस होती ही थी। यह भारतीय चरित्र की दूसरी समस्या है कि वह दुहरे या परस्पर विरोधी मूल्यों के बीच आराम से रहते हुए; मौलिक समर्थन परम्परा को ही देता रहा यानी ढोंग और हिप्पो–क्रेसी ही उसका व्यक्तित्व बना रहा।

जैसा कि मैंने कहा, दरअसल मैं इस उपन्यास श्रृंखला के माध्यम से देवकीनन्दन खत्री की मानसिक बनावट या तत्कालीन समय के प्रभावों और

सूत्रों को समझने की ही कोशिश ज्यादा करता रहा। यानी वे कौन–सी महीन दरारें हैं जिनके जरिये सारे अवरोधों और अंकुशों के बावजूद तत्कालीन वास्तविकता ने उपन्यास में प्रवेश किया है... उपन्यास शुद्ध काल्पनिक है और सिर्फ़ मनोरंजन के लिए लिखा गया है, यह तर्क या घोषणा अपनी जगह भी उतनी ही सही है; मगर लेखक की कल्पना और पाठक के मनोरंजन के पीछे भी तो कान लगाकर समय की आवाज़ सुनी जाती है! जैसे; पात्रों के इस अपरिवर्तनीय, इकहरे मनोविज्ञान के पीछे सिर्फ़ यही कारण नहीं है कि सबके रिश्ते शुरू से ही आपस में तय हैं। सामन्ती व्यवस्था में सारे रिश्ते–राजा, सामन्त या प्रभावशाली बुजुर्ग के माध्यम से ही तब होते हैं, राजा के प्रति ईमान, सर्व–स्वीकृत या पूर्व–निश्चित ही होता है। जब राजा या सामंत सर्वशक्तिमान, सर्वश्रेष्ठ मानवीय गुणों का प्रतीक है तो हर कोई सबसे पहले उसी के लिए प्रतिबद्ध है। इसलिए रिश्ते दो ही बनते हैं कि आदमी, राजा या राजा की संस्था, और भी आगे जाकर परम्परा के लिए स्वामि–भक्त होता है या स्वामी द्रोही। यही नायक, खलनायक की विभाजन रेखा है। मुझे लगता है कि 'चन्द्रकान्ता' की रीढ़ स्वामी–भक्ति की यही समस्या है। चाहे वह राजा हो या प्राचीन गरिमापूर्ण परम्परा, अपने मूल में दोनों एक ही हो जाती है। इनके प्रति बिखरी और टूटी हुई 'स्वामि–भक्ति' या सम्पूर्ण समर्पण की पुनर्परिभाषा और पुनर्स्थापना के प्रयास में ही सारे उपन्यास का कथानक विभिन्न करवटें बदलता है। सामन्तों और सामन्ती–मूल्यों (जिन्हें आज भी प्रायः 'भारतीय संस्कृति' कहकर गौरवान्वित किया जाता है) के प्रति यह चिन्ता क्या बहुत भीतर लेखक के मन में भी बैठी हुई थी?

इस प्रकार के सामन्ती कथानकों वाले उपन्यासों के लिए न तो स्वामी–भक्ति का कथानक नया है, न उसके टूटने–बिखरने के कारण अर्थात् गद्दी की महत्त्वाकांक्षा और दौलत का लालच। वैसे तो 'चन्द्रकान्ता' के प्रारम्भ में शिवदत्त द्वारा या बाद में मायारानी–गोपाल सिंह के प्रसंग में खोयी हुई गद्दी को पाने की उठा–पटक काफी है, मगर सारे कथानक में सबसे प्रमुख और निर्णायक तत्त्व है–लालच। इसलिए यहाँ इस सूत्र को पहचानना बहुत मुश्किल नहीं है कि क्यों यह इकहरी परम्परागत दृष्टि सारे उपन्यास में इस सिरे से उस सिरे तक छायी रही। धन–दौलत (और तिलिस्मों में तो अकूत–अथाह दौलत भरी थी) के लिए ही ये सारे छल–छन्द, मार–धाड़,

रातों की भाग–दौड़ या नृशंसताएँ और हत्याएँ हुई हैं तो क्या खत्री जी का ज़माना ऐसे ही धन के लिए अन्धे होकर दौड़ने, रातों–रात रईस हो जाने के उन्माद–यानी गोल्ड रश का ज़माना है? यह लेखक की अपनी कोई व्यक्तिगत ग्रन्थि है या आसपास की हवा?

'चन्द्रकान्ता' का प्रकाशन 1888 में हुआ, हो सकता है एकाध–साल लेखक के मन में ऐसी कोई चीज़ लिखने की बात घुमड़ती रही हो। पहले अपने गया वाले व्यवसाय, फिर चुनार इत्यादि के जंगलात–ठेके में घाटा उठाकर खत्री जी बनारस के अपने घर में ही सीमित हो गये थे। हो सकता है यह 'कारावास' उन्होंने स्वयं ही घाटे की शर्म के कारण चुना हो, या सम्भव है, इसके पीछे घरेलू या राजकीय कारण रहे होंगे और चुनार के ज़माने में उनके साथ ऐसा कुछ ज़रूर हुआ कि उसे खत्री जी ने अपनी असफलता के साथ जोड़ा और सारी चीज़ को बहुत गहराई से मन में गाँठ बाँधकर रखा। यह भी हो सकता है, बाद की इस स्थिति में धन के महत्व की मानसिकता और घाटे के मानपमान से भी उन्हें गुज़रना पड़ा हो। मुश्किल से तीस वर्ष की उम्र थी। सारी बातें सोचते–समझते भी होंगे। कहते हैं कि जंगलात का ठेका खोने के पीछे तत्कालीन काशी नरेश की नाराजगी भी थी। परिवार वालों का कहना है कि उन जंगलों में शेर का शिकार निषिद्ध था और खत्री जी के एक दोस्त ने भाँग के नशे में अनजाने या जानबूझकर एक शेर मार दिया था और राजा को ख़बर लग गयी। मुझे कारण कुछ और गहरे लगते है बहरहाल, दरबार की इस नाराज़गी और घाटे की असफलता के इसी उत्साह–हीन मानसिक माहौल में 'चन्द्रकान्ता' का जन्म हुआ। माना जा सकता है कि सामान्यतः ठीक–ठाक मध्यवर्गीय व्यावसायिक परिवार में ऐसी स्थिति में भी खाने–पीने की तकलीफ उन दिनों नहीं होती होगी; लेकिन अपमान और असफलता के अवसाद और निष्क्रियता की ऊब के दिवास्वप्नों में इस प्रकार की रचना का जन्म होना असम्भव नहीं है और मनःस्थिति का यह सच, सिर्फ़ उनका अपना ही नहीं था, समय भी इसमें कहीं अपना सुर मिला रहा था।

1857 के सिपाही विद्रोह की असफलता, नये हुक्मरानों के शासन के हथकण्डे, अंग्रेज़ी राज का फैलता शिकंजा और बाकी सारे तौर–तरीक़ों से उत्पन्न असुरक्षा में गढ़े हुए ख़ज़ानों की किंवदन्तियों या रातोरात रईस हो जाने के सपनों ने ऐसी ही आपा–धापी मचा रखी थी...।

न जाने कितनों को अपने घर–बार, राज–पाट छोड़कर भागना पड़ा था, न जाने कितने राजा–रईस उखड़कर फिर से जमने में प्रयत्नशील थे; रजवाड़ों का पुनर्गठन हो रहा था, उन्हें नये स्वरूप दिये जा रहे थे। अंग्रेज़ों के प्रति किये गये उनके व्यवहारों के आधार पर उन्हें समाप्त या सम्मानित किया जा रहा था। अंग्रेज़ों ने अपनी सुविधा और वर्चस्वता के आधार पर कुछ से मनमाने सम्बन्ध बना लिये थे, कुछ ख़ुद सम्बन्ध बनाने को उत्सुक थे। नये स्वामियों के साथ निष्ठा और स्वामी–भक्ति तय करने का माहौल था, ये सारे लोग नये दरबार में स्वीकृति पाना चाहते थे...।

अगर इसी व्यक्तिगत और सामाजिक परिप्रेक्ष्य में 'चन्द्रकान्ता' वर्ग के उपन्यासों को देखें तो कथानक के कुछ और ही अर्थ– आयाम सामने आने लगते हैं... सारा उपन्यास दौलत को छिपाने या छिपी दौलत को सही और अधिकारी हाथों में सौंपने और हथिया लेने के संघर्ष की महागाथा बनकर सामने आने लगता है। तिलिस्म की परिकल्पना भी इसी दौलत के लिए की गयी है और उधर सारी ऐयारी या धोखाधड़ी भी इसी के लिए है... दारोगा, जैपाल सिंह, मायारानी और यहाँ तक कि भूतनाथ भी इसीलिए खलनायक हैं, और वीरेन्द्र सिंह, इन्द्रजीत, आनन्द सिंह या उनके साथी इसी के लिए नायक। मोटे रूप में उपन्यास के दो खलनायक हैं–शिवदत्त और दारोगा... शिवदत्त गद्दी से उतारा हुआ राजा है, इसलिए बीते युग के सपने, राज्य वापस लेने के उसके सारे प्रयास, जोड़–तोड़ या साधन इकट्ठे करना या इस सबके लिए धन–दौलत की आकांक्षा बहुत अस्वाभाविक नहीं है। मायारानी, दारोगा और जैपाल सिंह के षड्यन्त्रों के शिकार राजा गोपाल सिंह भी तो अपनी छिनी हुई गद्दी के लिए वीरेन्द्र सिंह, इन्द्रदेव के साथ यही करते हैं। हाँ, विष्णुदत्त शर्मा, यानी तिलिस्म का दारोगा जरूर बहुत कुछ सोचने को मजबूर करता है। खलनायकों के इस गुट में यही सबसे केन्द्रीय व्यक्ति है और स्वयं लेखक बिना का विशेषण लगाये उसका ज़िक्र नहीं करता। बाकी सब में भी यही दिमाग़ काम करता है, इसलिए इसकी भूमिका पर थोड़ा और विचार होना चाहिए...।

सुनते हैं, दारोगा के चित्रण में खत्री जी के सामने बनारस का कोई ढोंगी, लेकिन प्रभावशाली महन्त रहा था। उसके दन्द–फन्दों, अय्याशियों, हत्याओं, प्रभावों या गुप्त–तहख़ानों की उन दिनों काफी चर्चा थी। भगवान और धर्म के नाम पर जमा की हुई दौलत के इस उपयोग ने ही खत्री जी

को तिलिस्मी दारोगा की परिकल्पना दी होगी... हर तिलिस्म का संरक्षक वंशानुगत रूप से एक दारोगा होता है। उसे लगभग तिलिस्म की पूरी जानकारी होती है, उसी के पास अनेक रहस्यमय जगहों की कुंजी होती है। उसे केयरटेकर कहिए या कस्टोडियन, लेकिन उसे न तो तिलिस्म के अत्यन्त भीतरी हिस्सों में जाने की इजाज़त होती है, न सही उत्तराधिकारी की पहचान मगर जैसे ही सही उत्तराधिकारी का पता लगे, उसे नायक की सहायता करनी चाहिए... इधर यह विष्णुदत्त दारोगा खुद ही सारे तिलिस्म का मालिक हो जाना चाहता है।

दुनियाभर की जाल–साजी, जोड़–तोड़, उठा–पटक करता है और राजकुमारों की राह में रोड़े अटकाता है यानी यह चौकीदार अचानक ही मालिक बन–बैठने के स्वप्न से आक्रान्त हो उठता है।... इस चौकीदार, संरक्षक का अचानक ही खलनायक में बदल जाना, असली मालिक को धकेलकर खुद ही सब कुछ हथिया लेने के सपने देखने लगना, क्या लेखक अनजाने ही किसी तत्कालीन स्थिति की ओर तो संकेत नहीं करता? खुद अंग्रेज़ों ने भी तो अवध को इसी तरह हड़पा था और पता नहीं कितने ताल्लुके–रजवाड़े थे जिनके राजा–ज़मींदारी गदर में साथ देने के दौरान अपने स्थानों से अनुपस्थित रहे और जब लौटकर आये तो उनकी गद्दियाँ उन्हें कभी वापस नहीं मिलीं, वजीर, मन्त्री या ऐसे ही लोग जिन्हें वे अमानत सौंप गये थे, नये लोगों से साँठ–गाँठ करके खुद मालिक बन बैठे थे।

खत्री जी के परिवारवाले बताते हैं; कोई सज्जन दसियों बरस खत्री जी के पास आते रहे थे शायद उनके विश्वासी और मित्र भी थे। वे मध्य प्रदेश की किसी रियासत के राजा थे और उनके साथ ठीक वही हुआ था जो मायारानी ने राजा गोपाल सिंह के साथ किया। मायारानी दारोगा की मदद से राजा गोपाल सिंह को तहखाने में कैद करके मरा हुआ घोषित कर देती है और खुद ही मालकिन बन बैठती हैं। ये आने वाले साहब भी रियासत में मरे हुए ही मशहूर थे। ठीक इसी तरह के मुग़ल–संन्यासी काण्ड की गूँज तो उस समय सारे हिन्दुस्तान में थी ही।

बहरहाल, दौलत और उससे प्राप्त शक्ति या सुरक्षा और सम्मान के लिए इस अन्धी दौड़ की कल्पना में मुझे हारे–थके, घर में बन्द खुद खत्री जी का ही अपना दिवास्वप्न दिखायी देता है, हो सकता है उसमें मेरी ही ज्यादती हो। अगर भूतनाथ में यह इतना मुखर है कि बार–बार किसी कारण

की तरफ़ ध्यान जाये बिना नहीं रहता।... मैं मानता हूँ कि दौलत और गद्दी के लिए यह उठा–पटक, मार–काट, षड्यन्त्र या जालसाजी बिलकुल भी ऐसी बात नहीं है जो सिर्फ़ उसी ज़माने में रही हो। न जाने कब से साहित्य या लोक–कथाओं का एकमात्र कथ्य ही यह रहा है। मैं तो राम की कथा को भी सिंहासन का वैसा ही संघर्ष मानता हूँ जैसा महाभारत से लेकर अशोक और औरंगजेब में है।

खत्री जी को भी इस कथानक के लिए कहीं नहीं जाना पड़ा होगा। परम्परा में या चारों तरफ़ सब सुलभ और उपलब्ध था ही। इन्हीं दोनों तत्त्वों के आधार पर बे–खटके कहानी के ऊँच–नीच, चरित्रों के दुष्ट और उदात्त पक्ष या साँस रोक सनसनीखेज़ मोड़ आसानी से दिखाये जा सकते हैं। मगर 'चन्द्रकान्ता' के साढ़े पाँच हज़ार पन्नों को केवल इसी केन्द्र के आस–पास घुमाये जाना मुझे इतना सतही नहीं लगता। मैं एक़दम स्वीकार करता हूँ कि लेखक ने सिर्फ़ मनोरंजन और सनसनी के लिए ही इनका इस्तेमाल किया है और एकाधिक बार खुद भी स्वीकार किया है कि इसके अलावा उनका कोई और उद्देश्य नहीं है। मगर कितनी भी परिचित या निचुड़ी–निचुड़ाई कहानी हो, इतना घोटने की प्रक्रिया में उसके कुछ–न–कुछ और अर्थ निकलने ही लगते हैं। हो सकता है, उन्हें सपने में भी ख़्याल न हो कि इसके बहाने अपने और अपने समय के अवचेतन को भी वाणी मिल रही है। अक्सर गर्भवती स्त्रियों को तरह–तरह की चीज़ें खाने के 'स्वाद' आते हैं। गाँवों घरों में वे अचार, मिट्टी या चाट लुक–छिपकर खाती हैं। हम पता नहीं कब से इसे उनकी एक स्वाभाविक सनक ही मानते रहे हैं। जानने केवल आज लगे हैं कि जिसे हम 'स्वाद आना' कहते हैं, वह शरीर की एक भीतरी और अनकही ज़रूरत होती है, किसी विटामिन या जैविक–तत्त्व को पूरा करने की भाषा होती है...।

सवाल यही है कि क्या इस दौलत के पीछे पागल भूतनाथ, दारोगा और शिवदत्त के माध्यम से उस समय के कोई और अचेतन अर्थ निकाले जा सकते हैं? कथा–पात्रों से आगे जाकर अगर ये प्रतीक हैं तो किस तत्कालीन सच्चाई को व्यंजित करते हो सकते हैं? अगर बहुत दूर की कौड़ी लाना न माना जाये तो क्या सात पर्दों में छिपी इस दौलत को 'भारतीय अस्मिता' की अनजानी खोज का नाम दिया जा सकता है? और क्या यह देवकीनन्दन खत्री की अपनी ऐतिहासिक मजबूरी नहीं हो सकती कि उन्हें इस भारतीय

अस्मिता का असली हक़दार, मालिक या प्रतिनिधि और अधिकारी, सर्वगुण सम्पन्न राजा या सामन्त ही लगता है, जो प्रतिकूल और विरोधी स्थितियों से घिरा है? सारे लोग इस तूफ़ानी वातावरण में सहारे और सुरक्षा के लिए इसी के लिए दौड़–धूप कर रहे हैं और इस कोण से दारोगा का साधु–महात्मा या पहुँचे हुए ऋषि का स्वरूप सिर्फ़ धोखाधड़ी ही लगता है यानी अनाधिकारी का जालसाज प्रयास...।

निस्सन्देह ये सारी भागमभाग, राज्यों का छिनना, छीनना, चालाकियाँ और ऐयारियाँ, भय–आशंका आतंक या धोखे और मौत का वातावरण खत्री जी की इतने लम्बे समय तक दिमाग़ी उड़ान नहीं बनी रह सकती। तत्कालीन समाज की अराजक स्थितियाँ, लूट–खसोट, छीना–झपटी, मार–धाड़, ठगों और पिण्डारियों के आतंक, साधु–तान्त्रिकों के जादुई जंजाल (भारतेन्दु की प्रसिद्ध पंक्ति "बैरगिया नाला जुलुम जोर, जँह रहत साधु के भेस चोर") राजाओं का गद्दी से उतारा–बैठाया जाना, नवाबों की ऐयाशियाँ और वैभव–सभी कुछ इस उपन्यास की सामग्री में कहीं–न–कहीं कुछ जोड़ते हैं। अस्थिरता के इसी तूफ़ान में निष्कर्ष गम्भीर जहाज़ की तरह भारतीयता के आदर्श अर्थात् राजा की कल्पना खत्री जी ने अपने नायकों में कर डाली है। उनकी यह दृष्टि अनायास ही ध्यान तुलसीदास की ओर खींचती है। मैंने पहले भी कहा है, 'चन्द्रकान्ता' और 'रामचरितमानस' के रचनाकारों के मन्तव्यों में मुझे काफी समानता लगती है। अपने समय की भयानक अव्यवस्था और अस्थिरता ही रही होंगी कि राम के रूप में तुलसी ने ऐसे आदर्श नायक की परिकल्पना की जो वर्णश्रम–धर्म या कहना चाहिए तत्कालीन समझ के हिसाब से व्यवस्था की स्थापना सकें... और कुछ ऐसा ही वातावरण पाया होगा देवकीनन्दन खत्री ने अपने आस–पास मैं इसे भी महज संयोग नहीं मानता कि उत्तर भारत के जन–मानस को पकड़ने वाली दोनों पुस्तकें, दो विदेशी शासनों के बाकायदा स्थापित हो जाने के बाद लिखी गयी। मैं जानता हूँ कि 'चन्द्रकान्ता' इस तुलना में ख़ासी हल्की और अपेक्षाकृत प्रभाव–हीन कृति लगती है। ट्रैजेडी जब अपने को दुहराती है तो फार्स (भँड़ैती) बन जाती है। अपने युग की प्रासंगिकता से छूटकर भी मोहवश जब पुराने की पुनर्स्थापना का प्रयास होता है तो अक़्सर ही हास्यास्पद और व्यंग्य–रचनाओं का जन्म होता है। सामन्ती गौरव के सपनों में साँस लेने वाले 'डॉन क्विकज़ोट' का हास्य इसी प्रकार दो युगों

की असंगतियों से पैदा हुआ है।...खत्री जी से कुछ पहले ही लिखा गया फसानाऐ आज़ाद पुराने का नये युग में अप्रासंगिक और हास्यास्पद हो जाने को ही उजागर करता है। उस हद तक हास्यास्पद तो नहीं, बेजान और निष्प्राण तो खत्री जी के ये नायक भी लगते हैं। उनके बारे में सारे महान और आदर्श गुणों के ताम–झाम का ज़िक्र अनेक तरह किया गया है, परम बलशाली और शूरवीर हैं–पचास–पचास सिपाहियों को दो ही राजकुमार आसानी से काटकर फेंक देते हैं। गुस्सा आने पर लोहे की बेड़ियाँ या जेल के सींखचे तोड़ डालते हैं। इन सबके बावजूद वे सबके सब निहायत ही ठण्डे, इकहरे, निष्क्रिय और बेजान ही दिखायी देते हैं और छाप यही बनी रहती है कि वे करते कुछ भी नहीं हैं। ख़ुद कुछ भी नहीं हैं, हाँ, उन पर आदर्श राजाओं के सारे गुण आरोपित कर दिये गये हैं। मानो बेहद ही साधारण लोगों को मुकुट–मालाएँ पहनाकर रामलीला के राजकुमार बनाकर बैठा दिया गया हो और सारा कार्य व्यापार और कर्मठता नीचे वालों के हाथों में आ गये हों।

मगर उपन्यास को 'मानस' की तुलना में प्रभावहीन कह भी दें तो भी उस लेखकीय मनोविज्ञान को नज़रन्दाज़ नहीं किया जा सकता जो उसके पीछे काम कर रहा है यानी अंग्रेज़ी शासन के समानान्तर आदर्श भारतीय राज्य का सपना। वह सपना उन्हें प्राचीन भारतीय मूल्यों की ओर ही नहीं खींचता, बल्कि किसी भी रूप में विदेशियों की श्रेष्ठता और महानता को स्वीकार करने से भी रोकता है। उस समय का कोई भी लेखक यह स्वीकार नहीं कर रहा था। सर्वान्ते के तीखे व्यंग्य या क्विक्ज़ोट की हास्यास्पन्दता का एक कारण यह भी है कि वहाँ लेखक ने अपने समय की वास्तविकता को ही नहीं पहचाना था, बल्कि उसे हार्दिक समर्थन दिया था। इसलिए उस समय पुराने चक्रवर्ती सम्राट बनने के सपने या प्रयास उसे हास्यास्पद ही लगते थे। हमारे उस 'चन्द्रकान्ता' युग में अपने समय को समर्थन देने का तो सवाल ही नहीं, उसका विरोध भी उतनी सीधी और साफ़ रेखाओं में नहीं था, बल्कि शासन से सारा रिश्ता ही बेहद उलझा हुआ और जटिल था। तत्कालीन वास्तविकता के दबावों और इस भीतरी अस्वीकार ने ही तिलिस्म और ऐयारी के इस सपने को जन्म दिया–या कहना चाहिए कि उस काल के इन सुलभ विषयों को अपने ढंग से इस्तेमाल करने को प्रेरित किया। जरा गहराई से देखने पर चलने वाले मूल्यों के संघर्ष और

अन्तर्द्वन्द्व की काफी साफ़ झलक इस उपन्यास के माध्यम से देखी जा सकती है।

अक्सर ही उपन्यास पढ़ते हुए मुझे लगता रहा कि ये टेढ़े—मेढ़े, पतले—सँकरे, —खाबड़ रास्ते, चट्टानें, घने जंगल, नाले, झाड़ियों, गुफाएँ—खोह, मुहाने—सुरंगे और ऊँची—नीची खौफ़नाक पहाड़ियों किले और इनमें घूमते गुमनाम लबादे या अपने असली चेहरे छिपाये किसी—न—किसी घात में लगे ऐयार—ये सारे—के—सारे वास्तव में कहीं बाहर नहीं है, उत्तर भारतीय मानस के भीतर ही उग आये हैं। ये सब उस मनोवैज्ञानिक दुनिया के हिस्से हैं जो तुड़—मुड़कर कुण्ठित और विकृत हो गयी है यानी डिस्टार्टेड और क्रुकेड! आर्थर मिलर के नाटक 'फॉल' की तरह मन की गहराइयों और वहीं किसी गुफा या सुरंग में यह सब घटित हो रहा है... कल्पना कीजिए, किसी विशाल स्टेज पर उपन्यास के इन घटनास्थलों की मंच—सज्जा... वह सब क्या किसी बाहरी दुनिया की चीज़ हो सकती है? क्या यह सब अवचेतन की ही भूल—भुलैया (लैबिरिथ ऑफ़ लिबिडो) का ही नक़्शा सामने नहीं लायेगा? मुझे तो लगता रहा कि ये पहाड़ और घाटियाँ उसी मनोजगत में उग आये थे। जहाँ अनपहचानी नकाबपोश वृत्तियाँ सन्देहास्पद ढंग से घूमा करती हैं। सभी कुछ जमींदोज़ और भीतर—ही—भीतर हो रहा था। पराजित और कुण्ठित व्यक्ति की सारी असहाय—कर्मठता मन की गुफाओं में ही चुपके—चुपके हलचल मचाने लगती है, सब कुछ उसके भीतर ही घटित होता है। कितने प्रतीकात्मक लगते हैं 'चन्द्रकान्ता' के मठों—मन्दिरों के खण्डहर और सुनसान, अँधेरी खौफ़नाक रातें—ऊपर से शान्त, सुनसान और उजाड़—निर्जन—मगर सब कुछ भयानक जालसाज हरक़तों से भरा... हर पल काले और सफेद की छीना—झपटी, आँख—मिचौनी... यही देवकीनन्दन खत्री की अपनी मानसिकता रही होगी और यही आसपास के परिवेश की...।

जिन क्षेत्रों को देवकीनन्दन खत्री ने अपने घटना स्थल के रूप में चुना है, वह खण्डहरों से भरा है और खण्डहर हमेशा ही एक आतंकप्रद उत्सुकता जगाते हैं। उनकी निर्जन, डरावनी दुनिया ख़ास तरह का रहस्य—रोमांच, जिज्ञासा—भय—सभी कुछ एक साथ पैदा करती है। धीरे—धीरे, डरते, झिझकते आप उनके पास जाते हैं, उनके साथ जुड़ने की कोशिश करते हैं तो पिछली धड़कनें अतीत की गरिमा साँस लेती हुई लगती हैं

'कभी हमारे भी दिन थे' का भाव उनके अतीत को लेकर अतिशयोक्तिपूर्ण, काल्पनिक या सच्ची कहानियाँ गढ़ने को प्रेरित करता है। तब वर्तमान की चुनौती का सामना आप अतीत की महिमा गाकर करते हैं। यह दिलचस्प भी होता है और दयनीय भी! 'चन्द्रकान्ता' इसी दयनीय महानता की दिलचस्प गाथा है। चाहें तो इसे उस समय की चेतना का दस्तावेज़ कह लें... जहाँ हर खण्डहर किसी 'खुल जा सिमसिम' जैसे तिलिस्मी ख़जानों के गुप्त रास्ते छिपाये हैं...।

ऊपर ऐयारी, भीतर तिलिस्म! दोहरे धरातल पर चलने वाली कहानी ऊपरी चतुराई से समय का सामना करने की कोशिश और भीतर कहीं कुछ बेहद ही क़ीमती छिपाये होने का सन्तोष! ऊपरी मनोरंजन के पीछे भारतीय अस्मिता के होने और खोज निकालने का विश्वास। सब मिलाकर टकराते स्वार्थों के चालबाज पैंतरे और अन्दरूनी ख़ज़ानों को खोज डालने की जी–तोड़ उठापटक–यानी उन मूल्यों और महिमा को पाने का शेखचिल्ली प्रयास जो फिर से सही, सम्मानजनक और आदर्श रूप में प्रतिष्ठित कर सकें–खोई हुई इज़्ज़त को वापस दिला सकें।

उन्नीसवीं शताब्दी यूरोपीय चिन्तन और जीवन पद्धति को जड़ से बदल डालने वाली शताब्दी है। नये–नये विचार, आविष्कार, औद्योगिक संस्थान, नये–नये तरीक़े, तकनीकें इसी युग में पकते और अपने चमत्कार दिखाते हैं। आस्था और विश्वास की जगह ले ली है युक्ति और विज्ञान ने। उस समय भाप और बिजली को नयी–नयी ईजादों में ही इस्तेमाल नहीं किया गया, उन ईजादों को दैनिक उपयोग और उपभोग में भी ले आया गया। कल–कारख़ाने, रेल–सिनेमा, सभी कुछ आये और उनमें से कुछ चीजें अंग्रेज़ों के जरिये भारत में आ रही थीं, तो कुछ बातें भी सुनायी दे रही थीं। अख़बार और छापेखाने तो आ ही गये थे। मुझे नहीं मालूम कि खत्री जी की सूचनाओं का स्रोत क्या था, या उनका प्रिय 'अवध–पंच' कितने समाचार देता था। हाँ, भारत के लोग कल–कारख़ानों, बिजली–रेल इत्यादि से परिचित होने लगे थे। इन सबसे सदियों पुरानी जीवन पद्धति, सोच तो बिलकुल नहीं बदली, हाँ शासकों की अनुशासन व्यवस्था के लिए इनके बढ़ते उपयोग से जनता को कुछ सुविधाएँ जरूर मिलने लगीं। उन सुविधाओं को स्वीकार करने से पहले एक ख़ास तरह का प्रतिरोध, आशंका और चमत्कार–भाव तो आना ही था। संशय, उत्सुकता, चमत्कार, गति–यही कुछ तत्त्व 'चन्द्रकान्ता' की रीढ़ हैं यानी उस समय का 'साइके' (मानसिकता) हैं।

घनघोर, लेकिन विघटित–विश्रृंखलित, अपने ही अन्तर्विरोधों की मारी सामन्ती व्यवस्था से औद्योगिक सभ्यता का यह पहला और सीधा परिचय था, बल्कि इसे पहली टक्कर कहना ज्यादा सही होगा; क्योंकि इस सभ्यता को अपने साथ लाने वाली शक्ति विदेशी और विधर्मी ही नहीं, आक्रामक और उपनिवेशवादी विजेता थी। हो सकता है अन्य स्थितियों में इस संसर्ग की प्रतिक्रिया और प्रक्रिया बिलकुल ही दूसरी होती, मगर अब तो अंग्रेजों द्वारा जिस चीज़ की शुरुआत हो उसे न तो शंकाहीन दृष्टि से देखा जा सकता था, न अकुण्ठित मन से स्वीकार ही किया जा सकता था। पुरानी जानकारी के आधार पर हर नये के पीछे किसी जाल या चाल का ही शक होता था। ऊपर से पराजित पददलित जनता को अपनी तथाकथित शक्ति का स्रोत और आधार 'धर्म' ही लगता है। हार गये हों या कुचल दिये गये हों–हमने अपना धर्म नहीं छोड़ा' के झूठ में जीना हमारा स्वभाव बन गया था। हमेशा मन चौकन्ना रहता था कि विदेशी लोग विधर्मी हैं, धर्म और संस्कृति को ही पहले भ्रष्ट करेंगे। ईसाई धर्म का प्रचार भी राजकीय स्तर पर हो रहा था। शायद सामन्तकाल में राष्ट्रीयता से भी पहले धर्म ही अस्मिता की मूल शर्त हो जाती है। वैसे भी आज जैसी समग्र राष्ट्रीय दृष्टि उस समय भी उतनी ही स्पष्ट और मुखर थी, इसे लेकर इतिहासकारों में घनघोर विवाद है। सदियों से छोटे–छोटे राजा और रजवाड़े एक राज्य की राष्ट्रीयता को दूसरे राज्य के विरोध में रखते रहे थे। कोई चित्तौड़ के सम्मान के लिए मरने का नारा देता था तो कोई दिल्ली या गुजरात के। हाँ, धर्म के चारों ओर फैले सूत्र कभी–कभी राष्ट्रीयता का भ्रम देने लगते थे।

विवाद इस स्थापना को लेकर भी कम नहीं है, लेकिन सामान्य धारणा यही है कि फौजों की बग़ावत का विस्फोट 'धर्म' पर आक्रमण के ही बहाने–यानी सुअर गाय की चर्बी का गोलियों में इस्तेमाल पर ही हुआ (कम ही लोगों ने इस बात को भी जानने की कोशिश की कि इस चर्बी की सप्लाई का ठेका एक बंगाली ब्राह्मण 'गंगाधर बार्बी एवं कम्पनी के पास था) बहरहाल, हो सकता है कि यह केवल एक बहाना हो और इस विद्रोह के पीछे कुछ और योजनाएँ रही हों। मगर इससे यह सच्चाई पुष्ट ही होती है कि सामान्य जनता को धर्म के नाम पर ही उत्तेजित–आन्दोलित किया जा सकेगा। शक्ति और सत्ता हाथ से निकल जाने के बाद हर जाति, धर्म और संस्कृति या विचार और आदर्श की अमूर्त दुनिया में शरण और पलायन दोनों लेती है।

शायद अपने को गहराइयों में समेटकर पुनः संगठित होने के लिए। विजेता राज्य और शासन ले सकता है, धर्म और संस्कृति नहीं।' प्रतिरोध की आवाज़ तब यह होने लगती है। एक हवाई आत्मविश्वास और विस्फारित अहंकार से हम तब अपने को दिलासा और विश्वास देते हैं। ये जुम्मा–जुम्मा कुछ–सौ सालों के इतिहास वाले हमारा मुक़ाबला क्या खाकर करेंगे? हम हज़ारों सालों का इतिहास और ज्ञान–विज्ञान पीछे लिये बैठे हैं। ठीक है, इन्होंने हमें जीत लिया, लेकिन महान तो हम ही हैं, ये नहीं हमारे ज्ञान और दर्शन, हमारी सूझ–बूझ हमारी सामाजिक–नैतिक मान्यताएँ और परम्परा, हमारे साहित्य–कला, हमारा अतीत गौरव...।

खैर, सूची बहुत लम्बी है और हर नये के प्रति अस्वीकार, प्रतिरोध और उपहास का यह सिलसिला हमारे यहाँ भी बहुत दिनों चलता रहा आज भी है, जो अस्वीकार्य है वह पश्चिमी, जो अभ्यास में आ गया वह भारतीय और तो और अशोक, चन्द्रगुप्त के जमाने में ही भारतीयता की समाप्ति मानने वालों को कोट–पैंट के मुक़ाबले, चूड़ीदार पाजामा और शेरवानी 'भारतीय' लगने लगी। उनके वायुयान देखकर अपना पुष्पक विमान, उनके रेडियो से अपनी संजय दृष्टि, उनके पुलों से अपने नल–नील, उनकी तोप–बन्दूकों से अपने आग्नेयास्त्र और ब्रह्मास्त्र हमें अधिक श्रेष्ठ और महान लगे। अपने चरक–सुश्रुत–सुषेण के मुक़ाबले उनकी दवाएँ या चिकित्साशास्त्र हमेशा बचकाने ही लगते रहे। ट्रैजेडी यह थी कि हम सिर्फ़ श्लोक ही उद्धृत या प्रक्षिप्त कर सकते थे और उनके पास साक्षात ये चीज़ें थीं जो ज्यादा प्रभावी और उपयोगी दोनों थीं। वेदों को चुराकर चाहे जर्मन लोग अपने देश ले गये हों, लेकिन भला उन्होंने विदेशियों का ही किया था। हम तो ऋचाएँ भौंकते हुए ग़रीब और भूखे मुल्क का मनों घी ही हवनों और यज्ञों में होम सकते थे। भौतिकता और भौतिक उपलब्धियों को आध्यात्मिक गालियाँ देते या उन्हें घृणा की दृष्टि से देखते हुए भी हम दाने–दाने और तिनके–तिनके पर जान दे रहे थे उन्हीं भौतिक उपलब्धियों को अधिक–से–अधिक हथियाने के लिए सबसे ज्यादा नदीदे थे... आज भी हैं...।

भारतीय मानस की ये सारी विसंगतियाँ और अन्तर्विरोध 'चन्द्रकान्ता' में भी हैं काफी संश्लिष्ट और उलझे हुए। एक ओर तो प्रतिरोध की इसी जटिल, सूक्ष्म और द्वन्द्वात्मक अमूर्त प्रक्रिया ने तिलिस्म को जन्म दिया तो दूसरी ओर ऐयारी में विरोध और स्वीकार का दोहरा रूप भी उभरने लगा।

यह कह पाना काफी कठिन है कि प्रतिरोध का स्वर ज्यादा प्रबल है या स्वीकार की दमित आकांक्षा...।

मूलतः मैं इसी द्वन्द्वात्मक सांस्कृतिक प्रतिरोध को चन्द्रकान्ता वर्ग के उपन्यासों का मूल–कथ्य मानता हूँ और इसी का यह तर्क–सम्मत विकास है कि दुर्गाप्रसाद खत्री ने प्रतिरोध के इस रूप को आगे चलकर आत्म–सुरक्षात्मक से बढ़ाकर, आक्रामक कर दिया और प्रतिरोध, विद्रोह में बदलने लगा। 'रक्त–मण्डल', 'मृत्यु किरण' जैसे उपन्यास सारी भारतीय मेधा और प्रतिभा को बाक़ायदा अंग्रेज़ों के विरोध में ला खड़ा करते हैं। पुराने उपन्यासों के ऐयार ही इन नये उपन्यासों में गुप्त–संगठनों के नायक बनकर विदेशी शासकों की सारी वैज्ञानिक और प्रशासनिक योग्यता क्षमता को चुनौती देते हैं। कहना चाहिए, 'चन्द्रकान्ता' में यह प्रतिरोध अपनी ही अतीत–मुग्ध भाषा में बोलता है, जबकि 'रक्त–मण्डल' में उन्हीं की ज़बान में उनका जवाब देता है और सीधे मुठभेड़ की स्थिति लाता है।

'चन्द्रकान्ता' उपन्यासों में जो एक सिरे से दूसरे सिरे तक हर कोई हर किसी से 'हिसाब चुकाने' और प्रतिशोध लेने की बात करता है, क्या इसके पीछे कोई कारण नहीं है? पुराने 'विश्वासघात' का बदला लेने की यह बात क्यों बार–बार वहाँ गूँजती है? और हिंसा, एक्शन, प्रतिशोध, फुर्ती–चालाकी, बेवकूफ बनाना और महान वैज्ञानिक उपलब्धियों की कल्पनाएँ ये सब क्या मन के गहरे और बारीक़ स्तरों पर चलने वाला प्रतिरोध ही नहीं है? वस्तुतः ये सारी भाग–दौड़, मार–धाड़ जिस सम्पत्ति और दौलत के लिए है, वह साधन, सम्मान और सत्ता प्राप्त करके पुनर्प्रतिष्ठा प्राप्त करने की भारतीय दमित आकांक्षा ही तो नहीं है? चाहे तिलिस्म हो या अयारी–भारतीय बौद्धिक ऊँचाइयों और उपलब्धियों की स्थापना या लोहा मनवा लेना ही इस उपन्यास–श्रृंखला का उद्देश्य है। कहीं वह बौद्धिक ऊँचाई व्यावहारिक चतुराई या ऐयारी में प्रकट होती है तो कहीं तिलिस्मी करिश्मों में। अपने मूल में 'चन्द्रकान्ता' भयानक राष्ट्रीय हीन भावना से उद्भूत रचना है। हाँ, इसे अधिक–से–अधिक परतों में छिपाकर ग्राह्य बनाने की जी तोड़ कोशिश की गयी है...।

ग्राह्य बनाने की दृष्टि से ही उनका आग्रह वैज्ञानिकता और युक्ति की ओर है। यही कारण है कि उर्दू–दास्तानों से प्रेरणा लेते हुए भी तिलिस्म और

ऐयारी का उन्होंने वही अर्थ नहीं लिया है। यहाँ उन्हें ज्यादा तर्क–सम्मत और गले उतरने लायक बनाया है। हालाँकि हर नये आविष्कार से चमत्कृत स्तब्ध होने का ही भाव अधिक है। 'अलिफलैला' में बाल जलाते ही जिन प्रकट होते हैं और 'अमीर–हम्ज़ा' में उमरू ऐयार के किसी भी 'जादुई–चक्र' या तिलिस्म में फँसते ही ख़्वाजा ख़िज्र नाम के पैगम्बर उसे मुसीबत से निकालते हैं। देवकीनन्दन खत्री का सारा जोर इन अतिमानवीयताओं से हटकर बौद्धिक कौशल पर है। हर कार्य का एक कारण है, हर घटना के पीछे एक सूत्र है और उपन्यास में घटित होने वाले हर चमत्कार की एक वैज्ञानिक परिभाषा दी जा सकती है–यही खत्री जी का 'गुर' है। उन्होंने खटके, कमानियाँ, बटन, चर्खियों सभी की परिकल्पना की है। अगर ध्वनि तरंगों के बारे में उनकी थोड़ी–बहुत जानकारी होती तो ज़रूर वे कहते कि मुँह से विशेष ध्वनियाँ या ध्वनि–समूह मिलाकर मन्त्र निकालते ही ये तरंगें सामने वाले ताले पर विशेष रूप से सक्रिय हो उठती है और तब उसके पीछे की मशीनें चलने लगती हैं...। निश्चय ही 'चन्द्रकान्ता' में दिए गये तर्क काल्पनिक और अवैज्ञानिक हैं, मगर उनके पीछे हर बात के लिए 'वैज्ञानिक कारण' देने की चेतना ही रही होगी कि आगे चलकर दुर्गाप्रसाद खत्री 'मृत्युकिरण' की कल्पना कर डालते हैं जो आज 'लेज़र–बीम' के रूप में सत्य होती है। बहरहाल, हज़ारों पन्नों की इस यात्रा से गुजरते हुए दुर्गाप्रसाद जी ने बाद में जो उपन्यास लिखे हैं, उन्हें निस्सदेह भारत के पहले 'वैज्ञानिक उपन्यास' (साईंस–फिक्शन) होने का श्रेय दिया जाना चाहिए।

तिलिस्म के अस्तित्व या कल्पना के पीछे देवकीनन्दन खत्री का अपना तर्क है। अरबों और खरबों की सम्पत्ति की सुरक्षा के लिए हमारे पुरखों ने इसे बनाया था, ताकि सही उत्तराधिकारी को सौंपा जा सके। अनाधिकारी और हर ऐरे–गैरे का हाथ वहाँ न पहुँचे, इसके लिए उन्होंने सावधानियाँ बरतीं, सुरक्षा के प्रबन्ध किये; भूल–भुलैया और गुप्त रास्ते, तहख़ाने–दर–तहख़ाने, उन्हें खोलने बन्द करने के जटिल तरीक़े बनाये। उन्हें हिस्सों और खण्डों में बाँटा, बड़ी कारीगरी से उनकी तालियाँ या उनके भेद बताने वाली पुस्तकें तैयार कीं। यह होशियारी भी बरती कि एक ही चाबी या क़िताब से सारा तिलिस्म न खुले और एक विशेष भाग तक ले जाकर वह तरीक़ा बेकार हो जाये! लेकिन वंश में सही उत्तराधिकारी कौन होगा?

उसके रूप–रंग और नाम–क़द क्या होंगे? अगर किसी ने ग़लत–सही तरीक़े से चाबियाँ या रहस्य बताने वाली पुस्तकें प्राप्त कर लीं तो? तब तो तिलिस्म का होना ही बेकार हो जायेगा और सारा ख़ज़ाना ग़लत हाथों में पहुँच जायेगा। इसका बचाव? सारा जटिल कला–कौशल, उलझी और बारीक़ मशीनरी टेक्नोलॉजी सही और ग़लत का भेद कैसे कर पायेगी?

खत्री जी का ज़रूर यह विश्वास रहा होगा कि बाकी सारे भारतीय चमत्कारों पर अवैज्ञानिक या कपोल–कल्पित होने का आरोप लगाया जा सकता है, किन्तु ज्योतिष की गणना या उसके गणित की वैज्ञानिकता तो हर सन्देह और शंका से ऊपर है। इसलिए 'सही–ग़लत' व्यक्ति को लेकर रहने वाले उनके मन के सन्देह को समाधान दिया ज्योतिष ने...। सारा कुछ मशीनी और तकनीकी तो ये विदेशी कर लेंगे, लेकिन भारतीय ज्योतिष को दुनिया में कोई क्या खाकर पायेगा? उनके औपन्यासिक ज्योतिषियों ने अपनी गणना से न केवल पाँच–दस पीढ़ियों बाद आने वाले सही उत्तराधिकारियों के नाम–रूप–गुण बता दिये, बल्कि उनके एक–एक क्षण की गतिविधियों, कार्य क्षेत्र और क्षमताओं का पूरा ब्योरा बना डाला। यही नहीं, उनके सम्पर्क में आने वाले सारे शत्रु–मित्रों, सहायकों–बाधकों की बातचीत, शक्ल–सूरत, व्यवहार, कार्य, परिणाम सभी का कच्चा–चिट्ठा भी तैयार कर लिया। अक्सर तिलिस्मी क़िताबों में या कुण्ड के तले में जड़े पत्थर की पटिया पर या किसी पुतली के मुँह से हमें सुनायी देता है; "अगर तुम्हारा नाम इन्द्रजीत सिंह/प्रभाकर सिंह/वीरेन्द्र सिंह है, तो यहाँ तक आने के बाद, अमुक जगह तुम्हें अमुक चीज़, बात या पुतली मिलेगी और तुम इस प्रकार वहाँ जाओगे/करोगे। इससे आगे का रास्ता बताने के लिए आगे प्रबन्ध है।" रास्ते खोलने, बन्द करने, छिपाने–छलाने के सिलसिले में ही उन पुरखों के कारीगरों ने कमाल नहीं किया था, हू–ब–हू असली जैसी पुतलियों, पशु–पक्षी, पेड़ बनाए जो हमारी तरह ही बातें, हरक़तें और आश्चर्य या दुख प्रकट करते हैं। उनकी शक्लें नायकों या उनकी प्रेमिकाओं से इतनी मिलती हैं कि वे सब पहले धोखा खा जाते हैं। अगर सत्तर कोठरियों, सुरंगों या सीढ़ियों के बाद किसी दीवार पर ऐसी तस्वीर मिलती है जिसमें हमारे नायक का प्रतिरूप मौजूद है तो ठीक उसी शक्ल–सूरत के पुतले पुतली बनाने में उन कारीगरों को कहाँ दिक़्कत हो सकती थी? उन्होंने उन पुतलियों में क्षण–क्षण की हरक़तें और व्यवहार ही नहीं भर दिये थे, सारे भावी सवाल–जवाब भी

टेप कर डाले थे और अंग–संचालनों से उनका सटीक सामंजस्य कर दिया था। बहरहाल, ज्योतिष के आधार पर रोबो, टेप और कम्प्यूटर का ऐसा बेमिसाल और सूक्ष्म संयोजन और टाइमिंग है कि क्या आज के स्पूतनिकों और मिसाइलों का होगा...।

ज्योतिष और टेक्नोलॉजी का यह विकसित–तम रूप प्राचीन भारत में कहाँ तक था–में इस विवाद में नहीं जाऊँगा वर्ना राक्षसों–भूत–प्रेतों की कारगुजारियों से लेकर अगली–पिछली सात–पुश्तों का इतिहास सुनाने और दुनिया की किसी भी भाषा या पुस्तक से पन्ने–दर–पन्ने उद्धृत करने वाली किसी चार–पाँच साल की चमत्कार बालिका के उदाहरणों से जूझना पड़ेगा... राम और अर्जुन के पास कोबॉल्ड और न्यूक्लियर बमों के बाप थे और कुण्डलिनी जाग्रत होने से आदमी देश–काल दोनों की सीमाएँ तोड़ सकता है, वह एक साथ ही टोक्यो, दिल्ली और न्यूयार्क में हो सकता है, भीम द्वारा वायुमण्डल में फेंके गये हाथियों की सवारी कर सकता है और शेर–बिल्ली–कुत्ता चील या हवा जो चाहे बन सकता है। इन बेवकूफ़ियों और गपोड़ी बकवास करने वालों से अगर पूछा जाये कि देशकाल भेदकर कहीं भी जा पहुँचने वाले सिद्धों को अपने चलने–फिरने के लिए एयरकंडीशंड गाड़ियाँ और जम्बो क्यों चाहिए? घड़ियाँ, अँगूठियाँ और भभूत पैदा करने वालों को अन्ध–विश्वासी भारतीय जनता, मक्कार, ब्लैक–मार्केटियर, स्मगलर और अमेरिकन सी.आई.ए. पैसा न दें तो सारे महर्षि, भगवान, परमहंस या तारकब्रह्म–गिरी धूल चाटने लगे। दूसरों को घड़ियाँ–(किसी अलौकिक दुनिया की बनी नहीं, ठेठ विदेशी तकनीक और ठप्पेवाली) देने वालों को अपना समय देखने के लिए इलेक्ट्रॉनिक घड़ी चाहिए, अपने खड़ाऊँ या सिंहासन के लिए सिद्धि से प्राप्त किया नहीं, प्रसिद्धि से उपलब्ध, खान से निकला या बिस्कुटों में भेंट किया गया सोना... और अमानवीय कृत्यों के परिणाम समाज–विरोधी, घृणित स्वरूप मानसिक रूप से अशान्त, अपराध–पीड़ित अफ़सरों, तस्करों, सटोरियों, जासूसों और राजनीतिज्ञों को शान्ति की गोलियाँ और मन्त्र जब ख़ुद जालसाजी, ढोंग, धोखे और हत्याओं में लिप्त भारतीय संस्कृति की किन दिव्य महानताओं के प्रति आस्था जगायेंगे?

वस्तुतः तिलिस्म, पलायन और समय नकार की गुड्डल शुतुरमुर्गी मानसिकता का शरण्य है–सब कुछ भूलकर अपने अवचेतन के तहख़ानों में भारतीय महानता के सपने खोदने की तलाश! राजनीतिक और आर्थिक

रूप से पराजित देश यह कैसे स्वीकार कर लेता कि विदेशी हमसे किसी भी क्षेत्र में श्रेष्ठ हैं?

बात को सिर्फ़ हवाई रायज़नी न मान लिया जाये इसलिए मैं 'चन्द्रकान्ता' से लगभग बीस–पच्चीस साल पहले लिये गये अम्बिकादत्त व्यास के उपन्यास आश्चर्य वृत्तान्त' का जिक्र करना चाहूँगा। इसमें 'लूफ़ लिर्पा' नाम का एक पुरातात्विक अंग्रेज़– (हालाँकि नाम से यह इतालवी या स्पेनी लगता है)– पुराने कुएँ की ख़ुदाई करते हुए ऐसे ही एक 'आश्चर्य लोक' में पहुँच जाता है, जहाँ तिलिस्मी गुफाओं और सुरंगों का जाल है। वहाँ की एक एक चीज़ उसे भारतीय–मेधा की उपलब्धियों पर चकित करती है। अन्य अद्‌भुत वस्तुओं की तरह एक जगह उसे एक़दम ताजा रोटियाँ मिलती हैं और वह स्तब्ध है कि इन भारतीयों ने हज़ारों साल पहले ऐसा कौन–सा तरीक़ा खोज निकाला था कि आज भी रोटियाँ तवे पर से उतारी लगती हैं? स्पष्ट ही उन दिनों अंग्रेज़ों के लिए डबल–रोटी, केक–पेस्ट्री इत्यादि इंग्लैंड या यूरोप से पानी के जहाज़ों द्वारा डिब्बा बन्द आती रहती होंगी। उनकी ताज़गी देखकर अन्य देशवासियों की तरह व्यास महोदय भी दंग होंगे और इसकी कल्पना उन्होंने भारतीय अतीत में कर डाली। खैर, अम्बिकादत्त की मजाक–मिज़ाजी (सेंस ऑफ ह्यूमर)–की दाद देनी पड़ती है कि भारतीय सभ्यता के सारे आश्चर्य वृत्तान्तों में घुमाकर वे रहस्योद्‌घाटन करते हैं कि यह पश्चिमी पुरातत्त्ववेता, लूफ़ लिर्पा' और कोई नहीं, 'अप्रैल फूल' की अंग्रेज़ी वर्तनी को उल्टा करके बनाया गया शब्द है और वह सब पहली अप्रैल पर किया गया मज़ाक़ है...।

लेकिन देवकीनन्दन खत्री तिलिस्म को मज़ाक़ में नहीं ले पाते और परम–गम्भीर हैं। जो कुछ उपन्यास में है उसके सम्भव होने के पक्ष में बड़ी संजीदगी से तर्क देते हैं; दीवार–क़हक़हा, बेहोश करने वाली गैसें और दूसरी तकनीकी कारीगरियाँ उनके लिए सच्चाई हैं। उन्होंने तो भाप से चलने वाली मशीनों, बिजली की चकाचौंध, करेंट के बेहोश करने वाले झटकों, खटके दबाकर खुलने बन्द होने वाले दरवाजों, लिफ्टों, लोहे की नालियों पर चलने वाली ट्रॉलियों–(जिन्हें वे हौदियाँ कहते हैं)–सभी कुछ को प्राचीन भारत में खोज निकाला है। वहाँ साँप के फन, शेर–बन्दरों की आँखों को दबाकर खुलने बन्द होने वाली चर्खियों से परिचालित खिड़कियाँ, पाटियाँ, दीयों–मोमबत्तियों या मशालों की तुलना में साठ–सौ वाट की

बिजली–रोशनियाँ तो हैं ही, दीवारों पर बनी तस्वीरों का अँधेरे कमरे में रोशनी की चौखट में चलना–फिरना तक है–मोर्स–सिस्टम से टॉर्चों की बातचीत भी है। कुछ बातें उन्होंने अख़बारों में पढ़ी होंगी, कुछ के बारे में सुना होगा। (कृष्णाज़िन या तिलिस्मी शैतान का धमाके से प्रकट होना, धुएँ के साफ़ होते ही अदृश्य या ग़ायब हो जाना–पारसी थियेटरों में हनुमान या नृसिंहावतार के प्रकट होने का प्रभाव लगता है। भूतनाथ या दारोगा का बेहोश करने वाली गेंद फेंकना, आँसू–गैस या हथगोलों से प्रेरित है। ऐसी दर्जनों चीज़ें हैं जिनका खत्री जी के समय होना इन तिलिस्मी चीज़ों से ही पता चलता है। मुझे याद है इस शताब्दी के प्रारम्भिक दशक में दिल्ली या इलाहाबाद में एक नुमाइश हुई थी। उसकी कुछ अजीबोग़रीब चीज़ों पर तत्कालीन अख़बारों में अनेक लेख निकले थे। हो सकता है 'चन्द्रकान्ता' के उत्तरार्द्ध में खत्री जी ने कुछ चीज़ें वहाँ से भी उठायी हों।

इतने इस सब विस्तार में जाकर कहने का मेरा आशय यही है कि ये सारी चीज़ें जो निश्चय ही उस समाज में आ रही थीं, तत्कालीन आम आदमी के लिए अजूबा ही रही होंगी, उपयोगी वस्तुएँ नहीं। जैसे, उनके कुछ पात्रों के हाथों में तमंचे तो दिखायी देते हैं, मगर पसन्द लड़ने के लिए उन्हें वही तीर–तलवार, नेजे और खंजर हैं... सबसे दिलचस्प हैं हरे–नीले–सफेद तिलिस्मी पुतले–यानी विदेशियों के प्रतिरूप। ये वहाँ सेवा करने या तिलिस्मी मतलब पूरा करने के लिए नियुक्त हैं और जिन्हें खंजर या डण्डा छुलाकर हमारे नायक 'भस्म' कर डालते हैं (कैसी जबर्दस्त स्वप्नाकांक्षा या विशफुल–थिंकिंग है)।

इन बेजान पुतलों जैसे विदेशियों को हम तिलिस्मी डण्डा या खंजर घुलायेंगे और ये देखते–देखते भस्म हो जायेंगे। हमारे पुरखों ने हमें ऐसे–ऐसे स्तब्ध करने वाले चमत्कारी उपकरणों के भण्डार दिये हैं। उधर, हमारे ऐयार ऐसे चुस्त और चालाक हैं कि बड़ी से बड़ी फौज को चकमा देकर अपना काम बना लें–वे अपराजेय, दुर्दमनीय और सर्वव्यापी हैं–पराजित और बेबस राष्ट्र को अतीत और वर्तमान दोनों धरातलों पर एक साथ सहलाने की यही औपन्यासिक लेकिन प्रच्छन्न राष्ट्रीयता 'चन्द्रकान्ता' की भयानक लोकप्रियता का कारण रही होगी! यह बात ऐयारों और उनकी गतिविधियों को जरा ग़ौर से देखने पर और भी अधिक साफ़ होती है, लेकिन ऐयारों का मसला जरा ज़्यादा जटिल है और उतने सीधे–सपाट रास्ते नहीं चलता!

ये ऐयार राजा–रानियों के नौकर हैं, लेकिन दरबार में इन्हें पूरी इज़्ज़त है। बेहद वफादार और मालिक के लिए कटने–मरने को तैयार सिर्फ़ भूतनाथ ही ऐसा ऐयार है जिसने आज की शब्दावली में डबल–क्रॉसिंग दी है यानी दोनों पक्षों को धोखे में रखा है और अपने पुराने मालिक के प्रति दगा की है। इसी विश्वासघात की बेचैनी उसे ज़िन्दगी भर सालती है। अब वह जैसे भी हो राजा वीरेन्द्र सिंह के दरबार में शामिल होकर अपने पापों का प्रायश्चित्त करना चाहता है, उनकी नज़र में ऊँचा उठना चाहता है। मूलतः इस सारी उपन्यासमाला का सबसे महत्त्वपूर्ण पात्र यही है और मानव–मनोविज्ञान की थोड़ी–बहुत झलक इसी में दिखायी देती है। वैसे ये सारे ऐयार नौकरी पेशा मध्यवर्गीय स्तर के लोग हैं और इस वर्ग का भूतनाथ ही ऐसा व्यक्ति है जो 'फ़्री–लांसर' होने की कोशिश करता है। हालाँकि महत्त्वाकांक्षा इसकी राज–दरबार तक पहुँचने की है। उपन्यास की सारी रोचकता गद्दी के लिए लड़ते राजा–रानियों के कारण नहीं, भूतनाथ जैसे ऐयारों के ही कारण है। मुझे यह भी काफी सांकेतिक ही लगता है कि तिलिस्म तोड़ने या दौलत खोदने के चक्कर में राजा–रानियाँ ज़मीन के अन्दर गहरे उतरते और तहख़ानों में चले गये हैं, जबकि ऊपर ये ऐयार ही हैं कि स्थितियों की सारी बागडोर सँभाले हैं। अपने साधारण होने, मानवीय कमजोरियों और संकल्पों के कारण हम इनके साथ आसानी से तादात्म्य करते हैं।

खत्री जी के पहले या उनके समकालीन उपन्यासकारों का एकमात्र सरोकार था पूर्वी और पश्चिमी सभ्यताओं का संघर्ष। उनके लिए सारा भारतीय महान सर्वश्रेष्ठ और संरक्षणीय या और सारा पश्चिमी तिरस्करणीय। दोनों सभ्यताओं को जानने–परखने या उनका विश्लेषण करने की उन्हें ज़रूरत नहीं थी। उनका तो स्वयंसिद्ध विश्वास ही यही था कि नयी पीढ़ी पश्चिमी सभ्यता के प्रभाव में चरित्रहीन और पथ–भ्रष्ट हो रही है, जब तक पुराने मूल्यों पर नहीं आयेगी, आत्मघात करेगी, लेकिन इस संघर्ष का चित्रण 'चन्द्रकान्ता' में कहीं नहीं है। खत्री जी भी शायद मानते थे कि पुराने मूल्य इतने अधिक आत्यन्तिक, स्वयंसिद्ध और शाश्वत हैं कि यहाँ किसी तरह की शंका की गुंजायश ही नहीं है, लेकिन लेखक के अनचाहे–अनजाने उन मूल्यों से चिपके नायक, ढीले–ढीले और निष्प्राण हो गये हैं। यूँ होने को उनमें भारतीय संस्कृति के सारे आदर्श गुण हैं; वे संध्या–वन्दन करने वाले, माता–पिता–गुरुओं की आज्ञा शिरोधार्य करने

वाले अदब और क्षमाशीलता के अवतार, न्यायप्रिय और परम पराक्रमी लोग हैं, मगर क्रमशः उनका क़द छोटा होता गया है। महाराजा सुरेन्द्र सिंह के पुत्र राजा वीरेन्द्र सिंह उनके लड़के कुमार इन्द्रजीत सिंह, फिर 'भूतनाथ उपन्यास के नायक, वीरेन्द्र सिंह की फौज के एक सूबेदार या सरदार के पुत्र प्रभाकर सिंह। दूसरी तरफ़ ऐयारों के माध्यम से साधारण लोगों का पूरे दृश्य–पटल पर छाते चले जाना, यहाँ तक कि प्रभाकर सिंह के साथ–साथ या बाद में उपन्यास का नायक बन बैठना–गिरते हुए सामन्ती मूल्यों और सामन्तवाद तथा उठते हुए मध्यवर्ग का ही प्रतीक है। उस समय की ऐतिहासिक सच्चाई तो यही है कि सामन्तवाद अपना प्रभाव और पकड़ छोड़ रहा है और मध्यवर्ग क्रमशः केन्द्र में आता जा रहा है, लेकिन संस्कार है कि उसे हर क्षण लगता है कि उसके हाथों कहीं कुछ 'ग़लत' हो रहा है, कुछ ग़लत हो चुका है और इस ग़लती का उसे प्रायश्चित्त करना है। अपने जाने और चेतन रूप से वह दरबार और राजा के प्रति वफ़ादार ही रहना चाहता है। भूतनाथ का मूल द्वन्द्व यही है स्वामी के ख़िलाफ़ उसने अपने लिए कुछ करना चाहा और ज़िन्दगी भर इस दंश से कुतरा जाता रहा। इसके लिए एकमात्र रास्ता उसे दिखायी देता है कि वह भी चुन्नीलाल, बद्रीनाथ की तरह राजा वीरेन्द्र सिंह के दरबार में शरण लें, वहाँ स्वीकृत और सम्मानित हो।

तब क्या खत्री जी का सचमुच यही विश्वास कि हमारी मानसिक और भौतिक दुर्दशा का एकमात्र कारण सामन्ती मूल्यों और सामन्त के प्रति वफ़ादार न रहना था, लेकिन भूतनाथ के असली स्वामी तो राजा वीरेन्द्र सिंह नहीं हैं। जहाँ उसने 'ग़लत' किया, वहाँ प्रायश्चित्त न करके, वह क्या इसीलिए राजा वीरेन्द्र सिंह की शरण में आने के लिए सारी औपन्यासिक उठा–पटक करता है कि उनका सितारा बुलन्दी पर है, उन्होंने चुनार, नौगढ़, विजयगढ़ इत्यादि राज्य जीतकर अपने में मिला लिया हैं और उनके बेटों ने दो बहुत बड़े तिलिस्मों की दौलत हासिल कर ली है, वे बड़े ही न्यायप्रिय, आदर्श और क्षमाशील राजा हैं कि उनके दरबार में शामिल होना बहुत फ़ख्र और गौरव की बात है? भूतनाथ को विश्वास है कि राजा वीरेन्द्र सिंह के प्रति उसने जो भयानक अपराध किये उन्हें वे जरूर माफ करके उसे अपने दरबार का मुसाहिब बना लेंगे और उसे ख़िलअत अता फ़रमाएँगे...।

प्रायश्चित माफ़ी और दरबार में स्वीकृति पाने की भूतनाथ की इस आकांक्षा को समझने के लिए देवकीनन्दन खत्री के भौगोलिक और सामाजिक परिवेश को फिर एक बार, लेकिन दूसरी ही दृष्टि से देखने की ज़रूरत है। हमें यह बिलकुल नहीं भूलना चाहिए कि यह वही क्षेत्र है जहाँ गदर का प्रभाव सबसे अधिक है। विद्रोह में सबसे अधिक आगे बढ़कर हिस्सा लेने वालों में अवध के लोगों का स्थान प्रमुख है। वैसे भी इस सारे विक्षोभ का मुख्य केन्द्र था–दिल्ली, झाँसी और लखनऊ का त्रिकोण, लेकिन अवध में नवाबी जाने के साथ–साथ एक और भी पक्ष जुड़ा है। अंग्रेज़ी फौज की बनावट में अड़तीस हज़ार यूरोपियनों और दो लाख देसी सिपाहियों में सबसे अधिक प्रतिशत है अवध के सिपाहियों का और इन्हीं अवधी सिपाहियों ने फौज में सबसे पहले विद्रोह का झण्डा बुलन्द किया। सबसे अधिक असन्तोष व्यक्त किया। इन लोगों की इसी विद्रोही सक्रियता को देखते हुए अंग्रेज़ों का सबसे अधिक गुस्सा भी इन्हीं सिपाहियों और क्षेत्र पर है। उस ज़माने के प्रामाणिक इतिहासकार फिलिप मेसन, आई.सी.एस. ने 'ए मैटर ऑफ़ ऑनर' में विस्तार से इस बात को बताया है कि कैसे विद्रोह के बाद पुरबिधा सिपाहियों की भरती फौज में एक़दम बन्द कर दी गयी थी और उनकी अनेक वाहिनियाँ विघटित कर डाली गयी थीं। गंगा की तराई के ये सारे लोग, जो सिर्फ़ लड़ सकते थे, नौकरियों और रोज़गार की तलाश में इधर–से–उधर मारे–मारे फिर रहे थे या तो बंगाल–बिहार के रईसों के यहाँ दरबान हो रहे थे या छोटे–मोटे राजा–ताल्लुकेदारों के यहाँ जा–चिपके थे, जो बचे थे वे इधर–उधर लूट–पाट कर रहे थे। खेती करने को छोटी जातियों का काम मानते थे। खुद निराला जी के पिता इसी चक्कर में मिदनापुर जा पहुँचे थे। किसी भी कुशल नेतृत्व के अभाव में बिखरे और साधनहीन ये लोग और कितने दिनों लड़ते? बाद में, पराजय और हताशा में इनके सारे प्रयत्न यही होते रहे कि जैसे भी हो, इन्हें फिर फौज में भरती करने का सिलसिला चालू हो जाये... मगर अवधी सिपाहियों या पुरबियों की फौजी भरती की यह निषेधाज्ञा, शिमला–कांफ्रेंस में लॉर्ड किचनर की कोशिशों से 1905 में ही वापस ली जा सकी।

इस सबके जरिये मैं इसी तथ्य की ओर ध्यान दिलाना चाहता हूँ कि उस समय के राजा और रईस ही नहीं, लगभग सारे लोग अपनी वफ़ादारियाँ नये राजा को सेवा में अर्पित करने के लिए बेचैन थे, हर आदमी दरबार में

शामिल होना चाहता था। उन्होंने अपने पुराने मालिकों के साथ तो गद्दारी की ही थी, नये के प्रति भी कहीं उनके हाथों 'ग़लत' हो गया था और अब जैसे भी हो नये राजा दरबार में ही स्वीकृति और सम्मान पाने की कोशिश करनी है। यही तत्कालीन मानसिकता हमें भूतनाथ के मनोविज्ञान को समझने में मदद दे सकती है और वही अकेला क्यों, बाकी सभी तो जैसे भी बन पड़े धन और शक्ति पाकर अपने को फिर से स्थापित करना चाहते हैं। यही तो 'चन्द्रकान्ता' का कथ्य है! ग़ालिब भी तो विभिन्न दरबारों में स्वीकृति या वज़ीफे पाने के लिए ऐसे ही क्षमा याचना के पत्र लिख रहे थे—नवाब रामपुर से लेकर महारानी विक्टोरिया तक। मैं मानता हूँ कि यह कथन कहीं हमारी राष्ट्रीय भावना को चोट पहुँचाता है, लेकिन हमें उस समय की ठोस वास्तविकता को नज़रन्दाज़ नहीं करना चाहिए। व्यापक असन्तोष को अभिव्यक्त करने वाली कांग्रेस का भी तो कोई रूप तब तक सामने नहीं आ पाया था। राजा वीरेन्द्र सिंह को अप्रत्यक्ष मदद करके, उनके विश्वस्त अनुचरों और ऐयारों को विश्वास में लेकर या दूसरी तरह माफ़ी माँगकर जैसे भी हो, दरबार में प्रतिष्ठा और इज़्ज़त पाने को व्याकुल भूतनाथ, यहाँ एक सामान्य प्रवृत्ति के रूप में ही हमारे सामने आता है व्यक्ति के रूप में नहीं!

लेकिन जैसा कि मैंने शुरू में ही कहा, ऐयारों का मसला इतना सरल नहीं है और न ही भूतनाथ या उसके माध्यम से व्यक्त होने वाली यह प्रवृत्ति ही इतनी इकहरी या सपाट है। उसमें मध्यवर्गीय जटिलताओं, अन्तर्विरोधों का बेहद ही संश्लिष्ट रूप गुँथा है। स्वामी के प्रति वफ़ादारी या नमक अदायगी के संस्कार, सुरक्षा सम्मान की आकांक्षा और स्वतन्त्र व्यक्तित्व की चेतना या दबंगयी दोनों का संघर्ष वहाँ साफ़ और समानान्तर है। 'दरबार' में उसे इस गुमनाम, भगोड़ों और चोरों जैसी ख़तरों—भरी ज़िन्दगी से मुक्ति के साथ—साथ सुरक्षा और सम्मान दोनों मिलेंगे... मगर फिर उसका लालच, निष्कलंक हो जाने की तड़प, दुश्मनों को ठिकाने लगाने का हिंसक संकल्प, ख़तरों से खेलने का दुस्साहस, भयंकर आत्मविश्वास? सच पूछा जाये तो हरेक के प्रति उसके सम्बन्ध या रवैये दुविधा, द्वैत में बँटे हैं... वह राजा के दरबार में भी बहुत खुले और बेबाक मन से नहीं जाता। वहाँ भी उसने अपने 'व्यक्तित्व' के बचाव के अनेक कवच धारण किये हुए हैं।

'चन्द्रकान्ता' के अन्तिम हिस्से में 'दीवार कहकहा' को राजा वीरेन्द्र सिंह अपने मनोरंजन के लिए तैयार कराते हैं। बड़ी परकोटेनुमा जगह और साथ

लगी सीढ़ियाँ जो भी ऊपर जाकर दूसरी तरफ़ झाँकता है, वह कहकहे लगाकर हँसते–हँसते भीतर कूद जाता है। इस तिलिस्मी चक्कर में कुँवर इन्द्रजीत सिंह आदि काफी पहले कूद चुके हैं। खत्री जी का कहना है कि ऐसी 'दीवार–कहकहा की बात अख़बारों में निकल चुकी है और उसका होना साबित हो गया है। यहाँ उनका तर्क है कि दीवार में बिजली के करंट और दूसरी तरफ़ की गैस कुछ ऐसे प्रभाव डालती है कि झाँकने वाला आदमी बेसाख्ता हँसते–हँसते अन्दर छलाँग लगा देता है। खत्री जी के ज़माने के अंग्रेज़ी शासन और व्यवस्था का कैसा सटीक दृश्य है–राजा वीरेन्द्र सिंह और उनके परिवार के लोग बैठे हैं और उनके सामने एक से एक बढ़कर ऐयार आकर सलाम बजाते हैं, सीढ़ियाँ चढ़ते हैं और ठहाका लगा हँसते हुए, खुशी–खुशी दूसरी ओर छलाँग लगा देने हैं। इस तकनीकी जादू में सब हँसते–हँसते कूदते चले जा रहे हैं। सिर्फ़ भूतनाथ है जो दीवार पर चढ़ता जरूर है, लेकिन न हँसता है और न उधर कूदता है। वह इस 'जादू' से एक़दम अप्रभावित और अपना पूरा बचाव किये हुए है; बुरादे भरे बेडौल कपड़े पहने, मुँह और नाक पर ढाटा बाँधे हुए... उसे पता है कि बुरादे को भेदकर बिजली अपना असर दिखा नहीं पायेगी और साँसों से गैस को दूर रखेगा मुँह पर बँधा हुआ कपड़ा... दूसरे शब्दों में वह इस 'मनोरंजन' में शामिल ज़रूर होता है मगर अपने को पूरी तरह बचाए हुए, सारी सावधानी के साथ और अपनी शर्तों पर...।

बचाव, प्रतिरक्षा और बे–असर; इस तिलिस्मी चक्कर से–जो विदेशी टेक्नोलॉजी का भारतीय प्रत्यारोपण मात्र है–बेदाग निकलने की क्रिया क्या मेरी स्थापनाओं का समर्थन नहीं करती?

घृणा और प्यार की यह अन्तर्विरोधी, लेकिन संकुल सम्बन्ध प्रक्रिया एक और भी सवाल हमारे सामने रखती है, यही सवाल मुझे काफी चकित करता रहा है! 'चन्द्रकान्ता' का उद्देश्य चाहे जैसी दिलचस्प मनोरंजक कहानी सुनाना रहा हो और उनके कथानक चाहे जितने कपोल–कल्पित हों या उसे तथाकथित ऐतिहासिकता का जामा पहनाया गया हो–उसमें कहीं भी तत्कालीन राजनीतिक स्थिति सीधे–सीधे क्यों नहीं आती? कथा में साक्षात् किसी भी विदेशी सत्ता का न होना आकस्मिक है या सुविचारित? स्वतन्त्रता से पहले जिन लोगों ने भी ऐतिहासिक या ऐतिहासिक कल्पना पर

आधारित उपन्यास–नाटक लिखे हैं, उन सबमें विदेशी आक्रमणकारी मौजूद हैं। उनके रूप–नाम–जाति आदि बदले हुए हैं, मगर वे वहाँ हैं ज़रूर! चाहे बंकिम, प्रसाद हों या कन्हैयालाल मुंशी और चतुरसेन या वृंदावनलाल वर्मा–ये विदेशी आक्रमण या शासन सबमें हैं। इन लेखकों की 'राष्ट्रीयता' यही है कि वे सब के सब भ्रष्ट, बर्बर, हिंसक दिखाये गये हैं और इनकी तुलना में भारतीय, अद्भुत रूप से कुशल, पराक्रमी और नैतिक–धार्मिक हैं। यह सब कहीं–न–कहीं अंग्रेज़ी शासन और उसके ख़िलाफ़ सांस्कृतिक या राजनीतिक प्रतिरोध (प्रोटेस्ट) के रूपक बनकर आये हैं। मगर 'चन्द्रकान्ता' ही ऐसा 'ऐतिहासिक' उपन्यास है जिसमें एकाध जगह तिलिस्मी नौकरों के सिवा विदेशी उपस्थित कहीं भी नहीं है–बाद के उपन्यासकारों की प्रिय तरकीब–मुसलमान आक्रान्ताओं के रूप में भी नहीं। हो सकता है इसका कारण यह रहा हो कि इस तरह की ऐतिहासिकता में रूपक या अन्य छूटों की सुविधा है, समसामयिक कथानकों में उसे सीधा राजद्रोह ही माना जाता। तत्कालीन समाज का चित्रण करने वाले 'सौ अजान, एक सुजान', 'नूतन–ब्रह्मचारी' जैसे उपन्यासों ने अपनी चिन्ता और चित्रण का केन्द्र सामाजिक समस्याओं को ही रखा है, राजनीति कहीं नहीं आने दी है। इसी तर्क से यह नतीजा भी निकाला जा सकता है कि 'चन्द्रकान्ता' में विदेशियों की अनुपस्थिति ही प्रमाणित करती है कि अपनी सारी 'ऐतिहासिकता' के बावजूद उपन्यास की एप्रोच सामाजिक ही है।

उस समय के इन सामाजिक उपन्यासों में राजनीति बहुत टेढ़े और तिरछे ढंग से ही आ पायी है, अपने पुराने मूल्यों की श्रेष्ठता में या 'पश्चिमी सभ्यता के कुप्रभाव के रूप, लेकिन इस संघर्ष के लिए खत्री जी से पहले या उनके समकालीनों ने सामाजिक स्थितियाँ तो ली ही हैं। 'चन्द्रकान्ता' में तो वे भी नहीं हैं। जैसा मैंने कहा, सामाजिक और सांस्कृतिक धरातल पर खत्री जी का प्रतिरोध भी कम नहीं है और वे अपने साथियों जैसे ही जागरूक कथाकार हैं। तब फिर परिवेश का यह सचेत बहिष्कार क्यों है? उनके लिए तो 'ऐतिहासिकता' साथी उपन्यासकारों की तरह रूपक नहीं, स्वयंसिद्ध सत्य बनकर आयी है! यह भी सही है कि अपनी पुरानी सामन्ती गरिमा के प्रति उस समय के सारे उपन्यासकार श्रद्धापूर्ण मोह पाले हुए हैं, मगर खत्री जी के यहाँ तो यह मोह नहीं, वास्तविकता है। चुनार, नौगढ़, विजयगढ़, रोहतासगढ़–सभी राज्य इतने अधिक स्वायत्त, आत्मनिर्भर और

स्वतन्त्र हैं और एक–दूसरे पर ऐसी आसानी से आक्रमण या अधिकार करते हैं कि ऐसी स्वायत्तता की कल्पना शताब्दियों से राजस्थान के रजवाड़े भी नहीं कर सकते–वहाँ तो हमेशा मुगल–साम्राज्य की छाया उनके हर फ़ैसले पर मँडराती रही है। 'चन्द्रकान्ता' में तो फौजें भी पूर्व–मध्यकालीन ढंग या ठीक उर्दू–दास्तानों के अन्दाज में आमने–सामने खेमे डालकर मोर्चे बनातीं और मैदान में लड़ती हैं।

हाँ, तो किसी भी रूप में विदेशी सत्ता की अनुपस्थिति इस उपन्यास–माला में इतनी अधिक उजागर है कि सोचने के लिए बाध्य करती है। ख़ासतौर से इसलिए भी कि वहाँ सारी–की–सारी विदेशी ईजादें या वैज्ञानिक उपकरण अपने भारतीय कृत रूप में हर कहीं मौजूद हैं। शायद इसका कारण देवकीनन्दन खत्री के अवचेतन में ही हो...।

मनोविज्ञान का एक मोटा–सा प्रसिद्ध सिद्धान्त है जिसे आप चाहने पर भी भौतिक रूप से नष्ट नहीं कर पाते उसे अपने लिए मानसिक रूप से नष्ट कर डालते हैं। 'भूलने' के पीछे मनोवैज्ञानिक इसी मानसिकता का हाथ बताते हैं। यह 'भूलना अपने चेतन अवचेतन मूल में और कुछ नहीं, किसी भी भौतिक स्थिति या वस्तु का मानसिक अस्वीकार ही है। इस अस्तित्व–नकार के कारण घृणा, अरुचि, उदासीनता, आत्मकेन्द्रित होना या बाकायदा प्रतिरोध कुछ भी हो सकते हैं। यही वजह है कि मुझे 'चन्द्रकान्ता' अपनी स्वायत्तता की स्थापना और किसी भी विदेशी सत्ता के सचेत और निरन्तर नकार की स्वप्नाकांक्षा भरी कहानी भी लगती है। लेखक के लिए जैसे वह सब कहीं है ही नहीं! और जो मानसिकता अंग्रेज़ों की उपस्थिति तक को नकार रही है, वह उनकी व्यावहारिक कुशाग्रता, रण–कौशल, चातुरी और बुद्धिमत्ता या आविष्कारों की नवीनता, वैज्ञानिक उपलब्धियों; मशीनी–तकनीकी वर्चस्वता को कैसे स्वीकार कर लेगी? खत्री जी के लिए या तो वर्तमान है ही नहीं और है भी तो उससे लाख दर्जे श्रेष्ठ हमारे पुरखों के पास था... बेहद कमज़ोर और दयनीय लड़ाई थी यह और यहीं मुझे स्टीफेन ज्विग की प्रसिद्ध कहानी याद आती है जिसका नाम शायद था 'अदृश्य ख़ज़ाना'। दुनियाभर की नायाब चीज़ों को जमा करने वाला बूढ़ा पुरातत्त्ववेत्ता युद्ध में ख़ुद ही अन्धा नहीं होता, बमबारी में उसके ख़ज़ाने से भरे तहख़ाने भी तहस–नहस हो जाते हैं या लुट जाते हैं। युद्ध के बाद उसे किसी तरह फिर वहीं आने का मौक़ा मिलता है।

बेहद आग्रह पर वह वहाँ लाया जाता है जहाँ कभी उसका संग्रहालय हुआ करता था। अपने अन्धे होने के बावजूद फिर से यहाँ आ पहुँचने के उत्साह और उल्लास में सारी दुनिया से बेख़बर वह घूम–घूमकर अपनी चीज़ों और तस्वीरों के बारे में बताने लगता है। देखो, वहाँ उस कोने में वह तस्वीर है। फलाँ महान चित्रकार ने उसे बनाया था, उस दीवार पर वह मूर्ति है, इस सीढ़ी के बाद यह पाण्डुलिपि है। देखो, यह सारा संग्रह कितना समृद्ध है, पुराना और क़ीमती है और एक–एक चीज़ कितनी कठिनाई और खोज–बीन के बाद प्राप्त की गयी है।... देखने वाले पाठक जानते हैं कि वहाँ न कोई तस्वीर है, न मूर्ति, वहाँ सिर्फ़ टूटे–खम्भे और उखड़ी–चिथड़ी दीवारें हैं, मलबा और कचरा है...। दयनीय यह है कि इस पुरातत्त्ववेत्ता को स्वप्न में भी ख़्याल नहीं है कि संगृहीत वस्तुओं और खुद उनके बीच पूरा एक महायुद्ध गुज़र गया है... और अब सारी चीज़ें सिर्फ़ उसके दिमाग़ में ही सुरक्षित हैं...।

खत्री जी के ये सारे तिलिस्मी चमत्कार, ये आदर्शवादी, परम–नीतिवान, न्यायप्रिय सत्य–निष्ठावान राजा और राजकुमार, परियों जैसी ख़ूबसूरत और अबला नारियों या बिजली की फुर्ती से ज़मीन–आसमान एक कर डालने वाले ऐयार–सब एक ख़ूबसूरत स्वप्न के ही प्रक्षेपण हैं... आसपास फैली ठीक इसकी उलट दुनिया से बच निकलने के चोर दरवाज़े... या पलायन–द्वार, मगर हिन्दी के शास्त्रीय समीक्षक जब इसको सही ऐतिहासिक परिप्रेक्ष्य में या अन्वेषकीय दृष्टि से न देखकर सिर्फ़ सपाट ढंग से इसकी रोचकता, या इसमें आयी भारतीय गरिमा की भूरि–भूरि प्रशंसा करते हैं तो तरस ही आता है। शायद ही कोई सोचता हो कि कहाँ कौन–सा झूठ भारी पड़ गया है कि सारी स्थितियाँ, सारे चरित्र इतने उथले, इकहरे, निर्जीव और निष्प्राण हो गये हैं। काश, खत्री जी आसपास से इस तरह आँखें न फेर, नैतिक और सांस्कृतिक मूल्यों की द्वन्द्वात्मक कशमकश को सीधे या तिरछे ढंग से ला–पाते जो बदलते समाज की सच्चाई थी! हो सकता है तब इन चरित्रों में कहीं कुछ गहराई आ पाती और वे तिलिस्मी पुतलों की तरह खुद भी पुतले न लगते जिनके बटन या डोरियाँ खत्री जी के हाथ में हैं... क्योंकि खत्री जी सचमुच हिन्दी के वे पहले व्यक्ति हैं जिन्होंने समय की इस अनिवार्यता को गम्भीरता से पकड़ा कि उपन्यास औद्योगिक सभ्यता की ही उपज है और पुराने–नये मूल्यों के द्वन्द्व से ही उसका जन्म होता है।

मगर जिस तरह खत्री जी के न चाहने पर, या अनजाने ही समाज का मानस और नैतिक–सांस्कृतिक संक्रमण उपन्यास में व्यक्त हुए हैं,

उसी तरह उनके सारे कठपुतले पात्रों के बीच 'भूतनाथ' जैसा चरित्र आया है। बाकी चरित्रों के प्रति लेखक का रवैया और धारणा एक़दम साफ़ हैं, वही एक व्यक्ति है जिसके बारे में वे कुछ भी निर्णय नहीं कर पाते, हमेशा ही दोहरा और दुभाँत वाला रूख़ दिखाते हैं। कहीं उसे अपना अंशदान देकर सबल और सजीव बनाते हैं तो कभी अपने ही इस रूप को बर्दाश्त न कर पाने के कारण उससे दुश्मनी निभाते दीखते हैं।

जब सामने वाली सच्चाई या इतनी उलझ जाती है कि सही–ग़लत का भेद, काले–सफेद का अन्तर नहीं रह जाता या अपनी सारी विश्वसनीयता खो देती है तो कथा–साहित्य में व्यंग्य और फैंटेसी का जन्म होता है। 'चन्द्रकान्ता' भी इसी अर्थ में फैंटेसी है। वहाँ भी हर आदमी जो दीखता है, वह नहीं है। सामने मित्र या साथी का रूप धरे दुश्मन या दुश्मन का ऐयार है कहीं कोई कान हैं जो आपकी सारी बातें सुनकर जानकर उन्हें आपके ही खिलाफ़ इस्तेमाल करेंगे यह भय, असुरक्षा और आशंका ही अपना या आपसी सारा व्यवहार तय करती है। ऐसे में बार–बार अपनी वफ़ादारियाँ तय और स्थगित–स्थापित करने की मजबूरी पैदा होती है क्योंकि हर आदमी अपना जैसा रूप रखकर खुद अपने आपको और दूसरों को धोखा दे रहा है। ये सब 'चन्द्रकान्ता की मूल चेतना हो सकती हैं, मगर जिस अकेले आदमी में यह द्वन्द्व सबसे मुखर है, यह यही भूतनाथ है। वह कभी तिलिस्मों और खँडहरों और गुफाओं में मुँह छिपा लेता है तो कभी खुले मैदान और जंगलों में निकल आता है, मगर चैन उसे कहीं नहीं है।

भूतनाथ में न केवल वासना, लालच, प्रतिशोध की सहज मानवीय कमज़ोरियाँ अपने आदिम रूप में हैं, बल्कि द्वन्द्व, पश्चात्ताप, ग्लानि और इन सबसे ऊपर उठ सकने का प्रयास भी इसी में सबसे अधिक है। कुचलती और भींचती सीमाओं के बीच टूटना एक बहुत बड़ी वास्तविकता हो सकती है, मगर उन्हें संक्रमित करने का संघर्ष ही किसी चरित्र को गत्यात्मकता देता है। हो सकता है 'गोदान' का होरी अन्त में हार ही गया हो मगर उसके चरित्र की सारी गहराई और गति इसी संघर्ष से आयी है। भूतनाथ के दुश्मन भी कहीं बाहर नहीं, उसके अपने भीतर ही मौजूद हैं। हालाँकि उसका अन्त महाराजा सुरेन्द्र सिंह की शरण या दरबारदारी में होता है, मगर उसका अपराध–बोध, अतीत से मुक्त होने की जी–तोड़ कोशिश, पुराने स्वामियों के प्रति विश्वासघात, प्रतिहिंसा की आग में औरों के साथ–साथ अपने बेटे तक की हत्या, यहाँ तक कि खुद दो बार अपने को 'मार' कर नया जीवन,

स्वच्छ और निष्कलंक ज़िन्दगी जीने की ललक और लालसा को देखते हुए इस राजकीय छत्र–छाया तक आना उसकी पराजय भी लगने लगती है। वह सामन्तवाद को आच्छादित या स्थानापन्न करती मध्यवर्गीय चेतना है, भयानक अपराध बोध, ग्लानि–दंश से आत्मघात करती और सारे दुश्मनों से प्रतिशोध लेने की तड़प और अतीत की प्रेतात्माओं से घिरा भारतीय मानस भी है, जो हर क़ीमत पर ज़िन्दा रहना चाहता है...।

मुझे लगता है, वह कभी नहीं मरा। उस समय भी नहीं जब दारोगा, जैपाल सिंह आदि दुश्मनों को मारने के लिए उसने हथगोला फेंका था और अनजाने ही बारूद के गोदाम में विस्फोट के साथ अपने आपको भी मरा घोषित कर दिया था, और न तब मरा जब महात्मा बनकर एकान्त में साधना करने के बाद गले में फाँसी लगाकर गहरी घाटी और दुर्दान्त फल्गु नदी के ऊपर वाले पेड़ से लटका दिखाया गया था। उसकी तो वास्तविक हत्या तभी हुई जब उस जैसे कद्दावर आदमी को महाराजा सुरेन्द्र सिंह के बौने दरबारियों के बीच ला–बैठाया गया...। अपने को वहाँ के सक्रिय प्रभाव से बचाने के लिए वह चाहे जैसे बुरादे–भरे, कपड़े पहन ले, मगर निश्चय ही वह दरबार उसका स्थान नहीं था–वह मुसाहिब और दरबारी होकर जन्मा ही नहीं था। उसकी तर्क–संगत परिणति यही थी कि वह एक़दम स्वतन्त्र और निर्बन्ध होकर जीता...।

किसी भी प्रामाणिक, विस्तृत जीवनी या विश्वसनीय गवाहों के अभाव में मैं बिलकुल नहीं कह सकता कि स्वयं लेखक के मन में वह क्या अपराध–बोध या आत्मदंश और पाप–कचोट है जिसे उसने भूतनाथ के भीतर धन के लालच में बदल डाला है और जो उसे एक के बाद एक दलदलों में फँसाता चला जाता है या जिसका एकमात्र निराकरण उन्हें भूतनाथ को दरबारी बना देने में ही दिखायी देता है...। हो सकता है यौवन के दिनों में, व्यवसाय के घाटे के बाद अपने बाल–मित्र राजा के यहाँ आकर रहना और उसकी मृत्यु का दर्शक बनना रहा हो। हो सकता है विभिन्न स्वार्थों या सक्रिय तत्त्वों से घिरी मित्र–पत्नी यानी युवती रानी (जिनकी रियासत कोर्ट–ऑफ़–वार्ड में आ गयी थी और इस अन्तरिम काल में वही उसकी देखभाल करती थी) के प्रति कर्तव्य की भावना से वहाँ उनका लम्बे समय तक टिके रहना हो या वहाँ बिताया वह समय रहा हो जब दीन–दुनिया की कोई आवाज़ उन तक नहीं पहुँचती थी और पिता को बाकायदा बनारस के चुने हुए लठैतों की

फौज की मदद से उन्हें निकालकर लाना पड़ा था या जिसके परिणामस्वरूप दरबार की नाराज़गी भुगतनी पड़ी या फिर ठेके के दिनों की ग़लतियाँ रही हों, जिन्होंने धन को अतिरिक्त महत्त्व दे दिया था और उन्हें लगने लगा था कि धन प्राप्ति से ही सामाजिक और पारिवारिक पुनर्प्रतिष्ठा प्राप्त की जा सकती है—बहरहाल कुछ भी कह सकना बड़ा मुश्किल है कि वह 'ग़लत' क्या था जिसके खुल जाने की दहशत ने भूतनाथ को बनाया...।

खत्री जी अगर जीवित होते तो मैं ज़रूर उनसे पूछता कि क्या वे सचमुच भूतनाथ को यहीं लाना चाहते थे?...तब फिर दुर्गाप्रसाद खत्री के अपने उपन्यासों में आने वाला वह चरित्र कौन है जो भारतीय स्वतन्त्रता के लिए सशस्त्र क्रान्ति का झण्डा उठाता है, अपनी वैज्ञानिक तेजस्विता से अंग्रेज़ों के छक्के छुड़ा देता है... और जैसा कि मैंने पुनरावृत्ति का ख़तरा उठाकर अनेक बार कहा है, भूतनाथ तो ऐयार है, इसलिए उसकी किसी भी 'मौत' पर मुझे भरोसा नहीं है चाहे वह खुद उसके अपने हाथों हुई हो या लेखक ने की हो...।

स्रोत : 'अठारह उपन्यास', राजेन्द्र यादव।

14

तिलिस्मी साहित्य का साम्राज्यवाद-विरोधी चरित्र

प्रदीप सक्सेना

वर्ष 1986 में जहाँ अन्य अनेक कारणों से महत्त्वपूर्ण माना जा सकता है, वहाँ एक सांस्कृतिक कारण भी है। यह कारण साहित्य–क्षेत्र में घटित होता है। यद्यपि कोई भव्य और दिव्य आयोजन नहीं होता, कोई सरकारी–ग़ैर–सरकारी समारोह नहीं होते, कोई भी संस्था विधिवत या औपचारिक ढंग से कुछ नहीं करती फिर भी यह कारण अपने कार्य की महत्ता स्थापित करने में सफल हो जाता है। यह कारण है, बाबू देवकीनन्दन खत्री का पूरे वर्ष चर्चा में बने रहना। मूल्यांकन और पुनर्मूल्यांकन की प्रक्रिया से जुड़े रहना। यद्यपि इसका मूल बाज़ार का दबाव ही रहा है, फिर भी कुछेक प्रयास साहित्येतिहास लेखन, जनवादी चिन्ताधारा के स्वाभाविक विकास, परम्परा और प्रगति जैसे प्रश्नों के परिप्रेक्ष्य में किये गये थे, ऐसे प्रयासों में एक प्रयास मेरा भी था– चन्द्रकान्ता एवं सन्तति की बृहत् समीक्षा; जिसमें यथार्थ के प्रथम उत्थान की विशिष्ट अभिलाक्षणिकताओं की व्याख्या की गयी थी। अनेक प्रश्नों का उठना इसलिए और भी अनिवार्य हो गया था क्योंकि उस महान कृति को अधिकांश आलोचकों ने बिना पढ़े ही या तो निरस्त कर दिया था या फिर 'गतानि–गति को लोक।' तिलिस्मी होने की मुहर ठोंक दी थी। हादसा यह हुआ था कि 'तिलिस्मी' होने के बारे में भी कोई सुस्पष्ट और विशिष्ट अभिमत सामने नहीं था और आज भी लगभग नहीं है। इससे बड़ा दुखान्त और क्या होगा कि जो रचनाएँ वास्तव में तिलिस्मी थीं वे सभी साहित्य के सिंहासन पर विराजमान रहीं और जो साहित्यिक थीं वे 'तिलिस्मी' लेबिल के कारण ही उपेक्षित कर दी गयी। हिन्दी आलोचना की अनेक विडम्बनाओं में से एक यह भी रही।

यद्यपि उस लेख में मैंने विस्तार से यह सिद्ध किया था कि यहाँ तिलिस्म किस तरह का आर्किटेक्चर है, यथार्थ है। तिलिस्म किस हद तक माध्यम है? यह भी दर्शाने का प्रयास किया था, लेकिन एक लेख की सीमा में उन प्रश्नों को अनुत्तरित ही छोड़ देना पड़ा था जिन्होंने मुझे चन्द्रकान्ता की समीक्षा के लिए प्रेरित किया था। ये प्रश्न आज भी अनुत्तरित ही हैं। ये प्रश्न जनवादी संस्कृति के स्वरूप, साहित्येतिहास लेखन, हिन्दी गद्य की जातीयता, साहित्य के राष्ट्रवादी पक्ष और अन्तर्धारा साम्राज्यवाद–विरोधी चरित्र के परिप्रेक्ष्य से अभिन्न हैं। अनुल्लंघनीय हैं।

क्या तिलिस्मी साहित्य की कोई प्रगतिशील भूमिका है? किस दौर की और कौन–सी लाक्षणिकता को यह साहित्य व्यक्त करता है? इसकी मूल प्रकृति क्या है? ये कुछ ऐसे आधारभूत सवाल हैं, जिन पर शेष बड़े प्रश्न निर्भर करते हैं। काव्य को छोड़ दें तो यह बात और स्पष्ट हो जाती है। इससे उन्हें भी सहूलियत होगी जिन्हें गद्य का स्वरूप 'विचारात्मक' लगता है इसलिए प्रचार–सूत्र पकड़ने की सुविधा रहती है। यह भी आसानी से पता चल जायेगा कि देवकीनन्दन कितने प्रतिशत मार्क्सवादी हैं और कितने प्रतिशत प्रतिक्रियावादी! तिलिस्मी साहित्य के एक केन्द्रीय तत्त्व से अधिकांश विद्वान सहमत हैं, वह है कल्पना। हम भी कुछ कल्पनाओं की ओर उनका ध्यान आकृष्ट करना चाहते हैं जैसे– "धर्म की ईश्वर विषयक कल्पना, नीति की आत्यन्तिक सुख की कल्पना, वेदान्त की सच्चिदानन्द की कल्पना, इतिहास की सुराज्य की कल्पना, नाटक की अघटित घटना, चित्रकला की सौन्दर्यातिशयता की कल्पना, क़ानून की मौलिक अधिकारों की कल्पना–समस्त कल्पनाएँ वास्तविक सृष्टि की नहीं, बल्कि अद्भुत सृष्टि की हैं।"[1] इनमें से कौन–सी कल्पना का साम्राज्य क़ायम नहीं है? कौन–सी कल्पना होने के कारण ही निरस्त कर दी गयी? कौन–सी ऐसी कल्पना है जो यथार्थ की सेवा में नहीं है? यदि 'अद्भुत कल्पना' कहकर ही मन को सन्तोष हो तब भी अपने अन्तिम उद्देश्य में वह भी किसी–न–किसी वर्ग के यथार्थ की सेवा कर रही होगी। इसका अर्थ यह भी कदापि नहीं है कि 'काव्य, नाटक, उपन्यास, चित्र–मूर्ति स्थापत्य कलाएँ, नृत्य–गान आदि ललित कलाएँ, अद्भुतता की देवी की ही कर्मभूमि हैं और न यह कि[2] विज्ञान में कार्यकारणभाव विजयी होता है; ललित कलाओं में उसे कोई नहीं पूछता।"[3] इसका अर्थ केवल यह है कि कल्पना निरपेक्ष दिखायी देती है; होती नहीं है। वह अत्यन्त जटिल एवं सूक्ष्म बौद्धिक क्रिया व्यापार है।

इनकी शक्ति अत्यन्त गहन एवं विपुल है। इसकी सीमाएँ अनन्त हैं, क्योंकि मनुष्य जाति की सम्मिलित चेतना में कितने ही भूत द्रव्य निरन्तर अपनी क्रियमाणता बनाये हुए हैं। यह क्रियमाणता मनुष्य की जीवनी शक्ति है और यही साहित्य में पुनरुत्पादित होकर व्यक्ति की चेतना की कितनी ही परतें तोड़ डालती है। यह निष्कर्ष व्याख्येय है–"अपनी निर्बलता का वास्तविक ज्ञान ही तिलिस्म की नींव है...। यथार्थ–सृष्टि का गुलाम कल्पना–सृष्टि का बादशाह बन जाता है। यथार्थ की असम्भावनाएँ कल्पना में सम्भावनाएँ बन जाती हैं...। सूत्र रूप में कहें तो यथार्थ संसार की अपूर्णता तिलिस्मी दुनिया में पूर्णता प्राप्त रूप में मिलती है।"[4] यथार्थ और कल्पना का यह द्वन्द्व विविध ज्ञानानुशासनों में विविध रूपों में अभिव्यक्त होता है। क्या बूर्ज्वाजी ने अपनी प्रचण्ड विजय को सुनिश्चित करने के लिए कोई तिलिस्म नहीं गढ़ा था? और इससे बड़ी कल्पना क्या होगी कि एक दिन सारा विश्व समाजवादी हो जायेगा? यह सब मान्य है, स्वीकार्य है, किस बल पर? यथार्थ के बल पर? उक्त कल्पनाओं के अंश ज्यों–ज्यों यथार्थीकृत होते जाते हैं, उस कल्पना में रूपहलापन बढ़ता जाता है। ठीक उसी तरह यदि तिलिस्मी साहित्य 'निरी कल्पना होता तो वह उसी तरह नाले में पड़ जाता जैसे बहुत सारा 'ठोस पदार्थवादी' साहित्य पड़ा है। सर्वहारा यथार्थ के नाम पाठकों के सामने जो परोसा गया है, उसका अधिकांश 'निरी कल्पना' ही है।

रामायण क्या हैं? महाभारत, गीता, बाइबिल, उपनिषद, पुराण क्या तिलिस्मी साहित्य नहीं हैं? सैकड़ों वर्षों से इन रचनाओं ने भारतीय जनमानस को अपने तिलिस्म से सींचा है। आज भी वे चित्त की सेवा और संस्कार कर रही हैं। इसीलिए, क्योंकि ये निरी कल्पना नहीं हैं। कल्पना के साथ वे 'कुछ और' भी देती हैं। यहाँ तक कि ये दर्शन की गम्भीर प्रतिपत्तियाँ तक प्रस्तुत कर डालती हैं। वे पूरे–के–पूरे सामाजिक चैतन्य का निर्वाह करती हैं। कवि का अपना समय व चित्रित समय अपने समस्त अन्तर्विरोधों के साथ वहाँ तिलिस्म–शिखर पर ही मिलता है। इसी तरह इतिहास, काल और दिक् के गम्भीर पक्षों को नज़रअन्दाज करते हुए हिन्दी आलोचना यह भी फ़र्क़ न कर सकी कि पुराने क़िस्सों में और देवकीनन्दन की कृतियों में अन्तर क्या है? यहाँ तक कि साहित्य के उन पुराने रूपों के बारे में राय तक नहीं सुनायी गयी थी। यह अलग बात है कि सहमति हो या न हो, लेकिन एक बहुत खुली टिप्पणी मुक्तिबोध ने की थी कि "जनता के साहित्य का अर्थ जनता को तुरन्त ही समझ में आने वाले साहित्य से हरगिज़ नहीं।

अगर ऐसा होता तो क़िस्सा तोता–मैना और नौटंकी ही साहित्य के प्रधान रूप होते।"[5] मुक्तिबोध जब यह टिप्पणी कर रहे थे, तो दो प्रश्नों से जूझ रहे थे–जनता का साहित्य और जनता के लिए साहित्य। इन दोनों प्रश्नों के बीच वे अपने लेखन का मार्ग भी साफ़ कर रहे थे। ये साहित्य के प्रधान रूप 'होते' नहीं थे। इन्हीं रूपों में गद्य ने अपनी साँसें ली हैं और उद्विकास किया है। तोता–मैना की जगह हातिमताई हो, चार दरवेश हो या क़िस्सा साढ़े तीन यार, सभी साहित्य के एक विशिष्ट दौर को अभिव्यक्त करते हैं। सैकड़ों वर्षों तक उन्होंने जनता का मानसिक खाद्य जुटाया है। जनगणों की जिज्ञासा और कौतूहल वृत्ति को शान्त किया है। फ़र्क़ रूप का नहीं था, अन्तर्वस्तु का था। वासना का जो स्तर इनमें व्यक्त होता था, वह नये समाज की चेतना, सभ्य मानस के अनुकूल नहीं था। बगदाद के ऐश्वर्य से बड़ा यूरोप का ऐश्वर्य जन्म ले चुका था। अशर्फियों, मोहरों, गिन्नियों की दुनिया को पौंडों ने धूल में मिला दिया था और जहाँ तक नौटंकी जैसे रूपों का सवाल है वे आज भी मौजूद हैं। लोकचित्त में उनका बड़ा गहरा स्थान है, उनका दबाव इतना अधिक है कि नये नुक्कड़ नाटक, थियेटर में खेले जाने वाले उच्चवर्ग के तमाशे भी उसके कितने ही अंशों का उपयोग कर रहे हैं। देहाती जनता की आत्मिक ज़रूरत यहाँ तक महसूस करा रही है कि फिर से नौटंकी रूप में कुछ लिखा और दर्शाया जाये और वह सांस्कृतिक आन्दोलन का एक महत्त्वपूर्ण घटक तक बनने की क्षमता रखती है। किन्तु संशोधनों के साथ। रूप भी नहीं अन्तर्वस्तु के साथ बार–बार संशोधित होता है। इसके विपरीत मुक्तिबोध का इसी लेख में दूसरा तर्क अधिक प्रौढ़ है–"यूरोप में एक–एक विचार की प्रस्थापना के लिए बड़ी–बड़ी कुर्बानियाँ देनी पड़ी हैं, लेकिन, हिन्दुस्तान को पका–पकाया मिल रहा है। लेकिन चूँकि उसके पीछे स्वतः उद्योग नहीं है, इसलिए बहुत–से विचार हज़्म नहीं हो पाते। शरीर में उनका ख़ून नहीं बन पाता। आँखों में उनकी लौ नहीं जल पाती। मस्तिष्क में उनका प्रकाश नहीं फैल पाता। इसलिए विचारों में बचकानापन रहता है और कार्य विचारों का अनुसरण नहीं कर पाते। यह बात हिन्दुस्तान के औपनिवेशिक रूप पर हमारी दृष्टि ले जाती है।"[6] आज भी यह पिछलग्गू चेतना अपनी कड़ी जकड़बन्दी क़ायम किये हुए है यही कारण है कि हम अपनी संस्कृति का कोई महत्त्व नहीं समझते। अपनी विरासत की हमें समझ नहीं है। अपने जागरण से हम बेख़बर हैं। मार्क्सवादियों पर यह भारी जिम्मेदारी आयद होती है कि वे अपने लोक और इस जागरण के बीच सेतु बनायें।

तिलिस्मी साहित्य की भूमिका को समझना ही एकमात्र दाय नहीं है। जासूसी साहित्य की व्याख्या भी आवश्यक है, जिसके अभाव में आज वह साहित्य मण्डल से बाहर होकर फुटपाथ की हवा खा रहा है। ऐतिहासिक–सामाजिक रोमांसों का अध्ययन भी उतना ही आवश्यक है। यह वह दुनिया है जिसमें हिन्दी जाति की अस्मिता अपने अत्यन्त सघन रूप में दीप्त है। यही वह दुनिया है जो उपन्यास के देशज चरित्र को सुरक्षित रखे हुए है। यह भी द्रष्टव्य है कि तिलिस्मी और ख़ून–खच्चर से भरे उपन्यास तो दूसरों ने भी लिखे, वे क्यों नहीं जीवित रहे? जबकि वे परिष्कृत भाषा में होने का दम भी भरते थे। यहाँ तक कि उन कृतियों के नाम तक अद्‌भुत तत्त्व के क्रिस्टल–जैसे प्रतीत होते हैं। कुछेक विवरण तक इस प्रकार थे– सिराजुद्दौला के गोल तिलिस्मी कमरे, हीरा–झील के गुप्त मार्ग, कटे मूड़ की दो–दो बातें, बाबा अब्दुल्ला चपेटग्राही, पति के सम्मुख गिने चावल और परोक्ष में मुर्दा खाने वाली स्त्री, कलंक घोड़ा आदि। फिर भी ये रचनाएँ बहुत ही छोटे समय में डूब गयी, किन्तु चन्द्रकान्ता सन्तति और भूतनाथ अभी भी हलचल मचाये हुए हैं। यद्यपि लेखक ने स्वयं उस समय ऐसा नहीं सोचा था न ही वह कोई समाज बदलने का लपलपाता संकल्प ही परोसता फिरता था, वह शुद्ध मनोरंजन करना चाहता था, लेकिन वह कृति किन यथार्थ खण्डों की प्रतिच्छवियाँ समेट सकी। उन्होंने उसे कला की महान ऊँचाइयों तक पहुँचा दिया। इस फैंटेसी के ऐसे अर्थगर्भत्व की कल्पना स्वयं लेखक ने नहीं की थी। उसके पहले कि तिलिस्मी साहित्य के चरित्र का निर्धारण किया जाये, उपन्यास के कुछेक पड़ावों पर एक सामान्य दृष्टिपात कर लेना उचित होगा। भूतनाथ के सन्दर्भ में तथा तिलिस्म के सन्दर्भ में, उसे एक वर्णन पद्धति मानते हुए प्रायः सर्वान्ते के डान क्विग्जोट का ज़िक्र किया जाता है। हिन्दी में काफी राहत अंग्रेज़ी संस्कृति से महसूस की जाती है। प्रतिमान भी वही है। आपकी राहत के लिए मैं भी एक ऐसी ही कृति की याद दिलाना चाहता हूँ। यह कृति भी इसी तरह कुछ वर्षों (1678–84) में लिखी गयी थी। मिल्टन के बाद बनियन की इसी कृति को गम्भीर महत्त्व प्राप्त है–'दि पिल्ग्रिम्स प्रोग्रेस'। उसके बारे में हडसन का कहना है–"यह हमारे साहित्य में एकमात्र व्यक्ति है तो एक लम्बा दृष्टान्त–रूपक गद्य में लिखने तथा उसकी प्रतीकात्मकता को जरा भी हानि पहुँचाये बिना उसे आदि से अन्त तक एक यथार्थ मानवी कथा के निमग्नकारी रस से पूर्ण करने में सफल हुआ है।"[7] वह उपन्यास है या नहीं, यह वहाँ भी विवाद का विषय था।

लम्बे समय तक ऐसी रचनाओं को शक्तिशाली गद्य ही समझा गया। इसे उपन्यास घोषित करते हुए हडसन को भी काफी मनोबल की ज़रूरत पड़ी थी–"दि पिल्ग्रिम्स प्रोग्रेस का शिक्षात्मक उद्देश्य जो सर्वोपरि है, तथा इस रचना का दृष्टान्त–रूपकवाला स्वरूप हमें इस बात से रोकते हैं कि उसे नियमित आधुनिक उपन्यासों की कोटि में रख सकें, फिर भी कथानक, चरित्रों तथा कथोपकथन तीनों का रस इतनी सफलता से बनाए रखा गया है नाटकीय शक्ति इतनी प्रबल है तथा सामान्य जीवन पर लेखक की पकड़ इतनी मजबूत है कि इसे कम–से–कम उपन्यास का अग्रदूत तो अवश्य ही मानना चाहिए।[8] वस्तुतः देवकीनन्दन का महत्त्व तभी समझ में आ सकता है जब आश्चर्यजनक कल्पना और कल्पनाशून्य युग के अन्तर्तत्त्वों का हमें पता हो। यह निर्बाध और स्वच्छन्द कल्पना उस दौर की नवजागरण के प्रथम उन्मेष की लाक्षणिक अभिव्यक्ति है। इसकी तह में सामन्ती चेतना और पूँजीवादी चेतना की महनीय टक्करें निहित हैं। बीच में बाधा केवल लेखक द्वारा उत्पन्न कर दी गयी मिथ्या चेतना ही है। दिलचस्प यह है कि लेखक, पाठकों को 'तिलिस्म' की हक़ीक़तें भी खुद ही बताता है और उनकी दिलजमई के लिए कुछ सच्ची घटनाओं का हवाला भी देता है कि "पिछले जमाने के आदमी अपनी कारीगरी का अच्छा अच्छा नमूना छोड़ गये हैं जैसे मिट्टी की मीनार का नौशेरवानी बाग या जवाहिरात के पेड़ों पर चिड़ियों का गाना या आगरे का ताज, जिसकी तारीफ़ में तारीख़ तुराव के बुद्धिमान लेखक ने किसी लेखक का यह फिकरा लिखा है, जिसका संक्षेप यह है कि इसमें कुछ बुराई नहीं, यदि है, तो यही है कि कोई बुराई नहीं।"[9] इसी तरह लेखक 30 मार्च, सन् 1905 के अवध अख़बार में तिलिस्म पर छपे एक लेख का विवरण देकर यह सिद्ध करता है कि तिलिस्म एक तरह की कारीगरी है। यथार्थ है। विज्ञान है। यह सिद्धीकरण यहाँ तक बढ़ जाता है जब भूतनाथ दीवार पर चढ़कर बिना हँसे उतर आता है, तब इस रहस्य को वे 'दीवारे क़हक़हा' से जोड़ देते हैं जिसकी करिश्माई बनावट लेखक को यूँ समझ आती है कि "सतह, जहाँ ज़मीन से आसमान तक कई हिस्सों में अलग की गयी है, लम्बाई का भाग कई हवाओं से मिला है जैसे ऑक्सीजन, नाइट्रोजन, हाइड्रोजन, कार्बोलिक एसिड, क्लोराइड यादि। फिर इन हवाओं में से और भी कई चीज़ें बनती हैं, जैसे कि नाइट्रोजन का एक मोरक्कब पुट ऑक्साइड ऑफ़ नाइट्रोजन है (जिसको लाफिंग गैस भी कहते हैं)। बस दुनिया के उस सतह पर जहाँ लाफिंग गैस, जिसको हिन्दी में हँसाने वाली हवा कहते हैं, पायी गयी है।"[10]

इसे बनाने वाले आदमी कैसे बिना बेहोश हुए बना सके होंगे, इसके लिए लेखक अमेरिका की एक 'कल' से हल कर देता है। इस प्रकार पूरा तिलिस्म पुराने रूपों (इमारतों, बगुलों, शेर आदि) में नयी यन्त्र वैज्ञानिकी की प्रतिष्ठा का रूप ले लेता है। खत्री जी फ़ारसी के विद्वान थे और उन्होंने फ़ारसी इतिहासों के ऐसे दृश्य–बन्धों को ही अपना प्रस्थान बिन्दु बनाया था। उपर्युक्त उद्धरण में एक संकेत दिया गया है जैसे "जवाहिरात के पेड़ों पर चिड़ियों का गाना।" यह अत्यन्त प्रसिद्ध सत्य है। बगदाद में व्यापारिक उन्नति की पराकाष्ठा को जो अब्बासी ख़लीफ़ाओं का युग था, उसमें 907 ई. में जब कुस्तुनतुनिया के राजदूत सुलह की बात करने बगदाद गये तो वहाँ की शान देखकर दंग रह गये। यह देखकर तो उनके होश ही उड़ गये कि "चमचमाती वर्दी पहने घुड़सवारों की कतारें शमासिया दरवाजे से शाही महल तक जमी थीं और तमाशाइयों की पंक्तियाँ सड़कों से सटी खड़ी थीं। सबसे पहले राजदूत प्रतिहार के महल में पहुँचे और वहाँ के दबदबे को देखकर यह समझे कि यह ख़लीफ़ा का महल है। वहीं से उन्हें वजीर के महल में ले जाया गया जिसे देखकर वे हैरान रह गये। फिर उन्हें ऐसे हॉल में लाया गया जिसके एक ओर दजला नदी बहती थी और दूसरी ओर बागात थे। इससे होकर उन्हें ख़लीफ़ा मुकतदीर के सभा–मण्डप में लाया गया। इसका नज़रा देखकर वे भौंचक्के रह गये। इसके बाद उन्हें शाही बागात की सैर करायी गयी। उन्होंने वन्य पशुओं का उद्यान देखा। मोरपंखी रेशम और कमख़्याब की झूल ओढ़े हुए हाथी झूमते देखे, जंजीरों में बँधे हुए शेरों की लाइनें देखीं। आख़िर में उन्हें 'कल्पवृक्ष' महल (दार–अल–शज़रा) दिखाया गया। वहाँ उन्होंने तालाब से एक सोने का पेड़ निकलता हुआ देखा जिसकी डालियों और टहनियों पर सोने की चिड़ियाँ बैठायी गयी थीं। उनमें ऐसे यन्त्र लगे थे, कि हवा चलने पर पत्ते हिलते और चिड़िया चहचहाती थीं।"[11]

इसी तरह के व्यापारिक सभ्यता से लैस, कुछेक वर्णन और दृष्टव्य हैं। जैसे 'मदीनत–अल–सलाम' (शान्त–निकेतन) जो दजला के पश्चिमी तट पर स्थित था। यह गोलाकार बना था। अल–मंसूर ने शहर पनाह के बाहर 'कस्त्र–अल–खुल्द' (अमर भवन) बनवाया था। जिसके बाग–बगीचे स्वर्ग के समान माने जाते थे (तुलनीय चन्द्रकान्ता के बाग)। ईरान का इतिहास, उसकी संस्कृति का हख़ामनीशी युग बगदाद से पूर्व ही उस पराकाष्ठा पर पहुँच गया था। राजकीय गौरव और शक्ति की छापवाली इस कला में (स्थापत्य) पशु, पक्षी, पुतलों के सजीव रूप केन्द्र में हैं।

उनमें ऐसे शेरों का वर्णन मिलता है जो बहुत ऊँचाई पर रखे गये थे और इस तरह कि हवा के गुज़रने पर उनसे दहाड़ निकलती थी।[12] चन्द्रकान्ता सन्तति में जो महाभारत युद्ध दिखाया गया है। वह ईरानी कला के हखामनीशी युग में चित्रित राक्षसी युद्ध की तकनीक में चन्द आधुनिक युक्तियों को जोड़कर पेश किया गया है।

इस कला को आसुरी कला के रूप में भारत में भी देखा जा सकता है। ये तिलिस्मी किले अभी तक अपनी हक़ीक़त बयान कर रहे हैं। हाल ही मिर्ज़ापुर का तिलिस्म जो धन की आशा से पूरी तरह खोद डाला गया है उसकी कितनी ही सामग्री लोग घर ले गये। तात्पर्य यही कि इस तिलिस्मी साहित्य का बाकायदे आधार था। यह एक ठोस यथार्थ था। समृद्धि की एक ऐतिहासिक मंजिल पर पहुँचा हुआ स्थापत्य–संस्कृति का एक अविभाज्य अंग। यहाँ हमारा आशय उन बिल्डिंगों की पड़ताल करना नहीं है, बल्कि यह स्पष्ट करना है कि इस आरम्भिक साहित्य का मूल चरित्र क्या है? तथा यह कि कितनी दूर तक लेखक की सायास चेष्टा एवं स्वतन्त्र सामाजिक यथार्थ इसे निर्धारित करते हैं। इसके लिए लेखक की रचनाएँ ही पर्याप्त प्रमाण जुटा देती हैं। सबसे पहले वही विश्लेष्य है जिस पर लेखक ने सर्वाधिक बल दिया है–यह तत्त्व है–भाषा–भाषा का मुद्दा यहाँ अत्यन्त गम्भीर है। यह केवल 'हज़ारों लोगों ने हिन्दी सीखी का मामला नहीं है। भाषा मानव संसर्ग का एक अत्यन्त महत्त्वपूर्ण साधन है। यह संसर्ग आधुनिक समाज की एक अपरिहार्य अभिलाक्षणिकता है। यह केवल 'हिन्दी' का सवाल नहीं है। उस दौर में यह सवाल हिन्दी जातीयता के उद्भव, निर्माण और विकास का सवाल है। इस सवाल का उत्तर शैलीवैज्ञानिक नहीं दे सकते। भाषा की सक्रियताएँ अपनी जातीयता के निर्धारण के दौर में जनगण के एकीकरण के विकास में गम्भीर भूमिका निभाती हैं वे राज्य के पूँजीवादी विकास के संश्लिष्ट परिप्रेक्ष्य को उजागर करती हैं। फिर इस जातीय चरित्र का प्रमुख अन्तर्विरोध भी वहाँ जन्म लेता है। सामान्य और विशिष्ट का यह परिप्रेक्ष्य वर्गीय होता है। यही नहीं कि एक साहित्यिक भाषा होती है जो बुद्धिजीवियों द्वारा बोली–पढ़ी लिखी जाती है और प्रशासकीय कार्य में मदद करती है और एक साधारण होती है, जो बोली या बोलियों का मिश्रित रूप होती है। देवकीनन्दन ने जिस गहराई से इस भाषा–पक्ष पर विचार किया है वह आज भी सीखने की वस्तु है। चन्द्रकान्ता सन्तति के अन्तिम कुछ पृष्ठ इसी उद्देश्य से सुरक्षित रखे गये हैं। "प्रिय पाठक महाशय, अब चन्द्रकान्ता

सन्तति की लेख–प्रणाली के विषय में भी कुछ कहने की इच्छा होती है।" यह इच्छा उस समय की प्रायः अधिकांश कृतियों के आरम्भ में मिलती है। यहाँ अन्त में है, जो एक प्रकार से मित्रों के कटाक्षों व शंकाओं का उत्तर रूप ही है। पहली बात लेखक अत्यन्त विनम्रता से कहता है कि "जिस समय मैंने चन्द्रकान्ता लिखनी आरम्भ की थी, उस समय कविवर प्रतापनारायण मिश्र और पण्डितवर अम्बिकादत्त व्यास जैसे धुरन्धर, किन्तु अनुद्धृत कवि और सुलेखक विद्यमान थे तथा राजा शिवप्रसाद, राजा लक्ष्मण सिंह जैसे सुप्रतिष्ठित पुरुष हिन्दी सेवा करने में अपना गौरव समझते थे।"[13] यह तथ्य उस शून्यकाल को व्यक्त करता है, जब भारतेन्दुमण्डल का विघटन हो चुका था। इस शून्यकाल का मुख्य अन्तर्विरोध यह रहा कि उस समय हिन्दी के लेखक थे, परन्तु ग्राहक न थे, इस समय ग्राहक हैं, पर वैसे लेखक नहीं हैं। इसका अर्थ यह भी नहीं है कि "इस समय के साहित्य–सेवी के योग्य नहीं हैं। बल्कि यह है कि लेखक अपने अग्रजों की भाषा–सेवा की गहरी पहचान रखता है और मानता है कि वे उससे बढ़–चढ़कर थे।" उनकी लेख–प्रणाली (समग्र दृष्टि) में चाहे भेद रहा हो परन्तु उन सबका लक्ष्य यही था कि "इस भारत–भूमि में किसी तरह मातृभाषा का आधिपत्य हो।"[14] क्या यह आधिपत्य ब्रिटिश भारत में हो सकता था। बहुत बड़ी धारणा थी लेखक के मन में। वह चाहता था मातृभाषा का गम्भीर आधिपत्य। यह चाहे (भाषा से लगाव) राष्ट्रवाद की प्रथम उत्ताल तरंग की ही अभिव्यक्ति है। उदीयमान बुर्जुवा वर्ग की पहली सांस्कृतिक टक्कर है, लेकिन लेखक पाता है कि अग्रज सज्जन भाषा का वह प्रसार न कर सके क्योंकि हिन्दी की उनकी समझ बौद्धिक वर्ग, नये नेतृत्व के मध्यवर्गीय संस्तर की सेवा करती थी। लेखक चाहता था कि विराट जनगण की सेवा करना। अतः वह आलोचना करता है अग्रजों की। सकारात्मक प्रतिक्रिया करता है और पूछता है। क्या ऐसे लोगों से भूल नहीं हो सकती? यह कहाँ का नियम है!" "उनसे भूल हुई तो यही कि प्रचलित शब्दों पर उन्होंने अधिक ध्यान नहीं दिया।" यह भूल आज तक लोग कर रहे हैं। शब्दों की मृतच्छवियों से चिपके हुए हैं। लेकिन देवकीनन्दन को भय यह था कि कहीं विद्वत् समाज इसे संस्कृत का विरोध न समझ ले। यह स्वाभाविक था। इस बनारस में तुलसी भी भयमीत रहे थे पण्डा वर्ग से, जिसके पास संस्कृत संस्कृति और शासन के एक अस्त्र के रूप में थी। किन्तु जनता का दबाव जिस तरह उनको हनुमत सन्देश सुना रहा था कि भई देश–भाषा में क्यों नहीं लिखते, कुछ वैसा ही

दबाव खत्री पर था। जनगण के प्रति अखण्ड आत्मीयता का ही पर्याय था यह दबाव। अतः उन्हें अपनी सफ़ाई में यह विनम्रता दर्शानी पड़ी कि "चाहे कोई हिन्दू हो, चाहे जैन या बौद्ध हो और चाहे आर्यसमाजी या धर्मसमाजी ही क्यों न हो; परन्तु जिन सज्जनों के मानवीय अवतारों और पूर्वजनों ने इस पुण्य भूमि का अपने आविर्भाव से गौरव बढ़ाया है, उनमें ऐसा अभागा कौन होगा, जो पुण्यता और मधुरतायुक्त संस्कृत भाषा के शब्दों का प्रचुर प्रचार न चाहेगा?"[15] जाहिर है लेखक अभागा नहीं बनना चाहता था।

वह पूरी श्रद्धा रखता है, उस देव भाषा पर जिसमें जीवन तत्त्व का ह्रास हो रहा था किन्तु जिसका आतंक बरकरार था, लेकिन यह भाषा लेखक के उद्देश्य की पूर्ति (मातृ–भाषा का आधिपत्य) में सबसे बड़ा रोड़ा थी। अतः विदेशी भाषा के शब्द उसे आवश्यक जान पड़े। आलोचकों को यह जानना चाहिए कि यह उस दौर का सबसे संवेदनशील बिन्दु है। इसलिए कि पंजाब और उत्तर प्रदेश में जनगणों में साम्प्रदायिक कट्टरता का बीज तभी ब्रिटिश आकाओं द्वारा बो दिया गया था, आजकल जिसकी फसल खालिस्तान और बाबरी मस्जिद के आन्दोलनों में पक रही है। साझी भाषा का सवाल बहुत महत्त्व का था जिसे देवकीनन्दन ने बड़े ढंग से हल किया और साम्राज्यवादी संस्कृति पर कड़ा प्रहार किया, लेकिन यह इतने शान्तिपूर्ण ढंग से हुआ कि साहित्य महारथियों को इसका विस्फोट सुनायी ही नहीं दिया। ऐसा करने के लिए एक लौह–तर्क चाहिए था और वही लेखक ने पेश किया–"भारतवर्ष में आठ सौ वर्ष तक विदेशी यवनों का राज्य रहा है इसलिए फ़ारसी–अरबी के शब्द हिन्दू समाज में 'न पठेत यावनी भाषा' की दीवार लाँघकर उसी प्रकार आ घुसे, जिस प्रकार हिमालय के उन्नत मस्तक को लाँघकर वे स्वयं आ गये, यहाँ तक कि महात्मा तुलसीदास जी–जैसे भगवद्भक्त कवियों को भी 'ग़रीब निवाज' आदि शब्दों का बर्ताव दिल खोल के करना पड़ा।"[16] इस तर्क की व्यावहारिक पीठिका के लिए बँगला उदाहरणों के साथ लेखक भारतेन्दु की आलोचना भी करता है और अपनी समझ में पाता है कि लोग जो यह आरोप लगाते हैं कि देश हितैषी हरिश्चन्द्र की पुस्तकें नहीं पढ़ी जा रही हैं, उसका कारण भी भारतेन्दु की लेख–प्रणाली यानी भाषा ही है। 'सारसुधानिधि' तथा 'कविवचनसुधा' की 'भाषा भावुकजनों के आदर की वस्तु थी परन्तु समय के उपयोगी न थी। इसी तरह विद्वत् समाज में माधवप्रसाद मिश्र के सम्पादन में 'सुदर्शन' की लेख–प्रणाली का बहुत आदर था, लेकिन वह भी समय के उपयोगी नहीं थी। यह वह स्थल था जहाँ लेखक के एक

ओर सीमित बुद्धिजीवी वर्ग था तथा दूसरी ओर साधारण जनता। सामान्य जनता की चित्तवृत्ति के परिष्कार का कार्य साम्राज्यवाद विरोधी चेतना के प्रसार की पहली शर्त थी। लेखक ने अब विनम्रता का पल्ला झाड़कर दृढ़ता से यह प्रश्न उछाला– ''परन्तु साधारण जन उससे कितना लाभ उठा सकते हैं यह सोचने की बात है।'' लेखक मिश्र जी पर व्यंग्य करता है कि मुबारक हो उन्हें उनका भविष्यवाद ''बधाई देता हूँ पर यदि ग्रन्थकारों का भविष्य की अपेक्षा वर्तमान से अधिक सम्बन्ध है, निःसन्देह इस विषय में मुझे आपत्ति है।'' सुस्पष्टता से वह अपनी बात रखता है कि ''मेरी हिन्दी किस श्रेणी की हिन्दी है, इसका निर्धारण मैं नहीं करता, परन्तु मैं यह जानता हूँ कि इसके पढ़ने के लिए कोश की तलाश नहीं करनी पड़ती।"[17] लोकप्रियता का यह सबसे सहज वैज्ञानिक तर्क था। यहीं लेखक ने अपना मन्तव्य भी प्रकट किया जो बहुत महत्त्वपूर्ण है। यही वह प्रस्थान बिन्दु है जो प्रायः अनदेखा ही रहा है। चन्द्रकान्ता लिखते समय लेखक भी केवल मनोविनोद की इच्छा और उद्देश्य रखता था, लेकिन जब जनता ने उसके प्रति अपनी जिज्ञासा प्रदर्शित की तो बाद के चन्द्रकान्ता सन्तति के खण्डों के लिए लेखक का उद्देश्य बदल गया–''चन्द्रकान्ता के आरम्भ के समय मुझे यह विश्वास नहीं था कि उसका इतना अधिक प्रचार होगा।'' लोगों का अनुराग देखकर लेखक का अनुराग भी बढ़ा और उसने उन विचारों का जिनको वह अभी तक प्रकाशित नहीं कर सका था "इस पुस्तक को द्वार बनाया और सरल भाषा में उन बातों को लिखा, जिससे मैं उस होनहार मण्डली का प्रियपात्र बन जाऊँ, जिसके हाथ में भारत का भविष्य सौंपकर हमें इस असार संसार से विदा होना है।"[18] राष्ट्रप्रेम की, स्वाधीनता की इससे बेहतर परिभाषा क्या हो सकती है? दायित्वबोध का इससे बेहतर स्वरूप क्या हो सकता है? लेखक को कितनी गहन तृप्ति मिलती है जब वह इस विषय में सफल होता है और देखता है कि ''चन्द्रकान्ता पढ़ने के लिए बहुत से पुरुष नागरी वर्णमाला सीखते हैं और जिनको कभी हिन्दी सीखनी नहीं थी, उन लोगों ने भी इसके लिए सीखी।''[19] मातृभाषा के आधिपत्य का यह महामनोरम शक्ति पूर्ण। दृश्य है। राष्ट्रवाद का यह रूप ध्यान देने योग्य है और साहित्य की शक्ति भी।

भाषा के अतिरिक्त लेखक ने भाव के विषय में भी स्पष्टतः कुछ कहने की अनुमति माँगी है। यह भी कुछ मित्रों को उत्तर ही है। "कई मित्र आक्षेप करते हैं कि मुझे देश–हित पूर्ण और धर्मभावमय कोई ग्रन्थ लिखना उचित था

जिससे मेरी प्रसरणशील पुस्तकों के कारण समाज का बहुत कुछ उपकार हो जाता।"[20] लेखक प्रतिप्रश्न करता है–एक अप्रसिद्ध ग्रन्थकार की पुस्तक कौन पढ़ता? क्या वे मित्र भी उसकी बातें सुनते? लेखक का स्पष्ट मत है–नहीं सुनते। उसका विचार है–"गम्भीर विषय के लिए जैसे एक विशेष भाषा का प्रयोजन होता है, वैसे ही विशेष पुरुष का भी। और भारतवर्ष में विशेषता की कोई प्रतिष्ठा नहीं है। गुलाम देश में हो भी कैसे सकती है। ख़ासकर उसकी जो साधारण जन की सोचता हो। सामान्य जन से जुड़ने की जो तीव्र ललक है, 'उन विचारों का उन तक पहुँचाने की जो चिन्ता है वह इन रचनाओं के साम्राज्य विरोधी चरित्र को ही द्योतित करती है। इस चरित्र को खोलने के लिए हमें लेखक के 'उन विचारों' की पड़ताल करनी होगी, जिन्हें उसने बहुत ही कुशलता से सरल भाषा–शैली में समाहित कर दिया है। इसे मोटे तौर पर लेखक का दृष्टिकोण ही कहा जायेगा।

क्या देवकीनन्दन खत्री मार्क्सवादी रचनाकार थे? ऐसे प्रश्न हास्यास्पद हैं और वे ही लोग उठा सकते हैं जिन्हें न तो मार्क्सवाद के बारे में कोई जानकारी है और न लेखक के बारे में। क्या उनके विचार सामन्तवादी थे? क्या वे दरबार की हिमायत करते हैं? क्या वे प्रतिक्रियावादी हैं? आदि प्रश्न सीधे–सीधे यान्त्रिक ढंग से करना भी यान्त्रिक अभिगम को ही सूचित करता है। उनकी रचनाओं में हिन्दी प्रदेश के नवजागरण की छायाएँ विद्यमान हैं। यथार्थ के बिलकुल भिन्न धरातल उनमें मिलते हैं। वे अपने युग की बढ़ी हुई चेतना को कल्पना के विस्तृत मैदान में उतार देते हैं। आदिम–फैंटेसी है यह जिसमें यथार्थ की भूमिका उतनी ही महत्त्वपूर्ण है। उनके विचारों को उनकी बाद की अन्य कृतियों के दर्पण में भी देखा जा सकता है। मूल्य, विचार, घटनाएँ, पात्र, दृश्य, उद्देश्य सब मिलाकर उनके विचारों का ढाँचा बनाते हैं। यह ढाँचा साम्राज्यवाद के विरुद्ध एक बड़ी लकीर खींचता है। लेकिन यह ढाँचा विराट भी है और जटिल भी। इसे जानने के लिए उस राजनीति को समझना बहुत आवश्यक है जो बहुत बड़े सुगठित विद्रोह के रूप में विद्यमान है। उपमाएँ, रूपक, चित्रण तक इस राजनीति से अछूते नहीं हैं। शुद्ध प्रकृति तक नहीं मिलती यहाँ। मानवीकृत है प्रकृति। सामाजिक संवर्गों की गतिविधियों से लैस।

मजा यह है कि आज लेखक की कृति का नाट्य रूपान्तर भी बिक रहा है और उसे तिलिस्मी कहकर दर–किनार भी किया जा रहा है। काजर की कोठरी को उपन्यास का विषय कोई पिछड़ी चेतना का लेखक बना सकता था?

सामन्ती संस्कृति की धुरी है रण्डी और शराब! वेश्याओं का इतना दबदबा है कि वे राजनीति करती हैं। वे सैकड़ों को मिनटों में तबाह कर डालती हैं। वे सामन्ती शौर्य का राजनीतिकरण कर डालती हैं। लेखक तत्कालीन चेतना के संस्तर का प्रमाण इस रूप में देता है कि 'साधारण जनों को इनसे बचना चाहिए। वेश्या–समस्या भारतीय उपन्यासों में केन्द्रीय रही है। पहले उपन्यासों में इससे सावधान रहने की चेतावनी मौजूद है। देवकीनन्दन को ये वेश्याएँ चुड़ैलें नज़र आती हैं। यहाँ यह बराबर ध्यान में रखना चाहिए कि वेश्याओं के भी विविध स्तर हैं। ये वेश्याएँ उस तरह पीड़ित नहीं हैं। सम्पन्न हैं। इनके पास आते हैं–जागीरदार, ज़मींदारी, रजवाड़े, भूस्वामी, व्यापारी आदि। खत्री का एक भी नायक ऐसा नहीं है जो इन सज्जनों का प्रतिनिधित्व करता हो। ऐसा 'पात्र' हो सकता है 'नायक' नहीं बल्कि वे ज़मींदारों के चरित्र को खोलने की कोशिश करते हैं–"किसी ज़मींदारी के यहाँ महफिल में इन लोगों (रण्डियों) को जाना है क्योंकि सन्नाटे मैदान में सफर करते समय सन्ध्या हो जाने से इन्हें कुछ भी भय नहीं है और न इस बात का डर है कि रात हो जाने से चोर चुहाड़ अथवा डाकुओं से कहीं मुठभेड़ न हो जाये।"[21] ठीक ही है बड़े डाकुओं के यहाँ जाना है। उनकी अपनी फौज है। कोर्ट कचहरी उनकी है। साहब बहादुर से लेकर बड़े लाट तक उनके ऊपर टिके हैं, लेकिन लेखक बुद्धिमानी को परिभाषित करता हुआ 'इन' लोगों से उन लोगों को अलगा देता है–"इसमें कोई सन्देह नहीं कि ये रण्डियाँ बहुत ही हसीन और ख़ूबसूरत हैं और जिस समय अपना श्रृंगार करके धीरे–धीरे चलकर महफिल में आ खड़ी होंगी उस समय नखरे के साथ आप खुली आँखों से जिधर देखेंगी उधर ही चौपट करेंगी, फिर भी यह सब कुछ चाहे जो हो, मगर इनका जादू उन्हीं लोगों पर चलेगा जो दिल के कच्चे और भोले हैं। जो दिल के मज़बूत और इनकी करतूतों तथा नक़ली मोहब्बत को जानने वाले और बनावटी नखरों का हाल अच्छी तरह जानते हैं, उन बुद्धिमानों के दिल पर इनका असर होने वाला नहीं है क्योंकि ऐसे आदमी जितनी ज्यादा ख़ूबसूरत रण्डी को देखेंगे उसे उतनी ही बड़ी चुड़ैल समझ के हर तरह से बचे रहने का भी उद्योग करेंगे।"[22]

उद्योग ही किया जा सकता है। उद्योग ही खत्री के सम्पूर्ण लेखन की अन्तर्छटा है। उद्योग का आह्वान हमें किधर ले जाता है? बुराइयों के विरुद्ध, ग़लत राजा के विरुद्ध, ग़लत प्रशासन के विरुद्ध उद्योग किस बात की शिक्षा देता है?

मनोविज्ञान की पकड़ दृष्टि को कैसे उभारती है–"उसके दोनों बगल ज़मींदारी लोग जो न्योते में आये हैं, कत्तीदार पगड़ी जमाये बैठे उस रण्डी से आँखें मिलाने का उद्योग कर रहे हैं जो महफिल में नाच रही हैं और जिसका ध्यान बनिस्बत गाने के भाव बताने पर ज्यादे है।"[23] जबकि लेखक का नायक भावों में नहीं फैलता–"जी हाँ, मैं इन कमबख़्तों की करतूतों से ख़ूब वाक़िफ़ हूँ। ऐसे ही कोई सरस्वती के कृपापात्र होते हैं जो इनके फन्दे से अपने को बचा ले पाता हैं, नहीं तो केवल लक्ष्मी के कृपापात्रों को तो ये लोग लक्ष्मी का वाहन ही बनाकर दम लेती हैं।"[24] लेखक को जब यह विश्वास नहीं हो पाता कि मात्र ऐसी बातों से लोग इनके फन्दे से बच सकेंगे तो वह अपना ब्रह्मास्त्र निकालता है–जो आदमी अपना दिल ख़ुश करने की नीयत से इनकी सोहबत में बैठेगा, वह बिना नुकसान उठाए, बेदाग नहीं बच सकता, चाहे वह कैसा ही चालाक क्यों न हो, और जिस पर रण्डी आशिक हो गयी, समझ लो वह तो जड़–मूल से नाश हो गया। यदि फिर भी कोई मति का मारा नहीं मानता तो वह समझ रखे–"जो रण्डियों की बातों पर विश्वास करता है, उस पर ईश्वर भी विश्वास नहीं करता।"[25] ज़मींदारों के चरित्र के बारे में लेखक का क्या विचार है, इसे दो संवादों में देखा जा सकता है–

"राम : अच्छा अच्छा दूसरा ही मतलब सही, मगर यह तो बताओ कि क्या आप ज़मींदार लोग कम धूर्त और चालाक तथा फरेबी होते हैं।

हरनन्दन : (हँसकर) बहुत ख़ास! अब आप दूसरे रास्ते पर चले तो क्या आप ज़मींदारों की पंक्ति से बाहर हैं।"[26]

ऐसा तभी हो सकता था जब लेखक नये ज़माने से परिचित हो। यह नया जमाना रुपये का ज़माना था। ज़मींदारी वर्ग की करतूतों का जो व्यापक चित्रण यहाँ उपलब्ध है, उसमें यह रुपया केन्द्र में है। सारी लड़ाई, लूट–खसोट इसी के लिए है। इसकी शक्ति अपार है, यह पुराने समाज को तोड़ रहा है। लेखक इस रुपये को नये समाज के प्रवेश द्वार की तरह देखता है। "अहा दुनिया में रुपया भी एक अजीब चीज़ है। इसकी आँच को सह जाना हँसी–खेल नहीं है। इसे देखकर जिसके मुँह में पानी न भर आये समझ लो कि यह महात्मा है। पूरा तपस्वी और सचमुच का देवता है। इस कमबख़्त की बदौलत बड़े–बड़े घर सत्यानाश हो जाते हैं, भाई–भाई में बिगाड़ हो जाता है, दोस्तों की दोस्ती में बट्टा लग जाता है, ईमानदारी की साफ़ और सफ़ेद चादर में ऐसा धब्बा लग जाता है जो किसी तरह छुड़ाये नहीं छूटता।

इसे देखकर जो धोखे में न पड़ा, इसे देखकर जिसका ईमान न टला और इसे जिसने हाथ–पैर का मैल समझा, बेशक कहना पड़ेगा कि उस पर ईश्वर की कृपा है और वही मुक्ति का वास्तविक पात्र है।"[27] यही मार्ग महाजनी सभ्यता' को जाता है। प्रेमचन्द के ज़माने का बीज यहाँ है। लेखक इस ज़माने की परिभाषा करता है–"यह सब कुछ तो है ही उस पर ये अफसोस की बात यह है कि ज़माना भी बहुत बुरा है। किसी की बात का कोई विश्वास नहीं। किसी के दिल का कोई ठिकाना नहीं, किसी की दोस्ती का कोई भरोसा नहीं।"[28] इसका मूल है–"रुपये वाले की कद्र सब जगह होती है।" लेखक की सारी कृतियों में ये नये सामाजिक रूप समाहित हैं। बहुत बुरा ज़माना है। ठगी है। हत्याएँ हैं। लूट है। मार–काट है। वेश्यागमन (नया सामाजिक रूप) है। कोई किसी का विश्वास नहीं करता। सभी एक–दूसरे पर शंका करते हैं। सब सभी का विश्वास तोड़ डालते हैं। होते कुछ हैं निकलते कुछ हैं। दोस्ती का भरोसा नहीं किया जा सकता। आस्था के केन्द्र हिल गये हैं। लेखक के लिए ऐसे में आवश्यक हो जाता है कि वह नये केन्द्र स्थापित करे। नये मूल्य खोजे। दोस्ती, प्रेम, समानता, नारी–स्वातन्त्र्य, नया ही सब कुछ और उसने यह सब बड़ी कुशलता से किया है। तिलिस्म के आवरण में ये मूल्य इस तरह चेतना में उतर जाते रहे हैं कि पाठक को पता ही नहीं लगता। ये कृतियाँ उसे केवल इसीलिए गिरफ़्तार करने में कामयाब नहीं होतीं कि ये कौतूहल या जिज्ञासा को सन्तुष्ट करती हैं बल्कि इनका वशीकरण मूल्य एवं विचार के अतिशय सम्प्रेषण का सफल मॉडल है। पल्लवग्राही आलोचना इस रहस्य का क्या पता पा सकती है। दो–एक संवादों से लेखक के विचारों को जान लेने में सफल आलोचकों से मेरी विनम्र असहमति है। राष्ट्रवाद कोई एक राजनीतिक निष्कर्ष या नारा ही नहीं है और चेतना कोई फार्मूला नहीं है। इस जटिल प्रक्रिया को बहुत तात्कालिक व सतही फ़तवों से नहीं जाना जा सकता।

'खत्री जी हिन्दूवादी हैं। धार्मिक हैं। पुरातनपन्थी हैं और यहाँ तक कि साम्प्रदायिक हैं। फिर तो वे हो ही गये प्रतिक्रियावादी! यही सिद्ध करना था। नहीं, यह बहुत वाहियात पद्धति है। यह प्राध्यापकीय तत्त्व–गणनी आलोचना पद्धति हमारे किसी काम की नहीं है। लेखक जब 'मुसलमान' और 'हिन्दू' पात्रों को पेश करता है तो वह पूरे लेखक धर्म का निर्वाह करता है। वह पात्र की मानसिकता उजागर करता है। पूरी ईमानदारी से उसे रचता है, लेकिन आलोचक इसे लेखक का विचार मान लेते हैं।

लेखक उस दौर के शास्त्र की क्या समझ पेश करता है, वही इन आलोचकों को उसका उत्तर है—पारस सरला से कहता है—"अगर तुम अपने हिन्दू धर्म को जानती होतीं या कोई शास्त्र पढ़ी होती तो मेरी बातों पर विश्वास करती। यह न सोचतीं कि मेरी शादी हो चुकी अब जो शादी होगी, वह दूसरी शादी कहलाएगी और जान देने में किसी तरह का...।"[29] सरला का उत्तर है—"मैं कोई शास्त्र नहीं भी पढ़ी तो भी शास्त्र के असल मर्म को अपनी माता की कृपा से अच्छी तरह समझती हूँ। उसने मुझे एक ऐसा लटका बता दिया है जिससे पूरे धर्मशास्त्र का भेद मुझे मालूम हो गया है। उसने मुझसे कहा था कि बेटी जो बात चित्त को बुरी मालूम हो या जिस बात के ध्यान से दिल में जरा भी खुटका पैदा हो अथवा जिस बात से लज्जा का कुछ भी सम्बन्ध हो अर्थात् जिसके कहने से लज्जित होना पड़े, उसके विषय में समझ रखो कि शास्त्र में कहीं—न—कहीं उसकी मनाही ज़रूरी लिखी होगी।"[30] यह है लेखक का शास्त्र इससे अधिक व्यावहारिक और क्या हो सकता है? साथ ही यह भी देखना चाहिए कि दो युवा भाई—बहन ही क्यों न हों, शादी पर किस तरह खुलकर बात कर रहे हैं। यदि संवादों में ही विचारधारा देखनी है तो कुछ संवाद भी काबिलेग़ौर हैं।

"आनन्द : (चौंककर) हैं! क्या तुम मुसलमान हो जो ख़ुदा की क़सम खाती हो?

औरत : हाँ, क्या मुसलमान बुरे होते हैं?

आनन्द सिंह यह कहकर उठ खड़े हुए—अफ़सोस अगर तुम मुसलमान न होती तो मैं तुम्हें जी—जान से प्यार करता, मगर एक औरत के लिए अपना मजहब नहीं बिगाड़ सकता।

औरत : क्यों हर्ज़ क्या है? ख़ुदा सबका है, उसी ने हमको भी पैदा किया। आपको भी पैदा किया जब एक ही बाप के सब लड़के हैं तो आपस में छूत कैसी!"[31]

इससे क्या नतीजा निकलता है? लेखक साम्प्रदायिक है? एक मुस्लिम स्त्री को हिन्दू से शादी करनी आज भी अनहोनी—सी ही होती है। 1890 में ऐसा सोचना भी बहुत बड़ा डग है। यह चेतना क्या सामन्ती ढाँचे में उपलब्ध है? हरगिज़ नहीं। ऐसी उन्मुक्तता वहीं हो सकती है, जहाँ राष्ट्रीय बूर्जुआ वर्ग अपनी शक्ति सँजो रहा हो और अपने विकास का पथ प्रशस्त करने के

लिए जाति, वर्ण, भाषा, धर्म, मजहब सभी की दीवारें ढाहने की कोशिश कर रहा हो। सौ साल पहले अगर कोई लड़की स्वाभिमान का प्रदर्शन करते हुए अपनी ख़ुद की सोच प्रस्तुत करती है, शास्त्र और धर्म पर अपने विचार रखती है, वह निश्चित ही राष्ट्रवाद के विकास की एक मंजिल को व्यक्त करती है। जब कुन्द से पूछा जाता है कि औरंगजेब के लश्कर में बन्द रही तो उसे कुछ खाना–पीना अवश्य पड़ा होगा। फिर तो उसका धर्म नष्ट अवश्य हुआ होगा। तब उसका उत्तर मिलता है–"यदि मेरी इच्छा के विरुद्ध खाने–पीने में मेरे साथ जबर्दस्ती की जाती तो वास्तव में मेरा धर्म नष्ट हो जाता? मैं तो ऐसा नहीं समझती।"[32] मैं नहीं जानता इतनी बड़ी–बड़ी अवधारणाओं को प्रस्तुत करने वाले लेखक को सज्जनों ने किस बल पर पुराणपन्थी कहा है। इस नये राष्ट्रवाद का बहुत ही सशक्त घटक प्रेम है। विवाह की संस्था है। पूरे लगभग ढाई हज़ार पृष्ठों में प्रेम के कितने ही प्रसंग बिखरे पड़े हैं। इस प्रेम को न समझना उस युग को ही समझने से इनकार कर देना है। क्या यह प्रेम पुराने प्रेमियों की तरह का अमूर्त और आध्यात्मिक है? क्या यह प्रेम सात जन्म–जन्मान्तरों वाला है? क्या यह प्रेम 'रोमांटिक नाइट्स' वाला है? इनमें से किसी भी तरह का नहीं है। यह एक नये क़िस्म का प्रेम है जिसमें स्त्री बराबर की हक़दार दिखायी देती है। वह चुनाव करती है। प्रस्ताव करती है और कई बार वर्गीय स्थिति के कारण सफल न होने पर कठोरतापूर्वक झाड़ भी पिला सकती है–"ठीक है, रुपया ऐसी ही चीज़ है रुपये के वास्ते लोग सभी कुछ कर गुज़रते हैं, भले–बुरे पर ध्यान नहीं देते, लेकिन जिस तरह वे लोग रुपये के लिए तुम्हारी बेइज़्ज़ती कर सकते हैं उसी तरह तुम भी तो अपना रुपया बचाने के लिए बेइज़्ज़ती सह सकते हो।"[33] यहाँ तो ऐसे उदाहरण तक मौजूद हैं–"क्योंकि वह अपना दिल किसी और ही को दे चुका है जो एक ग़रीब लड़की है और जिसके साथ शादी करना उसका बाप पसन्द नहीं करता।"[34] यह सब तिलिस्म में चल रहा है। नारी के अधिकारों की जबर्दस्त छवियाँ इस तिलिस्म में उपलब्ध हैं। यह नवजागरण का ही एक महत्त्वपूर्ण पहलू है। प्रेम और विवाह के जो रूप यहाँ उपलब्ध हैं, वे एक व्यवस्था के टूटते जाने व दूसरी व्यवस्था के संगठित होते जाने की प्रक्रिया का ही द्योतन करते हैं। प्रायः उत्साही मार्क्सवादी आलोचक 'राजनीति' पर बहुत बल देते हैं। सिस्टम का सवाल उनका सबसे प्रिय सवाल है अर्थात् सम्पूर्ण लेखन में से वे केवल राजनीतिक सारतत्त्व को चुनते हैं, उसे भी दलगत कार्यनीति व रणनीति पर कसकर रचना पर अपना

निर्मम मत व्यक्त करते हैं। यही उनके लिए सबसे बड़ी, मुख्य और गम्भीर चुनौती लगती है। ये भूल जाते हैं, रचना में राजनीति पात्र के संवाद में या वर्णन में 'लाइन' बनकर व्यक्त नहीं होती। यह यथार्थ की छवियों और प्रतिक्रियाओं में अन्तर्धारा की तरह समाहित होती है। जीवन में वह जितने जटिल संस्तरों में निहित होती है उसे जानना और व्यक्त कर पाना अत्यन्त जोखिम भरा कार्य है। निर्मल वर्मा के शब्द लें तो यह बड़ा भारी 'कला का जोख़िम' है। मार्क्सवादी ग़ैर–मार्क्सवादी आलोचकों ने देवकीनन्दन को दरबार का व्याख्याता माना। सामन्ती परम्परा की शरण में ले जाने वाला। इसके लिए भूतनाथ का उदाहरण दिया गया है कि वह महाराजा वीरेन्द्र की शरण में ही अपनी 'नियति' निर्धारित करता है।[35] यह अत्यन्त संवेदनशील स्थल है। क्या यह विचार किया गया है कि यहाँ राजा का काल क्या है? क्या वह किसी विशेष राजकुल की स्थापना है? किसी विशेष धर्म, जाति या वर्ण के राजा की स्थापना है? यदि इन प्रश्नों का उत्तर नहीं ढूँढ़ा जाता तो लेखक के साथ भारी अन्याय होगा ही, उस सिद्धान्त के साथ भी होगा जिसे मार्क्सवाद कहा जाता है और जो सिस्टम की समझ देने वाला अकेला दर्शन है। इन सब प्रश्नों का उत्तर नकारात्मक है। यहाँ राजा का आदर्श प्रशासन की परिकल्पना मात्र है। न इससे कुछ अधिक न इससे कम। यहाँ 'रामराज' के स्थापित होने का ख़तरा बहुत बड़ा था, लेकिन कहीं इस शब्द का प्रयोग नहीं है। यहाँ केवल एक सवाल है कैसा राजा? ब्रितानी साम्राज्यवाद के प्रचण्ड दमन और सामन्तों से 1857 के संग्राम के बाद के समझौतों की पृष्ठभूमि में यह सवाल बहुत महत्त्वपूर्ण है। चन्द्रकान्ता व चन्द्रकान्ता सन्तति के अतिरिक्त अन्य छोटी औपन्यासिक कृतियों में यह सवाल बार–बार उठा है। कैसा राजा? यानी कैसी प्रशासन पद्धति? इससे अधिक खुला, गम्भीर और बेलौस सवाल उस युग में दूसरा नहीं है। वीरेन्द्र वीर अथवा 'कटोरा भर ख़ून' में यह सवाल बहुत ही संवेदनशील ढंग से उठा है। महाराज बड़े ज़ालिम हैं। उन्हें रियाया चाहती नहीं। वीरेन्द्र जो वीर हैं और न्यायकारी उसे महाराज को छोड़ सब चाहते हैं। यहाँ बड़ी आसानी से वीरेन्द्र को सीधे–सीधे सफल बनाया जा सकता था, लेकिन नायक है यहाँ नाहर सिंह। इसकी पहचान है–इसने "सिवाय राजा के किसी दूसरे को कभी कोई दुख नहीं दिया। हाँ, वह राजा को बेशक दुख देता है और उसकी दौलत लूटता है, मगर इसका कोई ख़ास सबब होगा।"[36] यह ख़ास सबब यह था कि "नाहर सिंह बड़ा ही नेक मर्द, रहमदिल, धर्मात्मा और वीर पुरुष है।

वह किसी को तंग नहीं करता, बल्कि वह महीने में हज़ारों रुपये वहाँ की ग़रीब प्रजा में गुप्त रीति से बाँटता है, दरिद्रों का दुःख दूर करता है।"[37] वह नाहर सिंह डकैत था। लेखक इसे अपना नायक बनाता है। यह सामन्त–प्रेम है? महाराज के विरुद्ध बाकायदे विद्रोह होता है और उन्हें गद्दी से उतार दिया जाता है। इसी तरह बाले सिंह को मार दिया जाता है और आदर्श राज्य की स्थापना होती है।[38] इसी तरह महाराज शिवदत्त मारे जाते हैं।"[39] कौन–सा ऐसा राजा है जो जनता को दुख देता था और मारा नहीं गया। न्याय के लिए विद्रोह यहाँ आम बात है। भूतनाथ की तलवार ऐसे राजाओं और उनके सहायकों के दिलों में हौल पैदा कर देती है और लेखक यह भी जानता है कि ऐसे राजाओं के अधिकांश सहायक कौन थे? उनकी भी वही दशा की जाती है, जो उनके राजा की। ऐसे राजा के यहाँ रहना लोग अपना धर्म नहीं समझते वहाँ से भाग जाते हैं। न्याय की यह प्यास साधारण नागरिक की है। वह स्त्री को समझाता है–"ऐसा हो जाने पर फिर हमें किसी का डर नहीं रहेगा? क्योंकि हम लोग किसी का ख़ून करके नहीं भागे हैं, न किसी की चोरी की है और न किसी के साथ अन्याय या अधर्म करके भागे हैं बल्कि एक अन्यायी हाकिम के हाथ से अपना धर्म बचाने के लिए भागे हैं। ऐसी अवस्था में किसी न्यायी राजा के राज्य में पहुँच जाते ही हमारा कल्याण होगा।"[40] सब जानते हैं कि "राज–काज पर ध्यान न दे दिन–रात ऐश में डूबे रहने वाले राजा का राज्य कितना कमज़ोर हो जाता है। रैयत को ऐसे राजा से कितनी नफ़रत हो जाती है और किसी दूसरे नेक धर्मात्मा के आ पहुँचने के लिए वे लोग कितनी मन्नतें मानते रहते हैं।"[41] चूँकि महाराज सुरेन्द्र सिंह, भैया राजा वीरेन्द्र सिंह, सभी न्याय के राज्य के संस्थापक हैं। अतः उन्हीं की शरण में शान्ति है। नेकनामी के लिए देवकीनन्दन का हर नायक जान लुटा देता है। यह न्याय, प्रजावत्सलता, धर्मभाव, सब इस नेकनामी के ही प्रयत्न हैं। यह तभी मिल सकती है, जब साधारण जनों की आवश्यकताओं की पूर्ति की जाये। यह तभी हो सकता है, जब इसे समाज में सबसे बड़ी ज़रूरत और सबसे बड़ा मूल्य मान लिया जाये और सबसे महत्त्वपूर्ण बात यह है कि यह राजाओं के पल्ले ही नहीं पड़ रही आम जनता की आत्मिक ज़रूरत बन जाये। इसका बोध नैतिकता की सर्वोच्च लाक्षणिकता है। इन्द्रदेव इसकी व्याख्या करता है–"बदनाम आदमी का दुनिया में करोड़पति होकर भी जीते रहना व्यर्थ है, ज़िन्दगी उस ग़रीब आदमी की सराहने योग्य है जिससे लोगों का उपकार हो और जिसे

लोग भली जुबान से नेकनामी के साथ याद करते हों। मेरे प्यारे दोस्त, मैं सच कहता हूँ और तुमसे कुछ छिपा नहीं कि बड़े–बड़े राजा–महाराजा और सौदागरों से मेरे पास बढ़कर दौलत है जिसे मैं इस ज़िन्दगी में किसी तरह भी ख़र्च नहीं कर सकता, मगर मैं उस दौलत पर कुछ भी भरोसा नहीं करता और नेकनामी के सामने उसे कंकड़–पत्थर से भी तुच्छ समझता हूँ। इसका एक संवाद यह है कि यह दूसरे की थाती है।"[42] उस दौर में ऐसे सन्देशों का अर्थ अत्यन्त महत्त्वपूर्ण है। क्या चुनना चाहती है भारत की जनता नेकनामी या बदनामी? दौलत या परोपकार? निजी ऐश या लोक–प्रेम? ये सभी प्रश्न अन्तिम परिणति में राजनीतिक हैं। ये सभी प्रश्न राष्ट्रवादी चेतना के अनिवार्य घटक हैं। कितना दृढ़, कितना गहन और अटूट है, वह देश–प्रेम जो लेखक के हृदय में उमड़ता–घुमड़ता रहा। वीर प्रसूत भारतभूमि के वीरों की यह कितनी प्रौढ़ सेवा है कि पूरे ढाई हज़ार पृष्ठों में ब्रिटिश साम्राज्यवाद, उसके कभी न डूबने वाले सूरज और उसकी संस्कृति, न्याय के पाखण्ड, जनतन्त्र के मुखौटे यानी 'अँधियारी' पर कोई बात न कहकर केवल उजाले की बात करते हुए भारत के विराट जनगणों के चित्त का राष्ट्रीय संस्कार देवकीनन्दन खत्री ने किया। प्रतिरोध के सैकड़ों रूपों को उन्होंने पाठकों के दिलो–दिमाग़ में उतार दिया। जनता द्वारा महानतम स्वागत का कारण तिलिस्म नहीं था, यह पकड़ थी जिसने उपन्यास में प्रतिरोध के सौन्दर्यशास्त्र की आधारशिला रखी। भले ही वह प्रतिरोध अत्यन्त सीमित ही क्यों न था, उसने साम्राज्यवाद के उस दौर में बड़ी गम्भीर भूमिका अदा की। मनुष्य ही नहीं प्रकृति जगत भी इस साम्राज्यवाद विरोधी चेतना से लैस है।

"सन्ध्या होने में कुछ विलम्ब नहीं है; नियमानुसार पूरब तरफ़ से उमड़कर क्रमशः घिर आने वाली अँधियारी ने अस्त होते हुए सूर्य भगवान की किरणों द्वारा आकाश के पश्चिमीय खण्ड में फैली हुई लालिमा पर अपनी स्याह चादर का पर्दा बढ़ाना आरम्भ कर दिया है। समय पर बलवान होकर विजय पताका लिये हुए शीघ्रता से बढ़ती हुई अपनी सहायक अँधियारी और उसके डर से अपनी हुकूमत छोड़कर भागी जाती हुई शत्रु लालिमा की विकल अवस्था देख दो–एक बलवान तारे मन्द–मन्द हँसते हुए आकाश में दिखायी देने लगे हैं।"[43]

स्रोत : 'तिलिस्मी साहित्य का साम्राज्यवाद–विरोधी चरित्र' पुस्तक से।

सन्दर्भ

1. *राजवाड़े, लेख संग्रह, पृ.* 288
2. वही, पृ. 299
3. वही
4. वही, पृ. 298
5. मुक्तिबोध : *नये साहित्य का सौन्दर्यशास्त्र*, पृ. 78
6. वही
7. विलियम हेनरी हडसन : *अंग्रेज़ी साहित्य का इतिहास*, पृ. 121
8. वही, पृ. 122
9. देवकीनन्दन खत्री : *चन्द्रकान्ता सन्तति*, खण्ड छह, पृ. 276
10. वही, पृ. 275
11. डॉ. बुद्धप्रकाश : *एशिया के सामाजिक और सांस्कृतिक इतिहास की रूपरेखा*, पृ. 198
12. *इस्लामिक आर्किटेक्चर, खण्ड दो*
13. दो खत्री : *चन्द्रकान्ता सन्तति, खण्ड छह*, पृ. 280
14. वही
15. वही, पृ. 281
16. वही
17. वही, पृ. 282
18. वही
19. वही
20. वही, पृ. 283
21. देवकीनन्दन खत्री : *काजर की कोठरी*, पृ. 6
22. वही, पृ. 7
23. वही, पृ. 8
24. वही, पृ. 23
25. वही, पृ. 67
26. वही
27. देवकीनन्दन खत्री : *भूतनाथ भाग*–2, पृ. 76
28. देवकीनन्दन खत्री : *कुसुमकुमारी*, पृ. 24
29. वही, पृ. 47
30. वही
31. देवकीनन्दन खत्री : *चन्द्रकान्ता सन्तति, खण्ड दो*, पृ. 20
32. देवकीनन्दन खत्री : *गुप्त गोदना*, पृ. 89
33. देवकीनन्दन खत्री : *काजर की कोठरी*, पृ. 41

34. वही, पृ. 20
35. देवकीनन्दन खत्री : *चन्द्रकान्ता सन्तति*
36. देवकीनन्दन खत्री : *वीरेन्द्र वीर अथवा कटोरा भर खून*, पृ. 44
37. वही, पृ. 52
38. देवकीनन्दन खत्री : *कुसुमकुमारी*
39. *चन्द्रकान्ता सन्तति*
40. *भूतनाथ*, खण्ड 2
41. *वीरेन्द्र सिंह का प्रसंग*
42. देवकीनन्दन खत्री : *भूतनाथ खण्ड*–2, पृ. 60
43. दे. खत्री : *गुप्त गोदना*, पृ. 9

15

प्रेमचन्द और भारतीय गाँव : बदलते परिप्रेक्ष्य

पूरनचन्द्र जोशी

साहित्यिक और अकादमिक जगत में यह विचार अब व्यापक रूप से चलन में आता जा रहा है कि ऐतिहासिक और साहित्यिक क्लासिकीय कृतियों में बहुत कुछ समान है। यदि हर असाधारण इतिहासकार में श्रेष्ठ साहित्यकार की संवेदनशीलता पायी जाती है तो हर असाधारण साहित्यकार में एक उच्चकोटि का ऐतिहासिक बोध (sense of history)! यदि कार्लाइल, मार्क्स, ई.एच. कार या एरिक हॉब्सबॉम की ऐतिहासिक रचनाओं में सर्वश्रेष्ठ साहित्यिक कृतियों के गुण प्रदर्शित होते हैं तो बालज़ाक, डिकेंस, टॉल्सटॉय अथवा मैक्सिम गोर्की के उपन्यासों में अपने समय का (यानी औद्योगिक समाज के जन्म का) इतिहास कभी–कभी श्रेष्ठतम ऐतिहासिक लेखन की अपेक्षा अधिक सजीव रूप में प्रतिबिम्बित दिखायी देता है।

एक श्रेष्ठ उपन्यासकार इतिहास को जीवन्त बनाकर प्रस्तुत करता है, जबकि साधारण इतिहासकार ऐतिहासिक घटनाओं का वर्णन मात्र करता है और इस तरह इतिहास का केवल ढाँचा ही सामने ला पाता है। वह इसके आन्तरिक स्पन्दन को नहीं पकड़ पाता। वह उपन्यासकार ही है, जो ऐतिहासिक परिप्रेक्ष्य में विशिष्ट वैयक्तिक चरित्रों (character types) का निर्माण करता है और इस तरह इतिहास को मानवीय विषयवस्तु से भरता हुआ उसे सचमुच में मानवीय बनाता है। सही सामाजिक इतिहास के रूप में उपन्यास की इस व्याख्या का अर्थ मुंशी प्रेमचन्द के इस कथन में निहित है कि "इतिहास की पुस्तकों में नामों और वर्षों के अलावा कुछ भी वास्तविक नहीं होता, जबकि कथा साहित्य में नामों और वर्षों के अलावा कुछ भी अवास्तविक नहीं होता।" (प्रेमचन्द, 1967)।

सम्पूर्ण भारतीय साहित्य में यदि कोई एक ऐसा नाम उल्लेखनीय है जिसने साहित्यिक संवेदनशीलता को इतिहासबोध से मिलाकर उच्चकोटि के उपन्यास सृजन में अभूतपूर्व सफलता प्राप्त की, तो वह नाम मुंशी प्रेमचन्द का है।

भारतीय गाँवों पर औपनिवेशिक आक्रमण से उत्पन्न महान मानवीय त्रासदी के बेहद विचलित कर देने वाले चित्रण के द्वारा मुंशी प्रेमचन्द विश्व स्तर के उपन्यासकार के रूप में सामने आये। बालज़ाक, जोला और डिकेंस विश्व–साहित्य में अपनी उस भेदक अन्तर्दृष्टि के कारण अमर हुए हैं, जो अपने उपन्यासों द्वारा सामन्तशाही के ह्रास और व्यापारवाद के उत्थान से जुड़े हुए महान मानवीय नाटक को देख सकी। प्रेमचन्द उपन्यासकार के रूप में भारतीय गाँवों पर औपनिवेशिक प्रभाव से उत्पन्न महान मानवीय त्रासदी के हिला देने वाले चित्रण के द्वारा विश्वस्तर तक उठ सके।

अपने तमाम सार्थक सामान्यीकरणों (generalisations) में एक जगह, भारत पर औपनिवेशिक प्रभाव के सन्दर्भ में कार्ल मार्क्स ने भारतीय त्रासदी के स्रोत को इस तथ्य में पहचाना था कि इंग्लिस्तान ने भारतीय समाज के सम्पूर्ण ढाँचे को तो ध्वस्त कर दिया था लेकिन उसके पुनर्गठन के भी सभी रास्ते बन्द कर दिये। मार्क्स के विचार में नये संसार की रचना कर पाने की किसी भी सम्भावना के बिना पुराने को पूरी तरह खो बैठना, हिन्दुओं (यानी हिन्दुस्तानियों) की वर्तमान दुर्दशा को एक विशेष प्रकार के अवसाद (peculiar melancholy) से भर देता है और ब्रिटेन द्वारा शासित हिन्दुस्तान को अपनी सम्पूर्ण परम्पराओं और अपने सम्पूर्ण पुरातन इतिहास से काट देता है (उपनिवेशवाद पर कार्ल मार्क्स)। प्रेमचन्द की कृतियों में इस नये संसार के किसी भी लाभ के बिना पुराने को खो बैठने से उत्पन्न विशेष प्रकार के अवसाद का सर्वोत्तम चित्रण देखा जा सकता है, जिसका मर्मस्पर्शी अनुभव भारतीयों ने अपने इतिहास के एक विशेष मोड़ पर किया। अत्यन्त प्राचीन ग्रामीण व्यवस्था से उखड़े हुए भारतीय किसानों की त्रासदी को प्रेमचन्द ने ऐसी मार्मिकता, गहराई और अनुभूति की तीव्रता के साथ पकड़ा जिसकी मिसाल किसी भी ऐतिहासिक रचना में नहीं मिलती। प्रेमचन्द की रचनाओं में औपनिवेशिक किसान एक प्रमुख नाटकीय व्यक्तित्व (dramatis persona) के रूप में उभरता है जो एक ओर औपनिवेशिक भारत की परिस्थितियों में उनकी गहरी ऐतिहासिक अन्तर्दृष्टि का तो दूसरी ओर उनकी साहित्यिक

कल्पनाशीलता की विरल प्रतिभा की देन है। साहित्यिक संवेदनशीलता और इतिहासबोध, यही वे दो गुण हैं जो एक होकर प्रेमचन्द के गोदान में औपनिवेशिक किसान के व्यक्तीकरण के रूप में होरी–जैसे अमर किन्तु त्रासद–चरित्र (tragic hero) की रचना करते हैं। यही वह अविस्मरणीय चरित्र है जो औपनिवेशिक आर्थिक व्यवस्था के भीतर घोर निराशा में डूबे भारतीय किसान के जीवन संघर्ष और जीने के अदम्य मनोबल का जीवन्त प्रतीक है।

औपनिवेशिक किसान की दुर्दशा को गहराई से समझने के लिए प्रेमचन्द–जैसे लेखकों को कठिन मानसिक संघर्ष करना पड़ा। सर्वप्रथम उनके लिए यह अनिवार्य था कि वे साम्राजी व्यवस्था में अर्द्ध–सामन्त, कुलीन–भूपतियों और औपनिवेशिक मध्यवर्ग के वर्ग चरित्र और उनकी सीमाओं से ऊपर उठते। यह भी ज़रूरी था कि वे समीक्षक की भाँति इस व्यवस्था को उसकी जटिलताओं में बाहर से देखने को समर्थ बनाने के लिए उन विचारधाराओं की सीमाओं से बाहर निकल आते जो औपनिवेशिक एवं अर्द्ध–सामन्ती व्यवस्था के या तो समर्थन में या इस समर्थन के प्रतिरोध में सामने आयी थीं। अतः उस अनैतिहासिक ग्रामीणवादी दृष्टि से बाहर निकलना आवश्यक ही था जिसने साम्राजी व्यवस्था की आलोचना में प्राचीन भारतीय ग्रामीण समाज को आदर्शवादी रूप में प्रस्तुत किया था। ब्रिटिश उपनिवेशवादी शैतानी शासन के विरोध में इस पुरातन भारत के आदर्शीकरण की विचारधारा ने रामराज्य की वापसी की आवाज़ा उठायी थी। इसलिए उस पैतृकवादी (peasantist) ज़मींदारी प्रथा के मोह से मुक्त होना आवश्यक था, जिसने मुद्रा की अर्थव्यवस्था के वेग में पनपते हुए नये लालची भूस्वामी के विकल्प में पुराने भूस्वामी को महिमा–मण्डित किया। उस कृषकवादी (peasanturist) दृष्टिकोण से भी छुटकारा पाना आवश्यक था जिसने किसानों के तेजी से सर्वहारा में परिवर्तित होने की प्रक्रिया के बोध को धुँधला किया और इस तरह इस मिथक को बढ़ावा दिया कि किसान समुदाय (peasant community) को नये सिरे से बनाए बिना क़ायम रखा जा सकता है। दूसरे शब्दों में, अच्छा बनाम बुरा भूस्वामी, गाँव बनाम शहर और किसान बनाम मज़दूर के रूप में ग्रामीण समुदाय का विभाजन ऐसे भयानक मानसिक चौखटों में बँधा हुआ था जो कि उस औपनिवेशिक किसान की दुर्दशा को पूरी तरह समझने में रुकावट डाल रहे थे, जो नाममात्र को

किसान था और असलियत में सर्वहारा होने (depeasantsation) के कगार पर खड़ा था। इसलिए औपनिवेशिक एवं अर्द्धसामन्ती व्यवस्था को न पहचान पाने के कारण मिथ्या चेतना से मुक्त नहीं हो सकता। नतीजा यह हुआ कि औपनिवेशिक किसान ग्रामीणवाद, पैतृक भूस्वामिता और संकीर्ण कृषकवाद को छोड़े बिना तथा गाँव के बाहर की सामाजिक, आर्थिक तथा राजनीतिक रूपान्तरण की मुख्य धारा का अंग हुए बिना इस सम्पूर्ण दमनकारी व्यवस्था को चुनौती देने योग्य सामाजिक ताक़त नहीं बन सका।

प्रेमचन्द के लिए इस मानवीय स्थिति को अन्दर से देखना बाहर से देखने को अपेक्षा कहीं अधिक कठिन कार्य था, क्योंकि जिन लोगों की दुर्दशा का चित्रण किया जाना था, उनमें और लेखक के बीच गहरी खाई थी; क्योंकि लेखक किसान वर्ग का नहीं, अन्य वर्ग और जाति का था, उच्चवर्ग और उच्च जाति के दृष्टिकोण और मानसिकता के बन्धनों के कारण लेखक उन निचले किसानों और उनके अनुभवों, भावनाओं और अनुभूतियों के प्रति लगभग एक अजनबी का रुख अपनाने को बाध्य था। यह किसान वर्ग वस्तुतः समाज की बहुस्तरीय संरचना में सबसे नीची हैसियत रखता था और जिसका सम्बन्ध अपने ऊपर के वर्गों और जातियों के साथ आत्मीयता का नहीं, शत्रुता का था उदासीनता का था। ऐसी हालत में उच्चवर्ग से सम्बन्ध और जातीय पृष्ठभूमि के कारण लेखक के सामाजिक यथार्थ के अवबोध का चरित्र बहुत कुछ उसके औपनिवेशिक किसान के साथ सीधे परिचय स्थापित करने और उनके जीवन को व्यक्तिगत अनुभव द्वारा समझने की चेष्टा पर निर्भर था, यानी लेखक की सफलता अपने वर्गीय पूर्वग्रहों और उसकी सीमाओं से मुक्ति पर बहुत कुछ आधारित थी, उस वर्ग के प्रभावों से मुक्ति, जिसने जन्म से ही लेखक के सामाजिक दृष्टिकोण को प्रभावित (condition) किया था। औपनिवेशिक किसान की मानसिक दुनिया में अन्तर्निहित धड़कन और स्पन्दन को व्यक्त कर पाना इसीलिए प्रेमचन्द के लिए आसान काम नहीं था। यह उनकी उम्रभर की साधना थी जिसका पहला परिपक्व फल हमें सिर्फ़ उनके आख़िरी उपन्यास गोदान में देखने को मिलता है।

प्रेमचन्द के उदाहरण से यह समझा जा सकता है कि कथा–शिल्प में दक्ष उपन्यासकारों की रचनाएँ सामाजिक यथार्थ के मात्र चित्रण से ऊपर उठकर इस यथार्थ की आलोचना के रूप में प्रस्फुटित होती हैं। यह स्पष्ट है कि इस आलोचनात्मक व्यवहार के अभाव में खुद प्रेमचन्द औपनिवेशिक

किसान की दुर्दशा के मर्म को पकड़ पाने में असफल हो गये होते–उस किसान की दुर्दशा जिसका शोषण केवल आर्थिक और राजनीतिक माध्यमों द्वारा ही नहीं, बल्कि मिथ्या चेतना के माध्यम से भी हुआ था। गोदान में सामाजिक अवबोध की जो सर्वोच्च उपलब्धि है, उसे प्रेमचन्द ने इसी मिथ्या चेतना के प्रति सख़्त आलोचनात्मक रुख अपनाकर ही प्राप्त किया था। अर्द्ध–सामन्ती औपनिवेशिक सामाजिक व्यवस्था में यह मिथ्या चेतना उच्च जातियों के और सुविधा सम्पन्न वर्गों के बुद्धिजीवियों द्वारा फैलायी गयी थी।

प्रेमचन्द के उपन्यास और उनकी कहानियों का महत्त्व केवल औपनिवेशिक और अर्द्धसामन्ती हिन्दुस्तान के सामाजिक यथार्थ को प्रतिबिम्बित–भर कर देने पर ही नहीं टिका हुआ है, बल्कि यह महत्त्व प्रेमचन्द के उपन्यासों के क्रान्तिकारी चरित्र के कारण है जिसे उन्होंने आलोचनात्मक यथार्थवाद (critical realism) के परिपक्व दौर से गुज़रकर अपनी साहित्यिक रचनाओं में हासिल किया था। इसी महत्त्व के कारण उन्हें हिन्दुस्तान में सामाजिक आलोचना के रूप में कथा और उपन्यास–साहित्य के जन्मदाता का दर्जा मिला है। औपनिवेशिक और अर्द्ध–सामन्ती समाज–व्यवस्था के प्रति उपन्यास के माध्यम से उभरने वाली प्रेमचन्द की प्रखर आलोचना–दृष्टि ने ही उन्हें सिर्फ़ हिन्दी–साहित्य का ही नहीं, बल्कि समूचे भारतीय साहित्य का और साहित्य का ही नहीं बल्कि भारतीय इतिहास का एक युगनिर्माता व्यक्तित्व बनाया। यह आश्चर्य की बात नहीं है कि तत्कालीन देशभक्त और क्रान्तिकारी संघर्षकारियों ने प्रेमचन्द के उपन्यासों और कहानियों के द्वारा अर्द्धसामन्ती और औपनिवेशिक समाज–व्यवस्था के विरुद्ध आलोचनात्मक जागरूकता प्राप्त की। सम्भवतः यहीं पर उपन्यास एक ऐसे कलारूप की तरह विकसित हुआ जो केवल सामाजिक यथार्थ को व्यक्त ही नहीं करता और मानवीय संवेदना को उद्‌बुद्ध ही नहीं करता, बल्कि आगे बढ़कर उस सामाजिक यथार्थ को रूपान्तरित करने की चेतना भी जाग्रत करता है।

उपन्यास का यह रूपान्तरण लेखक के अपने दार्शनिक दृष्टिकोण और उसकी साहित्यिक संवेदनशीलता और ईमानदारी के बीच एक रचनात्मक तनाव को जन्म देता है। कर्मभूमि और प्रेमाश्रम जैसी प्रेमचन्द की प्रारम्भिक रचनाओं में जिस गाँधीवाद ने सामाजिक यथार्थ के प्रति उनकी अन्तर्दृष्टि को प्रभावित किया था, कालान्तर में उन गाँधीवादी सीमाओं से उनकी सामाजिक अवबोध की शक्तियों की सम्पूर्ण मुक्ति दिखायी देती है।

कर्मभूमि और प्रेमाश्रम, ये उपन्यास प्रेमचन्द के उस समझौते का प्रतिनिधित्व करते हैं जो एक तरफ़ उनके गाँधीवादी दृष्टिकोण और दूसरी तरफ़ उनकी साहित्यिक संवेदनशीलता की माँग के बीच हुआ है। इन उपन्यासों में केन्द्रीय पात्र शोषित, पीड़ित, त्रस्त किसान नहीं, बल्कि सुधरा हुआ भूस्वामी है जो उस समय के व्याकुल किसान–समाज की अगुवाई किसानों के ट्रस्टी ज़मींदारी के रूप में करता है लेकिन गोदान में प्रेमचन्द ने गाँधीवादी दृष्टिकोण की सीमाओं से मुक्त एक तीव्र और खुली हुई संवेदना को अर्जित किया। गोदान का नायक होरी वह भ्रमित किसान है, जिसका त्रासद अन्त अर्द्ध–सामन्ती व्यवस्था के किसी सुधार के स्वप्न और मोहभ्रम को चूर–चूर कर देता है। होरी की सम्पूर्ण निराशा व्यवस्था के किसी भी आंशिक सुधार के माध्यम से किसान की मुक्ति की व्यर्थता को प्रमाणित करती है। वह व्यवस्था के आमूल परिवर्तन की ओर इंगित करती है।

अभी तक हमने यह थीसिस निर्मित करने की कोशिश की है कि प्रेमचन्द ने न केवल अपने समय की चेतना को प्रतिबिम्बित किया, बल्कि उस चेतना को बदलने और उसे नयी दिशा देने की भी कोशिश की।

अपने समय के लोकाचार के प्रतिबिम्ब के रूप में प्रेमचन्द के लेखन की व्याख्या की उनकी उन रचनाओं द्वारा पुष्टि होती है, जिनमें उन्होंने गाँधीवादी युग की उपनिवेश–विरोधी अभिलाषाओं को अभिव्यक्त करने की कोशिश की। फिर भी प्रेमचन्द वहाँ तक गाँधीवादी युग से आगे चले जाते हैं जहाँ तक वे अपनी रचनाओं में सामाजिक यथार्थ के अवबोध पर गाँधीवादी सामाजिक दर्शन द्वारा आरोपित मिथ्या चेतना से ऊपर उठ जाते हैं। गाँधीवादी युग में भी भारतीय रचनात्मक लेखन के केन्द्र में भारतीय ग्रामीण जीवन को स्थापित करते हुए प्रेमचन्द ने खुद को गाँधी के ग्राम–सम्बन्धी, अतीतोन्मुखी, आदर्शीकरण और शहर के प्रति अवमानना की प्रवृत्ति का शिकार नहीं होने दिया, न ही ग्रामीण समुदाय के विषय में गाँधीवाद को अवर्गीय अवधारणा, सम्पत्तिशाली वर्गों के हृदय–परिवर्तन और किसानों के ट्रस्टी के रूप में सुधरे हुए और भले ज़मींदारी के सपने आदि प्रेमचन्द के सामाजिक दर्शन के स्थायी उपादान बन पाये। एक ओर अपनी ग्रामीण पृष्ठभूमि के द्वारा यथार्थ की जो ठोस समझ प्रेमचन्द ने अर्जित की थी तथा दूसरी ओर अपनी मर्मभेदी साहित्यिक संवेदनशीलता के कारण वे बहुत जल्द ही गाँधी की आदर्शवादी धारणाओं और भारतीय ग्रामीण समाज के भयावह यथार्थ के बीच की खाई को पहचान गये।

इसके पहले कि गाँधीवादी युग के सर्वमान्य विचारों से प्रेमचन्द की सामाजिक यथार्थ दृष्टि के अलगाव की हम व्याख्या करें, सबसे पहले हमें स्वयं गाँधी की विश्वदृष्टि के जटिल चरित्र और अन्तर्विरोधों को पहचानने की चेष्टा करनी चाहिए। इसके अतिरिक्त यह भी आवश्यक है कि हम गाँधी–युग की अन्तर्दृष्टि के उस अद्भुत योगदान को भी मान्यता दें, जिसे प्रेमचन्द ने अपनी रचनाओं में पूरी तरह अन्तर्भूत और पुष्ट किया। इस तथ्य को भूलना नहीं चाहिए कि मुंशी प्रेमचन्द के उपन्यासों और कहानियों की उपलब्धि भारतीय साहित्य में उसी प्रकार एक नये युग की प्रवर्तक बनी, जिस प्रकार महात्मा गाँधी की विचारधारा और व्यवहार शैली भारतीय राजनीति के क्षेत्र में एक नये जनयुग की प्रवर्तक बनी। यदि महात्मा गाँधी ने भारतीय इतिहास में राजनीतिक शक्ति और सामाजिक ऊर्जा के स्रोत के रूप में गाँव की खोज करके एक युगान्तरकारी भूमिका अदा की; तो मुंशी प्रेमचन्द ने नयी कथा–भूमि, मिथक और विशिष्ट चरित्रों के अजस्र स्रोत के रूप में भारतीय गाँवों को प्रतिष्ठित कर भारतीय साहित्य में एक नवजागरण को जन्म दिया।

इस सन्दर्भ में भारतीय साहित्यिक परिदृश्य में मुंशी प्रेमचन्द का अभ्युदय वही महत्त्व रखता है जो भारतीय राष्ट्रवाद के इतिहास के शिखर में महात्मा गाँधी के अभ्युदय का। वास्तव में जिन ऐतिहासिक प्रक्रियाओं ने महात्मा गाँधी को राजनीति के धरातल पर युग पुरुष के रूप में प्रतिष्ठित किया, उन्हीं प्रक्रियाओं ने साहित्यिक धरातल पर प्रेमचन्द को युगान्तरकारी उपन्यासकार के रूप में स्थापित किया। वह ऐतिहासिक अनिवार्यता जो भारतीय राष्ट्रीयता का आधार शहर से हटाकर गाँव ले गयी और जो इस आधार को शहरों में रहने वाले, उच्च–मध्यवर्ग से हटाकर गाँव में रहने वाले किसानों की ओर ले गयी वही अनिवार्यता गाँधी के अभ्युदय के रूप में राजनीतिक क्षेत्र में और प्रेमचन्द के अभ्युदय में सांस्कृतिक क्षेत्र में प्रस्फुटित हुई। इसीलिए ताज्जुब नहीं कि हम औपनिवेशिक किसानों और गाँवों के वही सवाल राजनीतिक क्षेत्र में गाँधी की चिन्ता में और साहित्यिक धरातल पर प्रेमचन्द में पाते हैं। इस अवस्था में हमें यह भी लगता है कि प्रेमचन्द के ग्रामीण चित्रण, उनकी विचारधारा का तेवर और उनके पात्र काफी हद तक सामान्य रूप से गाँधी के सामाजिक दर्शन और विशेष रूप से गाँधी की गाँव सम्बन्धी धारणाओं से मेल रखते हैं। इस पृष्ठभूमि में इस प्रश्न पर

कि प्रेमचन्द गाँधीवादी समाज–दर्शन से कितने निकट हैं या दूर है, संक्षेप में विचार करना आवश्यक है।

याद रखना चाहिए कि प्रारम्भिक अवस्था में भी जब प्रेमचन्द गाँधीवादी दृष्टि के प्रति सर्वाधिक उन्मुख थे, सामाजिक यथार्थ के अवबोध में उनकी साहित्यिक संवेदनशीलता अक्सर गाँधीवाद की वैचारिक सीमाओं से ऊपर उठकर उससे आगे निकल जाती थी। फिर भी कर्मभूमि और प्रेमाश्रम के प्रेमचन्द और गोदान के प्रेमचन्द में भेद करना अत्यन्त प्रासंगिक है। प्रेमचन्द के शुरू के उपन्यासों में एक ओर साहित्यिक संवेदनशील की माँग और दूसरी ओर गाँधीवादी दृष्टिकोण के प्रति लगाव की अनिवार्यता से प्रभावित समझौते का प्रतिरूप दिखायी देता है। अपने अन्तिम और पूर्ण परिपक्व उपन्यास गोदान में प्रेमचन्द की सर्वोच्च संवेदनशीलता गाँधीवादी सामाजिक दृष्टिकोण के बन्धन से मुक्त होने और ग्रामीण यथार्थ के सभी प्रमुख अन्तर्विरोधों को पकड़ने में सक्षम होती है। गोदान में प्रेमचन्द का अवबोध न केवल उपनिवेश–विरोधी अन्तर्विरोधों (गाँव बनाम शहर का द्वन्द्व), बल्कि अधिक मूलभूत रूप में एक ओर सामन्तविरोधी, आर्थिक अन्तर्विरोधों (किसान बनाम ज़मींदारी एवं सूदखोर और व्यापारी का द्वन्द्व) तथा दूसरी ओर मध्ययुगीन सामाजिक अन्तर्विरोधों (जैसे किसान बनाम धर्म के ठेकेदार पण्डित, ख़ून चूसने वाले सरकारी अफ़सर, बिरादरी तथा बहुस्तरीय जाति प्रथा)–इन सभी को अपने में समाहित करता है। गोदान में औपनिवेशिक एवं सामन्ती अत्याचारियों और व्यापक रूप से गाँवों में फैले उनके शिकारों या बलि–पशुओं (victims) पर समान रूप से दृष्टि केन्द्रित की गयी है।

इसके पहले कि हम प्रेमचन्द के उपन्यासों में चित्रित परिवर्तन की प्रमुख प्रक्रियाओं की प्रेमचन्द के समाज–दर्शन और उसके अन्तर्विरोधों के सन्दर्भ में व्याख्या करें, यह आवश्यक है कि स्वयं गाँधीवाद के वैचारिक चरित्र को भी समझ लिया जाये। यहाँ सबसे पहले यह देखना चाहिए कि गाँधीवाद ने औपनिवेशिक समाज को समझने की किस तरह की अन्तर्दृष्टि हमें दी। यह याद रखना महत्त्वपूर्ण है कि गाँधी ने भारत के राष्ट्रीय हितों और ब्रिटिश औपनिवेशिक स्वार्थों के बीच के प्रतिरोध के प्रतीक के रूप में शहर और गाँव के भेद और द्वन्द्व को केन्द्र में रखा। गाँधी ने राष्ट्र की चेतना में शहर को परजीवी औपनिवेशिक अर्थ–व्यवस्था के आधार के रूप में और गाँव को उत्पादन करने वाली राष्ट्रीय अर्थ–व्यवस्था के आधार के

रूप में प्रस्तुत किया है। गाँधी के लिए शहर और गाँव के बीच का यह द्वन्द्व औद्योगिक और शहरी इंग्लिस्तान (जिसने कि भारत को ब्रिटिश साम्राज्य के कृषि–आधारित पृष्ठ प्रदेश यानी एग्रीकल्चरल हिंटरलैंड में परिणत कर दिया था) तथा उस ग्रामीण भारत के बीच के द्वन्द्व का प्रतीक भी बन गया था, जिसके ऊपर औपनिवेशिक शोषण और दमन का सम्पूर्ण बोझ पड़ा था। इस सन्दर्भ में ग्राम ही औपनिवेशिकता विरोधी आक्रोश के प्रमुख स्रोत थे। गाँधी ने गाँव और शहर के बीच की टकराहट को भारतीय राष्ट्रवाद और ब्रिटिश उपनिवेशवाद के बीच कभी न पटने वाली दरार की प्रमुख अभिव्यक्ति के रूप में सर्वप्रथम अपनी ऐतिहासिक महत्त्व की पुस्तिका स्वराज (1908) में देखा। शहर और ग्राम की इस खाई को देखने वाली महात्मा गाँधी की अपूर्व समझ या अन्तर्दृष्टि ने राष्ट्रीय चेतना को एक नया मोड़ दिया। यहाँ हम 1922 में लिखे महात्मा गाँधी के उस कथन के अंश को उद्धृत कर रहे हैं, जिनमें गाँधी जी की यही अन्तर्दृष्टि कभी न भूले जाने वाले शब्दों में अभिव्यक्त हुई है–

"शहरों में निवास करने वाले लोगों को यह नहीं पता कि किस तरह भारत की जनता आधा पेट खाकर निर्जीव होती जा रही है। उन्हें यह नहीं पता कि उनकी दुर्भाग्यपूर्ण सुविधाएँ उन्हें विदेशी शोषकों के लिए किये गये कार्य की दलाली के रूप में प्राप्त हैं और यह समस्त लाभ और दलाली जनता का रक्त चूसकर प्राप्त की जाती है। उन्हें इस बात का अहसास ही नहीं है कि ब्रिटिश भारत में स्थापित सरकार के सभी क़ायदे–क़ानून जनता का शोषण करने के लिए ही बनाये गये हैं। कोई कुतर्क, आँकड़ों का कोई शब्द–जाल, खुली आँखों के सामने गाँवों में चलते–फिरते अस्थि–पंजरों को नकार नहीं सकता। यदि हमारे ऊपर ईश्वर है तो मुझे इस बात में कोई सन्देह नहीं है कि इंग्लिस्तान और उसके सहायक भारत के शहरी निवासियों को इतिहास के इस बेमिसाल मानव–विरोधी अपराध का जवाब देना होगा।"

महात्मा गाँधी के उपर्युक्त कथन से स्पष्ट है कि उनमें औपनिवेशिक शासन के परजीवी स्वभाव को समझने और आलोकित करने की महान शक्ति थी। उन्होंने औपनिवेशिक व्यवस्था के उस परजीवी चरित्र पर प्रकाश डाला था जो गाँव और शहर के बीच के अलगाव रूप में प्रदर्शित हो रहा था। इस तरह शहर द्वारा गाँव के एकतरफ़ा शोषण के रूप में प्रकट होने वाली औपनिवेशिक परजीविता गाँधी–युग में न केवल राजनीति का,

बल्कि सृजनात्मक लेखन का भी मुख्य विषय बन रही थी। सम्भवतः प्रेमचन्द के सभी श्रेष्ठ उपन्यास, जैसे रंगभूमि, कर्मभूमि, प्रेमाश्रम, गोदान तथा उनकी बहुत–सी कहानियाँ, शहर और गाँव के अलगाव और उस शहरी परजीवी तथा ग्रामीण उत्पादकों के बीच के टकराव के प्रश्न पर केन्द्रित हैं, जो कि ब्रिटिश काल की औपनिवेशिक व्यवस्था के मुख्य अन्तर्विरोधों से जुड़ा था। अपने अधिकतम सृजनात्मक लेखन में प्रेमचन्द वहाँ सर्वोत्तम दिखायी देते हैं। जहाँ वे एक ओर गाँवों और दूसरी ओर शहरी उच्चवर्ग की उस अति धनाढ्यता के बीच की विषमता का चौंधिया देने वाला चित्रण प्रस्तुत करते हैं जिसकी धन–सम्पत्ति आर्थिक परिजीविता द्वारा यानी सट्टेबाजी, व्यापार, सूदखोरी और ज़मींदारी–जैसे विभिन्न रूपों में आयी थी। वे उस 'पत्थर–दिल शिक्षित–वर्ग' (गाँधी) की परजीविता का चित्रण भी बहुत प्रभावशाली ढंग से करते हैं, जो सरकारी अफ़सरों, ज़मींदारों, वकीलों, डॉक्टरों, राजनीतिज्ञों और अन्य प्रकार के व्यवसायियों के रूप में ग्रामीण जनता के अज्ञान, अनपढ़ता और सामाजिक–सांस्कृतिक पिछड़ेपन का नाजायज़ फ़ायदा उठाकर फल–फूल रहा है।

प्रेमाश्रम का निम्नलिखित कथन किसान–जनता का एक ऐसा अद्वितीय चित्र प्रस्तुत करता है, जिसमें शहरी शोषकों के समूह–के–समूह प्रतिवर्ष गाँवों में ठीक प्राकृतिक आपदाओं और विपत्तियों की तरह टूट पड़ते हैं–

"जिस भाँति सूर्यास्त के पीछे एक विशेष प्रकार के जीवधारी, जो न पशु हैं न पक्षी, जीविका की खोज में निकल पड़ते हैं और अपनी लम्बी श्रेणियों से आकाशमण्डल को आच्छादित कर लेते हैं, उसी भाँति कार्तिक का आरम्भ होते ही एक अन्य प्रकार के जन्तु देहातों में निकल पड़ते हैं और अपने खेमों और छोलदारियों से समस्त ग्राममण्डल को उज्ज्वल कर देते हैं। वर्षा के आदि में राजसिक कीट और पतंग का उद्‌भव होता है, उसके अन्त में तामसिक कीट और पतंग का। उनका उत्थान होते ही देहातों में भूकम्प–सा आ जाता है और लोग भय से प्राण छिपाने लगते हैं।"

"इसमें सन्देह नहीं है कि अधिकारियों के यह दौरे सदिच्छाओं से प्रेरित होकर होते हैं। इनका अभिप्राय है जनता की वास्तविक दशा का ज्ञान प्राप्त करना, न्याय प्रार्थी के द्वार तक पहुँचना, प्रजा के दुखों को सुनना, उनकी आवश्यकताओं को देखना, उनके कष्टों का अनुमान करना, उनके विचारों से परिचित होना। यदि यह अर्थसिद्ध होते तो वह दौरे वसन्तकाल

से भी अधिक प्राणपोषक होते, लोग वीणा और पखावज से, ढोल मंजीरे से उनका अभिवादन करते। किन्तु जिस भाँति प्रकाश की रश्मियाँ पानी में वक्रगामी हो जाती हैं, उसी भाँति सदिच्छाएँ भी बहुधा मानवीय दुर्बलताओं के सम्पर्क से विषम हो जाया करती हैं। सत्य और न्याय पैरों के नीचे आ जाता है, लोभ और स्वार्थ की विजय हो जाती है। अधिकारी वर्ग और उनके कर्मचारी विरहिणी की भाँति इस सुख–काल के दिन गिना करते हैं। शहरों में तो उनकी दाल नहीं ग़लती या ग़लती है तो बहुत कम। वहाँ प्रत्येक वस्तु के लिए उन्हें जेब में हाथ डालना पड़ता है, किन्तु देहातों में जेब की जगह उनका हाथ सोटे पर होता है या किसी दीन किसान की गर्दन पर जिस घी, दूध, शाक–भाजी, मांस–मछली आदि के लिए शहर में तरसते थे, जिनका स्वप्न में भी दर्शन नहीं होता था, उन पदार्थों की यहाँ केवल जिह्वा और बाहु के बल से रेल–पेल हो जाती है। जितना खा सकते हैं, खाते हैं; बार–बार खाते हैं और जो खा नहीं सकते, वह घर भेजते हैं। घी के भरे हुए कनस्टर, दूध से भरे हुए मटके, उपले और लकड़ी, घास और चारे से लदी हुई गाड़ियाँ शहरों में आने लगती हैं। घरवाले हर्ष से फूले नहीं समाते, अपने भाग्य को सराहते हैं, क्योंकि अब दुख के दिन गये और सुख के दिन आये। उनकी तरी वर्षा के पीछे आती है, वह खुश्की में तरी का आनन्द उठाते हैं। देहात वालों के लिए वह बड़े संकट के दिन होते हैं, उनकी शामत आ जाती है, मार खाते हैं, बेगार में पकड़े जाते हैं, दासत्व के दारुण निर्दय आघातों से आत्मा का भी ह्रास हो जाता है।" (प्रेमाश्रम, पृ. 54–55)

औपनिवेशिक शासन में भारतीय गाँवों की दुर्दशा के इस वर्णन में उन भावनाओं और अनुभूतियों आक्रोश और अभियोग की गूँज मिलती है, जो महात्मा गाँधी के उस कथन में है जिसे पहले उद्धृत किया जा चुका है। इस प्रकार यहाँ शहरी वर्ग की परजीवी भूमिका के प्रति महात्मा गाँधी की दृष्टि और प्रेमचन्द की उसी वर्ग के शोषक चरित्र के प्रति भेदन अन्तर्दृष्टि के बीच सुस्पष्ट समानता दिखायी देती है। प्रेमाश्रम–जैसे अपने प्रारम्भिक उपन्यासों में प्रेमचन्द ने शहर और गाँव के द्वन्द्व के विस्तार के रूप में भूपतियों द्वारा शोषण के उन्हीं पहलुओं को प्रस्तुत किया जिनका सम्बन्ध सामंती और अर्द्ध–सामन्ती शोषण से था। कृषक–समुदाय में ही भू–प्राप्त और भू–हीनों के अन्तर और अन्तर्विरोध पर प्रेमचन्द की दृष्टि केन्द्रित नहीं थी। इतना ही नहीं, कुलीन भूपतियों की भूमिका का चित्रण एवं मूल्यांकन करते हुए

प्रेमचन्द महात्मा गाँधी की तरह हो उन्हें गाँवों के ग्राम सत्ताधारियों और शोषण के मुख्य एजेंट्स की अपेक्षा उपनिवेशवाद के शिकार (victims) के रूप में देखते रहे। गाँधी और प्रेमचन्द दोनों ने ही उन औपनिवेशिक शासकों और शोषकों पर ही अपना ध्यान केन्द्रित किया जिन्होंने देशी आभिजात्य को भ्रष्ट किया और जिन्होंने देशी शासकों को पुरुषत्वहीन बनाकर श्रेष्ठवर्गीय भूपतियों और किसान जनता के बीच गहरी खाई का तनाव पैदा किया। इस व्याख्या की पुष्टि भूस्वामी वर्ग के उस स्वयं–अभियोगी कथन से होती है जो प्रेमाश्रम में ज्ञानशंकर के ससुर, राय साहब कमलानन्द के द्वारा कहलवाया गया है। राय साहब के ही शब्दों में–

"ज़मींदारी जायदाद नहीं है। इसे रियासत कहना भूल है। यह निरी दलाली है। इस भूमि में मेरा क्या अधिकार है? मैंने इसे बाहुबल से नहीं लिया। नवाबों के ज़माने में किसी सूबेदार ने इस इलाक़े की आमदनी वसूल करने के लिए मेरे दादा को नियुक्त किया था। मेरे पिता पर भी नवाबों की कृपा दृष्टि बनी रही। उसके बाद अंग्रेज़ों का जमाना आया और यह अधिकार पिता जी के हाथ से निकल गया। लेकिन राजविद्रोह के समय पिता जी ने तन–मन से अंग्रेज़ों की सहायता की। शान्ति स्थापित होने पर हमें पुराना अधिकार फिर मिल गया। यही इस रियासत की हक़ीक़त है। हम केवल लगान वसूल करने के लिए रखे गये हैं। इसी दलाली के लिए एक–दूसरे के ख़ून से हम अपने हाथ रंगते हैं। इसी दीन–हत्या को हम रोब कहते हैं। इसी कारिन्दगिरी पर हम फूले नहीं समाते। सरकार अपना मतलब निकालने के लिए हमें इस इलाक़े का मालिक कहती है, लेकिन जब साल में दो बार हमसे मालगुजारी वसूल की जाती है, तब–तब हम मालिक कहाँ रहे? यह सब धोखे की टट्टी है। तुम कहोगे यह सब कोरी बकवास है, रियासत इतनी बुरी चीज़ है तो इसे छोड़ क्यों नहीं देते? हाँ! यही तो रोना है। इस रियासत ने हमें विलासी, आलसी और अपाहिज बना दिया। हम अब किसी काम के नहीं रहे। हम पालतू चिड़िया हैं, हमारे पंख शक्तिहीन हो गये हैं। हममें अब उड़ने का सामर्थ्य नहीं है। हमारी दृष्टि सदैव अपने पिंजरे के कुल्हड़ों और प्याली पर रहती है। हमने अपनी स्वाधीनता को मीठे टुकड़े पर बेच दिया है।" (प्रेमाश्रम, पृ. 289)

इसी तरह का स्वयं–अभियोगी कथन राय साहब अमरपाल सिंह से गोदान में भी कहलवाया गया है–

"तुम हमें बड़ा आदमी समझते हो? हमारे नाम बड़े हैं, पर दर्शन थोड़े... दुनिया समझती है, हम बड़े सुखी हैं। हमारे पास इलाक़े, महल, सवारियाँ, नौकर, चाकर, क़र्ज़, वेश्याएँ, क्या नहीं हैं, लेकिन जिसकी आत्मा में बल नहीं, अभिमान नहीं, वह और चाहे कुछ हो, आदमी नहीं है... जो भोग–विलास के नशे में अपने को बिलकुल भूल गया हो, जो हुक्काम के तलवे चाटता हो और अपने अधीनों का ख़ून चूसता हो, उसे मैं सुखी नहीं कहता... मुफ़्तखोरी ने हमें अपंग बना दिया है, हमें अपने पुरुषार्थ पर लेशमात्र भी विश्वास नहीं, केवल अफ़सरों के सामने दुम हिला–हिलाकर किसी तरह उनके कृपा–पात्र बने रहना और उनकी सहायता से अपनी प्रजा पर आतंक जमाना ही हमारा उद्यम हैं... लक्षण कह रहे हैं, बहुत जल्द हमारे वर्ग की हस्ती मिटने वाली है।" (गोदान, पृ. 14–15)

यह स्पष्ट है कि प्रेमचन्द ने 'प्रेमाश्रम' और रंगभूमि'–जैसी अपनी कृतियों में सामाजिक यथार्थ की मुख्य–प्रवृत्ति को एक ओर आक्रामक, परजीवी शहरी निवासियों और दूसरी ओर निष्क्रिय तथा मेहनतकश ग्रामीण जनता के बीच की खाई के रूप में ही देखा। हम इस स्थापना की पुष्टि के लिए प्रेमचन्द के प्रारम्भिक उपन्यासों में से कुछ और उदाहरण प्रस्तुत करते हैं।

रंगभूमि उपन्यास के आरम्भ में ही गाँव और शहर के बीच की दरार से हमारा परिचय निम्नलिखित शब्दों में होता है–

"शहर अमीरों के रहने और क्रय–विक्रय का स्थान है। उसके बाहर की भूमि उनके मनोरंजन और विनोद की जगह है। उसके मध्य भाग में उनके लड़कों की पाठशालाएँ और उनके मुक़दमेबाजी के अखाड़े होते हैं, जहाँ न्याय के बहाने ग़रीबों का गला घोंटा जाता है। शहर के आस–पास गरीबों की बस्तियाँ होती हैं। बनारस में पाण्डेपुर ऐसी ही बस्ती है। वहाँ न शहरी दीपकों की ज्योति पहुँचती है, न शहरी छिड़काव के छींटे, न शहरी जल स्रोतों का प्रवाह।" (रंगभूमि, पृष्ठ 7)

इस चित्र के विपरीत गाँव का वह तीखा चित्र है, जिनमें अधिकांश दरिद्र जनता रहती है और जिसका संकट अति धनाढ्य उच्च और मध्यवर्ग के शोषण और ग्राम के प्रति उदासीनता के कारण और गहरा होता चला जाता है। गाँव का निम्नलिखित वर्णन प्रेमचन्द की प्रारम्भिक रचनाओं में से जल्वा–ए–ईसार (1912) का है, जो कि ध्वस्त औपनिवेशिक गाँवों के महात्मा गाँधी के श्रेष्ठतम वर्णन की याद दिलाता है। कहानी की नायिका गाँव की स्थितियों के बारे में उनकी भावनाएँ इन शब्दों में व्यक्त करती है–

"क्या सुनती थी और क्या देखती हूँ। टूटे–फूटे फूस के झोंपड़े, मिट्टी की दीवारें, छतों के सामने कूड़े–करकट के बड़े–बड़े ढेर, कीचड़ में लिपटी हुई भैंसें, दुर्बल गायें–जी चाहता है कि कहीं चली जाऊँ। आदमियों को देखो तो उनकी भी शोचनीय दशा है। हड्डियाँ निकली हुई हैं। वे विपत्ति की मूर्तियाँ और दरिद्रता के जीवन–चरित्र हैं। किसी के शरीर पर एक बेफटा वस्त्र नहीं है और कैसे भाग्यहीन कि रात–दिन पसीना बहाने पर भी कभी भरपेट रोटियाँ नहीं मिलतीं... यहाँ न देवी है न देवता। भूतों का ही साम्राज्य है।" (अमृतराय, 1976, पृ. 113–114)

एक विशिष्ट किसान–मज़दूर के रूप में कादिर के ये शब्द किसानों की स्वयं अनुभूत दयनीय अवस्था को व्यक्त करते हैं–

"अरे जो अल्लाह को यही मन्जूर होता कि हम लोग इज़्ज़त–आबरू से रहें तो काश्तकार क्यों बनाता? ज़मींदारी न बनाता, चपरासी न बनाता, थाने का कांसिटिबिल न बनाता कि बैठे–बैठे दूसरों पर हुकुम चलाया करते। नहीं तो यह हाल है कि अपना कमाते हैं, अपना खाते हैं, फिर भी जिसे देखो धौंस जमाया करता है। सभी की गुलामी करनी पड़ती है। क्या ज़मींदारी, क्या सरकार, क्या हाकिम–सभी की निगाह हमारे ऊपर टेढ़ी है और शायद अल्लाह भी नाराज है। नहीं तो क्या हम आदमी नहीं हैं कि कोई हमसे बड़ा बुद्धिमान है। लेकिन रोकर क्या करें? कौन सुनता है? कौन देखता है?" (प्रेमाश्रम, पृ. 187)।

औपनिवेशिक किसान की इस घोर आत्मदया को गोदान में और भी सशक्त अभिव्यक्तियों में प्रस्तुत किया गया है। गोदान का अमर पात्र होरी, औपनिवेशिक किसान की असहायता का प्रतीक बनकर इस आत्मदया की भावना को ऐसे करुण शब्दों में व्यक्त करता है, जो लगातार कानों में बजते रहते हैं–

"क़ानून कहता है कि हम–तुम आदमी हैं। हममें आदमियत कहाँ? आदमी वह है, जिसके पास धन है, अख़्तियार है, इलम है। हम लोग तो बैल हैं और जुतने के लिए पैदा हुए हैं। (गोदान, पृ. 2)।

प्रेमचन्द बहुत ही तीखे स्वर में यह चित्रित करते हैं कि किस तरह किसान उस क्षुद्र वेतनभोगी मज़दूर के निकट हैं, जिनकी थोड़ी–सी खेती उन्हें वर्ष भर भूखा मारती है। और यही वे लोग हैं जो मेहनतकश जनता हैं। वह उन मुट्ठी–भर शोषकों द्वारा ग़रीब बनाये गये हैं और उनके बन्धुआ हैं

जो इस बे–आवाज़ जनता के श्रम के फल पर जीवित हैं। किसान और मज़दूर दोनों की इन दयनीय स्थितियों को प्रेमचन्द ने कर्मभूमि में उनकी निम्नलिखित आपस की बातचीत में पकड़ा है। ग़रीब किसान प्रयाग ग़रीब मज़दूर काशी से कहता है–

"खेती के झंझट में मत पड़ना भैया! चाहे खेती में कुछ हो या न हो, लगान ज़रूर दो। कभी ओला–पाला; कभी सूखा–बाढ़! एक–न–एक बला सिर पर सवार रहती है। उस पर कहीं बैल मर गया; कहीं खलिहान में आग लग गयी तो सब कुछ स्वाहा। घास की मज़दूरी सबसे अच्छी। न किसी के नौकर न चाकर, न किसी का लेना न देना, सबेरे खुरपी उठायी और दोपहर तक लौट आये।" (कर्मभूमि, पृ. 129)।

इसके उत्तर में काशी अपनी कहानी सुनाता है–

"मजूरी मजूरी है; किसानी किसानी है। मजूर लाख हो, पर मजूर ही कहलायेगा। सिर पर घास लिये चले जा रहे हैं। कोई इधर से पुकारता है–ओ घास वाले! कोई उधर से। किसी की मेड़ पर घास कर ली तो गालियाँ मिलें, किसानी में मरजाद है।" (कर्मभूमि, पृ. 129)

इन तमाम उदाहरणों से यह स्पष्ट है कि किस तरह प्रेमचन्द के उपन्यासों में औपनिवेशिक गाँवों के प्रति महात्मा गाँधी की कुछ मूल अन्तर्दृष्टियों का सजीव मानवीय चित्रण हमें दिखायी देता है। महात्मा गाँधी की अन्तर्बोधी अन्तर्दृष्टि और औपनिवेशिक परिस्थितियों के मूल अन्तर्द्वन्द्व का प्रेमचन्द का कलात्मक अवबोध किस तरह एक ही बिन्दु की ओर बढ़ता है, यह दिखाने के लिए हम महात्मा गाँधी का एक दूसरा उदाहरण प्रस्तुत करते हैं, जो ग्रामों की अत्याचारी शहरी घेराबन्दी पर उनके विचार की पुष्टि करता है–

"शहरों में दिखायी देने वाली धन–दौलत से हमें धोखा नहीं खाना चाहिए। यह इंग्लैण्ड या अमेरिका से नहीं आती। यह सर्वाधिक ग़रीबों के ख़ून से प्राप्त होती है। ऐसा कहा जाता है कि भारत में सात लाख गाँव हैं। किसी के पास इस बात का लेखा–जोखा नहीं है कि इनमें से बंगाल और कर्नाटक और अन्य जगहों पर कितने हज़ार गाँव भूख और बीमारी से नष्ट हो गये। सरकारी रजिस्टर यह नहीं बता सकते कि ये ग्रामीण किन परिस्थितियों से गुज़र रहे हैं। लेकिन स्वयं एक ग्रामीण होने के नाते मैं गाँव की दशा जानता हूँ। मैं गाँवों की अर्थव्यवस्था जानता हूँ।

मैं आपको बताता हूँ कि ऊपर का दबाव नीचे के लोगों को ही कुचलता है। आवश्यकता केवल इस बात की है कि उनके सहारों को हटा दिया जाये।" (एन.के. बोस, पृ. 48)

कर्मभूमि और प्रेमाश्रम में प्रेमचन्द ने गाँधी के एक सच्चे शिष्य की तरह पुराने परोपकारी क़िस्म के भूस्वामी, जैसे प्रभाशंकर और लूटने वाले लालची नये क़िस्म के भूस्वामी, जैसे ज्ञानशंकर को एक–दूसरे के बिलकुल विपरीत बताया है। प्रेमचन्द इन उपन्यासों में अभी इन दो चरित्रों को दो प्रकार के शोषण के तरीक़ों के प्रतिनिधियों के रूप में पहचानने के लिए तैयार नहीं हैं। कर्मभूमि और प्रेमाश्रम के प्रेमचन्द यह स्वीकार करने के लिए अभी तैयार नहीं कि प्रभाशंकर और ज्ञानशंकर दोनों में अन्तर इतना ही है कि पहला केवल रिवाज और मर्यादा (अभिजात परम्परा) का आदर करता है, जबकि दूसरा रिवाज को आर्थिक विवेक (rationality) की दृष्टि से निरर्थक मानता है और अपनी निम्न स्वार्थपरकता के तर्कसंगत और न्यायसंगत होने का दावा भी करता है।

रंगभूमि और प्रेमाश्रम दोनों में प्रेमचन्द ने दर्शाया है कि किस प्रकार एक ओर पैक्स ब्रिटेनिका द्वारा निर्मित नये वर्ग का व्यापारिक लोभ और लालच और दूसरी ओर जनता के सामुदायिक अधिकारों के बीच तीव्र द्वन्द्व उत्पन्न होता है। रंगभूमि में यह संघर्ष सूरदास की उस ज़मीन के कारण उभरता है, जिसका उपयोग परम्परागत लोगों द्वारा पशु चराने के लिए किया जाता था; लेकिन जिसे अब ईसाई व्यापारी, जॉन सेवक द्वारा सिगरेट फैक्टरी के लिए प्राप्त कर लिया जाता है। प्रेमाश्रम में भी किसानों द्वारा पशु चराने के सार्वजनिक चरागाह पर बन्दिश लगाने के परिणामस्वरूप ही हिंसक संघर्ष उत्पन्न होता है और उसमें गाँव के एक अधिकारी की हत्या कर दी जाती है। कुछ भी हो, पर इन उपन्यासों में प्रेमचन्द इन संघर्षों को इस तरह प्रस्तुत नहीं करते कि इनका समाधान दी हुई व्यवस्था की सीमाओं के अन्दर ही सम्भव नहीं है। वे समाधान के रूप में प्रेमाश्रम में प्रेमशंकर को एक सुधारक के रूप में प्रस्तुत करते हैं, जो एक आदर्श (model) बनकर सामने आता है और प्रभाशंकर को एक ऐसे नयी क़िस्म के पैतृक दायित्व–सजग भूस्वामी के रूप में उतारते हैं जो अपने काश्तकारों के साथ मिलकर शान्तिपूर्वक रहता है और उनका संरक्षण करता है। इतना ही नहीं, प्रेमचन्द किसानों के प्रतिरोध को व्यर्थ बताते हुए प्रतिरोधी किसान को नहीं, सुधारक भूमिपति को नायक बनाकर प्रस्तुत करते हैं।

किसान–प्रतिरोध की व्यर्थता के प्रतीक के रूप में प्रेमचन्द नये अत्याचारी भूस्वामी के कारिन्दे गौस खान के हत्यारे मनोहर की आत्महत्या पर ध्यान केन्द्रित करते हैं।

प्रेमचन्द द्वारा सही समाधान के रूप में प्रस्तुत प्रतिरोध की अपेक्षा, सुधार के इस रास्ते में और महात्मा गाँधी की ट्रस्टीशिप का आदर्श पेश करने वाली सामाजिक दृष्टि में बहुत कुछ समानता है।

प्रेमाश्रम, रंगभूमि के प्रेमचन्द का इस सुधारवादी दृष्टिकोण से विच्छेद उनके क्लासिक गोदान में होता है। गोदान में प्रेमचन्द ने वास्तविकताओं के चित्रण के दौरान कोई वैचारिक समझौता नहीं किया। गोदान में किसानों की समस्या का समाधान वे सम्पत्तिशाली और शक्तिशाली वर्गों के हृदय परिवर्तन के माध्यम से नहीं खोजते। उनके ध्यान का मुख्य केन्द्र भी अब प्रबुद्ध भू–स्वामी नहीं; उनका ध्यान अब किसानों की जागृति की ओर, चेतना के उच्चतर स्तर तक पहुँचता है। गोदान होरी की कहानी है, एक ऐसे किसान की कहानी, जो पाँच बीघा ज़मीन को जोतते हुए वर्ष भर किराया, ब्याज, टैक्स और बेगार के असह्य बोझ के कारण कभी किसान और कभी मजूर बना हुआ चक्कर काटता रहता है। होरी की एकमात्र आकांक्षा एक छोटे–से ज़मीन के टुकड़े और एक गाय को पाने की है और वह अपनी इस छोटी–सी आदर्श किसान–आकांक्षा को प्राप्त करने के लिए सभी आवश्यक समझौते करता है, लेकिन उसका यह आदर्श सपना (यूटोपिया) पूर्ण नहीं होता, बल्कि वह एक वर्गीय समाज की क्रूर ताक़तों द्वारा छिन्न–भिन्न कर दिया जाता है।

प्रेमचन्द अब समय–समय पर टिड्डियों की तरह गाँव पर आक्रमण करने वाले अनुपस्थित ज़मींदारी, व्यापारी वकील और सरकारी अफ़सरों पर गाँव के बाहरी शत्रु के रूप में अपना ध्यान केन्द्रित कर सन्तुष्ट नहीं होते। गोदान में प्रेमचन्द अन्दर के शत्रुओं–ग्राम पंचायत, बिरादरी और अमीर किसानों के लिए काम करने वाले पुरोहित, गाँव के सूदखोर भू–स्वामियों द्वारा नियुक्त प्रत्येक गाँव के कारिन्दे और सरकारी कर्मचारियों–को भी केन्द्र में रखते हैं। इसके अलावा प्रेमचन्द किसान के भाग्यवाद, उसके आत्मसमर्पण और समझौते के प्रति उसके रुझान तथा दमनकारियों के साथ उसके सुलह करने के रवैये को भी मंच के केन्द्र में रखते हैं। गोदान इसी आत्मसमर्पण और समझौते के रास्ते का त्रासद निराकरण है जो गोदान के नायक होरी के अन्तिम मार्मिक कथन के रूप में निम्नांकित शब्दों में व्यक्त हुआ है–

"होरी ने रुपये लिये तो उसका हाथ काँप रहा था। उसका सिर ऊपर न उठ सका, मुँह से एक शब्द न निकला, जैसे अपमान के अथाह गड्ढे में गिर पड़ा है और गिरता चला जाता है। आज तीस साल तक जीवन से लड़ते रहने के बाद वह परास्त हुआ है और ऐसा परास्त हुआ है कि मानो उसको नगर के द्वार पर खड़ा कर दिया गया है और जो आता है उसके मुँह पर थूक देता है। वह चिल्ला–चिल्लाकर कह रहा है–भाइयों, मैं दया का पात्र हूँ। मैंने नहीं जाना, जेठ की लू कैसी होती है और माघ की वर्षा कैसी होती है? इस देह को चीरकर देखो इसमें कितना प्राण रह गया है, कितना ज़ख्मों से चूर, कितना ठोकरों से कुचला हुआ। उससे पूछो, कभी तूने विश्राम के दर्शन किये? कभी तू छाँव में बैठा? उस पर यह अपमान! और वह अब भी जीता है; कायर, लोभी, अधम्! उसका सारा विश्वास अनाथ होकर स्थूल और अन्धा हो गया था, मानो टूक–टूक उड़ गया है।" (गोदान, पृ. 355)

होरी की मृत्यु, आत्मसमर्पण और समझौते के रास्ते वाली किसान–आदर्श आकांक्षा (utopia) का सम्पूर्ण विघटन है। किसान–जीवन–पद्धति से होरी के परिवार का पतन और उसके लड़के गोबर का जीवनयापन के लिए शहर की ओर स्थानान्तरण भी अन्ततः ग्रामवाद और किसानवाद की अन्तिम नियति के ऊपर यानी पुराने समाज के ऊपर पूँजीवादी सम्बन्धों की सम्पूर्ण विजय का प्रतीक है। पुराने युग के प्रतिनिधि किसान होरी की मृत्यु, दूसरे शब्दों में, उस पुराने समाज की मृत्यु का प्रतीक या संकेत है, जिसे भीतर से नहीं बदला जा सकता और जिसकी सम्भावनाएँ निःशेष हो चुकी हैं। पिछड़े हुए और प्राचीन समाज को नये समाज के जन्मने के लिए नष्ट होना ही चाहिए, यही वह स्पष्ट सन्देश है जिसे प्रेमचन्द ने 'गोदान' के माध्यम से प्रेषित किया है।

औद्योगिक क्रान्ति के फलस्वरूप इंग्लिस्तान के ग़रीब किसान की नियति पर टिप्पणी करते हुए एरिक हॉब्सबॉम ने अपनी पुस्तक 'द एज ऑफ़ रिवोल्यूशन' (1973) में लिखा है–

"इस तरह पूँजीवादी समाज के दायरे में और अधिक देर तक शरण पाने में असमर्थ, ग़रीब तबके के सामने तीन ही सम्भावनाएँ बची थीं या तो वे खुद बुर्जुआ बनने का प्रयत्न करें या अपने आपको धीरे–धीरे परास्त हो जाने दें या कि वे विद्रोह का मार्ग अपनायें।" (पृ. 245)।

यूरोपीय किसान की तुलना में औपनिवेशिक किसान के सामने पहली सम्भावना यानी बुर्जुआ बनने का रास्ता तो बन्द था; केवल अन्तिम दो

सम्भावनाएँ ही खुली हुई थीं या तो वह अपने को नष्ट हो जाने दे या विद्रोह करे। गोदान का होरी इस दूसरी सम्भावना की त्रासदी का ही प्रतीक है। फिर भी यथार्थवादी होने के नाते प्रेमचन्द ने औद्योगिक युग के किसान के उस आदिम विद्रोह की चिंगारियों को अनदेखा नहीं किया, जो एक प्रभावशाली विद्रोह की लपटों में नहीं बदल सकी थीं। इस कारण साहित्यिक यथार्थवाद की भीतरी माँग के फलस्वरूप प्रेमचन्द को गोदान का समापन पराजय और हताशा के बिन्दु पर करना पड़ा, आशा और विजय के बिन्दु पर नहीं।

स्रोत : 'परिवर्तन और विकास के सांस्कृतिक आयाम', पूरनचन्द्र जोशी।

सहायक-ग्रन्थ

1. प्रेमचन्द—*साहित्य का उद्देश्य,* हंस प्रकाशन इलाहाबाद (1967)
2. प्रेमचन्द—*प्रेमाश्रम,* हंस प्रकाशन, इलाहाबाद (1979)
3. प्रेमचन्द—*कर्मभूमि,* हंस प्रकाशन, इलाहाबाद (1973)
4. प्रेमचन्द—*रंगभूमि,* सरस्वती प्रेस, इलाहाबाद (1974)
5. प्रेमचन्द—*गोदान,* सरस्वती प्रेस, इलाहाबाद (1979)
6. अमृतराय—*कलम का सिपाही,* हंस प्रकाशन, इलाहाबाद (1976)
7. एन.के. बोस—*सिलेक्शंस फ्रॉम गाँधी,* नवजीवन पब्लिशिंग हाउस, अहमदाबाद (1957)
8. एरिक हॉब्सबॉम—*द एज ऑफ़ रिवोल्यूशन,* यूरोप 1789–1848, कार्डिनल (1973)
9. एरिक हॉब्सबॉम—*प्रिमिटिव रिबेल्स,* मैनचेस्टर यूनिवर्सिटी प्रेस (1959)

16

प्रेमचन्द और भारतीय उपन्यास

नामवर सिंह

प्रेमचन्द हिन्दी और उर्दू में लिखते हुए भी सच्चे अर्थों में भारतीय साहित्यकार थे। भारतीय उपन्यास में उनका स्थान, उनका योगदान और उनका महत्त्व–इन विषयों पर विचार करने के लिए आवश्यक है कि हम पहले भारतीय उपन्यास के स्वरूप पर विचार करें और भारतीय उपन्यास पर विचार करने के लिए ज़रूरी है कि भारत में उपन्यास के उदय और विकास की रूपरेखा से परिचित हों। हम आप सभी जानते हैं कि भारत में उपन्यास के उदय और विकास पर कोई भी विचार तब तक समीचीन नहीं हो सकता है, जब तक हम 'उपन्यास' शब्द के मूल 'नॉवेल' के उदय और विकास पर विचार न करें। 'नॉवेल' नामक रूप विधा की चर्चा करते हुए स्वभावतः हमें केवल अंग्रेज़ी नहीं, बल्कि सम्पूर्ण यूरोप में नॉवेल के उदय और विकास की चर्चा करनी पड़ेगी। इस विषय सूची को देखते हुए आपको लग रहा होगा कि यह काफी बड़ा और पेचीदा विषय है। जाहिर है कि समय की अवधि ही नहीं, बल्कि मेरे जैसे एक साहित्य के विद्यार्थी के लिए भी कठिन ही नहीं, बल्कि असम्भव है, जो न इतनी भाषाएँ जानता है, न इतने साहित्यों का परिचय रखता है। फिर भी उसकी एक झलक आपके सामने भी विचारार्थ प्रस्तुत करने की अनुमति चाहूँगा।

यूरोप का यह दावा है कि यूरोप ने कुछ ऐसी विधाएँ दी हैं जो ठेठ यूरोपीय सभ्यता और समाज की अपनी सृष्टि हैं और विश्व साहित्य को उसकी अपनी देन हैं। उस प्रसंग में जिन चीज़ों की गणना यूरोप करता है, उनमें एक है ट्रेजेडी और दूसरा है नॉवेल। अब इससे किसी के स्वाभिमान

को ठेस लगे तो लगे, लेकिन यह विचार का भी विषय हो सकता है कि यूरोप का दावा सही है कि नहीं। ट्रेजेडी और नॉवेल ये दोनों शब्द जब यूरोप के लोग इस्तेमाल करते हैं तो पारिभाषिक अर्थ में करते हैं। यह उसी तरह की पारिभाषिक अवधारणाएँ हैं जैसे भारतीय संस्कृति में 'धर्म' या 'आत्मा'। इनके अनुवाद दूसरी भाषाओं में किये गये हैं, लेकिन हम आप अच्छी तरह जानते हैं कि 'धर्म' की संकल्पना ठेठ प्राचीन भारतीय संस्कृति की अपनी संकल्पना है। 'रेलिजन' या 'मजहब' अनुवाद मात्र हैं। ये शब्द उसके मूल अर्थ को ग्रहण नहीं करते। उसी तरह से आप 'आत्मा' का अनुवाद 'सोल' या 'रूह' भले ही कर लें, लेकिन आत्मा के पीछे जो पूरा चिन्तन है, वह ठीक वही अर्थ नहीं देता है जो 'रुह' में या 'सोल' में है। इस क्रम में हमें यूरोप के 'ट्रेजेडी' और 'नॉवेल' इन दोनों शब्दों को लेना चाहिए। वैसे स्वयं यूरोप में भी 'नॉवेल' शब्द सभी भाषाओं में प्रचलित नहीं है। एंग्लो सेक्शन और ट्यूटानिक भाषाओं में तो 'नॉवेल' शब्द मिलता है, लेकिन उससे इतर भाषाओं में यानी फ्रेंच में, रूसी में, इटेलियन में और सम्भवतः स्पेनिश में जिस शब्द का प्रयोग किया जाता है, वह 'रोमान' है। इसलिए आज भी रूसी में नॉवेल नहीं चलता, फ्रेंच में नॉवेल नहीं चलता रोमान शब्द चलता है। 'नॉवेल' और 'रोमन' दोनों एक हैं या अलग हैं? ये दोनों भिन्न शब्द हैं अथवा दो भिन्न संकल्पनाएँ हैं, यह विचार का विषय हो सकता है। इन संकल्पनाओं में केवल रूपगत भेद ही नहीं है बल्कि मूल्यगत भेद भी है। इसलिए इस बात को भी ध्यान में रखना आवश्यक है। यह इसलिए भी आवश्यक है कि भारत में हिन्दी और बँगला के लोग तो नॉवेल के लिए 'उपन्यास' शब्द का प्रयोग करते हैं। लेकिन अन्य भारतीय भाषाओं में यही शब्द गृहीत नहीं है। उदाहरण के लिए इसे गुजराती में 'नवल कथा' मराठी में 'कादम्बरी' और उर्दू में 'नॉवेल' कहते हैं–नॉवेल न कह के 'नॉवेल' कह लीजिए। इसलिए स्वयं भारत में भी 'नॉवेल' के लिए अनेक शब्द प्रचलित हैं। ये शब्द केवल एक ही संकल्पना के अनेक नाम हैं अथवा इन नामों में विभिन्न संकल्पनाएँ निहित हैं, विभिन्न रूप निहित है यह भी विचारणीय विषय होना चाहिए।

अंग्रेज़ी में उपन्यास के उदय और उसके विकास की चर्चा हुई है। सामान्यः नॉवेल नाम की जिस विधा का दावा यूरोप करता है, उसका एक ऐतिहासिक और सामाजिक आधार है और दूसरा उसका रूपगत या मूल्यगत आधार है। ऐतिहासिक और सामाजिक आधार यह है कि

नॉवेल यूरोपीय सन्दर्भ में नये उभरने वाले मध्यवर्ग का महाकाव्य माना गया है। ये बात हीगेल ने कही है। उसके बाद तमाम अलोचकों ने इसे दोहराया है। चूँकि यूरोप में औद्योगीकरण पहले हुआ, पूँजीवाद का उदय पहले हुआ इसलिए दुनिया के दूसरे देशों में, जिसमें भारत भी एक हैं, जब मध्यवर्ग का उदय हुआ उसके साथ पुराने आभिजात्य वर्ग और कुलीनतन्त्र के बाद उस नये वर्ग का उदय भी सबसे पहले वहीं हुआ। जिसे हम सामान्यतः मध्यवर्ग (Middle class) या फ्रांसीसी भाषा में बुर्जुआ कहते हैं। विभिन्न वर्गों के उदय के साथ अनेक रूप विधाएँ जुड़ी हैं, जिस प्रकार एपिक एक सम्बन्ध का विशेष वर्ग के साथ था, उसी प्रकार गद्य में लिखे जाने वाले कथात्मक प्रबन्ध का उदय मध्यवर्ग के साथ जुड़ा है, जिसे नॉवेल कहा गया। उनका कहना है कि ऐतिहासिक दृष्टि से इस नये वर्ग का जन्म यूरोप में पहले हुआ। उस वर्ग की आशाओं, आकांक्षाओं, विचारधाराओं और कलाबोध के रूप में नये कथामक गद्यरूप का उदय हुआ, इसलिए नॉवेल यूरोपीय विधा है। दुनिया के अन्य देशों में देर–सबेर औद्योगीकरण हुआ, पूँजीवाद का उदय हुआ और उसके साथ मध्यवर्ग आया। जो देर–सबेर उन्होंने यूरोप के इस नये रूप को अपना लिया। इसलिए इसका श्रेय यूरोप के लोग लेना चाहते हैं।

इतनी दूर तक अगर समाजशास्त्रीय व्याख्या होती तो कठिनाई नहीं थी, किन्तु धीरे–धीरे यह मालूम हुआ कि यूरोप में भी नॉवेल का रूप केवल ऐतिहासिक सामाजिक वर्ग से बँधे हुए साहित्य रूप की तरह नहीं, बल्कि उस रूप विधा में एक मूल्यबोध भी है। मूल्यबोध का अर्थ यह हुआ कि जो भी कथात्मक गद्य प्रबन्ध लिखा गया, वह सारा नॉवेल नहीं है। इसलिए यूरोप के लोगों ने और अलग–अलग आलोचकों ने इस पर गहराई से विचार किया और एक मूल्यबोधक संकल्पना के रूप में नॉवेल को रखा। उन्होंने कहा कि इस तरह के जितने कथात्मक गद्य प्रबन्ध–लिखे गये हैं, सब नॉवेल नहीं हैं बल्कि नॉवेल उसमें से कुछ ही हैं। इस कथन को स्पष्ट करने के लिए मैं कहना चाहता हूँ कि अंग्रेज़ी के प्रसिद्ध आलोचक एफ.आर. लेविस ने 1948 में 'ग्रेट ट्रेडीशंस' नाम की क़िताब लिखी। लेविस जिसको इंग्लिश नॉवेल कहते हैं, उस इंग्लिश नॉवेल में उन्होंने केवल छह लेखकों का नाम लिया। उसमें सबसे पहला नाम जेन ऑस्टिन और जॉर्ज इलियट का है। इस क्रम में हेनरी जेम्स और जोसेफ कोनरॉड पर सूची समाप्त हो जाती है। जेन ऑस्टिन से पहले रिचर्डसन और फील्डिंग जैसे

बड़े उपन्यासकारों को एफ.आर. लेविस उपन्यासकार नहीं मानते। उनका मानना था कि इन्होंने उपन्यास की पृष्ठभूमि तैयार की थी। सच्चे अर्थों में इंग्लिश नॉवेल की शुरुआत जेन ऑस्टिन से होती है। यहाँ तक कि सबसे लोकप्रिय उपन्यासकार चार्ल्स डिकेंस को लेविस ने यह कहते हुए ख़ारिज कर दिया कि वह एक बड़े मनोरंजकर्ता (इंटरटेनर) थे किन्तु उपन्यासकार नहीं। 'अब आप देखें कि स्वयं इंग्लिश में ही नॉवेल केवल वर्णनात्मक शब्द नहीं रहा, बल्कि नॉवेल एक मूल्यबोधक शब्द हो गया। मैं केवल उदाहरण दे रहा हूँ। सारी आलोचनाओं का न मुझे ज्ञान है और न उनके विवरण के द्वारा मैं आपके मस्तिष्क को बोझिल करना चाहता हूँ।

जर्मन भाषा में लिखने वाले जॉर्ज लूकाच हंगरी में पैदा हुए। 1910–11 में उन्होंने 'थ्योरी ऑफ़ नॉवेल' नाम की क़िताब लिखी। जॉर्ज लूकाच नॉवेल के रूप विधान और उसके सिद्धान्त पर विचार करने वाले महत्त्वपूर्ण आलोचकों में हैं। 1910–11 में वे मार्क्सवादी नहीं थे, इसलिए उनकी रचना मार्क्सवाद से पहले की है। लेकिन मार्क्सवादी होने के बाद भी उन्होंने उस स्थापना में कोई परिवर्तन नहीं किया। उन्होंने कहा कि नॉवेल एक विशेष प्रकार का रूप विधान है, जिसकी आत्मा और निर्धारक तत्त्व है Problimatic Hero अर्थात् समस्याग्रस्त नायक। मैं फिर कहूँगा कि 'हीरो' शब्द का पर्याय हमारा 'नायक' शब्द नहीं है। नायक नायिका के आँचल से इतना बँधा हुआ है कि आप उसे लाख मुक्त करने की कोशिश करें, लेकिन वह 'हीरो' नहीं हो सकता। 'नायक' से ज्यादा 'हीरो' के क़रीब आने वाला शब्द 'पुरुष' है। समस्याग्रस्त नायक ऐसा पुरुष है जिसकी अपने समाज से अनबन हो, जिसको पूरा अहसास हो कि उसके आसपास का पूरा समाज भ्रष्ट है, मूल्यहीन है। ऐसे भ्रष्ट और मूल्यहीन समाज में अपने अकेलेपन के गहरे अहसास के साथ वह वांछित मूल्यों और आदर्शों के लिए छटपटाता रहता है। जिस कृति में यह मिले वह उपन्यास है, न मिले वह उपन्यास नहीं है। इस दृष्टि से लूकाच ने स्ताण्ढाल, फ्लाबेयर, दोस्तोव्यस्की और टॉलस्टॉय के उपन्यासों को चुना तो दूसरी और बहुत सारे उपन्यास इस कसौटी पर खरे नहीं उतरे।

यूरोप में लम्बे कथात्मक प्रबन्ध गद्य में बहुत सारे लिखे गये हैं, लेकिन 'नॉवेल' शब्द सबके लिए उपयुक्त नहीं पाया गया। एक विशेष प्रकार के वैचारिक अभिनिवेश के साथ यह शब्द जुड़ा रहा है। यह सही है या ग़लत,

ये अलग विषय है। आप इस पर विचार कर सकते हैं 'नॉवेल' और 'रोमान' शब्द दूर तक मूल्य बोधक और गुणबोधक शब्द रहे हैं, यह वर्णनात्मक नहीं रहा है। हिन्दी के अध्यापकों को ख़ासतौर पर ध्यान देना चाहिए कि रूपगत भेदों पर विचार करते समय वे आमतौर पर इसे वर्णनात्मक मान लेते हैं, मूल्यबोधक नहीं मानते।

हेनरी जेम्स ने टॉल्सटॉय के 'वार एंड पीस' और 'अन्ना केरेनिना' तक को कहा कि यह नॉवेल नहीं है। यह ऐसी ढीली–ढाली शैली है, जो उपन्यास की विधागत शर्तों को पूरा नहीं करता है। यह कृति महान होगी, लेकिन यह नॉवेल नहीं है। इसलिए आप देखें कि 'उपन्यास' संज्ञा वर्णनात्मक (Formal description) रूपविधा नहीं रहा है। अंग्रेज़ी शब्द इस्तेमाल करूँ तो ये Juridical रहा है तो ये रहा है, ये निर्णयगत रह गयी। निर्णय का मतलब है मूल्य निर्णय। इस सन्दर्भ में हम यूरोप के पूरे विमर्श को ध्यान में रखें। मैंने कहा मध्यवर्ग का उदय सबसे पहले यूरोप में हुआ था। उस मध्यवर्ग के उदय के साथ उसकी एक जीवन दृष्टि भी विकसित हुई थी। उसकी कुछ ऐसी विचारधाराएँ थीं, जो नयी रूपविधा को आकार देने में सहायक हुई। इनमें से एक व्यक्तिवाद है और दूसरा अनुभववाद है। इसके साथ उपन्यास में कुछ और विशेषताएँ हैं, जैसे जीता जागता इन्सान अपने वास्तविक परिवेश के साथ चित्रित किया जाता है, जहाँ परिकथाओं की कपोलकल्पना न हो, केवल रोमांस न हो या जिसे दास्ताँ या क़िस्सा कहा है, वह हो। अंग्रेज़ी में कहा जाये तो एक 'फॉर्मल रियलिज़्म' के साथ नॉवेल जुड़ा हुआ है। ध्यान दीजिएगा मैं 'फॉर्मल रियलिज़्म' कह रहा हूँ। इस रूपगत यथार्थ के साथ एक नयी विधा का जन्म हुआ था।

इन तमाम बातों की ओर लोगों ने ध्यान आकृष्ट किया, लेकिन इसके साथ एक और बात भी जोड़ी और वह यह कि उपन्यास का गुण, उसका मूल्य और उसकी सारी विशेषताएँ अन्ततः सत्ता से जुड़ी हुई हैं। यह परिभाषा सत्ता या पॉवर से जुड़े रहने के कारण व्यापक और गहरे अर्थ में राजनीतिक हो जाती है। पश्चिमी देशों में नारीवादी आन्दोलन चला है, इन नारीवादी लोगों ने कहा कि उपन्यास की परिकल्पना के मूल में ही सत्ता को चुनौती देने का आधार था। उपन्यास की परिभाषा में ही लिंग भेद या Gender difference रहा है। इस नये मध्यवर्ग के उदय के साथ सही अर्थों में नारी की स्थिति में बहुत बड़ा परिवर्तन हुआ। यूरोप के आरम्भिक उपन्यासों में

यह तथ्य दृष्टिगोचर करने योग्य है कि इतिहास में जिस नारी को वाणी नहीं प्राप्त हुई थी, जो मूक थी, मुखर नहीं हुई थी, वह उपन्यास विधा के साथ कर्ता या कर्त्री के रूप में सामने आयी। यह आकस्मिक नहीं है कि आरम्भिक अंग्रेज़ी साहित्य की तीन महान और प्रसिद्ध उपन्यास लेखिकाएँ ही न थीं, बल्कि निर्विवाद रूप से उच्च कोटि की क्लासिक की रचना करने वाली महिलाएँ थीं। मदाम स्ताल और उनके बाद भी फ्रांस में भी उसकी महिमा है। इसलिए तो कर्त्री के रूप में आना महत्त्वपूर्ण है। इससे बढ़कर नारी इस नयी विधा के केन्द्र में थीं। हीरो कहने के लिए भले ही पुरुष हो, लेकिन अधिकांश उपन्यास नारी केन्द्रित थे।

बंकिम का बँगला में पहला महत्त्वपूर्ण उपन्यास 'दुर्गेशनन्दिनी' जब आया तो उसमें स्त्री आयशा इतनी महत्त्वपूर्ण चरित्र थी कि नायक की अपेक्षा उस आयशा ने लोगों का ध्यान अधिक खींचा। भारत में जो आत्मकथाएँ लिखी गयीं, उनमें अधिकांश की लेखिका स्त्रियाँ हैं। हिन्दी में तो नहीं हुआ लेकिन अन्य भारतीय भाषाओं में देखें तो उन्नीसवीं शताब्दी स्त्रियों की लिखी हुई आत्मकथाओं से भरी पड़ी है। बँगला और मराठी की जानकारी मुझे है। सम्भव है, अन्य भारतीय भाषाओं में भी हो। जिस उर्दू भाषी समाज में पुरुष को बहुत ज्यादा प्रधानता थी और नारी को पर्दे में दबा कर रखा गया था, उसमें पहला महत्त्वपूर्ण उपन्यास 1899 में रुस्वा का 'उमराव जान अदा' छपा है। यद्यपि उसके पहले सरशार उपन्यास लिख चुके थे। लेकिन नारी की वेदना और पीड़ा का वर्णन सबसे पहले वहाँ शुरू हुआ। उसके बाद उपन्यास एक नया मोड़ लेता है। उर्दू में भी और अन्य भारतीय भाषाओं में भी।

मैं भारतीय उपन्यास की चर्चा उतने विस्तार से न करके केवल यह कहना चाहता हूँ कि उपन्यास का सम्बन्ध यूरोप में केवल मध्यवर्ग ही नहीं है, बल्कि उसका गहरा सम्बन्ध उस नयी नारी की परिकल्पना के साथ जुड़ा हुआ है, बल्कि यह कहें कि एक नयी नारी का आदर्श उपन्यासों के उदय के साथ जुड़ा हुआ है। इस नयी नारी का उदय सम्भव ही नहीं था, यदि समाज एरिस्टोक्रेट रहता। अपने साहित्य में स्वकीया की जगह परकीया की बड़ी महिमा है। राधा–कृष्ण के पूरे उपाख्यान में परकीयाएँ भरी पड़ी हैं। हमारे यहाँ दो स्पष्ट विधान हिन्दुओं में हैं एक धर्म पत्नी है बाकी पत्नी हैं।

जिसे अंग्रेज़ी में मिस्ट्रेस कहते हैं हिन्दी में सीधे–सीधे वह रखैल थी। इस पूरे मूल्य विधान को तोड़ कर मध्यवर्ग के उदय के साथ एक नये नारी आदर्श की परिकल्पना हुई जहाँ नारी उस घुटन भरे दायरे से निकल कर अपनी अस्मिता को प्राप्त करने का प्रयास कर रही है। उसका भी स्वतन्त्र अस्तित्व है। यह नया ऐतिहासिक परिवर्तन नये सामाजिक संक्रमण के साथ सम्भव हो सका था। इसका सम्बन्ध भी उपन्यासों के उदय के साथ जोड़ा गया है।

इस पृष्ठभूमि में हम भारतीय समाज, भारत में उपन्यास के उदय और उन तात्कालिक परिस्थितियों के बारे में विचार करें तो तथ्यों की ओर हमारा ध्यान जा सकता है। यह इसलिए भी ज़रूरी है कि हम अध्यापकों को भी अक्सर यह समझते हुए कठिनाई होती है कि इस देश में गद्य में भी लम्बे कथा प्रबन्ध लिखने की परम्परा बड़ी पुरानी है। आखिर 'कादम्बरी' बाणभट्ट ने लिखी ही थी। 'दशकुमारचरित' यहीं लिखा गया था, 'कथा सरित्सागर' यहाँ पहले मौजूद था। लम्बी जातक कथाओं को कहानी मानें या कहानी चक्र के रूप में लम्बा उपन्यास मानें। कथा और आख्यायिकाओं की लम्बी परम्परा इस देश में रही है। उन तमाम चीज़ों से अलग इस नये रूप विधान के भीतर वह विभाजक रेखा कौन–सी है? किनको हम उपन्यास मानें किनको न मानें? उन्नीसवीं शताब्दी की यह एक बहुत बड़ी समस्या है। समस्या यह भी है कि इसका विकास कब से माना जाये। इस स्वरूप का निर्धारण और विवेचन बहुत गहराई और विचार से किया जाना चाहिए।

मेरी जानकारी में ऐसे नये ढंग से कथा प्रबन्धों की शुरुआत प्रायः नयी पत्रकारिता के साथ हुई। नये पत्र और पत्रिकाएँ निकलीं, जैसा कि विदेशों में भी हुआ था। धारावाहिक रूप में बहुत से उपन्यास विभिन्न भाषाओं में उन्नीसवीं सदी के मध्य में छपे थे। सम्भव है पहले भी छपे हों, लेकिन लोग कहते हैं कि बँगला में प्यारी मोहन मित्र ने 'आलालेर घरेर दुलाल' नाम से 1854 में पहला उपन्यास लिखा यानी 1857 के पहले। सरशार ने 1857 के बहुत बाद 'फसाने आज़ाद' लिखा। 'फसाने आज़ाद' भी धारावाहिक रूप से छपा था। आप्टे के ऐतिहासिक उपन्यास भी धारावाहिक रूप से पत्रिकाओं में छपे थे। पत्रिकाओं में धारावाहिक उपन्यासों का प्रकाशन एक नयी घटना थी। बाद में वे पुस्तकाकार प्रकाशित हुए। इनके कारण गद्यात्मक कथाओं ने क्या रूप लिया, इस पर भी विचार किया जाना चाहिए। बहरहाल इन, तमाम कृतियों के बीच जो उल्लेखनीय तथ्य दिखायी पड़ता है, वह यह कि 1862

में भूदेव मुखोपाध्याय ने 'ऐतिहासिक उपन्यास' नामक एक लेख लिखा। उसमें उपन्यास नाम का पहली बार प्रयोग किया गया। उसके बाद 1902 में जयपुर से हिन्दी की पत्रिका निकलती थी 'समालोचक'। उसमें माधव प्रसाद मिश्र ने एक लेख लिखा 'उपन्यास और समालोचना'। जिसमें उन्होंने बताया कि 'उपन्यास' शब्द बँगला में पहले प्रयुक्त हुआ और हम नॉवेल' के लिए 'उपन्यास' शब्द हिन्दी में ग्रहण कर रहे हैं। यही नहीं उपन्यास का रूप विधान हिन्दी ने बँगला से लिया है। यह ऐसा कथन है, जिसको हिन्दी में आचार्य रामचन्द्र शुक्ल ने भी स्वीकार किया है कि 'उपन्यास' शब्द और उपन्यास का रूप विधान दोनों हिन्दी ने बँगला से लिया। अब इस बात से बहुत से लोगों की नाक नीची होने लगी है। हिन्दी अन्धराष्ट्रवाद इतना प्रबल होने लगा है कि लोग अपनी अस्मिता उद्घोषित करने के लिए भारतीय भाषाओं में जो आदान–प्रदान हुआ, उस पर भी पानी फेरने की कोशिश कर रहे हैं। अगर बँगला से उपन्यास शब्द लिया है, रूप विधान लिया है तो इससे नाक नीची नहीं होती। क्या कीजिएगा, अंग्रेज़ी हुकूमत पहले बंगाल में ही क़ायम हुई। आपकी राजधानी कलकत्ता थी। अंग्रेज़ी की शिक्षा वहीं शुरू हुई। पहला विश्वविद्यालय वहीं खुला। ये सारी चीज़ें हुईं। इस तरह अंग्रेज़ी पढ़ा–लिखा आधुनिक समाज क़ायम हुआ और एक नयी विधा चली। इससे किसी भाषा की नाक नीची नहीं होती।

भारतीय भाषाओं में लगभग उन्नीसवीं शताब्दी के उत्तरार्द्ध में गद्य में लिखी जाने वाली लम्बी कथाओं की शुरुआत हुई। कुछ नाम सुविधा के लिए जा सकते हैं, बँगला के बंकिमचन्द्र, मराठी के हरिनारायण आप्टे, गुजराती के गोवर्धन राम त्रिपाठी, उर्दू के सरशार। इस तुलना में आप हिन्दी में लाला श्रीनिवासदास (परीक्षा गुरु के लेखक) और देवकीनन्दन खत्री (जिन्होंने 'चन्द्रकान्ता सन्तति' लिखी थी) को जोड़ सकते हैं। किशोरी लाल गोस्वामी जिन्होंने क़रीब सौ उपन्यास लिखे। उनके बारे में शुक्ल जी ने लिखा है कि उपन्यास क्या लिखा उपन्यास का अटाला खड़ा कर दिया है। यह अटाला अट्टालिका नहीं है।

क्या ये सब उसी अर्थ में उपन्यास है जिस अर्थ में उपन्यास संज्ञा का यूरोप चयन करता है। यहाँ तक कि वह रिचर्डसन, फील्डिंग, टामस और गोम्स मेला को ख़ारिज करता है। हम लोग अपनी उदारता में उन्नीसवीं शताब्दी की समस्त कृतियों को उपन्यास कहते चले जा रहे हैं।

यह कह के हम लोग अपने इतिहास का महिमामण्डन किये जा रहे हैं। यद्यपि हम जानते हैं कि इससे बहुत गौरव नहीं बढ़ने वाला फिर भी यूरोप से आप ऐतिहासिक दृष्टि से पीछे हैं। यूरोप में उन्नीसवीं शताब्दी में लिखे उपन्यासों से भारत का कोई उपन्यास मुक़ाबला नहीं कर सकता, क्योंकि उन्नीसवीं शताब्दी के उत्तरार्द्ध में भले ही विक्टोरियन काल में उपन्यास का थोड़ा ह्रास हुआ हो, लेकिन भारतीय उपन्यास उस गरिमा को नहीं छूता। इसका कारण है कि हमारा मध्यवर्ग उतना विकसित नहीं था। मध्यवर्ग उदित भी हो गया हो तो उसकी संस्कृति नहीं बन सकी थी। हमारे समाज में आज भी बीसवीं सदी में भी, अभिजात संस्कृति और पुराने कुलीन तन्त्र की संस्कृति इतनी जबर्दस्त ढंग से जमी है कि 1947–48 में भी गाँव के लोगों को कहते सुना है कि यदि कोई कलकत्ता 'बम्बई में जाकर बहुत रुपया कमाकर आये' तो लोग कहते हैं) 'नये धनी हैं। ये ख़ानदानी आदमी थोड़े हैं। ये ख़ानदानी होना और बात है। पैसा होना और बात है। यह बात 1988–90 में भी की जा रही है। कुछ लोग ऐसे हैं जिन्होंने पैसा बहुत कमा लिया है पर उनके पास अपनी संस्कृति नहीं है। संस्कृति–सभ्यता वाली चीज़ तो जो ख़ानदानी लोग हैं, वहाँ पायी जाती है। अब आप उन्नीसवीं सदी का अन्दाजा लगा सकते हैं। जो सभ्यता और संस्कृति नाम की चीज है, जिसे 'अख़लाक' कहा जाता है, पैसे से नहीं पाया जा सकता। अख़लाक तो ख़ानदानी चीज़ है। यह एरिस्टोक्रेटिक संस्कृति उन्नीसवीं सदी में कितनी मज़बूत रही होगी, इसका अन्दाज लगाया जा सकता है। ऐसी अभिजात संस्कृति के बीच अंग्रेज़ी पढ़–लिख कर सरकारी नौकरी पर जाने वाले इस नये उभरते वर्ग की सभ्यता–संस्कृति क्या रही होगी? उस पूरे समाज में उसका स्थान क्या रहा होगा? फिर वो नया साहित्य रूप कितना प्रभावशाली रहा होगा? प्राचीन साहित्य रूपों का मुक़ाबला कर सकेगा? प्राचीन महाकाव्यों या नाटकों का कुछ कर सकेगा कि नहीं? इसका अन्दाज़ा आप लगा सकते हैं। इसलिए मध्यवर्ग के साथ अगर यहाँ उपन्यास को जोड़ते हैं तो उसके साथ लगी विचारधाराओं को भी जोड़ना होगा।

उन्नीसवीं सदी में यहाँ किस हद तक उस व्यक्तिवाद का उदय हुआ था? किस हद तक उस अनुभववाद का उदय हुआ था? किस हद तक हमारे यहाँ उस विवेकवाद, बुद्धिवाद का उदय हुआ होगा जिसके द्वारा वह यथार्थवाद विकसित होता है जिसे हम 'फॉर्मल रियलिज्म' के नाम से जानते हैं?

मैं ये खुले हुए प्रश्न आपके सामने छोड़ रहा हूँ, उत्तर देने का प्रयास नहीं कर रहा हूँ। लेकिन प्रश्न जिस रूप में रखे जा रहे हैं, उनमें ठीक उत्तर किस हद तक निहित है, यह आप में से अधिकांश लोग स्वयं महसूस कर सकते हैं। मैं पहले भी कह चुका हूँ कि भारत में उपन्यास का उदय इस दृष्टि से तो मध्यवर्ग के उदय से जुड़ा है कि इसके अधिकांश लेखक नयी अंग्रेज़ी शिक्षा प्राप्त पढ़े–लिखे लोग हैं, किन्तु उपन्यास की अन्तर्वस्तु मध्यवर्ग के महाकाव्य के रूप में यहाँ नहीं दिखायी देगी। सरशार का खोजी मध्यवर्गीय बुर्जुआ चरित्र है या उसकी जड़ें पुरानी समाज व्यवस्था, पुराने मूल्यों में हैं? स्वयं 'परीक्षा गुरु' का नायक भले ही एक नया वाणिज्य करने वाला आदमी हो, लेकिन उसमें आदि से अन्त तक यही बताया जाता है कि जो पश्चिमी तौर–तरीक़ा है या पश्चिम से आयी नयी–नयी चीज़ों को अपने शौक के लिए खरीद कर रखना बड़ी खराब बात है। जिस तरह से पूरब बनाम पश्चिम में पश्चिम की आलोचना करने के साथ ही समूची आधुनिकता को चुनौती दी जा रही है और उन पुराने सामन्ती मूल्यों को प्रतिष्ठा दी जा रही है, उस हिसाब से 'परीक्षा गुरु' किसी भी रूप में उस मध्यवर्ग को प्रतिष्ठा प्रदान करने वाला उपन्यास नहीं है। इस दृष्टि से छानबीन की जानी चाहिए कि स्वयं बंकिम के उपन्यासों में जिन मूल्यों की प्रतिष्ठा की जा रही है, वो सब कितनी दूर तक नये उभरने वाले मध्यवर्गीय मूल्य हैं? किस हद तक वे पुराने सामन्ती मूल्य भले न हों, लेकिन उस आभिजात्य परम्परा से हैं? मसलन उनके उपन्यासों से विशेष प्रकार के शौर्य पराक्रम और प्राणों का बलिदान देने वाली क्षमता दिखायी देती है। किस चीज़ के लिए बलिदान दिया जा रहा है? इसमें कहीं मीडिवल सिवेलरी जैसे गुण दिखायी पड़ते हैं। कहीं–कहीं नारी की मुक्ति के लिए, नारी के उद्धार के लिए, देश को स्वाधीन करने के लिए भी बेचैनी उपन्यासों में दिखायी देती है। लेकिन देश का स्वरूप राष्ट्र का है या कुछ और उसकी गहराई से छानबीन करने की ज़रूरत है।

इस प्रकार उन्नीसवीं शताब्दी में उपन्यास के नाम पर जो कुछ हमारे यहाँ आया उसमें आपको दास्तान, क़िस्सागोई, आख्यान, कथात्मकता आदि ये सारी चीज़ें मिलेंगी। हो सकता है ये रोमांस की कोटि में आ जायें, लेकिन ठेठ पारिभाषिक अर्थ में ये नॉवेल बनते हुए दिखायी नहीं पड़ते हैं। इसी अर्थ में मैंने कहा कि भारत में उपन्यास का उदय मध्यवर्ग के महाकाव्य के रूप में नहीं हुआ।

क्योंकि भारत में मध्यवर्ग इस लायक नहीं था कि उन्नीसवीं शताब्दी में किसी नयी रूप विधा को जन्म दे सके और अपनी संस्कृति का विकास कर सके। भारत में उभरने वाले इस नये मध्यवर्ग की वजह से जो पहला अच्छा और महत्त्वपूर्ण काम हुआ, वह ये कि रोमैंटिक मनोवृत्ति का उत्थान हुआ। जिसकी सफल अभिव्यक्ति कविता में हुई है। उन्नीसवीं शती में माइकेल मधुसूदन दत्त और रवीन्द्रनाथ ठाकुर की कविताओं में पहले नवीनता आयी।

यह ऐतिहासिक तथ्य है कि आधुनिकता का समावेश हमारे यहाँ क़ायदे से गद्य में होना चाहिए था, निबन्धों में आधुनिकता आयी है, लेकिन निबन्धों के बाद आधुनिक बोध का समावेश सबसे पहले कविता में हुआ। आपके यहाँ श्रीधर पाठक पहले पैदा हुए। श्रीधर पाठक के समकालीन कथाकारों को देखिये वे कहाँ हैं? यह दुर्भाग्य है कि श्रीधर पाठक जिस समय 'एकान्तवासी योगी' का सर्जनात्मक अनुवाद कर रहे थे, नये ढंग की कविताएँ लिख रहे थे, ठीक उसके समानान्तर किशोरी लाल गोस्वामी कैसा घटिया उपन्यास लिख रहे थे। दूर–दूर तक जिनका आधुनिकता से कोई ताल्लुक नहीं था। हिन्दी के लिए एक बहुत बड़ी कठिनाई यह थी कि आधुनिक काल में खड़ी बोली गद्य में पहले आयी। उन्नीसवीं शताब्दी यह बहस करने में लगी रही कि कविता ब्रज भाषा में ही हो सकती है, खड़ी बोली में हो ही नहीं सकती। यह दुविधा स्वयं भारतेन्दु हरिश्चन्द्र से पैदा हुई थी। उन्नीसवीं शताब्दी का हिन्दी का सबसे महान साहित्यकार जिसने हिन्दी साहित्य में आधुनिकता का प्रवर्तन किया भारतेन्दु हरिश्चन्द्र। उनका उपन्यास न लिखना इस बात का प्रमाण है। क्यों उन्नीसवीं शताब्दी में उपन्यास सम्भव नहीं हो सका? महान साहित्यकार जो कुछ लिखते हैं, वो महत्त्वपूर्ण होता ही है। महान साहित्यकार जो नहीं लिखते वह उससे कम महत्त्वपूर्ण नहीं हुआ करता। भारतेन्दु ने एक उपन्यास शुरू किया था। 'कुछ आप बीती कुछ जग बीती' नाम से और दो पन्ने उसके मिलते हैं। आगे वह पूरा नहीं हो सका। जिस आदमी ने इतने समर्थ नाटक 'अन्धेर नगरी'..., 'वैदिक हिंसा हिंसा न भवति' लिखे वह आदमी उपन्यास लिखना शुरू करे और लिख न पाये ये किस बात का सूचक है। लेकिन मेरी समझ में उपन्यास न लिखते हुए भी भारतेन्दु उपन्यास की सबसे सटीक और सबसे अच्छी परिभाषा दे रहे थे और वह परिभाषा 'कुछ आप बीती, कुछ जग बीती' हैं।

'आप बीती और जग बीती' यह कहते हुए ये वैयक्तिकता और सामाजिकता दोनों का निर्वाह करने की बात करते हैं। इसमें वे यथार्थ Subjectivity और Objectivity और कल्पना इन दोनों का समन्वय जिस ख़ूबी से कर ले गये और जिसकी ओर संकेत किया उपन्यास की इससे सटीक और कोई दूसरी परिभाषा नहीं हो सकती। जो सचमुच नॉवेल पर घटित होती है, केवल रोमांस पर नहीं घटित होती। इसलिए हिन्दी की तो कठिनाई मेरी समझ में आती है; लेकिन ये कठिनाई बँगला की नहीं थी, उर्दू की नहीं थी, मराठी की नहीं थी, गुजराती की नहीं थी। जहाँ गद्य और पद्य की भाषा भी अलग–अलग भाषाएँ नहीं थी, इसलिए उपन्यास हिन्दी में इतने विलम्ब से विकसित हुआ। इसके अन्य कारणों पर भी विचार किया जाना चाहिए।

मेरा एक ख़्याल यह है कि सामन्तवाद हिन्दी भाषा भाषी प्रदेश में इतना मज़बूत रहा है और आज भी मज़बूत है कि वह सांस्कृतिक दृष्टि से हमारे पिछड़ेपन का प्रत्यक्ष प्रमाण है। यह आकस्मिक नहीं है कि रीतिकाल इतना लम्बा, इतना बड़ा और व्यापक भारत की किसी भाषा में नहीं है। यहाँ ढाई सौ साल तक रीतिकाव्य की रचना होती रही। इस परिस्थिति को ध्यान में रखें तब आपको हिन्दी में प्रेमचन्द का महत्त्व समझ में आयेगा। जिस प्रदेश में सामन्तवाद इतना मज़बूत रहा हो, जिस प्रदेश की भाषा गद्य और पद्य के बीच इतनी खण्डित रही हो, जो साहित्यिक दृष्टि से दो जीभों वाला प्रदेश रहा हो कविता ब्रज में लिखता रहा हो, गद्य खड़ी बोली में लिखता रहा हो, उस प्रदेश में प्रेमचन्द जैसा एक उपन्यासकार अचानक पैदा हो यह अपने आप में चमत्कार है। जब वह चमत्कार घटित हुआ तो अद्भुत ढंग से घटित हुआ।

मैंने स्थापना की कि मध्यवर्ग से उपन्यास का उदय नहीं हुआ भले ही हमारे लेखक मध्यवर्ग के रहे हों। मेरी समझ में उपन्यास के उदय और विकास की दो स्थितियाँ हैं, एक रेखीय विकास के रूप में और दूसरा से अधिक रूपों में विकसित हुआ। मैंने बहुत पहले कहा था कि भारत में उपन्यास का उदय मध्यवर्ग के महागाथा के रूप में नहीं बल्कि किसान जीवन की महागाथा के रूप में हुआ। विकास की कड़ी वहाँ से शुरू होती है। विचित्र बात है कि ऐसी भाषा से शुरू होती है जो भारतीय भाषाओं में छोटी थी। दबी हुई थी। उन्नीसवीं शताब्दी में अस्मिता के लिए संघर्ष कर रही थी। मेरी दृष्टि से सही अर्थों में पहला भारतीय उपन्यास उड़िया भाषा में लिखा गया। 1897 में उसका प्रकाशन हुआ।

लेखक फ़क़ीर मोहन सेनापति थे। उसका नाम है छह माण आठ गुण्ठ। छोटा सा उपन्यास है। फ़क़ीर मोहन सेनापति अंग्रेज़ी पढ़े–लिखे आदमी थे। सरकारी नौकरी करते थे। उनका जीवन विचित्र था। वह अलग कहानी है। बँगला ने उड़िया और असमिया इन दो भाषाओं को इतना दबा रखा था कि वो मानते ही नहीं थे कि उड़िया कोई स्वतन्त्र साहित्यिक भाषा हो सकती है। उड़िया में उपन्यास का उदय उस भाषा में अस्मिता के संघर्ष से और उड़िया जाति की अपनी जातीयता के उदय से जुड़ा हुआ है। उसके साथ ही फ़क़ीर मोहन सेनापति ने उपन्यास को वह अन्तर्वस्तु दी जो भारतीय उपन्यास का मूलाधार होने जा रहा था। वह है एक ग़रीब किसान के द्वारा ज़मीन के लिए किये जाने वाले संघर्ष और उस संघर्ष के साथ ही उपनिवेशवादी तन्त्र से भारत की स्वाधीनता। ये दोनों चीजें 'छह माण आठ गुण्ठ' नाम के उपन्यास में मिलेंगी। फार्म और भाषा दोनों दृष्टियों से, मैं नहीं समझता कि उस समय का कोई और उपन्यास उसका मुक़ाबला कर सकता। इसे विस्तार से कहने की ज़रूरत नहीं है कि उपन्यास की यह धारा भारतीय उपन्यास को वह रूप देती है जो यूरोपीय नॉवेल से उसे अलग करती है। भारतीय ही नहीं, बल्कि तीसरी दुनिया के जितने पिछड़े हुए उपनिवेशवाद से ग्रस्त उसके शिकार उपनिवेश थे, चाहे वे लैटिन अमेरिकी देश हों, चाहे अफ्रीकी हों, चाहे एशिया के हों और उसके अन्तर्गत स्वयं भारत के उस औपनिवेशिक समाज में उपन्यास राष्ट्रीय मुक्ति के आन्दोलन के प्रवक्ता के रूप में विकसित हुआ। उस राष्ट्रीय मुक्ति आन्दोलन का सम्बन्ध किसानों के संघर्ष से, किसानों की भूमिका से है। उपन्यास ने सही अर्थों में अपनी अस्मिता प्राप्त की इसलिए भारत में जितने महत्त्वपूर्ण उपन्यास लिखे गये हैं, कहीं न कहीं उनका मूलाधार और अन्तर्वस्तु वह किसान चेतना है जो एक ओर प्रेमचन्द के प्रेमाश्रम, रंगभूमि, कर्मभूमि और गोदान में है, तो दूसरी ओर वह चेतना विभूतिभूषण वंद्योपाध्याय, मानिक वंद्योपाध्याय, ताराशंकर वंद्योपाध्याय के अधिकांश उपन्यासों में है। वही आगे चलकर हिन्दी में रेणु में, गुजराती में पन्नालाल पटेल में, मराठी में वेंकटेश नागुलकर और उनके समवर्तियों में, मलयालम में तकषी शिवशंकर पिल्लै के उपन्यासों की मुख्य धारा रही है, बल्कि मैं इसे ही भारतीय उपन्यास का मूल स्वरूप मानता हूँ। उसकी अपनी पहचान मानता हूँ।

किन्तु आज मैं एक दूसरी और धारा की ओर इशारा करना चाहता हूँ जिसकी शुरुआत उन्नीसवीं सदी में ही हो चुकी थी। इसी समाज के अन्तर्गत नये नारी आदर्श और नारी की स्वाधीनता से उपन्यास गहराई से जुड़ा हुआ था। 1897 में यदि उड़िया का 'छह माण आठ गुण्ठ' लिखा गया तो 1899 में रुस्वा का 'उमराव जान अदा' नामक उपन्यास छपा और मेरी समझ में उमराव जान अदा अपने, रूप विधान में अपनी यथार्थवादी, चेतना में भी दूसरे तरह के भारतीय उपन्यास का सूत्रपात तो करता ही है। स्वयं अपनी अन्तर्वस्तु में नारी की वेदना, पीड़ा और करुणा के साथ उपन्यास का गहरा सम्बन्ध है। मैं फिर कहूँ कि मध्यवर्ग से इस उपन्यास का कोई लेना देना नहीं है। यह दूसरी बात है कि नारी या तो समाज के हाशिये पर पड़ी हुई थी या आगे चलकर ये स्त्रियों स्वयं किसान जीवन में संघर्ष करने वाली रहीं। संयोग से हिन्दी उपन्यास में नारी लगभग हाशिये पर (मार्जिनलाइल्ड) कर दी गयी थी। उस हाशिये पर पड़ी हुई नारी को, उसकी स्थिति पहचान कर इस धारा ने उपन्यास के केन्द्र में लाने का प्रयास किया। यह उपन्यास के विकास की दूसरी धारा है। इन्हें आप ठेठ मध्यवर्ग न मानें। इस धारा का विकास आगे चलकर हुआ और उसके सर्वोत्तम और लोकप्रिय कथाकार शरतचन्द्र हैं। आगे चलकर जैनेन्द्र और अज्ञेय के माध्यम से हिन्दी में इसका विकास हुआ। 'शेखर : एक जीवनी' का नायक भले ही शेखर हो, लेकिन उपन्यास की स्त्रियाँ जितनी सहानुभूति प्राप्त करती हैं और उपन्यास को मार्मिक और वास्तविक बनाती हैं, स्वयं अहंकारी और विद्रोही शेखर यह सहानुभूति नहीं प्राप्त करता।

हम भारत के अन्य भू भागों में, अन्य भाषाओं में भी इन दोनों धाराओं के बीच सम्बन्ध देखें। भारतीय उपन्यास को परिभाषित करने के मूल में एक तो वह किसान जो उपेक्षित पीड़ित है, जिसे साहित्य में स्थान ही नहीं मिला था, वह पहली बार नायक बना। हीरो बना। दूसरी ओर वह नारी जो हाशिये पर थी, उपन्यास विधा में समस्त संवेदनाओं का केन्द्र बनी। इन दोनों के साथ भारतीय उपन्यास ने वह रूप प्राप्त किया। इन उपन्यासों में हम भारतीय नारी को पहचान सकते हैं। भारतीय मनुष्य को पहचान सकते हैं। भारतीय मनुष्य और भारतीय नारी के जो रिश्ते हैं, ये कुल मिलाकर उस उपनिवेशी आधिपत्य के ढाँचे में भारतीय समाज की समस्त अच्छाइयों और भारतीय समाज में जो उत्पीड़न और दमन है,

उसकी वेदना को किस रूप में समाहित करते हैं ये सम्बन्ध शायद भारतीय उपन्यास को परिभाषित करने में सहायक हों।

प्रेमचन्द का स्थान शायद इसलिए महत्त्वपूर्ण है। जैसा मैंने कहा प्रेमचन्द पहले महत्त्वपूर्ण उपन्यासकार थे जिन्होंने इन दोनों को एक जगह किया। प्रेमचन्द का पहला महत्त्वपूर्ण उपन्यास 'सेवासदन' है, जिसने ध्यान आकृष्ट किया। सेवासदन के मूल में नारी है 'सुमन' सेवासदन के बाद प्रेमाश्रम, वही किसान मूल में है। गोदान वह उपन्यास है जहाँ गंगा और यमुना जैसी ये दोनों धाराएँ—नारी वाली धारा और किसान वाली धारा यानी 'सेवासदन' की और 'प्रेमाश्रम' की दोनों धाराएँ—समन्वित और एकीकृत रूप में एकत्र होती हैं। यद्यपि उसकी शुरुआत 'रंगभूमि' में ही होती है। 'गोदान' में जाकर दोनों एक ही जगह, किसान के घर में होरी और धनिया के रूप में, गोबर और झुनिया के रूप में दिखायी पड़ते हैं। मध्यवर्ग का चरित्र इतना कमज़ोर होता है, वह मेहता और मालती के रूप में है, नये मूल्यों की एक पीत छाया मात्र है, जो निरे आदर्शवाद से आतंकित हैं, जो यथार्थ की ज़मीन को धारण ही नहीं कर पाता है। इन युग्मों के साथ अकेले प्रेमचन्द के हाथों दोनों धाराएँ एकजुट होकर उस बिन्दु पर पहुँचती हैं, जहाँ भारतीय उपन्यास पैदा होने के साथ ही सहसा वयस्क होता है। यह वयस्कता इसलिए उल्लेखनीय है, क्योंकि इसी तरह का प्रयास ऐसे ही पिछड़े हुए देश में एक दूसरे साहित्यकार कथाकार के हाथों हुआ था, जिन्हें हम लेव टॉलस्टॉय के रूप में जानते हैं। जिसने 'अन्ना कारेनिना' और 'युद्ध और शान्ति' इन दोनों उपन्यासों के द्वारा उस किसान चेतना और साथ ही उस दुविधाग्रस्त नारी, इन दोनों को अपने उपन्यासों में चरितार्थ किया। अर्थात यह विडम्बना ही है कि भले ही पश्चिमी यूरोप ने उपन्यासों को पैदा किया हो, लेकिन इस उपन्यास का सर्वोत्तम विकास उन जगहों में हुआ जो पश्चिमी यूरोप की सभ्यता से बाहर थे। रूस यूरोप में होते हुए भी हाशिये पर था और भारत तो स्वयं उसके बाहर है ही। इसीलिए बीसवीं शताब्दी का उत्तरार्द्ध ऐसे उपन्यासों का आभास देता है। गैब्रियल गार्सिया मार्ख़ेज ऐसे ही लैटिन अमेरिकी उपन्यासकार हैं जिनको नोबेल पुरस्कार मिला है। इसलिए ज़रूरी नहीं कि कोई विधा जहाँ जन्म ले वहीं पूर्ण विकास प्राप्त करे 'मणि मानिक मुकता छवि ऐसी, उपजहिं अनन्त अनन्त छवि लहहीं।' उपन्यास पैदा ज़रूर पश्चिमी यूरोप में हुआ, लेकिन वह आज इतने वर्षों के

बाद बीसवीं सदी के उत्तरार्द्ध में उन जगहों पर वह छवि प्राप्त कर रहा है, जो उस दायरे से बाहर थे।

स्रोत : 15 अप्रैल, 1990 को प्रेमचन्द साहित्य संस्थान के एक आयोजन में दिया गया व्याख्यान, संस्थान की स्मारिका 'कर्मभूमि' में 1994 में 'प्रेमचन्द और भारतीय उपन्यास' शीर्षक से प्रकाशित।

17

'सेवासदन' : हुस्न का बाज़ार या सेवा का सदन

गरिमा श्रीवास्तव

हिन्दी में 'सेवासदन' और उर्दू के उपन्यास 'उमराव जान अदा' के प्रकाशन में लगभग बीस वर्षों का अन्तराल है। 'उमराव जान अदा' का प्रकाशन 1899 में हुआ और 'बाज़ारे हुस्न' लगभग 1916–17 में लिखा गया, जिसका हिन्दी संस्करण 'सेवासदन' शीर्षक से 1918 में आया। 24 फरवरी, 1917 को प्रेमचन्द ने मुंशी दयानारायण निगम को बाज़ार–ए–हुस्न के बारे में लिखा था–"मैं आजकल क़िस्सा लिखते–लिखते नॉवेल लिख चला। कोई सौ सफे तक पहुँच चुका है। इसी वजह से छोटा क़िस्सा न लिख सका। अब इस नॉवेल में ऐसा जी लग गया है कि दूसरा काम करने को जी ही नहीं चाहता। क़िस्सा दिलचस्प है और मुझे ऐसा ख़्याल होता है कि अबकी बार नॉवेल नवीसी में भी कामयाब हो सकूँगा।"[1] 'सेवासदन अपने मूल रूप में उर्दू में तैयार था, जिसके बारे में अमृत राय ने लिखा कि "बाज़ारे हुस्न में मुंशी जी को अपनी ज़मीन मिल गयी है। समाज में जितनी बेईमानी है, ढोंग ढकोसला है, उन पर चोट करने वाले क़िस्से लिखना ही उनकी अपनी बात होगी।" प्रेमचन्द 'नॉविल–निगार' के तौर पर सेवासदन से प्रतिष्ठित हुए, और मिर्ज़ा हादी रुसवा के साथ भी यही हुआ। दोनों की रचनाएँ बहुध्वन्यात्मक हैं और इन दोनों के उपन्यासों में बतौर नायिका ऐसी स्त्री का चित्रण किया गया जो किन्हीं कारणों से पतिता की श्रेणी में आती है। ये दोनों उपन्यास अपने अपने ढंग से अपने समय समाज की कथा कहने के साथ स्त्री की वकालत स्वतन्त्र अभिकर्ता के रूप में और यौनिकता के प्रति सजग स्वतन्त्र मनुष्य के नज़रिये से करते हैं।

'सेवासदन' के प्रकाशन को सौ वर्ष बीत चुके हैं और इन सौ वर्षों में इस उपन्यास की पड़ताल विभिन्न दृष्टिकोण से की जा चुकी है। यह विश्व के विभिन्न विश्वविद्यालयों के पाठ्यक्रम का अनिवार्य हिस्सा है और सभी प्रमुख देशी–विदेशी भाषाओं में अनूदित है। यह आलेख 19वीं शती के उत्तरार्द्ध और बीसवीं शती के पूर्वार्द्ध में स्त्री यौनिकता के प्रश्न पर भारतीय लेखकों के रवैये की पड़ताल करने का प्रयास है। साथ ही उर्दू और बांग्ला में प्रेमचन्द के समकालीन रचनाकारों के स्त्री सम्बन्धी रुझान का विश्लेषण भी इसमें अन्तर्गुम्फित है। इसमें सेवासदन के उर्दू और हिन्दी संस्करणों की तुलना का भी प्रयास किया गया है।

यह तय है कि स्त्री की चेतना का निर्माण न केवल जैविकता और दैनन्दिन जीवन की स्थितियाँ करती हैं, बल्कि उसकी चेतना के निर्माण में सामुदायिकता की भूमिका प्रमुख होती है। अपने समुदाय में उनके कुछ आदर्श होते हैं। ऐसे तमाम संरचनात्मक अवसर, जो स्त्री को स्त्री होने के कारण मिलते हैं–वे परिवार, समाज और समुदाय के अन्तर्गत ही उन्हें उपलब्ध होते हैं। इन्हीं से स्त्रियों की अन्तश्चेतना का निर्माण होता है, जिनके आधार पर वे अपनी जटिल पहचान को स्थापित करती हैं और किसी आदर्श या कर्तव्य के निर्वहन के लिए तत्पर होती हैं। लेकिन यह चेतना भी उनमें तभी आती है, जब उन्हें एक वर्ग विशेष, समुदाय अथवा राष्ट्र के सदस्य के नाते एक बृहत्तर संस्कृति का अंग होने का अहसास हो। 19वीं सदी के उत्तरार्द्ध और 20वीं सदी पूर्वार्द्ध का साहित्य देखें तो हमें पता चलता है कि संस्कृति के संस्थानीकरण की प्रवृत्ति समाज सुधार की अनिवार्य चिन्ता बनकर आयी, जिसमें बाज़ार में स्त्री की कौन सी छवि बिकनी है, यह तय था। इसमें संस्कृति भी पण्य थी और स्त्री भी। आश्चर्य नहीं कि 1899 के दौर में 'उमराव जान अदा' जितनी लोकप्रिय हुई वह हिन्दी उपन्यासकारों के लिए चुनौती थी, क्योंकि छपते ही उसके दसियों संस्करण निकल गये। प्रेमचन्द ने 'बाज़ारे हुस्न' लिखकर पाठकीय रुचि को समाज सुधार की तरफ़ मोड़ना चाहा, पर उर्दू में उन्हें प्रकाशक नहीं मिला और इसका हिन्दी तर्जुमा 'सेवासदन' के नाम से आया जो बतौर लेखक प्रेमचन्द की आशंकाओं को धता बताते हुए आज की भाषा में कहें तो 'बेस्ट सेलर' साबित हुआ। 'सेवासदन' की सफलता से प्रेमचन्द कितने उत्साहित थे। इसका पता दयानारायण निगम को 25 अक्टूबर, 1919 को लिखे उनके पत्र से चलता है"... किस्से शायद मैं लिखूँ या न लिखूँ, आजकल बाज़ारे हुस्न की सफ़ाई और नये नॉवेल की तसनीफ में बेहद मसरूफ हूँ।

बाज़ारे हुस्न का गुजराती तर्जुमा शाया हो रहा है... हिन्दी में लोग इसे बेहतरीन नॉवेल ख़्याल करते हैं।"[2] मिर्ज़ा हादी रुसवा और प्रेमचन्द दोनों ने तवायफ़ बन गयी स्त्रियों का चित्रण किया। मिर्ज़ा साहेब गदर के बाद 1858 के लखनऊ की पैदाइश थे और प्रेमचन्द 1880 के बनारस के पास के गाँव लमही की। मिर्ज़ा हादी रुसवा को शहराती स्वभाव विरासत में मिला था। इसके बरअक्स प्रेमचन्द को ग्राम्यता मिली थी। अपने जीवन का बड़ा हिस्सा शहर में बिताने के बावजूद प्रेमचन्द शहर के मनमाफिक मिज़ाज में ढल नहीं सके थे। दोनों रचनाकार फ़ारसी और उर्दू में निष्णात थे और आजीविका के तौर पर दोनों ने लेखन को ही अपनाया, प्रेमचन्द का अपना छापाखाना था, वहीं मिर्ज़ा साहेब रासायनिक और खगोलीय प्रयोगों के साथ अपराध कथा और जासूसी उपन्यास लिखने और पढ़ने का शौक़ रखते थे। प्रेमचन्द, लेखन को सामाजिक सरोकार और राष्ट्रीय उत्तरदायित्व से जोड़कर देखते थे। इन दोनों लेखकों को अपने शुरुआती उपन्यास ने ही सफलता के शिखर पर पहुँचा दिया। हालाँकि हादी ने 'उमराव जान अदा' से पहले 'अफशाँ–ऐ–राज' शीर्षक से उपन्यास लिखा, पर वह अपूर्ण था और प्रेमचन्द तो 'बाज़ारे हुस्न' को एक कहानी मानकर ही लिख रहे थे, जिसकी चर्चा उन्होंने जनवरी, 1917 में मुंशी दयानारायण निगम को लिखे पत्र में की थी– "मैंने इसे कहानी के रूप में लिखना शुरू किया था, पर अब उसे उपन्यास के रूप में लिख रहा हूँ।" 'सेवासदन' का मुख्य कथानक–स्त्रीत्व के आदर्श से सुमन का पतन और उसके पुनः उत्थान का प्रयास, उधर 'उमराव जान अदा' का कथानक तवायफ़ों के जीवन के अन्दरूनी कार्यव्यापार, बाज़ार में बैठी स्त्री की तहज़ीब, रचनात्मक रुझानों और लोकप्रियता के ब्याज से अपने समय समाज में निर्मित हुआ है। 'सेवासदन' में प्रेमचन्द सुमन से सुमनबाई बन जाने वाली स्त्री के पतन की कहानी सुनाते हैं और उमराव जान अदा में हादी रुसवा अमीरन से उमराव बनी रेख़्ती कहने वाली तवायफ़ की कहानी सुनते हैं। 'सेवासदन' के छपते–छपते मिर्ज़ा हादी के उपन्यास को बीस वर्ष बीत चुके थे और इन बीस वर्षों का अन्तराल उत्तर भारत में आ रहे बहुत से सांस्कृतिक सामाजिक बदलावों और आहटों का अन्तराल है। इसलिए 'सेवासदन' पर बात करने के लिए उमराव जान अदा से होकर गुज़रना ज़रूरी है।

मिर्ज़ा हादी रुसवा उमराव जान अदा को आपबीती या आत्मकथा या जीवनी कहने के पक्ष में हैं और भूमिका में लिखते हैं: 'अपनी आपबीती, वह जिस कदर कहती जाती थीं, मैं उनसे छुपा के लिखता जाता था।

पूरी होने के बाद मैंने मसविदा दिखाया। इस पर उमराव जान बहुत बिगड़ी। आख़िर ख़ुद पढ़ा और जा बजा जो कुछ रह गया था, उसे दुरुस्त कर दिया। मैं उमराव जान को उस ज़माने से जानता हूँ, जब उनकी नवाब साहब से मुलाक़ात थी। उन्हीं दिनों मेरा उठना–बैठना भी अक्सर उनके यहाँ रहता था। बरसों बाद फिर एक बार उमराव जान की मुलाक़ात नवाब साहब से उनके मकान पर हुई, जब वह उनकी बेग़म साहिबा की मेहमान थीं। इस मुलाक़ात का ज़िक्र आगे है। इसके कुछ अर्से बाद उमराव जान हज़ करने चली गयी।

उस वक़्त तक की उनकी ज़िन्दगी की तमाम घटनाओं को मैं निजी तौर से जानता था। इसलिए मैंने यह क़िस्सा वहीं तक लिखा, जहाँ तक मैं अपनी जानकारी से उनके बयान के एक–एक लफ़्ज को सही समझता था। हज़ वापसी के बाद उमराव जान खामोशी की ज़िन्दगी बसर करने लगीं। जो कुछ पास जमा था उसी पर गुजर औक़ात थी वैसे उनको किसी चीज़ की कमी नहीं थी। मकान, नौकर–चाकर, आराम का सामान, खाना पहनना, जो कुछ पास जमा था, उससे अच्छी तरह चलता रहा। वह मुशायरों में जाती थीं, मुहर्रम की मजलिसों में सोज पढ़ती थीं और कभी–कभी वैसे भी गाने बजाने के जलसों में शरीक होती थीं।

इस आप–बीती में जो कुछ बयान हुआ है, मुझे उसके सही होने में कोई भी शक नहीं है। मगर यह मेरी जाती राय है। नाजरीन को अख़्तियार है, जो चाहे समझे।[3]

इसके बाद पाठक बच्ची अमीरन के उमराव जान अदा में तब्दील होने और यश के शिखर पर पहुँचने के बाद स्वयं को पतित श्रेणी की स्त्री के रूप में पहचानने और फिर बदले ज़माने में अपने अकेलेपन को अपना कर हज़ पर जाने और इस शेर के साथ उपन्यास के अन्त तक की यात्रा करता है–

मरने के दिन क़रीब हैं शायद कि ऐ हयात
तुझ से तबीयत अपनी बहुत सेर हो गयी[4]

उमराव की जीवन यात्रा फूलों भरी पगडण्डी नहीं है। बचपन में अपहरण का शिकार हो वह ख़ानम के कोठे पर आ बिकी। मौलवी साहेब से पढ़ाई–लिखाई सीखी, कोठे और बाज़ार के माहौल ने चौदह साल की उम्र में देह की भाषा सिखा दी, तवायफ़ बनने की पूरी प्रक्रिया उसने तफ़सील से बयान की है। कैसे एक साधारण साँवले रंग की किशोरी कोठे की तहज़ीब

का अंग बन जाती है, पर आत्मसम्मान से समझौता नहीं करती। कोठों पर आने वाले ग्राहक, सामन्ती समाज के अवशेषों के रूप में घिसी शेरवानी पहनने वाले, खाली और भरी ज़ेबों वाले नवाबजादे, नौजवान बिलकिस जैसी तवायफ़ों की चालाकियों, हँसी–मज़ाक, मान अपमान, नाच–गान, शेरो–सुखन पढ़ती–गुनती, मुजरों में जाती अपने फन के बल पर बाज़ार भाव से वाक़िफ़ होते हुए धीरे–धीरे वह ख़ानम के नियन्त्रण से बाहर निकल गयी, कई बार छली गयी, कई दोस्त बने, पर कहीं सच्चा प्रेम नहीं मिला। कई मुजरे किये पर कोई घर न मिला, अपने मन की आवाज़ सुनी तो धोखे खाए। बचपन में बिछुड़े परिवार ने तवायफ़ जानकर उसे ठुकरा दिया। घर गृहस्थी करने की इच्छाएँ रही भी हों तो उन्हें पूरा करना सम्भव नहीं हो पाया, क्योंकि बाज़ारू औरतों को घर में जगह देना तो किसी सभ्य पुरुष के लिए सम्भव नहीं था। इसलिए हमेशा स्त्रियों को वह नसीहत करती हैं–'ऐ बेवकूफ़ रण्डी! कभी इस भुलावे में न आना कि कोई तुझको सच्चे दिल से चाहेगा। तेरा आशना जो तुझ पर जान देता है चार दिन के बाद चलता–फिरता नज़र आयेगा। वह तुझसे हरगिज़ निबाह नहीं कर सकता और न तू इस लायक है। सच्ची चाहत का मज़ा उसी नेकबख़्त का हक़ है, जो एक मुँह देख के दूसरे का मुँह कभी नहीं देखती तुझ जैसी बाज़ारी शफतल को यह नेमत खुदा नहीं दे सकता।"[5]

यह नेमत है किसी का शरीकेहयात बनने की। नेमत जो गृहिणी को मिलती है, तवायफ़ को नहीं। तवायफ़ तो बाज़ारू ही रहेगी। इस सत्य को जानने के बावजूद उमराव का सपना है एक अदद सच्चा प्रेमी पा लेना। नहीं मिलना था नहीं मिला, हाँ, इतना ज़रूर पता चल गया कि चाहे वह कितना ही सुरीला मर्सिया गाये, कितने अच्छे शेर कहे घर की चहारदीवारी के भीतर उसकी कोई जगह नहीं, उसे तो प्रेमियों की सन्तानों के जनमवार पर दुआएँ गानी हैं, मजलिसों की रौनकें बढ़ानी हैं, बिना जाहिर किये कि मजलिस का मज़ा ले रहे सुगन्धित हुक्का पीते आशिकों के वायदों में वो भी कभी थी। उसे तो बक्शीश के चन्द सिक्के लेकर अपने कोठे पर लौट आना है। यह अकेली तवायफ़ की कथा नहीं बल्कि गृहिणी बनाम तवायफ़ के मुद्दे की है, जिसे उन दिनों बहुत से रचनाकारों ने उठाया। मिर्ज़ा हादी रुसवा जिस उमराव की आपबीती लिख रहे थे। वह गदर के बाद के लखनऊ की तवायफ़ है, जिसे कलावन्त नहीं पतित स्त्री का दर्जा दिया जाना ब्रिटिश राज के क़ानूनों की बदौलत है।

इस प्रसंग में उत्तर भारत की कोठा या तवायफ़ संस्कृति पर एक नज़र डाल लेना ज़रूरी है, क्योंकि सन् 1858 से 1877 के म्युनिसिपल रिकॉर्ड रूम के खातों में अधिकतम कर देने वालों में वे स्त्रियाँ हैं जिन्हें रिकॉर्ड्स में नाचने और गाने का व्यवसाय करने वाली लड़कियाँ कहा गया। नागरिक कर–खातों में संयुक्त प्रान्त की इन तवायफ़ों के सम्पत्ति स्रोतों में बगीचे घर, खेत, दुकानों की पूरी सूची हमें मिलती है, जिनकी गिनती ब्रिटिश राज के ख़िलाफ़ विद्रोहियों का साथ देने वाले नागरिकों में की गयी। गदर के बाद इन तवायफ़ों को सत्ता के ख़िलाफ़ षड्यन्त्र रचने, विद्रोहियों को आश्रय देने और नवाब वाज़िद अली शाह के पक्षधरों के रूप में चिह्नित किया गया। तवायफ़ों को ब्रिटिश सरकार द्वारा निरन्तर मेमोरेंडम दिये जाते थे, लखनऊ और अन्य सैनिक छावनियों के लिए इन्हें ख़तरा माना जाता था, क्योंकि जितने ब्रिटिश सैनिक गदर में नहीं मरे उनसे तीन गुना ज्यादा यौन रोगों से मरे। यह अनुभव किया गया कि स्वस्थ छावनियों में ही सैनिक रोगमुक्त रह सकते हैं। इसलिए 'संक्रामक रोग अधिनियम 1864' पारित कर वेश्याओं की चिकित्सा जाँच तथा उनका पंजीकरण अनिवार्य कर दिया। "अख़बारों में ख़बरें प्रकाशित हुईं कि अनेक वेश्याओं ने पुलिस उत्पीड़न से तंग आकर आत्महत्या कर ली।"[6] इस अधिनियम के आने के पहले ही यानी 1856 में, अवध में तवायफ़ों को मिलने वाली पेंशन पर अंग्रेज़ों की टेढ़ी नज़र पड़ गयी थी। 1857 में तो वे सन्देह के घेरे में आ गयी थीं, लेकिन 1864 से तो वे अति साधारण देह श्रमिकों में तब्दील हो गयी। वे स्त्रियाँ जो साहित्य संस्कृति, कला की वाहिकाएँ बनकर पुराने समय से ही शासन, सत्ता और संस्कृति में सम्मानित हुआ करती थीं, बदले समय में अपनी कलाओं के साथ भरण पोषण के लिए बाज़ारों में बैठने लगीं। ब्रिटिश क़ानूनों ने उन्हें बेहद दीनावस्था में पहुँचा दिया; अब वे 'सिंगिंग एंड डॉसिंग गर्ल्स' बनकर सिविक टैक्स खातों में कर अदाकर्ता थीं। बदले समय की नयी तरह की चुनौतियाँ थीं, जहाँ एक तरफ़ सभ्य नागरिक समाज था जो इन तवायफ़ों पर टैक्स लगा रहा था। साथ ही उनके साथ अपने सम्पर्कों को अवैध समझता था और क़ानूनी प्रावधानों के तहत इनकी मेडिकल जाँच कराता था। शरीर के निरीक्षण परीक्षण से बचने के लिए ये अक्सर नर्सों, दाइयों और पुलिस को उत्कोच देती थीं। अपने अस्तित्व को बचाने के लिए उनकी ये रणनीतियाँ थीं।

झूला किन डारो रे अमराइयाँ : स्त्रीत्व का उत्सव

इस पेशे के पारम्परिक स्वरूप को सन्देहास्पद बना दिये जाने के बावजूद पुरुषों की दुनिया में ये औरतें एक विशिष्ट सत्ता और पहचान के साथ उपस्थित रहीं। जिस बृहत्तर समाज का वे अंश हैं, उसने दिन के उजाले में उनसे गुरेज किया और रात की रोशनी में संग की कामना की। इन तवायफ़ों के जीवन में पुरुष सत्ता परम्परागत अर्थों में न थी, न है। अपने दायरे में गाने बजाने वाली स्त्रियाँ अपनी यौनिकता के साथ हमेशा उत्सवित रहीं और यदि फ्रायडीयन सिद्धान्त को मानें तो यौनिकता एक नैसर्गिक काम प्रवृत्ति है जो सामाजिक नीति नियमों से विद्रोह करती है। अपनी स्वच्छन्द परवाज के लिए, जो पंख पा जाये तो आत्मा को मुक्त कर डालती है, जंजीरों में जकड़ दी जाये तो दमित कुण्ठा बनने में वक़्त जाया नहीं करती। वहीं यौनिकता संस्कृति का सहारा लेकर कभी इन स्त्रियों को सम्मानित तो कभी अपमानित करती रही। लेकिन अपने समूह, अपने कोठों के दायरे में ये यौनिकता का न सिर्फ़ उत्सव मनाती रहीं, बल्कि सैकड़ों हज़ारों लोगों जिनमें पुरुष, बच्चे, ख्वाज़ासरा, हाशिये पर धकेल दिये गये बुजुर्ग, दीवालिये हो चुके ग्राहक, विभिन्न प्रकार के छोटे–मोटे काम करने वाले मसलन कहार, धोबी, फूल बेचने वाले, पनवाड़ी, मद्य विक्रेता आदि को रोजगार मुहैया कराती रहीं। जहाँ–जहाँ ये गयीं वहाँ दर्जी, हज्जाम, रंगरेज, हलवाई, किराने–सर्राफे की दुकानें खुलती गयीं या यूँ कहें कि इन स्त्रियों से बाज़ार बसते गये और कोठों के भीतर अपनी अलग अस्मिता का उत्सव ये मनाती दिखीं जो भीतर ही भीतर जीवन राग की तरह बजता रहा। उन्होंने अपने निजी मन्तव्यों, परिभाषाओं, विवरणों के साथ जीना सीखा। औपनिवेशिक भारत द्वारा प्रदत्त अपमानों ने उन्हें और चतुर और व्यावहारिक बनाया और वे अपने स्त्रीत्व के साथ एक दूसरी दुनिया बनाये रखने में कामयाब रहीं। इनमें से कुछ या बहुत की अभिलाषा गृहस्थिन बनने की भी रहा करती। एक लम्बे समय तक बहुविवाह या रखैल की हैसियत से एकनिष्ठ प्रेम में भी मुब्तिला रहा करतीं और इसके ढेरों प्रमाण भी मिलते हैं। दूसरी तरफ़ बड़े–सेठों, रसूखदार–लोगों से सम्पर्क के कारण वे सत्ता को भी प्रभावित किया करतीं और अपने सम्पर्कों के जरिये कई ज़रूरतमन्दों का भला किया करतीं। इसके प्रमाण भी मिलते हैं कि सम्पन्न तवायफ़ें बुजुर्ग हो चुके तबलचियों, सारंगियों, मौलवियों, चौकीदारों को पेंशन दिया करती थीं।

साथ ही वयस प्राप्त, रोगी बुजुर्ग तवायफ़ों की देखभाल और इन्तजाम करने की मानवीय संस्कृति का पोषण भी कई कोठों में किया जाता था। अवध के नवाब वाज़िद अली शाह के निष्कासन के बाद उनकी पनाह में रहने वाली तवायफ़ों ने दरबारी संस्कृति के सलीके और तहजीब को सँभाले रखा। आज भी उनके वंशज लखनऊ में हैं जो गर्व के साथ अपनी पूर्वजाओं का ज़िक्र करती हैं, जिनके कोठों पर कन्या जन्म पर उत्सव मनाया जाता है और पुत्र जन्म पर मनहूसियत छा जाती है। अपने समय में ये तवायफ़ें काफी रुतबेदार थीं। 18वीं शताब्दी में उन्होंने स्वयं को अवध के दरबार में स्थापित कर लिया था। अब्दुल हलीम 'शरर' लिखते हैं कि– "लखनऊ की वेश्याएँ आमतौर पर तीन जातियों की थीं: एक तो कंचनिया जो असली रण्डियाँ थीं और उनका पेशा आमतौर पर सतीत्व बेचना था। दूसरी चूनेवालियाँ थीं जिनका असली पेशा चूना बेचना था मगर बाद में बाज़ारी औरतों के गिरोह में शामिल हो गयी और अन्त में जाकर उन्हें बड़ी ख़्याति मिली। चूने वाली हैदर जिसका गला मशहूर था और समझा जाता था कि उसका सा गला किसी ने पाया ही नहीं, इसी जाति की थी और अपनी बिरादरी की रण्डियों का बड़ा गिरोह रखती थी। तीसरी नागरानियाँ थीं। ये वे बाज़ारी स्त्रियाँ हैं जिन्होंने अपने गिरोह क़ायम कर लिए हैं और बिरादरी रखती हैं वरना बहुत सी और कौमों की औरतें भी आवारगी में पड़ने के बाद इसी गिरोह में शामिल हो जाती हैं... जोहरा और मुश्तरी कवयित्रियाँ और गायिकाएँ ही नहीं उच्चकोटि की नर्तकियाँ भी थीं।[7] उधर, अवध के वजीर रहे हकीम मेहँदी ने अपनी सफलता के पीछे प्यारी नामक तवायफ़ की भूमिका का ज़िक्र किया है। अवध की तहज़ीब और गायन–नृत्य कलाओं को बचाये रखने का काम इन तवायफ़ों ने किया, हिन्दुस्तानी संगीत और कत्थक जैसी नृत्य शैली इन्हीं के संरक्षण में पुष्पित–पल्लवित हुई। अब्दुल हलीम 'शरर' ने रेख्ती (उर्दू का एक काव्यांग) में रचना करने वाली बहुत–सी तवायफ़ों का ज़िक्र 'गुज़िश्ता लखनऊ' में किया है। लखनऊ की तवायफ़ें लम्बे समय तक वहाँ की जटिल सोपानिक समाज व्यवस्था का अंग बनी रहीं। चौधराइन के नेतृत्व में कोठा चलता था, जो अब भी नयी उम्र की लड़कियों को तवायफ़ बनने के क़ायदे सिखाती हैं। सम्पन्न और आभिजात्य वर्ग के लोग इनके सरपरस्त बनते थे, जो नयी बनी तवायफ़ों को धन देकर खरीद लेते थे, जिसमें से चौधराइन को एक तिहाई हिस्सा बतौर कमीशन मिला करता था। इन तवायफ़ों के अलावा अपहृत या खोयी हुई लड़कियाँ भी थीं, जिन्हें रण्डी कहा जाता था

और जो कोटे में रहती थीं और तवायफ़ों की अपेक्षा कम इज़्ज़त पाती थीं। इनके अलावा पर्देदार विवाहिताएँ जिन्हें खानगी कहा जाता था, वे भी आर्थिक कारणों से कोठों से जुड़ी रहती थीं। बदले में वे अपनी आय का एक हिस्सा चौधराइन को देती थीं। चौधराइन कोठे पर पहरेदार, चौकीदार, दर्जी, कहार को तनख़्वाहें देती थीं। कोठों के निचले हिस्से संगतकारों, नौकरों से आबाद रहते थे वे अक्सर उनके लिए खुफ़ियागिरी कर पुलिस से बचाते थे।

दश्ते जनूँ की सैर में बहता हुआ था दिल
जिन्दा में लाये फिर मुझे अहबाब घेर के।

मिर्ज़ा हादी रुसवा उर्दू के वे पहले साहित्यकार हैं जिन्होंने कोठों और तवायफ़ों की ज़िन्दगी का अत्यन्त प्रामाणिक वर्णन किया है। शारिब रुदौलवी का कहना है कि 'उमराव जान' में 19वीं सदी का लखनऊ पूरी तरह से उजागर हुआ है और यही इस नॉवेल की खूबी है। हालाँकि बतौर लेखक रुसवा की गहरी दिलचस्पी अपराध कथाओं में थी। उन्होंने ख़ूनी शृंखला में कई उपन्यास लिखे थे। उनकी पैनी नज़र ने लखनऊ की तवायफ़ों के जीवन को देखने में मदद की होगी, इसलिए वे संक्रमणकालीन अवध प्रान्त की सामाजिक राजनीतिक स्थितियों को 'उमराव जान अदा' में उकेर सके। तवायफ़ें जो अवध की संस्कृति का अविभाज्य अंग थीं, रुसवा के देखते न देखते उन्हें जबरन देश भर में फैली 110 ब्रिटिश सैन्य छावनियों में भेजा जाने लगा। इससे न सिर्फ़ इस पेशे का अमानवीकरण हुआ बल्कि तवायफ़ों को गर्हित दृष्टि से देखा जाने लगा। माना जाने लगा कि कोठों पर अपहृत, धर्षित, बलात्कृत स्त्रियाँ ही जाती हैं। ब्रिटिश राज ने इनके सांस्कृतिक अवदान को सिरे से नकार दिया जबकि सच्चाई यह थी कि इनमें अपहृत लड़कियों का प्रतिशत बहुत कम होता था, बाल विधवाएँ, घर से सताई, उत्पीड़ित, भूखी, धनहीन, अशिक्षित, आश्रयहीन, महामारियों में परिवार को खो देने वाली और कुछ नाच–गान में गहरी रुचि रखने वाली स्त्रियाँ होती थीं। कुछ ऐसी स्त्रियों ने भी कोठों की राह पकड़ी जो परिवार और पितृसत्ता की अधीनता से तंग आ चुकी थीं। स्त्रियों में अशिक्षा, रोजगार के अवसरों का अभाव और पितृसत्तात्मक मूल्यों की दबंगयी के कारण कई को तवायफ़ का पेशा अपनाना पड़ा और कालान्तर में वे मात्र देह श्रमिकों में अवमूल्यित या रिड्यूस हो गयी। उधर पश्चिम में भी उन्नीसवीं सदी के अंग्रेज़ी उपन्यासों में इन्हें अमर्यादित जीवन जीने वाली स्त्रियाँ कहा गया था और उनके भीतर

चलने वाले पाप–पुण्य के द्वन्द्व को जगह दी गयी। इस दौर के उपन्यासों में मर्यादित बनाम पतित स्त्री का द्वित्व विलोम रचा गया, जिसे पाठकों में लोकप्रियता हासिल हुई। विक्टोरियन शुद्धतावादी मूल्यों की प्रतिस्थापना में इस तरह के कथानकों ने ध्यान आकर्षित किया। औपनिवेशिक भारत में, विशेषकर बंगाल और आगे चलकर उत्तर प्रदेश में भी समाज में स्त्री–पुरुषों की अनियन्त्रित यौनिकता की आलोचना की गयी। स्त्री की आकांक्षा और यौनिकता अब विशेष सन्देह और नियन्त्रण के घेरे में थी। समाज सुधारकों को यह समझ में ही नहीं आया कि ये स्त्रियाँ जैसी भी, जिस रूप में हैं उसके पीछे संस्कृति की बहुत बड़ी भूमिका को देखा जाना ज़रूरी है। सामन्ती समाज के खोखले मूल्य, पितृसत्तात्मक व्यवस्था और लैंगिक और जातीय विभेद, दहेज, अनमेल विवाह, बाल–विवाह और सबसे बढ़कर स्त्री देह को पण्य समझने की संस्कृति ने इन्हें कोठों की ओर धकेला, यह भी कि अपहरण, यौन हिंसा, अविवाहित मातृत्व की पीड़ा, निर्धनता, परिवार द्वारा इनका परित्याग, सामाजिक एवं घरेलू हिंसा ने अनेक स्त्रियों को देह व्यापार की ओर मुख़ातिब कर दिया, जहाँ से वापस लौटने के रास्ते बन्द थे।

चाहता हूँ कि उसे पूजना छोड़ूँ लेकिन
कुफ़्र जो ख़ूँ में है दीं पर नहीं आने देता।

आदर्श स्त्री की जो अवधारणा प्रेमचन्द को अपने समाज से मिली थी, वह त्यागमयी, एकनिष्ठ, पतिप्राणा की थी। उसे समग्रता में विश्लेषित करने पर कई बिन्दु आपस में गुँथे दिखायी देते हैं जिनकी अर्थच्छटाओं को समझने के लिए औपन्यासिक परिदृश्य को समग्रता में देखे जाने की ज़रूरत है। हिन्दी और अन्य भारतीय भाषाओं के गद्य में साहित्य रूपों और कथ्य की भिन्नता के बावजूद एक ही जैसे कथानक का दोहराव यह बताता है कि चेतना के निर्माण में सांस्कृतिक मूल्यों और राजनीतिक उद्देश्य की भूमिका प्रमुख थी। प्रेमचन्द के समूचे कथा साहित्य में एक ख़ास क़िस्म की अन्तःसूत्रता है। स्त्री सम्बन्धी मुद्दों पर वे न तो संकीर्ण हैं, न प्रतिगामी, ऐतिहासिक सन्दर्भ में प्रेमचन्द के स्त्री पात्र परम्परागत स्त्री की भूमिका से कहीं आगे नेतृत्वकारी भूमिका की आहट देते हैं। उदाहरण के लिए आने वाले दिनों में स्त्री चेतना के विभिन्न पड़ावों का पता 'सेवासदन' की सुमन से लेकर 'गोदान' की मालती जैसी पात्र देती हैं। यहाँ सवाल यह है कि स्त्री सम्बन्धी नैतिकता की अवधारणा वे कहाँ से ग्रहण करते हैं। साथ ही क्या वे अपने समय के एकमात्र

ऐसे रचनाकार थे, जो स्त्री की नैतिकता को समाज सुधार से जोड़कर देखते थे? प्रेमचन्द का स्त्री सम्बन्धी नज़रिया और उनके द्वारा प्रस्तुत की गयी जेंडर की छवियाँ समाज में स्त्रियों की स्टीरियो टाइप छवियों से कैसे प्रभावित हैं। साथ ही स्त्री यौनिकता के मुद्दे पर उनका ट्रीटमेंट क्या है! यह देखने की बात है। प्रेमचन्द का समय बौद्धिक संक्रमण से प्रभावित है जिसमें औपनिवेशिक समाज बनाम परम्परागत भारतीय समाज, परम्परा बनाम आधुनिकता की टकराहटें और अन्तर्विरोध सामने आ रहे थे, जो वस्तुतः ऐतिहासिक प्रक्रिया का ही हिस्सा हैं। इधर भारतीय राजनीतिक परिदृश्य पर गाँधी आ और छा चुके हैं। भारतीय राजनीतिक परिदृश्य पर गाँधी के आने के साथ ही स्त्री सम्बन्धी उनके विचारों को सांस्कृतिक उत्थान से जोड़ा जाना स्वाभाविक ही था, जिसकी साहित्यिक अभिव्यक्ति प्रेमचन्द में दिखायी देती है। सेवासदन में विट्ठलदास गाँधी के यौनिकता सम्बन्धी विचारों का वाहक बनकर आता है–'महत्तर आध्यात्मिक उन्नति के लिए दुनियावी ख़ासकर यौन सुख की इच्छा पर विजय पाना ज़रूरी है। महात्मा गाँधी भी मगनलाल गाँधी को लिखे एक पत्र में अपनी यौनेच्छाओं पर नियन्त्रण की बात करते हैं।[8] भारतीय आदर्श स्त्री की छवि मातृत्व से सम्पृक्त है। इस मातृत्व को धरती माँ से जोड़कर देखा जा रहा है, स्त्री का एक अमर्यादित आचरण इस आदर्श छवि को ध्वस्त कर दे सकता है। प्रेमचन्द का कहना है–"स्त्री में स्त्रीत्व ही नहीं, बल्कि मातृत्व भी होना चाहिए। जब तक वह भाव न हो, तब तक किसी से प्यार, पालन कुछ भी सम्भव नहीं।"[9] यह छवि भारतीय जन की अपनी है नितान्त निजी ब्रिटिश प्रभुओं का कोई दख़ल नहीं, जिसे बाहरी आक्रमणकारियों, हमलों से बचाना है। इसलिए प्रेमचन्द स्त्री में उन गुणों की स्थापना और कल्पना करते हैं जिसे शिक्षा द्वारा नयी स्त्री छवि का आदर्श वहन करना था।[10] इसके अलावा प्रेमचन्द को विरासत में या तो तिलिस्मी, ऐयारी, जासूसी उपन्यास मिले थे या देवरानी जेठानी की कहानी, वामा शिक्षक जैसी पुस्तकें, जिन्हें 'कंडक्ट बुक्स' या आचरण पुस्तक कहा गया है।"[11] इधर, गाँधी ने निजी और आश्रम जीवन में स्त्री सम्बन्धी प्रयोग किये। उनका मानना था कि स्त्रियों में सहनशीलता पुरुषों की अपेक्षा ज्यादा होती है। गाँधी जी का कहना था कि "भारत से केवल अंग्रेज़ों को और उनके राज्य को हटाने से भारत को अपनी सच्ची सभ्यता का स्वराज नहीं मिलेगा। हम अंग्रेज़ों को हटा दें और उन्हीं की सभ्यता और उन्हीं के आदर्श को स्वीकार करें तो हमारा उद्धार नहीं होगा।

हमें अपनी आत्मा को बचाना चाहिए। भारत के लिखे पढ़े लोग पश्चिम के मोह में फँस गये हैं। जो लोग पश्चिम के असर तले नहीं आये हैं, वे भारत की धर्म–परायण नैतिक सभ्यता को मानते हैं। उनको अगर आत्मशक्ति का उपयोग करने का तरीक़ा सिखाया जाये, सत्याग्रह का रास्ता बताया जाये, तो वे पश्चिमी राज्य पद्धति का और उससे होने वाले अन्याय का मुक़ाबला कर सकेंगे तथा शस्त्र बल के बिना भारत को स्वतन्त्र करके दुनिया को भी बचा सकेंगे।" आगे वे यूरोप की सभ्यता और वहाँ की संसद को 'वेश्या' कहते हैं"....जैसे बुरे हाल बेसवा के होते हैं, वैसे ही सदा पार्लियामेंट के होते हैं।".... यह सभ्यता तो अधर्म है और यह यूरोप में इतने दरजे तक फैल गयी है कि वहाँ के लोग आधे पागल जैसे देखने में आते हैं। उनमें सच्ची कूबत नहीं है; वे नशा करके अपनी ताक़त क़ायम रखते हैं। एकान्त में वे बैठ ही नहीं सकते। जो स्त्रियाँ घर की रानी होनी चाहिए, उन्हें गलियों में भटकना पड़ता है या कोई मज़दूरी करनी पड़ती है। इंग्लैंड में ही चालीस लाख गरीब औरतों को पेट के लिए सख़्त मज़दूरी करनी पड़ती है, और आजकल इसके कारण 'सफ्रेज़ेट' का आन्दोलन चल रहा है।"[12]

स्पष्ट है कि गाँधी जी के लिए देह–श्रमिक स्त्रियाँ बहुत सम्मान की पात्र नहीं हैं, यौनिकता की बात तो दूर वे स्त्रियों के स्वावलम्बन की भी आलोचना यूरोपीय सन्दर्भों में करते दिखते हैं। भारतीय राजनीतिक परिदृश्य पर गाँधी के आने के साथ ही स्त्री सम्बन्धी उनके विचारों को सांस्कृतिक उत्थान से जोड़ा जाना स्वाभाविक ही था, जिसकी साहित्यिक अभिव्यक्ति प्रेमचन्द के यहाँ दिखायी देती है। इसी कारण से ममता, त्याग, समर्पण, सहनशीलता को विशिष्ट गुण माना गया और जिसके कारण स्त्रियों को पुरुषों से श्रेष्ठ माना गया और प्रेमचन्द ने इन गुणों को वहन करने वाले पुरुष को 'देवता' की उपाधि दे डाली। गाँधी जी की तरह प्रेमचन्द भी पश्चिमी तर्ज पर मध्यवर्ग या शहरी बुर्जुआ की ओर नहीं देखते बल्कि हाशिये पर पड़े किसान, मज़दूर और औरतों पर अपना ध्यान केन्द्रित करते हैं। वे गाँधी से एक क़दम आगे जाकर क्रान्तिकारी भूमिका निभाते दिखते हैं, जिसे विशिष्ट कालखण्ड और ऐतिहासिक परिप्रेक्ष्य में ही समझा जा सकता है। यहीं पर उनका लिखा हुआ साहित्य प्रचलित मानसिकता के अन्तर्विरोधों को व्यक्त करता दीखता है। यद्यपि प्रेमचन्द अपने निबन्धों और कहानियों में स्त्री प्रश्नों पर उपन्यासों की अपेक्षाकृत ज्यादा प्रगतिकामी दिखायी देते हैं, लेकिन यथार्थ का दबाव उन पर इतना ज्यादा है कि समाज सुधार के

एजेंडे को लेकर चलने के बावजूद क्रान्तिकारी क़िस्म की प्रगतिशीलता को उनके पाठक स्वीकार नहीं कर पाते। सम्भवतः इसीलिए उनकी वे कहानियाँ लोकप्रियता अर्जित करने से रह जाती हैं, जो इस पैटर्न पर रची गयी हैं। प्रेमचन्द के उपन्यास हमें इस बात का पता देते हैं कि कैसे संस्कृति का सांस्थानीकरण किया जाता है और साहित्य भी उसी संस्कृति का हिस्सा है, जिसमें बाज़ार में स्त्री की कौन सी छवि बिकनी है यह तय होता है। यह भी कि संस्कृति भी बाज़ार में बिकने की वस्तु है। प्रेमचन्द समाज की गतिविधियों को शब्द और संवाद ही नहीं देते, बल्कि उसमें दख़ल भी देते हैं। शान्ता जो अपनी सगी बहन को अपने घर में सम्मान नहीं दे सकी उसके पतिव्रत के बारे में प्रेमचन्द की सुमन सोचती है,–"उसके मन ने कहा जिसे पतिव्रत जैसा साधन मिल गया है, उसे अब और किसी साधन की क्या आवश्यकता? इसमें सुख सन्तोष और शान्ति सब कुछ है।" इसलिए सदन के ग़ायब हो जाने पर भी शान्ता अपना पतिव्रत नहीं छोड़ती और अन्ततः उसे इसका पुरस्कार भी मिलता है एक सुखी परिवार के रूप में। प्रेमचन्द सुमन को उसके विलोम में रूप में चित्रित करते हैं, जो चली आती हुई रूढ़ियों से अलग हटकर चलने का प्रयास करती है। वह अपने बल पर जीना चाहती है, पतिव्रत की महिमा को समझने का प्रयास नहीं करती, इसलिए मुँह की खाती है। वैसे प्रेमचन्द चहारदीवारी के भीतर तो स्त्री स्वावलम्बन के पक्षधर हैं, लेकिन स्त्री के घर के बाहर नौकरी करने को वे बहुत सम्मान नहीं दे पाते जिसे वे पत्नी शिवरानी देवी के साथ अन्तरंग संवादों में खुलकर अभिव्यक्त करते हैं। शिवरानी देवी ने उनसे संवाद का हवाला देते हुए लिखा है–

"मैं बोली–मैं देखती हूँ कि यहाँ भी काफी स्त्रियाँ नौकरी करने लगी हैं।"

"आप बोले–नौकरियाँ करने लगी हैं, मगर वह अच्छा नहीं है, मैं इसको अच्छा नहीं समझता। अब इसका नतीज़ा क्या हो रहा है? अब पुरुष और स्त्री दोनों नौकरियाँ करने लगे, तब इसके माने क्या हैं रुपये ज्यादा आ जायेंगे। उसी का तो यह फल है कि पुरुषों की बेकारी बढ़ रही है।

"मैं बोली–कुछ हो स्त्रियों की कुछ अपनी कमाई तो रहती ही है। आप बोले–कमाई का सवाल अभी थोड़े दिनों से उठा है, नहीं तो पहले स्त्रियों की कमाई एक पैसा नहीं होती थी और स्त्रियाँ काफी दबदबे के साथ घर पर शासन करती थीं।"[13] प्रेमचन्द अपने विचारों में सुदृढ़ हैं, वे परम्पराओं की आलोचना तो करते हैं, लेकिन सुमन जैसी स्त्री जो परम्परागत खाँचे

में नहीं आती, उसकी तवालत और मुसीबतों को ख़ूब बढ़ा–चढ़ाकर चित्रित करते हैं। वे मेटा लिटरेरी फंक्शन के तहत काम करते हैं, समाज सुधारकों का पदार्थ, जीवन की बहुस्तरीयता, स्त्री की बेचैनी, स्वतन्त्रता की पिपासा और अन्त में विवश होकर सत्पथ की ओर लौटा लाना उनके अन्तर्द्वन्द्व को भी दर्शाता है। इस अन्तर्द्वन्द्व को बांग्ला उपन्यासों में भी देखा जा सकता है, जहाँ इस दौर में उपन्यासकार विवाह संस्था का क्रिटीक पेश कर रहे थे। उदाहरण के तौर पर बंकिमचन्द्र चट्टोपाध्याय के 'कृष्णकान्तार विल' (1878) और शरतचन्द्र के चरित्रहीन' (1913) को देखा जा सकता है। यह वह दौर था जब ये लेखक समाज सुधार के एजेंडे को लेकर सिर्फ़ चल ही नहीं रहे थे, उसका एक क्रिटीक भी रच रहे थे जिसके लिए उपन्यास विधा सबसे उपयुक्त थी बांग्ला के उपन्यासों में सतीत्व और पत्नीत्व के महिमामण्डन का क्रिटीक रचकर समाज में व्याप्त कुरीतियों को उभारा गया। इसके उदाहरण के तौर पर बंकिमचन्द्र, जो पारम्परिक क़िस्म के सुधारवादी माने जाते थे, उनकी नायिका बाल विधवा रोहिणी के चरित्र को देखा जा सकता है जिसके भीतर विद्रोह की लपट है। 'कृष्णकान्तार विल' में वह कहती है,–"मेरी किस ग़लती की सजा मुझे मिली है कि मैं बाल विधवा होकर संसार के सभी सुखों से वंचित रहूँ? क्या मैं दूसरों की तुलना में ज्यादा पापी हूँ कि मुझे नियति के नाम पर सभी सुखों से वंचित रहना होगा अपना समूचा यौवन और सौन्दर्य लिये हुए। किस दुख से अपना, जीवन लकड़ी के सूखे कुन्दे सा व्यतीत करना होगा।"[14] प्रेमचन्द के 'सेवासदन' की तर्ज पर रोहिणी से यह अपेक्षा की जाती है कि स्त्री अपनी यौनिकता और भौतिक सुखों के बारे में न सोचे, सोचे तो सिर्फ़ यही कि अगले जन्म में पति पाने के लिए इस जन्म में कष्ट करना ज़रूरी है और, सुमन जैसी स्त्री को अपने चरित्र में सुधार के लिए विधवाश्रम में रहना तज़वीज किया जाता है। इसके अलावा बांग्ला के उपन्यासों में एक दूसरी प्रवृत्ति भी देखी गयी जो अधिक रेडिकल थी, जिसमें विधवा पुनर्विवाह की वकालत की गयी, ताकि उनकी स्थिति में सुधार हो सके। शरतचन्द्र के 'चरित्रहीन' की नायिका बाल विधवा है। अपने प्रेमी सतीश से गहरा आन्तरिक जुड़ाव होने के बावजूद वह पुनर्विवाह के लिए तैयार नहीं होती। उसे मालूम है कि सभ्य समाज इस सम्बन्ध को स्वीकृति नहीं देगा। वह अपने पक्ष में नहीं खड़ी होती। वह पुरुष के पक्ष में खड़ी होकर आत्मोत्सर्ग से पाठक की अप्रतिम सहानुभूति अर्जित कर लेती है और पाठक भावात्मक रूप से विधवा पुनर्विवाह के पक्ष

में खड़ा हो जाता है। इस दौर के उपन्यासों में बंगाली विधवा का जीवन विशेष रूप से रेखांकित किया गया कि कैसे पति के मरते ही विधवा स्त्री से यह अपेक्षा की जाती थी कि वह स्वयं को जीवन की मुख्यधारा, समस्त सुख–आराम से अलग करे ले और बेहद त्यागमय, पवित्र जीवन व्यतीत करे। तनिका सरकार ने इन विधवाओं की कठिन जीवनचर्या, इच्छाओं पर आत्मनियन्त्रण, व्रत–उपवास, ईश–भजन समन्वित दिनचर्या का विश्लेषण किया है।[15] प्रेमचन्द के उपन्यासों और कहानियों में विधवा स्त्रियाँ समस्या के रूप में आती हैं लेकिन उनकी सिर्फ़ दो रचनाएँ हैं जिनमें विधवा–विवाह का प्रसंग आता है। 17 मई 1932 को प्रेमचन्द ने रघुवीर सिंह को पत्र में लिखा : "प्रतिज्ञा और प्रेमा मैंने ही लिखे। मैंने प्रेमा 1905 में लिखा... जिसमें एक विधवा का पुनर्विवाह है...उसमें पूर्णा और अमृत का विवाह हो जाता है... विधवा के विवाह का चित्रण करके मैंने हिन्दू स्त्री को उसके उच्चादर्श से पतित होते दिखाया। उस समय मैं बिलकुल युवा था, सुधार के लिए ईर्ष्यालु क़िस्म के उत्साह से भरा हुआ था। मैं इस क़िताब को उस रूप में देखना नहीं चाहता था। इसलिए मैंने उसमें सुधार किये और दोबारा लिखा।"[16] स्पष्ट है कि प्रेमचन्द हिन्दू विधवा को सतीत्व के पथ से च्युत होते नहीं देख सकते थे। 'प्रेमा' को दोबारा लिखकर उन्होंने प्रेमा द्वारा विधवा विवाह का नकार और आध्यात्मिक पथ पर उसे अग्रसर होना दिखाया। उन्होंने स्त्रियों के सुधार की तजवीज की, लेकिन उनका रवैया बड़ा कठोर रहा। हिन्दू स्त्री के प्रति उनका दृष्टिकोण गम्भीर विवेचन का विषय है, क्योंकि उनके पुरुष पात्र जो पतित हो गये हैं, उन्हें सुधरने के पर्याप्त और आसान अवसर प्रेमचन्द मुहैया कराते हैं, जबकि स्त्री पात्रों को सुधरने के अवसर या तो नहीं मिलते और मिलते भी हैं तो उसके लिए कड़े नियम और क़ानून हैं। तवायफ़ों के कोठों पर जाने वाला सदन बड़ी आसानी से परिवार जनों की क्षमा का पात्र बनकर शान्ता के साथ गृहस्थ जीवन जीने लगता है, वहीं सुमन, जिसका नैतिक और धार्मिक पतन हो चुका है क्योंकि उसने तवायफ़गिरी की है। चाहे कुछ ही दिनों के लिए, उसे समाज परिवार कोई वापस स्वीकारने को तैयार नहीं। यहाँ तक कि पितृसत्ता से अनुकूलित मस्तिष्क वाली सगी बहन शान्ता भी नहीं। इसी तरह 'धिक्कार' कहानी में (फरवरी, 1925) में विधवा मणि का अन्त आत्महत्या में होता है, क्योंकि उसे बचाने वाला इन्द्रनाथ उससे चुपचाप विवाह कर लेता है, लेकिन अन्ततः सामाजिक और पारिवारिक अपमान की जगह वह मृत्यु का वरण करती है।

इसी तरह 'प्रेमाश्रम' की विधवा गायत्री का अन्त तीर्थाटन के पवित्र पहाड़ों में होता है। प्रेमचन्द की रचनाएँ तत्कालीन यथार्थ को अभिव्यक्त कर रही हैं, जिसमें पुरुष सभी अधिकारों से समन्वित है, लेकिन मर्यादा च्युत पतित होने पर स्त्री के लिए दोबारा उठकर प्रतिष्ठा पाना असम्भव है।

'कर्मभूमि' उपन्यास में प्रेमचन्द ने पुरुषों के प्रति बहुत उदार दृष्टिकोण व्यक्त किया है। विवाहित अमर सकीना से प्रेम करता है, लेकिन अन्ततः वह परिवार की व्यवस्था में ही लौट आता है। तत्कालीन समाज व्यवस्था में स्त्री द्वारा पुरुष को ग़लत ठहराने का कोई अधिकार नहीं है। स्त्री हमेशा पति को उसके किये के लिए माफ कर देती है। सन्मार्ग पर लौटने के सभी रास्ते उसके लिए खुले और स्त्री के लिए बन्द हैं।

मैं देखता हूँ जो उनकी तरफ़ तो हैरत है
मेरी निगाह का वह इजतराब देखते हैं

यहाँ सवाल यह है कि स्त्री सम्बन्धी नैतिकता की अवधारणा प्रेमचन्द कहाँ से ग्रहण करते हैं। साथ ही क्या वे अपने समय के एकमात्र ऐसे रचनाकार थे। जो स्त्री की नैतिकता को समाज सुधार से जोड़कर देखते थे। प्रेमचन्द का स्त्री सम्बन्धी नज़रिया और उनके द्वारा प्रस्तुत की गयी जेंडर की छवियाँ समाज में स्त्रियों की स्टीरियो टाइप छवियों से कैसे प्रभावित हैं।

प्रेमचन्द की तरह मिर्ज़ा हादी रुसवा भी कहते हैं कि जैसा जीवन वे देखते हैं उसे वे उपन्यास में व्यक्त करते हैं, जिससे पाठक को वह जाना-पहचाना नज़र आता है। 'जांत-ऐ-शरीफ' शीर्षक उपन्यास के सन्दर्भ में वे पाठकों से इसरार करते हैं कि "इसे अपने समय के इतिहास के रूप में पढ़ा जाना चाहिए, उधर प्रेमचन्द का बल भी सामाजिक कुरीतियों, ग़ैर-बराबरी की प्रवृत्तियों को उभारकर दिखाने पर है।"

प्रेमचन्द और मिर्ज़ा सदी रुसवा के उपन्यासों में रूप के स्तर पर अन्तर है, हालाँकि कथ्य में एक सीमा तक समानता है। रुसवा 'उमराव जान अदा' में आत्मकथात्मक रूपबन्ध को अपनाते है, उसमें उमराव की जीवन कथा सिलसिलेवार बेहद प्रामाणिक ढंग से कही गयी है। रुसवा उमराव से उसका अतीत पूछते हैं और उमराव उत्तर में अपनी जीवन कथा कहती है। प्लाट कई अध्यायों में बँटा हुआ है लेकिन इतिहास की वास्तविक तिथियाँ सिरे से नदारद हैं। मसलन, 1857 के गदर और सामाजिक उथल पुथल का थोड़ा हवाला दिया गया है, लेकिन ब्योरेवार तिथियों का नितान्त अभाव है।

घटनाओं के दोहराव के कारण अन्त तक आते–आते उपन्यास अपनी संरचना में ढीला पड़ जाता है, उसके ढीले–ढाले तन्तुओं को बाँधने की ज़रूरत लगती है। अमीना याकिन का कहना है कि "रुसवा की उमराव का चरित्र जटिल है जिसकी कहानी 'वह खुद रुसवा को सुनाती है'' "रुसवा हमसे चाहते हैं कि हम उमराव जान की कहानी को आत्मकथ्य के रूप में पढ़ें। ज्यों–ज्यों कथा आगे बढ़ती जाती है वैसे–वैसे कहानी की 'मैं' रुसवा की ओर स्थानान्तरित हो जाती है। जिसे हम गहन पठन (क्लोज रीडिंग) कहते हैं उसके, अनुसार पुरुष के रूप में रुसवा और लेखक के रूप में रुसवा परस्पर अलग–अलग दीख पड़ते हैं। कथाकार रुसवा और पुरुष रुसवा पूरे उपन्यास में समय–समय पर आवाज़ाही करते रहते हैं, रुसवा बार–बार उमराव के साथ घटी घटनाओं को पूछते हैं, उमराव बहुत बार अपने बारे में बताती चलती है, पर कहीं–कहीं ठमक भी जाती है, कहीं कुछ बातें स्पष्ट बताना भी नहीं चाहती, कहीं अपनी यौनिकता को बहुत ही मर्यादित ढंग से काव्यात्मक अभिव्यक्ति भी देती है। यहीं पर यह उपन्यास बहुअर्थच्छटाएँ लिए हुए अपनी जटिल संरचना में पाठक को अपने साथ लिए चलता है, 1857 के आसपास के लखनऊ, कानपुर, फैज़ाबाद के रास्तों, पगडण्डियों, सरायों, रास्ता घाटों, बाज़ार की रौनकें, चिमगोइयों से होते हुए चौक पर अमीरन के तवायफ़ उमराव बनने की कहानी अपने अन्त तक पहुँचती है, जहाँ यह शेरो–शायरी लिखती एकाकी लेकिन पर्देदार ज़िन्दगी जीती हुई पाठक के मन पर अमिट छाप छोड़ती है, दिल में तवायफ़ के लिए एक गहरी अफसुर्दगी, उसके इल्म के प्रति गहरे सम्मान के साथ लिपटी चली आती है। हादी रुसवा कहीं भी तवायफ़ों को समाज से निकालकर उन्हें हाशिये की अस्मिताएँ नहीं बनाते बल्कि यह दिखाते हैं कि शिक्षा, सौन्दर्य और कला समन्वित कलावंत तवायफ़ को सभ्य समाज, उसका अपना परिवार मर्यादा के नाम पर स्वीकार नहीं करता। वह जलसों में गाने, मुजरा करने के लिए बुलाई जाती है, उसकी कला के कद्रदान भी हैं, संग–साथ, युवा शरीर के लिए इच्छा रखने वाले लोग भी हैं, लेकिन विवाह–संस्था में नामित, मान्यता प्राप्त स्त्री के सामने 'वह' कुछ नहीं, विशुद्ध प्रेम, एकनिष्ठता, अर्धांगिनी का गौरव उसका प्राप्य नहीं। रुसवा इस स्त्री के लिए बहुत संवेदनशील हैं, लेकिन बतौर लेखक उन्हें उमराव के आत्म का जो मसाला चाहिए, उसके लिए वे उसे बेतरह कुरेदते हैं। यहीं पर लेखक रुसवा और पुरुष रुसवा समान भावभूमि पर खड़े दिखायी देते हैं। वे मजे लेकर कोठों की आन्तरिक

संरचना, वैभव का वर्णन करते हैं। सिर्फ़ खुर्शीद के रूप में ऐसी तवायफ़ उन्हें मिलती है जो सच्चे प्रेम की तलाश में है, बेहद खूबसूरत, लेकिन अपनी स्थिति से असन्तुष्ट और इसलिए उदास। वह मेले में ग़ायब हो जाती है और बरसों बाद नवाब की पत्नी के रूप में उमराव से मिलती है। उमराव के साथ ही बिकी बच्ची रामदेई भी बरसों बाद बेगम के रूप में उमराव को पति बच्चे समेत मिलती है, जिसका कहना है–"खुदा ने सब आरजुएँ मेरी पूरी कीं औलाद की हवस थी, खुदा के सदके से औलाद भी है... जब रामदेई ये बातें कह रही थी उमराव जान को अपनी क़िस्मत पर अफ़सोस आ रहा था और दिल ही दिल में कहती थी, तक़दीर हो तो ऐसी हो। एक मेरी फूटी तक़दीर बिकी भी तो कहाँ! रण्डी के घर में।"[17]

इसके बरअक्स 'सेवासदन' को देखें तो उसकी संरचना बिलकुल नगरीय है। सुमन की कामनाओं का पति से पूरा होना असम्भव है। उसने खाता–पीता बचपन और कैशोर्य देखा है। दारोगा कृष्णचन्द्र की गिरफ्तारी से पूरे परिवार की आर्थिक संरचना तहस–नहस हो जाती है। सावधानीपूर्वक कम ख़र्च में जीने का जो उपदेश 1882 में लाल श्रीनिवासदास 'परीक्षागुरु' में दे रहे थे उसी तर्ज पर 'सेवासदन' में असावधान जीवन के व्यावहारिक पक्ष का यथार्थ चित्रण है। कृष्णचन्द्र पत्नी की बात नहीं मानते "गंगाजली चतुर स्त्री थी। उन्हें समझाया करती कि जरा हाथ रोककर ख़र्च करो। जीवन में यदि और कुछ नहीं करना है तो लड़कियों का विवाह तो करना ही पड़ेगा। उस समय किसके सामने हाथ फैलाते फिरोगे... दारोगा जी इन बातों को हँसी में उड़ा देते।"[18] रिश्वत लेकर दारोगा जी फँस जाते हैं और उधर, अनमेल विवाह होता है सुमन का और वो भी ग़रीब घर में। अब ये हिन्दू गृहिणी की मर्यादा का तकाजा है कि वह कम ख़र्च में बिना प्रश्न किये गृहस्थी चलाये, पर्दे और घूँघट में ढँकी रहे, सभी दुनियावी इच्छाओं को कुचल दे। सुमन ऐसा नहीं कर सकी। उसे भोली बाई के स्वातन्त्र्य ने लुभा लिया। सुमन बनारस में रहती है। वही बनारस–"जहाँ बहुत दिनों से तवायफ़ें नागरिक जीवन के केन्द्र में रहती चली आती थीं। सभ्य समाज सिर्फ़ आनन्द के लिए ही नहीं वरन कला, संगीत नृत्य का लुत्फ़ लेने के साथ–साथ ऐसे आभिजात्य माहौल की खोज में इन तवायफ़ों के पास आता था, जो सौन्दर्यबोधीय दृष्टि से परिष्कृत हो। जो भी तवायफ़ एक बार सौन्दर्य और कला में महारत हासिल कर लेती, उसे हमेशा के लिए सामाजिक प्रतिष्ठा प्राप्त हो जाती। बनारस के महाराज और सत्ताधीशों के

सामने उसे अपनी कला का प्रदर्शन करने के लिए कहा जाता, साथ ही सभी प्रमुख मन्दिरों और पवित्र नदी गंगा की रेत पर होने वाले धार्मिक अनुष्ठानों में आमन्त्रित की जाती।"[19] लेकिन बीसवीं शती के दूसरे दशक तक तवायफ़ों के हालात में महत्त्वपूर्ण बदलाव आ चुके थे। समाज सुधार के एजेंडे ने राजनीति में ख़ास जगह बना ली थी। समाज सुधार की नयी आवाज़ों ने पुरानी काशी के समाज और परम्पराओं को बदलकर रख दिया, विशेषकर तवायफ़ों के सन्दर्भ में इसका परिणाम यह हुआ कि तवायफ़ों को नये सिरे से अपने लिए संरक्षक और दरबार ढूँढ़ने पड़े, जबकि निचले दर्जे की देहश्रमिक तवायफ़ें सैनिक छावनियों से जुड़ गयी या शहरी बाज़ारों और में ही सैनिकों की यौन आवश्यकताएँ पूरी करने लगीं। उच्चस्तरीय तवायफ़ों ने अपने नये संरक्षकों के रूप में नव्य आभिजात्य वर्ग और मध्यवर्ग में सम्भावनाएँ तलाशीं। उमराव जैसी तवायफ़ों ने गीत नृत्य में पारंगत होने में वर्षों लगाये थे, "इसी आस में मेरी भी तालीम शुरू हो गयी। मेरी तबीयत गाने–बजाने के बहुत ही मुनासिब पायी गयी... आवाज़ भी पक्के गाने के लायक थी। सरगम साफ़ होने के बाद उस्ताद ने आस्ताई शुरू करा दी। उस्ताद जी बहुत उसूल से तालीम देते थे। हर एक राग का सुर ब्योरा जबानी याद कराया जाता था और वही गले से निकलवाते थे। मजाल नहीं थी कोई सुर कोमल से अति कोमल, शुद्ध से अशुद्ध या तीव्र से तीव्रतर हो जाये...।"[20] वहीं बदले वक़्त में लगभग बीस वर्ष के अन्तराल से 'सेवासदन' की पकी हुई तवायफ़ भोली बाई सुमन से कहती है–...यहाँ गाने को कौन पूछता है, ध्रुपद और तिल्लाने की ज़रूरत ही नहीं। बस चलती हुई गज़लों की धूम है, दो चार ठुमरियाँ और कुछ थियेटर के गाने आ जायें और बस फिर तुम्हीं तुम हो। यहाँ तो अच्छी सूरत और मजेदार बातें चाहिए, सो खुदा ने यह दोनों ही बातें तुम में कूट–कूटकर भर दी हैं। मैं क़सम खाकर कहती हूँ सुमन, तुम एक बार यह लोहे की जंजीर तोड़ दो फिर लोग कैसे दीवानों की तरह दौड़ते हैं।"

न पूछो नामाये कमाल की दिलावे जी
तमाम उम्र का क़िस्सा लिखा हुआ पाया।

ये जंजीर कौन सी थी जिसे तोड़ने का ज़िक्र भोली बाई कर रही है? इस जंजीर की गिरफ़्त को उसने निजी तौर पर महसूस किया है–"ज़िन्दगी जैसी नेमत रो–रोकर दिन काटने के लिए नहीं दी गयी है। जब ज़िन्दगी का कुछ मज़ा ही न मिला तो उससे फ़ायदा ही क्या? पहले तो मुझे भी

डर लगता था कि बड़ी बदनामी मिलेगी, लोग मुझे ज़लील समझेंगे, लेकिन घर से निकलने की देर थी। फिर तो मेरा वह रंग जमा कि अच्छे–अच्छे खुशामदें करने लगे... आज यहाँ कौन रईस, कौन महाजन, कौन मौलवी, कौन पण्डित ऐसा है जो मेरे तलुए सहलाने में अपनी इज़्ज़त न समझे।"[22] देखने की बात है कि अनमेल विवाह, दहेज प्रथा, शिक्षा की रोजगार से असम्बद्धता, पर्दा जैसे अनेक कारण हैं जो स्त्री की यौनिकता को नियन्त्रित करने का प्रयास करते हैं। यही ताक़तें स्त्री को मात्र 'देह' में रिड्यूस करती हैं। विवाह का बन्धन यदि समानता और पारस्परिक सम्मान पर टिका हो तो आम स्त्री उसमें सुख तलाश लेती है, लेकिन विवाह जब अपमान की जड़ बन जाये, शिक्षा जब साक्षरता से आगे न बढ़ पाये, स्त्री जब स्वयं को दोयम दर्जे की वस्तु समझने लगे, तब वह 'देह श्रम' की ओर जाती है, जहाँ उसे झूठा ही सही, सम्मान तो मिलता है। पति के घर से निकलकर आत्मसम्मान की खोज में सुमन वहाँ पहुँचती है, जहाँ उसके रूप, सौन्दर्य और यौवन की कद्र तो है पर सभ्य कहे जाने वाले समाज में अब उसका चौतरफ़ा अपमान होना तय है। इसलिए वह कोठे पर आने वालों के साथ गम्भीर नहीं, बल्कि खिलन्दड़ा व्यवहार करती है। जो लोग उसकी निर्धन अवस्था के कारण दुरदुरा देते थे, वे अब चरण चापन करते हैं। पद्म सिंह जिन्होंने लोकापवाद के भय से उसे आश्रय नहीं दिया, वे हिन्दू धर्म के रहनुमा हैं। वे ब्राह्मणी को पतन की गर्त में गिरते देख उसके उद्धार के लिए तत्पर हो जाते हैं। इस पूरे दौर में समाज सुधारकों द्वारा तवायफ़ों के कोठों पर जाने को चरित्रहीनता से जोड़ा गया। इस मुद्दे पर हिन्दू और मुसलमान समाज सुधारक एकमत थे। तवायफ़ों को अश्लील माना जाने लगा, स्त्री की पहचान को हिन्दू राष्ट्र और सभ्यता से सम्बद्ध करके देखने का प्रयास हुआ। चारू गुप्ता का कहना है कि "इस दौर में भाषा के मानकीकरण के साथ–साथ साहित्य में अश्लीलता के लेशमात्र संकेत पर भी हमला बोला गया। ऐसे तत्त्वों को एक पतनशील और असभ्य संस्कृति की निशानी माना जाने लगा। यौन और शारीरिक आनन्द के प्रति भय बढ़ने लगा। उन्हें राष्ट्र की मर्यादा का उल्लंघन माना जाने लगा। एक राष्ट्रवादी हिन्दू पहचान का उभार नैतिकता और प्रतिष्ठा के साझा विचार के साथ गुँथ गया। अतीत की असुविधाजनक परम्पराओं से एक सोची समझी दूरी रखी जाने लगी और एक एकांगी, उच्च, लिखित, सांस्कृतिक नियमावली स्थापित करने का प्रयास किया जाने लगा... कामुक के स्थान पर सच्चरित्रता की दिशा में हुए इस

बदलाव ने लैंगिक छवियों को आमूल रूप से बदल डाला और अधिकांश उच्च साहित्य में स्त्री की कामुकता, यौनिकता और मौज–मस्ती वाली छवि के स्थान पर एक शास्त्रीय और सौम्य छवि दिखायी देने लगी। साहित्य में नैतिक संहिता की वकालत एक राष्ट्रीय प्रतिमान बन गया।"[23] लगता है स्त्री की इसी शान्त और सौम्य छवि को उभारने के लिए प्रेमचन्द ने सुमन का चरित्र गढ़ा। अमृतराय ने विक्टर ह्यूगो के 'दा मिजराबेल' का प्रभाव प्रेमचन्द पर देखा है।[24] जिसमें ज्यां बालज्यां की एक बार की हुई चोरी उसे हमेशा के लिए चोर बना देती है और वहाँ का समाज जावेर के रूप में जीवन भर उससे निर्मम प्रतिशोध लेता रहता है। प्रेमचन्द की सुमन का उठाया एक अनुचित क़दम उसे जीवन भर के लिए दाग़ी बना देता है। वह बदले हुए समय की औपनिवेशिक दृष्टि का वहन करती है जहाँ औपनिवेशिक दृष्टि से अपने समाज को देखने की चेतना विकसित हो रही थी, इसलिए मध्य और उच्चवर्गीय समाज तवायफ़ों को समाज के लिए अनैतिक और उनकी हरकतों को अश्लील मानता था, जो समय का तकाज़ा था। ये 'उमराव जान अदा से बीस वर्ष बाद का समाज था, जहाँ हिन्दू और मुस्लिम दोनों के सुधार एजेंडे में 'सिगिंग एंड डॉसिंग गर्ल्स' का पेशा अनैतिक था जिन्हें बीच बाज़ार में रहने का कोई हक़ नहीं था। अब तवायफ़ों के पास जाने को मुस्लिम शासकों की चरित्रहीनता से भी जोड़कर देखा जाने लगा। प्रेमचन्द इन्हें पूरे समाज के लिए हानिकारक मानते थे। 'बाज़ारे हुस्न' का हिन्दी तर्जुमा करते हुए उन्होंने 15वें अध्याय में जो एक अतिरिक्त अंश जोड़ा है, वह कई दृष्टियों से मानीखेज़ है, "इसलिए आवश्यक है कि इन विष भरी नागिनों को आबादी से दूर, किसी पृथक स्थान में रक्खा जाय तब उस निंद्य स्थान की ओर सैर करने को जाते हुए हमें संकोच होगा। यदि आबादी से दूर हो और वहाँ घूमने के लिए किसी बहाने की गुंजाइश न हो तो ऐसे बहुत कम बेहया आदमी होंगे जो इस मीना बाज़ार में क़दम रखने का साहस कर सकें।"[25] देह श्रमिकों को अब संस्कृति और तहजीब की वाहिकाओं के रूप में नहीं, बल्कि उनको उन पतित स्त्रियों के रूप में देखा जाने लगा, जो युवकों को बहला–फुसलाकर उनसे धन ऐंठ लेती हैं और घर टूट जाते हैं। इन तथाकथित 'पतिताओं के बरअक्स स्त्री के वधू रूप को महिमामण्डित किया जाने लगा। यद्यपि 19वीं शती के अन्तिम वर्षों में ही विवाह इत्यादि के अवसर पर नाच पार्टी बुलाये जाने को फिजूलख़र्ची से जोड़कर देखा गया और बहुत से जातिवादी संगठनों ने नाचने वालियों को बुलाने वालों

का बहिष्कार भी किया तथा कई प्रस्ताव भी पास किये, लेकिन अब भी परम्परावादियों और सुधारवादियों में इस मुद्दे पर मतभेद उभरकर सामने आ जाते थे। 'सेवासदन' में सदन के पिता मदन सिंह बेटे की बारात में बिना नाच के जाना नहीं चाहते, "नाच के बिना जनवासा ही क्या कम से कम मैंने तो कभी नहीं देखा... मैं भी इस प्रथा को निंद्य समझता हूँ। भला किसी तरह लोगों की आँखें खुलीं, लेकिन भाई, नक्कू नहीं बनना चाहता। जब सब लोग छोड़ देंगे तो मैं भी छोड़ दूँगा... मेरे एक ही लड़का है, उसके विवाह में मन के सब हौसले पूरे करना चाहता हूँ। विवाह के बाद मैं भी तुम्हारा मत स्वीकार कर लूँगा। इस समय मुझे अपने पुराने ढंग पर चलने दो, जबकि छोटे भाई पद्म सिंह सुधार के पक्ष में हैं और काफी बहस के बाद वे बड़े भाई को नाच के आयोजन की जगह कुआँ खुदवाने में निवेश करने को राजी करते हुए कहते हैं... सैकड़ों स्त्रियाँ जो हर रोज़ बाज़ारों में झरोखों में दिखायी देती हैं, जिन्होंने अपनी लज्जा और सतीत्व को भ्रष्ट कर दिया है, उनके जीवन का सर्वनाश करने वाले हमीं लोग हैं...।"[26]

सुन चुके हाल तबाही का मेरी, और सुनो
अब तुम्हें कुछ मेरी तक़रीर मज़ा देती है।

पद्म सिंह पर आर्य समाज के सुधारवाद का प्रभाव है, यह तथ्य है कि 1898 में बनारस और लखनऊ में तवायफ़ों पर सरकार की ओर से पाबन्दी लगा दी गयी और 1917 में आगरा में भी तवायफ़ों को शहर के केन्द्र से हटाने के लिए प्रस्ताव पारित किये गये। इसके लिए स्थानीय निकायों और नगर निगमों पर दबाव डालकर इसे क्रियान्वित कराया गया। हिन्दुओं में आधुनिकता के साथ–साथ पतिव्रता पत्नी, स्त्री शुचिता, स्त्री को मर्यादा का प्रतीक मानना एक हिन्दू राष्ट्र के निर्माण के लिए अनिवार्य महसूस किया गया। हालाँकि मुस्लिम बौद्धिकों और समाज सुधारकों के लिए भी स्त्री का एजेंडा महत्त्वपूर्ण था, लेकिन कोठा संस्कृति को लेकर उनके यहाँ उतनी कट्टरता नहीं देखी गयी जबकि हिन्दू सुधारवादियों के सुधार मॉडल में मुस्लिम स्त्रियों का प्रश्न प्रमुख नहीं था। सम्भवतः इसीलिए मिर्ज़ा हादी रुसवा जितने साहस के साथ कोठों के आन्तरिक संसार, स्त्री यौनिकता के यथार्थ चित्रण के साथ 'उमराव जान' में उपस्थित होते हैं वैसा प्रेमचन्द नहीं कर पाते। 'बाज़ारे हुस्न' के बारे में अमृतराय लिखते हैं, "खैर क़िताब छपी लेकिन कोई ख़ास कामयाबी उसे नहीं मिली, उर्दू वालों के लिए कोठे

की ज़िन्दगी और उनके मसलों में कोई नयापन नहीं था। नज़ीर अहमद, सरशार और मिर्ज़ा रुसवा जैसे लोग उसके बारे में बहुत लिख चुके थे और बहुत अच्छा लिख चुके थे।"[27] अमृतराय नितान्त तटस्थता से बताते हैं कि कोठों की अन्दरूनी ज़िन्दगी के बारे में मुंशी जी का ज्ञान वैसे इतना ही था कि वे उन गलियों और बाज़ारों से गुज़रते थे, जिनका ज़िक्र वे उपन्यास में सतही तौर पर करते हैं। हादी रुसवा जितना अनुभव और तवायफ़ों की ज़िन्दगी के छोटे बड़े ब्यौरे प्रेमचन्द के पास नहीं थे और वे इस उद्देश्य से लिख भी नहीं रहे थे। यहाँ तक कि जो उपन्यास मूलरूप में 'बाज़ारे हुस्न' नाम से लिखा जाता है, यानी सौन्दर्य, यौवन, राग, वासना, इच्छा न जाने कितनी अर्थ ध्वनियाँ जिसमें समाहित हैं। उसी कथानक के हिन्दी उत्थे को वे सेवासदन' सेवा का घर यानी कुछ–कुछ नारी सुधार, बाल सुधार गृह, हिन्दू धर्म सुधारकों की तर्ज पर नाम देते हैं। प्रेमचन्द को यही शीर्षक सबसे उपयुक्त लगा। स्त्रियों को शिक्षित करने के मुद्दे पर भी सुधारकों का जो रवैया था। वह इस पत्र से जाहिर हो जाता है–"हम अपनी स्त्रियों को शिक्षित तो देखना चाहते हैं पर यदि शिक्षा का अर्थ उनका अपने मनमाफ़िक लोगों के साथ मनमाना मेल–जोल बढ़ाना, ज्ञान में वृद्धि के साथ नैतिकता का ह्रास जुड़ जाना, हमारे सम्मान का अवमूल्यन और घरों के अन्दर की निजता का हनन हो जाये तो हम अपनी स्त्रियों को शिक्षित करने के बजाय अपना सम्मान संजोकर रखना चाहेंगे चाहे इसके लिए हमें हठधर्मी, पूर्वाग्रही या सिरफिरा ही क्यों न कहा जाये।"[28] यौनिकता के प्रश्न पर भी हिन्दू समाज सुधारकों का रवैया अलग था यौन इच्छाओं का दमन करने, समलैंगिकता और तवायफ़ों के पास जाने से मना करके युवकों को चारित्रिक रूप से स्वस्थ और राष्ट्र निर्माण में भूमिका निभाने के साथ–साथ स्त्रियों को यह उपदेश दिया जाना ज़रूरी था कि समय रहते उनका विवाह हो, वे सतीत्व का पालन करें, ऐसे साहित्य से परहेज करें जिनसे मन में कामुक विचार आते हों। नैतिकता का यही दबाव प्रेमचन्द को उपन्यास का शीर्षक 'सेवासदन' रखने के लिए प्रेरित करता है। इसके साथ ही स्त्री यौनिकता शुरू से ही समाज सुधारकों को चुनौती दे रही थी। रुसवा समाज सुधार का एजेंडा लेकर 'उमराव जान अदा' नहीं लिख रहे थे, लेकिन यही बात प्रेमचन्द के बारे में नहीं कही जा सकती। चारू गुप्ता का कहना सही है कि "इन सभी कोशिशों के बावजूद सामूहिक धार्मिक पहचान और उस पर बनायी गयी पितृसत्ता अस्थिर थी। उदाहरण के लिए, सम्मान हासिल करने

की सारी ललक अपने आप में तनाव का स्रोत थी। अन्तरजातीय विवाह बेहद तीखे द्वन्द्व का मुद्दा था। हिन्दू एकता कई तरह की कृत्रिमताओं पर टिकी हुई थी, जो कभी भी डाँवाडोल हो सकती थी। इसके अलावा तमाम नियमों के बावजूद कुछ मध्यवर्गीय महिलाओं, विशेषकर कई निम्नजातीय स्त्रियों, विधवाओं और वेश्याओं ने नये ढाँचे को ठुकराया।"[29] सुमन पितृसत्ता के परम्परागत ढाँचे में से निकलने का प्रयास करती है। कहने को वह भोली बाई से प्रभावित है, लेकिन अनमेल विवाह के खाँचे में वह ख़ुद को मिसफिट पाती है। बचपन में ईसाई लेडी से उसने शिक्षा पायी है, लेकिन उस शिक्षा का कोई व्यावहारिक पक्ष जान पाती कि इससे पहले ही परिस्थितियाँ उलट पलट जाती हैं। लाड़–दुलार में पली सुमन बहुत कम वेतन वाले गजाधर के पल्ले बाँध दी जाती है, जो पर्दे का उतना ही हिमायती है जितना अन्य कोई ब्राह्मण या सवर्ण। यह पर्दा हिन्दुओं और मुसलमानों के सांस्कृतिक व्यवहार से जुड़ा हुआ था। पर्दा स्त्रियों की यौनिकता पर नियन्त्रण बनाये रखने का एक औज़ार था। पर्दा हटा कि औरत–बिगड़ी। औरत के बिगड़ जाने का खतरा ही था जिससे जातीय वर्चस्व भी कमज़ोर पड़ सकता था। इसीलिए आंशिक पर्दे की वकालत के साथ–साथ कोठे पर पेशा अपना चुकी स्त्री के शुद्धिकरण की चिन्ता से पूरा शहर चिन्तित हो उठता है। सुमन को पति के घर से प्रताड़ना मिलने पर वह सीधे भोली बाई की शरण में चली गयी हो, ऐसा नहीं है। वह पहले वकील पद्म सिंह के घर आश्रय की अपेक्षा से जाती है, लेकिन लोकापवाद के भय से पद्म सिंह उसे घर से जाने को कहलवा देते हैं, अब सुमन रास्ते पर है, मायके का आसरा नहीं, रोजी–रोटी लायक शिक्षा नहीं, पर्दे में रहती चली आई है तो कोई सामाजिक सम्पर्क नहीं– गजाधर की निर्दयता से भी उसे इतना दुख नहीं हुआ था जितना इस समय हो रहा था। उसे अब मालूम हुआ कि मैंने घर से निकलकर बड़ी भूल की। मैं इन पण्डित जी को कितना भला आदमी समझती थी। पर अब मालूम हुआ कि ये रंगे हुए सियार हैं... यह दुत्कार क्यों सहूँ? मुझे कहीं रहने का स्थान चाहिए। खाने भर को किसी न किसी तरह कमा लूँगी? कपड़े भी सीयूँगी तो खाने भर को मिल जायेगा, फिर किसी की धौंस क्यों सहूँ? व्यर्थ में एक बेड़ी पैरों में पड़ी हुई थी और लोक–लाज से वह मुझे रख भी लें तो उठते बैठते ताने दिया करेंगे। बस, चलकर एक मकान ठीक कर लूँ। भोली क्या मेरे साथ इतना भी सलूक न करेगी। वह मुझे अपने घर बार–बार बुलाती थी, क्या इतनी भी दया न करेगी?"[30]

भोली के घर में सुमन को सिर्फ़ आश्रय ही नहीं मिलता, अपनी यौनिकता, अपने स्त्रीत्व की महत्ता से भी वाकफ़ियत होती है। वह भोली को बताती है कि उसने ईसाई लेडी से शिक्षा भी पायी है, इस पर जो भोली कहती है, वह ध्यान देने की बात है, "दो तीन साल और कसर रह गयी। इतने दिन और पढ़ लेती तो फिर यह ताक़ न लगी रहती। मालूम हो जाता कि हमारी ज़िन्दगी का मकसद क्या है, हमें ज़िन्दगी का लुत्फ़ कैसे उठाना चाहिए। हम कोई भेड़ बकरी तो हैं नहीं कि माँ–बाप जिसके गले मढ़ दें, बस उसी की हो रहें। अगर अल्लाह को मंजूर होता कि तुम मुसीबतें झेलो तो तुम्हें परियों की सूरत क्यों देता? यह बेहूदा रिवाज यहाँ के लोगों में है कि औरतों को इतना ज़लील समझते हैं, नहीं तो और मुल्कों में औरतें आज़ाद हैं, अपनी पसन्द से शादी और जब उससे रास नहीं आती तो तलाक़ दे देती हैं लेकिन हम लोग वही पुरानी लकीर पीटे चली जा रही हैं।"[31] अपने स्त्रीत्व को लेकर यह सचेतनता प्रेमचन्द का वैशिष्ट्य है, अपने गुणों की पहचान यानी अपने जीवन का उत्तरदायित्व स्वयं उठाने को तैयार यह 'नयी स्त्री छवि' है, जो आश्रय के अभाव में मरना नहीं चाहती, जीना चाहती है, यह पितृसत्ता के बनाये नियमों से तंग आयी स्त्री है। इतनी शिक्षित नहीं कि नौकरी कर सके इसलिए अपनी देह को रोज़ी रोटी कमाने का जरिया बना लेना चाहती है, सुमन सिलाई करके जीवन यापन करने को तैयार है, भोली बाई पकी हुई तवायफ़ है, वह सुन्दर स्त्री देह की क़ीमत बाज़ार में जानती है, इसलिए सुमन को उसकी सलाह है... "यहाँ ऐरों–गैरों की आने की हिम्मत ही नहीं होती। यहाँ तो सिर्फ़ रईस लोग आते हैं। बस उन्हें फँसाये रखना चाहिए। अगर वह शरीफ़ है तब तो तबीयत आप ही आप मिल जाती है और बेशरमी का भी ध्यान नहीं होता। लेकिन अगर उससे अपनी तबीयत न मिले तो उसे बातों में लगाये रहो, जहाँ तक उसे नोचते–खसोटते बने नोचो। आखिर को वह परेशाँ होकर खुद ही चला जायेगा, उसके दूसरे भाई और आ फँसेंगे...।" इसके बाद सुमन उस राह पर चल निकलती है जो उसी के शब्दों में 'कलंक की कालिख' का रास्ता है, जिस पर जाना आसान है, लौटना मुश्किल। सुमन विट्ठलदास से कहती है–"आप सोचते होंगे कि मैं भोग विलास की लालसा से इस कुमार्ग पर आयी हूँ, पर ऐसा नहीं है। मैं ऐसी अन्धी नहीं कि भले बुरे की पहचान न कर सकूँ। मैं जानती हूँ कि मैंने अत्यन्त निकृष्ट कर्म किया है, लेकिन मैं विवश थी, इसके सिवाय मेरे लिए और कोई रास्ता नहीं था यद्यपि... इस काजल की कोठरी में जाकर पवित्र

रहना अत्यन्त कठिन है पर मैंने यह प्रतिज्ञा कर ली है कि अपने सत्य की रक्षा करूँगी और ईश्वर चाहेंगे तो मैं अपना प्रण पूरा करूँगी। मैं गाऊँगी, नाचूँगी, पर अपने को भ्रष्ट न होने दूँगी।"[32]

स्त्री यौनिकता पर नियन्त्रण के लिए परम्परा और संस्कृति के साथ–साथ स्वयं स्त्री द्वारा अपनी इच्छाओं को कलंक बताना हिन्दू सुधारवादी रवैये का परिणाम है, जो अपनी देह के प्रति सचेतन स्त्री को चुनौती मानता था। स्त्री की ख़ुदमुख़्तारी पतनशीलता की श्रेणी में शामिल थी। भूख और अभाव से मरना सभ्यता थी, लेकिन भोजन और आश्रय के लिए तवायफ़ बनना असभ्यता थी। राष्ट्र के हित में सुमन जैसी ब्राह्मणी का हृदय परिवर्तन और अपने चारित्रिक सुधार के लिए व्याकुलता वह थोपी हुई नैतिकता की प्रतिध्वनि थी जिसके तहत कामुक स्त्री कुलटा और पथभ्रष्ट थी, उसे सुधार कर समाजसेवा में लगा देना उसकी शास्त्रीय और सौम्य छवि की पुनर्स्थापना थी। भारतीय भाषाओं के साथ–साथ हिन्दी में स्त्रियों की यौन अस्मिता को अपने नियन्त्रण में लेने के लिए अश्लील साहित्य के प्रकाशन पर रोक भी लगायी जाने लगी। "1870 में जोसेफीन बटलर द्वारा स्थापित की गयी 'एसोसिएशन फॉर मोरल एंड सोशल हाईजीन' की भारतीय शाखा अपने केन्द्रीय संगठनकर्ता मैलिसेंट शेफ़र्ड के माध्यम से अश्लीलता के ख़िलाफ़ एक तीखी मुहिम छेड़े हुए थी। इन धर्मयोद्धाओं ने यौनिकता और सेक्स सम्बन्धी अभिव्यक्तियों पर लगाम कसी।"[33]

उधर, कई महिला संगठन भी अश्लीलता का विरोध कर रहे थे। 'ऑल इंडिया वीमेंस कांफ्रेंस' ने अश्लील विज्ञापन, अश्लील क़िताबों पर रोक लगाने के लिए औपनिवेशिक सरकार को पत्र लिखा था। उधर, गाँधी जी भी समाज और साहित्य की गन्दगी की कड़ी आलोचना अपने भाषणों और लेखों में कर ही रहे थे। सुधार अभियानों में तो पहले से ही नौटंकी या नाच के कलाकारों को अश्लील और नाचने वाली लड़कियों को 'वेश्या' कहना शुरू कर दिया गया था। "वेश्यावृत्ति विरोधी क़ानूनों में वेश्या, वारांगना, रखैल, तवायफ़ में कोई अन्तर नहीं रह गया था। अनेक रखैलों और वारांगनाओं को समाज में सम्मानजनक दर्जा प्राप्त था। अतः अंग्रेज़ों ने वारांगनाओं एवं महिला मित्रों का दर्जा घटाकर उन्हें सामान्य वेश्याओं का दर्जा दे दिया। इस प्रकार जो लोग रखैलों के स्वामी थे, वे उनके ग्राहकों की श्रेणी में आ गये। परिणामस्वरूप कुलीन एवं सम्भ्रान्त लोगों ने महसूस किया कि इससे उनका रुतबा घट गया है और वे मालिक से ग्राहक बन गये हैं...।"[34]

इस प्रकार समाज सुधार कार्यक्रमों ने देह श्रमिकों की कई श्रेणियाँ अनजाने में ही तैयार कर दीं। कल तक नौटंकी और नाच जो उत्सवों और सार्वजनिक कार्यक्रमों का हिस्सा थे। उन पर अश्लीलता का आरोप लगाकर अपने एजेंडे को पवित्र हिन्दूवादी रूप दिया जाने लगा। इस तरह 1897 में की गयी न्यायमूर्ति रानाडे की घोषणा "आज के बाद सभी समाज सुधार संगठन कृतसंकल्प हैं कि ये अपने परिवारों में होने वाले विवाह या अन्य समारोहों में नाच की अनुमति नहीं देंगे और न ही उन समारोहों में शामिल होंगे जहाँ नाच की व्यवस्था होगी का अक्षरशः पालन करने का प्रयास किया गया जिसका अगला क़दम था देह श्रमिकों का निर्वासन।

प्रश्न है कि समाज को तवायफ़ों की आवश्यकता है या नहीं। प्रेमचन्द इस मुद्दे पर स्पष्ट नहीं हैं। सभ्य कहे जाने वाले समाज से निकाल बाहर करना क्या स्थायी समाधान है या ऐसी स्थितियों में सुधार, जिसमें कोई स्त्री देह श्रम के लिए बाध्य न हो। दूसरी स्थिति तो एक यूटोपिया है। पहली स्थिति कोई समाधान नहीं है। बल्कि आभिजात्य और देह श्रमिकों के बीच के अन्तराल को बढ़ाने की साजिश है। साथ ही हाशिये पर धकेल देने से न समाज सुधार हो सकता है, न ही वे सामाजिक सेंसरशिप के दबावों से मुक्त हो सकती हैं। इन जैसी स्त्रियों को संस्कृत ग्रन्थों में प्रयुक्त 'भृत्या' जो विभिन्न प्रकार के श्रम करती है जिसमें उत्पादन से लेकर यौन श्रम शामिल है–कहा जाना चाहिए लेकिन सुमन जैसी स्त्रियों का क्या हो? दहेज और अनमेल विवाह का शिकार हुई। सुमन अपनी पहचान समाज से माँगती दीखती है। ससुराल, मायका, बहन शान्ता का घर, विधवाश्रम कहीं भी उसके लिए ठौर नहीं है, हर जगह उसे गर्हित पेशेवाली समझकर किनारे कर दिया जाता है।

प्रेमचन्द स्त्री को लेकर बड़ी कशमकश से गुज़रते हैं। कुछ नहीं समझ आता तो वर्षों के खोये पति और अब, संन्यास ले चुके गजाधर से मिला देते हैं। अब सुमन को उस अनाथ आश्रम में पचास कन्याओं की देखभाल करनी होगी जो वेश्याओं की सन्तानें है–''इस अनाथालय के लिए एक पवित्र आत्मा की आवश्यकता है और तुम्हीं वह आत्मा हो। मैंने बहुत ढूंढ़ा पर ऐसी कोई महिला नहीं मिली जो इस काम को सेवा प्रेम भाव से करे, जो कन्याओं का माता की भाँति पालन करे और अपने प्रेम से अकेली उनकी माताओं का स्थान पूरा कर दे।"[35] यह स्त्री की आदर्श छवि थी जिसकी सिद्धि के लिए पूरा कथा वितान रचा गया, अपने समय के कई राष्ट्रवादियों की तरह वे

पश्चिम विरोधी, पढ़ी लिखी स्त्री को सामने लाये। सुमन या रोहिणी जैसी चरित्र राष्ट्रवादी रुझान के लिए पूरी तरह फिट बैठती हैं, जो अपनी करुणा, दयालुता, सहजता, निर्धनता की वजह से लम्बे समय तक कष्ट झेलती हैः चाहे वे पत्नियाँ हों, विधवाएँ, तवायफ़ हों, वे किसी भी जाति की हों उन्हें पाठक की दया का पात्र बना दिया जाता है, जिनमें सुधार की आवश्यकता अनिवार्यतः होती है। स्त्रीत्व का आदर्श पाने के लिए चरित्रों की अपनी पहचान कहीं गुम हो जाती है, वे अक्सर सेवा, त्याग, समर्पण की प्रतिमूर्ति बन जाती हैं। सुमन भी ऐसा ही एक चरित्र है, जो सुमन भोली बाई के कोठे पर स्वयं गयी थी वही विट्ठलदास के यह कहने "सोचो तो थोड़े दिनों तक इन्द्रियों को सुख देने के लिए तुम अपनी आत्मा और समाज पर कितना अन्याय कर रही हो...। "तिलमिला जाती है। सुमन ने आज तक किसी से ऐसी बातें न सुनी थीं। वह इन्द्रियों के सुख को और अपने आदर को जीवन का मुख्य उद्देश्य समझती आयी थी। उसे आज मालूम हुआ कि सुख सन्तोष से प्राप्त होता है और आदर सेवा से।"[36] पाठक सुमन के इस आकस्मिक हृदय परिवर्तन को बहुत दूर तक विश्वसनीय नहीं मानता सेवा को जीवन का आदर्श बताने के लिए लेखक की कृतसंकल्पता को समझ भी जाता है। स्त्री का अपने इन्द्रिय सुख के लिए जीना अनुचित है, निष्काम सेवा में ही उसके जीवन की वास्तविक सिद्धि है। इसे स्त्री के लिए तय करने वाला कौन–सा समाज है? यह तय है कि प्रेमचन्द को भारतीय सामाजिक समस्याओं और परम्पराओं को गहरी परख है, लेकिन स्त्री के सुधार का एक तैयार एजेंडा लेकर वे इस उपन्यास को रचते हैं। स्त्री को पतित, यौनेच्छाओं से परिपूर्ण और स्वार्थी दिखाकर वे इस सामाजिक समस्या की गहराई में पड़ताल ही नहीं करते हैं, प्रकारान्तर से यह भी दिखाते हैं कि पतित स्त्री यानी भोली बाई जैसी तवायफ़ें ऊँची जाति की मासूम इन्द्रियेच्छाओं से भरी सुमन को ग़लत राह दिखाती हैं।

जहाँ तक समस्याओं के समाधान की बात है तो वह है शहर, बस्ती से दूर ऐसा सदन बनाना जहाँ अवैध कही जाने वाली बच्चियाँ रह सकें, उन्हें पढ़ाई–लिखाई, हस्तकलाओं का ज्ञान दिया जा सके। प्रेमचन्द जब समाज सुधार पर बात करते हैं तो उनका ध्यान निरन्तर इस पर रहता है कि पाठकों के संस्कारों को कहीं चोट न पहुँचे। सुमन 'सेवासदन' में सारे कार्य करती दिखायी देती है। ऐसे जैसे अपने पतित होने का प्रायश्चिन्त कर रही हो। गाँधी भी स्त्रियों को 'पैसिव यौनिक ऑब्जेक्टस' मानकर चलते थे,

ब्रह्मचर्य के प्रयोगों से यह बात स्पष्ट है। प्रेमचन्द भी उसी तर्ज पर सोचते हैं। वे इस मुद्दे पर नहीं लिखते कि बतौर स्त्री सुमन की अन्य दुनियावी इच्छाएँ क्या हमेशा के लिए दमित हो गयीं। दूसरे की बच्चियों की पालक बनने मात्र से उसके निज की मातृत्व इच्छा का दमन क्यों और किसलिए किया गया। इस सन्दर्भ में पद्म सिंह और सुभद्रा का निसन्तान दाम्पत्य भी द्रष्टव्य है। सुभद्रा को घर में सभी सुख है पर उसे दुख है कि निःसन्तान रह जाने के कारण पति उसे पहले जैसा प्रेम नहीं करता। प्रेमचन्द इसे पूर्वजन्म के पापकर्म के फल से जोड़ देते हैं। आगे चलकर जब पद्म सिंह के सामाजिक कार्यों की उदान्तता को सुभद्रा समझ जाती है। तब पद्म सिंह अनुभव करते हैं कि एक निःसन्तान स्त्री भी अपने पति के लिए शान्ति और प्रसन्नता का स्रोत हो सकती है। इस कथन की पितृसत्ताक टोन पर हम ग़ौर न भी करें तो यह अस्पष्ट ही रह जाता है कि सन्तानहीनता कैसे किसी स्त्री की समझदारी के स्तर को प्रभावित कर सकती है।

प्रेमचन्द की तुलना में मिर्ज़ा हादी रुसवा का स्त्री के सतीत्व के प्रति कोई विशेष आग्रह नहीं है। कोठे पर रहने के बावजूद सुमन अपना सतीत्व और स्वयंपाकी होकर जातीय शुद्धता बनाये रखती है। प्रेमचन्द उसे नाचते गाते, हँसते, सजते, सँवरते दिखाते हैं पर शरीर बेचते हुए नहीं दिखाते। सुमन के मन में सतीत्व और यौनिकता को लेकर कोई द्वन्द्व नहीं, उसे बहुत शुरू से ही मालूम है कि उसे रिझाना है, लुभाना है पर शरीर नहीं देना है। सतीत्व, पतीत्व और शरीर की पवित्रता बनाये रखने की धारणा हिन्दू राष्ट्र से सम्बद्ध है, जिसे सुमन बखूबी निभा ले जाती है, यह बात दूसरी है कि सजग पाठक कितनी दूर तक इससे सहमत होता है। इसकी तुलना में उमराव जान अदा स्वयं को कभी पतित नहीं कहती, न ही वह अपने अस्तित्व को 'असती' कहकर ख़ारिज करती है। उसमें सतीत्व के प्रति अतिरिक्त आग्रह भी नहीं है। बचपन में हुए अपहरण और कोठे पर खानम को बेचे जाने को वह दुर्भाग्यपूर्ण ज़रूर बताती है, लेकिन अपने अस्तित्व को लेकर किसी पछतावे या सुधारगृह में जाने की ज़रूरत नहीं लगती। उसके जीवन के उत्तरार्ध की दिनचर्या के बारे में रुसवा लिखते है... इसके बाद उमराव जान ने बहुत सी क़िताबें इस क़िस्म की, उर्दू, फ़ारसी बज़ाय खुद पढ़ी। इससे तबीयत साफ़ होती गयी। कसायद अनवरी और खाकानी एकएक करके पढ़े मगर झूठी ख़ुशामद की बातों में अब उसका दिल न लगता था, इसलिए इनको बन्द करके अल्मारी में रख दिया। फिलहाल कई अख़बार भी उसके

पास आते थे, उन्हें देखा करती, उनसे दुनिया का हाल मालूम होता रहता... उमराव जान बहुत दिन हुए सच्चे दिल से तौबा कर चुकी है और जहाँ तक हो सकता है, रोज़ा नमाज़ की पाबन्द है। रफ़्ती रण्डी की तरह है ख़ुदा चाहे मारे, चाहे जिलाये। उससे पर्दे में घुट के तो न बैठा जायेगा। मगर पर्दा वालियों के लिए दिल से दुआएँ हैं। ख़ुदा उनका राज सुहाग क़ायम रखें।[37] वहीं सुमन के मन में सदैव पाप–पुण्य का द्वन्द्व चलता रहता है, इसके बीच का मार्ग वह निकालती है कि वह शरीर नहीं बेचेगी, सिर्फ़ नाच–गाना करेगी। यह अपने जातीय संस्कारों के गर्व को नहीं भूलती। प्रेमचन्द पाठक के संस्कारों को धक्का नहीं पहुँचाना चाहते और कठिन समय में भी वह देह की शुचिता के हिमायती हैं। सुमन यदि अपना सतीत्व खो देती तो भारतीय समाज में उसकी कोई जगह नहीं रहती, सुमन को कोठे पर चढ़ने के कारण जीवन भर प्रायश्चित्त करना पड़ता है, लेकिन वास्तविक क्षमा से वह वंचित ही रह जाती है। वहीं कोठे पर आने वाले सदन को उसके परिवार जनों द्वारा फिर से अपना लिया जाता है, वह सुखी वैवाहिक जीवन जीती है। स्त्री पुरुष के सन्दर्भ में क्षमा और प्रायश्चित्त के मापदण्ड परस्पर भिन्न हैं। सुमन के तवायफ़ हो जाने की सूचना पिता कृष्णचन्द्र को जब मिलती है तो वह गजाधर से कहता है कि यदि तुम्हीं उसकी जान ले लेते तो परिवार की इज़्ज़त पर कोई आँच ही नहीं आ सकती थी। प्रेमचन्द और रुसवा का एजेंडा अलग–अलग है, प्रेमचन्द के लिए तवायफ़ें सामाजिक स्वास्थ्य लिए हानिकारक है और रुसवा के लिए कोई भी और काम करने वाली किसी अन्य स्त्री की तरह तवायफ़ एक स्त्री है, जिसकी जीवनशैली साधारण स्त्री से अलग है, संवेदना और भावना के स्तर उनमें कोई अन्तर नहीं बल्कि मौलवी साहेब से जो शिक्षा उमराव ने कोठे पर पायी उसने उसे रचनाकार और अपेक्षाकृत ज्यादा व्यावहारिक बनने में मदद की, मनुष्य चरित्र की परख सुमन से ज्यादा उमराव को है :

अब तो इस राह से वो शख़्स गुज़रता भी नहीं
अब किस उम्मीद दरवाज़े झाँके कोई।

यदि 'बाज़ारेहुस्न' और 'सेवासदन' आमने–सामने रखा जाये तो कुछ दिलचस्प तथ्य हाथ लगते हैं अमृतराय ने 3 सितम्बर, 1918 को प्रेमचन्द इम्तियाज अली को लिखे पत्र का हवाला दिया है, "मैं इसकी फेयर कॉपी तभी बनाऊँगा जब आप इसका जिम्मा लें ...मैं तो इसे फेयर करने की नहीं तकलीफ़ दे सकता। मैंने इसमें पूरे के पूरे दृश्य बदल दिये हैं।"[38]

यहाँ तक कि जो उपन्यास रूप में बाज़ारे हुस्न' नाम से लिखा जाता है, जिसमें सौन्दर्य, राग, वासना न जाने कितनी ध्वनियाँ समाहित हैं, उसी के हिन्दी तजुर्मा को वे 'सेवासदन' यानी सेवा का घर बना देते हैं। यही नहीं 1918–19 में प्रेमचन्द ने इसकी फेयर कॉपी बनायी तब इसके हिन्दी संस्करण में उन्होंने कई सुधार कर दिये और 'बाज़ारे हुस्न' को वैसा का वैसा रहने दिया। इसके मूल में पाठकीय अभिरुचि का सवाल था। साथ ही वे, जैसा कि गोपाल राय ने लिखा है, समाज को आधुनिक और तर्कसंगत रूप देना चाहते थे।"[39] उन्हें इसका अहसास था कि 'बाज़ारे हुस्न' शीर्षक उर्दू के पाठकों में खप जायेगा क्योंकि नज़ीर अहमद और मिर्ज़ा हादी ने उपन्यासों में हुस्न के बाज़ार की सैर करा दी थी। सनसनीखेज, चमकदार, भड़कीला शीर्षक उर्दू की पाठकीय रुचि के अनुकूल लगा और उन्हें यह मालूम था कि हिन्दी पाठकीय संसार पर यदि अपना प्रभाव छोड़ना है तो शीर्षक पर विशेष ध्यान दिए जाने की ज़रूरत है। शुद्धतावादी रुचि को लेकर चलने वाले उपन्यासों हिन्दी के पाठकों ने बड़े उत्साह के साथ स्वागत किया। आश्चर्य नहीं कि जो सुमन उर्दू में खिलन्दड़ी, गर्वीली और मर्यादित थी वह हिन्दी में 'सुन्दर', 'चंचल' और अभिमानिनी बन चुकी थी। इसी तरह बाज़ारे हुस्न में यह दृश्य है "सुमन किसी काम में मशगूल हो, पर उनकी सुनते ही चिक की आड़ में आकर खड़ी हो जाती है। उसकी शोख तबीयत को इस ताक झाँक से एक अजीब लुत्फ़ हासिल होता था। महज अपने हुस्न का जलवा दिखाने के लिए, महज दूसरों को बेकरार के लिए ये करिश्मा दिखाती थी।" (हिन्दी तर्जुमा राबीअ बहार) जबकि 'सेवासदन' में इस प्रसंग को यों चित्रित किया गया है, "स्कूल से जाते हुए युवक सुमन के द्वार की ओर टकटकी लगाये हुए जाते। मनचले शोहदे उधर निकलते तो राधा और कान्हा के गीत गाने लगते। सुमन कोई काम करती हो पर उन्हें चिक की आड़ से एक झलक दिखा देती। उसके चंचल हृदय को इस ताक–झाँक में असीम आनन्द प्राप्त होता था। किसी कुवासना से नहीं, केवल अपने यौवन की छटा दिखाने के लिए, केवल दूसरों के हृदय पर विजय पाने के लिए यह खेल खेलती थी।"

सेवासदन के 15वें अध्याय में एक पूरा अंश है, जो तवायफ़ों को विषभरी नागिनें सिद्ध करता है। इस आलेख में ऊपर वह अंश उद्धृत भी किया गया है, लेकिन 'बाज़ारे हुस्न' में वो पूरा भय है ही नहीं। 'सेवासदन' में प्रेमचन्द हिन्दू समाज के सुधारकों की भाषा में सोच और लिख रहे हैं। इसलिए पतिता, असती स्त्री को विषाक्त चरित्र कहते हैं।

प्रेमचन्द समाज की गतिविधियों को शब्द और संवाद ही नहीं देते बल्कि उसमें दखल भी देते हैं। स्त्री और पुरुष का अपनी यौनेच्छाओं पर विजय पाकर समाज हित साधन बन जाना उनके युग की माँग थी, युग के हिन्दू राष्ट्रवादी एजेंडे को पूरा करने में सहयोगी थी। भारतीय विवाह संस्था का क्रिटीक भी प्रेमचन्द बेहतरीन ढंग से प्रस्तुत करते हैं, जो सामाजिक कुप्रथाओं के कारण दाम्पत्य में बेड़ी का काम करता है। सुमन के द्वारा विद्रोह की कोशिश विवाह संस्था के रूढ़िवादी स्वरूप का नकार है। जब व्यक्तित्व के स्वतन्त्र विकास के अवसर अनुपलब्ध हों तो अनमेल विवाह के शिकार स्त्री पुरुष स्वस्थ समाज के निर्माण में योगदान नहीं कर सकते। दहेज, अशिक्षा, पर्दा ये सब अनैतिकता की ओर उन्मुख करते हैं, उसकी अपेक्षा तवायफ़ (हालाँकि यह कोई विकल्प नहीं है) आत्मनिर्भर और स्वचेतन है, जिसके लिए उमराव जान अदा को देखा जा सकता है, जो भले समाज की दृष्टि में पतित हो, लेकिन अपने जीवन में उन नियन्त्रणों से मुक्त है जो धीरे–धीरे उसकी मनुष्यता को निगल जाते हैं।

स्रोत : तद्भव अंक 35 में प्रकाशित लेख।

सन्दर्भ

1. अमृतराय, *कलम का सिपाही,* हंस प्रकाशन, इलाहाबाद, पृ. 170
2. वही, पृ. 206
3. *उमराव जान अदा,* भूमिका, मिर्ज़ा हादी रुसवा, ग्लोबल एक्सचेंज पब्लिशर्स, संस्करण 2010, पृ. 5–10
4. वही, पृ. 152
5. वही, पृ. 151–52
6. *स्त्री संघर्ष का इतिहास,* राधा कुमार, वाणी प्रकाशन, द्वितीय संस्करण 2005, पृ. 83
7. *गुजिश्ता लखनऊ,* अब्दुल हलीम 'शरर', नेशनल बुक ट्रस्ट, 1971, पृ. 167
8. एरिक एच एरिक्सन, गाँधीज ट्रुथ आन द ओरिजिंस ऑफ़ मिलिटेंट *नॉन वॉयलेंस,* न्यूयॉर्क, नॉर्टन, 1969, पृ. 374
9. *प्रेमचन्द घर में,* शिवरानी देवी, आत्माराम एंड संस, दिल्ली 2012, पृ. 24
10. देखें, पार्थ चटर्जी, *'कॉलॅनाइजेशन, नैशनलिज्म एंड कॉलेनाइज़्ड वुमैन : द कंटेस्ट इन इंडिया*, अमेरिकन एथनोलॉजिस्ट, खण्ड 16, 4 नवम्बर, 1989, पृ. 4
11. गरिमा श्रीवास्तव, *नवजागरण स्त्री प्रश्न और आचरण पुस्तकें,* प्रतिमान, सीएसडीएस, दिसम्बर, 2014

12. *हिन्द स्वराज,* मोहनदास करमचन्द गाँधी, (अनुवाद : अमृतलाल नाणावटी) http://www.hindisamay.com/content/4708/7/-विमर्श–हिन्द–स्वराज–अनुवाद–अमृतलाल–ठाकोरदास–नाणावटी–5
13. *प्रेमचन्द घर* में, वही, पृ. 217
14. कृष्णकान्तार विल, बंकिमचन्द्र चटर्जी, अनुवाद जे.सी. घोष, नूरकोफः न्यू डायरेक्शन, 1962:29
15. तनिका सरकार, हिन्दू वाइफ़, हिन्दू नेशन, कम्युनिटी, रिलीजन एंड कल्चरल नेशनलिज़्म, ब्लूमिंगटन, इंडियाना यूनिवर्सिटी प्रेस, 2005, पृ. 34–35
16. कमल किशोर गोयनका, सम्पादन प्रेमचन्द विश्वकोश, दिल्ली, 1981, खण्ड–1, पृ. 144–45 उद्धृत
17. उमराव जान अदा, वही, पृ. 135
18. *सेवासदन,* प्रेमचन्द, भारतीय ज्ञानपीठ प्रकाश, नयी दिल्ली, दूसरा संस्करण, 2013, पृ. 42
19. वसुधा डालमिया, *सेवासदन,* अंग्रेज़ी अनुवाद की भूमिका, 2005, पृ. 42
20. उमराव जान अदा, वही, पृ. 25
21. सेवासदन, वही, पृ. 40
22. सेवासदन, वही, पृ. 39
23. *स्त्रीत्व से हिन्दुत्व तक,* चारू गुप्ता, राजकमल प्रकाशन 2012, पृ. 42
24. *कलम का सिपाही,* वही, पृ. 204
25. *सेवासदन,* वही, पृ. 55
26. वही, पृ. 103
27. *कलम का सिपाही,* वही, 206
28. अलीगढ़ इंस्टि्टयूट गजट, 8 जुलाई, 1870, नेटिव न्यूजपेपर रिपोर्ट्स ऑफ यू.पी., 1870, पृ. 271
29. चारू गुप्ता, *स्त्रीत्व से हिन्दुत्व तक,* राजकमल प्रकाशन, 2012, पृ. 33
30. सेवासदन, वही, पृ. 40
31. वही, 39
32. वही, पृ. 61
33. देखें, चारू गुप्ता, वही, पृ. 54
34. राधा कुमार, *स्त्री संघर्ष का इतिहास,* वाणी प्रकाशन, 2006
35. सेवासदन, वही, पृ. 218
36. वही, पृ. 61
37. *उमराव जान अदा,* वही, पृ. 15
38. अमृत राय, *कलम का सिपाही,* हंस प्रकाशन, इलाहाबाद, 1976
39. *हिन्दी उपन्यास का इतिहास,* गोपाल राय, पृ. 127

18

बाणभट्ट की आत्मकथा

भगवान सिंह

बाणभट्ट की आत्मकथा से ऐसे अनेक प्रश्न खड़े होते हैं जिनकी ओर हमारा ध्यान सामान्यतः नहीं जाता। सर्जनात्मक लेखन और समीक्षा दृष्टि की सीमाओं को समझने के लिए इन पर चर्चा ज़रूरी है। उपन्यास की भूमिका से ऐसा लगता है कि द्विवेदी जी स्वयं इसकी विस्तृत समीक्षा लिखना चाहते थे, "विचार था कि समाप्त होने के बाद इस कथा पर एक विस्तृत आलोचना लिखी जाये। समय के अभाव से ऐसा नहीं हो सका। सहृदय पाठकों के लिए यह कार्य छोड़ दिया गया।" ऐसा नहीं लगता कि सहृदय पाठकों में से भी किसी ने यह काम पूरा किया। यह कृति अपनी हृदयग्राहिता के कारण पढ़ी और सराही अवश्य जाती रही। इसे पाठ्यक्रमों में भी स्थान मिला, परन्तु इसके उस वैशिष्ट्य का मूल्यांकन करने का प्रयत्न नहीं किया गया जिसके कारण कथा पूरी करने के बाद, स्वयं लेखक को ही इसकी विस्तृत आलोचना करने का भी विचार आया था।

बाणभट्ट की आत्मकथा एक ऐसी संश्लिष्ट कृति है कि इसके साथ किसी तरह का सरलीकरण नहीं चल सकता है, परन्तु सरलीकरण भी आलोचकों की एक विवशता है, भले वे विचारणीय वस्तु के कुछ आसंगों को छोड़कर आगे बढ़ जायें।

व्योमकेश शास्त्री मानते हैं कि "इतिहास की दृष्टि से छोटी–मोटी कुछ असंगतियाँ भले निकल आवें, अधिकांश में उपलब्ध ऐतिहासिक सामग्री का कोई विरोध नहीं है।" पर असलियत यह है कि असंगतियाँ अनेक हैं और वे केवल छोटी–मोटी नहीं हैं। ये कई स्थलों पर सामाजिक ताने–बाने से भी टकराती हैं। यहाँ तक कि इतिहास के साथ भूगोल भी कुछ गड़बड़ हो जाता है।

लेखक स्थाण्वीश्वर और कान्यकुब्ज का वर्णन इस तरह करता है जैसे मानो ये दोनों एक ही नगर के पर्याय हों। आप चकित रह जाते हैं। कहाँ हरियाणा में कुरुक्षेत्र से सटा थानेसर या बाणभट्ट का स्थाण्वीश्वर और कहाँ उत्तर प्रदेश में गंगातट पर बसा कन्नौज (कान्यकुब्ज)। कारण तलाश करने चलें तो पता चलेगा कि कादम्बरी और हर्षचरित में बाणभट्ट ने हर्ष की राजधानी स्थाण्वीश्वर बतायी है और हुएनत्साँग के यात्रा विवरण में हर्ष की राजधानी कान्यकुब्ज है। कान्यकुब्ज गृहवर्मन की राजधानी थी, जिससे हर्षवर्धन की बहन राजश्री का विवाह हुआ था। वह विधवा हो गयी थी और उसे बन्दी बना लिया गया था। किसी तरह छूटकर भागी तो भाई के पास स्थाण्वीश्वर लौट आयी थी। हर्ष ने उसके राज्य का संचालन भी अपने हाथ में ले लिया था या कहें, उसे अपने साम्राज्य में मिला लिया था। बाद में चलकर पश्चिमी सीमान्त की ओर से आते रहने वाले ख़तरों को देखते हुए कान्यकुब्ज को अधिक निरापद मानकर उन्होंने राजधानी स्थाण्वीश्वर से हटाकर कन्नौज कर दी थी। हुएनत्साँग हर्ष के शासन के अवसान–काल में हर्ष के सम्पर्क में आया था इसलिए उसने स्थाण्वीश्वर का ज़िक्र नहीं किया। बाणभट्ट ने जब अपनी रचनाएँ लिखी थीं, उस समय तक राजधानी स्थाण्वीश्वर ही थी। इन दोनों के बीच फ़र्क़ न कर पाने के कारण लेखक ने दोनों में अभेद कर दिया। कहें, एकाधिक साधनों से अधिक गहरी जानकारी जुटाने के क्रम में एक ऐसी भूल हो गयी जो बाणभट्ट की रचनाओं तक सीमित रहने पर न होती।

इससे वर्णन में भी त्रुटियाँ आ गयीं। उदाहरण के लिए उपन्यास के सातवें उच्छ्वास में कान्यकुब्जों के वसन्तोत्सव का बहुत रोचक वर्णन है। इसी अवसर का लाभ उठाकर बाण, भट्टिनी और निउनिया, कुमार कृष्णदेव की व्यवस्था के अनुसार, कान्यकुब्ज से नदी मार्ग से होकर मगध की ओर प्रस्थान करने वाले हैं: "छोटी नौका से यमुना पार करने के बाद गंगातट तक पहुँचने के लिए शिविकाओं और घोड़ों की व्यवस्था कुमार ने ही करा दी थी। दूसरे दिन संध्या तक हम गंगातट तक पहुँच गये।" इस विवरण में यह ध्यान नहीं रहा कि कान्यकुब्ज तो गंगातट पर ही बसा हुआ है। वहाँ से मगध की ओर की यात्रा में यमुना को पार करके गंगातट तक पहुँचने की बात की कोई तुक नहीं बैठती। स्थाण्वीश्वर से नौका में बैठकर प्रस्थान करने का कुछ तुक यह मान लेने पर बन सकता है कि सरस्वती, वर्तमान सरसुती, जो थानेसर के निकट बहती है और पहले बिनसन के पास

जाकर लुप्त हो जाती थी, बाण के समय तक गर्मी में भी सूखती नहीं थी। स्थाण्वीश्वर नगर से दूर पलायन करने, और पीछा करने वालों को भ्रमित करने के लिए, कुछ दूर तक उसका रास्ता चुना गया होगा। फिर आगे चलकर स्थलमार्ग से यमुना तक की यात्रा की गयी होगी। कृष्णदेव इसी को पार कराने के लिए वाहन की व्यवस्था की होगी। एक बार मगध की ओर जाने वाली जलधारा–यमुना–मिल जाने के बाद स्थल मार्ग से गंगातट जाने का औचित्य नहीं रह जाता था।

अब देखें तो इन दोनों राज्यों के इतिहास और पारस्परिक सम्बन्धों को समझने में हुई चूक को इतिहास की छोटी–मोटी चूक नहीं कहा जा सकता। फिर जिस हर्षवर्धन की दादी मगध की गुप्त राजकुमारी थी, जिसकी बहन का विवाह कन्नौज के मौखरि क्षत्रियों के वंश में हुआ था, उसे वैश्य मानना भी तर्कसंगत नहीं लगता। यह कान्यकुब्ज क्षेत्र के बैस क्षत्रियों के नाम के कारण उत्पन्न भ्रम है जिनके कारण उसका नाम बैसवाड़ा पड़ा है।

इसी के साथ यदि सौवीर के यौधेयों की ऐतिहासिक भूमिका को समझना चाहें तो कठिनाई होती है, ''एक बार प्रत्यन्त देश की ओर देखो। यौधेयों ने सौवीर से गन्धार तक आतंक फैला रखा है... रणदुर्मद यौधेयों का दमन न किया गया, तो सद्धर्म का विनाश अवश्यम्भावी है।'' आगे चलकर गिरिवर्त्म पार करके आने वाले प्रत्यन्त दस्युओं का त्रासद वर्णन है। यदि यौधेयों का शौर्य ऐसा है और वे पंजाब से लेकर सिन्ध तक छाये हुए हैं तो प्रत्यन्त दस्युओं को सौवीर के यौधेयों से सबसे पहले निबटना होगा, जो इस सूचना के अनुसार एक तरह से मध्य प्रदेश के रक्षाकवच बने हुए हैं। इसके सामन्तों को हर्ष के अधीन भी होना चाहिए, क्योंकि उनके पिता प्रभाकरवर्धन ने और फिर हर्ष के अग्रज राज्यवर्धन ने हूणों का दमन किया था और सत्ता पाने के कुछ वर्षों के भीतर हर्ष ने गान्धार, सिन्ध, गुजरात तक और पूर्व में बंगाल तक पूरे उत्तर भारत में अपने साम्राज्य का विस्तार कर लिया था और प्राग्ज्योतिष (असम) का राजा भी उनके अनुग्रह का आकांक्षी था। ऐसी स्थिति में अति प्रतापी बाहलीक–विमर्दन, प्रत्यन्त–बाड़व, अज्ञात–प्रतिस्पर्धि–विकट देवपुत्र तुवरमिलिंद की भौगोलिक स्थिति क्या है और वे किस रूप में आर्यावर्त के त्राणकर्ता बने रहते हैं? उनकी पुत्री भट्टिनी किस यात्रा प्रसंग में किसी तरह ज़ान बचाकर भाग निकलती है और कान्यकुब्जेश्वर के शरण्य लम्पटाचारी छोटे राजकुल में आ फँसती है?

द्विवेदी जी स्वयं मानते हैं, ''ऐतिहासिक दृष्टि से तुवरमिलिन्द एक समस्या है।'' हम मान सकते हैं कि भट्टिनी स्वयं की एक समस्या है,

क्योंकि समस्या से समस्या ही पैदा हो सकती है। यदि तुवरमिलिन्द मिलिन्द पञ्हो का मिलिन्द है, तो उसका काल मौर्य वंश के ह्रास–काल (185–45 ई.पू.) में होना चाहिए, जबकि यूनानी विवरणों के अनुसार यवनों ने बाहलीक से साकेत तक के क्षेत्र पर अपना वर्चस्व क़ायम कर लिया था। द्विवेदी जी ने उसे गुप्तकाल के अवसान–काल में पहुँचा दिया। उसकी पुत्री तो इतने बाद हो ही नहीं सकती थी। अतः भटिट्नी की कल्पना कालिदास के मालविकाग्निमित्र की मालविका और कादम्बरी की महाश्वेता को जोड़कर की गयी हो सकती है। मालविका एक सार्थ के साथ जाते समय दस्युओं के आक्रमण में व्यापारियों और रक्षक सैनिकों के घायल या मृत हो जाने की स्थिति में उसी तरह प्राण बचाकर भाग निकली थी जैसी भट्टिनी को दिखाया गया है। महाश्वेता के रंग और रहस्यमय जन्म के विषय में कुछ कहना ही नहीं, उसके पालतू तोते और भटिट्नी की मैना की वाचालता में भी समानता दिखती है।

बाणभट्ट की आत्मकथा यथार्थ और रहस्य, तर्क्य और अतर्क्य, अनुभूत और अतीन्द्रिय बोध के परिवर्तमान स्तरों पर चलती है।

बाणभट्ट की आत्मकथा के किसी चरित्र में कोई नाटकीय विकास नहीं दिखायी देता। उसके चरित्र यदि कुछ करते भी हैं तो वह नगण्य–सा है। घटनाएँ उनके साथ गुज़रती हैं, वे कर्ता से अधिक भोक्ता की भूमिका में रहते हैं और इस भोग की भी ऐसी जीवन्त अभिव्यक्ति शब्दों, क्रियाओं, स्मृतिदंशों, अनुताप या पश्चात्ताप के रूप में नहीं कर पाते, जिससे उनके चरित्र को उभार मिल सके। उदाहरण के लिए छोटा राजकुल, जो महाउदण्ड और व्यभिचारी–सा दिखाया गया है और उसी के कारण हर्ष तक की गर्हणा की जाती है, भटिट्नी को अपने महल में तो रखता है, उसे अपने साथ विवाह के लिए मनाता भी है, परन्तु उसकी असहमति के कारण न तो उसे कोई ऐसी यातना देता है, न सुविधाओं से इस तरह वंचित रखता है, न ही उसके साथ अपनी इच्छापूर्ति के लिए बलप्रयोग करता है कि उसे इतना अधम बताया जा सके। उसका आचरण अधिक से अधिक सामान्य अय्याश भूपतियों–जैसा है। भटिट्नी ने उसके महल में क्या भोगा, इसका कोई ज़िक्र नहीं।

आगे भी वह महावाराह की पूजा छोड़कर कुछ भी ऐसा नहीं करती, जिससे उसके चरित्र में निखार आ सके। बाण, जिसको केन्द्रीय चरित्र होना चाहिए था और जिसे अभिभावक की भूमिका में भी दिखाया गया है,

निउनिया के साथ स्वयं भी उसका सेवक बन जाता है और कुछ भी ऐसा नहीं करता जिससे उस वचनशूरता की पुष्टि हो सके, जो उसके कथन में अनेक बार प्रकट होती है। निउनिया बदनाम होने के बाद भी धवलकीर्ति है। द्विवेदी जी जिस मुक्त आचार को सहज़ता से स्वीकार करते हैं, उस मुक्ति से वह अपनी मुक्ति में भी अछूती रह जाती है। बाण के प्रति उसका जो राग–भाव है, वह 'क्या बताऊँ, भट्ट। मेरी जैसी स्त्री तुम्हारे–जैसे पुरुष से क्यों डरती है, यह बात अगर आज तक तुम्हारी समझ में नहीं आयी, तो अब नहीं आयेगी' से आगे कहीं बढ़ता ही नहीं। इसलिए वह आन्तरिक द्वन्द्व, जो संयम के तकाजे से भी उभर सकता था और जो कहानी को प्राणवान बना सकता था, उभर ही नहीं पाता। भटिट्नी के साथ बाण का भी राग, सेवक से लेकर भक्त तक के दायरे में सिमटा रहता है। वह एक पुरुष का नारी के प्रति अनुराग और आसक्ति तक नहीं बन पाता। भट्टिनी और निउनिया के बीच भी बाण पर किसी तरह की स्पर्धा नहीं। हर्ष नाम के लिए कहानी में आते हैं और कृष्णदेव बहुत कम समय के लिए। कहानी के जिन पात्रों को जीवन्त कहा जा सकता है, वे सामान्य ज़िन्दगी से ही बाहर जा चुके हैं। ये तान्त्रिक साधक और साधिका महामाया, अघोरवज्र, विरतिवज्र आदि हैं। पर ये मायावी जगत के जीव हैं–कभी, कहीं पहुँच जाने वाले और कुछ भी कर सकने वाले, जो उपन्यास के कलेवर में खप नहीं पाते। जहाँ आते हैं, वहाँ भी व्यतिरेकी बने रहते हैं।

द्विवेदी जी ने पन्ने के पन्ने प्रकृति के ऐसे सौन्दर्यवर्णनों पर खर्च किये हैं, जो पुस्तकीय वर्णनों पर आधारित हैं। कादम्बरीकार को केन्द्र बनाकर लिखी गयी रचना में इसका होना बहुत अनुचित नहीं है। पर पात्र की तत्कालीन संवेदना से उनका सम्बन्ध नहीं बैठ पाता। इनमें जिन पेड़ों, पक्षियों का वर्णन किया गया है, जिन उपमाओं का सहारा लिया गया है, वे परम्परालब्ध अधिक हैं। ये अलग से चिपकाये हुए–से लगते हैं।

इस तरह के अनेक दोषों के कारण यह उपन्यास की कसौटी पर खरा उतरता ही नहीं। नामवर जी के अनुसार द्विवेदी जी को भी इसका बोध था, इसलिए वह अपने उपन्यासों को 'गप्प' कहा करते थे। गल्प का उनके द्वारा सुना गया यह तद्‌भव इस बात की स्वीकृति भी है कि वे स्वयं मानते थे कि उनकी कथाकृतियों का यथार्थपरकता से दूर का भी सम्बन्ध नहीं है। यह कहना ग़लत न होगा कि यह उपन्यास–विधा में लिखी कृति है ही नहीं। इसे आख्यायिका और उपन्यास के बीच की कोई चीज कहा जा सकता है

और इस बीच की चीज़ के उपयुक्त आलोचकों द्वारा अब तक कोई खाना तैयार न किये जाने के कारण इसकी आलोचना करना भी कठिन है। इसे इस आधार पर ख़ारिज अवश्य किया जा सकता है।

मजेदार बात यह है कि द्विवेदी जी को हिन्दी लिखनी ही नहीं आती थी। विश्वास न हो तो उन बनारसी भाषामर्मियों को याद कर लीजिये, जो इसे उदाहरण देकर समझाया करते थे और जिन्होंने द्विवेदी जी का बनारस में टिकना असम्भव बना दिया था। बाणभट्ट की आत्मकथा में ही 'मेरे लिए सभी नमस्य हैं', 'प्रीत हूँ', 'प्रस्थित हुआ', 'व्यवस्थित बुद्धिता में व्यतिक्रम पैदा कर रही है', 'बुद्धि शाणित की है', 'सप्रश्रय कष्ट से कहा', 'साध्वसवश उठने लगा', 'भट्टिनी अभी तक उपोषित हैं', 'कपोत–कर्बुर भस्म में परिणत हो गया', 'वे सब समय और सभी अवस्था में धर्म नहीं थे' जैसे प्रयोग क्या इस बात के प्रमाण नहीं है कि लेखक को हिन्दी की प्रकृति, विन्यास और व्याकरण की समझ नहीं है? बहुत सारे कष्टकर प्रयोग, जिनका मूल रचनाकार की शैली का आभास देने से भी कोई गहरा सम्बन्ध नहीं लगता और जिन्हें हिन्दी ही नहीं, संस्कृत की मोटी जानकारी रखने वाले तक नहीं समझ पाते, यदि हिन्दी पर्यायों में रखे गये। होते तो क्या कोई क्षति हो जाती? जब लेखक हिन्दी के 'हड़बड़ाकर' के स्थान पर बांग्ला का धड़फड़ प्रयोग में ला सकता है, अटकलपच्चू, धधाकर, मस्त परवा, कै बार, अगर–जैसे प्रयोग कर सकता है, तो ऐसा करने में कोई बाधा तो थी नहीं।

इसके बाद अब रचना में जो कुछ भी बचा रह जाये, उसकी कोई सार्थकता रह ही नहीं जाती। शुद्ध उपन्यास और ऐतिहासिक उपन्यास को बचाने के क्रम में मल दूर करते–करते कलेवर मलबे में बदल चुका है। इस विवेचन में रचना ही नहीं पूरा ध्वस्त हो चुकी है, हिन्दी साहित्य भी ध्वस्त हो चुका है, क्योंकि जिस भाषा के मूर्धन्य लेखकों में से एक की उत्कृष्ट कृति का यह हाल है, उसका शेष साहित्य कैसा होगा?

हमने यहाँ केवल यह देखा कि कैसे रचना का बहुत बारीकी से पाठ करने के बाद भी बुद्धिबली आलोचक रचना के भीतर प्रवेश तक नहीं कर पाते। पाठक, जिसे बुद्धिबली आलोचक ने अपने 'ज्ञान' से आतंकित नहीं किया है, सीधे रचना में प्रवेश करता है और यदि रचना में रम्यता हुई तो उसे मुग्ध भाव से पढ़ता है। वे बातें उसे नज़र तक नहीं आतीं जो केवल आलोचक को नज़र आती हैं और जिन्हें छोड़कर उसे कुछ नज़र नहीं आता। यदि नज़र भी आती हैं तो वह इनको आयी–गयी करके आगे बढ़ जाता है।

कारण, इनका रचना के सारतत्त्व से सम्बन्ध नहीं होता। मिसाल के लिए मान लीजिए यह इतिहासकथा न होती, कोरी काल्पनिक कथा होती, या केवल किंवदन्ती पर आधारित होती, जिसमें काल और स्थान अक्सर गड्ड–मड्ड हो जाते हैं, तो? भाषा की जिन भूलों की ओर हमने ध्यान दिलाया, वे यदि पात्रों की अपनी अटपटी भाषा के लिए सचेत रूप में प्रयोग किये गये होते, तो?

बाणभट्ट की आत्मकथा हिन्दी की अनन्य कृति है। यह ठीक उस अर्थ में ऐतिहासिक रचना नहीं है जैसे वृन्दावनलाल वर्मा या चतुरसेन शास्त्री के उपन्यास हैं। हम इस अन्तर की चर्चा आगे करेंगे।

यह भी एक भ्रान्त धारणा है कि इतिहास बीत चुका होता है और वर्तमान इतिहास से कटा हुआ होता है। मनुष्य भविष्य की ओर आँख गड़ाये तीन चौथाई अतीत में और एक चौथाई वर्तमान में जीता है और उसका वर्तमान आचरण भी उसके पूर्वलब्ध संस्कार, ज्ञान, योग्यता और आदत से निर्धारित होता है। समाज का एक बहुत बड़ा हिस्सा वर्तमान में जीता ही नहीं और वह न तो देश से बाहर किया जा सकता है और न काल से हम कह सकते हैं कि वह वर्तमान में इतिहास या इतिहास–से–घिरे–वर्तमान में जीता है। और फिर आसन्न अतीत और सुदूर अतीत की दूरी भी अक्सर मिट जाया करती है। सुदूरतम अतीत अक्सर वर्तमान का हिस्सा बना रहता है, इसे निर्देशित करता रहता है, जबकि आसन्न अतीत या वर्तमान तक से भी हम अनवधान रह जाते हैं। यह भी एक भ्रम है कि सुदूर अतीत को लेकर लिखा गया उपन्यास ऐतिहासिक उपन्यास है और वर्तमान चरित्रों को लेकर लिखा गया अनैतिहासिक।

वास्तविकता यह है कि इतिहास पुरुष वर्तमान और अतीत दोनों में होते हैं। जो इतिहास को नया मोड़ देते हैं। या इस पर अपनी स्पष्ट छाप छोड़ जाते हैं, वे इतिहास पुरुष हैं। जब हम वर्तमान या अतीत किसी के भी इतिहास निर्माता चरित्रों को लेकर कथा लिखते हैं, तो चरित्रों के साथ पूरा न्याय करने के लिए उनके विषय में अधिकतम जानकारी एकत्र करते हैं और रचना को उस जानकारी के अनुसार प्रामाणिक बनाने के लिए उसे दस्तावेज़ी बनाते जाते हैं। इससे उन चरित्रों की अपनी जीवनदृष्टि को इन सूचनाओं के अम्बार के कारण गहराई में समझ ही नहीं पाते। उनके मान्य चरित्र से अनमेल कार्यों, अन्तर्द्वन्द्वों और दृष्टियों को अपनाने की छूट नहीं होती। उनके अज्ञात जीवन के जो कोने बचे रहते हैं उन्हीं के संकरे दायरे

में मामूली छूट लेने की अर्थात् कुछ रचने और नया कहने की सम्भावना पैदा होती है। इसलिए ऐतिहासिक कथाएँ जितनी ही प्रामाणिक होती जाती हैं, उतनी ही निष्प्राण होती जाती हैं और प्रामाणिकता से जितनी ही दूर होती जाती हैं, उतनी ही अविश्वसनीय होती जाती हैं। जो लोग अपनी जीवनी में समकालीन घटनाओं, महापुरुषों और आन्दोलनों को समेटने का प्रयास करते हैं, उनकी जीवनी भी क़ीमती पत्थरों की खड़खड़ाहट से भरी बोरी बन जाती है। इसलिए अनेक कलामर्मी लेखकों ने अपने बचपन से आगे की आत्मकथा तक लिखने की ज़रूरत नहीं समझी। वहीं वे निर्व्याज रूप में अपने को और उन कच्चे अनुभवों में बन्द उस बीते हुए समय को दिखा सकते हैं। उसके आगे का सबकुछ कारोबारी हिसाब या राग–द्वेष का पिटारा बनकर रह जाता है। इसका यह अर्थ नहीं कि आगे की उम्र की आत्मकथा लिखी ही नहीं जा सकती। कहना केवल इतना है कि इसके आगे अपने को उबारने या ऊँचा उठाने की चिन्ता प्रधान हो सकती है, दस्तावेज़ी तथ्यपरकता बढ़ सकती है और यह आत्मकथा को निस्सार बना सकती है। अतः देखना केवल यह है कि जिस भी देश–काल को आपने चुना है, उसमें आपको कितनी छूट मिल पाती है, जिसका अर्थ है, ख्यात और ज्ञात चरित्रों और घटनाओं के बीच जो कुछ छिपा रह जाता है उसको आप किस रूप में और कितनी गहनता में जाकर उकेर पाते हैं। जब आप वर्तमान या अतीत को काल के रूप में लेते हैं और चरित्र कुछ ज्ञात चरित्रों को दृष्टि में रखते हुए स्वयं गढ़ते हैं तो यह छूट सर्वाधिक मिलती है और बाध्यताएँ अल्पतम होती हैं, इसलिए अपेक्षाकृत उत्कृष्ट रचनाएँ यहीं सम्भव हो पाती हैं। कहानी तो अक्सर आरम्भ ही इस प्रस्ताव के साथ होती थी कि बहुत दिन पहले, दूर देश में एक राजा या रंक या किसान या ठग रहता था। हिस्ट्री और स्टोरी का अर्थ एक ही है। आज भी कहानी के लिए वर्तमान से अधिक अतीत ही अर्थवान है।

द्विवेदी जी ने अपने सभी उपन्यासों में ऐसे चरित्रों को लिया है जिनके विषय में बहुत कम ज्ञात है और उनमें भी वह जब ज्ञात के सर्वाधिक निकट होना चाहते हैं तो रचना कमज़ोर पड़ जाती है। बाणभट्ट की आत्मकथा न तो इतिहास कथा है, न आत्मकथा। इसलिए इसमें इतनी छूट ली गयी है कि कई दृष्टियों से बाणभट्ट के व्यक्तित्व से अनमेल और स्वयं द्विवेदी जी के व्यक्तित्व से मेल खाने वाली बातें और उक्तियाँ मिल जायेंगी।

परन्तु इसके बाणभट्ट की आत्मकथा न होने का प्रधान कारण यह है कि कादम्बरी और हर्षचरित में प्राप्त संक्षिप्त सूचनाओं को छोड़कर

बाणभट्ट के जीवन के विषय में द्विवेदी जी को और प्रकारान्तर से कहें तो अन्य विद्वानों को भी कुछ विशेष पता नहीं है। फिर "बाणभट्ट की आत्मा शोणनद के प्रत्येक बालुका कण में वर्तमान है।" हम संक्षेप में कहें तो देश–काल के स्तर पर यह इतिहास से और वह भी एक व्यापक कालखण्ड से जुड़ी कृति है और अन्तर्वस्तु के स्तर पर इतनी आधुनिक कि इहकालिक चरित्रों और परिघटनाओं को लेकर लिखे गये उपन्यास इससे पिछड़े और बासी प्रतीत हों। उनके सामने घटना और चरित्र की अपेक्षा युग रहता है और यह युग एक कसा हुआ कालखण्ड न होकर अधिक फैला रहता है और इसका एक आसंग फैलकर वर्तमान की आत्मा से जुड़ जाता है। इस तुलना का कोई अर्थ नहीं है, क्योंकि द्विवेदी जी के सामने अपने मॉडल के रूप में कोई अन्य लेखक नहीं था, फिर भी हम कह सकते हैं, संयोगवश, हावर्ड फास्ट की तरह।

इस कथा में द्विवेदी जी ने बाणभट्ट की शैली का अवश्य उसी उल्लास और अधिकार से प्रयोग किया है जिससे बाणभट्ट के पुत्र ने अधूरी कादम्बरी को पूरा करने के लिए इसके उत्तर–भाग की रचना की थी। हिन्दी में इस शैली का निर्वाह एक चुनौती थी और इसे द्विवेदी जी–जैसी प्रसन्न चेतना का रचनाकार ही स्वीकार कर सकता था। पर इसीलिए बाणभट्ट की आत्मकथा की भाषा और शैली, विशद् और रूढ़ प्रकृति–वर्णन, नवनवीन उद्भावनाओं की श्रृंखला, काव्यात्मकता और भावविह्वलता के प्रदर्शन प्रायः आकर कथा के प्रवाह में अवरोध बनते दिखायी देते हैं। "वे मद को भी मदमत्त बना रही थीं, राग को भी रंग रही थीं, आनन्द को भी आनन्दित कर रही थीं, नृत्य को भी नचा रही थीं और उत्सव को भी उत्सुक कर रही थीं।... वे उजड़े हुए देव मन्दिर की भाँति, रास्ते में फेंकी हुई प्रतिमा की भाँति, कीचड़ में धँसी हुई मालती–माला की भाँति अपनी प्रतिष्ठा खो चुकी थीं, अपना सम्मान भूल चुकी थीं और अपनी शुचिता म्लान कर चुकी थी" और "वहाँ गुरु का सारा उपदेश भूलकर वे लिखित की भाँति, उत्कीर्ण की भाँति, स्तम्भित की नाईं, उपरत के समान, प्रसुप्त की तरह, योग–समाधिस्थ की भाँति निश्चल होकर भी व्रत से चलित हो गये होंगे।" यह कादम्बरी और हर्षचरित के सौष्ठव के आत्मसातीकरण के बाद लेखक के प्रफुल्ल चित्त से उमड़कर आई शैली है, जिसमें प्रायः बाण के विशिष्ट प्रयोग–कपोत–कर्बुर चितकबरा, साध्वस–हड़बड़ी, उपोषित–निराहार आदि भी आवेग से हिमनद के साथ बहती चली जाने वाली चट्टानों की तरह दिख जाते हैं,

जिनकी खरोंच नदी के शान्त हो जाने पर अन्य चट्टानों पर बनी रहती है, पर प्रवाह के समय प्रवहमान हिमखण्डों से अलग इनकी पहचान न तो लेखक को रही होगी, न ही इसे तल्लीन होकर पढ़ने वाले पाठकों को रहती है।

परन्तु जब लेखक हमें सचेत करता है कि इसे ऑटोबायोग्राफी वाले अर्थ में, आत्मकथा के रूप में, न पढ़ा जाये, तो इसका प्रधान कारण, जैसा कि हम कहते आये हैं, यह है कि उसका लक्ष्य बाण की आत्मकथा लिखना नहीं, अपितु बाण के बहाने मध्यकालीन सामाजिक और राजनीतिक यथार्थ को कथाबद्ध करना था और साथ ही उसके माध्यम से वर्तमान की समस्याओं से टकराना था। अतः कहानी के केन्द्र में दिखते हुए भी बाणभट्ट या निपुणिका या भट्टिनी इसके केन्द्र में नहीं है, न ही उस सीमित दौर का इतिहास केन्द्र में है, जिसमें बाण पैदा हुए थे। केन्द्र में मध्यकालीन यथार्थ है, जिसे द्विवेदी जी बाणभट्ट से पहले और बाद की कृतियों के कतिपय अंशों का मनचाहे ढंग से उपयोग करते हुए ही नहीं उकेरते हैं, अपितु उनके पूरे कालखण्ड की ऊभचूभ को समेटते हैं। यह परम्परावादी विचारकों, जिनमें आचार्य शुक्ल भी आते हैं, की नज़र में आने वाला मध्यकाल नहीं है, जिसमें तत्कालीन समाजव्यवस्था और मूल्यव्यवस्था से विद्रोह करने वालों को पलायनवादी या भटके और सिरफिरे मनचलों की जमात के रूप में प्रस्तुत किया जाता रहा है; जिसकी मूल्य–व्यवस्था–प्रभुवर्ग द्वारा मान्य सात्त्विक जीवन, सात्त्विक भोजन, 'मर्यादित आचरण'–का निर्वाह करने में असमर्थ जनों या भिन्न मूल्यव्यवस्था वाले समाजों के प्रति तिरस्कार और घृणा दर्शायी जाती रही है, जो कि सनातनी मूल्य प्रणाली, सतही दृष्टि और आत्मकेन्द्रित सोच का परिणाम है।

लगता है, द्विवेदी जी ने इसे दो सन्दर्भों में समझने का प्रयत्न किया था। एक तो यह कि दुनिया में ऐसे अनेक समाज हैं जिनमें मद्यपान प्रचलित है, जो मांसाहारी हैं, जिनमें स्त्रियों पर उस तरह के प्रतिबन्ध नहीं है, और इसके बाद भी वे नैतिक, बौद्धिक और सांस्कृतिक दृष्टि से सवर्ण हिन्दू समाज से कुछ आगे ही पड़ते हैं, अतः आचार के ये बन्धन श्रेष्ठता के सूचक नहीं। दूसरे यह कि भारत के ही जनजातीय समाज में सामान्य जीवन में इनके प्रति कोई मानसिक अवरोध नहीं रहा है, अतः वर्णवादी संयम आदि को श्रेयस्कर बताने का अर्थ उनके जीवनमूल्यों का तिरस्कार है। इसलिए वह पंचमकार कहकर 'निन्दनीय' बताये जाने वाले आचरण को लोकधर्म का अंग मानते हैं, और इन्हें भिन्न प्रकार की मूल्यदृष्टि के रूप में सम्मान देते हैं।

इसी अर्थ में वह सौगत मत को लोकायत मत में परिवर्तित होते देखते हैं। इसे लोकधर्म में घुल–मिल जाने का सूचक मानते हैं। हम यह भी कह सकते हैं कि वह लोकधर्म को वैकल्पिक ही नहीं, उच्चतर मूल्य के रूप में रखते दिखायी देते हैं। सामाजिक और राजनीतिक घुटन और संकट से मुक्ति दिलाने में वह तन्त्र और अन्तःसाधना की सकारात्मक भूमिका को रेखांकित करते हैं, जो पहली नज़र में हमें अपने आग्रह–जनित अज्ञान के कारण कुछ विचित्र और दूरारूढ़ प्रतीत होता है। जब हम सिद्धों और गोरखपन्थियों के वर्णवाद–विरोधी आन्दोलन की ओर देखते हैं, तो कम से कम उनकी सामाजिक जागरूकता और समाज में उनकी सुविचारित सक्रिय भूमिका पर सन्देह का कारण नहीं दीखता।

उनकी राजनीतिक सक्रियता का विचार हो सकता है, द्विवेदी जी को संन्यासियों के उस आन्दोलन के कारण सूझा हो, जिसे लेकर बंकिम बाबू ने आनन्दमठ लिखा था। प्रत्यन्त दस्युओं के आक्रमण की सम्भावना देखकर महामाया जनता को, अपने राजा और वेतनभोगी क्षत्रिय सैनिकों की रक्षा–शक्ति को अपर्याप्त मानकर, उद्बोधित करती हैं, "अमृत के पुत्रों, मैं ऊर्ध्वबाहु होकर चिल्ला रही हूँ, यह अशुभ लक्षण है। अपने आपको बचाओ, धर्म पर दृढ़ रहो, न्याय के लिए मरना सीखो, ब्राह्मण से चाण्डाल तक एक हो जाओ–चट्टान की तरह दुर्भेद्य एक। यही बचने का उपाय है।" प्रेरणा बंकिम से भले मिली हो, पर द्विवेदी जी में वे सीमाएँ देखने में नहीं आतीं। जिनके लिए बंकिम बाबू की आलोचना की जाती है। ये उक्तियाँ द्रष्टव्य हैं, "महामाया जिन्हें म्लेच्छ कह रही हैं वे भी मनुष्य हैं। भेद इतना ही है कि उनमें सामाजिक ऊँच–नीच का ऐसा भेद नहीं है। जहाँ भारतवर्ष के समाज में एक सहस्र स्तर हैं वहाँ उनके समाज में कठिनाई से दो–तीन होंगे।... भारतवर्ष में जो ऊँचे हैं, वे बहुत ऊँचे हैं, जो नीचे हैं उनकी निचाई का कोई आर–पार नहीं, परन्तु उनमें सब समान हैं। क्या ऐसा नहीं हो सकता कि ऊँची भारतीय साधना उन तक पहुँचायी जा सके और निकृष्ट सामाजिक जटिलता यहाँ से हटायी जा सके? जब तक ये दोनों बातें साथ–साथ नहीं हो जातीं तब तक समाज में शाश्वत शान्ति असम्भव है।... म्लेच्छों में शायद शास्त्रचर्चा का अभाव है, धर्मसाधना की कमी है, दारिद्र का वास है। ये बातें अगर सुधार दी जायें तो वहाँ स्वर्ग बना ही हुआ है। यहाँ स्वर्ग बनना कठिन है।... एक जाति दूसरे को म्लेच्छ समझती है, एक मनुष्य दूसरे को नीच समझता है, इससे बढ़कर अशान्ति का कारण और क्या हो सकता है?

वह बंकिम बाबू के ठीक विपरीत युद्ध और विजय को सामाजिक और मानसिक विकृति के रूप में देखते हैं और मनुष्य मात्र के साथ लगाव को शान्ति और समृद्धि की ज़रूरी शर्त मानते हैं: "नरलोक से किन्नर लोक तक व्याप्त एक ही रागात्मक हृदय का सन्धान पाना बाकी है।... नीचे से ऊपर तक एक ही रागात्मक हृदय व्याप्त है।" यहाँ यह संकेत ज़रूरी है कि किन्नर शब्द का प्रयोग बहुत अर्थों में हुआ है। किन्नर का शाब्दिक अर्थ है, 'क्या ये भी मनुष्य हैं?' जिन जनों की जीवनशैली वैदिक मत से बिलकुल अनमेल पड़ती थी, उनके लिए इसका प्रयोग होता था। उनके लिए असुर, वृत्र आदि का भी प्रयोग प्रचलित था। उत्तर के पर्वतीय क्षेत्रों में इन जातियों का निवास स्थान था, जिसकी याद किन्नौर के नाम में ही नहीं, हिमाचल की लोककथाओं और सांस्कृतिक आयोजनों में भी बनी रह गयी है। वे अपना सम्बन्ध वृत्र से जोड़ते हैं। अतः किन्नर का प्रयोग करते हुए वह उन सभी संस्कृतियों और धर्मप्रणालियों की ओर संकेत करते हैं, जिन्हें हम अमानुष, विधर्मी, धर्मद्रोही, असुर आदि नामों से याद करते हैं।

व्योमकेश शास्त्री का यह कथन ठीक है कि 'सारी कथा में स्त्री महिमा का बड़ा तर्कपूर्ण और जोरदार समर्थन है। परन्तु यह उस तरह का समर्थन नहीं है जो आज के नारीवादियों में पाया जाता है। यह सच है कि बाणभट्ट की आत्मकथा में पुरुष प्रधान मूल्यों और अपेक्षाओं की खुली भर्त्सना है और नारी की मुक्ति का प्रचल समर्थन है, पर जैसे साधना के मामले में उनकी चिन्ताएँ धर्माश्रयी या मताश्रयी न होकर मानवतावादी हैं, उसी तरह यहाँ भी उनकी चिन्ताएँ लिंगाश्रयी न होकर सामाजिक हैं, जिनमें यथास्थिति से असन्तोष ही नहीं, विद्रोह का स्वर भी सुनाई पढ़ सकता है, "इस उत्तरापथ में लाख–लाख निरीह बहुओं और बेटियों के अपहरण और विक्रय का व्यवसाय क्या नहीं चल रहा है?... आप लोगों में से कौन नहीं जानता कि महाराजाधिराज स्वयं शुद्धशील होकर भी सैकड़ों ऐसे सामन्तों को आश्रय दिये हुए हैं जिनका एकमात्र प्रताप कन्याहरण में ही प्रकट होता है!" उनके यौनमुक्ति के तर्क भी अधिक गहराई से, हमारी विशिष्ट प्रकृति को सम्मान देते हुए उभरते हैं, "मानवदेह केवल दण्ड भोगने के लिए नहीं बना है, आर्य! यह विधाता की सर्वोत्तम सृष्टि है यह नारायण का पवित्र मन्दिर है।... क्यों नहीं मनुष्य अपने सत्य को अपना देवता समझ लेता आर्य?"

द्विवेदी जी स्त्री को पुरुषवत् या पुरुष के समकक्ष बनाने के हामी नहीं हैं। वह पूरी मूल्यचेतना में परिवर्तन की माँग करते हैं। यह केवल नारी की

मुक्ति तक सीमित नहीं है, जो जैनेन्द्र की सुनीता, भगवतीचरण वर्मा की चित्रलेखा, यशपाल की दिव्या या इलाचन्द्र जोशी की मनोविश्लेषणवादी रचनाओं में झलकता है। यह अज्ञेय के 'शेखर : एक जीवनी' या 'नदी के द्वीप' या 'अपने–अपने अजनबी' की भी समस्या नहीं है, जिसमें एक सीमित दायरे में तर्क, मनोविश्लेषण और आत्मदर्शन के बहाने प्रेम और सहवास के औचित्य की तलाश की जाती है। यह पूरे मनुष्य के आत्मबोध और मुक्ति की यात्रा है जिसमें वह केवल स्त्री नहीं रह जाती, न ही पुरुष की समकक्षता पाना चाहती है। वह अपनी मूल प्रकृति में स्थित होकर ही अपनी महिमा हासिल करती है, "स्त्री प्रकृति है। वत्स, उसकी सफलता पुरुष को बाँधने में है, किन्तु सार्थकता पुरुष की मुक्ति में है।... तू क्या अपने को पुरुष समझ रहा है और मुझे स्त्री? यही प्रमाद है। मुझमें पुरुष की अपेक्षा प्रकृति की अभिव्यक्ति की मात्रा अधिक है, इसलिए मैं स्त्री हूँ। तुझ में प्रकृति की अपेक्षा पुरुष की अभिव्यक्ति अधिक है, इसलिए तू पुरुष है। यह लोक की प्रज्ञप्तिप्रज्ञा है, वास्तव सत्य नहीं... यद्यपि तुझ में तेरे ही भीतर के प्रकृति–तत्त्व की अपेक्षा पुरुष तत्त्व अधिक है; पर वह पुरुष तत्त्व मेरे भीतर के पुरुष–तत्त्व की अपेक्षा अधिक नहीं है। मैं तुझसे अधिक निःसंग, अधिक निर्द्वन्द्व और अधिक मुक्त हूँ।''

द्विवेदी जी उन तमाम विचार–श्रेणियों को काटकर निकल जाते हैं जिनके भीतर दूसरे लेखक सिमटकर रह जाते हैं और इसके बाद उनकी विशिष्ट कसौटियों पर भी खरे उतरते हैं: "जब तक तुम पुरुष और स्त्री के भेद को नहीं भूल जाते, तब तक तुम अधूरे हो, अपूर्ण हो, आसक्त हो।... देखो, न तो प्रवृत्तियों को छिपाना उचित है, न उनसे डरना कर्तव्य है और न लज्जित होना युक्तियुक्त है।... किसी से भी न डरना, गुरु से भी नहीं, मन्त्र से भी नहीं, लोक से भी नहीं, वेद से भी नहीं'' और ''प्रत्येक व्यक्ति का देवता अलग होता है। देवता का परिचय शायद प्रवृत्तियाँ ही कराती हैं। हम बहुत बार अपने देवता को मन–ही–मन पूजते तो रहते हैं, पर हमें पता नहीं होता।''

द्विवेदी जी का विशेष अध्ययन और चिन्तन मध्यकालीन समाज और धर्मसाधना से जुड़ा रहा है, पर वे इसकी मर्यादा के भीतर रहकर भी उन समस्याओं से टकराते हैं, जिनसे अधिकांश लेखक बचकर निकलने का प्रयत्न करते रहे हैं। वह धर्म से भागते नहीं हैं, उसके जड़ कर्मकाण्डी, अन्धविश्वासी और ग्रन्थानुगामी चरित्र की सीमाओं को पहचानते हुए,

इनकी व्यर्थता को उजागर करते हैं। वह उसके मानवतावादी और उदात्त पक्ष को उभारकर उसकी परिभाषा बदल देते हैं और इस तरह उसे एक सार्वदेशिक और सार्वकालिक आयाम दे देते हैं, "जितने बँधे–बँधाये नियम और आचार हैं, उनमें धर्म अँटता नहीं। वह नियमों से बड़ा है। मैं जिनको धर्म समझता रहा वे सब समय और सभी अवस्था में धर्म नहीं थे, जिन्हें अधर्म समझता रहा, वे सब समय और सभी अवस्था में अधर्म ही नहीं कहे जा सकते।"

उनकी त्रिपुरसुन्दरी भी तान्त्रिकों की काली या भैरवी नहीं है। यह वाममार्गी दार्शनिक चिन्ता के केन्द्र में स्थित प्रकृति या आदिप्रकृति है, जिसे समस्त चराचर जगत में विद्यमान माना जाता है, "जिस दिन तुम्हें यह मालूम हो जायेगा कि जिसे तू धर्म समझ रहा है, वह अधर्म और जिसे अधर्म समझ रहा है वह धर्म है उस दिन तू त्रिपुरसुन्दरी का साक्षात्कार पा सकेगा।... इस ब्रह्माण्ड का प्रत्येक अणु देवता है। त्रिपुरसुन्दरी ने जिस रूप में तुझे सबसे अधिक प्रभावित किया है, उसी की पूजा कर।"

धर्म उनके यहाँ केवल आत्मसाक्षात्कार या आत्मोद्धार का मार्ग भी नहीं है। वह न्याय और सत्य के लिए प्राणान्तपर्यन्त संघर्ष का रूप ले लेता है, "धर्म की रक्षा अनुनय–विनय से नहीं होती; शास्त्रवाक्यों की संगति लगाने से नहीं होती, वह होती है अपने को मिटा देने से। न्याय के लिए प्राण देना सीखो, सत्य के लिए प्राण देना सीखो, धर्म के लिए प्राण देना सीखो।... यदि तुम यह नहीं समझते कि न्याय पाना मनुष्य का धर्मसिद्ध अधिकार है और उसे न पाना अधर्म है, तो भारतवर्ष का भविष्य अन्धकार से आच्छन्न है।" जब धर्म की परिभाषा इतनी व्यापक हो जाती है कि उसमें सत्य और न्याय चाहे वह सामाजिक हो या आर्थिक–सभी सिमट आयें, तो द्विवेदी जी उन सभी आन्दोलनों और संगठनों और एकल व्यक्तियों के साथ खड़े दिखायी देते हैं, जो सत्य और न्याय को व्यक्ति का मौलिक अधिकार मानते हैं। जब वह सत्य और न्याय के लिए संघर्ष करने का एक नैतिक कर्तव्य और ऐसा न कर पाने को कर्तव्य से पलायन या अधर्म कहते हैं तो उनकी धर्म–सीमा में वे सभी आन्दोलन और विचारधाराएँ भी सिमट आती हैं, जो कभी सक्रिय रही हैं, या आज हैं। उनकी संघर्षशीलता में प्राण जाने की चिन्ता किये बिना सत्य और न्याय के लिए संघर्षरत रहने की बात आती है, इसलिए विफल होने पर 'धर्म–विरत' होने का विकल्प नहीं आता। आत्मरक्षा के लिए हिंसा से बचने के लिए हिंसा की बात भी आती है, परन्तु रक्तक्रान्ति की बात नहीं आती, क्योंकि "मनुष्य जितना देता है उतना ही पाता है।

प्राण देने से प्राण मिलता है, मन देने से मन मिलता है।" यहाँ एक ध्वनि यह भी बनी रहती है कि जो कुछ हिंसा से प्राप्त होता है वह बल प्रयोग से ही क़ायम भी रह सकता है और इसमें कमी आने पर हाथ से सरक भी सकता है। अतः आन्दोलन और ध्येय प्राप्ति के लिए उच्च आदर्शों का निर्वाह करते हुए पूरे समर्पण–भाव से लगे रहना और इससे बृहत्तम जनसमाज को प्रेरित करना ही श्रेयस्कर है। जो काम वशीकरण से कराया जा सकता है, वह हिंसा से सम्भव नहीं और "वशीकरण अपने को सम्पूर्ण रूप से उत्सर्ग करने को कहते हैं। तुमने न तो अपने को निःशेष भाव से ही दिया, न दूसरे को निःशेष भाव से पाने का ही प्रयत्न किया है।"

एक रचनाकार के रूप में द्विवेदी जी एक महत्त्वपूर्ण प्रश्न खड़ा करते हैं, क्या समाज या व्यवस्था को साहित्य और कला के माध्यम से बदला जा सकता है? यदि यह सम्भव नहीं है तो क्या इन्हें इस कार्य पर नियोजित करना उचित है? "क्या यह सम्भव है कि काव्य से मनुष्य की दयाहीन–विवेकहीन–धर्महीन प्रवृत्तियाँ उच्चतर कार्य में नियोजित हो जायें? कालिदास के काव्य से यह उद्देश्य सिद्ध हुआ है?" वह स्पष्टतः स्वीकार करते हैं कि कविता से सामाजिक परिवर्तन नहीं लाया जा सकता, "इस आर्यावर्त के जटिल स्तर–भेद को दूर करने के लिए तो मेरे पास कोई शक्ति है ही नहीं।" प्रश्न कठिन है और जिस भटिट्नी से यह किया गया है उस पर विश्वास करें तो उसमें शक्ति का संचार स्वयं बाण की कविता ने किया है जिससे वह समाज सेवा की ओर प्रवृत्त हुई है। साहित्य संवेदनप्रवण व्यक्तियों को प्रेरित करके उनके माध्यम से उन कार्यों में सहायक हो तो सकता है, परन्तु सीधे हस्तक्षेप से उनकी मानसिकता को बदल नहीं सकता।

बाणभट्ट की आत्मकथा का पुस्तक रूप में प्रकाशन 1946 में हुआ था। इससे पहले धारावाहिक प्रकाशन 'विशाल भारत' में हुआ था। अतः इसके लेखन का समय 1946 से कुछ पहले का मानना होगा। कहें, द्विवेदी जी ये प्रश्न उस समय उठा रहे थे जब प्रगतिशील आन्दोलन ने इस दिशा में एक पहल–सी की थी। स्वयं द्विवेदी जी जो बाणभट्ट की आत्मकथा में धर्म, समाजव्यवस्था, राजव्यवस्था आदि के विविध प्रश्नों से टकराते हैं, यह तय नहीं कर पाते कि साहित्य के कार्यभार में साहित्येतर अपेक्षाओं को प्रमुखता दी जा सकती है या नहीं। कारण, इससे पहले इसी प्रयोजन से जो कुछ लिखा गया है, उसका कोई लाभ हुआ दिखायी नहीं देता, क्योंकि उसके प्रयासों को निष्प्रभाव करने वाली अधिक शक्तिशाली संस्थाएँ समाज में

मौजूद रही हैं और आज भी हैं, "महापुरुषों ने करुणा और मैत्री के अनेक उपदेश दिये हैं, भ्रातृ–भाव और जीव–दया के बहुत ग्रन्थ लिखे हैं, पर उन्हें सफलता नहीं मिली है। मेरा मन कहता है, जब तक राज्य रहेंगे सैन्य संगठन रहेंगे पौरुष दर्प रहेगा, तब तक यह होता ही रहेगा, परन्तु क्या कभी सम्भव है कि मानव समाज में राज्य न हों सैन्य संगठन न हों, सम्पत्ति–मोह न हो?" और यदि यह स्थिति आ सकती या लायी जा सकती है, तो वह साहित्य के माध्यम से तो सम्भव नहीं।

द्विवेदी जी की इतिहास दृष्टि ऐतिहासिक कथाएँ लिखने वाले दूसरे लेखकों से इतनी भिन्न है कि उन्हें ऐतिहासिकता की परिधि में रखकर समझा ही नहीं जा सकता। उदाहरण के लिए वृन्दावनलाल वर्मा, जो ऐतिहासिक उपन्यासकारों में सर्वोपरि हैं, इतिहास को इतिहासवत् बनाते हुए, उसके भीतर हिन्दू मूल्यों–मानों और आदर्शों को रेखांकित करते हुए, समाज में आत्मविश्वास पैदा करने का प्रयत्न करते हैं। इससे आगे वह अपने समय की सीमा में बँधे रह जाते हैं। वह इतिहास की वर्तमानता और वर्तमान की ऐतिहासिकता को रेखांकित करने की आवश्यकता नहीं अनुभव करते। उनके विपरीत द्विवेदी जी की इतिहास दृष्टि इतिहास को वर्तमान से जोड़ती और वर्तमान की जड़ों को इतिहास में ही नहीं, चेतना और मनोरचना की उन गहराइयों में भी खोजती दिखायी देती है, जिनका निर्माण एक लम्बे दौर में अनेक संघातों के बीच हुआ है। "यह उन्मत्त उत्सव, ये रासक गान, ये श्रृंगक–सीत्कार, ये अबीर–गुलाल, ये चर्चरी और पटह मनुष्य की किसी मानसिक दुर्बलता को छिपाने के लिए हैं, ये दुख भुलाने वाली मदिरा हैं, ये हमारी मानसिक दुर्बलता के पर्दे हैं। इनका अस्तित्व सिद्ध करता है कि मनुष्य का मन रोगी है, उसकी विचारधारा आविल है, उसका पारस्परिक सम्बन्ध दुखपूर्ण है" और मनुष्य के सामाजिक सम्बन्धों की जड़ में ही कहीं कोई बहुत बड़ा दोष रह गया है।

वह उस इकहरेपन के विरोध में भी खड़े दिखायी देते हैं जो इन्द्रियगोचर और तर्कग्राह्य से परे की सत्ताओं, अनुभूतियों और वेदनाओं को नकारता है। इसलिए वह अन्तःसाधना और इससे प्राप्त सिद्धियों का संकेत–रूप में भी कहीं उपहास करते नहीं दिखायी देते, अपितु उनकी गरिमा को उजागर करते हैं। इससे उनके सामान्य विमर्शों में भी एक ऐसी गहराई आ जाती है जो हमारी सोच के इकहरेपन को तोड़ती है :

"कल्मष भी मनुष्य का अपना सत्य है। उसे स्वीकार करके ही वह सार्थक हो सकता है। दबाने से वह मनुष्य को नष्ट कर देता है।"

"मन क्यों नहीं समझ पाता आर्य कि यह किसी कार्य का उत्तरदायी नहीं है।"

"मैं विघ्नस्वरूपा हूँ; परन्तु जानती हूँ कि मेरा विघ्नरूप होना ही विश्व का परित्राण है।"

"विधाता ने विघ्नरूप में ही तो सुन्दरियों की सृष्टि की थी। क्यों रे, तू अपने को किसी का विघ्न नहीं समझती?"

"पुरुषों के समस्त वैराग्य के आयोजन, तपस्या के विशाल मठ, मुक्ति–साधना के अतुलनीय आश्रय नारी की एक बंकिम दृष्टि में ही तो ढह गये हैं। क्या यह दृष्टि सत्यानाशिनी नहीं है?"

"बन्धन ही सौन्दर्य है, आत्म–दमन ही सुरुचि है, बाधाएँ ही माधुर्य है।"

"क्या छोटा सत्य बड़े सत्य का विरोधी होता है? ऐसा ही तो देख रहा हूँ। सामान्य मनुष्य जिस कार्य के लिए लाँछित होता है, उसी कार्य के लिए बड़े लोग सम्मानित होते हैं।"

"तू शायद प्रतिज्ञा के सफल होने को बड़ी चीज़ समझती है। ना बहिन, प्रतिज्ञा करना ही बड़ी चीज है।"

वह अधिक स्वस्थ, अधिक मुक्त, अधिक स्वाभाविक जीवन के पक्षधर हैं।

"भुवनमोहिनी का साक्षात्कार पाकर अभी तू भटकता फिर रहा है, पागल... तेरे शास्त्र तुझे धोखा देते हैं। जो तेरे भीतर सत्य है, उसे दबाने को कहते हैं; जो तेरे भीतर का मोहन है, उसे भुलाने को कहते हैं, जिसे तू पूजता है उसे छोड़ने को कहते हैं।"

"मेरा कुछ भी नहीं है। पाप या पुण्य, धर्म या अधर्म, जो कुछ भी मेरे द्वारा हुआ है, उसे मैंने नारायण को समर्पण कर दिया है। वह निखिल विश्व का अपना हो चुका है। मेरा कुछ भी गोपनीय नहीं है आर्य!"

"मदिरा प्रकृति की सुव्यक्ति का कारण है। वह उसे छिपी नहीं रहने देती।"

द्विवेदी जी की भाषा की शक्ति यहाँ देखने में आती है। वह संस्कृत, प्राकृत और अपभ्रंश के भाषिक पर्यावरण में अधिक और हिन्दी के पर्यावरण में कम रहे हैं। मातृबोली भोजपुरी का भी हिन्दी से कुछ विरोध है। बांग्ला और बंगाली माहौल ने–सब समय–रही–सही कमी पूरी कर दी। अतः वह भाषा में व्याकरण की मामूली चूकें कर सकते हैं, जिससे पूरी तरह बहुत कम लेखक बच पाते हैं, परन्तु भाषा की आत्मा की पहचान में वह कहीं चूक नहीं करते हैं। सरलोक्ति से लेकर व्याजोक्ति और वक्रोक्ति और विरोधाभास

तक के उनके विविध प्रयोग भाषा के सर्जनात्मक उपयोग की नयी दिशाएँ खोलते हैं।

परन्तु बाणभट्ट की आत्मकथा के माध्यम से वह उस समय एक नया प्रयोग कर रहे थे, जब जादुई यथार्थ–जैसे शब्द हिन्दी ही नहीं, साहित्य जगत में भी शामिल नहीं किये गये थे। जब लारेंस की द प्लूंड सर्पेंट–जैसी रचनाओं की चर्चा नहीं थी, जब अफ्रीकी और लातिन अमेरिकी लेखकों की अपनी परम्परा में बसी रचनाओं की शक्ति से हम अनभिज्ञ थे। व्योमकेश शास्त्री के शब्दों में, "यदि मेरा अनुमान ठीक है तो साहित्य में यह अभिनव प्रयोग है।"

यह प्रयोग अपनी जातीय कथा परम्परा के अनुसार उपन्यास का समायोजन करते हुए इसे एक भारतीय चरित्र प्रदान करने का था। इस प्रयोग को समझा ही नहीं जा सका, परन्तु द्विवेदी जी को कहीं यह बोध था कि जब तक हम पाश्चात्य उपन्यास और कथारचना को प्रतिमान के रूप में स्वीकार करके चलेंगे, उसे भारतीय रंगत नहीं देंगे, तब तक हमारा साहित्य पश्चिम की छाया बना रह जायेगा और अपने समाज में इसकी पहुँच भी गहरी न हो पायेगी। विश्व साहित्य में भारत का अलग से कोई योगदान तो माना ही नहीं जा सकेगा, एक कृति अपने समाज की मनोरचना को बदलने का जो काम मन्द गति से करती है, वह भी सम्पन्न नहीं होगा। वह दृश्य और तर्कग्राह्य के साथ अन्तरानुभूतियों, परानुभूतियों और दूरानुभूतियों के रहस्यमय संसार को जोड़कर एक अधिक जटिल यथार्थ की सृष्टि करने का भी प्रयोग कर रहे थे। वह सत्य को तर्कगम्य नहीं मानते : 'कुतर्क सद्विचारों की दावाग्नि है, वत्स', 'तक वस्तु ही ग़लत है।... ऐसे तर्क कुक्कुरों को ललकार कर ही यहाँ का राजा सौगत बना रह सकता है। आप चाहें तो "यहाँ का राजा सौगत बने रह सकता है स्थान पर रचनाकार रचनारत रह सकता है" भी पढ़ सकते हैं। यह समय भी ऐसा था जब देश–विदेश के अनेक मनस्वी लोग अतीन्द्रिय बोध के विविध रूपों–ध्यान, परकायाप्रवेश, मृतात्माओं की उपस्थिति, योगशक्ति से इच्छा होते ही एक स्थान से दूसरे स्थान पर पहुँच जाना, सम्मोहन, उच्चाटन, वशीकरण आदि–में विश्वास करते थे। द्विवेदी जी धर्मसाधना और तन्त्र की दुनिया में इतने लम्बे समय तक रहे थे कि उसके दावे उनके लिए निस्सार या ढोंग नहीं लगते थे। वह उस दुनिया को इतनी गहराई से जानते थे कि उसका भी इस तरह वर्णन कर जाते हैं जैसे इन्द्रियगोचर परिघटनाओं का।

इतिहास के अपने विवरणों में भी वह बारीक़ी में उतर जाते हैं। तन्त्र की विविध शाखाओं के गुह्य प्रतीकों के अर्थ हों, या चित्रकला, मूर्तिकला और लोकव्यवहार के संकेत और प्रतीक हों, वह हमारी सूचना और दृष्टि में कुछ जोड़ते हुए हमें विस्मित करते रहते हैं : "ऐसे पट्ट बाँस की तीली में लगे हुए ताम्र–तिन्दुकों के उन तूली कूर्चकों के योग्य होते हैं, जो बछड़ों के कान के रोमों से बनते हैं। ...मोम और भात में काजल रगड़कर बनाये हुए रंगों से कैसा स्वाभाविक भाव फूट उठा। ...उसकी बग़ल में एक वेदिका पर माल्य, चन्दन और अनेक प्रकार के उपलेपन रखे हुए थे। छोटी सी स्फटिक–पीठिका पर सुगन्धित सिक्थ–करण्डक (मोम की पिटारी), और सौगन्धिक पुटिका (इत्रदान) रखा हुआ था... शैया के पादाधान की ओर चाँदी का पतद्ग्रह (पीकदान) रखा हुआ था। ...समृद्धिशाली भवनों के सामने वाले आँगन में धारायन्त्रों (फौवारों) से पानी उत्छिप्त हो रहा था।"

हम अपने आपसे पूछते हैं कि क्या इत्र का आविष्कार मुगलकाल में नूरजहाँ ने नहीं किया था और मोमबत्तियों और पीकदान और फौवारों का चलन आज से चौदह सौ साल पहले भी था? यदि 'हाँ' तो हम जो इतिहास पढ़ते हैं, वह क्या है! यह सच है कि सूचनाओं से रचना की शक्ति नहीं बढ़ जाती, पर इनसे रचनाकार की अपने विषय और वस्तु में गहरी पैठ तो सिद्ध होती ही है, "शक नरपतियों ने अपनी बुद्ध–भक्ति के आवेश में इस देश में भारतीय और यावनी शिल्प की जो गंगा–यमुना मूर्तियाँ तैयार करायी हैं, उन्हें मैं बिलकुल पसन्द नहीं करता। वे न तो मूर्ति के अर्थ–पुरुष की गहराई में जाती हैं, न प्रमेय पाटव में। एक ओर उनमें अंग–प्रमाण की ओर बेतरह ध्यान दिया जाता है, दूसरी तरफ़ हाथ–पैर की मुद्राओं में वाच्यार्थ की अपेक्षा व्यंग्यार्थ को प्रधानता दे दी गयी होती है।"

प्रवृत्तियाँ इतिहास तक सीमित न रहकर वर्तमान में प्रवेश कर चुकी हैं, उनकी मीमांसा और भी ज्ञानवर्धक है। "इधर हाल में यवन लोगों ने जिस होरा–शास्त्र और प्रश्न–शास्त्र नामक ज्योतिष विद्या का प्रचार इस देश में किया है, वह यावनी पुराणगाथा के आधार पर रचा हुआ एक अटकलपच्चू विधान है। भारतीय विद्या ने जिस कर्मफल का सिद्धान्त प्रतिपादित किया है, उसके साथ इसका कोई मेल नहीं है।...ग्रहमैत्री का तो अद्भुत विधान है।...इस विद्या ने इस देश के अशिक्षित जनसमूह को खूब प्रभावित किया है और धीरे–धीरे यह विद्या कुसंस्कार के रूप में राजाओं और पण्डितों में फैलती जाती है।"

पर द्विवेदी जी के अपने संस्कार और उनकी विश्वदृष्टि में एक दूरी है जिसे वह कभी पाट नहीं पाते। वैचारिक स्तर पर ज्योतिष गणना को अटकलपच्चू विधान मानते हैं। इनके एक–दो उदाहरण रचना में भी मिलते हैं, जिनमें बुढ़िया का मन रखने के लिए उनके कथावाचन–काल में दिये गये आश्वासन का कि उसका पुत्र वापस आ जायेगा, सच सिद्ध होना भी है। पर डेल्फी के भविष्यकथनों की तरह उन उक्तियों को क्या कहा जायेगा जिनके अनुसार उनकी कोई रचना पूरी नहीं हो पायेगी कि वह मनुष्य की प्रशस्ति में रचना करेंगे तो उनकी मृत्यु हो जायेगी। एक ओर मूल प्रवृत्तियों का सम्मान करते हुए खान–पान, जीवन और आचरण के मर्मवाक्य लिखते हैं और दूसरी ओर इन सभी में संयम और निग्रह का व्यवहार उनके ऐसे चरित्रों में भी दिखायी देता है, जो यदि उनकी प्रतिज्ञा के अनुसार कुछ मुक्त हो पाते तो बाणभट्ट की रोचकता और गुणवत्ता दोनों बढ़ जाती।

एक शिकायत द्विवेदी जी से उनके पाठकों को होनी ही चाहिए कि वह रचनात्मक लेखक को अपने शोधपरक अध्ययन और लेखन के दौरों के बीच विनोद या विचरण का काल मानते थे, इसलिए उनमें अपनी सर्जनात्मक कृतियों को पूरा करके उस ओर भागने का दबाव भी बना रहता था। उनकी जिन अनवधानताओं की ओर हमने पहले संकेत किया था, उनका भी प्रधान कारण यही है। यदि उन्होंने अपने को समग्रतः सर्जनात्मक लेखन को समर्पित किया होता तो भारतीय उपन्यास–लेखन को निश्चय ही एक निर्णायक दिशा दी होती।

19

मैला आँचल

नित्यानन्द तिवारी

'मैला आँचल' को प्रकाशित हुए लगभग पचास वर्ष हो चुके हैं। हिन्दी उपन्यास में उसका महत्त्व एक अनिवार्य और सार्थक कृति के रूप में स्थापित हो चुका है, लेकिन इसका कारण सिर्फ़ आंचलिकता नहीं है। जैसे प्रेमचन्द के उपन्यासों का महत्त्व सिर्फ़ उनके ज़माने का इतिहास, समाज और घटना का प्रामाणिक दस्तावेज़ होने में ही नहीं है। मानवीय अनुभूति के गहरे स्रोतों और प्रश्नों से जूझे बिना कोई रचना जीवन्त प्रसंग के रूप में इतने दिनों तक बनी नहीं रह सकती।

प्रेमचन्द ने सबसे पहले 'घटना' की भीतरी दुनिया में प्रवेश कर उसमें निहित सन्दर्भों, तनावों और टकराहटों को देखा था। उन्होंने 'घटना' को कहानी कहने का एक उपकरण नहीं माना, बल्कि घटना के भीतर ही कहानी मौजूद है, इसे देख लिया और इसीलिए कथा की अन्तर्वस्तु और विन्यास की नयी प्रस्तावना की। 'चरित्रों' को भी घटना ढोने वाले माध्यम के बजाय घटना की आन्तरिक दुनिया में उनकी भूमिका की खोज की। 'विचारों' को परिस्थितियों और तनावों–संघर्षों से उभरते हुए पाया, न कि दिमाग़ी–किताबी और परम्परागत दार्शनिक मान्यताओं से। प्रेमचन्द की रचनाशीलता पर प्रभाव की अनेक शक्तियाँ हो सकती हैं, लेकिन उसकी यानी रचनाशीलता का जन्म अपने युग के देश–काल की कोख से ही होता है।

सम्भवतः आधुनिक युग के हिन्दी साहित्य में प्रेमचन्द सबसे पहले लेखक हैं जिन्होंने 'घटना' को कलावस्तु–सौन्दर्यात्मक प्रत्यय के रूप में स्वीकार किया। अधिक स्पष्ट रूप में कहूँ तो उन्होंने 'घटना' को विशेष

संगठन (Organisation) के रूप में ग्रहण किया। यही कारण है कि प्रेमचन्द ने 'घटना' को 'धारणा' अथवा 'सौन्दर्यात्मक श्रेणी' (Aesthetic category) के रूप में स्वीकार किया। सम्भवतः अभी तक इस पहलू पर अधिक गहराई से विचार नहीं हो सका है।

मैला आँचल के सन्दर्भ में प्रेमचन्द का उल्लेख मैं विशेष आशय से कर रहा हूँ। जैसे प्रेमचन्द ने अपने से पहले की कथा में व्यवहृत 'घटना' का आशय बदलकर कहानी की पूरी दुनिया बदल दी, उसी तरह फणीश्वरनाथ रेणु ने 'आंचलिकता' को धारणा में बदलकर कहानी की दूसरी दुनिया का साक्षात्कार कराया। 'घटना' देश–काल का सघन विन्यास है तो 'आंचलिकता' 'देश' का बहुत–बहुत घनीभूत रूप। जैसे प्रेमचन्द ने 'घटना' की आन्तरिक दुनिया में कहानी पायी, उसी तरह रेणु ने 'देश' के घनीभूत रूप में विन्यस्त कहानी को पा लिया था। 'घटना' (प्रेमचन्द में) और 'अंचल' (रेणु में) रचनात्मक धारणाएँ हैं, उपकरण, माध्यम, तकनीक, शिल्प या पृष्ठभूमि नहीं।

मेरे युवा मित्र आदित्य निगम का एक लेख 'बहुवचन' में छपा था–' 'पश्चिमी आधुनिकता का एक मनहूस तोहफ़ा'। उसमें उन्होंने 'देस' और 'देश' का फ़र्क़ बताया है। उन्होंने देहरादून में अपने पुरबिया नौकर माताबदल का कथन उद्धृत किया है–

(i) "बाबू जी, अबके साल हम देस जाइब। पारसाल नाहिं गये रहे ना.." और

(ii) "अच्छा नाहिं लागत है हियां परदेस मा।"

फिर उनकी टिप्पणी हैः "इन दो शब्दों के पीछे छिपी हैं दो अलग दुनियाएँ। एक दुनिया उस रोज़ाना जिये जाने वाले आम इन्सान की है और दूसरी है उस राष्ट्रवादी इलीट की, जो हिन्दुस्तान को पश्चिमी राष्ट्रराज्यों की तर्ज पर एक मज़बूत और केन्द्रीकृत राष्ट्रराज्य बनाना चाहता है। इन दोनों का तसव्वुर एक दूसरे से बिलकुल जुदा है। 'देस' एक जगह है– अपनी जगह। एक ऐसी जगह जहाँ माताबदल पलता है, बड़ा होता है और जिसका हवा–पानी उसके रोम–रोम में बस गया होता है। 'देस' एक जबाव भी है–एक संस्कृति जिसे माताबदल जीता है।... 'देस' को इतिहास की ज़रूरत नहीं होती। वह मिथकों में जी लेता है अलग–अलग फ़िरक़ों के अपने अलग–अलग मिथक। उसे इन तमाम फ़िरक़ों को एक समरस इकाई में ढालने की ज़रूरत भी कभी पेश नहीं आती। लिहाजा मिथकों में

जीकर भी वह 'देश' की उस ज़रूरत से आजाद होता है जो इन मिथकों को ऐतिहासिकता प्रदान कर एक राष्ट्रीय इतिहास गढ़ने की ओर ठेलती है।''

आदित्य निगम से क्षमा माँगते हुए मैंने उन्हीं अंशों को यहाँ उद्धृत किया है जो फिलहाल मैला आँचल की 'आंचलिकता' को परिभाषित करने में मदद करते हैं (यों इतिहास और राष्ट्रराज्य के सन्दर्भ में उनके विचार विवादास्पद हो सकते हैं और उन पर बहुत अधिक वैचारिक रगड़ की ज़रूरत है, लेकिन इसमें सन्देह नहीं कि ये एक बहुत गहरे विचार–विमर्श की प्रस्तावना करते हैं)।

'देस' यानी 'आंचलिकता' (?) मेरे ख़याल से उसी तरह एक रचनात्मक स्रोत की पहचान है, धारणा है, जैसे प्रेमचन्द के यहाँ 'घटना'। दोनों में जीवन की आन्तरिक गतिशीलता और उनका अपना ड्रामाई (प्रेमचन्द वाले अर्थ में) पहलू और कार्य–व्यापार है। यह एक प्रकार से नयी पहचान है। पता नहीं एक तुलना जो मैं करने जा रहा हूँ वह उचित है या नहीं, लेकिन यशपाल ने झूठा में 'वतन' के ढूँढ़ने की पीड़ा और 'देश' (भौगोलिक–राजनीतिक सन्दर्भों से परिभाषित) के उभरने की प्रक्रिया का जो बयान किया है, उससे रेणु की 'आंचलिकता' मिलती–जुलती है। दोनों ('वतन' और 'अंचल') में विभिन्नताओं को बनाये रखते हुए जीने का एक साझा सांस्कृतिक ढब मौजूद है। दोनों में धर्म और जाति का अतिक्रमण करते हुए समाज के परिभाषित होने की सम्भावना है। 'मैला आँचल' में तो जातिवादी समाज के वर्गवादी समाज में रूपान्तरण की प्रक्रिया अनेक उपद्रवकारी शक्तियों से उलझती–लड़ती अपने पूरे वेग के साथ उपस्थित है। राजनीति, धर्म और जाति सब में जो एक कपट–तर्क वर्चस्ववादी शक्तियों द्वारा उठाया जाता है, उसका एक ही उदाहरण पर्याप्त होगा। जब सैनिक जी और कालीचरन अपने भाषण में कहते हैं कि 'ज़मीन उसकी जो उसे जोते' तो यह बात सबकी समझ में आ जाती है, लेकिन बाबू और ज़मींदार लोग कहते हैं–''वाह ख़ूब तर्क है ज़मीन तो बैल जोतता है तो ज़मीन बैल की होगी?'' मैला आँचल धर्म, राजनीति, जाति और आर्थिक स्थितियों के भीतर वास्तविक और कपट–तर्कों की बड़ी गहरी पहचान कराता है। यह गहराई आती है अंचल की घनीभूत अस्तित्वगत उपस्थिति से। इसी कारण मैला आँचल की भूमिका में रेणु ने यह अद्भुत वाक्य लिखा है–'कथानक है पूर्णिया'।

कथानुभव और कथा–विन्यास के इतिहास में यह क्रान्तिकारी वाक्य (धारणा) है। प्रेमचन्द में कथानक है 'घटना', तो मैला आँचल में है

पूर्णिया (अंचल) यानी 'घटना' और 'अंचल' में निहित सजीव और स्पन्दित आन्तरिक दुनिया।

रेणु ने 'कथानक' शब्द का प्रयोग किया है। सब जानते हैं, कथानक कहानी नहीं है, वह कहानी में निहित विभिन्न घटकों का आनुपातिक संगठन है यानी पूर्णिया (अंचल) स्रोत–सामग्री–भर नहीं है (जैसे प्रेमचन्द में 'घटना' स्रोत–सामग्री–भर नहीं है)। वह एक संगठन है (अर्थात् रचनात्मक प्रत्यय)।

सम्भवतः इसे थोड़ा और स्पष्ट करना अपेक्षित है। कथानक वाला संगठन उसी लेखक के लिए आवश्यक होता है जो मनुष्य या व्यक्ति को समाज के साथ अनिवार्यतः जुड़ा हुआ मानता है। नागार्जुन ने रेणु के बारे में लिखा है, ''सामाजिक घनिष्ठता रेणु को कभी गुफानिबद्ध नहीं होने देती थी।'' और प्रेमचन्द की सामाजिक घनिष्ठता पर तो कोई टिप्पणी करने की ज़रूरत ही नहीं। क्या ठीक इसी अर्थ में हम जैनेन्द्र, अज्ञेय और इलाचन्द्र जोशी की समाज–घनिष्ठता को रेखांकित कर सकते हैं? इस सन्दर्भ में 'भवन्ती' में अज्ञेय जी का एक बहुत महत्त्वपूर्ण वाक्य है–''व्यक्ति समाज से नहीं, समाज में स्वतन्त्र है।'' इसका आशय यही तो हो सकता है कि व्यक्ति अपने अस्तित्व के सन्दर्भ में समाज से स्वतन्त्र नहीं हो सकता, लेकिन अपनी सार्थकता के लिए वह समाज पर अनिवार्यतः निर्भर नहीं है, लेकिन प्रेमचन्द और रेणु दोनों के लिए मनुष्य/व्यक्ति अपनी सार्थकता के लिए स्वतन्त्रता के लिए 'समाज से' और 'समाज में' दोनों मोर्चों पर लड़ता है, जबकि अभी उद्धृत रचनाकार अन्तर्जीवन के ऐसे हलके में जाते हैं जहाँ मनुष्य/व्यक्ति की सार्थकता और स्वतन्त्रता के लिए वे ऐसे संघर्ष–बिन्दुओं का चुनाव करते हैं, जो केवल आनुषंगिक स्तर पर 'समाज से' और 'समाज में' टकराते हैं। यह एक कारण हो सकता है जिससे समाज का ढाँचा नहीं, समाज (जो प्रकृति या पर्यावरण की तरह है) ही मनुष्य के सार्थक जीवन में पृष्ठभूमि से अधिक सक्रिय भूमिका में नहीं हो सकता। यह समाज और समाज के ढाँचे का अवमूल्यन है। क्या कह सकते हैं कि कथानक या कथानक के ढाँचे का अवमूल्यन इसी विचार–सूत्र से जुड़ा हुआ है? मैं निर्मल वर्मा के इस विचार से पूर्णतः सहमत हूँ कि ''प्रेमचन्दीय कथानक और वर्णनप्रणाली को रेणु ने तोड़ा।'' बाकियों को तोड़ने की ज़रूरत ही नहीं, क्योंकि समाज का ढाँचा कोई भी हो, वह व्यक्ति/मनुष्य की सार्थकता में कोई भूमिका निभाता ही नहीं। कथानक व्यक्ति/मनुष्य या चरित्र को भूमिका देता है।

प्रेमचन्द को 'घटना' में मनुष्य की भूमिका दिखी और रेणु को 'अंचल' में। प्रेमचन्द भी ग्रामीण जीवन के कथाकार हैं और रेणु भी, लेकिन व्यक्ति

रेणु और उनकी रचना का जो विवरण नागार्जुन ने दिया है, क्या वह प्रेमचन्द में है? देखिए रेणु को, "मैथिली और भोजपुरी के पचासों लोकगीत याद थे। सारंगा सदाबृज, लोरिक आदि लम्बी–लम्बी लोकगाथाएँ गाते हुए रेणु को जिन्होंने एक–आध बार भी सुना है। वे उन्हें कभी नहीं भूल सकेंगे। लोकगीत, लोकलय, लोककला आदि जितने भी तत्त्व लोक–जीवन को समग्रता प्रदान करते हैं, उन सभी का समन्वित प्रतीक थे फणीश्वरनाथ रेणु।"

क्या आदित्य निगम के माताबदल वाले 'देस' की प्रतीति इसमें नहीं मिलती? और क्या वही प्रेमचन्द के 'ग्रामीण जीवन' को रेणु के 'अंचल' से अलग नहीं करती? और क्या इसे समाज के बारे में प्रेमचन्द से भिन्न नयी धारणा नहीं कह सकते? अगर ऐसा हो तो रेणु प्रेमचन्द की 'कथानक'–संरचना को तोड़ेंगे ही। निर्मल वर्मा को फिर याद किया जा सकता है जिन्होंने सबसे पहले लिखा कि प्रेमचन्द के कथावर्णन, विकास के ढाँचे को रेणु ने एपीसोड्स में परिवर्तित कर दिया।

नागार्जुन लिखते हैं, "ढेर के ढेर प्राणवन्त शब्द–चित्र हमें गुदगुदाते भी हैं और ग्रामीण जीवन की विसंगतियों की तरफ़ भी हमारा ध्यान खींचते चलते हैं। छोटी–छोटी ख़ुशियाँ, तुनकमिज़ाजी के छोटे–छोटे क्षण, राग–द्वेष के उलझे हुए धागों की छोटी–बड़ी गुत्थियाँ, रूप–रस–गन्ध–स्पर्श और नाद के छिटपुट चमत्कार... और जाने क्या–क्या व्यंजनाएँ छलकी पड़ती हैं रेणु की कथाकृतियों में!"

प्रेमचन्द 'घटना' में निहित भीतरी ड्रामाई तत्त्वों की व्यंजना नहीं करते, उसके रेशे–रेशे को देखते हैं और वर्णन करते हैं–रेणु 'अंचल' के भीतर के 'ड्रामा' को व्यजित करते हैं।

यह सब कहने का मेरा मतलब इस समय सिर्फ़ इतना है कि प्रेमचन्द 'घटना' के भीतर समाज में निहित ड्रामा की पहचान पहली बार करते हैं, तो रेणु 'अंचल' के भीतर चल रहे ड्रामा के साथ समाज को नये सिरे से पहचानने की पहली बार रचनात्मक कोशिश करते हैं। न प्रेमचन्द को दस्तावेज़ी लेखक कहकर निपटाया जा सकता है और न रेणु को आंचलिक विवरणकार कहकर।

दोनों ठेठ भारतीय सन्दर्भ में मनुष्य की आधुनिक छवि और उसकी सक्रिय सार्थक भूमिका खोजने देने का गहरा सर्जनात्मक प्रयत्न करते हैं। दोनों पद्मावत की अन्तिम पंक्ति को सजीव करने लगते हैं–"जो यह पढ़ै कहानी, हम सँवरै दुई बोल।"

2

मैला आँचल पढ़ते समय प्रेमचन्द की याद न आये, यह असम्भव है। मुझे होरी और बावनदास की मृत्यु याद आ रही है। गोबर और कालीचरन का जीने के लिए बचे रहना याद आता है। क्यों?

इन दोनों उपन्यासों में इन पात्रों का मरना और जीना भारतीय जीवन और समाज की मार्मिक और सम्भावना–गर्भित घटना है। होरी और बावनदास–जैसे ईमानदार निष्कपट चरित्र शायद ही दूसरे मिलें। लेकिन परिस्थितियों के जितने क्रूर आघात से इनकी मृत्यु होती है, वैसी मृत्यु शायद ही किसी औपन्यासिक चरित्र को नसीब हुई हो। स्वाभाविक या अस्वाभाविक मृत्यु तो सबको निश्चित है, लेकिन होरी और बावनदास–जैसे साधारण व्यक्तियों की इतनी असाधारण और सार्थक मृत्यु इतिहास और समाज द्वारा प्रस्तावित प्रसंग के कारण ही सम्भव है।

होरी और बावनदास के चरित्र में जो गहरा मानवीय सरोकार है, अमानवीय सन्दर्भों के विरुद्ध जूझते रहने या उनसे पीड़ित और दुखी हो सकने की जो संवेदनशीलता है, वह उनकी अन्तर्वर्ती विशेषता है। दोनों का जीना इस बात का साक्ष्य प्रस्तुत करता है कि उस अन्तर्वर्ती सरोकार और संवेदनशीलता को बचाये रख सकना निरन्तर कठिन होता जा रहा है। होरी और बावनदास दोनों की मृत्यु आधुनिक भारतीय समाज और राजनीति में असाधारण रूप से मानवीय अन्तर्वस्तु के टूटने की पीड़ा का साक्षात्कार कराती है। यह पीड़ा और दुख विशेष रूप से विचार करने योग्य है। दोनों का जीना इस बात का प्रमाण है कि अनुभूति का विधान बिखरता जा रहा है और अन्ततः टूट जाता है। क्यों टूटता है? वे भीतर से तो मानवीय सार और संवेदन से भरे हुए चरित्र हैं, लेकिन उस सार और संवेदन को संगठित करने वाला विधान ज़रूर जर्जर या निर्बल हो चुका है। उनका मरना मानवीय सार–संवेदन का उद्‌घाटन है, किन्तु उसे सँभालने वाले संगठन के विधान और विचारधारा की अयोग्यता का पक्का प्रमाण भी। होरी जिस समाज से और बावनदास जिस राजनीति से अपने अन्तर्जगत के लिए प्रेरणा, रस और मूल्य पाते हैं, वे दोनों ही परम्परागत हैं। उनके विश्वास की गहराई, निष्कपटता और ईमानदारी बड़ी प्रभावी है। लेकिन उस प्रभाव की शक्ति कहाँ है? प्रतिफलित न हो पाने में ही तो?

बाधक शक्तियाँ कौन–सी हैं? सामाजिक, आर्थिक, राजनीतिक और धार्मिक (भी) शक्तियाँ ही तो हैं। वे लोग ही तो बाधक हैं जो मनुष्य के स्तर पर अपना व्यक्तित्व खो चुके हैं और संगठन की मानवीय प्रेरणा को सोखकर उसे गिरोह में बदल चुके हैं। इस गिरोह से पार पाने की योग्यता न होरी में है और न बावनदास में। होरी की तो न ऐसी स्थिति है और न बौद्धिक योग्यता, लेकिन बावनदास की स्थिति ऐसी जरूर है (वह अकेला है, उसकी गृहस्थी नहीं है) कि वह अपने अकेलेपन की सुविधा से आत्मा की गहराई में उतरकर मनुष्य की सार्थकता के सनातन प्रश्न से जूझ सकता। लेकिन उसके पास ऐसी तथाकथित बौद्धिक योग्यता नहीं है। ये दोनों नितान्त साधारण मनुष्य हैं। इनके पास भौतिक, आध्यात्मिक या बौद्धिक कोई ऐसी योग्यता नहीं है जिसका सहारा लेकर जीवन, समाज और राजनीति में उभरी हुई परिस्थितियों से तालमेल बिठाकर जी सकें। होरी तालमेल बिठाने की कोशिश बहुत करता है, लेकिन जितना तालमेल बिठाता है, उतना ही वह उलझता और मौत के करीब पहुँचता जाता है। इस प्रकार होरी और बावनदास ऐसे साधारण मनुष्य हैं जिनके पास अपनी आदमियत के अलावा कोई और ताक़त नहीं है। उनकी इस आदमियत की सर्वाधिक गहरी छाप उनके जीने में कम, उनके मरने में अधिक है, क्योंकि जीने के लिए उनके पास कोई रास्ता नहीं है। उनका मरना अच्छा नहीं है, लेकिन अनिवार्य है। उनकी आदमियत में एक सार्वभौम योग्यता है, साथ ही ऐतिहासिक अयोग्यता भी। होरी मूलरूप में भावना पर विश्वास करता है और बावनदास वैयक्तिक चरित्र पर। दोनों चीजें अच्छी हैं, लेकिन जिस समाज और राजनीति से वे घिरे हुए हैं उनसे इन दोनों योग्यताओं के सहारे बहुत दूर तक या निर्णायक स्तर तक लड़ा नहीं जा सकता।

उनका जीना इसलिए बहुत सारवान नहीं है कि उसमें भावुकता है और मरना इसलिए अधिक सारवान है कि मानव–जीवन में उभरी अमानवीय शक्तियों की क्रूरता अपने भरपूर प्रहार के साथ खुल जाती है। अन्तिम रूप से स्पष्ट हो जाता है कि भावना की अपेक्षा विवेक अधिक सम्भावनागर्भित योग्यता है। उनका जीना चाहे जितना यातनाप्रद हो, लेकिन दृष्टि मृत्यु में ही है। उनकी मृत्यु आलोक का विस्फोट है। उनके सारे जीवन को उनकी मृत्यु ही अर्थ से आलोकित करती है। इस प्रकार उनकी मृत्यु बौद्धिक स्तर पर मनुष्य के लिए सृजनशील सम्भावनाओं से भरी हुई है। जीते हुए उनके क्रिया–व्यापार सीमित दूरी तक समाज और राजनीति के दबावों का मुक़ाबला

कर पाते हैं, लेकिन उनकी मृत्यु उस मानवीय शक्ति का पुँज हो उठती है। जो मानवता और मनुष्य के सवालों को हमेशा सृजनशील केन्द्रों पर सक्रिय करती रहती है।

इस प्रकार होरी और बावनदास दोनों की मृत्यु में सिर्फ़ तत्कालीन समाज या राजनीति या अंचल–मात्र नहीं है। उनकी मृत्यु समय के आयाम में प्रवेश करती है। दुख को करुणा की शक्तियों से आगे समझ और दृष्टि में विकसित करती है। मैं पहले कह चुका हूँ कि आधुनिक हिन्दी साहित्य में इन दो पात्रों की मृत्यु से अधिक प्रभावी और सार्थक मृत्यु दूसरी नहीं है {कुछ दूरी तक ताई (बूँद और समुद्र) की मृत्यु की तुलना ज़रूर की जा सकती है।}

इस मृत्यु को उस विवेक के रूप में ग्रहण करना चाहिए जो कभी भी मानव–विरोधी शक्तियों के दबाव में भ्रष्ट नहीं किया जा सकता और हमेशा यथास्थितिपरक परिस्थितियों, शक्तियों, विचारधाराओं और मानसिकताओं में दखल देते हुए परिवर्तन की सम्भावनाओं के साथ होता है।

तो क्या गोदान और मैला आँचल में किसी ऐसे मानव–विवेक की प्रस्तावना है जो तत्त्वदार्शनिक सार्वभौम के मुक़ाबले ऐतिहासिक–सामाजिक सार्वभौम को खड़ा करे? वह है। इसीलिए तत्कालीन समाज या विशिष्ट अंचल प्रतिच्छवि खोजने से ज्यादा महत्त्वपूर्ण है कि उनमें आधुनिक मनुष्य की वास्तविक छवि की खोज की जाये।

विजयदेव नारायण साही ने गोदान पर लिखते हुए कहा है–"प्रो. मेहता और मालती प्रेमचन्द के लिए नये प्रकार के चरित्र हैं। उन्हें प्रेमचन्द ने अथाह स्नेह देने की कोशिश की है, लेकिन वे जीवित नहीं रह सके हैं–जिस तरह होरी, धनिया, सिलिया, गोबर जीवित चरित्र हैं। लेकिन प्रेमचन्द यह जानते हैं कि वे ही भावी मनुष्य हैं उन्हें जीवित होना पड़ेगा।" यानी बौद्धिकता जिसके व्यक्तित्व की प्रधान विशेषता हो, वही आधुनिक युग का वास्तविक मनुष्य हो सकता है। क्या यहाँ प्रश्न खड़ा किया जा सकता है कि मेहता को जीवित होने की ज्यादा ज़रूरत है या गोबर को? कालीचरन को जीवित रहने की ज्यादा ज़रूरत या डॉ. प्रशान्त को? जाहिर है मरना तो किसी को नहीं है, लेकिन मानव–जीवन के केन्द्र में कार्य के स्तर पर किसकी भूमिका अधिक निर्णायक है? इतना तो निश्चित है कि मेहता या डॉ. प्रशान्त की बौद्धिकता को परिभाषित होना पड़ेगा। गोबर और कालीचरन से ही। प्रयोगशाला, चाहे वह वैज्ञानिक की हो या चिन्तकों–बौद्धिकों के मस्तिष्क की, वह तो निर्जीव और तथाकथित सूक्ष्म, गहरी, दार्शनिक बुद्धि ही पैदा करेगी। हिन्दी उपन्यासों के बौद्धिक पात्रों पर एक निग़ाह दौड़ाने–भर से पता चल

जाता है कि चाहे वे प्रोफ़ेसर मेहता हों या बाद के अन्य चिन्तनशील पात्र, उनमें से अधिकांश या तो प्रेम और सेवा में मनुष्य की सार्थकता देख लेते हैं या 'मनुष्यों' के सवाल को सतही मानकर अपने भीतर के 'मनुष्य' के सवाल को गहरा और वास्तविक प्रश्न स्वीकार कर लेते हैं। दोनों ही रूपों में होरी और बावनदास की मृत्यु उनके लिए बहुत कुछ बेमानी हो जाती है। दोनों की मृत्यु उस क्रान्तिकारी मनुष्य के पैदा होने की अनिवार्यता व्यक्त करती है, जो प्रेम, सेवा और अस्मिता के प्रश्नों से अधिक बड़ा प्रश्न सामाजिक, राजनीतिक, आर्थिक, धार्मिक, दार्शनिक (भी) शक्तियों से जकड़े हुए मनुष्यों को मुक्त करने से सम्बद्ध है। क्या इस मुक्ति से किनारा काटकर आधुनिक मनुष्य की छवि ज़्यादा गहरी और ज़्यादा वास्तविक होगी? मेहता–जैसे बौद्धिक पात्रों की विशेषता यह है कि उन्हें अपेक्षाकृत सुविधाजनक विकल्प मिल जाता है, लेकिन होरी, बावनदास, गोबर, कालीचरन ऐसे विकल्पों को पा ही नहीं सकते। उनके पास अमानवीय शक्तियों, संस्थाओं और विचारों से टकराते हुए मरने और जीने के अलावा कोई दूसरा रास्ता ही नहीं है। गोबर को अगर होरी की मौत नहीं मरनी है तो समाज को बदले या कालीचरन को अगर बावनदास की मौत नहीं मरनी है तो राजनीति को बदले। सामाजिक, राजनीतिक, आर्थिक संस्थाओं को तोड़े और बदले बिना वे जी नहीं सकते। उनके लिए कोई शरणस्थल नहीं है। उनका ग्रामीण, अनपढ़ और साधारण होना इसलिए अधिक मूल्यवान हो जाता है कि वे मनुष्य के गहरे और सूक्ष्म प्रश्नों के विषय में किसी छद्म बौद्धिकता का शिकार होने के सर्वथा अयोग्य हैं। आचार्य हजारीप्रसाद द्विवेदी ने बाणभट्ट की आत्मकथा में बाण के मुँह से कहलाया है कि उस–जैसे अदने आदमी के हाथ में इतिहास–विधाता ने राज्यों की कुंजी सौंप दी है। क्या उसी तरह कहा जा सकता है कि इतिहास ने कालीचरन–जैसे अदने और साधारण आदमी के हाथ में आधुनिक युग के वास्तविक मनुष्य की कुंजी सौंप दी है?

क्या पढ़े–लिखे लोगों के दिमाग़ से निकली हुई बौद्धिकता आधुनिक युग के वास्तविक मनुष्य की परिभाषा करेगी या आधुनिक युग के मनुष्यों की वास्तविक बौद्धिकता की परिभाषा कालीचरन करेगा, जो वास्तविकता के बीचोबीच हैं?

3

लगभग सभी महत्त्वपूर्ण आलोचकों ने मैला आँचल को शहरी कथाओं के सामने रखकर उसकी ताज़गी और जीवन्तता की सराहना की है,

लेकिन साथ ही उसमें प्रौढ़ता का अभाव भी देखा है। किन्तु उसकी ताज़गी और जीवन्तता सिर्फ़ दृश्य की नहीं है, दृष्टि की भी है। उस दृष्टि का आभास मिलते ही मैला आँचल स्वातन्त्र्योत्तर हिन्दी साहित्य में सर्वाधिक प्रौढ़ रचना भी लगेगी। मैला आँचल की ताज़गी और जीवन्तता यदि सिर्फ़ दृश्यों तक सीमित होती तो आज कोई उसका नामलेवा न होता। उसमें विषयवस्तु (Content) की ताज़गी और जीवन्तता है। विषयवस्तु यानी व्यक्ति और संस्थाओं (सामाजिक, राजनीतिक, आर्थिक आदि) के बीच उभरने वाले नये सम्बन्ध की व्याकुलता, उत्साह, अन्धकार और प्रकाश। मैला आँचल में विषयवस्तु अपनी सम्पूर्ण प्रक्रिया में है। वह व्यक्ति और समाज के परिवर्तन के बीच से कुछ परिणामी लक्षणों को लेकर भाषा के खेल से मनुष्य का आत्मसाक्षात्कार नहीं कराता। वह मनुष्य को उस कठोर वास्तविकता के सामने खड़ा करता है जिसके बीच सचमुच उसे रहना और जीना है। यह दृश्य की ताज़गी और जीवन्तता–मात्र से सम्भव नहीं है, दृश्य को भेदने वाली गहरी अन्तर्दृष्टि से सम्भव है।

क्या इस अन्तर्दृष्टि को प्रौढ़ नहीं कहा जा सकता?

डॉ. प्रशान्त मेरीगंज गये थे मलेरिया पर रिसर्च करने, लेकिन वे वैज्ञानिक ही नहीं, आदमी भी थे। उन्हें वहाँ तरह–तरह की चीज़ें, दृश्य और स्थितियाँ दिखायी पड़ने लगती हैं।

"डॉक्टर पर यहाँ की मिट्टी का मोह सवार हो गया है। उसे लगता है, मानो वह युग–युग से इस धरती को पहचानता है।...

"आम के पेड़ों को देखने से पहले उसकी आँखें इन्सान के उन टिकोलों पर पड़ती हैं जिन्हें आमों की गुठलियों के सूखे गूदे की रोटी पर ज़िन्दा रहना है... और ऐसे इन्सान? भूखे अतृप्त इन्सानों की आत्मा कभी भ्रष्ट नहीं हो या कभी विद्रोह नहीं करे, ऐसी आशा करनी ही बेवकूफ़ी है। डॉक्टर यहाँ की ग़रीबी और बेबसी को देखकर आश्चर्यचकित होता है...।

"...कफ़ से जकड़े हुए दोनों फेफड़े, ओढ़ने को वस्त्र नहीं, सोने को चटाई नहीं, पुआल भी नहीं! भीगी हुई धरती पर लेटा न्युमोनिया का रोगी मरता नहीं, जी जाता है...।

....यहाँ विटामिनों की क़िस्में उनके अलग–अलग गुण और आवश्यकता पर लम्बी–चौड़ी फेहरिस्त बनाकर बँटवाने वालों की बुद्धि पर तरस खाने से क्या फ़ायदा? मच्छरों की तस्वीरें, इससे बचने के उपायों को पोस्टरों पर चित्रित करके अथवा मैजिक लालटेन से तस्वीरें दिखाकर मलेरिया की विभीषिका को रोकने वाले किस देश के लोग थे...?

"बेज़मीन आदमी, आदमी नहीं जानवर हैं!"

"डॉक्टर का रिसर्च पूरा हो गया एक़दम कम्पलीट। वह बड़ा डॉक्टर बन गया। डॉक्टर ने रोग की जड़ पकड़ ली है...?"

"ग़रीबी और जहालत इस रोग के दो कीटाणु हैं।"

"दरार पड़ी दीवार। यह गिरेगी! इसे गिरने दो! यह समाज कब तक टिका रह सकेगा?"

डॉ. प्रशान्त मलेरिया पर रिसर्च नहीं कर सके, लेकिन उस बौद्धिकता और विवेक को उनके ठोस प्रसंगों सहित ज़रूरत अर्जित कर पाये जिसके जरिये इस समाज को बदलना है। डॉक्टर को मेरीगंज की ज़मीन से मोह हो गया है। यहाँ के लोगों की ग़रीबी और जहालत उसके ख़ून में पैठ गयी है। वह वैज्ञानिक तटस्थता के साथ चैन से नहीं रह सकता। व्यवस्था के प्रचारतन्त्र में लिप्त, सुविधा, सत्ता और अधिकार का बेशर्म उपभोग करने वाले लोगों से यह सवाल पूछने की योग्यता उसने हासिल कर ली है कि "ये किस देश के लोग हैं?" इस सवाल के साथ ही वह एक नये मानवीय सम्बन्ध में प्रवेश करता है जो सामाजिक, राजनीतिक, आर्थिक और नैतिक–दार्शनिक यानी जीवन के सभी पहलुओं में एकसाथ चमक उठता है। वह साफ़ देखता है कि सामाजिक वर्गों और समुदायों के बीच का अन्तर वास्तविक है और कोई भी विचार इस वास्तविकता को ढाँक–तोपकर मनुष्य की समानता को धारणा को ठोस रूप में प्रस्तुत नहीं कर सका। इस वास्तविक अन्तर को मिटाने वाला संघर्ष ही मनुष्य की समानता की धारणा को ठोस रूप दे सकता है। इसी बिन्दु पर मैला आंचल की आँचलिकता की सारवान भूमिका है। व्यक्ति और समाज के सम्बन्धों में उभरने वाले हर तरह के तनावों और संघर्षों में विश्वसनीयता, प्रामाणिकता और वास्तविकता उस अंचल की ठोस स्थिति से पैदा हुई है यानी वह परिवेश या पृष्ठभूमि नहीं, रचनाशील केन्द्र है, जहाँ से मैला आँचल के लेखक की बौद्धिकता भी परिभाषित हुई है। रेणु बौद्धिक स्तर पर सारवान लेखक इसलिए हैं कि अंचल से उभरने वाली चुनौतियों को वे बराबर विद्यमान बौद्धिक विन्यासों से टकराते चलते हैं। यही कारण है कि अन्य वामपन्थी लेखकों की तुलना में रेणु की बौद्धिकता सैद्धान्तिक न होकर सृजनशील है। मैला आँचल का कोई भी प्रसंग समाज की प्रक्रिया को भीतर से इतना अलग नहीं कर पाया है कि लेखक अपनी बौद्धिक योग्यता का इस्तेमाल करके उसे अनुभव का स्वतन्त्र क्षेत्र बना दे। हर प्रसंग इतनी ही दूर तक अलगाया गया है कि वह

सामाजिक प्रक्रिया में दख़ल देने की योग्यता हासिल कर ले। इसी अर्थ में मैला आँचल की विषयवस्तु को मैंने सम्पूर्ण प्रक्रिया में होना कहा है।

इसे थोड़ा और खोलना होगा। उदाहरण के लिए नदी के द्वीप को लें, जो मैला आँचल से सिर्फ़ तीन साल पहले प्रकाश में आया। काल की दृष्टि से ये दोनों रचनाएँ लगभग साथ की ही मानी जायेंगी। अज्ञेय समेत अनेक आलोचक भी उसे समग्र मानवीय अवस्थिति की चिंता वाली रचना मानते हैं। किन्तु रेखा किसी एक क्षण की तृप्त यौनानुभूति को सनातन अनुभूति बना लेने में जो अकेलापन चुनती है उसकी पहुँच कितनी दूर तक है? एक सीमित अर्थ में नैतिक दार्शनिक पहलुओं के अतिरिक्त उसकी कोई गति नहीं है। इसमें जीवन में एक बदलाव के एक–आध परिणामी लक्षणों के आधार पर भाषा के माध्यम से ख़ूबसूरत किन्तु छद्म विचारों की बुनावट सी कर ली गयी है। आधुनिक युग में नारी का व्यक्तित्व स्वतन्त्र हुआ है, उसमें इतना ही सामाजिक प्रक्रिया का हिस्सा है, लेकिन कैसे और क्यों स्वतन्त्र हुआ और स्वतन्त्र होने के बाद उसकी कौन–सी ज़िम्मेदारियाँ और समस्याएँ हैं इसका कहीं कोई चिह्न भी उपन्यास में नहीं मिलेगा। सामाजिक प्रक्रिया में उभरे एक निष्कर्ष को अलग कर लिया गया है और एक स्वतन्त्र दुनिया रच ली गयी है। कह सकते हैं, 'नदी के द्वीप' की विषयवस्तु स्वतन्त्र और परिणामी है। 'मैला आँचल' की विषयवस्तु सापेक्ष और प्रक्रियाधर्मी है।

इस प्रकार मैला आँचल विषयवस्तु की जीवनधर्मी प्रक्रिया, पद्धति और दृष्टि के कारण प्रौढ़ और सम्भावनागर्भित रचना है।

4

मैला आँचल की कुछ और महत्त्वपूर्ण विशेषताएँ हैं जिन पर अब तक विचार नहीं हुआ है। उसकी ठेठ देशीयता (आंचलिकता) विश्वनागरिकतावादी विचारधारा के सामने चुनौती की तरह खड़ी है। वह चाहे जितनी पिछड़ी हुई हो, उसकी जड़ें हैं, परम्परा है, सांस्कृतिक समृद्धि है और इन्हीं कारणों से वह सजीव तथा भिन्न है। यह भिन्नता ठोस मानवीय वास्तविकता है। मैला आँचल की आंचलिकता स्वाधीनता आन्दोलन की सन्तान है। स्वाधीनता आन्दोलन मुख्य रूप से राजनीतिक होते हुए भी सांस्कृतिक, साहित्यिक, सामाजिक, आर्थिक सभी क्षेत्रों में अलग–अलग तरह के लोगों द्वारा अपनी–अपनी तरह लड़ा जा रहा था। मेरीगंज के लोग भी पूरी लड़ाई लड़ रहे हैं, सभी क्षेत्रों में अपनी तरह से। उन्हें मानवतावादी होने के लिए अनिवार्यतः परिवर्तन और क्रान्तिकारी प्रक्रिया के भीतर से गुज़रना होता है।

स्वाधीनता–आन्दोलन यदि राष्ट्रवादी और मानवतावादी है तो मैला आँचल की आंचलिकता में भी स्वातन्त्र्योत्तर राष्ट्रवाद और मानवतावाद के नये प्रसंग, आवेग और उद्वेग की प्रस्तावना है।

स्वाधीनता–आन्दोलन और मैला आँचल की आंचलिकता–दोनों में वंशानुगत–जैसी पहचान के आन्तरिक लक्षण हैं। दोनों में बराबरी के लिए किये जाने वाले संघर्ष के बिना, मानवतावादी और क्रान्तिकारी हुए बिना उदारतावादी होना असम्भव है। यहाँ रंगभूमि के प्रभुसेवक और सोफ़िया–विनय का स्मरण किया जा सकता है। इंग्लैंड में बैठे प्रभुसेवक जी स्वाधीनता–आन्दोलन को विश्वमानवतावाद के विरुद्ध एक संकीर्ण और मानव–विरोधी कार्य मानते हैं। सोफ़िया और विनय उनके अन्तरराष्ट्रीय व्यक्तित्व में विश्वासघात की झलक पा लेते हैं और निर्ममतापूर्वक उसे अस्वीकार कर देते हैं। उसी तरह अनेक आधुनिकतावादी लेखक और आलोचक ऐसे हैं जो 'मैला आँचल' की आँचलिकता को समग्र मानवीय अवस्थिति के सामने संकीर्ण और सतही भी मानते हैं। फिर से उल्लेख आवश्यक है कि सूक्ष्म, गहरी और समग्र मानवीय अनुभूति के सन्दर्भ में जाने जाने वाले उपन्यास मनुष्य की बराबरी के लिये किये जाने वाले संघर्ष के प्रति उदासीन होकर मानवतावादी और विद्रोह के ख़तरे उठाये बिना न जाने कैसे उदारतावादी मान लिये जाते हैं। मैला आँचल की आंचलिकता इस समग्र मानवीय अवस्थिति की गहराई पर (जो विश्वनागरिक के रूप में प्रभावशाली देशों की कुछ ऊपरी जीवन–शैली, रीतियों तथा सतही गुणों को नक़ल से 'एक तरह' से दिखने में गौरवान्वित होती है) बहुत बड़ा और भारी प्रश्नचिह्न खड़ा करती है।

मैला आँचल की अन्तर्वस्तु और आंचलिकता में यह तर्क निहित है कि विशेष रूप से देशीय हुए बिना सार्वभौम होना और सामूहिक जीवन में सक्रिय सहभागिता के बिना मानव–अन्तरात्मा की तलाश करना बंजर है, बौद्धिक पाखण्ड है।

ज़मीन की बन्दोबस्ती के समय कालीचरन एक नेता के रूप में उभरता है। क्या उसका नेता के रूप में उभरना एक प्रामाणिक और वास्तविक 'व्यक्ति–मनुष्य' का उभरना भी है? ज़मीन की लड़ाई के दौरान स्वाभाविक प्रक्रिया में जातिवादी समाज वर्गवादी समाज में रूपान्तरित होने लगता है। इस प्रक्रिया में राजनीतिक, आर्थिक और सामाजिक चेतनाएँ एक–दूसरे में घुली–मिली हैं। मैला आँचल में यह पूरी प्रक्रिया सैद्धान्तिक न होकर अनिवार्य भावबोध और गहरी अनुभूति लगती है। क्या कारण है?

सम्भवतः यह कि समस्या ठोस और वास्तविक है और हर व्यक्ति उससे गहराई से जुड़ा हुआ है। सभी अपने हित को पहचानने लगते हैं। उसी क्रम में वे कुछ लोगों से जुड़ते हैं, कुछ के विरुद्ध होते हैं। परम्परागत सामाजिक सम्बन्धों के विन्यास स्वाभाविक प्रक्रिया में टूटने लगते हैं। नये सामूहिक जीवन के विन्यास उभरने लगते हैं। हर व्यक्ति उसमें सक्रिय हो उठता है। सामूहिक जीवन में इस सक्रिय सहभागिता के बीच कालीचरन और डॉ. प्रशान्त के आन्तरिक वैयक्तिक तत्त्व का संगठन होता है। उनके आन्तरिक और बाह्य जीवन में अनिवार्य सम्बन्ध है, विच्छेद नहीं। कहने की आवश्यकता नहीं कि जिन उपन्यासों को व्यक्ति प्रधान कहा जाता है उनमें व्यक्ति का आन्तरिक तत्त्व एक समाज–विच्छिन्न प्राइवेट जोन है और समाज पब्लिक जोन। दोनों एक–दूसरे के क्षेत्र और मामलों में दख़ल नहीं देते। दोनों एक–दूसरे के सन्दर्भ में होते हैं, सम्बन्ध में नहीं।

'मैला आँचल' में व्यक्ति और समाज एक–दूसरे में दख़ल देते हैं और एक–दूसरे के लिए नये–नये तनाव और दुख पैदा करते हैं। अपने आन्तरिक और मानवीय सार को वे इसी प्रक्रिया में अर्जित करते हैं।

तो क्या व्यक्ति की धारणा के विषय में भी मैला आँचल का योगदान विचार करने योग्य है? क्या कालीचरन और डॉ. प्रशान्त ऐसे सुसंगठित व्यक्ति हैं जो स्वातन्त्र्योत्तर भारतीय सामूहिक जीवन को कुछ सारवान अर्थ प्रदान कर सकते हैं?

दर्शन के विद्वान डॉ. देवराज ने 'पथ की खोज' में आधुनिक भारतीय मनुष्य के एक विशिष्ट उभयतोपाश का ज़िक्र किया है। चन्द्रनाथ साधना से कहता है, "कम्युनिस्टों के आर्थिक आदर्श मुझे आकर्षित करते हैं... लेकिन मैं अनात्मवादी नहीं हूँ।" यह उभयतोपाश नक़ली नहीं है, लेकिन वैयक्तिक प्रतिभा से इसका उत्तर नहीं दिया जा सकता। इस तरह के उभयतोपाशों को सिर्फ़ इतिहास ज़ज्ब कर पचा सकता है। क्या मैला आँचल में यह उभयतोपाश घुल नहीं गया है?

मैला आँचल में डॉ. प्रशान्त तहसीलदार से विद्यापति नाच देखने की इच्छा प्रकट करता है। उसके सामने नाच होता है। नाच–गान नौटंकी शैली में होता है। एक पात्र विद्यापति के शृंगारी गीत बड़ी तन्मयता से गाता है। उसके समानान्तर दूसरा पात्र, जो जोकर जैसी भूमिका में है, विकटा (विपत्तिगाथा) गाता है :

थारी बेंचि पटवारी के देलियै
लोटा बेंचि चौकीदारी

बाकी थोड़ेक लिखाई जे लिहलें
कलक देलक धुराई रे धिरजा

आखिर...

कहे कबीर सुनो भाई साधो
सब दिन करी बेगारी
खंजड़ी बजाके गीत गवैछी
फटकनाथ गिरधारी रे धिरजा।

डॉक्टर तहसीलदार से पूछता है, ''गीत तो विद्यापति का गाता है, विकटै की रचना किसने की है?'' तहसीलदार का उत्तर है –"इसके लिए भी कोई तुलसीदास और वाल्मीकि की ज़रूरत है? खेतों में काम करते हुए तुक पर तुक मिलाकर गढ़ लेता है।''

''डॉक्टर सोचता है–विद्यापति की चर्चा होते ही कविवर दिनकर का एक प्रश्न बरबस सामने आकर खड़ा हो जाता है, ''विद्यापति कवि के गान कहाँ?'' बहुत दिनों बाद मन में उलझे हुए उस प्रश्न का उत्तर दिया ज़िन्दगी भर बेगारी खटने वाले, अनपढ़ गँवार और अर्द्धनग्नों में।''

क्या उसी तरह चन्द्रनाथ के उभयतोपाश का कोई हल कालीचरन में मिलता है? मैला आँचल में वह अद्वितीय योग्यता है, जो आधुनिकता, व्यक्ति–समाज, इतिहास और सार्वभौम (कोई भी शक्ति और विचार) जिस तरह से और जिस बिन्दु पर जीवन में होते हैं, ठीक उसी तरह से और उसी बिन्दु पर उन्हें धारण कर लेती है। इसलिए इन सभी पक्षों के भीतर जो विवेक–अविवेक, वास्तव–अवास्तव, गम्भीरता–छिछलापन और सरोकार वितृष्णा तथा उपहास के स्तर होते हैं, रेणु उन सबका बड़ा सार्थक उपयोग करते हैं। रेणु आधुनिक मनुष्य के बिम्ब को सही–सही तो पहचानते ही हैं, उससे आगे बढ़कर उस बिम्ब के साथ रचने की भी उनमें अपार योग्यता है।

गम्भीर और वास्तविक के बीच मज़ाक़ और व्यंग्य तथा मज़ाक़ और व्यंग्य के बीच गम्भीर और वास्तविक को जिस अनिवार्य और सही बिन्दु पर रेणु खोंस देते हैं उससे अर्थ नहीं, अर्थों का अनुगुंजित प्रदेश उभर आता है। परिप्रेक्ष्य और सन्तुलन को खोये बिना इस कला का ऐसा दक्ष प्रयोग अप्रतिम है। इसी कारण अर्थ और अनुभव की जटिलता का जो रचनात्मक साक्ष्य मैला आँचल में है, शायद ही किसी अन्य उपन्यास में मिले।

स्रोत : कसौटी पत्रिका अंक 15 (सं.) नन्दकिशोर नवल (पटना)।

20

बूँद और समुद्र

रामचन्द्र तिवारी

'बूँद और समुद्र' अमृतलाल नागर का सर्वाधिक प्रशंसित और चर्चित उपन्यास है। संक्रान्तिकालीन भारतीय मध्यवर्गीय जीवन की इस महागाथा में नागर जी ने व्यक्ति और समाज के द्वन्द्वात्मक रिश्ते के सूक्ष्म रंग–रेशों को यथार्थ के धरातल पर उकेरने के साथ ही पारम्परिक आस्था के जड़ प्रतीकों और भौतिक विज्ञान के गर्भ से उत्पन्न ज्ञान और कर्म की आधुनिक सर्जनात्मक प्रेरणाओं की टकराहट से उत्पन्न नवीन मानवता को पहचानने की कोशिश भी की है। इस उपन्यास के रचना–सन्दर्भ की चर्चा करते हुए नागर जी कहते हैं। "महाकाल पूरा होते–न–होते तक मेरे मन में एक सामाजिक उपन्यास लिखने की बात पूरी तरह से स्पष्ट हो गयी थी; जैसे महाकाल के चित्र और चरित्र सँजोते समय मैंने वहाँ (बंगाल, विशेषतः कोलकाता) की कथाएँ बटोरी थीं, वैसे ही अपने घर, पड़ोस की पुरानी कथाओं एवं घटनाओं के नोट्स बनाने लगा। उन दिनों की स्मृति में मेरा एक रजिस्टर अब भी सुरक्षित है, उसे मैं 'ज्यू म्यूजियम रजिस्टर' पुकारा करता था। यह रजिस्टर ज्यों–ज्यों भरता गया, त्यों–त्यों मेरा मन नये उपन्यास की रूप–रेखा पाने के लिए क्रमशः अधिक से अधिक उत्सुक होने लगा। परन्तु मुझे अभी अपनी राह नहीं मिल पा रही थी।" नागर जी के मनोलोक में इस राह की तलाश जारी थी। अप्रैल, 1946 में आप कविवर पन्त जी की प्रेरणा से अरविन्द–दर्शन के लिए पाण्डिचेरी गये। साथ में सुकवि नरेन्द्र शर्मा भी थे। पाण्डिचेरी में ही आपको अपने भावी उपन्यास का नाम बूँद और समुद्र सूझा। नाम के अतिरिक्त वहीं आपको एक अनुभव और हुआ।

उपरत्नों की खोज में भटकते हुए जौहरी की दुकान तक पहुँचते–पहुँचते आप लोगों के पीछे कुछ दलाल लग गये। जौहरी के चबूतरे पर दलालों और जौहरी के बीच चलने वाले संकेतों से आपको लगा कि ये दलाल भी लखनऊ के चौक सर्राफ़े वाले दलालों की तरह व्यवहार कर रहे हैं। आप कहते है, ''सहसा कई वैचारिक संगतियाँ मन में खटाखट जुड़ गयीं और मुझे लगा कि सारा भारतवर्ष ही मेरे चौक में रहता है। यूँ उपरत्नों की खोज में यह परम रत्न मिला।'' इस प्रकार लखनऊ के 'चौक' और सारे भारतवर्ष के अन्तःसम्बन्धों की उद्भावना के बाद बम्बई लौटकर आपने फिर मन ही मन अपने उपन्यास की रूपरेखा बनानी शुरू की और 9 जून, 1946 को सायंकाल बैठकर उन्नीसवीं शताब्दी के अन्तिम दशक से लेकर तब तक के मध्यवर्गीय विकास का एक क्रमबद्ध कथा–चित्र रच डाला। मई, 1948 में आप बम्बई की फ़िल्मी दुनिया से अलग होकर लखनऊ आ गये। यहाँ आकर आपने फिर गली–मोहल्ले में घूम–घूमकर विभिन्न जातियों के बड़े–बूढ़ों से सामाजिक रीति–रिवाज और पुराने क़िस्से बटोरने शुरू किये। क़िस्से बढ़ते गये किन्तु उपन्यास की दिशा अभी भी स्पष्ट नहीं हुई। सन् 1953 में हैदराबाद के प्रसिद्ध साहित्यसेवी पित्ती परिवार की एक महिला ने अपने सम्पादन में नागपुर से प्रकाशित होने वाली 'मंगला' नामक पत्रिका के लिए नागर जी से एक कहानी की माँग की। इसी कहानी के रचना–क्रम में बूँद और समुद्र की केन्द्रीय और कालजयी पात्र ताई का जन्म हुआ। नागर जी के शब्दों में, "बूँद और समुद्र की ताई का जन्म उसी कहानी के निमित्त हुआ, लेकिन जब ताई अक्षरों में ढलकर क़ाग़ज पर उतरने लगीं तो उन्होंने अपने वातावरण को भी अपने साथ ही साथ खींच लिया। कहानी तो न बनी, पर उपन्यास का आरम्भ अवश्य हो गया। इस उपन्यास के निमित्त पिछले सात–आठ वर्षों की घुटन का बाँध सहसा टूट गया और फिर तो पात्र तथा उनका वातावरण जहाँ–जहाँ मुझे उँगली पकड़कर ले जाने लगे, मैं उनके साथ–साथ मन्त्र मुग्ध हो चलने लगा।'' बम्बई में रहते हुए ही आपको जौनपुर के एक लंगोटधारी असाधारण पुरुष से मिलने का अवसर प्राप्त हुआ था। यह महापुरुष मालिश करने में दक्ष थे और पूरे मन से पागलों की सेवा करते थे। नागर जी इनसे बेहद प्रभावित थे। अक्टूबर, 1948 में यह नागर जी के निवेदन पर लखनऊ आ गये थे और गोमती के कुड़िया घाट पर एक बारहदरी में अपना आश्रम बना लिया था। यह बारहदरी एक रईस रस्तोगी की थी। नागर जी ने कह–सुनकर इसे बाबा जी को दिलवा दिया था।

यही बाबा जी बूँद और समुद्र के बाबा रामजीदास हैं। ताई के सम्बन्ध में नागर जी कहते हैं, "ताई के पीछे उस प्रकार के देखे हुए तीन चरित्रों की विशेषताएँ निहित हैं।" अपने अन्य प्रमुख पात्रों की रचना भी नागर जी ने जीवन में देखे हुए किसी एक चरित्र के आधार पर नहीं की है। उन्होंने पात्रों की 'वर्गीय विशेषताओं के समन्वित रूप' को ध्यान में रखकर उन्हें सामाजिक प्रतीक के रूप में ढालने की कोशिश की है।

'बूँद और समुद्र' के इस विस्तृत रचना–सन्दर्भ पर ध्यान देने से हमें इसके रचनात्मक यथार्थ को समझने के लिए निम्नलिखित सूत्र प्राप्त होते हैं–(क) इसमें शब्दांकित सामाजिक यथार्थ नागर जी का देखा–सुना, समझा और संचित किया हुआ है, (ख) इसमें मुख्यतः उन्नीसवीं शती के अन्तिम चरण से लेकर 1952 तक के मध्यवर्ग के विकास, निर्माण और संघर्ष को अंकित किया गया है, (ग) इसका कोई भी पात्र वास्तविक जीवन के किसी व्यक्ति का प्रतिरूप नहीं है तथा रचनाकार ने पात्रों की वर्गीय विशेषताओं के समन्वित वैशिष्ट्य को ध्यान में रखकर उन्हें रचा और आकार दिया है, (घ) रचनाकार की दृष्टि में व्यक्ति और समाज का अन्तःसम्बन्ध वैसा ही है, जैसा बूँद और समुद्र का और (छ) यह उपन्यास रचनाकार के देखे और भोगे यथार्थ का आकस्मिक उच्छलन नहीं है, वरन् उसके आठ वर्षों के गहन मनोमंथन की रचनात्मक परिणति है और इस परिणति की प्रक्रिया यह है कि पहले उपन्यासकार की कल्पना में एक पात्र उभरता है, उसके साथ उसका परिवेश आकार ग्रहण करने लगता है, फिर उससे जुड़े अन्य पात्र और उन पात्रों के जीवन–सन्दर्भ रचनाकार की कल्पना के नियामक बनकर उसे जहाँ जैसे ले जाते हैं, वह उनके पीछे मन्त्रमुग्ध होकर चलने लगता है और पूरी रचना अपनी गहनता, सघनता एवं विस्तार में सीमाबद्ध होकर शब्दांकित हो जाती है। बूँद और समुद्र के रचना–सन्दर्भ के विश्लेषण से प्राप्त सूत्र हमें इस महान और कालजयी रचना के प्रवेश द्वार तक अवश्य ले जाते हैं किन्तु उसके बाद उसकी भीतरी दुनिया में सक्रिय पात्रों, उनकी परिवेशगत सीमाओं, पारिवारिक स्थितियों, संस्कारों, निजी अन्तर्द्वन्द्वों, विचारों और सामाजिक अन्तर्विरोधों के गहन संश्लिष्ट रचनात्मक यथार्थ को समझने में बहुत दूर तक हमारी सहायता नहीं करते। बूँद और समुद्र की अन्तर्यात्रा के लिए हमें नागर जी की संवेदनशील और तलस्पर्शी सर्जनात्मक चेतना के सहारे ताई के चारित्रिक वैशिष्ट्य के गहन स्तरों का साक्षात्कार करना होगा।

नागर जी की चेतना में सबसे पहले ताई, फिर उनका परिवेश और उनसे जुड़े कथा–सूत्रों के विस्तार क्रम में धीरे–धीरे लखनऊ का चौक, उसका इतिहास, अन्य पात्र और समाज सजीव होकर उभर आये थे।

ताई राजा बहादुर सर द्वारकादास अग्रवाल की पहली पत्नी है। लखनऊ चौक में राजा साहब के पुरखों के पुराने ढंग की विशाल कोठी थी। उनके रईस मिजाज पुरखों ने नाच–रंग और अयाशी में अपनी पूरी पैतृक सम्पत्ति गँवा दी थी। उनकी विशाल कोठी नीलाम हो गयी थी। राजा साहब के पिता ने क़र्ज़ हो जाने पर गोमती में डूबकर आत्महत्या कर ली थी। राजा साहब की माँ उन्हें और अपनी दो कुँवारी बेटियों को लेकर हवेली से लगे हुए एक छोटे–से मकान में गुजर कर रही थीं। राजा साहब कुल चौदह वर्ष के थे, जब ताई से उनका ब्याह हुआ था। ताई का मायका हाथरस में था। उनके माँ–बाप बचपन में ही मर चुके थे। दादा–दादी ने उन्हें बड़े लाड़ प्यार से पाला था। दादा–दादी के मरने के बाद परिवार में ताई की उपेक्षा होने लगी थी। असुरक्षा–बोध ने उन्हें शंकालु, जिद्दी, चिड़चिड़ी और आक्रामक बना दिया था। ताई के आने के बाद द्वारकादास के दिन बहुरने लगे। उन्होंने दलाली का पेशा अख़्तियार कर लिया और सरार्फे की एक छोटी–सी दुकान भी खोल ली। उन्होंने पुराना मकान खरीदा। उसमें उन्हें गड़ा हुआ धन मिल गया। समाज में उनकी क़द्र होने लगी। उन्होंने अपनी पुरानी हवेली फिर खरीद ली। अच्छे दिनों के आने का श्रेय उन्होंने अपनी पत्नी के भाग्य को दिया। इसीलिए उनके मिजाज की कड़वाहट को बर्दाश्त करते रहे। विवाह के कुछ वर्षों बाद ताई ने एक लड़की को जन्म दिया। इससे बेटे की आस लगायी हुई उनकी सास को गहरा झटका लगा। ताई सौरी में ही थी कि सास के बोल–कुबोल उनके कानों में पड़ने लगे। ताई को लगा कि घरवाले उनकी लड़की को मार डालना चाहते हैं। उन्हें अपने पति, सास, ननद, नौकर–चाकर सभी से घृणा हो गयी। वे पूरे दिन अपने कमरे में बन्द रहकर अपनी बिटिया पर अपना सारा लाड़ लुटाती रहीं। पति के लाख समझाने पर भी न उनका शक दूर हुआ, न उन्होंने अपनी जिद छोड़ी। आठ महीने बाद बिटिया की मृत्यु हो गयी। हारकर द्वारकादास जी ने अपनी दूसरी शादी रचायी। जिस दिन उनकी दूसरी बारात चढ़ी, उसी रात ताई उनका घर छोड़कर पुरोहित के घर चली गयी। जाहिर है कि ताई के भीतर एक स्वाभिमानी स्त्री की आत्मा सचेत थी। आठ दिन बाद द्वारकादास किसी तरह उन्हें मनाकर अपने पुरखों

की कोठी में ले आये। ताई उसमें रहने लगीं। द्वारकादास की ओर से उन्हें भरण–पोषण और तीर्थ–बरत के लिए दो सौ रुपये महीने मिलने लगे। ब्रिटिश अमलदारी में हाकिमों की जीहुजूरी, अंग्रेज़ों की खैरख्वाही और अपनी व्यवहार बुद्धि के बल पर दिनदूनी रात चौगुनी तरक्की करते हुए द्वारकादास सर, दानवीर राजाबहादुर के सी.आई.ई. हो गये। डिप्टी कमिश्नर से लेकर चीफ़ सेक्रेटरी, होम मेंबर तक और गर्वनर से लेकर वायसराय तक सब जगह उनकी क़द्र होने लगी। देश के स्वतन्त्र होने पर भी बड़े–बड़े अफसरों और मन्त्रियों के लिए वे राजा साहब ही बने रहे। दूसरी तरफ़ उनकी पहली पत्नी ताई ने परित्यक्त होने पर सुरक्षा के लिए आदिम सभ्यता के शक्ति–स्रोतों–तन्त्र–मन्त्र, टोना टोटका, मारण उच्चाटन का कवच धारण किया और पूरे चौक में लड़ाका, टोनही, मनहूस आदि उपाधियों से विभूषित होकर ज़माने भर की छू–छू बन गयीं। लेकिन रचना का सत्य यह है कि अपनी सारी प्रतिष्ठा, प्रसिद्धि और ऐश्वर्य के बावजूद राजा साहब उपन्यास के हाशिये पर ही हैं। उपन्यास के केन्द्र में ताई ही हैं। इसका प्रधान कारण है कि वे कुल जमा उतने ही हैं जितना दिखायी देते हैं किन्तु ताई उतनी ही नहीं हैं जितनी मोहल्ले वालों को दिखायी देती हैं। राजा साहब का होना और बने रहना इस बात का गवाह ज़रूर है कि स्वतन्त्रता प्राप्ति के बाद भी देश की आम जनता के जीवन में कोई क्रान्तिकारी परिवर्तन नहीं हुआ है। कांग्रेस–शासित देश में भी सत्ता पुराने रईसों नौकरशाहों, सेठों, तथा व्यवहार–बुद्धिसम्पन्न और जोड़–तोड़ एवं साँठ–गाँठ में माहिर देश–प्रेम का ढोंग करने वाले तथाकथित नेताओं के ही हाथों में है। इसके विपरीत ताई का होना उपन्यास के वैशिष्ट्य और अस्मिता का प्रश्न है। उनका चरित्र इस तथ्य का साक्षी है कि मानव–मन विधाता की अद्‌भुत सृष्टि है। वह आज भी एक रहस्यमय और अबूझ पहेली बना हुआ है। सृष्टि के विकास की एक सार्थक दिशा का अनुमान लगाया जा सकता है किन्तु मनस्तत्व का विकास कितनी जटिल आन्तरिक रचनात्मक प्रक्रियाओं, जड़ता के बन्धन–स्तरों को भेदकर चेतना की ओर अग्रसर कितनी अदम्य आकांक्षाओं, अपनी क्षमता को बढ़ाने के लिए प्राणाकुंरों द्वारा किये गये कितने संघर्षों तथा रूप और गति के कितने संघातों का परिणाम है, इसका विश्लेषण नहीं किया जा सकता। कोई भी मनस्तत्त्ववेत्ता, विचारक या प्रज्ञा पुरुष इसके सम्बन्ध में किसी तरह की कोई आधिकारिक भविष्यवाणी नहीं कर सकता।

पूरे मनोविश्लेषणशास्त्र को चुनौती देने वाले कथा के केन्द्रीय पात्र ताई का चरित्र निश्चय ही अत्यन्त जटिल और बहुस्तरीय है। वह तरह–तरह के अन्तर्विरोधों से भरा है। पति और सौत के प्रति ताई की अदम्य घृणा पूरे ज़माने को अपने दायरे में लपेट लेती है। मोहल्ले में शायद ही कोई घर बचा हो जिसके अनभल के लिए ताई ने कोई टोना–टोटका न किया हो। उनके लिए सभी के दरवाज़े बन्द हैं। किसी के लिए भी अशुभ अनुष्ठान करने में उन्हें खुशी होती है। बड़े–बूढ़े उनसे डरते हैं। युवतियाँ घबराती हैं। बच्चे उन्हें चिढ़ाते और हँसी उड़ाते हैं। पूरे लखनऊ के प्रतिष्ठा पुरुष राजा साहब की स्थिति विचित्र है। लाचारी, अपराधबोध, घृणा, भय आदि अनेक भावों से भरे होने पर भी नैतिक–सामाजिक दायित्व के स्तर पर वे उनसे बँधे हैं। पारिवारिक संस्कारों और उत्सवों के अवसर पर वे उन्हें सूचित और आमन्त्रित करना अपना कर्तव्य समझते हैं। उनकी इच्छा को छोटी मालकिन (रानी साहिबा) भी मान देती हैं। इसीलिए अपने बड़े पोते के टीके का निमन्त्रण वे बड़ी मालकिन ताई के यहाँ भिजवाती हैं। दरबान के साथ टीके की परात लेकर आयी दरवाज़े पर खड़ी महरी के यह कहते ही कि "तुम्हारे बड़े पोते का टीका आया है बड़ी मालकिन", ताई की चिरसंचित घृणा फूट पड़ती है। वे कहती हैं–"जब उनकी अर्थी निकले तब ख़बर करने आना।" समाज के सारे अच्छे–बुरे परिवर्तनों को फूटी आँखों से न देख सकने वाले, अपने में क़ैद, समाज के प्रति घृणा–कुण्ठा से भरी, आदिम रहस्यमयी अलौकिक शक्तियों की सिद्धि से समृद्ध, दूसरों के लिए भय और आतंक बनी 'ताई' के चरित्र को उद्‌घाटित करता एक दूसरा त्रासद दृश्य टीके की रस्म अदायगी के कुछ दिनों पूर्व अपने बड़े पोते की आकस्मिक बीमारी के मूल में ताई द्वारा किये गये अशुभ अनुष्ठानों की कल्पना करके उसके प्राणों की भीख माँगने के लिए सेठ जानकीसरन से मिलने के बहाने राजा साहब अपनी पुरानी हवेली पहुँचते हैं। किसी तरह साहस बटोरकर दरवाज़ा खटखटाते हैं। ताई का किरायेदार सेठ कन्नोमल का चित्रकार पोता सज्जन राजा साहब को सहसा सामने पाकर उनके बड़प्पन का लिहाज़ करते हुए उनके पीछे खड़ा हो जाता है। बड़बड़ाती हुई ताई कुण्डी खोलती हैं और पति को सामने देखकर चुप हो जाती हैं। राजा साहब उनके साथ भीतर आते हैं। वहाँ आटे का पुतला देखकर सहम जाते हैं। चित्रकार सज्जन को उस पुतले में एक ख़ास तरह का रचाव और सौन्दर्य दिखायी देता है। वह सोचता है, ताई कलाकार भी हैं। ताई पूछती हैं–कैसे आये हो?

राजा साहब इतना ही कह पाते हैं कि "तुमसे मिलने चला आया। यहाँ जानकीसरन के यहाँ..." कि ताई सज्जन को पुतला उठाते देखकर भड़क उठती हैं और उस पर गालियों की बौछार करने लगती हैं। वह चुपचाप बाहर चला जाता है। इस पूरे दृश्य–सन्दर्भ पर उपन्यासकार नागर की टिप्पणी है– "आटे का पुतला ताई की अमानुषी प्राणहन्ता शक्ति का प्रतीक बनकर गवर्नरों, मिनिस्टरों, हाकिम–हुक्काम और रईसों से सम्मान पाने वाले, हाँ–हुज़ूरों के सिर आँखों पर बैठने वाले व्यक्ति को गिड़गिड़ाकर भीख माँगने के लिए मजबूर कर रहा था।" यह ताई का एक अत्यन्त कठोर, कुत्सित, कुण्ठित और आतंकित करने वाला रूप है। सामान्यतः समाज उनके इसी रूप से परिचित था।

ताई के चरित्र का एक दूसरा पक्ष भी है। ताई में पारिवारिक वैष्णव संस्कार जीवित हैं। राधाकृष्ण उनके इष्टदेव हैं। वे नित्य गोकुलद्वारे जाती हैं। भितरियाजी से रसमय वाकयुद्ध करती हैं। उनके द्वारा स्त्री सुलभ नाटकीय मुद्रा में 'मुखिया जी' की शिकायत सुनकर उनके सूखे चेहरे पर भी विनोद लहरा उठता है। जलघड़िया जी से नित्य उद्यापन का भोग लेकर उन्हें दुअन्नी–चौअन्नी 'सेवकी' देती हैं। शयन की आरती के बाद पट बन्द होने और दर्शनार्थियों के एक–एक कर जाने के बाद कीर्तनियाजी के गायन से द्रवित ताई की क्रूर आँखें करुणा से तरल हो जाती हैं और वे अपने मैले आँचल की खूँट से निकालकर दस पैसे उन्हें दूध पीने के लिए देती हैं। उन्हें भीतर से नैतिक शक्ति देने वाला यह वैष्णव संस्कार बाद में भी सक्रिय रहता है। वे अपने पालित बिल्ली के बच्चों को किसुन, ललिता, विसाखा नाम से पुकारती हैं। बाबा राम जी जब उन्हें राम और सीता का ब्याह रचाने का सुझाव देते हैं, तब वे कहती हैं–"मैं सीता–राम का ब्याह नहीं करूँगी। इसमें 'इस्ट' की बात होवे है। मैं राधा–किसुन का ब्याह करूँगी।" बाबा जी के साथ यह कहने पर कि राधा तो चिर कुमारी सुहागिन हैं रामभक्तिनियाँ, वे कहती हैं–"तब तो मैं उनका 'ब्याह' इस बार करी डालूँगी। चलो यह भी बहुत अच्छा हुआ कि जो तुम आ गये।" ताई यह ब्याह बड़ी धूमधाम से करती हैं। सज्जन से ख़ासतौर पर कहलाने पर भी कन्यादान के लिए राजा साहब का न आना उनको निरुत्साहित नहीं करता। वे अपने मन की दबी साध पूरी करती हैं और दहेज में बाबा जी को एक कन्या पाठशाला और पागलों के आश्रम में एक कमरा बनवाने के लिए पर्याप्त धन प्रदान करती हैं।

ताई के चरित्र का तीसरा पक्ष है–उनके पत्थर–जैसे कठोर स्वभाव के भीतर विद्यमान वत्सलता, ममता, दया और उपकार भावना का अक्षय स्रोत। इसी भावना से प्रेरित होकर वे बिल्ली के बच्चों को पालती हैं। उन्हें अपना लाड़ देती हैं। उनके लिए नित्य दूध ख़रीदती हैं। रात में चोरी करने आये नन्दो के बाप द्वारा बुरी तरह बँधी हुई ताई सज्जन द्वारा बन्धनमुक्त किये जाने पर सबसे पहले बिल्ली के बच्चों को अपने आँचल में भर लेती हैं। फिर उनके लिए दूध मँगवाती हैं। उनकी इस आन्तरिक स्निग्धता और ममता को देखकर सज्जन सोचता है, "पत्थर भी पिघलना जानता है। मनुष्य के जीवन में इतना सौन्दर्य जाने कहाँ छिपा रहता है? और इस सौन्दर्य का धनी होकर भी मनुष्य अपने चारों ओर घृणा, हिंसा और क्रूरता का जाल बुन लेता है।" इसी दिन से ताई उसके लिए श्रद्धा का पात्र बन जाती हैं। और कन्नोमल का पोता सज्जन उनका बेटा हो जाता है। इसी ममता और उपकार–वृत्ति के चलते ग़ैर जात में 'अंग्रेज़ी ब्याह करके उनकी हवेली में बच्चा जनने आयी निगोड़ी तारा' का रात बारह बजे वे प्रसव कराती हैं। वे पूरे उत्साह से उसकी छठी पूजती हैं, सैकड़ों लोगों को दावत देती हैं, कन्या को नवजात शिशु की बुआ बनाकर नेग देती हैं और जीवन के अन्त में स्वयं अपने क्रिया–कर्म का आयोजन करके उसकी ज़िम्मेदारी सज्जन और कन्या को सौंप देती हैं और कन्या को सौ तोले सोने के गहने पहनाकर कहती हैं– "निगोड़ी, तू विधर्मी ही सही पर जब बऊ बन ही गयी है तो ले, मेरी सेवा तो तू ही करे है।"

ताई के अत्यन्त जटिल चरित्र का एक अपेक्षाकृत कम लक्षित होने वाला अति विशिष्ट चौथा पक्ष है--उनका सतीत्व। उनके पड़ोस और मोहल्ले के किसी व्यक्ति ने कभी भी उनके सतीत्व पर उँगली नहीं उठायी। सब कुछ के बावजूद ताई को अपने सुहाग पर गर्व है। गोकुलद्वारे में भितरिया जी के छेड़ने पर वे कहती हैं--"मर राण्डकी मुझे क्यों राण्ड–राण्ड कहबे है। राण्ड होवेगी मेरी सौत मैं तो पूरा सुहाग लेके जाऊँगी।" उनके चरित्र का यह पक्ष इतना साफ़–सुथरा है कि इसके बल पर वे मिलने–जुलने वाली नयी–पुरानी पीढ़ी की किसी भी स्त्री को जब चाहती हैं झकझोर कर रख देती हैं–चाहे वह गोकुलद्वारे में आने वाली खन्ना बहुरिया हो, चाहे उनके पड़ोस की नन्दो। पति के प्रति संचित सारी घृणा के बावजूद वे अन्तर्मन से उनकी मृत्यु–कामना नहीं करतीं। इसका सबसे बड़ा प्रमाण है उनका आवेश में आकर उनकी मृत्यु के लिए चलायी गयी 'मूठ' को वापस लौटाना।

वे चीखकर कहती हैं 'नई–नई–नई, लौट आ लौट आ, मेरे ऊपर लौट आ।" सचमुच ताई सुहाग लेकर मरी थीं। इसलिए 'उनकी कंघी–चोटी की गयी थी, माँग में सिन्दूर भरा हुआ था, माथे पर टिकुली, नाक में नथ, कानों में बाले। सज्जन ने ताई को कभी इस रूप में नहीं देखा था। उनके चेहरे पर शान्ति विराज रही थी। ताई की मृत्यु गंगा दशहरे के दिन हुई थी। यह उनके सीधे स्वर्ग जाने का प्रमाण था।

ताई की मृत्यु के साथ 'बूँद और समुद्र' का प्राण–सत्त्व समाप्त हो जाता है। नागर जी ने उसके बाद कथा को कुछ पृष्ठों तक घसीटा है। वे स्वयं ताई को उपन्यास के केन्द्र में रखना चाहते थे। उन्होंने अपनी पूरी शक्ति उनके चरित्र को आकार देने में लगा दी है। उन्होंने अन्य सभी प्रमुख पात्रों के कथा–सूत्र को किसी न किसी रूप में ताई के सूत्र से जोड़ने की कोशिश की है। सज्जन तो उनके अपने कन्नोमल का पोता ही है जो अन्त तक आते–आते उनका बेटा बन जाता है। बेटे की बहू होने के कारण कन्या को भी उन्हें अपनाना पड़ता है। अन्य प्रमुख पात्रों में महिपाल और कर्नल सज्जन के मित्र हैं। बाबा रामजीदास को भी प्रमुखता दी गयी है। उनको वास्तविक जीवन से सीधे उठाकर उपन्यास में प्रतिष्ठित कर दिया गया है। जैसा कि कहा जा चुका है, जौनपुर के इस असाधारण साधारण पुरुष से नागर जी की भेंट बम्बई में हुई थी। नागर जी उनसे बेहद प्रभावित हुए थे। उनके अनुरोध पर ही वे बम्बई से लखनऊ आये थे। उनका लंगोटधारी और कसरती होना, राम की भक्ति और पागलों की सेवा करना, अपनी अन्तःप्रज्ञा के बल पर दूसरों के मन की बात जान लेना, ये सारी विशेषताएँ उपन्यास में यथावत् विद्यमान हैं। नागर जी ने उन्हें ताई का समधी बना दिया किन्तु अपनी सर्वस्वीकृत रहस्यमयता, अविचल मानसिक दृढ़ता, उत्कट और निष्काम सेवावृत्ति, निश्छल परिहासप्रियता, अटपटी बोली–बानी एवं अकुण्ठ पारदर्शिता के बावजूद ताई के ठेठ जटिल यथार्थवादी चरित्र के आगे वे फीके लगते हैं। उपन्यास के पूरे रचनात्मक यथार्थ और अन्तर्विरोधी मूल्य–दृष्टि को देखते हुए उनका व्यक्तित्व आरोपित–सा लगता है। महिपाल का वृत्त ताई के कथा–सूत्र से सीधे कहीं नहीं जुड़ता। वह अपने आप में स्वतन्त्र हैं। सज्जन का मित्र होने के नाते उसके यहाँ आया–जाया करता है। इसी कच्चे धागे के सहारे वह ताई से जुड़ जाता है। कर्नल महिपाल और सज्जन दोनों का मित्र होते हुए भी स्वतन्त्र व्यक्तित्व रखता है। वह बुद्धिजीवी नहीं है। किन्तु परिस्थिति के विश्लेषण की उसमें अद्भुत क्षमता है।

वह त्याग और सत्य का एकनिष्ठ समर्थक है। प्रतिपक्ष की कूट–चातुरी को समझने और चालों को काटने की उसमें अद्भुत व्यवहार बुद्धि है। वह महिपाल और सज्जन दोनों का मूल्य समझता है। इसलिए दोनों के बीच की ईर्ष्याजनित कटुता को दूर करने और दोनों को साधे रहने की भरसक कोशिश करता है। उसके व्यक्तित्व में सन्तुलन है। उसके पारिवारिक जीवन में भी सामंजस्य और सौमनस्य है। उसके बिना सज्जन तो असहाय दिखायी देता है। कन्या का भाई और सज्जन का हितैषी होने के कारण कर्नल ताई के हर सकारात्मक कार्य–कलाप के साथ नैतिक स्तर पर जुड़ा है।

ऐसा लगता है कि महिपाल और सज्जन की चरित्र–रचना करते समय कथाकार नागर ने अपने को ही दो भागों में विभक्त कर दिया है। नागर जी अध्ययनशील, संवेदनशील, भारतीय सांस्कृतिक मूल्यों के अन्तर्विरोधों को समझने वाले, स्वप्नदर्शी रचनाकार थे। एक स्तर पर वे चित्रकार भी थे। फ़िल्मों में उन्होंने सिनेरियो–लेखन किया था। वे अच्छी तरह जानते थे कि कान आँखों से चार अँगुल पीछे हैं। वे अनुभव करते हैं कि लहराते हुए जीवन समुद्र का रूप और गति आँखों के माध्यम से ही मन के भीतर बिम्बित होते हैं। उनकी कथा–शैली में छोटे–बड़े सन्दर्भों और तरह–तरह के रूप–रंग–स्वभाव वाले व्यक्तियों के रेखाचित्रों की भरमार है। उपन्यास में कथाकार महिपाल और चित्रकार सज्जन दोनों अनेक सन्दर्भों में नागर जी की ही भाषा बोलते हैं। चौक मोहल्ले के जीवन प्रवाह का चित्रण करने वाला सज्जन उनके व्यक्तित्व का ही एक हिस्सा है। प्रारम्भ में नागर जी अपनी पूरी सहानुभूति महिपाल को देते हैं। महिपाल ननिहाल के ताल्लुकेदारी वाले सामन्तीय वातावरण से ऊबकर अपनी पत्नी के साथ लखनऊ आता है। वह 'सुधा' कार्यालय में काम करने लगता है, फिर एक रईस नवयुवक रूपरतन के सहयोग से साप्ताहिक 'नवचेतना' निकालने लगता है।

बयालीस के 'अंग्रेज़ों भारत छोड़ो' आन्दोलन में शरीक होता है, छोटे भाई को डॉक्टरी पढ़ाता है। गाँधी के विचारों से प्रभावित आदर्शवादी होने के कारण दहेज लिये बिना उसका ब्याह करता है। आन्दोलन में शामिल होने के कारण उसे जेल जाना पड़ता है। छोटा भाई उसके परिवार का ध्यान नहीं रखता। सेठ रूपरतन भी उसकी उपेक्षा करते हैं। सेठ और सगे भाई दोनों से झटका खाने पर उसका मानसिक सन्तुलन बिगड़ने लगता है। वह प्रतिभासम्पन्न लेखक है। अध्ययनशील है। भारतीय पारम्परिक जीवन, दर्शन, धर्म और कला–चेतना के उदात्त मूल्यों और इनमें आने वाली

विकृतियों एवं अन्तर्विरोधों की उसमें अच्छी समझ है। सिद्धान्तों का गला घोंटकर राजनीति करने वाले सत्तालोलुप नेताओं से उसे नफ़रत है। वह आम जनता के दर्द को समझता है। समाज को बेहतर बनाने के लिए संघर्ष करने की क्षमता का उसमें अभाव नहीं है। किन्तु उसके अपने पारिवारिक अन्तर्विरोध, मित्रों की स्वार्थपरता, स्वयं उसकी अपनी अहन्ता, आभिजात्य के संस्कारों से भीतर ही भीतर चलने वाला मनोद्वन्द्व उसे झकझोर कर रख देते हैं। उसके जीवन की सबसे बड़ी त्रासदी है–पत्नी कल्याणी और प्रेयसी डॉ. शीला स्विंग को लेकर चलने वाला द्वन्द्व। पत्नी सुख–दुख में साथ देती आयी है। उसके बच्चों की माँ है। रूढ़ संस्कारों में जकड़ी होने पर भी उसकी एकनिष्ठता स्पृहणीय है। उसका कुल दोष इतना ही है कि वह कलाकार महिपाल की प्रेरणा नहीं बन सकती। उसके कलाकार मन को बाँध नहीं सकती। दूसरी ओर शीला स्विंग अपनी बातों से उसे स्फूर्ति प्रदान करती है। उसके प्रति विनयशील है। सुन्दर, बलिष्ठ, सहृदय, विद्याव्यसनी, कलाकार, स्वाभिमानी और विद्रोही व्यक्तित्व वाले महिपाल को वह अपने सौभाग्य के मुकुट की मणि समझती है। महिपाल उसके प्रति अपने प्रेम को किसी भी रूप में पाप नहीं मानता, लेकिन भाँजी शकुन्तला के ब्याह की चिन्ता, बच्चों की पढ़ाई, उनकी सुख–सुविधा, उनके भविष्य की चिन्ता, लोक–लाज और पत्नीव्रत–धर्म–पालन के नैतिक दबाव के चलते उसे मन से न चाहते हुए भी शीला से अलग होना पड़ता है। वह अपना मानसिक सन्तुलन खोने लगता है। इसी बीच वह अपने ननिहाल जाता है। वहाँ डाका पड़ता है। वह एक डाकू को मार डालता है किन्तु एक क़ीमती हार खुद चुरा लेता है। लखनऊ आकर वह उस हार को अपने पुराने सहयोगी सेठ रूपरतन के हाथों बेच देता है और एकमुश्त अच्छी रॉयल्टी प्राप्त होने की बात प्रचारित कर देता है। उसकी अन्तरात्मा उसे कचोटती रहती है। वह और भी कुण्ठित होता है। सज्जन के भाग्य से उसे ईर्ष्या होती है। जीवन भर पूँजीपतियों का विरोध करने वाला महिपाल प्रतिक्रिया में सेठ रूपरतन, जानकीसरन और राजा साहब से मिल जाता है। वह सज्जन के विरुद्ध प्रचार में जुट जाता है। रूपरतन के सामने दस बड़े महाजनों के सहयोग में संचालित होने वाली एक सहकारी योजना का प्रस्ताव रखता है। राजा साहब की अध्यक्षता में चौक में इस योजना का पर्दाफ़ाश करने के लिए आयोजित सभा में वह सज्जन के ख़िलाफ़ ऐसा बहुत कुछ कह जाता है जिसके आधार पर उस पर मानहानि का दावा किया जा सकता है।

इसके बावजूद कर्नल और सज्जन रूपरतन के घर से होने वाली उसकी भाँजी की शादी में शामिल होते हैं। यह सुनकर कि सज्जन ने उस पर मानहानि का दावा करने का इरादा छोड़ दिया है वह और भी कुण्ठित होता है। अपनी हीनता को छिपाने के लिए वह रईसों और करोड़पतियों के विरुद्ध बहुत सी ऐसी बातें कह जाता है जिन्हें रूपरतन बर्दाश्त नहीं कर पाता। वह महिपाल द्वारा मामा के घर से डाके की दुर्घटना के समय क़ीमती हार चुराये जाने का रहस्य उजागर कर देता है। अपमानित, कुण्ठित, हताश, अवसादग्रस्त और भीतर से टूटा हुआ महिपाल चुपचाप वहाँ से खिसक जाता है और उसी रात एक दैनिक पत्र के सम्पादक के नाम पत्र लिखकर आत्महत्या कर लेता है।

समझना कठिन है कि कथाकार नागर जी ने महिपाल—जैसे पात्र को कथामंच से अलग क्यों कर दिया? जीवन के आख़िरी दौर में उसे अपनी सहानुभूति क्यों नहीं दी? समाज—व्यवस्था की क्रूरता और अमानवीयता को उजागर करने के लिए लेखक की आत्महत्या कोई विकल्प नहीं है। सज्जन उसकी तुलना में सन्तुलित अवश्य है किन्तु उसमें क्रान्तिधर्मिता तो दूर, कर्म—चेतना भी बहुत कम है। कन्या के सम्पर्क में आकर वह अपने वर्गीय चरित्र से लड़ता हुआ मध्यवर्ग का हितैषी बन जाता है। बाबा रामजीदास उसे समाज—सेवा में प्रवृत्त करते हैं। उन्हीं की सूचना पर वह 'महिला सेवा मण्डल' के अनाचार का पर्दाफ़ाश करता है। अपनी सम्पत्ति में से तीन लाख का ट्रस्ट बनाकर एक अस्पताल खोलता हैं। इसमें वह महिपाल की प्रणयिनी शीला स्विंग को भी सलाहकार की हैसियत से जोड़ लेता है। ऐसा करते हुए उसके मन में महिपाल के प्रति हिंसा की भावना भी है। उसके बाद वह मध्यवर्ग के लोगों को पूँजीपतियों के शोषण से मुक्त करने के लिए 'चौक वार्ड सहकारी बैंक' की स्थापना करता है। बैंक हर ज़रूरतमन्द को क़र्ज़ देता है और बदले में उससे काम लेता है। इस प्रकार ईमानदारी के साथ उसे ऋणमुक्त होने का अवसर देता है। इन सब छोटे—मोटे सुधारों और काल्पनिक प्रयोगों से न तो व्यवस्था को बेहतर बनाया जा सकता है, न बदला जा सकता है। क्या उपन्यास के अन्त में सज्जन का कन्या के सहयोग से एक छोटे—से क्षेत्र में मानवता का दर्शन करने के लिए अग्रसर होने का संकल्प उस समाज व्यवस्था को बदलने में समर्थ हो सकता है, जिसमें रहते हुए महिपाल—जैसा लेखक अपने को कुण्ठित, असमर्थ और असहाय अनुभव कर रहा था? संकल्प तो इच्छा का ही केन्द्रीभूत रूप है। ज्ञान और इच्छा के साथ क्रिया—शक्ति का होना भी आवश्यक है।

सज्जन की क्रिया–शक्ति संदिग्ध है। कन्या से जुड़कर भी कर्नल के बिना वह अधूरा है। यदि बाबा रामजीदास की प्रेरणा और कर्नल का सहयोग न होता तो वह सहयोग पाकर तुष्ट और निष्क्रिय हो जाता। वह सोचता है–''महिपाल जैसी परिस्थितियों में यदि जीवन जीना होता तो शायद उसका भी अन्त ही हुआ होता।'' यह सोच तो परिस्थितियों की अनिवार्यता और अपरिवर्तनीयता के प्रति समर्पण है। समाज के अमानवीय तत्त्वों को विघटित और परिस्थितियों को बदलकर ही मानवता का दर्शन किया जा सकता है, चाहे कर्म–क्षेत्र कितना ही छोटा क्यों न हो।

इस बृहत् उपन्यास पर विचार करते समय मन में एक प्रश्न यह उभरता है कि 'बूँद से बूँद और लहरों से लहरों के जुड़े रहने की भाँति वैचारिक मतभेदों के बावजूद सुख–दुख में व्यक्ति का व्यक्ति से जुड़े रहकर समन्वयात्मक विकास का स्वप्न, देखने वाले नागर जी आख़िर इसमें किस तरह का सामाजिक यथार्थ चित्रित करना चाहते हैं? कहा जा सकता है कि सब मिलाकर उनका यथार्थ अन्तर्विरोधों का यथार्थ है। सज्जन की ही सोच को सामने रखकर देखा जाये तो एक ओर तो देश में कर्म योग का सिद्धान्त है, वेद, उपनिषद्, साहित्य, शास्त्र है, व्यास–वाल्मीकि जैसे युग–प्रवर्तक महर्षि हैं, अजन्ता, एलोरा, कोणार्क और सारे भारत में व्याप्त अनुपम शिल्प हैं, तो दूसरी ओर पेट–पूजा के लिए तरह–तरह के कर्मकाण्ड कराने वाले पण्डित, भूत झाड़ने वाले ओझा, टोना–टोटका, तन्त्र–मन्त्र करने वाले तान्त्रिक और तरह–तरह के जड़–संस्कार हैं। ''यह अन्तर्विरोध पूरे देश और समाज में व्याप्त हैं।'' सज्जन का मानना है कि ''भौतिक विज्ञान की इतनी तेजस्वी प्रगति के युग में तमाम पुराना ढाँचा अर्थहीन हो गया है।'' उसका निर्णय है–"श्रद्धा के प्रतीक की आवश्यकता है, परन्तु अन्ध–श्रद्धा के प्रतीकों की नहीं।'' श्रद्धा के नये प्रतीक क्या हो सकते हैं? उन्हें कालान्तर में जड़ होने से कैसे रोका जा सकता है? बाबा रामजीदास का आध्यात्मिक–नैतिक तेज तो भौतिक विज्ञान के ही तेजस्वी युग में सबके आकर्षण का केन्द्र बन गया है। इसकी बौद्धिक व्याख्या क्या हो सकती है? उपन्यास इन प्रश्नों के प्रति मौन है। जहाँ तक अन्तर्विरोधों की बात है, वे ठीक हैं किन्तु उपन्यासकार ने इनको अनुभूति के स्तर पर जीवन्त यथार्थ के रूप में प्रस्तुत न करके अपने प्रमुख पात्रों के लम्बे–लम्बे वक्तव्यों, संवादों, आत्मचिन्तनों और कथ्यों के माध्यम से प्रस्तुत किया है। पूरा उपन्यास अध्ययन से प्राप्त वैचारिक निष्कर्षों से भरा हुआ है।

जगह–जगह ईश्वर, धर्म, हिंसा–अहिंसा, प्रेम, सौन्दर्य, स्त्री–पुरुष सम्बन्ध, समाज का ऐतिहासिक विकास, मिथकों की व्याख्या, मूर्ति–पूजा, जाति–प्रथा, पूर्व जन्म, कर्म–सिद्धान्त आदि के विवेचन से उपन्यास को वैचारिक सघनता तो प्राप्त हुई है किन्तु कथा की लय और मार्मिकता बाधित हुई है। वस्तुतः उपन्यास का जितना अंश नागर जी ने देखी–सुनी और स्वयं अनुभव की गयी घटनाओं के आधार पर रचा है, वह सजीव और जीवन्त है और जितना अध्ययन प्रसूत है, वह उबाऊ और नीरस है। यूँ तो नागर जी के पास अनुभव की पूँजी कम नहीं थी किन्तु इस उपन्यास की रचना के समय उनके पास बम्बई के फ़िल्मी जीवन की स्मृतियाँ और लखनऊ के चौक की हवेलियाँ, गलियाँ, चबूतरे, चौराहे, दुकानें, मन्दिर, सेठ–साहूकार, रईस, अध्यापक, वकील, इनकी पारिवारिक स्थितियाँ, इनका इतिहास, एक दूसरे के प्रति ईर्ष्या–द्वेष के आधार पर बनते–बिगड़ते रिश्ते, घर–घर के नैतिक–अनैतिक क़िस्से और सभी तरह के पात्रों की बोली–बानी, बात करने का ढंग तथा भावों–अनुभावों के साथ बदलती मुद्राओं और भंगिमाओं का अक्षय कोष विद्यमान था। उपन्यास के पूर्वार्द्ध में उन्होंने दोनों का उपयोग किया है। फ़िल्मों में अनेक दृश्य अतिरिक्त पात्रों की उपस्थिति से प्रभावी बनाये जाते हैं। नागर जी के यहाँ भी चौक के संकुल जीवन–प्रवाह के यथार्थ की प्रतीति कराने के लिए जाने कितने पात्र अतिरिक्त बनकर उपस्थित हैं। उपन्यास में आगे चलकर उनका कोई उपयोग नहीं किया गया है। कवि विरहेश का बड़ी के साथ कुछ दूर तक चलने वाला छिछला रोमांस भी इसी की देन है। चौक के जीवन को उकेरने में नागर जी ने अपनी अनुभूत ज्ञान–राशि का भरपूर उपयोग किया है, इसीलिए उपन्यास का यह भाग सर्वाधिक सजीव, यथार्थपरक और प्रभावी हो सका है। उन्होंने लखनऊ चौक को व्यक्तित्व प्रदान कर दिया है।

इस उपन्यास का एक ऋण–पक्ष राजनीति के प्रति लेखक का उपेक्षा–भाव भी माना जा सकता है। कहना न होगा कि कोई भी सामाजिक परिवर्तन आर्थिक–राजनीतिक परिवर्तन के बिना सम्भव नहीं। हक़ की लड़ाई के लिए भी राजनीतिक व्यवस्था को बदलना पड़ता है। यह सही है कि सत्ता की राजनीति करने वाले हर तरह की साज़िश रचकर प्रत्येक घटना का इस्तेमाल अपने पक्ष में करने की कोशिश करते हैं। किन्तु इसका यह अर्थ नहीं है कि राजनीति के सकारात्मक पक्ष को भी नकार दिया जाये। नागर जी के इस उपन्यास में सन् 1951–52 के पहले आम चुनाव

की अनुगूँज अन्त तक सुनायी देती है। सभी पार्टियों के प्रचार का उल्लेख भी उपन्यास में हुआ है किन्तु कोई भी ऐसा पात्र सामने नहीं आया है जिसके माध्यम से किसी विचारधारा का सकारात्मक पक्ष चर्चा के रूप में नहीं, आचरण के रूप में प्रस्तुत किया गया हो। देश के स्वतन्त्र होने पर नेहरू सरकार ने अच्छे क़दम भी उठाये थे। उन्होंने मिश्रित अर्थ–व्यवस्था का ढाँचा खड़ा किया था। रिजर्व बैंक का राष्ट्रीयकरण किया था। राज्यों में भूमि सुधार क़ानून पास हुए थे। उन्होंने योजनाबद्ध विकास का सपना भी देखा था। उपन्यास में कहीं भी इन बातों का उल्लेख नहीं है। वस्तुतः नागर जी राजनीति को एक ऐसी भठियारिन समझते हैं जो दौलत की बहन और सोने की कनीज़ है। वह हक़ दिलाती नहीं, दिलाने का शोर करती है। यह उसकी चाल है, अदा है, चकमा है। ये विचार उन्होंने सन् 1952 में लिखी अपनी कहानी 'क़िस्सा सियासत भठियारिन और एडिटर बुल्लेशाह का' में व्यक्त किये हैं। कहना न होगा कि इन विचारों में सच्चाई है, किन्तु आधी। आस्थामूलक सांस्कृतिक–सामाजिक अन्तर्विरोधों को समाप्त करने के लिए भी राजनीति के साथ जुड़ना होगा।

उपन्यास की भूमिका में कथाकार नागर जी ने लिखा है, "इस उपन्यास में मैंने अपना और आपका, अपने देश के मध्यवर्गीय नागरिक समाज का गुण–दोष भरा चित्र ज्यों का त्यों आँकने का यथामति, यथासाध्य प्रयत्न किया है।" नागर जी का यह दावा बहुत–कुछ सही है किन्तु यह पूर्णतः ग्राह्य नहीं है। एक तो लेखक ने इसमें जिस मध्यवर्ग का चित्र खींचा है, वह बीसवीं शती के प्रथमार्द्ध तक विकसित मध्यवर्गीय समाज का प्रतिनिधित्व नहीं करता। इस समय के मध्यवर्ग में अध्यापक, वकील, दफ़्तरों में काम करने वाले बाबू, डॉक्टर, लेखक, कवि, पत्रकार आदि की गणना की जा सकती है। यह वर्ग उपन्यास में प्रमुखता नहीं प्राप्त कर सका है। उपन्यास में इनकी चर्चा की गयी है, किन्तु इन्हें सक्रिय भूमिका प्रदान नहीं की गयी है। नारी–पात्रों में कन्या और डॉ. शीला स्विंग मध्यवर्ग की हैं, किन्तु कन्या तो सज्जन के साथ जुड़कर रईसी वातावरण का अंग बन गयी है। उसकी आग धीरे–धीरे मद्धिम पड़ जाती है। डॉ. शीला उपन्यास के हाशिये पर हैं। उपन्यासकार ने अपने समय के लखनऊ के मध्यवर्गीय लेखकों को नवजीवन प्रेस में इकट्ठा अवश्य कर दिया है किन्तु ये उपन्यास के पात्र नहीं हैं। महिपाल में मध्यवर्ग की चेतना झलकती है किन्तु उसके सामन्तीय संस्कार जीवित हैं। जहाँ तक गुण–दोष का प्रश्न है, उपन्यास में समाज

के दोष अधिक दिखाये गये हैं, गुण कम। घर–घर की कहानी कहते हुए उपन्यासकार ने मानसिक विकृतियों और नैतिक दुर्बलताओं को अधिक उभारा है, मानवीय अच्छाइयों को कम और तो और, महिपाल–जैसा पात्र भी अपनी पत्नी को बुरी तरह पीटता है, ननिहाल में चोरी करता है और सज्जन के प्रति ईर्ष्या की ज्वाला में जलता हुआ प्रतिक्रिया में उसके विरुद्ध सेठों का साथ देता है। मानवीय गुणवत्ता की दृष्टि से देखा जाये तो अपनी सारी ऊपरी कठोरता के बावजूद ताई में दूसरों के दुख दर्द में शामिल होने का गुण अधिक है। यह भावना उनको घृणा की वृत्ति से ऊपर उठकर उनमें दया और सहानुभूति का संचार करती है। गुणों की दृष्टि से बाबा रामजीदास, कर्नल, कन्या और शीला ही हमें प्रभावित करते हैं, किन्तु ये समाज नहीं, समाज का परिष्कार करने वाले हैं।

लेखक के दावे से अलग इस उपन्यास की एक बड़ी विशेषता है–नारी जाति के प्रति लेखक की गहरी सहानुभूति। पूरे उपन्यास में स्त्रियों की दयनीयता, विवशता, असहायता और कभी न समाप्त होने वाली पराधीनता का चित्रण लेखक ने ईमानदारी से किया है। इस सम्बन्ध में समय–समय पर व्यक्त उसके विचारों को सूत्रबद्ध किया जाये तो एक छोटी–मोटी पुस्तिका बन जायेगी। इसलिए बतौर बानगी हम कन्या के विचारों को ही यहाँ उद्धृत करना चाहेंगे। कन्या ने नारी–जीवन की त्रासदी का उल्लेख इन शब्दों में किया है–"अपना गुलाम बनाकर अत्याचारी जिस पर राज करना चाहते हैं, उसका नैतिक बल वे पहले तोड़ देते हैं। हज़ारों वर्षों के इतिहास में समाज ने अधिकतर नारी के साथ हर तरह से खेलकर, रस लेकर, सदा उसे पैरों तले रौंदा है, जीते जी जलाया है। विवाह के मन्त्रों में दिया गया नारी का अधिकार, अर्द्धनारीश्वर के प्रतीक में दी गयी समता–ये महान जनतान्त्रिक आदर्श महज पोथियों की वस्तु बने आज भारत से अधिक भारत से बाहर पूजा पा रहे हैं। 'जहाँ नारी की पूजा होती हैं, वहाँ देवताओं का निवास रहता है'– इस महान उक्ति को निहायत बेशर्मी के साथ झुठलाकर भारतीय पुरुष–समाज व्यावहारिक क्षेत्र में नारी का स्थान ढोल, गँवार, शूद्र और पशु के समकक्ष मानता आया है। इसी को वे धर्म मानते हैं। धर्म, न्याय, राज, सब पुरुषों का है।" उपन्यासकार की नारी–चेतना निश्चय ही उसकी प्रगतिशील जीवन–दृष्टि का परिचायक है, जिसके मूल में राजनीतिक विचारधारा नहीं, उसकी संवेदनशीलता और उदारता है। बूँद और समुद्र के मूल्य और महत्त्व के आकलन के इस विनम्र प्रयास को समाप्त करते हुए

हम दो बातें और कहना चाहेंगे। एक तो यह कि इस उपन्यास में कथाकार नागर जी के भीतर एक संवेदनशील कवि भी निरन्तर सक्रिय है। अनेक अवसरों पर उनके कथन अत्यन्त सरस, अलंकृत, सजीव, बिम्बधर्मी और मर्मस्पर्शी बन गये हैं। उनका दृश्यांकन तो प्रत्येक स्थिति में हमें टोक और रोककर एक बार फिर देख लेने के लिए विवश कर देता है। इसका एक उदाहरण ही पर्याप्त होगा– ''फाल्गुन की रात आयी। सरोवर के किनारे बसे, फूलों के सुगन्धि–भार से लदे मदमाते बिरवों ने चाँद को अपनी गुइयाँ साथ घर आने का न्योता दिया। हवा बसन्त को बहा लायी। अबोलों की नृत्यभरी चंचलता सोमरस के धनुष पर पैने शरों की तरह दसों दिशाओं को भेदने लगी। बाँहों–बाँहें जकड़कर पुरुष की शक्ति और नारी के सिंगार में दान की होड़ लग गयी। धरती पर संगीत ने जन्म पाया।'' इस चित्र पर कोई टिप्पणी इसे विरूप कर देगी। दूसरी बात यह कि वैचारिक विस्तार की खामी के बावजूद भारतीय समाज के अनेक स्तरों पर व्याप्त अन्तर्विरोधों को सामने लाने वाला यह अपनी क़िस्म का अकेला उपन्यास है। यह केवल 'आस्था' के प्रश्न को नहीं, पूरी सामाजिक संरचना में व्याप्त जड़–तत्त्वों के विरुद्ध आवाज़ उठाने वाला उपन्यास है। इसमें समाज को नयी दिशा में अग्रसर करने की आकांक्षा व्यक्त हुई है। उपन्यास के अन्त में सज्जन और कन्या पति–पत्नी के रूप में जिस 'आस्था' पर डटे रहने की बात कहते हैं, वह व्यक्ति के निजी संस्कारों में परिष्कार से सम्बद्ध न होकर उसकी सामाजिक चेतना को जगाने वाली, रूढ़िवादिता का संहार करने वाली और मानवता का दर्शन करने के लिए कर्मरत होने की प्रेरणा देने वाली है। कहा जा सकता है कि नागर जी का यह बृहद् उपन्यास वास्तविकता की पहचान के स्तर पर मध्यवर्गीय समाज के बहुस्तरीय अन्तर्विरोधों को उजागर करने वाला और आकांक्षा के स्तर पर इन्सानियत या मानवता के दर्शन के लिए कर्मरत होने का सन्देश वाला है। इसे इसी रूप देखना उचित होगा।

Select Bibliography

Sociology of Literature : History and Theory

1. A Fergusan—*An Essay on the History of Civil Society,* Edinburg Press.
2. G.W.F Hegle—*Lectures on FineArt* (1920)
3. G.B. Plakhanov—*Art and Social life.*
4. P. Bourdieu and C. Passeron-*Reproduction*, London 1979.
5. Robert Escarpet-*Sociology of Literature,* Frank Cass & Co. Ltd., 1971
6. 1971. Charles I.G. Glicksberg-*Literature and Society,* The Hague, 1972.
7. Nicos Hadjinicolaou—*Art History and Class Struggle*, Planto Press, London, 1979.
8. John Hall—*Sociology of Literature,* Longman, London, 1979.
9. Arnold Hauser—*The Social History of Art.* In four Volumes, Vintage Books, New York 1951.
10. Richard Hoggart—*Speaking to each other*, Pelican Book, 1973.
11. Diana Laurenson and Alanswingewood—*The Sociology of Literature, Macgibbon and Vee*, London, 1972.
12. WolfLepenies—*Between Literature and Science : The Rise of Sociology Trans,* Cambridge University Press, 1988.
13. PirreMacherey—*A theory of Literary Production, Routledge and Kegan Paul,* 1970.
14. Herbert Marcuse—*An Eassay on Liberation.Penguin* Books, 1972. —, *The Aesthetic Dimension, Macmillan,* 1979.
15. C. Wright Mills—*The Sociological Imagination*, Oxford University Press, London, 1959.
16. Raymond Williams—*Culture and Society*, Pelican Book, 1961.
17. —, *The Long Revolution*, Penguin Books, 1965.
18. Janet Wolf—*The Social Production of Art,* Macmillan Press Ltd., London, 1981.—, *Aesthetics and the Sociology of Art,* George Allen and Rout ledge, 1983.

Literary Sociologists

1. Lucien Goldmann—*The Hidden God— Roulteage and Kegan Paul,* London 1964.
   —, *Towards a Sociology of Novel.*
   —, *Cultural Creation in Modern Society,* Telos Press, 1976. —, *Methods in the Sociology of Literature,* Oxford, 1981.
2. L. Lowenthal—*Literature and the Image of Man,* Boston, 1957.
   —,*The Art of the narrative and the Society,* 1971.
   —, The Reception. Raymond Williams—*Politics and Letters,* Verso, 1981.
   —, *Culture, Fontana,* 1981.
   —, *Orwell, Fontana,* 1981.

Sociology of Literary Forms

1. J.M. Bernstein—*The Philosophy of the Novel,* The Harvester Press, 1984.
2. I. Howl—*Politics and the Novel,* New York, 1957. George Lukacs—*The theory of the Novel,* Merlin Press, London, 1978.
   —, *Studies in European Realism,* Merlin press London, 1978.
3. John Orr—*Tragic Realism and Modern Society,* University of Pittsburg, Press, 1978.
4. D. Spearman—*The Novel and Society*, London, 1966.
5. Alan Swingewood—*The Novel and Revolution Macmillan,* London, 1976.
6. J.P. Ward—*Poetry and the Sociological Idea,* Harvester Press, London, 1981.
7. Ian Watt—*The Rise of the Novel*, A Pelican Book, 1972.
8. M. Zeraffa—*Fictions, Penguin,* 1976.
9. Eric Bentley (Editor)—*The Theory of the Modern Stage*, Penguin Books, 1976.
10. Machwe, P—Gandhi, *Marx and Premchand ed.* Nagendra, Delhi, 1981.
11. Nagendra, ed. *Indian Literature,* Agra, 1959.
12. Konov Sten—The Indian Drama, Translation S.H. Ghosal, Calcutta, 1969.
13. Watson Geogre—*The study of Literature,* London, 1969.
14. Rene Wellek and Warren Austin, *Theory of Literature,* Harmondsworth.

15. MethewArnold, *Essays in Criticism*, 1865.
16. V.K. Gokak, The Concept of Indian Literature.
17. H.H. Goram, *History of Indian Literature,* 1913.

Sociology of Popular Culture and Literature

1. Rolan Barthes—*Mythologies,* London 1973.
2. S. Goodlad—*A Sociology of Popular Drama.*
3. Antonio Gramsci—*Selections from Cultural writings,* London, 1985.
4. S. Hall and P. Whannel—*The PopularArts Hutchinson, London,* 1964.
5. L. Lowenthal-Literature, *Popular Culture and Society,* New Jersey, 1961.
6. Ernest Mandel—*Delightful Murder,* University of Minnesota, 1984.
7. Alan Swingewood-The *Myth of Mass Culture Macmillan,* London, 1977.
8. J. Symons-*Bloody Murder*, Penguin, 1974.

Criticism on Novel

1. Robert Murray Davis—*The Novel : Modern Essays in Criticism* (1969).
2. Steven Marcus–*The novel again.*
3. Arthur Mizener—*The Sense of Life in the Modern Novel.*
4. Wayne C. Booth-*The Rhetoric of Fiction.*
5. E.M. Forster—*Patterns and Rhythm in Aspects of Novel.*
6. Edwin Muir—*Structure of Novel.*
7. Bernard Bergonzi—*The Situation of the Novel.*
8. W.S. Harvey—*Character and the Novel.*
9. Chritober Codwell-*Illusion and Reality* (1967)

❑❑